U0505038

SHOW ME
THE MONEY
[SECOND EDITION]

15 堂财经新闻写作课

[第二版]

顶尖记者教你报道与金钱有关的故事

*Writing Business and Economics Stories for
Mass Communication*

[美] 克里斯·劳什　　／ 著
Chris Roush

张淑玲　　／ 译

社会科学文献出版社
SOCIAL SCIENCES ACADEMIC PRESS (CHINA)

Show Me the Money: Writing Business and Economics Stories for Mass Communication 2ⁿᵈ Edition/by Chris Roush/ISBN: 978 – 0 – 415 – 87654 – 4

Copyright © 2011 by Routledge.

Authorized translation from English language edition published by Routledge, part of Taylor & Francis Group LLC; All rights reserved.

本书原版由 Taylor & Francis 出版集团旗下 Routledge 出版公司出版，并经其授权翻译出版。版权所有，侵权必究。

Social Sciences Academic Press is authorized to publish and distribute exclusively the Chinese (Simplified Characters) language edition. This edition is authorized for sale throughout Mainland of China. No part of the publication may be reproduced or distributed by any means, or stored in a database or retrieval system, without the prior written permission of the publisher.

本书中文简体翻译版授权由社会科学文献出版社独家出版并限在中国大陆地区销售。未经出版者书面许可，不得以任何方式复制或发行本书的任何部分。

Copies of this book sold without a Taylor & Francis sticker on the cover are unauthorized and illegal.

本书封面贴有 Taylor & Francis 出版集团防伪标签，无标签者不得销售。

译者序

作为一名中国财经新闻教育工作者，我一直梦想能为国内学生推荐一本全面了解美国金融市场运行规则，切入不同报道主题，灵活掌握国际财经新闻报道技巧的经典专著。可惜目前国内依然缺少这方面的英文著作中译本，供新闻专业特别是国际财经新闻方向的学生和业已踏入这个领域的新闻从业者学习参考。两年前领到本书翻译任务时的感觉是，本书中文译本的面世或将为国内学生从事英语财经新闻报道打开一扇窗，让他们能够系统地掌握国际财经新闻传播的特点、规律和技巧，向国外读者和受众讲好中国商业和金融领域里发生的真实故事，更好地进行全球化背景下的对外经济传播。

本书作者克里斯·劳什教授以其多年的财经新闻报道和教学经验，深入浅出地阐述了如何报道商业活动、解读不同行业以及宏观经济形势，如何发展信源，如何把艰涩枯燥的财经信息变为与读者切实相关的新闻故事。尤其难能可贵的是，他以一种轻松幽默、易于理解的方式向读者阐述了复杂财经问题的报道技巧，并且提供了宝贵的实践经验分享和大量的案例分析。

本书翻译工作前后历时两年多，其间进行了多次修改与完善。2016 年，我利用在美国亚利桑那州立大学沃尔特·克朗凯特新闻与传播学院访学的机会与本书作者劳什教授、唐纳德·雷诺德国际财经新闻中心主任安德鲁·莱基（Andrew Leckey）教授以及多位美国主流媒体的财经记者进行了讨论和交流，将这部近 40 万字的译稿进行了仔细校对与修改完善。①

① 本书为对外经济贸易大学中央高校基本科研业务费专项资金资助（批准号：15QN13）成果，同时为对外经济贸易大学 2018 年度本科教育教学项目（当代财经新闻实务）成果。

此外，本书翻译过程中得到了社会科学文献出版社编辑张金勇、道琼斯公司资深财经翻译杨帆的大力协助，对外经济贸易大学英语学院2013级财经新闻班同学以及现已从对外经济贸易大学毕业、就读于伦敦政治经济学院的徐雅芬、朱志遥也参与了译稿的校对与文字整理，在此一并表示感谢！最后需要声明的是，由于我水平有限、体力有限，译文中可能存在谬误和表述不够流畅的地方，恳请读者批评指正，并提出宝贵意见。

张淑玲

序

如今的我还时常想起 20 世纪 90 年代的一天。当时的我正在《华尔街日报》（*The Wall Street Journal*）的办公桌前埋头苦干，额头渗出的汗珠淌进了熨烫笔挺的衬衫领口。那时候感觉仿佛自己的职业生涯即将画上句号。

当时正在进行的是一场由华尔街分析师和全国记者参加的讨论 IBM 公司最新财报的电话会议。问题的关键是，那时的我对 IBM 公司根本不了解，也不会使用电脑，因为我还没有电脑。更惨的是，我对金融一无所知。就在不久前，我刚刚成为这家全美领先财经媒体的记者。当时的我根本分不清资产负债表（balance sheet）和床单（bed sheet）的区别，也不知道为什么能得到这个工作机会，想来是因为我的文笔和报道功底还不错。当时摆在我面前的任务就是要在第二天的报纸上报道这条重要消息。

我盘点了一下会议的要点：会上 IBM 管理层讲的内容对我而言都是晦涩难懂的金融术语。如坠入云里雾里的我根本没有记下来什么有用的信息。我瞟了一眼钟表，发现情况实在不妙，很快就要到截稿时间了。霎时间，我的脑海里浮现出明天的《华尔街日报》的版面：由我负责的那块区域一片空白。

电话会议一结束，我就拨通了一位华尔街分析师的电话，请他帮忙解释刚才在 IBM 业绩电话会议上的内容。这位分析师巴拉巴拉说了一通和"P&L"有关的东西。

我问道："P&L 是什么？"

对方沉默了许久。

后来这位分析师用不敢置信的口吻问我："你都不知道 P&L 是什么?!"

我承认我确实不知道。他给我解释："P&L 代表盈利和亏损，这是地球人都知道的基本金融术语。"之后的事情就不难猜了——估计他应该不会再订阅《华尔街日报》了。

当时的我多么希望自己能够打好财经报道的知识基础，能够有北卡罗来纳大学教堂山分校资深财经新闻学者——克里斯·劳什（Chris Roush）教授这样的才学和经验，多么渴望有一本像他所写的《15堂财经新闻写作课》这样的经典著作啊！

viii 　　这本书涵盖了公司业绩报告、并购交易、私营企业、非营利组织、破产法庭、房地产和金融监管部门等多个话题，为读者全方位呈现了金融业生态图景。这些并不单单是理论方面的内容。财经报道的国内外影响力从未像现在这样深远：把退休储蓄投入股市的人数都数不清，普通人的支票和大学学费与全球经济起伏之间的联系也越来越紧密。商业和财经报道触及我们这个社会的根基——基于自由市场经济体制的民主制度。

但仅仅理解基本的金融概念是不够的。2000年，我从《华尔街日报》离职，成为《华盛顿邮报》（The Washington Post）的一名调查性财经新闻记者。在那里我对美国在线收购时代华纳公司的交易开展了为期一年的调查，掌握了数百份机密文件。要从中看出门道，我不仅要掌握金融界神秘的计算方法，也需要懂会计和法律。最终我写出了一系列专题报道，揭露美国在线如何秘密地抬高自身收入，从而促成了这桩美国历史上最大的并购交易，缔造了全球最大的媒体帝国。

现在的我执教于西北大学麦迪尔新闻学院。我在财经新闻课堂上经常教给学生的是：首先你要掌握基本的金融知识，比如说盈利和亏损，然后再去深入挖掘金融行业的门道。我希望我的学生们做好金融知识储备，不要像当年的我那样赶在截稿前绞尽脑汁地应付。我也很欣慰地看到了本书的面世，相信有了它的指引和帮助，现在和未来的财经记者们可以更好地探索复杂奇妙的金融世界。

西北大学麦迪尔新闻学院教授　亚历克·克莱因（Alec Klein）

前　言

多年以后回首我刚刚开始做财经新闻报道的那一周，感觉仿佛就在昨天。那是 1989 年的 5 月，我当时供职的媒体是马纳蒂县的《萨拉索塔先驱论坛报》(*Sarasota Herald-Tribune*)。当时我的前任要调往该报的总部办公室，在走之前她给我做了为期一周的培训。一周以后她离开了，我却慌了神。

因为在这之前我从未做过财经方面的报道。我的上一份工作是在《圣彼得堡时报》(*St. Petersburg Times*) 跑口警察和法庭新闻。我想说的是，这份工作我并不喜欢，因为我不想整天和冰冷的尸体打交道。后来我在萨拉索塔的一个朋友告诉我这边想招财经记者，于是我就来了。在经历了第一周的慌乱无助之后，我慢慢克服了恐惧心理，虽然也犯了一些错误，但我开始慢慢上道了。

这正是我所需要的调整期，后来的经历也证明了这是一个正确的职场选择。在成为一名财经记者之后，我开始接触到财经版块，而财经版是报纸、杂志以及之后的互联网上发展最快的那部分内容。对商业和经济有所了解的记者通常都有很大的职业发展空间，和其他很多同行一样，我的职业生涯开始渐入佳境。

在《萨拉索塔先驱论坛报》待了一年之后，《坦帕论坛报》(*Tampa Tribune*) 的商业版编辑找到了我，他们以更高的薪资聘请我去他们那儿工作。他怎么找到我的以及他都读过我哪些文章我并不知道，但财经记者在市场上一直都比较抢手。后来我的个人经历就证明了这一趋势：《商业周刊》(*BusinessWeek*) 在康州的通讯社需要招一个跑保险业口的记者；彭博新闻社在亚特兰大的办公室需要招一个报道饮料行业的记者；弗吉尼亚州的一家出版公司需要一位为其创办一份保险杂志的负责人——这些机会都成就了我，也充分证明了市场对财经记者的巨大需求。

在过去的二十年间，财经新闻是大众传播领域中增长速度最快的行业。回望我的整个职业生涯，我总会想到我的第一份工作以及那时因缺乏经验而产生的无助和慌乱。和很多同行一样，我从工作中不断积累经验，学习到诸如收入和利润的区别、净收入和营业收入的区别。和其他很多记者一样，我对上市公司文件的分析也是基于很多经验更加丰富的同行给予我的意见。

现在我已经由业界转入学界，我开始不断思考财经记者如何入门的问题。难道还要像我当年一样从一张白纸开始吗？

答案当然是否定的。公众对商业世界的真实信息拥有知情权，而这些信息应该是由懂得经济和金融知识的记者通过多种大众传播媒介，以通俗易懂的方式介绍给广大读者和观众的。

但遗憾的是，高等教育机构和大众传播媒体并没有为从事商业新闻报道的记者们提供有效的培训。根据 2002 年 Selzer & Co. 为美国媒体协会（American Press Institute）和雷诺德基金会（Reynolds Foundation）所做的一项调查，没有一家新闻学院的高层领导认为自己的财经新闻记者培养项目非常出众，仅有 28% 的人认为项目进行得还算不错。而业界的管理人士则表示，招聘合格的财经新闻记者的难度最大；只有 38% 的人表示，财经类内容是编辑室的重中之重，这表明财经新闻报道这一重要的领域并没有引起足够的重视。

现在，全国范围内有很多大学都意识到和大众传播媒体合作，共同为财经新闻记者提供培训和教育的机会的重要性，也已经开始了这方面的尝试。全美很多院校都创办了财经新闻报道培训项目，如密苏里大学、西北大学、哥伦比亚大学、波士顿大学以及伊利诺伊州立大学、纽约市立大学巴鲁克分校（Baruch College）以及华盛顿与李大学（Washington & Lee University）等。

x 此外，报社、杂志社、电视台和多家网站都在不断送记者和编辑参加越来越多的行业培训。例如，美国商业编辑和记者协会（Society of American Business Editors and Writers）以及美国媒体协会和雷诺德基金会都会合作举办一些旨在提升财经记者知识和业务水平的活动。

本书旨在为刚入门的财经记者和已经入行多年的资深记者提供与经济和金融报道相关的指引。其中包含经济和金融报道中经常遇到的一些重要话题和问题。在本书的开头阐述了财经新闻对于普罗大众的重要意义及其所面临的历史教训。之后的章节阐述了每一位财经记者都需要知道的各类相关知识，从如何读懂公司损益表和资产负债表，到如何深入解读公司提交给美国证券交易委员会的文件。

虽然指导财经记者入门的书籍不在少数，但还从来没有一本著作如此详细具体地说明记者应如何报道公司和宏观经济。这些也正是我在 1989 年初入职的时候所希望拥有的知识和技能。如今的财经记者可以借鉴本书，从容应对财经报道任务。

虽然本书主要是从报业的角度阐述财经新闻的写作与报道方法，但作者也加入了电视、互联网和杂志上的精彩案例。所以本书所讨论的所有报道技巧和方法适用于各种媒体形态。

克里斯·劳什

致　谢

　　本书在编写过程中得到了很多学界和业界同人的大力支持和建议。

　　首先要感谢的是北卡罗来纳大学教堂山分校的新闻系教授简（Jan xi
Yopp），他为本书的编写计划提供了意见和建议。教堂山分校毕业生、此
前担任财经新闻记者、目前在东卡罗来纳大学担任新闻教授的辛迪（Cindy
Elmore）为本书的前几个章节进行了审校并提出了建议。曾在北卡罗来纳
大学任教的卡罗尔（Carol Pardun）将笔者的姓名和电话交给了知名大众传
播教材出版社——鲁特雷奇（Routledge）的编辑琳达（Linda Bathgate）。
在琳达的热情推动下本书最终得以与读者见面。

　　笔者还要感谢两位同事：华盛顿与李大学教授财经新闻课程的帕米
拉·卢克（Pamela Luecke）和密苏里大学的马蒂·斯蒂芬斯（Marty Stef-
fens）。这两位同事帮助审校了本书的编订计划和第一版的前几个章节。他
们两位都建议笔者添加几章内容，并涉及更多的财经报道领域，以增强本
书的系统性和完整性。他们各自丰富的教学经验和报道知识都为本书的写
作提供了宝贵的思路和想法。另外，西北大学教授亚历克·克莱因（Alec
Klein）、密苏里州立大学的玛丽·帕杜（Mary Jane Pardue）以及佛罗里达
中部大学的南·康纳利（Nan Connolly）均为本书第二版的编写提供了绝
佳的参考意见。北卡罗来纳大学弗拉格勒商学院（Kenan-Flagler Business
School）的教授们也审阅了本书的部分章节，并给出了他们的宝贵意见和
建议。在此一并表示诚挚的谢意！

　　很多业界的记者也审阅了本书的部分内容，并给出了他们对于本书的
期望和建议，包括彭博新闻社的亚当·列维（Adam Levy）、互联网记者迈
克尔·克里滕登（Michael Crittenden）和戴尔·威利斯（Dail Willis）等。
此外，可口可乐公司的会计研究经理基思·艾伦（Keith Allen）审阅了本
书第9章关于公司财务报表、资产负债表和现金流量表等内容。笔者在此

对他们提供的意见和建议表示衷心感谢！

感谢北卡罗来纳大学教堂山分校新闻与传播学院前院长理查德·科尔（Richard Cole）和现任院长简福·柯兹（Jean Folkerts）对财经新闻教育的大力支持。正是在他们的支持下，北卡罗来纳大学新闻与传播学院和弗拉格勒商学院共同推出了规模更大的财经新闻教育项目。

最后，还要感谢笔者曾在华盛顿与李大学、里士满大学以及现在任教的北卡罗来纳大学教堂山分校中教过的学生们。本书中的绝大部分内容笔者都曾在教学环节上用过，而且效果非常好。笔者在学生反馈的基础上对本书的内容进行了修改和完善。特别值得一提的是，有一位名叫约翰·萨卡（John Kuka）的学生用了一个夏天的时间对本书第一版的初稿进行了阅读，并给出了有益的建议；还有一位名叫梅甘·卡姆（Megan Camm）的学生对第二版内容进行了校对，并协助完成了本书最后的索引部分的编写工作。

笔者想对所有对本书出版做出贡献的人致以深切的谢意，但难免挂一漏万。如果本书能够为财经新闻方向的在校学生和业界记者提供他们所需要的帮助和指引，笔者将深感欣慰。

克里斯·劳什

教堂山

目录
CONTENTS

词汇表

索　引

第 1 章
财经新闻的魅力与挑战

肯塔基州一家报纸的前任编辑喜欢讲述这样一则故事——一名财经记者前去采访当地一家医疗保健公司——休玛纳公司（Humana Incorporated）的总裁。

谈话一开始，该公司总裁就提到了美国证券交易委员会（Securities and Exchange Commission，SEC）。过了几分钟之后，这位新来的记者打断了总裁的话并问道："不好意思，但是东南联盟（Southeastern Conference，SEC）和贵公司的业务有什么关系呢？"

这个总裁讲的不是肯塔基州和佛罗里达州大学之间举办的包括足球、游泳等项目在内的体育赛事。他指的是美国证券交易委员会——一个负责监管全美成千上万家公司的联邦机构。

就像报道其他热点新闻一样，做财经新闻报道，你需要知道你在写什么，要查找哪些文件，要用哪一个消息来源。尽管财经新闻报道的质量在过去 15 年中已经有所提高，但仍有不少人担忧财经记者对他们报道的话题了解得不够深入。不仅如此，一些财经记者和编辑不知道去哪个合适的地方寻找信息，从而让他们获取报道题材或者使他们已有的报道更好一些。仍然有些财经记者并不理解令一个公司盈利增减的经济学基本原理。甚至还有更多人搞不懂证券市场和贸易关系对于一个公司未来发展前景的重要性。

在 2008 年和 2009 年，外界对财经新闻报道的批评之声渐盛，因为有些人抱怨财经报道没有使消费者警惕这一轮经济危机的到来。

新闻来源和有关文件有助于消费者理解复杂的商业和经济问题。但是对于记者而言，了解商业知识并且学以致用也很重要。为什么增强新闻记者和编辑的专业知识水平能帮助他们提高未来的新闻报道的质量，原因就在于此。

这会对未来的财经新闻报道有影响吗？我们只能希望财经新闻报道的质量会逐步提高。2001 年 2 月 5 日，《财富》杂志（*Fortune*）称安然公司（Enron）为"美国最富有创新精神的公司"。这个公司在该杂志评选的"最受赞赏的公司"榜单中整体排名第十八。

2

> **美国十大财经新闻媒体：**
> 1.《华尔街日报》
> 2.《纽约时报》商业版
> 3.《商业周刊》杂志
> 4.《财富》杂志
> 5. 彭博新闻
> 6.《巴伦周刊》
> 7. 美国城市商业期刊报纸和网站
> 8. 在芝加哥、底特律、克利夫兰和纽约的克莱恩报
> 9. MarketWatch.com
> 10.《福布斯》杂志

诚然，安然公司是富有创新精神的，甚至是被它的竞争者以及其他公司高管所赞赏的。但是，《财富》杂志一位名叫贝塞妮·麦克林（Bethany Mclean）的记者颇具怀疑精神，她相信提供消息的人所告诉她的：这个总部位于休斯敦的公司是有问题的，而且它也谈不上值得赞赏或被认为有革新精神，除了一点——这家公司在如何钻法律空子这方面倒是展示出了创新性。她深入调查了安然的财务档案，发现很难找到这家公司的赢利点。

"对于记者和那些所谓的干练人士来说，这真的是一个需要谨记于心的重要教训：有时候最明显的问题确实是一个问题。"麦克林在一个采访中说道，"在安然公司的案子中，公司靠什么来盈利？这是一个你觉得问起来显得很蠢却显而易见的问题。"（Smith，2002）

尽管杂志社的主编们收到了来自安然公司管理层的抗议和反对，尽管她在向公司索取信息时被拒之门外，麦克林仍然坚持为她的新闻报道展开调查，相关调查一直持续到 2001 年 3 月。这年年末，安然的财务业绩已经公之于众，并且申请了破产保护。那些看了麦克林的报道并为之担心的人很可能在公司股价每股 80 美元的时候已经抛售了手中的股票，这为他们保全了上百万美元的资金。而那些一直持有其股票的人却赔得一塌糊涂，因为这家公司已然不复存在。

报道财经新闻并非一件易事，特别是对于那些和安然公司的报道一样复杂的案例。至少在这个案件中，安然公司晦涩难懂的会计方法和不计入资产负债表的子公司掩盖了安然的问题，只有最具有怀疑精神和专业知识的财经记者才会发现其中的猫腻。但是，安然的漏洞是有迹可查的。此前

一年，安然公司的股票大幅上涨，财经记者应该注意到这和市场的整体走势是完全相反的。在 2000 年的前 9 个月，安然公司的股票价格上涨了一倍以上，但它的销售收入和利润并不支撑股价大幅上扬。这是一个基本的经济原则：从长期看来，大多数公司的股票价格上涨的速度与其收入及利润增长率是吻合的。这就提示我们，安然公司可能存在问题。

一个具有批判思维的财经新闻记者在进行以上简单分析时很可能已经发现了其中的问题，从而会对公司进行更深入的调查。但事实是，很少有记者在报道时看到了这些联系。尽管揭露安然公司的问题比比较股价要复杂得多，但是安然股价逆市上涨，这本身就预示了更深层次的问题。按理来说，一些记者不理解公司的业绩表现与它的股价涨跌存在何种关联，而这本应该引导他们对当时的安然提出质疑。

"财经媒体在安然曾经的光辉岁月里扮演的是一只不会叫唤的看门狗的角色。"在《福布斯》杂志（Forbes）工作了 38 年的编辑吉姆·迈克尔（Jim Michaels）如是说道（Barnhart，2002）。安然公司的许多高管当时正在抛售他们的公司股票，无数的通讯记者都追踪到了这条消息。如果记者了解高管抛售股票的意义，这就足以告诉他们：了解公司未来走势的高管们认为短期内股价不会上涨。对于记者而言，其实并不难发现问题，只要你愿意花时间来研究，挖掘其中的真相并连点成面，把事实汇集成一篇新闻报道。

股票市场从历史最高点下跌了 25% 以上，许多公司在暴跌中倒闭。很多人责怪财经新闻记者，因为他们没有及时预警 2000 年和 2001 年的华尔街泡沫，也没有意识到 2008 年和 2009 年金融衍生品和次级抵押贷款危机的重要影响。例如，在揭露安然、美国世界通信公司（WorldCom，以下简称"世通"）和阿德尔菲亚通信公司（Adelphia）等公司的问题时，媒体为什么没有做得更好一些呢？答案是，尽管记者们无须对导致这些公司倒闭的不当行为负责，但他们本应做得更好一些。不过，财经记者可以从过去的错误中吸取教训。帮助财经记者写出更优质的报道的最好方式之一就是为他们提供培训机会，让他们了解自己所报道的事件的重要性。

> **最佳财经新闻报道前十名：**
> 1. 艾达·塔贝尔（Ida Tarbell）在 McClure's 杂志上发表的《标准石油公司的历史》系列报道。
> 2. 厄普顿·辛克莱（Upton Sinclair）在《屠宰场》（The Jungle）中揭露了美国肉类加工厂的不卫生情况。

3. 蕾切尔·卡逊（Rachel Carson）在《寂静的春天》一书中揭露了化工行业的重大黑幕①。

4. 拉尔夫·纳德尔（Ralph Nader）在著作《任何速度都不安全》中揭露了雪佛兰 Corvair 车型存在的安全隐患，引起公众对汽车安全的关注。

5. 约翰·斯柏尔（John Spargo）针对煤矿童工的揭黑报道。

6. 爱德华·默罗（Edward R. Murrow）在《丰收的耻辱》中揭露了移民的悲惨工作环境。

7. 杰西卡·米特福德（Jessica Mitford）在《美国人的死亡之路》中揭露了丧葬行业的种种黑幕。

8. 休斯敦电视台 KHOU-TV 揭露了福特探险者（Explorer）车型上安装的风驰通（Firestone）牌轮胎存在的问题。

9. 美国调查记者巴利特（Barlett）和斯蒂尔（Steele）揭露了联邦税法施行中的不公问题。

10. *Collier's* 杂志在 1905 年对专利药品行业的揭黑报道。

尽管如今财经领域的新闻报道与写作比 30 年前好得多，但仍有一些报道缺乏语境，这些上下文语境恰恰能帮助读者更好地理解商业对他们而言意味着什么。结果，想要获取更好的商业新闻的精明读者绕开当地报纸，而是选择能为他们提供深度报道的网站。对于努力想要维持发行量的报纸、杂志和希望提高收视率的电视台来说，有一个信息是明确的：要留住商业新闻的消费者群体，他们就需要提供更多具有广度和深度的报道。这个目标在当今这个时期是尤为重要的，因为每个人都希望了解一些经济情况。

出现在记者和编辑人员身上的主要问题是，他们对企业的问题和复杂的经济话题了解不充分，很少有财经记者和编辑拥有经管专业相关学历，也很少有人接受过如何报道公司消息和经济新闻的培训。由于过去二十年里对经济新闻报道需求的快速增加，经济类的新闻话题令记者和编辑们感到措手不及。《旧金山纪事报》（*San Francisco Chronicle*）的媒体专栏作家丹·福斯特在 2002 年初说道："很多记者仅仅是对资产负债表有了一个初步认识就转行做起了财经记者。"（Fost，2002，p. G1）

结果，这些记者们写出的报道内容非常肤浅，有时甚至完全遗漏了重点。"财经新闻报道在股票市场崩溃之前还在为牛市擂鼓助威，直到市场颓势显而易见了才开始敲响警钟，而且对于公司腐败的问题竟然莫衷一是。"个人理财栏目的主编克里斯·庞尔如是说道。

《报纸研究学刊》（*Newspaper Research Journal*）2002 年春/夏季刊的一篇文章说道，解决这一问题的方法就是为财经记者们提供更好的培训和教

---

① 指杀虫剂破坏生态。——译者注

育机会。《西海岸报刊》（*West Coast Newspaper*）一项研究显示，财经记者和编辑应该接受商业类知识的相关课程和培训，以满足其职业所需，这一点几乎已经达成共识。受调查者们同时强调，"不仅是财经记者，而且所有记者都应该对经济学知识有基本的了解"（Ludwig，2002，p. 139）。提高记者和编辑们对商业和经济现象的理解能力有助于提高他们的报道质量，这些有关公司决策和经济因素的报道影响着全球读者的日常生活，从而让读者能够对自己的财富和生活做出更加明智的决定。

想象一下，今天你走进当地的麦当劳去买一个汉堡包。这一简单的购买行动会最终影响到麦当劳的利润，反过来，也影响它的竞争对手们的业绩，其中包括汉堡王（Burger King）和温迪（Wendy's）。所有这些公司都在广告和产品开发上投入资金，以试图吸引你走进它们的餐厅。但是如果你现在的经济条件有限，你决定不去麦当劳，而是去当地的零售店里买肉和面包，你的消费决定仍然影响着这些公司，同时也影响着当地零售店和肉食公司的财务状况。如果你是开车到零售店去的，那么你的购买决定甚至会影响除了餐厅和零售店之外的其他公司。如果开车去的话，你在哪个汽油站加油？又是什么影响你的购车决策？

这里我们只是在讨论关于吃午饭的一个决定。想象一下你和其他消费者每天做出的所有决定，思考一下这些决定将如何影响地方和国家的经济以及公司的销售业绩（包括那些购买了它们商品和服务的和没有购买的）。现在，这些决定对当地报纸的读者、晚间新闻的观众以及电台的听众的影响是怎样的？你又当如何进行解释呢？

财经新闻发展史

财经新闻不仅对美国，也对数以万计的每天进行购买活动（包括商品和服务）的个人有着深远的影响。

早期的美国移民通过报纸了解农作物和牲畜的价格，以及船只驶入港口和船上装载的货物的情况。到了19世纪，开始出现了专门报道商业新闻的报纸。《商业日报》（*The Journal of Commerce*）创建于1827年，紧接着是1889年创立的《华尔街日报》，但这一时期一些最重要的财经新闻仍然由主流报纸报道。

在19世纪50年代末，《纽约论坛报》（*New York Tribune*）的创始人霍勒斯·格里利（Horace Greeley）推动了贯穿东西部铁路的建设。这是将不断发展的美国的地方经济合而为一的第一支力量。此外，格里利还报道了对低成本宅地的需求，这也是美国经济发展的另一支主要力量。十年后，《纽约太阳报》（New York Sun）披露，援建第一条洲际铁路的铁路公司实际上是由数家铁路公司自行组建，这些铁路公司实际上是内部互签合同，并且以折价购入股份的方式来贿赂国会议员，让他们保持沉默。这个报道引发了国会对私营公司的首次调查，也是后来安然、世通等公司倒闭后国会进行听证的前身。

报纸也影响着政府对企业的监管模式。就在格里利推动铁路建设的同一时期，纽约的另一份报纸《莱斯利新闻画报》（Frank Lesli's Illustrated Newspaper）揭露了劣质牛奶毒害儿童的事件。在这篇报道的推动下，监管机构通过了禁止企业出售馊牛奶的法令。这次对馊牛奶丑闻的揭露并非记者第一次把矛头指向企业。在整个19世纪90年代后期和20世纪早期，很多家报纸都要求记者调查公司对人们生活的影响。1899年，《芝加哥每日论坛报》（Chicago Daily Tribune）开始报道每年人们因庆祝美国独立日时燃放鞭炮和其他爆炸物而致人死亡的事件。这些报道促成了限制爆竹鞭炮生产销售的相关规定出台。

财经新闻报道促成商业改革最有名的例子是厄普顿·辛克莱的小说《屠宰场》，其中记录了肉类包装业的恶劣卫生条件，除此之外还有艾达·塔贝尔所在的 McClure's 杂志中有关标准石油公司（Stand Oil）迫使竞争对手退出市场的报道。在读了辛克莱的小说后，西奥多·罗斯福总统最终在1906年推动了《食品和药品法》（Pure Food and Drugs Act）和《联邦肉类监察法》（Meat Inspection Act）的制定和实施。1911年，美国最高法院下令标准石油公司解体。19世纪末20世纪初，McClure's 杂志中的文章开始抨击铁路行业，从而推动了货物铁路运输运费限价法案的出台。1906年，在《时尚》杂志（Cosmopolitan）一篇针对童工报道的影响下，工厂滥用童工的情况开始在全国范围内得到治理。

5　　此外，记者们也把注意力转向投资领域。1920年，《波士顿邮报》揭露了本地金融家查尔斯·庞兹（Charles Ponzi）的欺诈行为，他以高额的利润回报骗取投资者的信任。庞兹最终在这些报道的调查基础上被逮捕及定罪，并被判处刑期。他也因此在商业世界臭名远扬，现在"庞氏骗局"用来指任何非法的金字塔骗局，即用新投资人的钱来向老投资者支付利息和短期回报，最近报道的伯纳德·麦道夫（Bernard Madoff）诈骗案就是一例。

之后，各类出版物开始通过教育消费者改善其生活条件，从而引导他们购买更安全的产品。例如，《读者文摘》（Reader's Digest）是第一个揭露吸烟的潜在危险并提出抽烟会导致癌症的出版物，当然今天的《读者文摘》并不是以披露爆炸性新闻而闻名。在 1952 年 12 月的一篇文章中，《读者文摘》展开了对反对吸烟的大辩论，迫使烟草业承认吸烟有害健康。

《国家民族政坛杂志》（The Nation）在 1959 年 4 月的一篇文章中，著名的消费者权益倡导者拉尔夫·纳德尔自己开始了对汽车安全性的调查，并最终促使新的联邦法规出台，新法规对大部分汽车提出设置安全带、产品召回、撞击测试以及安装安全气囊的要求。据披露，当时的通用汽车公司曾雇用私家侦探跟踪纳德，此后纳德的建议在社会上引起了很大反响。

20 世纪 60 年代，《得梅因纪事报》（The Des Moines Register）刊登了杂货店将患病动物的肉打包出售的报道，此后美国国会展开了相应调查，并出台相关法规填补此类漏洞。杂志《琼斯母亲》（Mother Jones）1977 年刊登的一篇文章提醒读者驾驶福特斑马（Pinto）车型的危险，因为这款汽车的油箱在车尾被撞后极易爆炸。这篇文章导致福特公司召回这一车型并最终停产。20 多年后，休斯敦电视台 KHOU 的一名记者发现一系列撞车事件实际上与福特公司的越野车和风驰通轮胎公司的轮胎质量有关。受该报道影响，这两家公司召回了数百万只轮胎。

调查和撰写这些文章的记者对于一个社会中商业的重要性有着深刻的理解，进而揭露其中的问题与缺陷。其中有些记者并没有接受商业运作的相关培训，但是他们了解企业运作和盈利的重要信息，通过坚持不懈的新闻调查，最终将其转化为改变我们的经济和生活的新闻报道。这是今天的财经新闻记者需要努力达到的境界。得益于诸多记者和编辑的努力，财经新闻报道在过去的 100 年里发生了巨大变革，发展成近 20 年来可以说是最重要的新闻事业。

《商业周刊》创办于 1929 年，杂志创刊仅仅几个星期，美国股市就出现了大崩盘，之后就发生了经济大萧条（Great Depression）。由《时代》公司（Time）创始人亨利·卢斯（Henry Luce）创建的《财富》杂志在一年后开始发行。在接下来的 70 年时间里，这两个刊物和《福布斯》杂志都有财经新闻报道，发表关于工业、华尔街以及所有关于劳工话题的长篇报道。这些文章使读者对商业、对国家经济的影响有了广泛的认识和理解。

新颖和有趣的新闻报道风格也随之发展起来。1935 年，西尔维亚·波特（Sylvia F. Porter）开始为《纽约邮报》（New York Post）撰写财经新闻专栏。她的报道确立了个人理财报道的风格，并深入浅出地向读者解释他们应该如何打理他们辛苦赚来的钱。这使她登上了 1960 年《时代》杂志的封面。在波特职业生涯的巅峰期，全世界超过 450 份报纸上设有她的专栏。受她的写作风格的影响，其他著名财经专栏作家像简·布莱恩·特奎因（Jane Bryant Quinn）和凯茜·克里斯托夫（Kathy Kristof）等至今仍然将向大众提供可靠的理财建议作为报道方向。如果没有这些财经作家，很多人还无法理解 401（k）福利退休计划是如何运作的，也不知道增长股和价值型股票的差别。

6　　　1941 年，32 岁的巴尼·基尔戈（Barney Kilgore）接管了《华尔街日报》，并将其从纽约市的一个小众报纸发展成为一个提供优质财经新闻的国际大报。这位现代财经新闻之父将《华尔街日报》打造成一份解释劳动力、资本和企业内在联系的知名报纸。"他还认为，《华尔街日报》试图从各个方面对人们生活着的世界进行深度而没有偏见的分析，而那些需要搞清楚劳动力、资本和企业内在联系的人必会珍视这份报纸。"《华尔街日报》的母公司——道琼斯公司（Dow Jones）的首席执行官彼得·卡恩（Peter Kann）如是说道（Kann，2000，p. 1）。从基尔戈开始经营《华尔街日报》直至他 1967 年去世，这份报纸的发行量从 4.1 万一跃升至 110 万以上。从 1977 年至今，《华尔街日报》一直是日销售量位居全美第一的报纸。在基尔戈看来，最好的财经报道面向的是最广泛的受众。一个银行家需要了解商业信息，一个想要从银行贷款的消费者同样也有这方面的诉求。一个经验丰富的华尔街投资者需要通过报道知道股票市场为何下跌，而这篇报道应该用一个佐治亚州托马斯县的老奶奶都能够理解的简单语言来表达。富兰克林·罗斯福（Franklin Delano Roosevelt）十分信任基尔戈的新闻报道能力，以至于对当时正在努力理解新的社会保障制度的记者们，他都叮嘱道："去问基尔戈。"

　　1970 年，路易斯·鲁吉斯（Louis Rukeyser）开始在公共电视台主持一档叫"华尔街周刊"（*Wall Street Week*）的节目。它成为第一个专门讨论股票市场和经济问题的大众节目。这档节目介绍华尔街对普罗大众生活的影响，并且成为其他财经类电视节目，比如彭博电视台（Bloomberg Television）、美国全国广播公司财经频道（以下简称"CNBC"）、福克斯商业新闻电视网（Fox Business Network）等电视节目的先驱。在办公室打开 CNBC 频道，任由它全天候播放，世界各地的观众对此早已习以为常。但在 20 年前，如果一个人想要看专门报道财经新闻的电视台，这可能要花费他整整一个假期的时间。如今，收看专业财经新闻节目已经被视为社会上绝大多数人生活中的一个正常部分。

　　即使在今天，财经新闻界的业态仍在继续发展。彭博新闻是个超过十年之久的国际通讯社，它对华尔街和许多公司进行了大量全面的报道。迫于竞争压力，其他媒体也不得不在日常新闻上加大报道力度。道琼斯公司和路透社（Reuters）是彭博在爆炸性商业新闻报道方面的主要竞争者。财经新闻已经能够通过多种方式以极快的速度向受众传播。例如，《华尔街日报》对企业并购的报道往往抢在正式消息公布之前，这极大程度上改变了其他财经媒体新闻报道的风格和结构。

> **财经记者必备资源一览：**
> 1. 《理解财务报表：记者入门指导》（*Understanding Financial Statements: A Journalist's Guide*）：本书作者为芝加哥金融专家杰伊·塔帕里亚（Jay Taparia），该书以简单易懂的表达风格为财经记者提供入门指导。
> 2. 订阅业内最好的刊物——《华尔街日报》。要想成为顶尖的财经记者，你需要每日阅读并学习业内最顶尖的刊物。
> 3. 拥有彭博终端机的账户。彭博终端机的数据资源丰富，可以为财经记者提供有力的数据支持以及全球消息源的联系方式。
> 4. 《24 天：安然垮台真相》（*24 Days: How Two Wall Street Journal Reporters Uncovered the Lies that Destroyed Faith in Corporate America*）：本书详细记录了两位《华尔街日报》记者是如何一步步挖出安然公司的内幕，捅出了 20 世纪最大的公司破产案的。
> 5. 成为美国商业编辑和记者协会成员。该协会会定期举办工作坊、会议等活动，为业内财经记者提供交流平台。

　　如今，越来越多的具有商业色彩的新闻报道为其作者赢得了普利策奖杯（Pulitzer Prizes）。1999 年，波特兰市《俄勒冈人报》（*The Oregonian*）的一位记者通过跟踪从美国到亚洲的运输冷冻薯条的船只，进而解释亚洲经济衰退对美国经济的影响。该记者因这篇报道获得普利策奖。随着此类报道获得主流新闻奖项数量的逐渐增多，财经新闻报纸杂志的影响力逐渐增强。

财经新闻报道的理念是"安抚贫穷受苦人，质疑既得利益者"。初出
茅庐的学生如果对这个领域感兴趣就需要了解财经新闻的来龙去脉——它
从何处来，它又将走向何方。值得欣慰的是，如今，很多人和企业借助财
经新闻取得了许多进步和成功。随着商业成为人们日常生活的一个主要关
注点，财经新闻记者对于媒体和社会而言发挥着越来越重要的作用。

经验与教训：财经媒体的作用反思

尽管财经类或经济类的报道与写作促进了社会的进步并产生了积极影
响，它们同时也给世界带来了一些问题，过去也好，现在也罢，这是一个
必须正视的问题。

20 世纪初，美国"扒粪者"揭露了肉类加工厂的恶劣卫生条件以及垄
断商业行为，与此同时，相关公司也在寻找专业人士帮助他们应对媒体。
这就是公关行业的起源，而最早的这群职业公关关系从业人员的出现，也
扭转了财经新闻行业的发展势头。那些被新闻报道抨击的公司 CEO 们需要
做出回应。20 世纪初，通用电气、通用汽车等美国主要的大公司都聘请了
专门的公关专家为其回答媒体提问，并且努力让记者们相信这些营利型公
司并不像很多人认为的那样无耻。公关专家们的任务就是向媒体展示公司
积极正面的一面。

从某种程度上看，伴随公关行业上升趋势而来的是财经新闻行业整体
的低落期。在 20 世纪的五六十年代，如果负责报道市政府和州政府新闻的
报社记者们无法拿到重磅消息，那么他们就被派去报道公司消息，资历老
一点的记者则被派去报道财经新闻。在当时的情况下，越南战争和种族骚
乱题材的报道比财经新闻更受欢迎一些，当然这也有例外。

20 世纪八九十年代的情况有所好转。随着记者和编辑们的经验日渐丰
富，财经新闻的报道质量有所改进，但是仍有漏掉重大新闻的情况出现，
行业本身也受到一定程度的冲击。20 世纪 80 年代初，伟楠思·福斯特
（Foster Winans）在《华尔街日报》上开设了当时风靡财经新闻界的"华
尔街快讯"（Heard on the Street）专栏。这个专栏主要披露专业投资者对某
些股票看涨或看跌的态度。之后，伟楠思开始在专栏发布前泄露信息，他
本人最终被逮捕，并入狱服刑。十年后，知名商业专栏作家丹·多尔夫曼

（Dan Dorfman）被踢爆与投资者关系密切，而他又无法向编辑透露他的消息来源，因而被《金钱》杂志（*Money*）解雇。

与此同时，几乎没有记者能够对可能发生的问题发出预警。1987年10月初，几乎没有引人注目的头条新闻敦促投资者在股市暴跌之前及早抽身。十年后，商业财经杂志纷纷发表文章称颂安然公司，这些做法我们现在看起来似乎是可笑至极。在《达拉斯晨报》（*Dallas Morning News*）的一个标题中，安然公司被称为"全球电子商务的领军企业"（North，2002）。《休斯敦商业杂志》（*Houston Business Journal*）的一位记者写道，"安然公司展示出被外界普遍认可的创新能力，这种能力不断产生额外的收入来源、潜在利润和更多的资本"（North，2002）。

这种颂扬之风不仅限于地方出版物对当地公司的吹捧奉承，甚至于那些由所谓的专家执笔的关于新兴产业的杂志或出版物也没能为读者提示潜在的风险和问题。"这些新的杂志和网站往往表现得像漠不关心的啦啦队，只知道为创新型公司和高管们喝彩，却从来没有质疑过他们的财务报表状况。"《时代》杂志欧洲版（*Time Europe*）的商业编辑詹姆斯·莱德贝特（James Ledbetter）如是说道。他曾就职于《行业标准》杂志（*The Industry Standard*），这本杂志也曾报道了许多互联网公司的迅速崛起，却没有意识到其中一些公司必然会遭遇失败。"举个例子，如果你在这些出版物2000年前的数据库中输入'安然'进行搜索，你会发现除了对其市场创新的赞美也再无其他了。"（Ledbetter，2003，p. A17）

即使是那些受人尊敬的大众传播媒体也没有很好地扮演其监督的角色。《纽约时报》称安然公司的总裁是"创意机器"（Salpukas，1999，p. C1）。这些媒体不仅没有揭露安然丑闻，反而为其推波助澜。经济类杂志《挑战》（*Challenge*）的编辑杰弗里·玛蒂可（Jeffrey Madick）说，"它不仅忽略了安然合伙关系的复杂性，并且其对安然的正面评价几乎超过其他所有公司。《财富》连续五六年将其评为最具创新精神的公司，但可能一次都没有查过安然的财务状况"（Madick，2003，p. 3）。

大众传播媒体也报道过严重的商业问题，但是差距依然存在。如《纽约时报》在1996年3月针对国家经济增长势头强劲但失业问题依然严峻这一现象展开了一系列调查，其中就有过不准确的判断，比如"这种经济环境中长期工作在同一岗位的工人并不多"，"被解雇的工人找到一份新工作的难度更大"，以及"经济环境中创造出来的就业岗位多数都是报酬低的服务性工作，而非高薪的制造业工作"。

"20 世纪 90 年代财经报道的问题不是记者不够聪明去探究腐败的根源，"查尔斯·莱顿（Charles Layton）于 2003 年 3 月在《美国新闻评论》（*American Journalism Review*）中写道，"翻阅过去 5 年的报道，你会惊讶于记者们对所报道的财经新闻事件确信无疑的态度。即使在自己的新闻机构之内，他们也在一些报道的干扰下失去了自己的见解，这些天真的报道不断告诉我们经济体制的完善性，分析员、审计师和 CEO 们的可信度以及市场繁荣的持续性，以消除我们的疑虑。"（Layton，2003，p. 22）

近年来，财经新闻记者不得不回答那些尖锐的质疑：肇始于房地产市场的 2008 年经济危机发生之前，他们为什么没有向消费者发出预警？但是，回顾过去十年的报道我们可以发现，这一次危机前后财经新闻记者和编辑们的整体表现已有所提高。他们写的很多报道就是关于房地产泡沫并预示华尔街公司从事衍生品交易的潜在风险。前哈佛商学院教授格雷戈里·米勒（Gregory Miller）发现，近三分之一的财务不当行为是由财经记者们披露出来的。

不过，不少重大新闻仍然被忽略了，包括之前提到的麦道夫丑闻，在丑闻揭露的三年前就有人给《华尔街日报》提供过线索，而相关的新闻报道却直到麦道夫被控欺诈之后才发出来。

9　　鉴于财经新闻行业的现实情况，受众对财经新闻报道质量的信心仍然不足，特别是那些经常阅读商业版的企业高管们，这一点难道还有人会怀疑吗？即使在新闻编辑室和记者队伍当中，财经新闻报道仍被认为在知识和专业方面均无多大进展。在路易·哈里斯（Louis Harris）1992 年的民调中，46% 的高管认为财经新闻的总体质量略低。此外，有 17% 的受访公司管理人员认为财经新闻的质量实际上自 1967 年以来有所下降。在同一项调查中，超过四分之三的公司管理层和几乎相同数量的新闻专业学者均认为，太多的报道重点被放在人物"个性"（personality）报道或关于 CEO 的故事上。而在公司摇摇欲坠的时候，这些塑造 CEO 形象的新闻报道便黯然失色，对此只有 34% 的记者表示认同。但最有说服力的数字是：92% 的高管以及 72% 的新闻记者和学者对于财经记者具有丰富的财经类知识仍抱有疑虑。

两年后，自由论坛第一修正案中心（Freedom Forum First Amendment

Center）发表了一篇题为"头条与底线：财经行业和新闻媒体的互不信任"的研究报告。研究发现，超过三分之二的记者认为他们在财经新闻报道上并没有出现技术性的细节错误。然而，超过四分之三的公司高管却持相反的观点（Rasmussen，1994，p. 12）。此外，这份调查发现，近半数的记者认为他们在财经新闻报道方面并没有接受足够的培训，而七成高管认为记者们缺乏报道财经新闻所需的商业背景（Rasmussen，1994，p. 10）。

十年之后，同样的态度和观点仍然存在。2000 年，Selzer & Company 为雷诺德基金会和美国媒体协会所做的一项调查显示：美国的商业领袖对大多数日报的财经新闻报道的质量并不满意，"他们认为财经记者缺乏对企业运作的基本了解。他们没有探究深层的问题，因此他们的报道并不能为商界领袖们提供其需要的详细信息"（Selzer，2000，p. 2）。

调查还发现，如果让编辑部主管们对五类新闻报道题材进行排名，那么财经新闻的排名是最靠后的。财经类消息在编辑部的优先等级也是比较靠后的，尽管许多优秀的财经新闻起到了帮助读者理解复杂问题和警示未来问题的作用。例如，普利策奖在 2008 年和 2009 年分别被授予《华盛顿邮报》的财经专栏作家史蒂芬·波尔斯汀（Steven Pearlstein）和揭露了长街（The Strip）建筑工人恶劣工作条件的《拉斯维加斯太阳报》（*Las Vegas Sun*）的财经记者亚历山德拉·本桑（Alexandra Berzon）。

那么，既然财经新闻报道的内容和质量总体有所改善并且相较 50 年前更加客观，那么为什么它如此不受重视呢？

一部分原因在于人们的观念问题。很多人认为财经新闻沉闷无趣并且难以理解，其中的数据太多，话题也复杂难懂，一般读者很难提起兴趣。而财经新闻确实也是主要面向企业经理和管理层，针对工人阶层读者的内容并不多见。

但财经新闻写作能够并应该激发大众的阅读兴趣，并且应该是今天的报纸、杂志和电视上最优质的内容之一。在美国，几乎每个人每天都花时间思考他们赚多少钱，是否有工作保障，或者是否应该找一份新工作。他们想知道现在是不是将住房抵押贷款进行再融资的最佳时期，或者公司的CEO 是否正考虑出售业务。他们想知道哪些公司陷入财务困境因而不去投资它的股票，他们想知道哪些企业适合就业。

简而言之，他们需要的是更优质的财经新闻报道。

理解与分析

世界各地的财经新闻记者们要做的最重要的事情就是了解他们在写什么。一家大型都市报的前任财经编辑称，往事不堪回首，15 年前他写的第一篇报道就混淆了收入和净收益这两个概念。如果不是当时细心的编辑发现了这个错误，读者可能会对整篇报道乃至整个财经版块的内容产生怀疑。

但是，正如我们所看到的，大众传播媒体从来没有充分重视对财经新闻记者和编辑们的相关商业知识培训。不幸的是，不仅仅是财经新闻记者需要了解财经问题和概念，任何一家报纸、杂志、新闻网站、电视台的任何一个新闻版块都会遇到涉及金钱和商业的新闻报道，如果没有这些知识以保证报道的准确性，他们只会误导观众。

这不仅仅是对记者而言。公关专业人士在为公司撰写新闻通稿时对许多概念也常常不理解。他们也没有去学校学习如何阅读资产负债表或分析公司高管的薪酬待遇体系。

要成为优秀的财经新闻记者还需要学习很多。他们需要知道如何报道经济、政府监管、影响企业的税收。他们需要了解企业是如何运作的，为什么有些企业赚钱有的企业亏损。他们需要知道高管和其他管理人员在公司内部发挥的作用，也需要了解有些企业并非以盈利为目的，而是以服务社区为己任。

如果没有这些财经知识或更多的知识积累做支撑，财经记者可能在报道时不慎犯错。对于行业内记者犯下的错误，一些财经新闻领域的专家会坦诚告之读者。下面是《圣保罗先驱报》（*St. Paul Pioneer Press*）的作家爱德华·罗特曼（Edward Lotterman）写的专栏文章，文章指出财经记者做出的关于商业和经济的判断可能引发争议。

> 一些财经媒体记者在报道全球经济问题时仍会出错。就以美联社（Associated Press）刊发的这篇财经报道为例来说吧。
>
> 新闻标题为"美元表现仍然滞后于欧元和日元"。报道称："美元在周一表现依然疲软，兑欧元和日元汇率停留在去年年底以来的最低水平。受世界大企业联合会领先指标的影响，美元走势和美国股市持

续受挫。"

下文的报道称："外汇市场的焦点主要集中在美元兑日元疲软的走势。"

而就在三天前，这个通讯社在报道中称："美国3月份贸易逆差形势略有改善，原因是出口增速……超过了进口的增长。"

美联社的编辑和作家显然没有认识到其前后报道的矛盾之处。三天前该通讯社把美国的贸易逆差解读为坏消息，然在三天后，他们却又用"滞后"和"疲软"这类词来形容美元走弱。

这就好比一个天气预报员高兴地报道称："今日天气很好，没有降雨，人们的活动不会受到影响。"中途插播了一则商业广告后，预报员接着又说，"灾难性的干旱天气"仍在继续。

恰恰是因为美元的强劲才导致美国进口量大于出口量，就如同连日晴天无雨才会出现干旱天气一样。一边为贸易逆差的下降而欢呼雀跃，另一边又在为美元走弱而愤愤不平，这与一边呼唤晴天而另一边却在抱怨少雨一样愚蠢可笑。

在各种手段的干预下，美元的估值过高。这虽然有利于消费者，但损害了生产者的利益，特别是那些从事进出口业务的公司。

很显然，"强劲"的美元相当于"价格昂贵"的美国出口产品。

具有讽刺意味的是，周二的报道结尾处是这样写的：

"迫于压力，日本养老基金通过购买外国资产以引导资本外流，这样做的目的是防止日元升值。"

如果货币"坚挺"对一国经济有好处，那么为什么日本政府还要采取行动来保持日元疲软？难道日本经济运行方式与美国有本质的不同吗？答案是否定的。

日本企业和政府都明白，坚挺的日元不利于日本产品的输出和生产，就像坚挺的美元不利于美国的生产和就业一样。

历史告诉我们，当一国的国际收支项下的活期存款账户（其中包括进口和出口）出现长期赤字时，该国货币的价值会不可避免地下降。

当美元币值下降，美国消费者对昂贵进口商品的购买量将会减少，而美国生产商则可以出口更多的价格低廉的商品。

这可能是一个渐进的过程，给消费者和企业调整策略的时间，但也有可能在几个月或几个季度后突然出现。历史同样告诉我们，渐进的调整通常比突然的调整破坏性要小一些。

在这个问题上经过了深思熟虑之后的美国公民希望看到的应该是美元在一段持久时期内逐渐走软。因为没有任何理由可以支撑强势美元的政策，除非是那些被误导的仇外心态使然。

但媒体依然将美元走软视为坏消息，而把美元上涨看作好消息。

12　　　在一个民主国家中媒体扮演着至关重要的角色。那些对公众具有启发意义的新闻报道能够促进经济政策的完善和生活水平的提高。①

在阅读那篇评论文章之后，你是否对你撰写的第一则经济新闻略感担忧？无须担心。它没有看起来那么难。

罗特曼对强势货币和贸易的深入浅出的解释便于读者理解。（与之相反的论点认为，如果美元过于疲软，持有美国金融资产的外国人可能会将其出售，从而导致利率快速上升。）然而，包括财经记者在内的很多记者都试图用生动的语言解释晦涩难懂的经济问题，以打动读者，但是他们当中的很多人也承认，有些问题他们也不是百分之百地确定。

此外，许多记者只是在机械地重复他们被告知或读过的商业主题，但他们从未质疑这些主题的正确性，或者没有真正理解他们所写的东西。这可能会给记者以及读者或听众带来许多问题。正如我们从众多调查中所看到的一样，通过阅读，企业高管和其他读者可以很容易地判断出记者是否能真正理解他自己写的东西。真不应该如此。的确，由于新闻编辑部的截稿压力，记者无法花费一两天的时间把一个问题研究透彻。这个时候就需要一个有相关知识背景的编辑花些时间和精力指导这个记者，向其传授经验智慧。

因此，对商业话题的理解和掌握不仅对于记者来说十分重要，而且对编辑而言也是不可或缺的。采访政府部门的记者们需要从高中和大学的政治学课程中对政府机构的运作有基本的了解。还有许多体育记者要熟悉其所报道的体育项目，就得舍得花时间像年轻人一样观看并且参与该项运动。

但是很少有商业记者和编辑为了获得他们在工作中所需要的知识而参

---

① E. 罗特曼：《媒体需要理解美元价值与贸易逆差之间的关系》，《圣保罗先驱报》2002 年 5 月 26 日，第 1C 版。版权归《圣保罗先驱报》所有，经许可转载。

加过商业课程培训或者选择商科这一专业。"没有人会去让一个不知道游击手为何的人去报道波士顿红袜队的比赛，"《纽约时报》的专栏作家弗洛伊德·诺里斯（Floyd Norris）在 2003 年美国商业编辑和记者协会年会上谈道，"但是很多人却让对每股盈利的概念都不甚理解的记者去报道商业新闻。"（Nelson，2003，p. 6）

所有的财经报道都与钱相关

对于时政记者、体育记者以及那些报道教育、警务和法院新闻的记者而言，了解并理解商业运作方式是非常重要的。因为每一篇报道都可以追溯到一个重要的共同点上来——金钱。

钱在生活的各个领域中都十分重要。纵观整个社会，大多数的钱都是在商业交易和消费者的消费行为中产生的。政府依靠收到的税款来运行。税款是从哪里来的呢？税款来自政府管辖之下的消费者和企业。运动队需要钱来支付运动员的薪水并建设体育馆和竞技场。钱是从哪里来的呢？钱来自那些付费来观看比赛的个人和公司。商业和经济与所有的一切都息息相关。私人公司现在开始经营学校。大学则越来越多地依靠捐赠收入，并将这些钱投向华尔街以支付教职工的薪水，同时将大学学费保持在较低的水平。杀人犯、小偷和强盗的行为一般都是个人对金钱或其他贵重物品的贪欲所致。

北卡罗来纳州罗利市的《新闻与观察者报》（*The News & Observer*）头版的一篇报道就是一个很好的例子。这篇报道解释了利率下降是如何在全国范围内产生深远影响的。利率的话题尽管有很多记者在报道中提到过，但记者可能并没有完全理解它。

过去的一年中，北卡罗来纳州的所有城市都出现了投资收益大幅下降的情况。这是金融领域遭受的一个巨大挫折，同时也给编制预算和坚持征收房产税的官员们出了一道难题。对于许多地方政府来说，损失数额已经达到甚至超过了州长迈克·伊斯（Mike Easley）去年扣留的用于解决预算困境的数额。

"这是一记沉重的打击，"北卡首府罗利市（Raleigh）的财务部长佩里·詹姆斯（Perry James）说，"如果你手中的资金数量比原来少

13

了，那你自然无法实现和原来一样的投资回报。"市政当局不能将投资收益不佳归咎于州长。要怪就怪美联储。为了刺激经济增长，美联储在 2001 年连续 11 次下调了短期利率，而且去年 11 月又采取了一次降息行动。

每次美联储下调利率，地方政府的潜在收益率就随之下降。根据州法律的规定，州和地方政府必须将其大部分的现金投资于同联邦基金利率挂钩的保守型投资产品，如存单和美国国债等。

有几年地方政府的投资回报还算不错，但在截至 2002 年 6 月 30 日的财年中却遭遇了"滑铁卢"。

任何与股票市场挂钩的投资组合都表现不佳，州养老金基金也不例外。在过去的一年内，州养老金基金的损失达 33 亿美元，占资产总额的 5.8%。

尽管没有人能够预测市场的未来趋势，但是预计地方政府的投资回报率年内仍无法扭转颓势，因为美联储把联邦基金利率维持在近年来的最低水平。

当然事情也有好的一面：地方政府可以以较低的利率水平借入资金，从而修建大楼以及推进其他基础设施项目建设，尽管这些项目中的大部分因为宏观经济形势和预算前景的不确定性，其进度放慢了。

对于地方预算编制者和财政官员而言，投资回报率低使得本来就紧张的预算变得更为困难。

官方的记录显示，罗利市在 2001 ～ 2002 财年实现投资收益 1200 万美元，较上一财年的 2210 万美元下降了 46%。该公司在 1999 ～ 2000 财年实现投资收益 2060 万美元。

达勒姆市在 2002 年获得了 700 万美元的投资收益，但是比前一年减少了 690 万美元，降幅为 49%。

"近些年来，这一直是我们收入的一个重要来源，"达姆拉的预算主管朱莉·布莱曼（Julie Brenman）说，"能通过投资而不是向市民征税来获得资金是很好的，没有了投资收入，政府不得不通过减少公共服务支出或是找其他的方法去获得收入。"

14

对于罗利市和达勒姆市而言，那些投资损失超过了州长迈克·伊斯留存的用于偿还和支付给地方政府的资金，这引起了当地官员的一片哗然，同时也引发了诉讼威胁。

同样的情况也发生在教堂山（Chapel Hill）。该镇 2002 年投资收入减少了 70 万美元。比 2001 年 120 万美元的投资收入下降了 58%。

加里市（Gary）在所有三角洲区域的大型城市中表现是最好的。该市 2002 财年的收入仅比前一年下降了约 310 万美元，降幅为 23.8%。

但是没有一个三角洲地区的城市像温斯顿－塞勒姆市（Winston－Salem）一样处境艰难。这座城市是为数不多的几个获得了北卡州州议会的批准、可以投资波动性更大的股市的城市之一。

温斯顿－塞勒姆市公布 2001 财年和 2002 财年共计亏损 5140 万美元，这已经不仅仅是投资收益下滑的问题，而是实实在在的亏损。但在之前的三年里，由于赶上了牛市，该市的投资累计获得了 1370 万美元的收益，超过该州内的其他任何一座城市。

去年夏天，达勒姆市在州议会的代表们获得了授权，同温斯顿－塞勒姆市一样，达勒姆市和达勒姆县可将纳税人资金通过以下方式进行投资：可将至少五年内没有使用计划的资金中的一半投资于股票市场。

公牛市（Bull City）政府官员表示，鉴于温斯顿－塞勒姆市投资亏损的情况，到目前为止他们还没有开始执行这一方案。

和其他城市一样，达勒姆市的可用现金分为三个优先级：前两个是保证资金安全和"流动性"，这意味着资金不能做长期投资。下一个目标才是获得投资收益。

北卡州负责监控投资活动的地方政府财政委员会副主任万斯·霍罗曼（Vance Holloman）表示，地方政府的投资损失非常大。

他说："投资收益的下降使得政府收入减少，同时也凸显了这样一个事实：销售税较低并且没有增长。"

现在，大多数地方政府表示将经受住损失，同时等待更好的时机。根据北卡罗来纳州市民联盟的看法，关于是否让市政府把更多资金投入股市这一问题，议会中的议员们并未达成一致看法。

从温斯顿－塞勒姆市的投资经历里可以看到，投资灵活性增大带来的是更大的风险。

"在大多数情况下，人们关注于经济形势的改善，"联盟的发言人玛戈特·克里斯汀森（Margot Christensen）说，"如果经济形势向好，那么已经进行的投资活动就会有更好的收益表现。"①

这个故事简要地解释了降息和股市下跌对于这些城镇居民的影响。问题的关键是，市政府银行账户上的资金数额减少了，那么其为市民提供的服务支出也会相应减少。用这种方式来解释的话，即便是自认为对财经知识一无所知的人也能理解这一概念。

15　在下面的一则新闻中，记者做了一件繁杂而又乏味的工作——解读上市公司提交给美国证券交易委员会的文件，以解释一家飞机制造商和一家拥有一架坠毁飞机的航空公司以及一家提供服务和飞机维修业务的公司三方之间的关系。报道刊发在《新闻与观察者报》"市政新闻"版的头版，而不是财经版。报道是由财经记者与一名市政记者合写的，其对财经知识的理解并不算深入。尽管记者对这些文件的理解有限，但是，这个故事清楚地解释了涉事方在经济关系中的利益冲突。

　　一架 19 座涡轮螺旋桨式飞机上周三坠毁并发生爆炸。失事飞机的制造公司在使用该飞机的航空公司和上周早些时候曾为这架飞机提供维修服务的公司中都持有股份。

　　由于该航空公司的母公司近几年蒙受了数百万美元的亏损，公司正在积极地削减成本，而其与飞机生产商之间的股权关联令一些业内专家质疑：公司是否在飞行安全性问题上做出了妥协。

　　"如果供应商在质量控制环节上有种种问题亟待解决，可它偏偏又是你的股东，你能事事以最高标准来要求它吗？"调查事故原因的美国国家运输安全委员会前主席吉姆·博纳特说道，"这可能会有安全问题。"

　　但也有人说这种关系在航空业中非常普遍，而且没有什么冲突。位于堪萨斯州威奇托市的涉事飞机生产商——雷神飞机公司（Raytheon Aircraft）的一名发言人表示，公司并未参与飞机维修公司——雷神航空（Raytheon Aerospace）以及中西部航空公司（Air Midwest）的运营。"我们没有参与这两家公司的日常运营。"雷神飞机公司的发言人蒂姆·特拉维斯如是说。

① 《美联储利率决定影响市政府预算；投资收益大跳水》，《新闻与观察者报》2003 年 2 月 10 日，第 1A 版。版权归《新闻与观察者报》所有，经许可转载。

上述公司的财务关系受到质疑，原因是失事飞机在坠毁前几天刚刚在雷神航空公司进行了尾翼的集中维修。而机翼维修和行李超重可能是导致飞机失事的原因。

飞机维修公司雷神航空曾是飞机生产商雷神飞机公司的全资子公司，目前仍有26%的股份由其持有。雷神飞机公司在2001年6月以2.7亿美元将其在雷神航空的多数股权出售给了纽约私人控股的Veritas Capital公司。

几个月之后，雷神飞机公司获得了中西部航空公司母公司——梅萨航空集团（Mesa Air Group）的部分股权。由此，这三家公司彼此间建立起了财务关系。

梅萨航空集团向美国证券交易委员会提交的文件显示，雷神飞机公司去年2月同意每年向梅萨支付550万美元，以保证其支付所购雷神航空公司飞机的相关款项。同时，梅萨授予雷神飞机公司权证，后者可以每股10美元的价格购买233068股梅萨股票。

到目前为止，雷神飞机公司已经购买了近130万美元的梅萨股票，并且仍然持有购买另外103133股的权证。上周三，雷神飞机公司又获得了另一家航空公司的部分股权。

总部位于怀俄明州首府夏安的大湖航空公司（Great Lakes Aviation）运营着数十架比奇1900s飞机。由于无法为所购买的飞机按时付款，该公司将其36%的股份转给雷神飞机公司，以减轻债务。

中西部航空和雷神飞机公司一样，均位于威奇托市。该航空公司目前拥有一支由43架飞机组成的飞行队伍，但已经开始减少比奇1990飞机的数量。由于许多乘客更喜欢乘坐喷气式飞机，在过去的这一财年里，中西部航空退回了12架比奇1900s飞机。中西部航空方面没有回应记者的电话。

中西部航空的母公司也一直在努力削减飞机维护费用。美国证券交易委员会的文件显示，截至9月30日的上一个财年，梅萨航空集团与飞机维修公司雷神航空达成了降低成本的协议。这份协议的签订和涡轮螺旋桨飞机数量的减少为公司节省了340万美元。

和其他大多数航空公司一样，梅萨也因经济形势不景气和"9·11"恐怖袭击后乘客数量的大幅下降而遭遇重创。公司在2000年实现了5900万美金的收入，但2001年亏损4800万美元，并且在最近一个财年中亏损930万美元。该公司在12月份要求内部3300名员工自愿降薪5%，以回报之前拿到的奖金。

前美国国家运输安全委员会（National Transportation Safety Board，NTSB）委员伯内特（Burnett）认为，航空公司、飞机生产商与维修商之间相互持股会导致潜在风险。

"现在我们还不知道是否存在问题，但这有可能产生问题，"现任阿肯色州律师的伯内特说，"中西部航空公司很难说'我们对服务不满意；我们要换一家供应商或维修商'。从安全的角度说，公司之间最好保持适当的距离。"

但行业内的其他专家并不认同这种观点。

"这并没有冲突。保持飞机正常且安全地飞行符合飞机制造商的最佳利益，因为这是他们的产品，"总部位于科罗拉多州的Evergreen航空咨询公司——博伊德集团（Boyd Group）总裁迈克尔·博伊德（Michael Boyd）表示，"这归根到底关系到他们在航空界的声誉和责任。""如果他们生产的飞机坠毁了，公众可都看着呢。"

博伊德说："谁会比那些建造飞机的人参与度更高呢？"

博伊德与在弗吉尼亚州阿灵顿市长期担任航空顾问的莫特·拜尔（Mort Beyer）都提到了通用电气（General Electric）。多年来该公司都在为航空公司购买由其建造的飞机引擎的交易提供资金支持。他们指出，通用电气还同时提供飞机引擎维修服务。

拜尔将通用电气比作向购车者提供融资交易的汽车经销商。

拜尔认为梅萨与雷神之间的交易"并不是一个特别的安排"。在他看来，"交易带来了机会。它使航空公司可以买到飞机并且实现有效运营，而且对乘客也有益，因为他们可以享受到原本可能没有的空运服务"。

博伊德说："我宁愿由雷神来做这个工作，而不是其他公司，因为他们熟悉产品。假如工作没有做好，那么中西部航空公司、雷神航空和雷神飞机公司的日子都不会好过。"①

通过阅读新闻，《新闻与观察者报》的读者能够很好地理解这三家公

① D. 普赖斯和L. 佩雷斯：《飞机失事事件引发对飞机制造商的疑虑》，《新闻与观察者报》2003年1月12日，第1B版。版权归《新闻与观察者报》所有，经许可转载。

司是如何关联在一起的以及一些航空专家反对这种关系的原因。对于那些在飞机事故中失去亲人的家庭来说，这则新闻报道指出了其中可能存在的问题。并且，这本质上并不是一则财经新闻。但是记者需要对商业背景有一定的理解，以充分解释这一话题，从而让读者了解其重要性并让读者就飞机坠毁原因得出自己的结论。

为了读者，努力把工作做得更好

由此，我们看到财经新闻领域已经获得了突飞猛进的发展，使人们的生活变得更美好，但仍有改进的空间。该领域也正在发生着细微的变化。许多编辑和记者已经意识到，要把工作做得更好，他们需要更多、更好的培训。

那些关注财经新闻质量的人正在采取积极举措。2008年，雷诺德基金会向亚利桑那州立大学捐赠500万美元，用以发展唐纳德·雷诺德全国财经新闻中心（Donald W. Reynolds National Center for Journalism）的培训项目。这个基金会也向密苏里大学和内华达大学捐赠资金，以扩充从事财经新闻写作教学的师资力量。在美国大学校园里，越来越多的新闻学院开设财经新闻报道课程，给予学生一些基本的培训和教育。不过最重要的是，报纸、杂志、网站和电视台纷纷加大对财经新闻报道质量的重视程度。

《华盛顿邮报》的杂志批评家彼得·卡尔勒逊（Peter Carlson）在读了两篇重要文章之后对近期的这一变化表示赞赏。这两篇文章中的一篇是《财富》杂志揭露白领犯罪的报道，另外一篇是 Business 2.0 杂志对美国经济状况的报道。"商业杂志开始担任比特犬的角色，"卡尔勒逊写道，"以前被奉为神灵的商业领袖现在被批判为狡诈、虚假、狡猾的强盗。"他还表示："老实说，我更喜欢这样的文章。因为它们更有意思，可能也更准确。"（Carlson，2002，p. C4）

如果由训练有素并且深刻了解行业的记者来撰写高难度、全方位的财经报道，那么当代大众媒体传播的新闻报道质量会大大提高。

很多人认为20世纪90年代是财经新闻业的黄金时代，因为这个时期的财经报道规模不断扩大，报道数量也大幅增长。另一些人则认为财经新闻业尚未达到顶峰。越来越多的消费者面临着失业和很难找到投资渠道的问题，我们现在比以往任何时候都更需要高品质的报道和高水平的编辑。财经新闻在过去确实对消费者起到了帮助作用，但其实还可以做得更好。《波士顿环球报》（*Boston Globe*）的编辑马丁·巴伦（Martin Baron）说道："现在是时候让财经新闻记者树立更加远大的目标，确立更高的眼界，写出最多的好作品了。"（Baron，2001）

读者们需要而且也想要更好的财经新闻。

参考文献

Barnhart, B. (2002, January). Downturn brings out the critics. *The Business Journalist*. p. 8.

Baron, M. (2001, October 15). Business Journalism: Is the boom over? Speech to the Society of American Business Editors and Writers. Retrieved September 1, 2002 from http://www.sabew.org.

Caldwell, C. (1996, Fall). Trading places. *Forbes Media Critic*, vol. 3, No. 4. pp. 80 – 86.

Carlson, P. (2002, March 26). Post-Enron, a reversal of fortune. *The Washington Post*. p. C4.

Curliss, J. A. (2003, February 10). Fed's low rates zap city budgets: investment income goes into free fall. *The (Raleigh) News & Observer*, p. 1A.

Fost, D. (2002, March 3). Stung by Enron, business journalists increase their vigilance. *San Francisco Chronicle*, p. Gl.

Haggerty, M., & Rasmussen, W. (1994). *The headline vs the bottom line: mutual distrust between business and the news media.* Nashville, TN: Freedom Forum First Amendment Center, pp. 1 – 92.

Kann, P. (2000, March 14). Peter Kann talks about Barney Kilgore, *Princeton Packet*, p. 1.

Layton, C. (2003, March). Ignoring the alarm. *American Journalism Review*, pp. 21 – 28.

Ledbetter, J. (2003, January 2). The boys in the bubble. *New York Times*, p. A17.

Lewis Harris Poll (1992). The quality of business journalism in America [Brochure]. Boston: John Hancock Financial Services.

Lotterman, E. (2002, May 26). Media need to know value of dollar vs. trade deficit. *St. Paul Pioneer Press*, p. 1C.

Ludwig, M. (Spring/Summer 2002). Business journalists need specialized finance training. *Newspaper Research Journal*. Vol. 23, No. 213, pp. 129 – 141.

Madick, J. （2003, Winter）. Financial reporting: Lessons of the Enron collapse. *The Harvard International Journal of Press/Politics*, pp. 2005.

Nelson, D. （2003, July）. It's a question of ethics. *The Businness Journalist*, p. 6.

North, G. （2002, February 6）. Enron, spawn of Business Journalism. Lew Rock well. com. Retrieved Dec. 11, 2002 from http: //www. lewrockwell. com/north.

Price, D. , & Perez, L. （2003, January 12）. Crash raises vendor issue. *The （Raleigh）News & Observer*, p. 1B.

Pummer, C. （2002, August 29）. How business media is failing its audience. CBS. Market Watch. com. Retrieved September 1, 2002 from http: //www. cbs. marketwatch. com/news.

Salpukas, A. （1999, June 27）. Firing up an Idea Machine. *New York Times*, p. Cl.

Selzer & Co. （2000）. Business Journalism Surveys. Reston, VA: American Press Institute.

Smith, T. （2002, February 19）. Asleep at the switch. News Hour with Jim Lehrer. Retrieved Nov. 25, 2003 fromhttp: //www. pbs. org/newshour.

财经新闻类著作

Dealy, F. X. （1993）. *The power and the money: Inside the Wall Street Journal*. New York: Birch Lane Press.

Emery, E. , & Emery, M. （1984）. *The press and America*. Englewood Cliffs, NJ: Prentice Hall.

Quirt, J. （1993）. *The press and the world of money*. Byron, CA: Anton/California – Courier.

Reed, R. , & Lewin, G. （2005）. *Covering business: A guide to aggressively reporting on commerce and developing a powerful business beat*. Oak Park, IL: Marion Street Press.

Rosenberg, J. M. （1982）. *Inside the Wall Street Journal: The history and the power of Dow Jones and Company and America's most influential newspaper*. New York: MacMillan.

Roush, C. （2006）. *Profits and losses: Business journalism and its role in society*. Oak Park, IL: Marion Street Press.

Scharff, E. （1982）. *Worldly power: The making of the Wall Street Journal*. New York: Beaufort Books.

Taparia, J. （2003）. *Understanding financial statements: A journalist's guide*. Oak Park, IL: Marion Street Press.

Thompson, T. （ed. ）（2000）. *Writing about business: The new Columbia Knight-Bagehot guide to economics and business journalism*. New York: Columbia University Press.

参考练习

1. 写一篇 500 字左右的小论文，论述"商业对你个人生活的影响"，从你购买的商品和服务到你父母的工作。如果这些企业中的一个或两个停止运营，你的生活会有怎样的不同？

2. 选取一份报纸，回顾一下连续一周的商业版内容。把这些部分挑选出来和班级同学讨论以下问题：哪些文章给你启发？哪些文章是你不能理解的？是什么帮助你理解这些故事？哪些内容是很难理解的？

20

3. 和班上同学讨论一下公司 CEO 和商业记者之间的关系。当一个记者对某一个话题困惑不解时，公司 CEO 是否应该给予点拨？

4. 以小组为单位，讨论一个商业记者或者编辑应该具备的素质。他们应该具备什么技能？他们是否应该对企业经营和经济运行有所了解？他们应该从哪里了解这些知识？

5. 从你所阅读的有关美国经济衰退的文章中，谈一谈你学到了哪些有关经济的知识。着重谈一下你以前不理解的经济概念和个人理财策略。

第 2 章
上市公司与私营企业的伦理准则

上市公司和私营企业的界定

瞥一眼各大主流都市报的商业版块，你会发现大多数文章的主角都是那些在纽约的某个证券交易所上市的大型企业。

《新闻与观察者报》是美国北卡罗来纳州罗利市的一家主流报纸，通常其商业头版都是围绕上市公司展开的，比如美国银行（Bank of America）——夏洛特市的一家上市银行，又比如防务承包商诺斯罗普格鲁曼公司（Northrop Grumman）、斯普林特通信公司（Sprint）等，这些都是上市公司。商业版的所有文章都着重描述这些大企业的营业额和收益是何等可观。

专家建议

前《弗吉尼亚向导报》（美诺福克市）商业记者比尔·舒瓦（Bill Choyke）的报道原则：

胸怀全球，立足本地：报道时要考虑语境因素。好的报道总是从本地新闻入手，间或将全国新闻本地化，如果一篇报道能使本地事件成为全国关注的焦点，成功就近在咫尺。

21

但当你阅读一些小型市镇的报纸时，你很可能会发现商业版上的文章都是关于小型私企的，而这类企业的经营状况之类的信息是无须公开的。例如，亚拉巴马州《亨茨维尔时报》（Huntsville Times）的商业版块曾经刊登过一篇关于 Alterations & More 的文章，这是一家由一名女士经营的改衣缝纫公司。作为一家私营企业，该公司无须公开其营业额和收益，采访该公司的记者或许都不曾问起过这些问题。

差别是显而易见的。上市公司必须通过证券交易所向公众出售股票，因此这一类公司需要向美国证券交易委员会（SEC）提交信息，这样财经记者们就能方便地获得新闻报道所需的事实依据了。

相比之下，大多数私营企业无须提交此类信息（本书稍后将介绍如何获得部分私营企业的财务信息）。在这种情况下，除非私营企业愿意公布其业绩，否则记者们就很难获得足够的金融数据来充实相关的报道。当然，学习读取并剖析现有的上市公司的财务信息也非常有意义。无论是上市公司还是私营企业，它们的经营方式都是相似的，并且都是以盈利为目的。通常，一名首席执行官都有过经营管理这两类企业的经验。

这两种企业模式各有利弊。一方面，上市公司在扩张时筹集资金会更加容易，但另一方面，上市公司每个季度都需要公开其财务状况。如果一家上市公司在某个季度表现不佳的话，公布财务状况将会对公司带来不利影响。相反，私营企业在扩张时筹集资金就困难得多，尤其当一家私营企业想要抓住商机，需要在短期内筹集到资金时更是如此。但是如果私营企业在某个季度经营惨淡的话，很少人会对此有所察觉。在这种情况下，无须公开财务状况也是一种优势，这对于那些对市场认知非常敏感的行业来说尤其如此。

敦豪航空公司（DHL Airways）是一家位于加利福尼亚州的航空快递货运公司。该公司的前任执行副总裁兼首席财务官比尔·斯马特（Bill Smartt）曾表示："私营模式有利于公司保持低调；公司如果上市就必须要向证券交易委员会提交信息，那么我们的竞争者，如联邦快递（Federal Express）就会掌握并分析我们的信息，从而占取竞争优势。"尽管如此，上市企业和私营公司在衡量业绩方面有着相似的标准，即都是看销售量或营业额是否增加，利润是否有所提高。但遗憾的是，许多缺乏经验的财经记者容易将这些概念混为一谈。

本章主要阐述一些财经记者和编辑都应当有所了解的基本概念，其中首先介绍的是财经记者如何履行自己的工作职责。商业报道和编辑与传统的报纸、电视、电台甚至是网页报道内容都大同小异，都需要找到最佳的消息来源，以及解决读者的疑惑和丰富报道的文献资料。

要想做好财经报道，还需要了解商业运作模式，就好像校园记者需要熟知教育委员会的

> **专家建议**
>
> 前《弗吉尼亚向导报》（美诺福克市）商业记者比尔·舒瓦（Bill Choyke）的报道原则：
>
> **阅读，阅读，阅读：**熟能生巧同样适用于新闻行业。多读《华尔街日报》、《纽约时报》以及其他都市报。不仅要读内容，而且要读结构和报道技巧。要多读，但不能无目的的读。在读的过程中要消化，每周尝试着仔细研读几篇报道。

运作模式以及会议日程一样。企业在信息公布方面极为谨慎，因为它们知道一旦公布了相关信息，便给予记者们可乘之机。但如果公司的高管们在接受采访时遇到的是有学识的记者，那么他们可能更加愿意与其交谈。

某些情况下，上市企业和私营公司在许多方面会存在交叉重叠的地方，当然，这不仅仅是针对财经记者而言。比如说一家上市公司的首席执行官可能会同时经营着自己的公司，那么他自己公司的经营就可能会受到该上市公司业绩的影响。比如南方保健公司（HealthSouth）的执行总裁理查德·斯克鲁希（Richard Scrushy）因涉嫌财务造假而受到监管部门的调查；与此同时，其个人公司的资产也被冻结。

又如，卡罗来纳飓风曲棍球队的创始人彼得·卡尔马诺（Peter Karmanos）曾在一场电话会议中被问及是否会出售他的上市公司康普科纬迅软件公司（Compuware），如果出售的话，这是否会影响到他名下的曲棍球队业务：

> 彼得·卡尔马诺在关闭青年曲棍球队部分业务后没过几天就透露曾有几家公司和他洽谈过购买其康普科纬迅软件公司的部分业务。卡尔马诺证实自己确实与几家公司就公司出售问题洽谈过，但最终无意将公司拆分出售。
>
> "（我们）不会出售公司，也不会出售公司的业务部门。"卡尔马诺在周三与分析师讨论康普科纬迅第四季度营业额的电话会议上如是说道。卡尔马诺还说："有人跟我咨询过，情况就是这样。来咨询的人来自不同行业，但目前都还没有深入探讨过这个问题。"据道琼斯通讯社报道，BMC软件公司和得克萨斯太平洋集团（Texas Pacific Group）可能会购买康普科纬迅的业务部门。
>
> 在过去的三年半里，卡尔马诺的个人资产净值也随着康普科纬迅的股价下跌而缩水。SEC的资料显示，卡尔马诺拥有1570万只康普科纬迅公司股票，价值约7500万美元，而康普科纬迅公司市值大约为18亿美元。
>
> 卡尔马诺在1973年与两位朋友共同创立了康普科纬迅公司。作为家乡底特律市青年曲棍球队的资深粉丝，卡尔马诺在1994年收购了哈特福特鲸鱼队（Hartford Whalers）。之后该球队搬到北卡罗来纳州，并于1997年更名为飓风队。①

---

① L. 德科克：《不会出售公司》，《新闻与观察者报》2003年5月9日，第C1版，版权归《新闻与观察者报》所有，经许可转载。

23

专家建议

前《亨茨维尔时报》（美亚拉巴马州）商业编辑雪莉·哈斯金斯（Shelly Haskins）给后辈的建议：

区分新闻与广告：当你报道一家企业或者产品时，要确保报道对象具有新闻价值，记住，报道是给读者看的，所以要让读者有所收获。报道一家企业，要说明它是怎样度过困境的，企业让员工和顾客满意的秘诀是什么。对待新兴企业时千万要谨慎，毕竟这类企业尚未经历过时间的考验。

专家建议

前《亨茨维尔时报》（美亚拉巴马州）商业编辑雪莉·哈斯金斯（Shelly Haskins）给后辈的建议：

让读者了解幕后故事：与很多其他大型发展项目一样，丰田汽车公司当初选址亨茨维尔市作为其坦途虎卡的引擎制造工厂也是秘密进行的项目。待项目完成后，作为记者，你就应当运用记者的技能，将整个项目过程呈现给读者。你会在信息搜集的过程中发现许多趣闻，比如物流中心的落成仪式上总共消耗了多少 Greenbrier Barbecue 的油炸玉米饼，还有新物流中心的工作人员招聘进程如何等。

上市公司和私营企业之间是相互影响的，比如二者会相互出售产品和服务。上市公司和私营企业的命运在很大程度上是相互交织的。如果二者之间建立了商业合作关系，那么任何一方肯定希望看到另一方的成功。相反，如果合作方业绩不佳，无法支付账款，将会对另一方带来不利影响。然而，无论是上市企业还是私营公司，二者都是美国经济至关重要的一部分。在美国，私营企业的数量要比上市公司多得多，在这一点上，只消看看美国社会上有多少小型企业就有知道了，这些企业中既有小至一人经营的店铺，也有大到拥有千名员工的工厂。这些企业实质上都是私营企业。

但是再来看看那些我们经常光顾的商店吧：耐克鞋店、盖普服装店、可口可乐公司、戴尔电脑、微软软件、通用汽车、霍顿房产、雪佛龙能源等，所有这些公司都是上市公司，并且每天都会有投资者购买这些公司的股票。

媒体为何聚焦上市公司

本章开始有所提及，大多数大中型报纸的商业报道都会以上市公司为重点。此外，新闻网站如 MarketWatch. com 和 TheStreet. com，以及电视台都会着重关注上市公司。比如纽约和华盛顿等一线城市的报社都会对上市企业进行大量报道。这一现象背后的原因很简单：记者和编辑们在撰写文章时可用的上市公司的相关资料要比私营企业丰富得多。根据相关法律规定，上市公司需要公开信息，而且在多数情况下，这些信息都是公司总裁们不愿意公布的，但是对大多数私营企业没有这方面的要求。

此前也曾提及过，上市公司由美国证券交易委员会（SEC）负责监管，该委员会于1934年成立，是保护投资者的权益，避免其因受不道德企业的欺骗而购买到垃圾股票的联邦机构。SEC的职责之一就是通过要求上市公司向公众公开信息，来保护投资者的利益，并维护股市秩序。举个例子，上市公司必须在每个季度的规定时间内提交财务信息，同时还必须向SEC上报重大事件，如收购、合并或审计人员变更等。此外，SEC还要监管投资活动的其他参与方，包括从事投资股票和共同基金的企业。在这里，证券交易委员会就像大型资金管理公司将股票变现为资金一样，为投资者降低风险。同样，从事此类市场交易的企业也需要对公众公开信息。

尽管上市公司提交的材料旨在帮助投资者做出是否购买某公司股票的决策，但任何人都可以在SEC的官网上（www.sec.gov）查看到这些信息。现在，越来越多的公司也会在自己的主页上添加信息查询的链接。本书后几章详细介绍的公司资料对撰写公司报道和其他商业题材的记者们来说的确是一笔宝贵的资源。通常公司提交的信息会包括一些有意思的话题，比如法律诉讼、离职补偿金等。

如果SEC发现某公司提交的资料显示该公司或个人的行为违反了相关规定，就会发起调查。一般，SEC会采取罚款和限制上市公司或个人的股票交易和其他业务等惩罚措施。SEC的5名委员由总统任命，负责管理下属的工作人员，而这些工作人员的主要职责就在于根据形势变化制定新的规章制度。每当有新的制度提议时，SEC就会邀请上市公司和其他相关人员对提议发表意见，这些意见可供所有记者参考，其中公司对新规章制度的反对意见将会是很有意思的报道题材。

近几年来，SEC的规章制度中最为重要的一条非公平披露法案（Regulation Fair Disclosure，FD）莫属了，至少对于报道上市公司的记者们而言情况如此。公平披露原则自2000年开始生效，要求上市公司在同一时间对所有投资者公开信息。因此，上市公司必须开辟渠道，允许公众对公司管理层与投资者和分析员之间的电话或网络会议的资料进行查询，并使公众能够获得更多公司向SEC提交的资料等。记者们还可以听取财务报告电话会议，参加股东大会，并享受与其他与会者同等的待遇，获得大会的相关资料等。

SEC的另一条重要制度规定记者有权获得公司内部运作的相关资料。上市公司每年都必须召开一次股东大会，会议的邀请函通过SEC文件的形式送达给公司的每一位股东，即使是只持有一只股票的股东也会收到大会的邀请函。实际上，过去许多商业记者和报社的商业新闻部都会购买一只报道对象的股票，这样便可以受邀参加公司的股东大会了。

股东大会通常又称年会，一般在公司总部或附近举行，但有时也会在公司的分部举行。像安海斯-布希（Anheuser-Busch）和通用电气这类的大公司会轮流在各个分部举办年度股东大会。比如安海斯-布希就喜欢在旗下的主题公园和啤酒厂举办年会。尽管法律上没有规定必须邀请记者参加年会，但实际上所有的上市公司都允许记者到场。

年会的话题通常与公司的业务相关。比如说，在年会上选出公司账簿的审计员或者新的董事会成员。每一位股东，无论出席与否，都可以对会上的提议进行投票。此外，股东也可以在年会上给出自己的提议，因此会前的准备工作是相当重要的。所有的提议都会以委托声明书的形式随年会邀请函一同送出。在委托声明书上，股东需要对自己的提议加以解释，并说明该提议会给公司带来哪些益处。公司方面通常会做出回应，并表明是否支持该提议。上市公司和股东之间经常就提议问题产生分歧，但正是这些提议才给了记者们很好的写作题材，为他们的趋势性报道提供例证或奇闻趣事。以下是可口可乐公司2009年年会上股东给出的提议：

国际卡车司机协会坐落于华盛顿特区西北区路易斯安那大街25号，是持有可口可乐公司100只普通股股票的股东之一。该协会的提议如下：

决议：可口可乐公司（以下简称"可口可乐"或"该公司"）股东提议董事会任命未曾担任过可口可乐执行总裁的独立董事为董事会主席，并且此项政策应在不违反任何合同条款的情况下实施。同时，政策应详细注明：（a）两届股东大会期间如果出现现任董事会主席不再为独立董事身份时应如何选举新任主席；（b）在没有合适的独立董事人选或者候选人无意担任董事会主席的情况下，该政策可以不予实施。

补充说明：董事会的职责之一是通过对公司的经营进行独立监督，保护股东的长远利益。董事会主席负责制定会议日程、优先事项和各项程序，因此主席在董事会的运营方面起到至关重要的作用。

此外，我们认为一名独立的董事会主席能够帮助董事会在公平公正的情况下有效运行，能够确保公司在高层管理人员交接的过程中平稳运行，这的确解决了我们公司的一大难题。在过去的十年里，可口可乐经历过三次董事会主席和执行总裁的人事变动，导致董事会和管理层陷入权力真空的困境。

在刚刚过去的一年里，可口可乐任命了过去12年里的第五任执行总裁，此次换届将会由不同的人分别担任董事会主席和首席执行官（CEO）。自2008年6月1日起，公司前任总裁兼首席运营官穆塔·肯特（Muhtar Kent）将接任伊斯德尔（Isdell）的执行总裁职位，伊斯德尔将在2009年年会之前继续担任董事会主席。

尽管可口可乐目前的董事会主席和执行总裁分别由不同的人员担任，但公司尚未制定任何明确政策禁止首席执行官同时兼任董事会主席一职。

再者，仅仅禁止同一人员身兼二职也并不能确保董事会领导力独立，进而导致缺乏严格且独立的监督实体。比如，1966年加入可口可乐的前任首席执行官、现任董事会主席伊斯德尔先生就并非独立董事。

关于独立董事会主席提议的反对意见

此项提议主张永久性禁止同一人身兼董事会主席和执行总裁二职，并且要求董事会主席必须为未曾担任过可口可乐公司执行总裁的独立董事。

公司现行的管理机制允许董事会根据形势对公司的领导结构做出调整，只要新的领导结构能够更好地为股东服务即可。

这种根据业务需要而对领导结构进行调整的灵活性对公司来说是至关重要的，因此董事会需要具备这种判断力，我们也认为这种判断力应当继续保持下去。

董事会的行为表明其通过自我判断力进行变通时的谨慎态度，从而达到股东利益最大化的目的。事实上，董事会近期已将主席和首席执行官的职位分离开来。2007年，董事会批准建立了新的领导结构，由总裁兼首席运营官穆塔·肯特先生接替内维·伊斯德尔先生担任首席执行官，此项决定于2008年6月1日生效。董事会还决定在2009年4月举办公司年会之前，由伊斯德尔先生继续担任董事会主席一职。

此举在于促进领导人平稳换届，从而保证公司的正常经营；同时也反映出在现行的管理机制下，董事会享有一定的灵活性。此外，董事委员会和董事会公司治理部门主管詹姆斯·罗宾逊三世（James D. Robinson Ⅲ）先生负责主持一切非管理层董事会议。

由此可见，用一成不变的规定束缚董事会的做法长远来看对股东们并无实际益处。

在此，我们希望广大股民访问可口可乐公司官网 www. thecoca‐colacompany. com，学习更多治理公司的经验。

董事会建议对独立董事会主席这一提议投反对票。[①]

具有职业洞察力的记者在读完可口可乐此项提议之后可能会认为公司管理团队方面的题材具有报道价值，或者记者们还可以通过此项提议来探讨公司的主管招聘制度。

对于记者来说，参加年会也是一个不错的机会，因为公司 CEO 和其他主管通常会在会议上就公司过去的表现和未来的规划进行现场介绍，同时也会接受与会者的提问。如果公司规模较小，参加年会的股东人数也会较少，那么记者们就能拥有更多的提问机会，捕获到更加可靠的信息，这要比打电话咨询公司或者采访公司公关部员工可靠得多。有些公司还会在年会结束后安排管理层和媒体的见面会，这对记者来说是一个难能可贵的机会，因为如果一名记者经常有机会与公司高管见面，表明该记者对该公司及其运营非常感兴趣，那么当该记者再与公司首席执行官或总裁进行电话沟通的时候就可能获得更加丰富的信息。

当然，股东们在年会上所提的问题也能激发记者们的写作灵感。在某些大型公司的年会上，问答环节甚至能持续几个小时。一些股东可能因为公司业绩不佳而感到愤怒，从而对首席执行官或总裁提出一些尖锐的问题，如他们会如何扭转这种情形等；还有些股东会希望公司在环境保护方面有所作为等。甚至会有股东

专家建议

前《弗吉尼亚向导报》（美诺福克市）商业记者比尔·舒瓦（Bill Choyke）的报道原则：

先理解，后下笔："我错了"，相信这是我们记者都曾说过的话。为了减少犯错误，在下笔前一定要确保自己真正理解新闻资源和专业人士所表达的含义。不懂就问，如果问了还是不懂，就要学会放弃。不要指望读者能理解你自己都不理解的内容。

---

① 出自可口可乐公司 DEF14A 表格，2009 年 3 月 5 日证券交易委员会出版。编号 0001047469‐09‐002248。华盛顿特区：美国证券交易委员会。

一年参加几十场年会，仅仅是为了指责那些公司高管，并提出改善业绩的要求。最著名的例子就是一位名叫伊芙琳·戴维斯（Evelyn Y. Davis）的华盛顿特区市民曾为股东们撰写过新闻稿，也曾对一名首席执行官说他比前任更帅气。

同时，年会就好像一张"晴雨表"，记录着公司当前的经营状况。如果人们在年会上提出很多的负面问题，那么该公司很可能业务下滑，而股东们则希望公司能够重现往日的辉煌。相反，如果年会上几乎没有人提出负面问题则说明公司很可能财务状况良好，并且奉行着股东利益至上的原则。因此，在年会上对与会者以及主管们察言观色，你就会对公司的过去和未来走向有了大致的判断。

上市公司是大众传媒的重要信息来源，对于地方性的出版刊物而言更是如此，因为很多当地居民都可能持有上市公司的股票。鉴于不少上市公司都有员工持股计划，那么作为股东之一的员工也会希望从独立的消息源那里获得公司的相关信息。比如，亚特兰大市数以千计的市民持有可口可乐公司的股票，美国家得宝公司（家居建材用品零售商）的数百名员工甚至因持有公司股票而成为百万富翁。同样的例子在美国西雅图地区也屡见不鲜：微软公司造就了包括比尔·盖茨在内等一大批富豪。因此，知晓报社辐射范围之内的居民持有哪些公司的股票将有助于记者们判断哪些公司的新闻才能引起读者的兴趣。

私营企业主导地方经济

与上市公司形成鲜明对比的是私营企业无须在公开的环境下与股东讨论争议问题，也不用召开年会，更不用担心记者们会来参加了。但私营企业的信息对于任何商业传媒的读者或观众来说同样具有十分重大的意义。像汽车制造商克莱斯勒，会计事务所普华永道和安永，

专家建议

前《弗吉尼亚向导报》（美诺福克市）商业记者比尔·舒瓦（Bill Choyke）的报道原则：

不要将信息全部搬上版面： 尽可能广泛地涉及各类新闻，但要选择性地使用信息。切忌将所有信息都塞进一篇报道，而要有选择、有目的地使用信息。

27

专家建议

前《亨茨维尔时报》（美亚拉巴马州）商业编辑雪莉·哈斯金斯（Shelly Haskins）给后辈的建议：

不要忽略小型企业： 适当报道一些小型企业的新闻。小企业虽不如大企业那么引人注意，但它们为社会提供了85%的就业岗位。所以多搜集一些小型企业最新的员工培训或者获得行业内各种荣誉的信息会有助于探索这些企业的成功之道，还能为新闻提供素材。

糖果生产商玛氏，玩具零售商反斗城，以及百货连锁公司大众超级市场之类的美国的最大私营企业都以各种方式影响着我们的日常生活。以上提到的私营企业都坐拥数十亿美元的企业资产，规模能够匹敌甚至大于同行业的上市公司。

专家建议

前《弗吉尼亚向导报》（美诺福克市）商业记者比尔·舒瓦（Bill Choyke）的报道原则：

在有限的范围内创新：报道，报道，报道，再在事实的基础上将信息以新颖的方式呈献给读者。

实际上，美国国内年收入超过 10 亿美元的私营企业达 440 余家。《福布斯》杂志的数据显示，美国私营企业的雇员人数已经超过 610 万，并为美国经济创造出了价值逾 18000 亿美元的产品和服务。

再想想那些日常生活中不可或缺的企业吧——街角的加油站，本地的银行，抑或是你今晚将会光临的市中心餐馆，它们很有可能都是私营企业，也许是一个人经营着，也许还有几个合伙人，但没有向公众出售股份的计划。每一家上市公司都可能面临着来自数十家私营企业的竞争，而这些私营公司特别是位于中小城镇的私营企业，可能是当地最大的雇主。很多本地的医院、工厂和制造企业都是私人所有，尽管它们属于私营企业，但关于它们的新闻报道也会吸引不少读者和观众。

然而，寻找私营企业的相关信息需要投入更多的精力。事实上，很多财经记者都认为撰写上市公司的报道会相对容易一些，因为上市公司的绝大多数信息和发展战略等都可以在其提交给证券交易委员会的文件中找到。这样一来，鉴于信息搜集的困难，再加上某些公司主管人员并不愿意透露信息等因素，一名记者要是能够撰写一篇关于私营企业的优秀报道，就能赢得"一流商业记者"的头衔。

大量关于私营企业的信息还是能够在公开的文件中找到的，只不过信息的来源不一定是美国证券交易委员会，很多私营企业需要向联邦监管部门提交一些文件。比如，企业一旦向投资者发行债券，就必须向美国证券交易委员会提交信息，尽管其性质上仍属于私有制企业。当然，能够获得私营企业信息的地方不止美国证券交易委员会一处，因为所有的企业都必须在经营所在地注册，通常由一州的州务卿办公室或者企业审核委员会（此处特指弗吉尼亚州）负责登记事项。记者们只要参考这些文件就能够了解到公司的业主、主管和所在地等信息。

某些地方监管机构同样掌握着大量私营企业的相关信息。大多数公司，小至理发店，大到银行，都在某种程度上受到地方机构的监管。许多地方机构掌握的信息都涉及企业的经营业绩；而像美国劳工部下属的职业安全与健康管理局（the Occupational Safety and Health Administration，OSHA）和联邦贸易委员会（Federal Trade Commission）等联邦机构甚至掌握着数以千计的私营企业的管辖权。倘若要写一篇关于非上市股份公司的报道，那么这些机构绝对是搜寻信息的好去处。

大多数小型私营企业都会有一到两名所有人，部分企业也会招商引资，只不过不同于上市公司出售股票的方式而已。许多急需资金拓展业务的小型私企会求助于投资公司，这些公司专门为小型私企提供风险投资基金。

风险投资公司向私企提供资金助其拓展业务，有时资金甚至高达数百万美元。而私营企业的所有人通常会向风投公司提供本公司的所有权股份作为回报。风投公司的主管都会希望投资之后在公司经营方面享有一定的话语权，但他们最希望看到的是公司能够很好地利用资金，以谨慎的态度拓展每一项业务并创造额外利润，最终使公司增值。一般情况下，风投公司会在五到七年的时间内持续投资一家私营企业，之后将其转让给另一家投资商，或者在公司上市的首次公开募股时将所持股份出售给公众，这样私营公司就成功地转变为上市公司了。

> **专家建议**
>
> 前《亨茨维尔时报》（美亚拉巴马州）商业编辑雪莉·哈斯金斯（Shelly Haskins）给后辈的建议：
>
> **时刻关注最新趋势：** 例如，近年来有好几家汽车制造商——奔驰、本田、丰田和纳威司达入驻亚拉巴马州。汽车行业创造了很多高薪职位，但汽车、卡车的销量受经济走势影响大，那么经济的多样化能否使当地安然度过衰退期呢？为什么？

20 世纪 90 年代，几十家风投公司蜂拥向私营企业投资数十亿美元以期获得丰厚的资金回报。绝大多数资金竞相涌入互联网、科技以及电信公司，但许多这类公司最终以破产告终，导致风险投资商空手而归。如今投资商们在进行投资交易时都变得更加谨慎了。

以下是一篇来自《堪萨斯城星报》（Kansas City Star）的文章，该文主要阐述了美国中西部地区的私营企业吸引风险投资公司投资的过程： 29

> 如今，赚钱并不如以前那么容易了。
>
> 风险投资商也不再轻易投资私营企业，甚至在很多时候都不再投

资了。

根据普华永道的风险投资季度报告，今年第一季度的风险投资总额仅仅为38亿美元，创五年最低水平，更是远远低于2000年第一季度的286亿美元。

但这些数据看起来并没有削弱20家公司参加周二早上中西投资会议风险投资论坛的热情。该论坛位于堪萨斯城，旨在促进成长迅速的企业与投资商之间的联系。

风险投资论坛向来在堪萨斯城和圣路易斯市轮流举行，此次在堪萨斯城举办的第四届论坛吸引了30多家风险投资公司代表参加。来自美国中西部的各家公司代表会有十分钟的时间介绍公司并阐述融资的原因。

堪萨斯城股权合作商的一名合作伙伴亚伯·莫吉卡（Abel Mojica）在会上说道："如果去年的风险论坛是在堪萨斯城举办的话，那么来参加论坛的就寥寥无几了，根本没人想来这里听取报告。"

但是周二早上凯悦皇冠中心酒店宴会厅里的投资商们都认真地听着报告，即使他们当中有些人并没有投资的打算。

"都三年了，他们（投资商）都保持沉默，还说要'躲起来'。"来自圣路易斯市ScenarioNow科技公司的大卫·拉曾比（David Lazenby）如是说道。

在向投资商做了展示之后，拉曾比表示对今年的行情复苏感到自信，他说："资金已经源源不断地涌入，投资商们也开始大展手脚了。"

托马斯·马歇尔（Thomas Marshall）是亚拉巴马州亨茨维尔市希科里风险投资公司的合作伙伴，他表示自己的公司与许多其他风投公司一样，在投资方面仍会小心谨慎，尤其是对风险较大的刚起步公司的投资项目。

马歇尔所在的公司倾向于投资那些年利润至少达到一百万美元的企业，投资也不仅限于刚起步公司。

道格·艾略特（Doug Elliott）是芝加哥Duff & Phelps风险投资公司的合作伙伴，他认为风投公司在过去两年学到了很多，比如说很多公司都开始寻找更加理想的合作伙伴，要求获得更多的股权作为投资回报等，因为这些要求在行情不佳的情况下更容易实现。

当然，投资商们并不满足于此，还在寻求创造更加辉煌的业绩。

艾略特说："每个人都在寻找下一个微软和安进。"

　　融资企业似乎也深知投资商所好。为了筹集到 200 万至 1200 万美元不等的融资，各家企业纷纷卖力宣传公司不断上升的业绩、源源不断的新顾客以及持续成长的前景等。

　　拉曾比说："两年半前，我们就决定今后的发展方向着重在于吸引更多的顾客而非一味追求业务扩张。"

　　如今，拉曾比的公司在与投资商交涉时已经能够非常自豪地援引各项销售和客户数据了。

　　SoftVu 是一家位于堪萨斯城利伍德区的电子邮件营销公司，该公司的总裁兼首席执行官蒂姆·唐纳利（Tim Donnelly）当初是在地下室靠着微薄的资金起家，他认为这是一种优势。

　　"许多竞争对手一下子就获得 2000 万到 4000 万美元的投资，但我们是从地下室做起，我们经历了很多的艰难时刻，因此不会让大型投资暴露在风险之中。"唐纳利说道。

　　本周二在论坛上进行演示的公司包括 SoftVu 电子邮件营销公司，劳伦斯县的 Deciphera 制药公司，雷那克萨市的 Felton International 公司、Chemidex 科技公司和 Nexgenesis 移动应用公司，堪萨斯城 K2B 电子公司和 Proteon Therapeutics 医疗公司。[①]

　　风险投资论坛是接触当地小型私企的不二选择，投资商们可以借此机会了解这些公司，而私营公司也借机向投资商们推销自己，正如上市公司向公众出售股票一样。私营企业获得风投公司的投资对于商业记者来说将会是一个不错的报道题材，比如公司将如何利用这笔资金，风险投资商们能够获得多少股份作为投资回报等。

　　私营企业的所有权形式也可以多种多样。私营企业通常会向员工提供股份，这一点跟许多上市公司一样。当然，大至保险公司，小到理发店的私营企业也可以为一人独资，除了他们的公司，这些所有人本身也是很好的报道题材。作为企业所有人，他们对当前的经济形势了如指掌，并且能够基于形势决定公司是否应当拓展业务，或者等到时机好转再做行动。因此通过采访私营企业业主来捕捉当地经济形势对商业记者来说是个绝佳的选择。

---

① S. 金：《为了筹集资金，公司纷纷卖力宣传》，《堪萨斯城星报》2003 年 5 月 23 日，第 C3 版，版权归《堪萨斯城星报》所有，经许可转载。

专家建议

前《亨茨维尔时报》（美亚拉巴马州）商业编辑雪莉·哈斯金斯（Shelly Haskins）给后辈的建议：

结识当地的商业人士：参加商会会议并接触商业人士并不意味着要一味地讨好这些人。如果有幸认识这些人，那么获取信息就相对容易一些。换作是你，假如一个陌生人冷不防地与你交谈，并将谈话内容在媒体上公开，你会怎样想？很多商业人士都不信任媒体，而且在大多数情况下他们都没有与记者交谈的必要，这就要求记者与商业人士构建互信的人际关系。

31

专家建议

前《亨茨维尔时报》（美亚拉巴马州）商业编辑雪莉·哈斯金斯（Shelly Haskins）给后辈的建议：

通过阅读商业报道获取背景信息及新闻线索：我通常都会在读《商业周刊》和《华尔街日报》时找到新闻线索，然后将新闻线索本地化。至少这些线索会让你了解目前的经济形势，或者告诉你各大商会的会议内容。

私营企业业主除了会参加投资论坛外，还会加入当地的商会。商业记者有必要通过商会会议来了解当地的企业，因为没准什么时候在商会上结成的人脉关系就能派上用场。之前也有提及过美国各个地区的私企数量都远远超过上市公司，而商业记者的职责就是调查清楚这些私企所从事的行业以及经营状况等。通常情况下，相比于上市公司主管，私营企业业主对记者们来说是更加丰富的信息资源，因为上市公司可能在当地仅设有一家子公司，而且公司总部高管所获得的信息也很可能来自远在他州或他国的当地经理人，从而导致信息交流有限。

撰写企业相关报道

撰写商业报道似乎令人望而却步，因为报道会涉及很多数字和专业术语，如可调整利率抵押和资产负债表外融资等，这些术语都可能给读者带来阅读障碍。除此之外，记者们在撰写报道时还得考虑接受采访的最佳人选。首席执行官和总裁的确是不错的选择，但他们通常业务繁忙，接受采访时也仅仅会对问题进行简要的回答，因为他们还有很多其他的问题需要思考，比如公司应当如何治理。其他的商业人士同样也很难接触到，更不用说接受采访了。他们其中有许多无须与记者打交道，因为那不在他们的职责范围内。但记者们也不必气馁，毕竟没有谁能从一开始就对商界有一个透彻的了解。只要具备一些经验，再稍加培训，记者们就能够以专业的身份与商界人士自如交流，并且撰写出来的文章甚至让读者觉得作者对该行业的见解简直比公司主管还要深入。

商业报道的题材来源并非仅限于此。有不少很好的商业报道都是记者或编辑纵观当前经济形势或者追踪企业数月甚至数年的经验总结。了不起的商业报道并不总是一日之工，而是需要时间去酝酿。如今商业报道的数据大多来源于一些基础的信息渠道，如公司或监管机构的新闻稿；也可以来自公司内部的管理文献或者诉讼案件中公司向法庭提交的文件等。

商业记者可以从消息灵通人士如工会官员或者间接消息来源那里获得新闻线索，还可以参加城市规划委员会的例会以获取新闻素材。总之，记者们必须具备一定的专业知识，所撰写的新闻报道也必须反映出他们对该行业的了解。

充分理解企业和监管机构的新闻稿是记者必须具备的素质之一。有时候，最让记者头疼

专家建议

前《弗吉尼亚向导报》（美诺福克市）商业记者比尔·舒瓦（Bill Choyke）的报道原则：

虚心听取反馈意见： 不要反感那些建设性的批评意见，而要以开放的心态接受来自同事、朋友、家人和编辑的意见和建议。

专家建议

前《弗吉尼亚向导报》（美诺福克市）商业记者比尔·舒瓦（Bill Choyke）的报道原则：

寻找最好的新闻故事，探索最有趣的动态和趋势。 锁定焦点，不抱成见。

的便是如何用读者能够理解的语言将新闻稿的意思传达出来。有些新闻稿会让读者觉得晦涩难懂，问题在于它们出自或间接出自律师之手。个别情况下，新闻稿的作者还会故意淡化甚至隐瞒事实。比如一家公司发布一条新闻，宣布当季度股票分红为每股 20 美分，却对前几季度股票分红为每股 40 美分这一事实只字不提。又比如一家公司宣布发布主打产品的新广告，却未提及去年的广告创意完全失败，也没有说明公司早已更换了宣传语这些事实。即使再平常、再基本的企业新闻稿都有可能隐藏着丰富的新闻线索，因此，调查清楚这些新闻稿的隐藏信息对记者们来说十分重要。

为了便于读者和观众理解报道，记者们还得掌握如何正确有效地使用数据。千万要记住在绝大多数情况下应尽量保证数据平均分布于整篇文章，因为数据的存在本身会降低文章的流畅度，导致读者失去阅读兴趣。倘若一篇文章需要援引很多数据，如公司财务报告，那么公司的营业额和利润数据最好不要同时出现在同一段落，而是平均分布于整篇报告。当然，导致数据发生变化的原因也必须在文中加以说明，对于读者来说，每一个数据的背后都隐藏着一个故事。

32

专家建议

前《亨茨维尔时报》（美亚拉巴马州）商业编辑雪莉·哈斯金斯（Shelly Haskins）给后辈的建议：

努力挖掘你手上的现有资源，力争见微知著。比如，营建许可证可以告诉你哪些地方将会大规模开发房产，哪些项目正在建设当中等；破产清单可以告诉你哪些部门的业务正江河日下；聘用律师暗示着公司所有权可能会发生变化，还可以告诉你哪些人将会享有税收留置权等；营业执照还能给你提供新的商业发展动态等线索。《亨茨维尔时报》的一名记者就曾在营业执照年检时发现了一个叫作"Clip at your Curb"的新兴产业，进而挖掘出"上门服务"行业的新浪潮，无论是上门洗车还是上门为你的宠物狗洗澡，服务类型应有尽有。还有一家公司投放软文广告招聘数百名电话客服工作人员，其目的是想探一探当地到底有多少人有此求职意向。一名报社记者通过这一现象推测出该公司可能会在当地建立电话行销中心，而且将会创造450个新的工作岗位。于是这名报社记者就该现象进行了报道，最后公司真的就在当地建了一个电话行销中心。

有时候，数据也会欺骗人，所以要学会使用数据的正确方法。例如，将今年第二季度的利润增长与第三季度作比较得出的将会是无效结果，因为季度的盈利状况会受到多方面因素的影响，所以正确的方式是将今年第二季度的数据与去年同期作比较。可口可乐公司就是一个典型的例子。可口可乐公司的销售业绩在第二、第三季度表现强劲，因为消费者必然会在天气炎热时期增加对饮料的消费。若是将温暖的第二季度与寒冷的第一季度的销售量进行比较，数据便失去了本身的意义，这种情况下，记者应当将今年第二季度的销售利润与去年同期进行比较。

在新闻报道中对数据进行背景介绍是完全有必要的。比如，撰写一篇美国某地区某月工人失业状况的新闻报道时，必须向读者介绍该地区之前几个月的失业率是多少，以便读者判断失业率的变化情况以及变化幅度。

报道还得说明资金的走向问题。资金用于何处？资金从何而来？资金由谁支配？只要回答清楚以上问题，记者们就能撰写出一篇吸引读者的报道。所以说，理解关键的商业术语也是十分重要的。误用商业术语可能会对媒体、记者自身以及整个新闻界的信誉产生不良影响，因此一名记者若是不能区分营业额与利润等商业术语的含义，就必须查阅资料。

总之，记者在撰写报告和商业新闻时应当尽量表达得清楚明了，用简单的词语介绍现状，避免过多引用行业术语。比如"裁员"可以用"解雇"或者"炒鱿鱼"来替代，"资产剥离"可以用"业务出售"来替代。简而言之，记者所使用的词语应当有助于促进读者对文章的理解。

企业新闻稿中的常用术语包括：（股票等的）市值、收购、合资企业、佣金、预报、股票分割、负债、债务、战略替代方案、保证金、差额、储备金。以上这些术语可能给读者带来理解障碍，详细定义请见本书第 16 章。

美国企业的传奇故事让人敬畏，但所有的一切都归结为一个目的——赚钱。所有的公司都在努力赚取更加丰厚的利润，赚得越多，股东们就越开心，这一点无论对于上市公司还是私营企业而言都是如此。利润的增长会冲高上市公司的股价，增加私营企业的价值，还会使私营企业股东的股份增值。这样看来，企业界的确令人向往。这个世界从来不乏行骗者，但也有人的存在是为了让这个世界更加美好，而记者们的职责就是通过记录这些行为吸引最广泛的读者和观众。

员工与顾客

记者们在撰写商业报道时应当考虑到报道题材将会对读者或观众产生何种影响。如果一篇文章谈论的是一家大规模的当地企业经营亏损，这对读者来说可能就意味着该企业将会裁员或者面临破产，这些信息都是企业员工和顾客所关注的。如果一篇文章谈论的是一家当地企业员工扩招，读者就会认为该企业为当地居民创造了更多的就业岗位，降低了当地的失业率，同时刺激了当地居民对生活用品、住房以及其他商品和服务的消费，从而促进当地经济发展，以上这些也是人们感兴趣的信息。

专家建议

前《弗吉尼亚向导报》（美诺福克市）商业记者比尔·舒瓦（Bill Choyke）的报道原则：

不要惧怕数字： 数字并不会带来真相，只会带来一连串的数字。我们要以数字（包括金额）为线索，让整篇新闻更具商业气息。要知道，数字不会吃了你！

专家建议

前《弗吉尼亚向导报》（美诺福克市）商业记者比尔·舒瓦（Bill Choyke）的报道原则：

思考新闻报道的呈现方式： 无论你喜欢与否，《今日美国》都改变了整个世界。你需要做的就是将文字、表格、图片和版面设计组合起来，以最好的形式呈现给读者。与你的设计/美工组的同事交流，他们会向你提供帮助。

专家建议

前《弗吉尼亚向导报》（美诺福克市）商业记者比尔·舒瓦（Bill Choyke）的报道原则：

最好的编辑就是你自己： 大声朗读自己的报道。如果影响到别人，那就小点儿声吧。给自己的文章润色，在时间允许的情况下，提交稿件前（润色后）再读一遍纸质版的报道。

33

然而，记者时常犯的一个错误就是忽略了员工和客户的存在，但正是这两类人构成了商业和经济新闻报道的关键。没有员工，公司就没有生产力和销售力；没有顾客，公司就无法出售产品和服务。因此，有经验的商业记者是不会忽视这一重要事实的，他们会把公司员工和顾客当作潜在的读者，确保向读者传达正确的信息。

收购合并的新闻报道并不仅仅是 A 公司购买 B 公司这么简单。每一则关于收购合并的报道都涉及两家公司的业务合并及其产生的影响，如裁员、精简首席执行官及其秘书人数等。同理，一则关于汽车产品召回的报道也并不仅仅只谈论汽车制造商是如何花费了数百万美元维修最新款车型上有安全漏洞的安全带，还要向读者表明这种具有潜在威胁的安全带是如何在事故中给车主带来不必要的伤亡的。关于公司倒闭的报道也不仅仅只谈论公司破产，还应该涉及企业间的竞争、工人失业，以及导致公司衰败的外部因素等。以下来自威斯康星州斯特金湾 *Door County Advocate* 杂志社的新闻报道则是一个典型的示例：

斯特金湾镇上的一家百货商店倒闭了，年久失修的密歇根街大桥可能是罪魁祸首。

尼克·隋纳启（Nick Swinarski）是斯特金湾镇上 Nick's SuperValu 超市的业主，他经营这家店已经十年了，但现在却被长时间且经常性的大桥封闭所打败。他说自己讨厌白费功夫说一些已经失去意义的事情，但他还是情不自禁地说了起来。

大桥维修的问题最终导致尼克·隋纳启和妻子辛迪关闭了他们在第三大街的百货商店。

尽管大多数居民并没有觉得密歇根街大桥封闭给他们的日常生活带来多大的不便，但这给隋纳启等店主带来了不小的损失。每当大桥封闭，Nick's SuperValu 超市的销售额就减少 35%。

过去的三年里，隋纳启商店的工作人员由最多的 40 人减少到现在的 18 人，

专家建议

前《亨茨维尔时报》（美亚拉巴马州）商业编辑雪莉·哈斯金斯（Shelly Haskins）给后辈的建议：

熟悉当地社区：新闻价值取决于社区规模的大小。根据读者确定某一事件是否具有新闻报道价值。在亨茨维尔或者伯明翰地区，街角杂货店倒闭或者转手的事件就不具新闻价值。但若是在斯科茨博罗县，当地一家"食品世界"被庇隆超市收购的事件就能登上头版头条。

究其原因，最主要的莫过于大桥维修导致客流量减少，间接导致销售量和利润下降，就像滚雪球效应一样，最终波及商店员工。[①]

报道接着讲述了大桥由于维修而被封闭了多少次，镇上还剩多少家百货商店，这些信息对斯特金湾镇上的顾客来说都具有非常实用的价值。此外，文章还谈到隋纳启苦苦寻求买主，却一无所获。

经验丰富的记者在撰写类似报道时会设身处地地从消费者和员工的角度思考他们的兴趣所在。报道过风驰通轮胎召回事件的记者们就曾在文章中谈及人们是如何下车查看轮胎的纹络，再判断汽车制造商生产的轮胎是否为劣质产品的。记者们之所以对这些信息做详细的解释，是因为他们真正地从读者和观众的角度出发来撰写新闻报道。很多记者在写作时都会联想到亲戚和家人，比如父母、祖父母等，然后根据他们对这些人的理解能力的掌握来判断自己的报道是否能被大众所接受。

商业新闻报道对于消费者和员工来说通常具有很大的实用价值，因此报社将这类报道称为"实用新闻"或者"私人财务报表"。

这类新闻报道能够对人们编写个人履历以及参加工作面试、应对尖锐的面试试题提供些许帮助。比如，读者可以了解到工作场合的着装要求，学会如何草拟一封得体的电子邮件等。当然，实用信息可不止这些，比如人们通过个人理财的新闻报道可以学到如何在股市行情不佳的情况下挑选到满意的股票，以及如何理解人寿保单的各项条款等。能够服务读者的商业新闻都是非常有价值的"商品"，因此许多报社、网站都专门从事此类新闻报道。更多个人理财故事详见第5章。

对于那些商业版块之外的新闻题材，商业记者们应同样给予重视。比如说某个小镇一直保持着很高的信用评级，那么它便可以以较低的利率向

> **专家建议**
>
> 前《亨茨维尔时报》（美亚拉巴马州）商业编辑雪莉·哈斯金斯（Shelly Haskins）给后辈的建议：
>
> **为读者报道而不是为报道对象报道：** 公司通常都只会发布对自己有利的信息，所以在报道时要考虑信息的来源渠道，找出公正、客观的部分加以利用。比如，一家公司宣布裁员，你就得弄清楚公司当前的财务状况会给哪些人带来影响，是被裁的员工，是对服务感到失望的顾客，还是对公司股票不看好的股东。

34

---

① D. 菲茨杰拉德：《尼克现在被长时间且经常性的大桥封闭打败》，*Door County Advocate*，2002 年 8 月 16 日。版权归 *Door County Advocate* 所有，经许可转载。

专家建议

前《亨茨维尔时报》（美亚拉巴马州）商业编辑雪莉·哈斯金斯（Shelly Haskins）给后辈的建议：

商业报道的对象不仅仅是企业： 商业报道涉及方方面面——经济、支出与盈余、投资等。时刻关注当地经济动态：人们的闲置资金是存储起来了还是用于投资了？失业率上升了吗？失业工人生活得怎样？经济繁荣时期人们都是怎样利用闲置资金的？

银行贷款，这样就能将小镇居民的税率维持在较低水平。北卡罗来纳州达勒姆《先驱太阳报》（The Herald-Sun）对当地这则新闻进行了如下报道：

> 美国北卡罗来纳州达勒姆县的财政状况十分不错，就连全国三大评级机构都授予其最高的 AAA 评级，因此该县可以以最低的利率贷款。
>
> 事实上，借助这一信用评级和超低的借贷利率，该县近期以 2.505% 的利率再次融资 4500 万美元。要知道，达勒姆县以前贷款的利率都是在 5%~6%。
>
> 去年以来，达勒姆县就一直利用储备资金来

支付日常运营成本，但某家公司提出警告说，达勒姆县应当停止这么做。①

　　商业记者应当考虑到新闻报道会对公司员工和消费者带来哪些影响。比如说可口可乐公司的产品涨价导致营业利润减少，对消费者来说这是一则再平常不过的新闻，但如果记者说明了利润减少是因为可口可乐公司在上一季度提高了其 12 听装可乐产品的价格，从而导致购买者数量减少，那么这则新闻对读者来说就更有意义了。

商业新闻伦理

35　　在许多场合中，任何从事报道、写作或者新闻编辑的人员都会遇到道德抉择的困境。商业和经济题材的报道同样也会涉及这一抉择。事实上，一些人认为商业报道涉及的都是投资者和消费者，因此他们的日常行为都有可能引发伦理方面的问题。对饮料行业进行报道的记者是否偏爱百事可乐而非可口可乐？一名偏爱在 Kroger 百货商店购物的记者能否客观地对该

---

① B. 埃文斯：《三大评级机构都授予达勒姆县最高的 AAA 评级》，达勒姆《先驱太阳报》2003 年 5 月 22 日，第 B3 版。版权归达勒姆《先驱太阳报》所有，经许可转载。

公司进行报道呢？这些问题看似简单，却数次在各大商业新闻研讨会和发布会上被提起。

商业新闻中最具争议的话题大概就是华尔街了吧。很多商业记者和编辑都持有上市公司股票和对冲基金股权，那么这些人就不能撰写或编辑自己持有股份的公司或相关行业的新闻了吗？遗憾的是，这个问题没有一个标准答案。不同的媒体有着不同的处理方式，一些媒体也会根据不同的情况采取不同的措施。比如，彭博通讯社就允许记者在向上级表明自己与被报道企业有利益关系，并保证报道不会受到这些利益关系影响的情况下对该企业进行公正的新闻报道。

相比之下，《商业周刊》对道德的要求就严格得多。该杂志社规定员工"不得撰写，报道或编辑任何本人及直系亲属持有有价证券的公司及同行业的其他公司"（出自《〈商业周刊〉新闻道德规范》，2005）。该杂志社表示此项规定仅适用于记者持有或可能持有公司及其所在行业的有价证券，而对冲基金、短期债券和公债则不在此项规定之内。因此，从理论上来说，该杂志社驻波士顿的对冲基金记者即使持有美国富达投资集团（Fidelity）的对冲基金也不会影响他对该集团进行新闻报道的权力。

CNN 财经新闻网对商业新闻的规定则更严——每则与股票相关的新闻中都有一个免责声明：CNN 财经新闻网站上一切股票推荐和评价仅代表股票分析师和专家意见。对购买、出售股票的行为本站不做任何评论。（CNNmoney. com，2003）

对于商业记者和编辑来说，信誉是至关重要的。一旦辜负了人们的信任，读者和观众们就可能不再相信他们的报道了。凡是违反了以上规定的记者和编辑都遭到解雇或者在舆论的压力下不得不主动离职。2007 年，市场观察网的科技专栏作家邦比·弗朗西斯科（Bambi Francisco）就因报道一家自己持有股份的科技创业公司而遭到批评并且引咎辞职。

很多新闻媒体的道德准则都明确禁止记者做空股票，如主办《华尔街日报》的道琼斯通讯社。当然，还有一些通讯社甚至要求本社记者和编辑向上级通报个人财务状况，包括股票、债券和证券等。更有甚者，部分报社还要求记者的配偶和直系亲属上报个人投资信息。

以上提及的种种情形都会引起道德困境吗？答案并不绝对。举个例子，当我在《亚特兰大宪法报》当记者时，我从祖父那里继承了他的南方股份有限公司股票，那时候我接到任务，要求报道该公司首席执行官关于

36

市区重建的发言。之后，我向上级说明了自己持有该公司的股份，并向编辑解释此次关于市区重建的发言与我持有股份并没有任何利益关系，最后报社编辑同意我对发言进行报道。

商业记者为了撰写报道，往往需要搜集信息，而很多情况下这些信息都会对接受采访的公司的股票价格产生较大影响，这种情况又使记者们面临道德抉择。几乎任何新闻媒体的道德规范都严禁记者利用职权所获信息进行个人商业活动。但其中的诱惑则不言而喻。假使微软公司的员工向《西雅图时报》（*Seattle Times*）记者透露公司本季度的利润额将大幅减少，远远低于预期收益，那么这名记者便可卖空微软公司的股票，从而大赚一笔。但是倘若记者真的这么做，那么一旦该行为被披露，不仅该记者自身，连同报社都会失去读者的信任。当然，《西雅图时报》的商业编辑贝基·比斯比（Becky Bisbee）先生有可能还会解雇这名记者。据悉，道琼斯通讯社的道德规范还要求记者及编辑不得在新闻报道发布后两日内与任何报道涉及的公司发生股票交易行为。

那么，商业记者和编辑还能从事股票交易活动吗？答案是肯定的，但是这些股票和所有权交易仅限于新闻报道所未涉及的企业和行业。但也不乏例外，比如部分媒体机构就允许专业投资人和资产管理人为网络出版商及其他机构撰写新闻稿。对此，媒体负责人表示，相比于商业记者，这些人对股票和所有权交易有着更为独到、深刻的见解，这是记者所无法企及的。在大多数情况下，为了消除误解，专栏和新闻报道的末尾处会标明作者持有华尔街某家公司的股份，甚至有作者还会注明"本人持有报道中涉及公司的股份"。

此外，记者报道或者撰写商业新闻的时候还会遇到以下道德困境。假如你是一名记者，接到采访当地一家百货连锁公司经理的任务，采访结束后，经理送给你一些新鲜出炉的面包让你带回家，你会接受吗？如果你拒绝了，经理会不会感到失望，甚至对你的拒绝产生误解呢？大多数商业新闻出版社都不赞同本报记者和编辑接受任何价值超过25美元的礼品，之所以将额度限制在25美元，是为了便于接受采访的公关人员或者其他人员答谢记者而请记者用餐。但大部分媒体都表示，希望本报记者能够找机会偿还这份人情。

记者不能接受任何作为感谢的礼品。比如，个人理财专栏的记者在采访银行家时不得接受该银行的优惠抵押贷款再融资等优惠待遇。此类情形十分常见，即便是对那些无关紧要的新闻报道亦是如此。一家为美国家庭人寿保险公司做宣传的广告公司主管曾将电视直播的体育赛事活动上的提问权交转给一名记者，这仅仅是一个单纯友好的举动吗？也许是的。但是记者婉拒了这一好意，因为记者不希望自己对该家广告公司的新闻报道受到来自公众的质疑。除此之外，很多公司会连同新闻稿一起将公司的产品以及宣传资料送给报社的商业记者，并且这些物品的价值很可能远远超过25美元。举个例子，几年前百事可乐公司举办产品推广活动，赠送给顾客的礼物包括T恤衫和皮夹克等，公司当时就将数大箱产品和资料送给了新闻社的记者们，但是很多记者立马将物品退还，还有部分记者将T恤转赠给了慈善机构。

　　记者的采访和报道策略同样会引发各类道德问题，商业新闻界中最为著名的践踏道德规范行为的例子大概就是下面这个了。《辛辛那提问讯报》（*Cincinnati Enquirer*）的一名记者花了一年的时间对联合果品公司（Chiquita Brands International，Inc）进行了大量的追踪报道，结果还是被报社开除，原因就在于该名记者非法侵入联合果品公司的语音信箱系统。

　　商业新闻出版社禁止本报记者和编辑违反法律规定，即便是为了搜集新闻素材。还有很多出版社都明令禁止员工在获取新闻素材时隐瞒或捏造身份。《商业周刊》杂志社的工作规范（2005年）明确写道："我们并不反对使用非常规报道手段，但是必须以商业周刊工作人员的身份公开地进行取材，否则将会影响材料的有效性，并可能引起法律问题。使用非常规报道手段应征得总编的同意，并经麦格劳－希尔公司法律部门审查通过。"

　　新闻界的标准法则同样适用于商业报道：禁止编造新闻素材，禁止杜撰他人陈述［这一点大家从《纽约时报》前任记者杰森·布莱尔（Jayson Blair）捏造出数十次采访的例子就能看出］。记者和专栏作家不得利用职位之便谋求私利；不得接受免费旅行邀请。总之，保持正直的职业作风是记者的职责之一。倘若有一丁点儿不当之处，记者都应当保持警觉，避免触犯法则。如彭博社的道德法则所说："在揭露他人错误行为时，我们自身应当以身作则，做到让他人无可挑剔。一则新闻报道的影响力越大，我们就越是要经得起重重审查和考验。"（出自彭博社，2009，p. 57）还有遗漏的灰色地带吗？当然有！为了避免出现其他践踏道德规范的行为发生，所有记者在采取任何行动之前都必须向编辑或者上级表明自己的计划。

附　录

《美国商业编辑和记者协会职业道德规范》陈述

陈述的目的

38　　作为商业和财经新闻记者，我们是公众信任的守护者，我们必须全力以赴，坚守职责。

作为记者，我们不仅要以诚信为行为准则，还要将个人利益与职业生活剥离，避免任何权力滥用。

在明确以上陈述后，我们对商业和财经新闻记者提出以下指导原则：

个人投资及亲属关系

- 避免发生影响或可能影响报道公正性的任何行为。
- 避免让个人投资行为影响到报道的公正性；向上级或者直接向公众公开个人投资状况。
- 公开可能引起利益冲突的个人及亲属关系。
- 鉴于频繁的股票交易及短期投机活动有违商业记者中立的身份，应当避免此类交易行为。
- 禁止利用内部信息谋求私利。

新闻素材

- 做好报道过程中的信息保密工作，确保信息对外公布前不被他人利用以谋取私利。
- 不篡改信息，不延迟或拒绝公开信息，不对任何政府做出妥协而修改新闻报道的内容。

礼品和惠赠

- 工作中不接受任何礼品和特殊待遇，象征性礼品除外。
- 拒绝一切外部资助异地差旅。
- 不要被某些高薪职位或待遇所诱惑从而影响到报道内容的公正性。
- 任何职业活动及工作人脉带来的就业机会和外部收入都应向上级

报告。

- 除非绝对必要，否则不接受普通价值的食品或点心；如若接受，必须是在正常业务来往过程当中。

社论的道德法则

- 出版商、所有人以及报社主管应当制定相应的政策及指导原则，确保商业新闻报道遵守道德诚信法则。 39
- 任何新闻平台都应明确划分广告和社论内容。
- 编辑人员搜集的资料仅用于编辑部门负责的版块、节目及页面。
- 广告部负责的内容、版块及节目所用字体、排版和设计应当区别于其他新闻版块。广告内容必须如实标明。
- 将新闻线索作为广告或其他目的的交换条件是不道德的行为。

使用外部材料

- 将非记者人员的报道或专栏文章作为新闻线索是具有欺骗性的行为，将会引起不必要的利益冲突。此项规定不适用于有明确社论标志的内容以及直接来自公众的言论，如市民的博客和读者来信等。
- 报社只有在自由撰稿人自觉遵从职业记者的道德准则的情况下才可以接受其稿件。

科技手段

- 随着新型科技手段的出现和发展，商业记者应当带头修订新的职业道德法则以适应新形势的新闻报道。

商业记者应当鼓励同事遵守以上道德规范和原则。①

关键术语

股东大会	上市公司
佣金	储备金
负债	企业改组

---

① 《美国商业编辑和记者协会职业道德规范》版权归美国商业编辑和记者协会所有，经许可重印。

预报	美国证券交易委员会
合资企业	（SEC）
债务	差额
保证金	股票分割
股票市值	战略替代方案
私营企业	收购
委托声明书	风险投资

参考文献

Bloomberg（2009）. *The Bloomberg Way*：*A Guide for Reporters and Editors*. New York：Bloomberg L. P. , pp. 57 – 78.

40　　Blum, A. （1998, August – September）. The long, hot summer：Chiquita, other retractions, firings shake newsroom ethics to the core. *The Business Journalist*, pp. 1, 12 – 14.

Business Week Journalistic Code of Ethics. （2005）. Retrieved Oct. 3, 2009 from http：//www. businessweek. com/ethics. htm.

CNNmoney. com （2003） Disclaimer. Retrieved November 27, 2003 from http：//money. cnn. com/services/disclaimer. html.

Coca – Cola Company （2009, March 5）. Form DEF14A. （SEC Publication No. 0001047469 – 09 – 002248, pp. 57 – 71）. Washington, DC：Securities and Exchange Commission.

DeCock, L. （2003, May 9）. Hurricanes' owner says his company isn't for sale. *The News & Observer*, p. Cl.

Evans, B. （2003, May 22）. Durham gets AAA credit rating from 3 agencies. *The Herald-Sun*, p. B3.

Fitzgerald, D. （2002, August 16）. Nick's bows to bridge pressures. *Door County Advocate*, p. 1.

King, S. （2003, May 23）. Companies make pitch for venture capital funds. *Kansas City Star*, p. C3.

Society of American Business Editors and Writers （2009） Code of Ethics. Retrieved Oct. 3, 2009, from http：//sabew. org/about/codes – of – ethics/sabews – code – of – ethics.

Tannenbaum, A. （1990, November）. Ruminations：A self-inflicted scandal, *TJFR*：*Business News Reporter*, pp. 1, 4 – 5, 10 – 11.

商业报道类著作

Clinton，P.（1997）. *Guide to writing for the business press.* Lincolnwood，IL：American Business Press.

Fink，C.（2000）. *Bottom line writing：Reporting the sense of dollars.* Ames，IA：Iowa State University Press.

Kurtz，H.（2000）. *The fortune tellers：Inside Wall Street's game of money，media and manipulation.* New York：Simon & Schuster.

Leckey，A.，& Sloan，A.（Eds.）（2003）. *The best business stories of the year：2003 Edition.* New York：Vintage Books.

Martin，P. R.（2002）. *The Wall Street Journal guide to business style and usage.* New York：Wall Street Journal Books.

Surowiecki，J.（Ed.）（2002）. *Best business crime writing of the year.* New York：Anchor Books.

参考练习

1. 分别找出国内 10 家上市公司和私营企业，并查找各家公司有哪些对外公布的信息。这两类公司的相关信息有何区别？

2. 阅读《美国商业编辑和记者协会职业道德规范》，讨论《规范》中对股份所有权的相关陈述。你认为自己能够客观地描述自己持有股份的公司吗？如果是一家你曾经卖空其股票的公司呢？

3. 假如你要撰写一篇关于当地油价上涨的新闻稿，你将如何寻找采访对象？你会问一些什么类型的问题？

4. 讨论：如果你是一名报社记者，并将对迪士尼公司进行报道，但此时该公司公关部向你及你的家人提供周末免费畅游迪士尼主题乐园的门票，你会接受免费门票吗？如果接受，请说明原因。

5. 写出 10 条你认为商业记者和编辑都应当了解的重要信息或事实。你认为你所在地区报社的商业记者都了解这些信息吗？为什么？

专家建议

麦克拉奇报业集团（McClatchy Newspapers）经济记者凯文·霍尔（Kevin Hall）对报道经济新闻的建议：

阅读，阅读，多一些的阅读： 这项工作最耗费精力的一部分就是做所有的研究，而从不将其反映在报道中。要做好报道工作，你必须认真阅读并深入细节。你可以先从阅读《华尔街日报》、《金融时报》（*Financial Times*）和《彭博新闻》开始。《华尔街日报》中真正有用的内容是内文部分，其中有实事报道和消息。

经济发展的驱动力

对于所有商业新闻的读者而言，21 世纪头十年没有什么消息比经济消息更重要了。随着房价下跌，股市剧烈波动，多家银行被政府接管，企业关门以及消费者被债务所困，能够报道这些问题显然已成为一种必要。

这并非一项简单的工作。每个城镇、城市、县、州或国家的经济似乎都是记者难以捕捉的模糊概念。那么，经济体具体由什么构成？"经济体"可以被定义为围绕一个地区的消费所展开的生产和商品及服务销售活动。这些活动包括工人生产产品并获得薪酬，之后产品被出售。雇员拿到工资后去购买商品和服务以维持生计，这些钱将对该地区的经济产生影响。经济能够增长，也会萎缩。如果一个国家或地区的经济实现增长，那么就会创造就业。有意报道经济消息的记者可以撰写一则有关有哪些空缺的工作岗位、薪水如何、这些岗位属于哪些行业的报道。反之亦然。当经济增速开始放缓甚或出现下降时，市场对企业产品和服务的需求就不像以往那样强劲。当企业面对这种经济滑坡时，它们通常会被迫裁员，正如 2008 年和 2009 年美国经济所遭遇的情景。

无论是政府控股企业还是私营企业，无论是大企业还是小企业，它们都会根据自己对国家或地区经济走向的看法来增加或减少资本开支。如果一家公司的首席执行官等高层管理人士认为经济将持续增长且未来消费者将扩大支出，那么该公司可能会增加资本支出。"资本支出"可以被定义为一家企业拥有拓展或打造业务的资金。

当企业认为市场对其产品需求将没有那么强劲时，它们也会减少支出。总部位于北卡罗来纳州罗利的 Martin Marietta Materials Incorporated 生产用于建造道路和桥梁的产品。该公司管理层在 2009 年缩减了资本开支，因为该公司认为，经济特别是用于新社区道路建设的支出不会像前几年那样快速增长。因此，任何寻找有关其所在地区经济线索的商业记者都希望与企业高管进行洽谈。企业管理层会密切关注经济形势和经济指标。他们不希望在市场没有需求时公司产品库存过多，也不希望在市场需求旺盛时所生产的产品过少，因为这可能会导致其销售下滑。

其他记者则对企业正在从事的工作感兴趣。如果一家企业的管理层团队认为经济增速将快于以往，那么该企业就会增加产量，进而其产品销量上升的可能性就会加大。如果一家企业的产品销量提高，那么收入和利润也可能会随之增长。这将会吸引华尔街投资者购买该公司的股票。

从国家层面而言，一项关键的经济指标是美国商务部人口普查局公布的一份衡量制造业发货量、新订单、库存、未发货订单的报告。如果制造商接到的新订单量增加，短期内发货量就可能相应增多。这就表明经济形势向好。反之，若制造商的库存量上升，则意味着产品销量不及从前，囤货越来越多。这是经济形势

专家建议

北卡罗来纳大学弗拉格勒商学院商业预测中心高级研究员兼主任、工业和办公房地产经纪商协会首席经济学家詹姆斯·史密斯（James F. Smith）撰写的《记者应当考虑的首要经济问题》一文提出以下问题。

1. 消费支出占美国GDP 的近 70%。你所在地区的消费者的行为如何？

2. 股市剧烈波动成为头条新闻，但不到一半的家庭直接持有股票或共同基金。90% 的股票被仅10% 的家庭所持有。采访消费者，看股价走势是否对他们的支出计划有影响。

3. 超过三分之二的消费者拥有住房。房价上涨带来的资本收益支撑了消费支出，特别是轿车和卡车。采访房主，看看他们对市场的激励措施有何反应。他们是否进行了再融资？他们怎么花的钱？

4. 失业和裁员成为头条新闻。新的就业机会很少。在同一家企业工作十年或更长时间的人几乎从来不谈这件事，抽样采访一些人，并找到属于后两类的人，然后讲述他们的故事。

5. 失去工作的人很少会长时间失业。抽样采访一些失过业的人，看他们找到新工作要多长时间。

6. 社区学院堪称美国教育体系的无名英雄。全球范围内，只有美国和加拿大有这类机构。如果你所在的地区有一家这样的学院，就采访一些学生，了解他们的职业目标和抱负。

44

7. 收入水平排在后10%的人平均每年的支出是其收入的三至四倍。这说明许多人都为在某段时期会有超低收入做好了计划。采访你所在地区的这一收入水平的人，看这是不是事实。

8. 收入水平排名前10%的人流动性非常大。采访这一收入水平的人，看他们处在这一收入阶层的时间有多长。找到一些鼓舞人心的例子来激励读者。

9. 在过去20年，美国新增就业岗位超过4000万个。抽样采访你所在地区的人，找到拥有这些新工作的人，讲述他们的故事。

10. 大约一半的劳动力为员工总数不到10人的企业工作。这些企业很少制造新闻，但它们是美国最具活力的企业。在你所在地区找到一些这类企业，并讲述它们的故事。

不利的信号。

美国联邦储备委员会（简称"美联储"）根据不同行业（包括制造业、采矿业和公共事业）来分析工业产值数据。此外，美联储还根据市场组别将其工业产值报告细分为消费品、企业设备和建筑材料等。美联储通常在每月15日左右公布工业产值，并且会受到那些关心经济是增长还是萎缩的人的密切关注。

下面介绍一下美联社通常是如何报道美联储的工业产值的：

1月份工业产值恢复生机，上升0.7个百分点，与此同时，之前一个月企业未售商品的库存增加，这些都是经济回暖的积极迹象。

有关美国制造业、采矿业和公共事业活动的最新数据均有明显好转。2001年的经济衰退令美国工业受创最严重。

美联储周五报告称，1月份工业产值环比增长0.7%，说明工业活动较去年12月份下降0.4%的情况有显著改善。

1月份工业产值创下去年7月以来的最大增幅，强于经济学家给出的0.3%的预期增幅。去年7月工业产值也增长0.7%。

工业一直是拖累美国经济恢复元气的最薄弱的环节，但周五的报告让人们看到了备受重创的工业未来有望表现更佳。

商业库存创下三个月来最大增幅，零售商们显然认为，谨慎的消费者在假日期间消费欲望更强。

美国商务部周五在另一份报告中称，去年12月份的商业库存增幅为去年11月份增幅（0.3%）的两倍。

与此同时，去年12月份企业销售额小幅增长0.2%，增幅高于11月份的0.1%。

上述两份经济报告提振了华尔街股市。美国股市头半小时交易中，道琼斯工业股票平均价格指数涨 13 点，纳斯达克指数涨 4 点。

1 月份制造业产值增长 0.5%，主要受汽车产量增加提振。这也标志着制造业产出较去年 12 月份下降 0.4% 的状况有明显改观。制造业产值占美联储追踪的工业产值一大半的比重。

1 月份燃气和电力公共事业部门产值增加 4%，扭转了去年 12 月下降 1.4% 的局面，原因是更加寒冷的天气使燃气和电力需求增加。

不过，1 月份采矿业产值下降了 1.2%，而去年 12 月份增长了 1%。

美国经济一直在应对这种不平衡的增长势头，一个季度的强劲表现后随之而来的是三个月的低迷期。企业尤其会在这些经济混乱的时期努力尝试估测市场对其产品的需求。

阻碍经济复苏的最大因素，企业一直不愿在招聘和资本支出方面做出重大承诺，部分原因是担心可能爆发战争，另外也主要归因于商业环境的不确定性。① 45

笔者展示了股市是如何对美联储的工业产值报告做出积极回应的。如果工业产值数据低于经济学家的预期，股价就可能下跌，因为投资者也许担心企业产品产量不足以带来更高的利润。

一些组织也会发布大量有关企业产量、库存、订单和发货量水平的报告。例如，前身为全美采购经理人协会的美国供应管理学会每月都会发布全国制造业活动调查报告。这份报告的亮点是一项称作"采购经理人指数"（the Purchasing Manager's Index，PMI）的指标，该指标计入了新订单、产量、就业、交付量和库存。PMI 的大幅变动预示着经济的变化。费城联邦储备银行也发布月度辖区制造业活动报告。这份报告基于对辖区约 250 家制造商的调查结果，主要对商业活动进行展望。所有企业的产量报告都受到密切关注。尽管上述经济指标通常都步调一致，然而，一旦一项指标走向与其他指标相悖，则可能是经济形势正在发生变化的最初迹象。

在讨论其他重要经济指标时，我们必须明白美国的数百万家企业正是经济的推动力。任何县或地区的企业可能在增加产量或发货量的同时，一个州或国家其他地区的企业却可能在削减产量和发货量。密切关注当地企

① J. 阿韦尔萨：《1 月份工业产值飙升》，美联社 2003 年 2 月 14 日。版权归美联社所有，经许可转载。

专家建议

麦克拉奇报业集团经济记者凯文·霍尔对报道经济新闻的建议：

花时间阅读专业出版物和分析性文章：我从富国银行（Wells Fargo）的詹姆斯·鲍尔森（James Paulsen）等乐观人士处获得大量的分析师报告，从摩根大通（JP Morgan）的詹姆斯·格拉斯曼（James Glassman）那里获得华尔街观点，从爱德华·亚德尼（Ed Yardeni）那里获得更多中间派和理论派的观点。我从道路建筑商、承包商、设备出租商等处获得资料，并阅读了所有资料。这种阅读通常会使人感到茫然，但这是必要的，因为华尔街是乐观派和悲观派之间的一场持久战，双方通过研究同一组数据会得出不同的结论。你读得越多，你能挑出的最能反映看涨人士和看跌人士观点以及潜在经济活动的信息就越多。

46

专家建议

麦克拉奇报业集团经济记者凯文·霍尔对报道经济新闻的建议：

避免使用术语：多数人都对他们的401（k）计划以及信用卡声明的细则感到恐惧。在像纽约或洛杉矶这样的大城市，情况或许并非如此。不过，看看针对美国内部医疗保健体系的流言蜚语，这会给人一种金融问题很复杂的感觉。在报道经济新闻时要简明扼要地阐释问题，不要认为读者已经明白你在做什么。

业的所作所为总是有帮助的。当一份工业产值报告公布后，商业记者应当向一些当地企业核实。例如，某些地方经济体会试图通过提供税收优惠措施来吸引企业迁入本地或是出口免税区。另一些地方经济体在中心城区或其他地区附近拥有经济发展区来刺激经济。这些因素也可能对未出现在上述经济报告中的地方经济产生影响。

经济学不是一门精确的科学，也不是关于经济的文字表述。经济会发出喜忧参半的信号。对于那些希望搞清经济指标或要素真正含义的记者而言，明白自己在写些什么很重要。否则，他们写出的稿子也会发出模糊不清的信号。虽然经济形势有时会模糊不清，但记者在报道经济新闻时应做到条理清晰。

明白经济的意义

2008年和2009年的美国经济走势是媒体（不仅仅是商业媒体）报道力度最大的事件之一。住房市场下滑等诸多因素造成的经济衰退令不少企业和消费者重新思考支出规模及消费模式。许多家庭负债累累，企业也因无力筹到维持运营所需的资金而被迫关门。

华尔街在美国经济中所发挥的作用越来越大，这成为决定经济形势的最重要的因素之一。越来越多的华尔街银行将消费者购买住房和汽车等商品的贷款打包并出售。这种面向投资者的贷款证券化的愈演愈烈的趋势称为"债权抵押证券"（即不核实贷款的信用，由消费者为投资做担保），这是一个很少人能搞清楚的问题。

不过，其中许多趋势，如家庭所有权的增加、信用卡债务水平的上升以及次级贷款的增多引发了经济问题，那些仔细研究了具体数字的经济记者可能发现了这些问题。次级贷款是指向原本不符合贷款条件的消费者发放的住房贷款。

为彭博新闻社和《美国新闻与世界报道》（*U. S. News & World Report*）报道经济消息的诺姆·纽斯诺（Noam Neusner）称，最佳的经济报道就是发现这类重要趋势。

纽斯诺还称，对于任何一名记者而言，理解联邦政府发布的不同经济领域报告的内容和本质固然重要，但更需关注一些重要寓意。例如，通货膨胀率（即商品和服务的价格水平）是一项重要的经济指标。如果通胀率上升，就说明消费者面临的商品和服务成本上升。但商业记者不应只简单地报道通胀率上升。多数情况下，如果记者发现消费者在杂货店或其他购物场所受到通胀的影响，那么相关报道将会提供更多的信息。一名商业记者应在报道中举例说明通胀对消费者的影响，以便使读者更加直接地了解到通货膨胀等抽象的经济术语是如何改变人们的日常生活的。

> **专家建议**
>
> 麦克拉奇报业集团经济记者凯文·霍尔对报道经济新闻的建议：
>
> **深入挖掘数字中的信息：**美国政府每个月都会发布大量的报告和统计数据，但很少有记者能够把握标题数字以外的信息。我喜欢仔细观察通货膨胀数据，并阅读冗长的图表，图表会细分构成消费者价格指数的代表性消费商品中每种商品的价格走势。这就是我们如何较其他人提前数月发现 2007 年食品价格通胀趋势的。我开始追踪牛奶、鸡蛋、白面包、奶酪等一些消费必需品的价格涨势，并能够进行报道，除了能源价格上涨，消费者还因其他日用必需品价格的上涨受到冲击。没错，蓝色牛仔裤变便宜了，但人们每周在杂货店购买的商品价格却大幅上涨。

下面是来自 MarketWatch. com 的一则在没有举消费者实例的情况下分析消费者价格指数（the Consumer Price Index，CPI）走势的报道。CPI 是美国劳工部用以衡量通胀水平的一项指标。

> 周五公布的官方数据显示，4 月份原油和汽油价格的逆转推低了消费者价格水平。剔除波动剧烈的能源和食品价格后的零售价格水平连续两个月持平，为 1982 年以来的首次。
>
> 美国劳工部称，4 月份 CPI 下降 0.3%，经济学家们的预期为下降 0.1%。CBS MarketWatch. com 调查得到的预期是核心 CPI 上升 0.1%。

47

专家建议

麦克拉奇报业集团经济记者凯文·霍尔对报道经济新闻的建议：

趋势是你的朋友：趋势报告是我们努力要在麦克拉奇报业集团发现的东西。通讯社的工作不仅仅是敲出有关最新数据或行业发展的四张图。不过，对读者来说，最有用的是将各个点连接在一起。要在一个更广泛的背景下思考"有些事意味着什么"这一问题：它是预示一种趋势还是一种转变，等等。询问你采访的对象，看他们是否见过任何有趣的趋势或变化，或是某些并未引起金融媒体注意或足够重视的事件。

CPI数据的持平和下降令投资者担心在物价下跌环境下收益可能会减少。CPI的下降足以推动基准10年期美国国债收益率跌至20世纪50年代新低。

周五公布的另一份报告显示，密歇根大学消费者信心指数升至一年来的最高水平。不过，该数据对金融市场的影响甚微。另外，最新公布的新屋开工数也因就业人数下降和天气条件恶劣而出现下滑。

周四公布的批发价格指数创纪录地下降了1.9%。核心生产者价格指数下降0.9%，为九年来最大单月降幅。

尽管美联储上周的会后政策声明最初引发了对通货紧缩的担忧，但自那以后，一些经济学家一直声称物价仅有小幅下跌，不存在出现持续型通货紧缩的风险，甚至多数经济学家认为通货膨胀仍会得到控制。

穆迪下属网站Economy.com的经济学家马克·赞迪（Mark Zandi）称，通货紧缩的确是一项重大威胁，主要因为物价涨幅已非常缓慢，而且经济持续低迷。但他还说，虽然通货紧缩情形不难形成，但这种可能性仍极小。

通货膨胀可能会保持低水平，这样一来，美联储就会将利率维持低位。美国劳工局官员证实，核心CPI较上年同期仅上涨1.5%，为1966年以来的最小涨幅。

许多企业依然有很少甚至没有定价权，这进而可能会对投资和招聘产生影响。能源价格的下跌应能提振企业盈利前景，多数经济学家仍预计到年底前美国经济增长至少会有轻微改善。

赞迪表示，近来股市和公司债券市场都有强劲反弹，而且企业和消费者的信心也有所增强，这些都说明美国经济将很快企稳，预计今年晚些时候失业率会下降，就业将实现增长。

荷兰银行北美业务首席经济学家卡尔·唐纳鲍姆（Carl Tannenbaum）称，伊拉克战争即将爆发前能源价格波动带来的影响以及后来比较迅速地结束战斗引发了对通缩的担忧。

不过，他承认，之前对何为通缩漠不关心或对此毫不担忧的客户现在也希望对通缩能有一定的了解，这对投资者情绪并不利。

能源价格下跌 4.6%，创下 2001 年 11 月以来的最大跌幅，悉数回吐了 3 月份的类似涨幅。燃料油价格大跌 14.9%，为 1990 年初以来的最大跌幅。汽油价格下跌 8.3%。

上月食品价格下跌 0.1%，因为水果和蔬菜价格下滑。

交通运输成本下跌 1.7%，部分原因是汽车价格下跌 0.4%。而飞机票价上涨了 0.9%。服装价格下跌 0.6%，住房价格下跌 0.1%，烟草价格上涨 0.1%，医疗保健成本上涨 0.2%，但处方药价格下跌 0.1%。[①]

为何这则报道不包括消费者？也许是因为 MarketWatch. com 的普通受众 48 更多地关注投资者的行为。那些希望快速获取经济和商业新闻的华尔街投资者、分析师和基金经理才是该网站的主要读者。他们清楚通货膨胀如何影响消费者，并且无须向他们做出解释。虽然那些以受过高等教育的读者为目标对象的商业杂志可能也面临这种情况，但对于大部分报纸读者来说却不尽如此，报纸读者也许从未真正想过通胀会对自身财富有何影响。向这些读者解释 CPI，表明他们将支付更高的食品和服务价格，这样他们就理解了。

多数读者都认为自己明白的一个经济术语是失业率，但这也会被曲解。失业率是没有工作但正寻找工作的劳动力的百分比。在计算失业率时，并不计入没有工作而且也不想找工作的人数。因此，失业率或许并不总能准确反映出一个城镇或社区的失业情况。

失业人数是以每个国家和每个州为单位计算的。如果一个州的失业率低于该国其他地区的失业率，一则优质报道也许是关于发生这种情况的原因何在。也许该州拥有更多服务相关岗位，而该国其他地区的失业现象主要集中在制造业。在报道关于就业或失业情况时，消费者就显得尤其重要。失业人员通常出现在当地失业办公室，试图在那里找到工作。为找到新工作，他们正在做什么？他们是否考虑换一个工作领域？他们是否需要接受新的技能培训，以便能向潜在的雇主更好地推销自己？

---

① R. 科尼：《能源价格下跌导致 CPI 升幅回落，核心 CPI 持平》，CBS MarketWatch. com，2003 年 5 月 16 日。版权归 CBS MarketWatch. com 所有，经许可转载。

专家建议

麦克拉奇报业集团经济记者凯文·霍尔对报道经济新闻的建议：

要谦逊并寻找比你聪明的人： 要抵挡住将你的世界观强加到一篇报道中或找出与你世界观一样的分析师的诱惑。识别经济学家认为是最明智的分析师并找到他们。询问你的消息来源，他们尊重谁以及他们认为为谁的观点会形成一种思维模式。然后找到这些人。

有时，那些停止找工作的人就不再被计入失业率，而当他们重返就业市场时，则又再次被计入失业率。通常来说，失业的消费者会在认为经济形势好转且有可能找到工作时重新开始找工作。而颇具讽刺意味的是，经济走强的第一个信号也许是失业率上升。

商业记者不应仅关注低收入工作者。在许多社区，因失业受创最严重的是那些年收入达到六位数甚至更高水平的人群，他们通常也是最难找到新工作的人，他们也许需要接受更低的薪水才能被录用。

因此，就像纽斯诺建议的那样，商业记者要最能够统观大局。如之前所提到的，商业记者不应仅报道失业率的升降，而不考虑其中的意义。一名商业记者应该考察全国和州的数据，同时也将其应用到地方社区。也许一国其他地区发生的情况在本地也有出现。报道一家公司解雇或招聘员工很容易，但报道更广泛的就业趋势的难度就更大了。

生产率是另一项重要经济指标，很少有读者能够理解其含义。生产率衡量的是劳动力如何生产商品，可通过一个简单的数学公式来加以理解：

$$生产率 = \frac{产出（商品和服务）}{投入（工作时长）}$$

生产率水平越高，企业在压低成本的同时生产商品的效率就越高。为提高生产力，企业可能会尝试在不提高工人薪资的情况下加大工作量或延长工作时间，在经济低迷时期尤其如此。正如彭博新闻社的这篇报道开头所说的：

第一季度美国劳动生产率增幅为上一季度的两倍，因经济实现了扩张且企业压低了工人的薪资。

美国劳工部称，第一季度，这项衡量一名工人单位小时工作量的指标折合成年率增长1.6%，去年第四季度增长0.7%。第一季度国内生产总值全部1.6%的增幅完全归因于生产率的提高。单位产量的劳动力成本增长1.9%，上一季度增长3.2%。

标准普尔 500 指数股份公司上周发布的报告显示，第一季度，美国企业利润创下两年半来最大增幅，主要受裁员提振。过去十年的技术进步使得企业用较少的员工就可以生产出同样多的商品和服务，并且能够应对不平衡的经济复苏。第一季度，美国企业裁员人数达到 26.2 万人。

美联储主席格林斯潘昨日在向众议院金融服务委员会发表证词时说，为使就业市场恢复活力，经济增速需超过生产率增速。[①]

如果工人或读者能够明白生产率的含义并理解其对经济至关重要的原因，那么他们就会清楚一家企业试图提高生产率将对他们产生何种影响。企业老板可能会要求员工承担额外的工作任务。这与每个人都相关。

如果能够加以适当解释，消费者的信贷水平也是多数读者能够理解的一项经济指标。美联储理事会会在每月的报告中追踪消费者的信贷水平。如果消费者越来越多地使用信用卡购物，那么他们未来将难以偿还这些账单，进而会危及经济。佛罗里达州西南部的报纸《夏洛特太阳报》的头版报道了信用卡债务增加的问题，向拥有 Visa 或 MasterCard 的读者阐释了这一现象。报道的开头如下：

当你被债务所困时，你会时刻关注未付账单。

夜不能寐，而是在地板上踱步。家里的争吵更加频繁。最可怕的声音是电话铃声。佛罗里达州西南部的 Consumer Budget Counseling Inc. 的业务经理伦尼·艾森伯格（Lennie Eisenberg）说，他的客户们痛恨电话。

艾森伯格称，人们的压力非常大，债主白天黑夜地来催债，非常令人讨厌。人们上班时会接到债主的电话，更要命的是人们甚至不愿接听电话——他们为此焦虑不安。

据美国马里兰州盖瑟斯堡的金融危机治疗中心 Myvesta.org 介绍，美国每 10 个成年人中就有 1 人背负债务问题。在一份有关全美经济萧条的调查中，有 88% 的受访者认为，相比死亡、家庭疾病、工作顾虑及婚姻问题，金融问题往往会更易引发经济萧条。[②]

50

---

① W. 爱德华兹：《美国第一季度生产率增长 1.6%》，彭博新闻社 2003 年 5 月 1 日。版权归彭博新闻社所有，经许可转载。

② R. 勒佩尔：《痛苦与账单齐头并进》，《夏洛特太阳报》2002 年 4 月 7 日，第 1 - A 版。版权归《夏洛特太阳报》所有，经许可转载。

专家建议

麦克拉奇报业集团经济记者凯文·霍尔对报道经济新闻的建议：

与初级人员和统计学家交谈： 这一点是有用的，特别是在研究政府数据的趋势时。经济分析局（Bureau of Economic Analysis）或劳工统计局（Bureau of Labor Statistics）等机构的大量研究人员和统计学家是可以联系到的，他们的名字经常出现在报道中。虽然他们的话往往不能被引用，但他们乐意谈论数据的细节，因为他们的工作都是关于这些数据，并且他们很长时间以来一直在追踪此类数据。他们对发掘报道观点方面是有帮助的。

上面的故事看起来像一篇商业报道吗？不见得。但它揭示了全美数百万消费者面临的一个严重的经济问题。这种报道类型就能使读者对复杂的经济问题清晰易懂。

读者了解了他们的家庭负债如何影响个人消费习惯。负债越多，就需要拿出更多收入来偿还债务和利息。美联储会发布家庭债务负担的季度报告，21世纪头十年，美国家庭债务负担达到20年来的最高水平。如果记者发现一些读者的债务规模过大，他或她就会写一篇报道，不仅与这些统计数据很好地相结合，同时也证实这是一种全国性趋势。

商业和经济记者需要开拓思维，想想什么才是一篇好的经济报道。一般的经济报道通常仅罗列政府报告上的数字，这过于乏味。记者需要采取额外措施，就数字的含义做出解释，并通过向读者提供个案以及基于采访的逸事使抽象的数字变得活灵活现。

路透社的培训编辑格雷格·麦丘恩（Greg McCune）建议，记者可以通过观察朋友和邻居的消费习惯或研究最近的购物中心内店铺的开张和关门情况，来获取对经济报道有利的线索。"他认为经济应该是自下而上，而非自上而下。"《商业记者》（*The Business Journalist*）的彼得斯和尤伯称（Peters，Zuber，2001）。

The NewsHour with Jim Lehrer 的商业和经济记者保罗·索门（Paul Solman）在新闻网站 Poynter.org 上解释了他的经济报道的风格：

> "我试图找出哪些是我可以教给人们或许对其理解物质世界有帮助的东西，从而使他们更像是能够做出受过教育的经济决策的人，因为在一个民主国家我们都应该是这样的人。我用一些有趣的故事来试图告知人们物质世界的运作方式。因为物质世界有无数的事实，所以我的故事也没有结尾。"

索门还说："当我在讲故事时，我认为自己是在阐明经济学原理；

当人们告诉我，我能够将事情如此简单化，甚至他们都能够明白时，我觉得我已经成功了。"

简单化和解释是经济报道的最重要的元素。如果没有这些元素，将丧失读者。

专家建议

麦克拉奇报业集团经济记者凯文·霍尔对报道经济新闻的建议：

要保持好奇心和持怀疑态度：好奇心会害死一只猫，但除非记者天生好奇，否则世界上的所有等级和血统都毫无意义。最好的记者是具有好奇心的，无论这事关他们所报道的地区还是更广泛意义上的生活。一颗好奇心往往会发现趋势和政治闹剧。

美国联邦储备委员会

伯南克（Ben S. Bernanke）讲话时，人们会仔细聆听——尤其是记者。美联储主席也许是美国仅次于总统的最具影响力的人。他是为数不多的几个可以通过引导经济走向来决定总统政治命运的人之一。不过，除了知道伯南克曾是普林斯顿大学的教授并蓄有胡须且秃顶外，鲜有美国人能充分了解伯南克的工作或美联储在管理美国经济中所发挥的重要作用。

美联储成立于1913年，负责履行美国中央银行的职责。美联储有7名执行委员，执行委员全部由总统提名，经过国会确认后才能上任，每个执行委员的任期为14年。美联储的首要任务是制定美国的货币政策，这看起来像是一个模糊的概念。简言之，美联储的货币政策旨在在不导致通货膨胀压力过大的情况下刺激经济增长。当政策委员认为经济增长缓慢时，美联储会试图推动经济增长；当政策委员认为经济增速过快时，美联储会设法放慢经济增长的步伐，因为过快的经济增长会导致商品和服务价格涨幅超过薪资涨幅。美联储通过调控经济的资金流以及可获信贷来实现自身的目标。

7名执行委员在美国联邦公开市场委员会中占据大部分席位。该委员会中还有另外5名成员，这5名成员由地区联邦储备银行（其中包括纽约联邦储备银行）的行长轮流担任。地区联邦储备银行位于美国的一些大城市，其中包括费城、芝加哥、丹佛、里士满、亚特兰大、堪萨斯城和旧金山。

美国联邦公开市场委员会每年举行8次会议，探讨美国经济现状并研究是否应根据他们对各种经济指标的评估采取行动。如果该委员会认为经济增长放缓，就可能下调联邦基金利率以刺激支出。相反，倘若该委员会认为经济过热，就可能上调联邦基金利率以抑制消费。联邦基金利率是指存款机构将其在美联储的存款余额贷给其他存款机构的隔夜拆借利率。联邦基金利率会影响其他经济因素，如银行等放贷机构的住房或汽车贷款利率。如果银行等放贷机构提高贷款利率，消费者可能会不愿通过贷款来购买商品。这就会导致经济增长减速。

52　　美联储官员运用货币政策来预测经济走向。由于他们做出预测，因而会持续关注一些重要经济指标的发展趋势——本章后面会谈到许多重要经济指标。这些指标包括失业率、消费者价格指数、汽车和住房销量以及消费者信心。失业率和通胀率是美联储最关注的两项经济指标。

　　每次政策会议结束后，美联储会发布新闻稿阐述其采取的政策措施，即使没采取任何行动，也会发布声明。这一直都是新闻素材，尤其是对主要报刊和其他大型媒体而言。新闻稿将这样解读经济现状：

> 美国联邦公开市场委员会9月份会议以来收集到的信息显示，经济活动持续升温。这期间，金融市场形势总体大致未变。近几个月来，住房市场活动有所增加。家庭支出似乎呈扩大势头，但仍因当前的失业、收入增长乏力、家庭财富减少以及信贷吃紧等问题受限。企业仍在削减固定投资和裁员，尽管步伐放缓；并且在将库存拉回与销售相符的水平上继续取得发展。尽管未来一段时间经济活动可能仍旧低迷，但美国联邦公开市场委员会预计政策行动将会使金融市场和机构恢复稳定，财政和货币刺激措施以及市场力量将支撑经济强劲增长，在物价稳定的情况下资源利用率将逐渐回到更高的水平。
>
> 鉴于大量的资源冗余可能会继续压低成本，且中长期通胀预期稳定，美国联邦公开市场委员会预计通胀率一段时间内将维持低位。在这种情况下，美联储将继续动用各种工具来促进经济复苏和保持物价稳定。
>
> 美国联邦公开市场委员会将把联邦基金利率的目标区间维持在0~0.25%，仍认为包括低资源利用率、通胀趋势疲弱以及通胀预期稳定在内的经济形势可能会支持在更长一段时间内维持超低的联邦基金利率。为向抵押贷款和住房市场提供支持并改善私人信贷市场的总体形势，美联储将购买1.25万亿美元的机构抵押贷款支持证券和大约

1750 亿美元的机构债券。上述机构债券的购买量（虽然略低于之前宣布的 2000 亿美元的最高值）符合近来的收购路径，也反映出机构债券的有限供应。为促进市场的平稳过渡，美联储将逐步放慢购买机构债券和机构抵押贷款支持证券的步伐，并预计这些交易将在 2010 年第一季度末之前执行。美国联邦公开市场委员会将继续根据经济前景和金融市场形势的变化评估证券购买的时机和总规模。美联储将监控其资产负债表的组成和规模，并在必要时调整其信贷和流动性计划。

对美国联邦公开市场委员会货币政策行动投赞成票的有：主席伯南克，副主席达德利（William C. Dudley），杜克（Elizabeth A. Duke），埃文斯（Charles L. Evans），科恩（Donald L. Kohn），拉克尔（Jeffrey M. Lacker），洛克哈特（Dennis P. Lockhart），塔鲁洛（Daniel K. Tarullo），沃尔什（Kevin M. Warsh）和耶伦（Janet L. Yellen）。[①]

53

美联社对上述只有四段的新闻稿的报道如下：

美联储周三承诺在更长一段时间内维持关键利率在纪录低位，这暗示疲弱的经济仍要依赖政府的帮助才能实现增长。

美联储称，经济活动持续升温，住房市场走强，这是经济持续复苏的一个关键要素。但美联储主席伯南克及其同僚警告说，许多人和企业面临的失业率上升和信贷吃紧的问题可能会限制未来数月的经济反弹。

他们还说："经济活动在一段时间内或持续低迷。"

在这种背景下，美联储将其银行拆借利率目标区间维持在 0 ~ 0.25%。美联储没有对旨在压低抵押贷款利率的项目做出重大调整。

商业银行的最优惠贷款利率（与住房贷款、部分信用卡及其他消费贷款利率挂钩）将仍为 3.25%，是数十年来的最低水平。

不过，一些信用卡贷款利率在过去几个月里有所上升。这在一定程度上反映出银行提高利率以应对不断升级的信用卡贷款违约现象。银行也设法赶在明年年初一项旨在打压银行突然提高信用卡贷款利率的新立法生效前加息。

美国国会周三表决同意尽快实施新规，以保护消费者免受这种突

---

① 引自美国联邦公开市场委员会新闻稿，2009 年 11 月 4 日，美国联邦储备委员会。

然调整利率的冲击。信用卡公司会立即遵守这一新规，而不是等到明年 2 月份才开始，除非它们同意冻结利率和费用。

但外界认为，该提议在参议院获得通过的希望渺茫。Bankrate.com 的数据显示，全美浮动利率信用卡的平均贷款利率为 11.5%。银行的信用卡贷款利率高于最优惠利率，因为信用卡客户累积的债务风险更大。

美联储的政策声明公布后，华尔街道琼斯工业股票平均价格指数最初守住了超过 100 点的涨幅。但股市最终在尾盘的跌势中回吐了大部分涨幅。不清楚美联储的政策声明发挥了多大作用。一些分析人士指出，随着周五 10 月份官方就业报告公布时间的临近，投资者们的情绪紧张。

正常情况下，美联储仅调控短期利率。但在金融危机爆发后，美联储开始购买中长期美国国债。如果美联储不购买这些国债，国债收益率会更高。

这对于汽车贷款、部分学生贷款、15 年和 30 年期固定利率抵押贷款以及部分可调整利率抵押贷款的借款人来说是个好消息。

周三，美联储坚持其对于在更长一段时间维持超低利率的承诺。多数分析人士认为，美联储要到明年春季或夏季才开始上调利率。

Naroff Economic Advisors 的乔·纳罗夫（Joel Naroff）说，美联储的决策者相信他们需维持低利率以确保经济复苏势头稳固。

美联储希望低利率能够鼓励消费者和企业扩大支出，进而提振经济复苏。美联储暗示会继续维持低利率，因为通胀几乎是不存在的。

美联储现在进入一个新阶段：管理经济复苏，而不是应对大萧条时期以来美国遭遇的最严重的经济衰退和金融危机。

上个季度，美国经济自一年多来首次恢复增长。不过，经济增长主要得益于政府支持下的住房和汽车消费。经济复苏的强度和持久力还不确定，特别是在政府取消扶持措施的情况下。

三菱东京日联银行的经济学家克里斯·鲁普凯（Chris Rupkey）称，在这样一种脆弱的经济复苏的背景下，美联储不太可能在短时间内加息。

他说，经济增长并不意味着加息。与以往的反弹一样，尚处在萌芽阶段的经济复苏难以阻挡失业率的升势。目前，美国失业率为

9.8%，处在 26 年高点，预计周五美国政府公布的 10 月份失业率将达到 9.9%。分析人士表示，失业率可能在明年年中前后升至 10.5%，之后才会回落。

一旦经济复苏的根基稳固下来，美联储就有可能开始暗示将加息。美联储最终加息的一个暗示将是改变或放弃对于将在更长时间内把基准利率维持在纪录低点不变的承诺。

这是一项复杂的任务。若过快加息并取消扶持措施，经济复苏或出现"短路"。而另一方面，若过长时间维持低利率和政府扶持措施不变，则可能引发通货膨胀。

尽管不会改变旨在压低抵押贷款利率的计划，但美联储确实表示将把对房利美和房地美债券的购买规模从 2000 亿美元减少至 1750 美元，因为这类债券的供应量已经减少了。

在 9 月末的上一次政策会议上，美联储同意放慢规模为 1.25 万亿美元的房利美和房地美抵押贷款支持证券购买计划的步伐。美联储决定在明年 3 月底以前，而不是年底前结束抵押贷款支持证券购买计划。到目前为止，美联储已购买了 7760 亿美元抵押贷款支持证券。

美联储压低抵押贷款利率的努力取得了回报。房地美上周报告称，30 年期抵押贷款利率平均为 5.03%，低于去年的 6.46%。

分析人士说，尽管美联储将放慢购买抵押贷款支持证券的步伐，但只要不停止，住房贷款利率就应保持在 5% 左右的低位。[1]

报道援引了美联储新闻稿的内容，但也提供了看过美联储政策声明的 55 经济学家给出的分析，更深入地洞察美联储的潜在想法。

之后，美联储会发布政策会议的纪要。由于召开政策会议与发布会议纪要存在时间差，因而会议纪要的新闻价值通常不那么大，但有时会显示政策委员之间存在意见分歧。美联储每年还向国会呈交两次经济报告，美联储主席要向国会发表证词。作为主席，伯南克对经济有着巨大的影响力。伯南克自 2006 年起出任美联储主席，一直积极参与引导经济摆脱大萧条时期以来的最大经济滑坡。正因为如此，他在美联储其他政策委员中的影响力是巨大的。政策委员们通常根据伯南克的言论和观点进行表决。

___

[1] J. 阿韦尔萨：《美联储再次承诺将把利率维持在纪录低点》，美联社 2009 年 11 月 4 日。版权归美联社所有，经许可转载。

鉴于伯南克的巨大影响力，当他讲话时，记者们会仔细记录并分析他的措辞。他在面向国会和其他场合所发表的演讲被视为重大消息。美联储会让媒体轻松获得伯南克及其他政策委员和银行行长的讲话副本。多年来，一直报道美联储和货币政策的记者将在这些演讲中寻找有关政策委员对经济的看法的线索。

但需要注意的是，除非你很喜欢学术写作，否则这些演讲稿的内容读起来非常乏味。许多公开演讲都包括对经济走向的冗长而复杂的解释。报道美联储的记者的工作是要将这些演讲内容深入浅出地表达出来。

下面就是美联社记者对伯南克向美国国会发表证词内容的报道：

专家建议

麦克拉奇报业集团经济记者凯文·霍尔对报道经济新闻的建议：

做一份日历：这有助于让人们对自己的行为负责，特别是在美国财政部这样的地方。如果政府说希望在11月前修改50万份抵押贷款，那么不要等到11月份才报道这一消息。在日历上做一些记录，以便在9月份查看数据显示政府的这一计划是否有可能实现。趋势通常在截止日期前的几个月才能明朗化。做好一份日历记录有助于敦促决策者采取行动。

56

美联储主席伯南克周二向国会表示，美国经济出现严重萎缩。但他也透露了一线希望，称如果美国政府能设法提振摇摇欲坠的银行系统，经济衰退有望在今年结束。受此影响，美国股市反弹。

伯南克称，继2008年末出现25年来最大滑坡之后，美国经济在今年前六个月可能继续收缩。

伯南克表示，他希望衰退将在今年结束，但这一预期面临巨大风险。经济形势的转机将取决于美联储和奥巴马政府能否成功使信贷和金融市场的运行再度恢复正常。

伯南克向参议院银行业委员会表示，只有这样，他认为当前经济衰退才有望在2009年结束，并且在2010年迎来经济复苏。

伯南克的上述讲话，再加上他对于监管机构不打算将银行国有化的表态，足以提振美国股市。道琼斯工业平均指数上涨逾236点，标准普尔500指数也走高，此前一天这两个指数均触及1997年以来的最低水平。

经济复苏面临的风险包括，一旦其他国家的经济和金融问题比预期还要严重，这将冲击美国出口，并导致本就脆弱的美国金融市场状况进一步恶化。

另一种担忧是，美联储和华盛顿的其他决策者将无力打破一种恶性循环，即失业、房产价值缩水以及储备减少迫使消费者大幅缩减开支，导致经济混乱局面加剧，进而陷入困境的企业被迫加大裁员力度并减少其他方面的开支。

伯南克称，为打破这种恶性循环，在政府采取强有力的措施以稳定金融机构和金融市场的同时，美联储动用财政刺激措施加以补充，这一点至关重要。

为重振经济，美联储已将关键利率下调至历史低点，奥巴马最近签署了一项规模为7870亿美元的刺激方案，内容包括增加政府支出和加大减税力度。

此外，美国财政部长盖特纳修改了一项颇具争议的7000亿美元银行纾困计划，其中包括与私人部门联合收购银行持有的不良资产，以及扩大政府在其中的持股，希望借此来释放贷款。奥巴马政府也将投入750亿美元用于遏制房屋止赎。

伯南克称，上述措施再加上其他一些大胆举措，如即将启动的提高汽车、教育、信用卡等消费贷款的可获性的项目，随着时间的推移应会在一定程度上缓解压力并促进经济复苏。伯南克向议员们表示，这一项目即将启动。但他未说明具体时间。①

投资者也对伯南克的讲话做出回应。在伯南克上任前，格林斯潘是美联储主席。如果格林斯潘警告经济增速快于其本应的水平，投资者会抛售股票，因为这意味着美联储可能加息以放慢经济增长的步伐，进而会导致企业利润下降。倘若格林斯潘认为经济需要获得提振，一些人或许相信利率将被下调，投资者会希望买入股票，因为企业利润有望增加。以往，道琼斯指数等股指随着美联储主席的讲话或美国联邦公开市场委员会的决定而涨跌是很常见的。

不过，伯南克的讲话要比格林斯潘更容易理解。美国有线电视新闻网金融编辑、长期专门报道经济消息的商业记者麦伦·坎代尔（Myron Kandel）指出，格林斯潘在谈论经济形势时对其实际想要表达的意思总是闪烁

57

---

① J.阿韦尔萨：《伯南克：经济出现严重收缩》，美联社2009年2月24日。版权归美联社所有，经许可转载。

其词，并且格林斯潘还指出，无论媒体用什么样的不同报道都无法准确表达他公开讲话的内容。然而，伯南克虽然一直比格林斯潘要低调，但他的讲话内容更容易被报道美联储的记者所理解。

失业率

一个地区或国家的就业人数会随着经济形势的好转而上升。当人们开始购买更多商品和服务时，生产这些商品和提供这些服务的企业就可能决定招聘更多员工以满足市场需求。而另一方面，如果购买商品和服务的人少了，企业可能会裁员，因为它们不再需要生产这些商品。

失业率就是衡量这一经济领域的一项指标。当已失去工作且正在寻找新工作的人数增多时，失业率就会上升；当有更多的人找到工作时，失业率就会下降。失业会对经济产生广泛影响。由于失业人群不再有收入，他们可能会减少在非必需品上的支出。当失业的人群重新找到工作，他们会购买之前因失业而无力购买的商品。

失业现象是美联储关注的一个重要宏观问题。美联储官员希望知道失业率是上升还是下降，以便在必要时刺激经济以创造就业。

失业率是以百分数来衡量的。美国劳工统计局通常在每个月的第一个周五发布全国失业报告。（州的数据通常也可获得，作为城市统计地区的数据。）不过，除了发布失业率，这份报告也提供了每月新增就业数据的细节。就业增长可以表明经济增长，与失业率几乎一样重要。就业增长也会暗示通货膨胀的可能性，因为获得新固定工作的人会愿意扩大商品和服务支出。

下面介绍一下应如何报道月度失业率：

北卡罗来纳州周二在其月度失业报告中称，由于雇主继续裁员和推迟招聘，该州3月份失业率小幅升至6%。

2月份该州经季节性因素调整后的失业率为5.8%，说明经济远未实现全面复苏。

3月份新增失业人数约76724人，比2月份多4700人，而六个月或更早以前，新增失业人数为36191人。

失业人数最多的是制造业，因为制造企业会将工作岗位迁至海外，以利用当地的生产率优势。建筑行业的就业人数也出现下滑，主要是因为天气恶劣以及商业房地产需求大幅减少。

北卡罗来纳州银行家协会经济学家、阿巴拉契亚州立大学经济学 58
教师哈里·戴维斯（Harry M. Davis）说，经济增速还没有快到可以创造就业的水平，北卡罗来纳州的经济产出折合成年率增长2%，远低于失业率下降所需的3%。

不过，戴维斯还说，随着伊拉克战争的结束，预计未来数月就业市场将逐步改善。他指出，近来消费者信心的增强、企业利润的提高和企业投资的增多就可以证明雇主可能开始再度招聘。

北卡罗来纳州立大学经济学家迈克尔·华登（Michael L. Walden）预计，今年失业率将仍高于5%。他说，美国经济陷入本轮衰退时失业率为3.1%，失业率短期内不太可能降至该水平。

从全国范围来看，3月份失业率为5.8%，4月份为6%。

一年前，北卡罗来纳州失业率要比现在高0.9个百分点，为6.9%，但该州官员称，自那以后失业率的下降是具有误导性的，而且主要是因为失业率的计算方式改变所致。

不过，北卡罗来纳州称，从该州的就业和失业同比数据来看，当前就业市场形势要好于上年同期。失业人数较2002年3月减少37669人，至249488人；就业人数增加9811人，至390万人。

北卡罗来纳州的劳动力（拥有工作或正在寻找工作的人）人数同比减少27858人，至415万人。经济学家们称，劳动力人数这种程度的下降表明，在经济形势好转前，劳动力正迁出该州或放弃找工作。

为Economy.com追踪北卡罗来纳州经济状况的丽莎·安德森（Lisa Anderson）称，通常来说，当经济开始复苏时，劳动力人数会增多，不过当前并未出现这种情况，说明人们是悲观的。

失业率连续两年上升，耗尽了该州的失业保险信托基金。通过每个季度向企业征税作为融资，该基金向那些并非因自身过错而失去工作的人提供失业救济。

在本周征收第一季度税收前，北卡罗来纳州从联邦政府处借入5300万美元以继续支付失业救济。北卡罗来纳州就业安全委员会的发言人迈克尔·沃克（Michele Walker）说，该州用近期的税收偿还了联邦政府的借款，目前该信托基金有2060万美元。该州仍预计本月向企业征税约 2 亿美元。①

这篇文章侧重报道了一些行业创造了就业岗位但其他行业出现失业现象的事实，并指出许多失业的人可能已离开北卡罗来纳州去寻找就业机会或停止找工作。

这篇报道可以如何改进呢？如果作者能够找到在过去一个月内失业的某个人，并讲述能够反映这种情况的轶事，那么就能让读者真正明白找工作是什么感觉。不过，可以引用大量专家的言论来分析本地就业市场。商业记者还有大量其他办法来追踪其所在地区的就业情况，而不仅仅是报道失业率数字。其中有许多途径可以让我们对就业市场可能要发生的情况有一个更短期的概览。

59　　当企业招聘员工，特别是招聘大量员工时，它们可能会通过新闻稿来预先发布这一事件。"XYZ Products 将扩建本地工厂并扩招 200 名员工"将有可能成为这类新闻稿的标题。这些新闻稿会给读者提供大量信息，尤其是那些认为自身能够胜任其中某些工作的人。这类新闻稿也为读者提供了一项服务，即提供了有关如何申请工作或公司正在寻求填补哪类岗位（如体力劳动者、工厂工人、行政助理、软件开发人员等）空缺的信息。

佐治亚州南部的报纸 *The Blackshear Times* 头版对一家企业面向其社区招聘的消息报道如下：

> 总部位于佛罗里达州杰克逊维尔的一家为底特律大型汽车厂商定制货车和卡车的企业将投资 240 万美元在韦克洛斯工业区建一座工厂。
>
> 这家名为"Sherrod Vans"、有着 23 年历史的企业将于周四上午 9 点在一块 25 英亩（约 10 万平方米）的土地上破土动工，兴建一座建筑面积为 69000 平方英尺（约 6410 平方米）的建筑。该公司希望新厂在大约 10 个月内投产，并至少从该地区招聘 100 名员工，不就之后员工人数会扩大到 150 人。
>
> 预计该公司每年发放的工资总额将超过 600 万美元。②

---

① A. 马蒂内：《州失业率升至 6%，扭转过去两个月的跌势》，《新闻与观察者报》2003 年 5 月 7 日，第 D1 版。版权归《新闻与观察者报》所有，经许可转载。

② R. 威廉斯：《定制货车的工厂将为该地区创造 100 个就业岗位》，*The Blackshear Times* 2002 年 9 月 25 日，第 1 版。版权归 *The Blackshear Times* 所有，经许可转载。

对于如何写好就业报道，有很多获取素材的来源。一个积极进取的记者有时会通过浏览报纸上的分类广告发现一家公司招聘本地员工的信息。通常，一家企业在一个地区发布职位广告前，会预先了解当地劳动力有怎样的需求，然后再宣布进行招聘。还值得注意的是，美国大型企业联合会每月会发布招聘指数，该指数通过调查全美主要报纸上的广告来追踪用工需求。

此外，单个公司的裁员也会成为重要新闻。有时，他们会首次暗示一家企业可能陷入财务困境。裁员也表明一个行业出现滑坡或一个新的竞争者夺走了业务。许多企业可能不希望讨论裁员事宜，也很少通过新闻稿宣布此类决定，但心怀不满的员工可能会给记者打电话让他们知道这件事。如果一个公司的管理人士在内部备忘录中向员工阐释这一决定，那么这份备忘录通常会匿名出现在编辑室的传真机上，特别是在记者已经与公司员工建立起人际关系的情况下。

不过，还有另一种更加可靠的办法来及时获取一家企业裁员的消息。一项名为"员工调整和再培训通知法案"（通常简称为"WARN 法案"）的联邦立法要求企业须提前 60 天通知员工工厂关闭或裁员的消息。这些通知要提交给州劳工部和地方政府官员，并接受公众审查。如果受影响的员工由一个工会作为代表，WARN 法案的相关通知还要提交给劳工官员。如果一名记者从未看过 WARN 法案文件，那么他/她应找到该地区这些文件的负责人。这些人能够提供那些不为当地媒体所知的消息。一般来说，如果企业员工总数不少于 100 人，而且这些员工工作时间不少于 6 个月、每周工作时长超过 20 小时；如果工厂的关闭导致至少 50 名员工失业时间超过 30 天；如果企业一次性裁员 500 人以上，或裁员 50 人以上且裁员规模不少于员工总数的三分之一；在以上这些情况下企业就要发布 WARN 法案通知。

记者如果能够找到那些已经换了工作的人，就可以写出一篇有趣的就业报道，能够让读者对当地经济有一定的了解。当地医院护工人手短缺吗？如果事实如此，行政管理人员正采取什么措施来吸引更多护工进入该地区？CVS 等连锁药店通常会向药剂师提供激励措施，鼓励其到小城镇待上一段时间。另一种有趣的就业趋势也许是，已经退休的老人重新加入劳动力大军。这可能出于多种原因，但也许包括他们没有足够的储蓄来维持退休生活或仅仅是因为待在家没意思。

汽车和住房销售

当人们在日常生活中购买商品和服务时，经济学家和其他希望了解消费支出趋势的人会密切关注和追踪消费活动。受到关注的两大商品是汽车和住房。这两种大件商品销售的增加和减少能够很好地反映出经济走向。尽管读者也许可以从就业信息中了解到消费者是否有支出能力，但具体商品的销售信息能够让读者对经济有更好的认知，因为这些信息会显示消费者的支出意愿程度。

单个汽车厂商和美国经济分析局通常在月底刚过时发布轿车和卡车的销售统计数据。汽车销售是周期性的，取决于经济形势，并且也与利率相关。如果利率水平低，那么消费者就有购买轿车的冲动。轿车销售约占美国国内生产总值（GDP）的5%，不过由于轿车被视为非必需品，它们的销售情况通常被看作消费者行为的"晴雨表"。轿车销售的增加可能意味着消费者对自己的工作和经济现状感到满意，并愿意花钱购买新车。如果轿车销量下滑，可能表明消费者对经济心存担忧。

61　《底特律新闻报》（*The Detroit News*）是一家花费大量记者的人力和时间来报道汽车行业的报纸，下面介绍一下该报通常是如何报道汽车销售的：

> 美国4月份汽车销量增长2.8%，为今年以来首次增长，因为各种优惠措施、时尚新品和全美经济的改善给经销商带来了客流量。
>
> 总部位于俄勒冈州班登的CNW Marketing的顾问阿特·斯匹内拉（Art Spinella）说，消费者信心依然非常强劲，不确定除了持续的优惠措施之外，是否还有其他原因促使大量消费者前来购车。
>
> 4月份汽车厂商的新车销量估计为145万辆，高于2001年4月份的135万辆。
>
> 车讯公司（Autodata Corp）的数据显示，4月份新轿车、皮卡、小型货车和SUV的销量按年计算达到了1740万辆，高于上年同期的1665万辆。
>
> 鉴于收入增加、失业率下降以及其他迹象显示经济状况良好，汽车厂商目前预计今年美国汽车销量有望增至1700万辆，甚至更多，之

前的预期最低为 1500 万辆。

迄今为止，今年新轿车和轻型卡车的需求量仅仅较 2001 年的强劲水平低 1.7%。

4 月份新车销售的强劲表现促使通用汽车公司（General Motors Corp.）将第二季度的产量目标从之前预计的 150 万辆提高至 153 万辆。克莱斯勒（Chrysler）计划让旗下 17 家北美工厂中的 14 家加班生产。

鉴于销售量表现远高于预期，汽车厂商开始取消"9·11"恐怖袭击后为支撑需求而推出的大幅折扣和融资交易。这有望改善它们的利润前景。

通用汽车 4 月份销量增幅领先，国内品牌销量增长 12.4%。戴姆勒克莱斯勒（Daimler Chrysler AG）旗下的克莱斯勒集团的销量增长了 2.8%。只有福特汽车公司（Ford Motor Co.）处境不利，4 月份销量下降了 8%。

亚洲汽车厂商在美国市场的销量持续增长：丰田汽车公司（Toyota Motor Corp.）销量增长 0.3%，本田汽车公司（Honda Motor Co.）销量增长 1.1%，日产汽车公司（Nissan Motor Co.）销量增长 14.8%，三菱汽车公司（Mitsubishi Motors Corp.）销量增长 8.4%，现代汽车公司（Hyundai Motor Co.）销量增幅超过 13%。

德国汽车厂商中，梅赛德斯奔驰（Mercedes-Benz）美国市场销量增长 7.2%，宝马汽车（BMW AG）销量增长 15.1%，而大众汽车（Volkswagen AG）销量下降 0.4%。

通用汽车周二取消了无息贷款，降低了部分新轿车和卡车的折扣。购车者目前可获得贷款 1.9% 至 3.9% 的现金返还，返还现金额度分别为 1000 美元、2000 美元或 3000 美元。而之前的最低现金返还额度为 2000 美元。

通用汽车销售分析师保罗·巴鲁（Paul Ballew）称，公司希望最新的项目能够在节省成本的同时鼓励消费者继续购车。

目前，克莱斯勒和福特汽车均未效仿通用汽车削减优惠措施的做法。

在这两大汽车厂商实行大规模复兴措施的同时，减少激励开支以及稳定或增长的销售将对它们起到帮助作用。预计福特汽车今天将宣布新一轮激励措施。

克莱斯勒将继续向多数克莱斯勒、道奇和吉普车型提供高达2500美元的现金返还或低息贷款，以及七年、10万英里（约16万公里）的动力系统保修。

克莱斯勒负责销售的高级副总裁盖瑞·迪尔茨（Gary Dilts）在谈到通用汽车的最新折扣时称，同一措施并不适合所有企业。

分析人士表示，汽车厂商希望尽可能多地调整激励措施，以便在工厂继续开工的同时保持强劲的销售势头，而且利润不会因此大幅下滑。总部位于特洛伊的 J. D. Power and Associates 的预测部门执行董事沃尔特·麦克马纳斯（Walter McManus）说，如果现金返还成本达到数十亿美元，通用汽车宁可不再要1700万辆的年销量。

通用汽车4月份销量的增长反映出卡车需求强劲和轿车销售小幅增长，当月零售额增长了15%。

作为全美第一大汽车厂商，通用汽车公司的 SUV 和皮卡的强劲需求提振了公司的销售业绩。通用卡车销量激增24%，其中 GMC Envoy 和雪佛兰开拓者（Chevrolet Trail Blazer）SUV 以及雪佛兰 S-10 皮卡销量增幅居前。①

这篇报道阐释了轿车销量增加的原因，并给出了有关汽车行业最后一次销量增长是在何时的观点。尽管报道给出了大量数据，但也对汽车行业加以整体描述，并说明其如何影响经济。但文中缺乏近期购买了轿车或正考虑购买轿车的消费者的言论。汽车销售数据有时会剧烈波动，这取决于汽车制造商的激励措施和经销商的优惠措施。也许这个月的销售强劲，但下个月就不一定了。新车型的推出也会影响销售。但对较小的媒体而言，新车销售可以作为分析当地经济形势的一篇重要报道，特别是如果该地区只有一或两家汽车经销商。有时，从汽车经销商处获得有关新车销售的信息并非易事，但这些信息仍可能是衡量当地经济增长或下降的最好指标。

消费者购买住房所用的钱要多于购头汽车。买房会是一件压力很大的事情，许多消费者会尽力确保他们所买的住房能满足自身需要。美国人口普查局（Bureau of the Census）通常每月会发布全美新屋销量数据。新屋

---

① S. 卡尼：《激励措施带动4月份汽车销量大增，消费者信心增加》，《底特律新闻报》2002年5月2日，第1A版。版权归《底特律新闻报》所有，经许可转载。

销量占住房销售总量的15%左右。全美地产经纪商协会（National Association of Realtors）也会每月发布成屋销售数据。

成屋销量占住房销售总量的85%左右。不过，新屋销售仍对总体经济有重要影响，因为这反映出又有更多的人拥有住房，而成屋销售通常是现有房主购买新房并卖出旧房。成屋销售数据是基于已完成的合约，而新屋销售数据是基于已签署的销售合约。在许多社区，住房销售数据可以通过联系当地的房地产经纪商协会来获取。对读者而言，这些地方数据通常比全国数据更有价值。我们来看看《水牛城新闻报》（*Buffalo News*）的这篇报道：

> 地区住房销售今年开局良好，较上年同期增长4.5%。据水牛城尼亚加拉地产经纪商协会的数据，伊利和尼亚加拉县的住房销量总计673套。
>
> 低抵押贷款利率继续吸引着购房者。Hunt Real Estate ERA 的总裁兼首席执行长

专家建议

麦克拉奇报业集团经济记者凯文·霍尔对报道经济新闻的建议：

深入细节：如果你在报道住房市场消息，那么最好能了解证券化的运作过程，以及在当前环境下所处的位置。我们很少报道关于这些市场的细节，但你确实要了解整个形势。住宅和商业房地产依赖这些市场，而这些市场目前一大部分都是死水一潭。信用违约掉期也同样如此，它对于理解当前经济滑坡以及未来的发展前景至关重要。仅凭这些，还不足以了解房屋是否出售。有一些金融相关原因可以用来解释是或不是：信贷可获性，银行将抵押贷款引入二级市场的能力，建筑商获得信贷的途径，等等。

皮特·亨特（Peter F. Hunt）说，尽管上个月天气条件有些不利，但住房销售依然稳健。

他还说："虽然下了很多雪，但我仍相信房地产是当今的一种投资选择。"

水牛城尼亚加拉地产经纪商协会称，地区单户型住房的售价中值较上年同期下跌5%，至79500美元。

售价中值意味着售出的房屋中有一半价格高于该水平，还有一半低于该水平。相比平均价格，价格中值受超高价房屋或超低价房屋的影响较小。该地区住房销售均价较上年同期小幅下跌，略低于97000美元。

那些准买家买房的选择较上年同期再度减少，延续了长期以来的趋势。待售住房数量减少12%，已不到4000套。

亨特称，上市销售的住房很快就销售一空，那些准买家不得不在看中喜爱的房屋后随时准备迅速下手。他还说，上个月的某天，Hunt Real Estate 发布的一则售房消息招来六名购房者。还有一天，五个买家争买一处住房。

亨特说，那些没有抢到住房的九个家庭再度回到市场。

较低价的房屋带动了整体住房销量的增加。在各类住房中，售价在 50000 美元至 60000 美元之间的住房较上年同期的涨幅最大，达到 44%。

不过，较高端住房的需求也略有增加。售价不低于 30 万美元的住房销量为 15 套，高于上年同期的 11 套。

拥有四个或更多卧室的住房售价中值提高 5.5%，达到 11.5 万美元。

如果全美地产经纪商协会的预测准确，今年全美的购房形势仍将有利。

该组织预计，今年上半年 30 年期固息抵押贷款利率平均值将为 6.2%，到第四季度将升至 6.6%。[①]

与汽车销售一样，住房销售也受利率水平的影响。当利率上升时，住房销量通常下降，因为潜在买家希望以尽可能低的利率购买住房。当利率下降时，买家会进入市场，因为许多人可能一直等到利率下降才签署合约。

此外，也有一些组织追踪其他与住房销售相关的经济指标。例如，抵押贷款银行家协会（Mortgage Bankers Association）每周发布追踪全美抵押贷款申请数量的报告，并分析以更低利率进行贷款再融资的消费者的数量。这是值得关注的，因为当消费者进行贷款再融资时，他们通常会拥有更多现金来购买其他商品和服务。全美住房建筑商协会（National Association of Home Builders）也基于三种因素——当前销量、未来三个月的预期销量以及新房的潜在买家数量来发布月度报告。尽管这份报告不像其他住房市场数据一样备受关注，却更加及时。美国人口普查局也发布有关新屋开工数和住房建筑许可数的月度报告。该报告追踪单户型住房和公寓的开

---

① M. 格林：《地区住房销量上升，但售价中值下跌》，《水牛城新闻报》2003 年 2 月 21 日，第 B－5 版。版权归《水牛城新闻报》所有，经许可转载。

工数以及获得地方政府授权的建筑许可数。新屋开工数通常比建筑许可数更受关注，但可以说建筑许可数更加可信。

另一项衡量消费者支出的重要指标是零售额。当消费者在零售店的支出增加时，表明经济正在增长，而零售额的下降表明经济陷入困境。人口普查局也会每月发布零售额报告。零售额数据按行业分类，包括家具、电子产品和电器、食品和饮料、服装、汽油、体育用品和日用商品。由于零售额占国内生产总值（GDP）的近30%，该数据可以提供对消费者支出趋势的有价值的见解，使读者和其他人了解经济走向。大型零售商和一些华尔街投行也发布销售报告。沃尔玛（Wal-Mart）和 Target 等大型零售企业每月根据其店铺业绩发布销售报告。商业记者应密切关注这些报告。这些报告也许会提供经济转向的第一信号，也会反映出中小城镇消费者的支出情况。

国际贸易

当零售商、汽车制造商、住房建筑商等美国企业没有向国内消费者出售商品和服务时，它们正尝试向其他国家出售产品。同样地，海外企业也有意向美国消费者出售其产品。

当美国经济中的商品出口额超过进口额时，就出现了贸易顺差；反之，当商品进口额超过出口额时，就出现了贸易逆差。了解本国经济与其他国家经济如何相互影响对于了解业务成长至关重要。

2008 年，美国商品和服务贸易逆差达到 6770 亿美元，主要是受汽车、工业用品和材料以及消费品进口所致。美国当前的服务出口额高于进口额。

然而，仅比较进口数据与出口数据还不能完整反映出国际贸易形势。65
与十年前相比，当前海外市场对美国商品和服务的开放度要高得多，美国也比以往扩大了商品进口。1960 年，进出口在美国 GDP 中的占比不到10%，而如今这一比例则高达近四分之一。

美国商务部普查局负责衡量国际贸易情况。该机构每月会发布进出口报告，按行业进行细分。一篇典型的国际贸易报道应该像《密尔沃基商业杂志》（*Milwaukee Journal-Sentinel*）如下这则报道：

美国商务部周二报道，自1975年以来一直未出现过贸易顺差的美国在3月份贸易逆差进一步扩大，并达到历史第二高月度水平。3月份435亿美元的贸易逆差仅低于去年12月份449亿美元的纪录高位，反映出经济学家所谓的"美国经济的一次最严重失衡"。

美国银行驻纽约的高级经济学家皮特·克莱茨莫（Peter Kretzmer）称："我们的消费比生产多。"美国3月份的原油和汽车进口均创纪录最高水平。美国人口占全球总人口的5%，石油消费量占全球石油消费总量的30%。美国商务部称，3月份美国原油进口额达到创纪录的91亿美元，高于2月份的75亿美元。经济学家称，出于对伊拉克战争将导致石油供应中断的考虑，美国增加了原油库存。据美国商务部的信息，美国3月份原油库存为3.007亿桶，高于2月份的2.471亿桶。

美国商务部公布，美国人3月份购买了353万辆进口汽车，此规模是空前的。以美元计价的进口汽车和汽车零部件的销售额增长2.1%，至172亿美元。[①]

为何国际贸易至关重要？国际贸易数据让企业以及那些在这些企业就职的人员了解他们的产品在海外的销售情况。对于许多企业而言，出口到海外的产品越多，它们就越成功。可口可乐被视为诸多美国独资企业之一，而该公司近三分之二的饮料都出口到海外。另一家美国企业——波音公司超过一半的飞机都出口到海外。

66　　不过，国际贸易比销售额更难理解。许多美国企业依靠强势海外货币来获取利润。当企业出口目的地国家的货币兑美元贬值时，那么企业获得的收入将会减少，进而兑换成美元后的利润将下降。因此，许多在海外拥有大量业务的企业或在海外市场销售产品的企业实际上希望美元保持疲软，这一事实会令一些读者感到意外。

许多海外经济体因为货币价值剧烈波动而被认为缺乏稳定性，而美国经济被认为相对稳定。不稳定经济体的通货膨胀率通常会大幅起落，进而货币价值也会剧烈波动，这会使得在海外做生意成为一项高风险之举。商

---

① J. 史密德：《美国进口持续上升，推动贸易逆差创有史以来第二高；伊拉克战争之忧使原油进口额增至91亿美元》，《密尔沃基商业杂志》2003年5月14日，第1D版。版权归Journal Communications所有，经许可转载。

业记者应当搞清楚他们所报道的企业是否拥有海外业务。之后，应研究这些海外国家的经济近来是否大起大落，这可能会成为企业利润增减的原因所在。

美国劳工统计局负责编制进出口价格指数，这是衡量美国商品和服务进出口价格的指标。这些月度报告反映出商品进出口价格的变动。原油等大宗商品和小麦等农产品通常影响进口价格的变动。

了解海外经济体状况对于报道美国经济和具体的美国企业至关重要。了解可能拥有本地或地区业务的海外企业也非常关键。这些海外企业有可能会受到本国经济事件的影响，而其美国子公司会照常运作。尽管有关海外企业的信息有限，但可以从美国监管机构处获得关于海外企业的文件，从而有助于解释美国与其他国家间的贸易。

消费者信心

衡量美国经济走向几乎像是要充当美国整个国家或一个地区的心理学家。很多时候，需要走进消费者的大脑，来判断他们在想什么。

经济学家、华尔街投资者和企业普遍会关注消费者信心报告，因为这些报告被视为衡量经济走向的领先指标。如果消费者信心上升，人们未来购买商品和服务的可能性就更大；如果消费者信心下滑，人们就可能推迟购买商品和服务。许多因素会影响消费者信心。两个最广为人知的消费者信心报告分别来自世界大型企业联合会（The Conference Board）和密歇根大学（University of Michigan）。世界大型企业研究会每月对 5000 户家庭进行调查，问题如下：你如何评价你所在地区当前的总体商业环境？好，一般还是差？你对从现在起的六个月家庭总收入有怎样的预测？增加，持平还是减少？密歇根大学的报告问题如下：你认为你和你的家人的生活水平比一年前更好还是更糟了？你认为从现在起未来一年你和你的家人的生活会比现在更宽裕，更糟糕还是几乎一样？世界大型企业研究会的报告侧重于劳动力条件，而密歇根大学的调查注重金融环境。不过，每份报告都会基于一项总体指数来发布能反映出消费者信心环比变化的一个数据。消费者信心也会受到其他事件的影响，如"9·11"恐怖袭击。从那之后，消费者信心下降。

路透社的一位记者在报道有关 2002 年 7 月后半月消费者信心上升的消

息时，认为消费者信心与其他经济因素有关，如利率下降以及汽车制造商提供优惠措施。尽管消费者能够以较低的利率为其住房抵押贷款进行再融资并且在购买新车时仅需支付很少的利息或根本不用支付利息，但是消费者仍对经济感到担忧。报道还指出，2002年7月，消费者信心触及2001年11月以来的最低水平，但高于经济学家的预期。

消费者信心报告是有时效性的，通常在消费者接受调查后的几日内便发布，因此这份报告备受关注。有意报道经济的记者可以通过访问本地消费者、了解他们对经济和消费的感受跟进消费者信心调查的结果。还值得一提的是，另一个描绘了经济良好图景的指标是世界大型企业研究会的预期指数，该指数反映出消费者对未来六个月的预期。如果该指数连续两个月低于80，那么经济学家就会认为经济即将陷入衰退。

尽管世界大型企业研究会和密歇根大学的报告是被经济报道引用最广泛的两份消费者信心报告，但还有其他衡量消费者信心的报告，其中包括美国广播公司新闻网（ABC News）和 *Money* 杂志发布的消费者信心数据。

关键术语

68

债务抵押债券	消费者信心指数
消费者价格指数	通货紧缩
不景气	衍生品
耐用品订单	经济学
成屋销量	美国联邦储备委员会
国内生产总值	新屋开工数
通货膨胀	利率
滞后指标	领先指标
新车销量	新屋销量
生产者价格指数	生产率
经济衰退	次级抵押贷款
贸易逆差	失业率

参考文献

Aversa，J.（2003，February 14）．Industrial production surges in January. Associated

Press.

　　Aversa, J. (2009, November 4). Fed again holds pledge to hold rates at record – lows. Associated Press.

　　Aversa, J. (2009, February 24). Bernanke: Economy suffering "severe contraction." Associated Press.

　　Burroughs, E. (2002, July 26). Consumer sentiment improves in late July. Reuters.

　　Carney, S. (2002, May 2). Incentives spark April auto sales; Consumer confidence drives 2. 8% gain. *Detroit News*, p. 1A.

　　Edwards, W. (2003, May 1). U. S. first-quarter productivity rises at 1. 6% rate. Bloomberg News.

　　Federal Reserve Board (2009, November 4). Federal Open Markets Committee news release. Retrieved November 7, 2009 from http: //www. federalreserve. gov.

　　Glynn, M. (2003, February 21). Area home sales rise, but median prices decline. Buffalo News, p. B – 5.

　　Kandel, M. (2003, May 22). Reading Greenspan's speak: The Fed chief warned of deflation, but how seriously depends on the headline. Retrieved May 30, 2003 from http: //www. money. cnn. com.

　　Konin, R. (2003, May 16). CPI drops on energy drop; core flat. CBS. MarketWatch. com.

　　LePere, R. (2002, April 7). Anguish, bills go hand in hand. *The Charlotte* (*Florida*) *Sun*, pp. 1A – 2A.

　　Martinez, A. (2003, May 7). State's jobless rate rises to 6% ; Up after 2 months of declines. *The* (*Raleigh*) *News & Observer*, p. D1.

　　McCartney, M. S. (2000, April 18). Teaching' economics to the masses. Poynter. org. Retrieved December 10, 2002 from http: //www. poynter. org.

　　Peters, J. , & Zuber, A. (2001, December). Energizing Economics. *The Business Journalist*, pp. 1, 12.

　　Schmid, J. (2003, May 14). Trade deficit 2nd highest ever as U. S. continues to consume; crude oil imports climb to $9. 1 billion over Iraq war fears. *Milwaukee Journal-Sentinel*, p. 1D.

　　Williams, R. (2002, September 25). Customizing van facility means 100 + jobs for area. *The Blackshear Times*, p. 1.

经济类著作

　　Cleaver, T. (2006). *Understanding the world economy* (3rd ed.). New York: Routledge.

Foster，J. B.（2009）. *The great financial crisis*：*Causes and consequences.* New York：Monthly Review Press.

Harris，E. S.（2008）. *Ben Bernanke's Fed*：*The Federal Reserve after Greenspan.* Boston：Harvard Business School Press.

Kansas，D.（2009）. *The Wall Street Journal guide to the end of Wall Street as we know it*：*What you need to know about the greatest financial crisis of our time—and how to survive it.* New York：Harper.

Tuccille，J.（2002）. *Alan shrugged*：*Alan Greenspan，the world's most powerful banker.* New York：Wiley.

Woodward，B.（2002）. *Maestro*：*Greenspan's Fed and the American boom.* New York：Simon & Schuster.

参考练习

1. 本学期开始挑选一只股票或多只股票，在整个学期期间追踪你所选股票的价格走势。到学期末，将你所选股票的表现与班里其他同学的股票做比较。你认为影响你所选股票涨跌的经济因素是什么？

69　　2. 选一周中的一天，研究你所在社区或州的十几只股票。这些股票当天上涨还是下跌？与股市上其他股票相比，这些股票的表现如何？当天是否发生什么事导致某个行业的公司股票上涨或下跌，而股市上其余股票呈相反走势？

3. 问问你班上的同学他们在暑假或日常生活的其他时间做过哪些工作。他们是如何找到这些工作的？是什么样的工作？他们是否曾担心过失去工作？找到一份工作的难度有多大？

4. 使用世界大型企业研究会和密歇根大学报告中的问题对校园内的30名学生进行消费者信心调查，并在班上公布调查结果。你的调查结果与问了同样问题的其他学生的调查结果是否不同？若是如此，你认为调查结果不同的原因是什么？

第4章
多元化的报道题材

财经新闻的覆盖范围

同任何一家新闻媒体的运作方式一样，财经新闻媒体也是通过将记者分派到不同的条线来组织和运作的。不过不同的是，不论所属地区有何不同，其他新闻媒体的报道内容不外乎警务、政府、教育、政治等几个方面，而财经新闻媒体的报道内容却鲜有重合之处，正如这个世界上找不到两片一模一样的雪花。

举例来说，位于底特律的《底特律新闻报》或者《底特律自由报》（*Detroit Free Press*，底特律的一份日报）报社会有几名记者专门追踪报道汽车行业的新闻。而《丹佛邮报》（*Denver Post*）的商业版块却没有任何关于汽车的报道。《洛杉矶时报》（*The Los Angeles Times*）有记者专门负责报道电影和娱乐业新闻，而《圣路易斯邮报》（*St. Louis Post-Dispatch*）即便有这方面的报道也是在影评专栏中

《亚特兰大商业纪事报》（*Atlanta Business Chronicle*）2009年底的报道条线分工情况如下：

1. 医疗和科技报道：尤瓦希·卡卡里亚（Urvaksh Karkaria）

2. 商业地产报道：道格·山姆（Doug Sams）

3. 酒店、住宅房地产和零售业报道：丽莎·R. 斯库克拉夫特（Lisa R. Schoolcraft）

4. 银行和金融报道：J. 斯科特·特鲁贝（J. Scott Trubey）

5. 政府报道：戴夫·威廉姆斯（Dave Williams）

6. 《居住在亚特兰大》栏目编辑：温迪·鲍曼－利特勒（Wendy Bowman-Litter）

零星涉及。身为《亚特兰大宪法报》的商业记者，我的多数时间用于报道饮料行业，因为可口可乐公司的总部就在距离编辑部仅两英里（约3.2千米）远的地方。不过，你很难在《休斯敦纪事报》（*Houston Chronicle*）上找到这方面的报道，因为后者主要报道能源行业。

换句话说，除非是像《华尔街日报》或《纽约时报》商业版这样全方位覆盖的财经新闻媒体，一般的财经媒体主要报道与当地多数读者息息相关的经济新闻。甚至有的财经记者还会身兼数任，在报道商业和经济新闻的同时兼顾其他的报道题材。比如位于佛罗里达州劳德代尔堡的日报——《太阳前哨报》，就有记者既报道财经类新闻，也报道体育赛事。

目前也有一种看法，特别是在新闻传播目前所处的新时期，那就是财经记者可以报道各类题材的新闻故事，不管是不是他们专长的领域。譬如，如果负责银行条线的记者休假去了，而此时正好有重要的事件发生，那么就需要有人挺身而出，代为报道这则新闻。而且由于财经类新闻需要涵盖各种不同的行业，财经记者可能就要身兼数任。作为财经记者，我在《萨拉索塔先驱论坛报》的第一份工作就是负责报道当地的制船公司马纳蒂港、橘汁制造企业 Tropicana 以及当地旅游业新闻，我经常到美国破产法院寻找消息素材，也常去听取市中心开发署会议。不过也有无暇分身的时候，在我的办公室墙上，就挂着一张《萨拉索塔先驱论坛报》的头版，上面既有关于马纳蒂港的消息，也有两篇关于 Tropicana 的报道，另外一篇消息报道的是即将到来的旅游季。

记者做专门报道需要拥有多种技能和策略，实际上这些能力是报道任何新闻题材和内容时都需要具备的。下面我们来具体看一下。

与消息人士建立联系

优秀的商业记者总是希望在其所报道的领域里发展一些内部消息人士。这就意味着记者要走出办公室，与人会面交流，甚至是和陌生人共进早餐或午餐，并且能以特殊的方式和消息人士建立联系。

72 如果你要报道某些大公司，能结识公司内部员工对你而言显然非常重要。在这方面，公司的公关人员就能为你提供重要信息，不过具体也取决于公司的公关政策。公关人员既要尽可能以最好的方式展示公司的良好形象，又要给记者提供报道该公司所需的必要信息。有些公关人员有时候会给记者提供一些略显负面的公司消息，但他们这样做的目的是获得记者的尊重，为将来与媒体的进一步合作做铺垫。

不仅如此，能否与公司高管建立联系也是很关键的一点。不过若不经过公司公关人员的引见，记者单枪匹马恐怕很难与高管建立联系。有些公司的高管愿意同记者面谈，帮助他们理解公司的运作方式和发展战略。如果你是负责报道的记者，那么看看是否能安排一次和公司高管的会谈。可能会谈的内容不能发表，但它有助于你理解你所报道的内容。不少顶尖的商业记者都与所报道公司的高管建立了较为密切的关系。例如，CNBC 著名记者查尔斯·加斯帕里诺（Charles Gasparino）就曾与贝尔斯登前 CEO 吉米·凯恩（Jimmy Cayne）共进晚餐。不过，与公司高管的关系可能会招致对于记者能否在报道中保持客观中立的质疑。

对记者而言，能在公司内部找到其他消息人士其实更为重要。通过与级别低一些的员工交谈，商业记者能获得关于该公司的更为准确详尽的信息。这些员工经常能向记者透露极为有用的信息，比如公司 CEO 推行的战略是否有效，再比如一项新的战略是否能够继续推行下去等。他们还可以提供公司内部广为传播的消息，如内部信件、与公司高层的电子邮件信息等，这些信息都具有新闻价值。慑于公司的惩罚措施，这些员工提供信息可能是以记者不公开发表为前提的。但有一点值得肯定，那就是他们对于公司的了解和亲近性都是非常宝贵的资源。

同样，公司前任雇员和高管也是非常重要的消息来源。虽然前雇员无法向记者提供关于公司目前状况的信息，但他们一般都与仍然在职的员工保持联系，并且能够提供公司过去的一些情况。同理，前任董事会成员也能帮上记者很大的忙。聪明的商业记

《亚特兰大宪法报》商业新闻部 2009 年底的记者报道分工如下：

1. 头版要闻专栏：

里昂·斯塔福德（Leon Stafford）

2. 头版其他内容：

经济：丹·查普曼（Dan Chapman）

3. 企业家：

大卫·马尔凯维奇（David Markiewicz）

4. 商业/企业：

贾法里·斯科特（Jeffry Scott）

5. 商业地产：

格特·科菲（Gertha Coffee）

6. 金融：

鲍尔·东斯基（Paul Donsky）

7. 食品、饮料、UPS 快递：

乔·盖伊·科利尔（Joe Guy Collier）

8. 零售、家得宝：

雷切尔·拉莫丝（Rachel Ramos）

9. 经济动态：

迈克尔·卡内尔（Michael Kanell）

10. 房地产：

米歇尔·肖（Michelle Shaw）

11. 企业消息：

拉塞尔·格雷厄姆（Russell Grantham）

12. 企业家专访：

吉姆·撒普（Jim Tharpe）

者会从包含新公司经理人和高管信息的新闻稿中找到他们过往的工作履历，从而发现那些曾经受雇于其所报道的公司的相关人员。最简单的办法就是多使用谷歌（Google）或 Lexis-Nexis 等信息检索工具。

在报道公司消息时，商业记者应该不拘一格，寻找多种消息来源。竞争对手公司通常也可以为商业记者提供有价值的信息。有的时候，竞争对手对报道对象的了解甚至不亚于其对自身业务的了解。而且，针对一家公司的特别报道一般也要包括来自竞争对手公司的评论和信息。

另外，来自供应商公司的信息也完全可以派上用场。供应商可以向记者透露报道对象算不算是好的商业伙伴，是否要求供货方增加产品供应，是否要求不同的数量对应不同的产品价格，对产品提价的态度，是否有延期付款行为等。企业延期付款可能就是其遇到资金问题的迹象。

73 　　华尔街分析师和投资者同样也是很有含金量的消息来源。长期跟踪分析某一公司或特定行业的分析师可以为记者提供关于公司战略是否收到成效以及股价水平等方面的真知灼见。投资者也是记者的重要信源之一。不过，分析师和投资者在相关公司的既得利益决定了他们所持的立场。投行的卖方分析师挖掘并推荐某只股票，希望投资者们通过投行买进该股，进而赚取交易的佣金费用。而投资者也希望看到股价上涨，可以借此获利。当然，也有部分做空的投资者，希望从股价下跌中有所斩获。这些投资者对记者而言都是颇有价值的消息来源。

当然，也别忘了那些和记者所报道的公司和行业有着某种关联的专业人士，他们同样可以成为可靠的信源。比如，咨询师就是专门对某类公司或行业提供咨询服务的专业人士，他们可能曾为记者所报道的公司提供过咨询服务。同样，大学教授在学术生涯开始之前可能也曾有过咨询类的工作经历，其所在的行业可能恰好是记者要追踪报道的行业。此外，会计师和律师也可能对记者要报道的公司略知一二。在美国的很多城市，一般都有律师提供针对大公司的诉讼服务。

最后，作为记者，你还需要读一读其他同行对该行业或者你所关注的公司的相关报道。很多时候，你都能找到一些所谓的"行业内幕"的时事新闻或者出版物。这类资料可能你的读者并不感兴趣，却可以帮助你迅速抓住重点，并激发你的写作灵感。

增强对专业知识的理解

好吧，大多数人选择当记者可能是因为不喜欢数学和理工课程。不过既然当了财经记者，我们就不得不学习必要的数学以及与所报道行业相关的各种知识，如理工科、医科、化学等。那么，如何在短时间内积累所需的行业知识，将其合理地用于我们的新闻报道呢？

以下几种方式供您参考。如果你从未做过财经记者的工作，那么你可能需要学习如何阅读公司财务报表、如何分析其中的数字。不必担心，大多数的财经记者需要做的就是基本的加减和百分比运算。这些我们在小学阶段就已经学过了，所以无须担忧。本书第 9 章将为您介绍财经记者该如何解读公司的财务报表。

如果你已经做过商业新闻采写的工作，目前正在转向新的报道内容，那么经济和金融类知识你已经有所了解了。

你可能需要具备一些行业相关的知识和分析能力，这样你才能在与公司消息人士接触时显得底气十足。

1994 年，当我开始负责报道可口可乐公司的时候，我认为这活儿不难，不过是关于售卖可乐的故事罢了。这样想真是大错特错。要想成功地报道软饮料行业，记者必须对软饮料公司和瓶装公司之间的关系有透彻的理解，因为后者常常决定着一种新型饮料是成功热卖还是折戟沉沙。这些公司在十多个国家都有业务，而公司在不同的国家都有不同的产品推出，因此记者对于全球经济形势的理解也至关重要。另外一个不得不面对的一个事实是：软饮料公司对于广告和产品形象的依赖度非常大，因此记者必须对广告行业和媒体行业有一定的理解。此外，记者还需要对饮料的销售渠道有所了解，因为消费者在饭店和便利店究竟购买哪种软饮料，主要取决于软饮料公司与饭店和便利店达成的交易是否划算。

换言之，我在工作的最初两个星期里彻底迷失了方向。后来我花费了整整一年的时间慢慢摸索报道饮料和非饮料行业的门道。理解某个行业的运作机制或其中某家公司盈亏背后的原因是一项非常耗时的工作。但作为记者，你得尽快学习行业术语，这样才能在与公司管理人士、咨询师和相关人士交流时跟上他们的思路。

如果可能的话，尽量利用你所在新闻机构可以提供的一切机会参加行

74

业会议或贸易展览，这样的机会足以令你达到事半功倍的学习效果。首先，这些行业活动的参与人和发言人都有着数十年的行业经验，不要碍于面子不敢提问，尽可能多地向这些人请教问题。其次，记笔记并且尽量消化这些知识。如果恰好有你所负责报道的公司的人士出席会议，那就围着他们转，在他们不忙的时候趁机向他们请教。

看看你所在的社区学院里有没有和你所报道的行业相关的课程，就算只有基础的会计课程也值得一学。你所在的新闻机构甚至可能会为你支付进修的学费。这类课程一般上课时间在晚上，等你在新闻编辑室里忙完了一天的重要工作后，你可以来到这里继续学习。

别忘了阅读行业出版物。如果你对银行业感到陌生，那么翻阅一下《美国银行家报》（*American Banker*）。我在报道可口可乐公司消息时的"大救星"则是饮料行业的业内刊物——两周一期的《饮料文摘》（*Beverage Digest*）。

不管针对什么行业的学习曲线都是陡峭的，特别是当你对该行业或产品情况并不了解时更是如此。在你工作的最初几周里，如果遇到实在弄不懂的地方，不必为此大动肝火。如果公司管理层向你透露的信息里面有你不明白的地方，直接请他解释清楚。因为最终你也得为你的读者或观众解释这些晦涩难懂的地方，与其事后你面对着空白的电脑屏幕冥思苦想，不如现在就请他们为你解释明白。

构思你的财经报道

对于资历尚浅的财经记者而言，最难的任务莫过于构建报道的想法和思路。长时间追踪某个行业的记者往往知道哪些新闻以前报道过、哪些消息具有新闻价值。但新手记者特别是之前没有从事过财经新闻报道的记者却缺乏这方面的背景知识。

新手记者要迅速成长起来，最简单的办法之一就是向前任记者取经。之前负责报道这一行业或公司的记者可能仍在报社任职，他们提供的知识和经验非常有用。问问他们有哪些重要的消息人士可以联系，以及这些消息人士以前愿意透露哪些方面的信息。还可以向前任记者请教和公司打交道的策略。

新任的财经记者还可以查阅其前任所写的相关报道。其中有些报道是重复性的，如公司的收益报道或者关于上市公司年会的报道。读过这些报道之后，财经记者对以前的报道角度就可以做到心中有数了。当然，以前的报道也可能激发记者新的报道思路。例如，某公司数年前曾经宣布了关于新产品的重大消息，而现在读者和观众可能希望了解这项新产品推出后的实际情况。

也可以问问消息人士他们认为值得挖掘报道的新闻点在哪里，不必害怕这样做有什么不好的影响。在你准备去采访公司 CEO 之前，问问一直追踪该公司的分析员，什么是他们最希望从公司 CEO 之口获得的信息。也和你所报道的公司的竞争对手们聊一聊，看看他们最关心的是哪方面的信息。这种信息通常也是商业新闻读者们所关心的。当然，公司的公关人员肯定愿意为你提供报道思路和想法，不过你要确保他们的提议具有合法性，而不仅仅是一份尚未动笔的公司新闻稿，希图借记者之口向公众传播。

你所报道的公司管理层都在看什么，你就看什么。行业内部刊物的忠实读者一般都仅限于业内的核心人士，只有他们才关心这些艰涩难懂的问题。这些刊物的出版时间一般也会比主流媒体披露重要话题或事项的时间要早上几个月。

最后，也别忘了和生活中的普通人沟通交流。你的朋友、邻居、认识的人都是采集新闻素材最好的源泉。特别是当你所报道的公司或行业与普通消费者的生活息息相关时就更需要如此。他们可以告诉你他们是否对所购商品和服务的质量满意。而且，他们也会为你的故事提供奇闻轶事，从而为你的报道增添色彩。

常见的报道内容

尽管财经新闻版块各部分的内容不尽相同，但多数新闻媒体都会涵盖一些共同的报道内容，其中包括银行和/或金融服务、制造、科技、宏观经济、零售和医疗保险。有些财经媒体的报道还涉及投资/华尔街和媒体/广告等内容。不仅如此，大多数商业新闻机构都设有固定的新闻节目专栏，为读者和观众提供关于经济趋势和经济事件的专业解读。

财经记者的专门职责是报道不同类型的商业和经济新闻，但其报道和写作过程仍然要遵循基本的新闻采写模式：首先是提问和尽可能多地搜集信息。一名优秀的财经新闻记者与报道犯罪案件或政府事务的专职记者并无二致：他们都对自己所报道的领域非常了解，也知道如何写出好的新闻故事。

事实上，财经记者的报道技巧也适用于非商业类的新闻报道，这些技巧可以彼此借鉴。一般情况下，财经记者追问的问题是：资金是怎么花掉的？资金是否得到了合理的配置？此外，财经记者通常关注交易双方的关系。因此，资金和关系，这是商业和经济报道的两大要素。它其实也是所有记者在报道中需要探讨的问题，不管报道内容是否与商业有关。

本书的其他章节将讲述一些基本的商业类消息，如公司收益、新任CEO的任命以及并购交易等，这在任何一种新闻报道中都可能涵盖到。在本章中，我们会讨论商业和经济新闻所特有的内容。

76　　还有一点请记住：所有的企业都有竞争对手。在你报道某家企业的时候，想一想其竞争对手希望从你的报道中获取哪些信息。采访目标公司的竞争对手会令你得到意想不到的收获，即便有的消息看上去微不足道，比如当地的某家冰激凌店周末免费派送冰激凌，这对距离最近的冰激凌店的销量会有什么影响？

下面我们来看一看财经记者们是如何报道不同行业、不同类别的新闻内容的。

银行业

负责报道银行的记者主要关注所在城市的金融机构。在21世纪初的经济形势下，联邦政府加强对银行业的监管，并关闭了一部分银行，不少社区居民开始再度关注银行题材的新闻。大型银行不仅为其总部所在的城市，也为其所在的社区带来了数目可观的就业机会。

很多银行类报道与其他的新闻报道内容十分相似，都包括盈利数字、新店开张或关闭的消息等。但也有其独特之处。懂行的财经记者会通过联邦存款保险公司来查阅该行的市场份额，以判断是否存在消费存款增加或下降的情况。此外，记者还会调查银行的贷款策略是否成功以及是否存在不良贷款等问题。这些数据都可以从联邦政府部门获取。

里克·罗特哈克（Rick Rothacker）是《夏洛特观察者报》（*Charlotte Observer*）的一名有着近十年工作经验的财经记者，他所负责的就是银行领域。他在2009年因其对夏洛特市银行业的出色报道而荣获了代表财经新闻界最高荣誉的奖项"Gerald Loeb Award"。罗特哈克表示他仍在不断的学习过程中。"能够采访你所需要的人，这种感觉太棒了。即便采访的话题你不是很在行，也没有关系，因为将来某一天你可能会希望再次采访这个人。曾经在银行任职的人会成为很有用的消息来源。如果你是负责报道这个行业的记者，银行的雇员甚至其他人都会主动来向你提供消息。当然，你还应当不断挖掘新的消息渠道。"

该报有两名记者专门负责报道银行业的重大新闻。罗特哈克是其一，另外一名记者名叫克里斯蒂娜·洛克斯罗德（Christina Rexrode）。他们二人的分工是：洛克斯罗德主要负责与消费者相关的银行消息，而罗特哈克则侧重于公司类的消息。即便如此，由于每天都有大量的信息，这种分法还是会有界限模糊的时候。

另外一个报道银行业的重要方法是查阅监管部门的文件。以下是洛克斯罗德根据美国证券交易委员会的文件写成的一篇关于美国银行的报道的导语部分。

> 美国银行周五晚间宣布三名董事会成员辞职，这意味着该行董事会的人事动荡仍在继续。
>
> 此次离职的董事会成员分别是威廉·巴尼特（William Barnet）、约翰·柯林斯（John Collins）和加里·康特里曼（Gary Country-man）。他们于2004年美国银行收购Fleet Boston Financial Corp. 之后进入美国银行董事会。其中，巴尼特为斯帕坦堡市市长。他的离任意味着除执行总裁肯·刘易斯（Ken Lewis）之外再无公司董事与政界存在显著关联。
>
> 该行在周五下午5点之后递交给监管部门的文件表示，公司董事的离职决定均"不涉及与公司或管理层存在分歧的问题"。这一表态与近期其他董事离任时的说法保持一致。[①]

制造业

由于工业对美国经济的贡献率下降，而服务业的贡献率有所上升，因

77

---

① C. 洛克斯罗德：《美国银行三位董事会成员离职，原因可能与政府压力与关》，《夏洛特观察者报》2009年8月1日，第1D版，版权归《夏洛特观察者报》所有，经许可转载。

《新闻与观察者报》负责报道零售业的记者苏·斯多克（Sue Stock）建议可以采用以下方式采访购物者：

1. 我知道这可能听上去很初级，但我还是想说。如果你要在一天时间内在大街上找到 20 个人采访，随着采访的持续进行，你可能会逐渐变得疲惫。相信我吧，这可是我八年的经验得出的结论。记住：所有你能想到的问题都要逐一问到。收集关于每个采访者的详细信息，包括身份证号、所在地区、年龄、职业、为谁来此购物、近年的购物支出与去年有何差别、一同购物的都有谁以及这些人的姓名、年龄、身份证号等。多方打听信息对你一定有好处，因为你永远无法得知哪条信息将来会派上用场。

2. 不要忘记记录采访对象的外在特征。例如，他们携带的是哪家商店的购物袋，有几只购物袋，是精疲力竭还是仍然兴致勃勃，是否有收据露在口袋外面了，穿的什么样的衣服。如果你不记录这些细节，等你回到编辑部之后，你可能都不记得他是你采访的哪位购物者了。

3. 认真记笔记。当你笔记本上记录的采访对象太多时，你很容易会把这些人混淆。我的处理方法是把笔记本折页，这样可以区分不同的采访对象。

而很多媒体对制造业的新闻重视程度也在下降。不过，鉴于制造业的重要性及其对某些市镇经济的驱动作用，关于制造业的新闻仍然能够吸引读者或观众的注意力。

不论是钢铁厂、汽车制造厂还是冷冻食品厂，从大型工厂所在社区的制造业的发展状况便可管窥整体经济形势。如果当地制造业发展势头良好，这通常意味着全国整体经济形势向好。若地方制造厂商不得不靠裁员以艰难度日，这通常是整体经济环境恶化的一个迹象。

记者并不需要对工厂生产的产品逐一进行报道，除非是工厂厂主宣布某地将生产某种新型产品，这将为当地带来更多的就业机会，抑或以目前的雇员规模就可以完成生产任务。相反，记者所聚焦的往往是这些工厂发生了哪些变化，如由于需求增加需要工人加班加点，或者由于没有订单而暂时解雇工人。这些工人可能都属于工会成员，因而工会与公司就一项新合约而进行的谈判同样也是记者要报道的重要新闻。

报道制造业的记者可能也会写一些其他方面的内容，比如工厂是否增加了新设备，是否采用了一种新的灵活的工作制度，是否可以给职业妈妈提供重返职场的机会。此外，由于很多制造公司的员工从事的工作都与重型机械有关，因而总会有工伤甚至死亡事故发生，因此记者们通常也会将生产安全或者某些工伤事故作为报道的内容之一。

制造厂商和工人之间的纠纷也时有发生。以下是南卡罗来纳州《格林维尔新闻》（Green-ville News）的记者所写报道的导语部分：

位于格林维尔的哥伦比亚农场鸡肉加工厂被 10 位前雇员告上法庭。据称该厂涉嫌拒绝支付工人的加班工资，并且以员工伪造工伤为由将其解聘。

这一法律纠纷已进入联邦法庭审判环节。此外，该加工厂还因涉嫌聘用非法劳工遭到刑事起诉，并于周四到庭接受讯问。[①]

> 4. 尽量问到每个采访对象的电话。如果他们是同姐妹、女儿或者母亲一起来此地购物，那么同来的人的电话号码也要尽量问到。因为不少购物者从购物中心回家后你就联系不上了，或许是因为忙乱将手机遗落在车上，或许因为疲惫而把手机关机了。留下一同购物者的电话便于你事后向他们电话询问或求证，因为采访的过程中你可能忘了问某个问题。

关于制造业的报道视角还可以更广一些。例如，近年来美国汽车行业的困境就可以作为报道内容，因为它反映出美国制造商如何努力适应不断加剧的国际竞争。很多新闻报道探讨的问题就是制造企业本应锐意革新才不至于落到如今的下场。

零售业

零售业是财经新闻部门通常都会关注的内容，因为它的触角可以伸到每个社区的服装店、汽车零部件店。零售类报道的内容从刚成立的新公司进入市场，到零售商关闭门店退出市场，或者已有的零售商新开店铺或选取新址开店，再到新开购物中心或带型购物中心的新闻等，不一而足。

优秀的零售业记者会走出新闻工作室，把多数时间花在同购物者、商店雇员以及其他人的交流上。通过对当地零售业状况的不断观察，记者们可以先于其他人发现某些趋势性问题，比如受附近新开零售中心的影响，购物商场的销售状况可能不如人意。

报道零售行业的记者需要知道衡量零售店或连锁店经营状况是否健康的标准。可供参照的指标有同店销售额数据，即开业至少 12 个月以上的店铺销售额。同店销售额的增加意味着零售商的经营状况良好。另外一个衡量指标是每平方英尺（约 0.09 平方米）销售额。如果把零售商的每平方英尺销售额与同类型的零售商做个对比，就可以发现哪家零售商的门店运

---

① E. 康纳：《哥伦比亚农场工人起诉公司，公司做无罪辩护》，《格林维尔新闻》2009 年 7 月 31 日，第 1A 版。版权归《格林维尔新闻》所有。

营更为成功。不同类型的零售商的每平方英尺销售额都不在一个数量层次上。通常情况下，每平方英尺最赚钱的当属珠宝商。

由于零售商的门店往往遍布全国，因此财经记者的报道范围就不仅限于媒体集团所在的地区。此外，财经记者的报道侧重于零售业的发展趋势和重要事项，如大型零售商在门店内新开快餐连锁店或者网络购物升温的消息。

记者极少会按照零售商提供的数据（如客户销量等）来描绘后者所希望看到的行业趋势或重要事件。因为很多零售商不过是希望借记者之笔达到免费向公众宣传的目的。

但是也有例外，那就是感恩节到圣诞节期间的节日购物季的报道，报道的成功与否决定了记者的收入高低。

79 《新闻与观察者报》负责报道零售业的记者苏·斯多克有着近十年的报道经验。她对从事这一行的记者提出了很多有益的建议。比如，她在采访当天会选择舒适合脚的鞋子，并且把大衣放在车上，因为采访过程中总得一遍遍脱掉大衣，而且记笔记的时候挽着大衣也实在碍事。

斯多克还建议记者选择在儿童游戏区或食品超市休息的购物者作为采访对象。一来记者可以借机坐着休息片刻，二来这也让记者的角色显得不那么突兀。人们喜欢边吃东西边交谈。这时候的他们更愿意和记者分享一些信息。

节日购物季的零售类新闻可能会有内容重复之嫌。最好选取新颖的报道角度。从20世纪90年代末至21世纪初，网购都是一个比较新的报道视角。

以下是斯多克曾经做过的零售业报道，其对传统的圣诞节期间零售商的报道视角独特且新颖。

1. 在我担任《坦帕论坛报》报记者的时候，圣诞节之后的那一天我是在一个垃圾回收车上度过的。为什么？因为12月26日是一年当中垃圾最多的一天，正如圣诞节之前的那个星期六是全年购物活动最多的一天一样。在垃圾车上，我们发现了连包装都没有拆开就被扔掉的礼物。

2. 我在《亚特兰大宪法报》当记者的时候，我所报道的第一个圣诞节购物季是这样的：在感恩节后的那个周五，我从早上 5 点钟开始就跟紧了 Target 的一位门店经理。从门店经理的视角所看到的大型购物季是很不一样的。

3. 也是在《亚特兰大宪法报》工作的时候，我和两位女士一起度过了圣诞节后的第二天。这两位女士已经开始为下一个圣诞节大采购了，提前了整整 364 天。这绝对也是一个报道圣诞零售季的独特视角。

4. 大学时的圣诞节期间我曾在 Honey Baked Ham 火腿店做过兼职，因此我很清楚圣诞季对于火腿店的重要性。大约 75% 的年销售额是在感恩节至圣诞节这段时期内实现的。有一年，厨房的一位师傅光为火腿浇糖汁就忙活了 18 个小时，店经理亲自为我们买来比萨果腹。后来有一年的报道我写的就是关于 Honey Baked Ham、Hickory Ham 等几家当地火腿店之间的"火腿大战"。

5. 有一年我的选题比较老套，不过也很有意思。我在圣诞前夜采访了一群赶在节前的最后一刻疯狂为女朋友、老婆和孩子采购礼物的男士。

我是怎样找到采访对象的？比如说圣诞前夜那篇报道吧，我就是跑到商场，找到那些翘班前来购物的男士，他们的脸上写着"焦急"二字呢。其他类型的报道素材来自报社在商业版上方刊登的启事，写着如有顾客提前 364 天开始为圣诞节采购，可以联系报社为其写作一篇专访。那篇从节日垃圾入手的报道是这样写就的：很简单，我先给当地的环卫公司打电话，他们很愿意合作，然后我在圣诞节后的第二天清晨 4：30 来到垃圾收理场，开始了一天的写作。

问题的关键是：不要落入俗套，若是仅仅报道感恩节后的星期五那天对门店经理的采访，他们的回答肯定千篇一律，无非是销售情况喜人的套话。不要仅仅重复圣诞销售额较上年上升或下降的无聊数字，而是想办法用更加新颖的方式把圣诞零售季报道得更加有趣。

医 保

医保几乎是每家新闻媒体都非常重视的报道内容，原因只有一个，那就是医院为所在地区提供的工作岗位最多。报道角度可以是类似 2009 年肆虐全美的 H1N1 流感病毒等新型疾病，也可以是医学界在治疗疾病和伤痛方面的重大进展。此外，越来越多的记者也开始专注于所在社区的医保事业。

医疗保险事业是一项大工程。大部分美国医院的年收入超过 1 亿美元，但并不是所有医院都在商业新闻报道的范围之内。尽管有些医院属于非营利性质的医院，但对于财经记者来说，它们的经营运作值得细细考察一番，毕竟它们也是按照企业的运作方式来经营的。

举例来说，坦帕市的一家医院希望增设一个新生儿重症监护病房（NICU），但鉴于该市已经有另外三家医院设有 NICU，监管部门是否能够允许这家医院扩大业务范围、增加竞争呢？可以就这个问题写篇报道。以下是纳什维尔的《田纳西人报》（*The Tennessean*）记者所写的新闻简报：

> 威廉姆森医疗中心（Williamson Medical Center）和莫里地区医院（Maury Regional Hospital）于 7 月 23 日向法庭提交了一份申请，要求戴维森县级平衡法庭（Davidson County Chancery Court）于 8 月 19 日庭审时参考有关经济衰退、通用电气申请破产保护、失业率预测和地区经济的媒体报道。
>
> 届时法庭将审理 HCA TriStar Health System 公司的新一轮上诉请求。该公司计划新开一家设有 56 个床位的医院，但迟迟未获批准。这个案子已历时三年，其间公司两度获得州健康和服务发展部门的设备引进许可。目前该公司已经发起新一轮法律诉讼。①

医疗服务成本上升是记者报道医疗保险领域的一个主要题材。相比其他商品和服务价格的企稳止升，医疗服务成本却在不断上升。部分原因是新型治疗方案出台和设备不断增加。导致成本上升的原因还包括消费者选择了多家医保服务提供商的服务。

就业问题也是记者不断挖掘的一个题材，原因是很多社区都面临护工等专门性工作难以找到匹配人员的问题。我在华盛顿与李大学执教的时候，我的一位学生写了一篇不错的新闻报道，报道的就是

---

① J. C. 维尔斯马：《医院方面认为经济衰退导致新医院难以建成》，《田纳西人报》2009 年 7 月 31 日，第 2 版。版权归《田纳西人报》所有。

当地药店为了招到能在弗吉尼亚农村地区工作的药剂师所做的种种努力。

保险也是医保报道中的一个题材，其中可以涉及的话题包括：基本的医疗保单是否能够涵盖新型的治疗方案，大型健康险保险公司与医疗服务提供方（如社区医疗集团或医生办公室）之间的合约谈判，等等。

报道医保领域的同时也是在报道联邦政府，原因是能为医疗服务买单的正是政府推出的联邦医疗保险（Medicare）和医疗补助计划（Medicaid）。在这两项计划的推行下，医院、医生和其他医疗服务提供方能够得到多大的报销比例通常决定着这家机构的盈亏。

和其他的服务类题材一样，医疗服务报道也经常包括消费者或服务方的欺诈行为的报道。记者可以从法律诉讼或州监管部门的诉讼案件中寻找新闻点。

科 技

科技类题材看上去很有意思，因为每个月都会有新的应用程序和新的软件面世，因此总会有新东西可写。《华尔街日报》的记者沃尔特·莫斯伯格（Walt Mossberg）和《纽约时报》的戴维·伯格（David Pogue）就因其对科技新产品的批判能力而声名鹊起。他们经常在电视节目里露面，为消费者品评科技新产品的优劣。

在多数记者看来，报道科技产品和科技领域既要向读者提供关于公司新产品的建议，也要提供关于公司财务状况的客观报道。由于每年都有多家科技公司成立，对于那些小型科技公司的报道主要集中在其资金状况、商业计划以及能否推出畅销产品这几个方面。

如果你是一位负责报道科技行业的记者，你需要在大公司和小公司之间仔细权衡。像微软和苹果这样的大公司总在试图左右媒体的报道，而很多小公司则很渴望媒体的曝光，内容怎样并不计较。对于科技类记者来说，你的主要目的则是向读者提供最为有用的信息。如果你的工作地点不是在加州或西雅图，那么你还是把主要精力放在本地的科技类公司，把报道科技巨头的任务交给记者站覆盖全国的通讯社吧。你的读者可能需要更多地了解当地科技公司，而有关苹果或微软的消息他们可以从其他很多新闻渠道获得。

现在有不少专门分析科技领域的博客和网站，如 TechCrunch、Gizmo-do、Engadget 和 All Things Digital 等，还包括很多传统商业媒体推出的网络版内容。实际上，不少报道科技领域的记者离开了纸媒，着手创办自己的博客或网站。这些网站上可能会发布一些传言或不允许公开发表的消息，从而扩展了传统商业媒体的界限。对身为科技类记者的你来说，这些内容完全值得一读。

美国专利商标局（United States Patent and Trademark Office，PTO 或 USPTO）网站绝对是你寻找新闻素材的好地方。很多科技公司需要提交关于新发明的专利和商标申请。很多时候，这些专利申请材料中都包括他们何时以及以何种方式发布新产品的计划。

82　　现在的很多科技类记者除了为所在机构撰写新闻报道之外，还会写博客。地方科技团体对这些博客内容都极为关注，这也是记者与潜在消息人士建立联系的一种绝好方式。

媒体/广告行业

鉴于大多数公司都会借助媒体为其产品和服务做广告，因此地方广告业也是多家商业新闻媒体必需关注的内容之一。

报道这个行业意味着记者需要与地方广告公司和传播机构建立联系，并且关注其广告业务情况。如果某家广告机构获得了一家全国性大公司的广告业务，这可能意味着前者将增加人手来完成这个项目。反之亦然。

在广告和媒体行业，成功与否靠的主要还是人脉关系。因而，如果某公司的重要员工被竞争对手公司挖走或者员工本人自立门户，那么这可能意味着广告客户的流失。因此，记者应该仔细留意广告公司员工的去留问题。有时候，客户可能会因为一位富有创意的广告主管离职创业而更换广告公司。

科技类记者还可以报道一些行业内的趋势性问题。例如，某家航空公司开始增加在互联网上的广告投放量，这可能意味着其竞争对手将效仿它的做法。此外，一些新闻事件可能也会影响到特定公司的广告策略。例如，一则关于飞机坠毁的消息可能意味着航空公司需要改变原先轻松调侃的广告基调。

以下是美联社发布在 MSNBC.com 网站上的一篇关于电视广告新走向

的趋势性报道，导语部分是这样写的：

> 快点来到电视机前：更多的广告出现在你意想不到的地方。
>
> 越来越多的广告出现在原本人们用来避开广告的地方，如视频点播和频道指南。即便是以让观众免于电视商业广告之扰而出名的 TiVo 也在开发用于广告展示的新途径。[①]

媒体类报道中最难的莫过于报道所属公司的消息，很多时候这一工作落在了商业记者的肩上。当《纽约时报》决定为旗下的《波士顿环球报》寻找潜在买家时，商业记者理查德·佩雷斯-佩纳（Richard Perez-Pena）担当了这一重任。这也同时意味着要通过商业版编辑甚至更高级别领导的严密审核。这是个出力不讨好的工作，保持报道的准确性和客观性这些基本新闻准则自然是不必说的。

投资/金融市场

很多大型财经新闻机构还会专门派一名记者追踪市场动态。这名记者需要以一种读者可以理解的方式将金融市场走势及其对人们生活的影响报道出来。

通常情况下，这名记者需要报道本地股票每日的走向，同当地的基金经理交流，获取他们对个股或市场整体形势的解析。这类报道确实为阅读商业新闻的读者提供了资讯服务，但也不可否认地缺乏新意，网上一搜比比皆是。

对于追踪市场动态的报纸和其他媒体，它们独特的报道方式着实令人震撼。举例来说，《克利夫兰实话报》（*The Cleveland Plain Dealer*）就曾让旗下一名记者与当地的一名股票经纪人比赛看谁的投资更为成功；《亚特兰大宪法报》多年来一直有一个专栏追踪公司内部人士买进或卖出公司股票的动向，因为这往往意味着公司股价将随即上升或下跌。

83

[①] 《等等，看看电视广告如何见缝插针》，美联社 2009 年 8 月 2 日，下载网址：http://www.msnbc.msn.com/id/32259924/ns/businessmedia_biz，最后访问日期：2009 年 8 月 2 日。

专家建议

以下是《休斯敦纪事报》的记者洛伦·斯特菲（Loren Steffy）提出的商业专栏写作建议：

1. 不要被标题党欺骗。 一个优秀的商业新闻专栏本身并不是关于商业的，而是向读者提供对资金流动及其影响力的评论、分析和见解。一位优秀的专栏作家比记者更能识破公司公关人员的不实说辞，而且能够提供必要的背景知识，以便读者理解复杂的话题。

2. 话题多样化。 不要让读者或者编辑限制了你的思维。随着网络新闻报道越来越多地吸引了受众，不少人声称新闻生产其实就是一个专业化过程。实际并非如此。钱在很多方面影响到了人们的生活，作为商业专栏作家，你的话题应该尽可能地多元化和多样化。

3. 尝试不同的新闻发布平台和渠道。 不要仅限于纸媒，还应该尝试博客、社交媒体、播客、视频等多种平台。很多专栏内容可能更适用于某些媒介形式。不要害怕尝试和体验。

4. 走出办公室。 写专栏并不是闭门造车，而是要你通过实际考察得出结论。多和公司管理层、工人、个人投资者以及其他任何你能接触到的人交流。和这些人共进午餐是你获取信息最有效的办法。多打打电话，多查阅些文件，从中挖掘有价值的信息。

作为专门报道金融市场的记者，你要找到一种有趣的方式向你的读者讲述市场上发生了什么。如果天然气价格上涨，你应该写一篇大宗商品市场的报道，解释原油价格如何影响到加油站的汽油价格。此外，你还应该说明为何一家公司本财季的利润较上年实现增长，但股价却没有回升。将这只股票的表现与同行业其他股票的表现做个比较，也许你会发现在一个不景气的市场中它的表现实际上已经好于同行业的其他股票了。

媒体对投资或金融行业的报道主要集中在股票市场，不过也别忘了债券、大宗商品和货币市场。因为这些市场的表现也会影响到本地商业新闻读者的生活，特别是大都市的读者。那些计划出国旅行的读者可能最关心的是其货币兑美元的汇率。如果某家公司已申请破产保护，那么它发行的股票恐怕就一文不值了。记者可以向相关读者介绍该公司发行的债券价格。

刚刚开始报道某一题材的记者一般会有些新鲜的想法，而不是重复五年前同类题材的相同报道方法，这是弥足珍贵的。记者应该尽量尝试用一种新的方法或新的视角来报道市场。

其他题材

当然，以上并非商业新闻可以涵盖的所有内容。还有很多其他内容可以写，具体要取决于其对读者和当地经济的重要性。不管是商业地产还是住宅地产，房地产业关乎每个社区居民的利益，因此本书将用专门一个章节来探讨如何报道房地产业。

体育类商业新闻

如今，体育类商业新闻变得越来越重要，原因是体育新闻和赛事报道对新闻机构年收入的贡献率越来越大。目前已经有一家名为 *Street & Smith's Sports Business Daily* 的刊物专门报道体育类商业新闻。无独有偶，它的东家在全国范围内坐拥 40 家商业类周报。

体育类商业新闻涵盖的话题很广，可以报道一个新建棒球场通过提高票价或降低票价来融资的计划，也可以报道一支曲棍球队打入斯坦利杯（Stanley Cup）季后赛对于当地社区经济的影响。作为记者，你应该寻找所有类别体育赛事的背后的故事，包括儿童体育赛事。记者自然不会落下几乎在春季的每个周末都会举行的全美足球比赛，因为它也是刺激经济发展的重要驱动力。

商业专栏作家

不少商业媒体机构都设有商业专栏作家。有些规模较大的商业媒体甚至有好几位专栏作家。就拿《纽约时报》来说吧，该报在周一至周五每天都有一名不同的商业专栏作家，每位作家都会就其特别关注的领域写一篇专栏文章。如果你想读一读有关媒体行业的专栏文章，那么请关注周一由戴维·卡尔（David Carr）执笔的专栏。如果你想了解个人理财方面的知识，那么请不要错过周六罗恩·利伯（Ron Lieber）的专栏文章。

上述专栏作家的主要职责是提供深度解读

5. **把记者作为你的消息人士**。当然，你不能直接引用记者的话。如果我要写一篇专栏文章，我会和报道这则消息的记者聊聊。通常，他们报道里没有用到的副标题可能有助于你的专栏写作。有时候它会激发你的某些灵感，在专栏中提出更有针对性的问题。

6. **写专栏的同时要设身处地为读者着想**。既然专栏文章就是要和读者建立某种联系，那么最好的办法就是和他们分享你的个人经历。一定要寻找可能的方式，把复杂的问题用简单易懂的趣闻逸事解释清楚。在我的专栏文章里，我曾用年轻时帮人修剪草坪的经历来解释非法移民问题，也曾把蹒跚学步的儿子的火爆小脾气作为阐述保险费率的引子。有一次，我还把抵押证券化和信用违约掉期比喻为麦当劳的巨无霸汉堡。读者们在给我的反馈中表示，这个比喻帮助他们理解了次级抵押贷款危机。

7. **不要害怕展示你的幽默才能**。虽然专栏文章不能过于随意，但加点幽默元素进去还是很有用的。我在关于惠普辞退前董事长帕特里夏·邓恩（Patricia Dunn）的专栏文章里采用了米基·斯皮兰小说的文笔，也曾借用苏斯博士的童话故事来讲述前安然高管没有接受任何控告的监管漏洞问题，并将风云多变的市场描绘成贝南克的一位善变的约会对象。读者们没有预料到商业专栏文章也可以写得很有意思，他们对此感到出乎意料，并且非常喜欢读。

8. 掌握好写专栏文章的节奏。 有些专栏文章需要你多投入精力去报道，而有的则需要你在写的时候对文字精雕细琢。遇到那些需要多费心力的文章，一定要打出提前量，而且也要有一些写起来比较快的稿子，这样专栏作家才能如期完稿，不至于顾此失彼。

9. 出错并不可怕。 写专栏并不意味着不能出错，专栏作家的任务是启发人们思考。不要害怕承认你犯了错误，也不要不敢承认你改变了之前的看法。如果有读者来电告诉你你犯了错，你应该和这位读者见面聊一聊。见面后的结果是你往往会产生新的专栏构思。我曾经在一期专栏中对"银行家"进行了猛烈抨击，但一个来自距休斯敦90英里（约145千米）的小镇的社区银行行长指出了我的不当之处。我也意识到自己应该区分大银行和小银行。我驱车前往他的所在地，和他进行了会面。会面的结果是我后来写了另外一篇关于互联网时代小镇银行的业务如何扩张的专栏文章。

10. 回复每一封读者电邮。 每个读者的来电要回复。尽管这样比较费时，但尽你所能回复你的读者。首先这有利于读者对你建立好感，帮助你发展消息渠道，并且为你提供专栏写作的想法。我喜欢收到读者建议我写哪方面内容的电子邮件。把向你抱怨的读者转变为能为你提供消息的人士。一句简单的"您能说得再详细一些吗"或许就可以得到你可能无法从别处得到的宝贵信息。

和分析文章。当然，如果可能的话，他们会发表对于商业形势的个人观点。有些商业专栏作家既会分析全国性问题也会关注地方热点，比如《休斯敦纪事报》的洛伦·斯特菲就是这样的全能型记者。有的记者则更多地关注地方热点问题，如《奥兰多前哨报》（*Orlando Sentinel*）的贝丝·卡萨卜（Beth Kassab）就是这样的专业型人才。

卡萨卜在成为专栏作家之前曾担任报社的商业记者。她表示，做专栏作家在选题上享有一定的自由度，可以从一个热点问题跳转到另外一个有意思的热点问题，这一点是她非常喜欢的地方。她表示，相信她和家人、朋友在餐桌上热烈探讨的话题应该也会得到为数众多的佛州读者的关注。

凡事都有两面性。专栏作家必须每天创作出专栏文章，不管其是否有新的创作想法，这是不好的一面。此外，专栏作家可能还需要面对来自读者的不同观点。

农业

在农业在地区经济中占比很大的社区或地区，农业题材是一个重要的报道内容。比如，爱荷华州《得梅因纪事报》就专门有一位有着数十年经验的专门负责报道农业的编辑。

农业类记者所关注的既包括大型企业收购或出售家庭农场的新闻，也包括农民出售农作物的价格水平。对于佛罗里达州的《布雷登顿先驱报》和《萨拉索塔先驱论坛报》来说，纽约交易所内冰镇的浓缩型橙汁的价格变动就是值得报道的消息，因为该地区雇员规模最大的公司 Tropicana 就是这种橙汁的最大购买方。

近来，农业类报道又增加了新内容，如乙醇等环境类话题就是一例。有些商业媒体机构甚至已经设置了绿色商业报道专题，关注企业如何调整经营方式，以应对全球变暖等问题。

交　通

交通类题材也是商业媒体普遍关注的内容之一，因为每个消费者都在某种程度上受交通影响。如果当地有一个大型机场或港口隶属于监管部门，这类题材也会出现在消息版面上。

交通类的商业报道可以是关于美国航空公司决定在当地机场增加六条新航线的消息，也可以是 Greyhound 公司决定缩减你所在州的公交站数量的消息。如果你所在州有大型的卡车运输公司，你应该通过交谈了解一下两地间运费的增减情况。

11. **专栏写作是一件无上光荣的事情，不要浪费你的资源。**你所得到的已经是最好的资源了，不要使其流于平淡，让读者感觉食之无味。写专栏不等于码字，而是用独特的方式讲述一个伟大的故事。读者值得你为之奋斗。

12. **享受你的财经专栏写作过程吧。**写财经专栏文章是世界上最伟大的工作之一。因为你写的东西决定着世界的运转，而且你可以选择以你自己的方式来发声。没有什么东西对人们的影响像金钱的影响一样深远。我曾听到有人把专栏写作说成像跑步机一样单调，但不要把它变成事务性的琐碎工作。我在五年的时间里从来没有觉得没东西可写，也从来没有觉得专栏写作很无趣。

在交通类报道中，港口类消息占有很大一部分比重，尤其在经济全球化趋势不断加深的今天更是如此。货物从西半球这一侧装船运出抵达东半球，其在美国的第一站一般就是港口。这些港口运输数据可以告诉记者往来货物的类别，通过分析这些数字记者或许能够得到有趣的发现，比如说，迈阿密港口运出的菠萝数量出现大量增长。

结　语

作为专题报道记者，你学的东西越多，你对所报道的话题就越有底气。请一定把你的读者或观众放在第一位。最优秀的专题报道记者能够与业内管理人士轻松对话，理解所谈话题，并且能够将复杂难懂的专业新闻用普通读者能够理解的语言报道出来。记者报道商业新闻题材的目标是告诉读者、娱乐读者并且能用生动活泼的语言与读者交流。

参考文献

Associated Press. （2009, August 2.）. But wait! There's more! Ads on TV, that is. Retrieved August 2, 2009 from http：//www. msnbc. msn. com/id/32259924/ns/business – media_biz/.

Connor, E. （2009, July 31）. Columbia Farms workers sue company：Chicken processor enters not guilty plea to charges in hiring case. *Greenville News*, p. 1A.

Rexrode, C. （2009, August 1）. Turnover claims 3 more B of A directors：Government pressure is likely part of reason for resignations at the Charlotte-based bank. *Charlotte Observer*, p. 1D.

Wiersma, J. C. （2009, July 31）. Hospitals contend recession is factor against building new hospital. *The Tennessean*, p. 2.

财经新闻类著作

Reed, R. and Lewin, G. （2005）. *Covering Business：A Guide to Aggressively Reporting on Commerce and Developing a Powerful Business Beat*. Oak Park, IL：Marion Street Press.

Thompson, T. （ed.）（2000）. *Writing About Business：The New Columbia Knight-Bagehot Guide to Economics and Business Journalism*. New York：Columbia University Press.

参考练习

86

1. 除了本章提到的几个方法，你还能想到报道一个专门商业题材的其他方法吗？

2. 假如你接到了一项任务，为你所在的媒体报道杂货店行业。分别询问五个朋友有哪些故事是他们希望读到的。其中有哪些可以作为你的新闻报道思路？

3. 请将本章里列出的《亚特兰大商业纪事报》与《亚特兰大宪法报》的商业题材报道要领做个比较，你认为哪一个的报道结构更适用于社区新闻报道？如果可以，你将对这两家报纸的商业新闻版进行哪些改变？

4. 如果你是一名商业记者，什么题材的新闻报道你最感兴趣？从美国的新闻媒体中找到一家报道这个商业题材的媒体，列出其报道中三种你喜欢的因素、三种你不喜欢的因素。

5. 如果你负责报道能源行业，请列出10类你认为可以发展为消息人士的人，并且列出你希望从他们每个人那里获取何种信息。这些消息人士可以是公司内部员工，也可以不是。

6. 请比较美国《圣何塞信使报》（*San Jose Mercury News*）对 TechCrunch 的报道以及其对整个科技行业的报道。你觉得哪一个更好？报道的不同之处在哪里？

第 5 章
个人理财报道

什么是好的个人理财报道?

每个人都关心自己的收入,但是没有多少消费者(甚至包括商业记者在内)在他们消费或投资的时候关注钱到底花在了哪里。随着前几年的经济动荡,很多人会发现,属于自己的财富与过去相比不是增加了而是减少了。在你结束了一天的工作后,你是否曾在回家的路上顺便光顾餐饮连锁店塔可钟(Taco Bell)让自己放松一下?当你期盼的周五夜晚终于来临时,你是否曾在兴头上请酒吧里的每一位顾客喝上一杯?如果有,那么当你最终面对账单数字的时候,你或许会意识到自己犯了理财的大忌。

这就是个人理财记者的用武之地。个人理财报道是商业新闻的一个分支,旨在为关注投资、退休、储蓄和其他金钱相关问题的读者和观众提供建议。像是 *Money* 和 *Worth* 这样的杂志以及类似 WalletPop 的网站就专注于个人理财报道。

个人理财是商业新闻中一个正在发展的领域,也是最难写的领域之一。毕竟,我们是记者,并不是经过了专业培训的金融顾问,我们很难区分各种人寿保险保单

> **专家建议**
>
> 《底特律自由报》(*Detroit Free Press*)的专栏作家苏珊·唐博(Susan Tompor)对个人理财报道的看法如下:
>
> **记者的报道应该始终围绕金钱的流向来展开。**我们每个人都要应对各种消费支出,不管是买房还是购车,为孩子花钱,为我们的宠物花钱,还是为我们的兴趣爱好投资。当然,在各种消费行为进行的同时,我们也在试图尽可能多地储蓄金钱。所以,尽管有的编辑说个人理财新闻是比较单调的话题,但我并不认同。人们对于金钱的关注程度绝不亚于他们对体育赛事或者明星关注的热度。如果你是一名需要写个人理财栏目的记者,你只需围绕金钱的流向、围绕人们的消费和储蓄行为展开讨论,你就不会觉得枯燥无味。

专家建议

《底特律自由报》（*Detroit Free Press*）的专栏作家苏珊·唐博（Susan Tompor）对个人理财报道的看法如下：

看似枯燥无聊的内容其实并非一无是处。 对记者来说，报道如何实现收支平衡、如何完善养老保险或者为何有必要进行多元化投资，或者探究为何读者不想把半数甚至更高比例的退休金投资在一只股票（即便是他为之效力的老东家的股票）上，这类题材是不会出错的。乍听上去，美国储蓄债券可能是最枯燥无味的投资渠道，不过，数以千万的美国人民持有储蓄债券，或者仍在买进这类债券。关于此类债券的相关规定有一长串，而且在时时变化。通过了解这些政策规定，读者们经常会发现一些重要的投资价值。当然，他们可以从政府网站 www.treasurydirect.gov 上获取相关资讯，但是网站上的内容并不那么易于理解。其他很多网站或你从网上查到的监管条例也是如此。

到底有什么不同。所以，谁会愿意写如此复杂的话题呢？

这里有一个很简单的回答。作为记者，我们可能不想写这类话题，但是商业新闻的消费者却希望获取这类信息。他们希望知道怎样能够实现自身的收支平衡，也希望了解如何实现退休资金合理、多元化配置。

对许多美国人来说，20世纪80年代和90年代那种消费至上的生活方式已经不复存在。随着2008年股票市场的下跌，复杂的金融产品不断涌现，以及对社会保障体系能否有效运作的质疑，越来越多的消费者不再假手于人，开始尝试个人理财。

对于记者来说，这既是好事也是坏事。很多美国人请不起财务规划师来为他们厘清各类个人理财方案中的错综复杂的金融产品。财务规划师提供的服务包括但不仅限于：如何从雇主提供的员工待遇方案中获取最佳利益，如何进行退休规划，如何合理地使用个人信贷，如何挑选购房抵押贷款，如何选择一个好的经纪人以及如何做好父母未来的养老规划。

商业新闻中的个人理财报道可以解决这些问题。如果个人理财记者能够为普通读者解释这些有时颇为复杂的问题，并且为读者提供明智的建议，那么他就尽到了自己的职责。《纽约时报》的个人理财新闻记者罗恩·利伯说："我正在尝试吸引那些平时甚至不看个人理财专栏的读者。这就意味着我们要用平实的语言来报道，把写作变得像交谈一样，避免专业行话，同时通过讲故事等方法试图将行文变得生动有趣，而不是居高临下地下达命令一般。重塑个人理财题材的报道方式不仅仅是报道话题多样化那么简单，你还要做到出奇制胜。"

正如利伯所说，写好个人理财报道的诀窍在于如何讲故事。被誉为"过去25年中的最佳个人理财新闻记者"——简·布莱恩·特奎因曾表示，她一直苦苦思索的便是如何用更合适的措辞来撰写专栏。在谈到写作风格时，她说道："我常常从文中随意抽出一句话，看看其中的意思是否表达明了。其实每一篇文章的背后都是反复的修改和辛劳的付出。作为记者，你要做的不是向读者交代所有的细节，因为这反倒会令他们迷惑不解；当然，重要的细节需要包括在内。同时，你的解释和阐述也要足够到位，这样才可能使专家满意。"

像利伯和布莱恩·特奎因这样擅长写作和解释的个人理财记者，名气绝不亚于其他任何商业记者。过去为 *Money* 和 *Smart Money* 杂志报道的简·查兹基，现在就经常出现在《今日秀》（*Today*）节目中谈论个人理财问题。

在过去的几年里，特别是从 2008 年经济衰退开始，消费者变得更加关注消费和储蓄问题，因此个人理财成为商业新闻中增长最大的领域。福克斯商业新闻电视网和美国有线电视新闻网都在每周六推出了个人理财节目。与此同时，美联社每周和每月也都会推出一系列个人理财栏目，总部位于新泽西州纽瓦克的《明星纪事报》（*The Star-Ledger*）、《里士满时报》（*Richmond Times-Dispatch*）等也纷纷效仿。

随着个人理财节目的不断升温，也出现了一些问题。全美大大小小的报纸在地方理财规划师的署名下，千篇一律地采用由理财规划协会这样的国家组织所撰写的个人理财栏目。虽然专栏的内容很好，但是相同的栏目署多个作家的名字并重复刊登引发了不少质疑。很多个人理财刊物和作家的作品都被批评"只不过是吹捧本年度排名前十的共同基金或股票而已"，而这些基金和股票之后的表现往往弱于大盘。

布莱恩·特奎因把这样的报道讽刺为"金融色情"。决定提供什么类型的个人理财建议是一件非常棘手的事情，一旦信息有误，则可能令记者及其所属媒体的声誉遭到重创。

专家建议

《底特律自由报》（*Detroit Free Press*）的专栏作家苏珊·唐博（Susan Tompor）对个人理财报道的看法如下：

在写消息或专栏时，不要通篇罗列数据。数据或许听上去很有说服力，但是它们到底意味着什么呢？你需要告诉读者数字的百分比变化或者潜在的趋势与走向。问题的关键是要透过数字看到实质。在阅读公司的年度报表时，你需要仔细注意下面的补充说明，你更需要理解这里面的隐含意义。如果一篇文章中的数据太多，那么你需要删掉一部分。时时提醒自己，是否真的理解自己写的文章，自己有没有犯简单罗列数据的错误。

88

专家建议

美国拉丁裔人口在不断增长，尤其是第一代移民。他们不理解美国的理财渠道和模式；由于本国金融机构遭遇破产倒闭的前车之鉴，他们对银行保持警惕；他们按照本国的惯例而误认为美国的医疗保险服务是免费的；他们也不理解信用评级对于申请贷款以及购房的重要性。这些人急需不同于其他美国人的个人理财教育。可惜的是，大多数的个人理财记者却没有抓住这个机会。

目前美国的西班牙裔人口约有 4550 万人，占总人口的 15%，这部分人群也是增长最快的人群。据估计，到 2050 年美国西班牙裔人口将超过 1.3 亿，占总人口的比例也将达到 30%。

但很少有个人理财报道针对这一迅速增长的人群。面向拉丁裔人群的个人理财报道题材多样，一个主要原因就是这些消费者需要帮助和建议。

以下是个人理财记者可以涉及的内容：

1. 比起购买股票和债券，西班牙裔人通常更倾向于将赚到的钱投资家族生意。记者可以将投资家庭生意的回报与传统投资方式做个比较。

2. 根据美国人口普查局的统计，2003 年到 2005 年这三年间的平均数据显示，西班牙裔美国人最不可能购买医疗保险。原因主要是这部分人群对美国医疗保健体系缺乏了解。那么相关公司、保险商等应该如何解决这个问题？

个人理财栏目属于商业和经济报道中的"服务类"新闻，是帮助读者们做出理财决策的故事、报告、图表、图形和其他材料。这些故事给消费者提供建议，如果建议得对，不仅读者数量会持续增加，而且能帮助读者成为理智的消费者。但做到这一点绝非易事。

消费者报道 vs. 个人理财报道

"服务类"新闻分为两个基本类别。一类是消费者报道，这类新闻告诉读者哪些产品与同类产品相比是最可靠、最便宜和最受欢迎的。最好的例子莫过于从不接受任何广告的《消费者报告》杂志以及包括《华尔街日报》的沃尔特·莫斯伯格（俗称"莫博士"）在内的产品评论家。报道这类新闻的记者和刊物都是各自领域的专家，通过数十年来对同一类型产品的跟踪报道，他们拥有了丰富的专业知识和技能。

然而，这种类型的报道也有自身的问题，因为任何一名记者乃至任何一家刊物都不可能成为所有产品的专家。2007 年 1 月，《消费者报告》曾被迫撤回关于儿童汽车座椅安全的报道。当时是由一家外部调研公司帮助《消费者报告》进行安全测试。本应以每小时 38 英里（约 61 千米）的速度进行模拟测试，但这家公司却以每小时 70 英里（约 113 千米）的速度进行安全座椅碰撞测试，最终的结果被美国国家公路交通安全管理局（National Highway Traffic Safety Administration，NHTSA）所推翻。

由于《消费者报告》对报道内容向来审核严格，其业内声誉并未受此事影响。但上述几童汽车安全座椅报道的案例充分说明，如果记者所在的机构无法雇用行业专家进行产品测试，那么他们在为读者提供有关产品质量优劣的报道时是面临风险的。

对于"服务类"新闻报道，本章我们将重点讨论"个人理财"报道。这类报道将告诉读者如何更为明智地消费，从购房到信用卡、贷款、投资，甚至选择车险都在其列。这类报道不仅有助于个人做出理智的消费选择，它对整个消费者群体都有着广泛的影响。比如1990年，我为《坦帕论坛报》商业版写了一篇文章，内容是关于蓝十字保险有限公司（美国最大的健康保险公司）拒绝为古巴裔人群提供保险，原因是他们不懂英文，也就意味着他们看不懂所购买的该公司的保险政策。文章发表之后的第二天，公司便迅速宣布将开发新产品，以便母语为西班牙语的人购买保险。在这里，身为记者的我只不过是写了一篇文章，给国家保险机构打了几通电话而已，便促成了这件惠民的实事。

那么这则报道成功的要诀在哪里呢？在于大部分消费者无法获得相应的健康保险。例如，一位名叫佩德罗·巴尔德斯（Pedro Valdes）的古巴裔美国人在缴纳了两个月的健康保险费后被公司退保，因为保险公司发现他听不懂英语。所有好的个人理财报道几乎总是源于一个具有普遍代表性的真实故事。

一些个人理财作家喜欢采用简单的问答形式，让读者提出问题，然后针对这些问题进行研究和回答。例如，史蒂夫·布奇（Steve Bucci）

3. 美国为数众多的西班牙裔居民，特别是那些大都市居民的医疗服务是由定期来美行医的本国医生提供的。这个体制是如何发展起来的？有哪些利弊？

4. 2006年的一项调查显示，西班牙裔美国人过高地估计了寿险保费，认为购买寿险非常昂贵。为了说明实际情况，记者可以找到实例证明如果没有购买人寿保险，一旦出险会对家庭财务造成多大的影响。

5. 美国退休保障和拉丁裔联盟（Americans for Secure Retirement and the Latino Coalition）在2006年发现，美国的西班牙裔人口由于储蓄率低以及无法加入401（k）计划而面临退休之后生活没有保障的问题。对这个问题政府采取了那些解决措施？

6. 在美国，没有社保卡和其他证明文件的拉丁裔人口在购房时是否遇到阻碍？贷款提供商是否提供专门针对这类人群的贷款？

7. 个别贷款提供商是如何利用拉丁裔人口无法理解合同条款的弱点而区别对待的？从发薪日贷款、支票兑换到家具和用品租赁，这些都可以成为记者的报道题材。

在bankrate.com网站上回答读者提出的有关家庭负债的问题。一名叫卡拉的读者提问道：

是否有人尝试过第二笔按揭贷款再融资？

我们的第一笔按揭贷款利率是 5.625%，我们觉得可以接受。但四年前当我的丈夫攻读硕士学位时，我们申请了第二笔按揭贷款，我成了家庭经济的顶梁柱。我们第二笔按揭贷款利率是12%，所以感觉并不划算。我们还有一些信用卡账单需要偿还，虽然家庭财政比较紧张，但我们还是具备偿还能力的。请帮忙提供一些建议，谢谢。[①]

在回复卡拉的提问时，布奇一开始便明确表明了他对卡拉债务状况的看法。他写道："最重要的是中止信用卡负债消费！如果你一再用每月无法偿清的信用卡来超前消费，这或许意味着你出现了入不敷出的情况。如果你不懂得如何实现收支相抵，那么你将面临非常大的财务风险。"

90 　其他记者则利用这些个人事例来撰写他们的故事，以这些人的经历作为导语来吸引读者继续深入阅读这个话题。克里斯·泰勒（Chris Taylor）在《商业周刊》杂志上撰写了一篇如何更换理财规划师的文章。文中他提到了48岁的托马斯·基廷（Thomas Keating）如何在个人退休账户逐渐缩水的时候更换新的理财师。在把基廷介绍给读者之后，泰勒在后面紧跟着写出了文章的核心段落："由于深感市场颓势下谨慎投资的必要性，投资者比以往任何时候都希望多方听取投资建议。奥利弗·怀曼咨询公司（Oliver Wyman）最近的一项调查发现，希望更换顾问的投资者数量在一年之内翻了三倍。根据市场调研机构 Spectrem 集团的统计，仅有不到36%的百万富翁认为他们的投资顾问在市场起伏动荡的过去一年中表现出色。"

通过讲述一个普通人更换财务规划师的故事，泰勒成功地调动了读者的阅读兴趣，否则这篇报道有可能相当枯燥乏味。有时，在个人理财报道中，笔者会在结尾处交代故事开头提到的消费者最后做出了何种决定以及相应的结果如何，从而给读者一种首尾呼应的感觉。

---

① 史蒂夫·布奇：《如何利用第二次按揭贷款再融资偿还信用卡债务》，http://www.bankrate.com/finance/debt/refi – second – mortgage – to – pay – off – card – debt.aspx，最后访问日期：2009 年 8 月 12 日。

那么怎样才能找到可以用在文中的例子呢？首先，咨询你的非记者朋友们。假如你在写关于收支平衡问题的文章，先看看你的朋友们是否有这方面的问题，或者他们认识的人是否有此类问题。各类出版物往往会让读者通过电子邮件告诉他们感兴趣的话题。读者可以从报纸、杂志或者网站上找到刊物的电子邮件地址。

例如，劳丽·温斯洛（Laurie Winslow）是俄克拉荷马州 *Tulsa World* 报社的一名记者。她就将征集信息的要求发布在了报纸和网站上，具体内容如下：

> *Tulsa World* 商业版栏目希望获悉人们在经济困难时期削减成本和调整预算的创造性方式。当然，有些减少开支的方法比较常见，如减少外出就餐、以节能方式使用空调、购物时尽量使用优惠券等。除此之外，你有什么不同寻常的或是更有趣的省钱方式呢？我们真诚地邀请读者将自己的经验和建议于 8 月 21 日之前发送给我们。之后，我们将会为大家发布和分享其中一些独特的建议以及分享者的姓名，以便大家酌情采用。[1]

> **专家建议**
>
> 《底特律自由报》（*Detroit Free Press*）的专栏作家苏珊·唐博（Susan Tompor）对个人理财报道的看法如下：
>
> **避免报道单一化**：大学生是如何省钱购买教科书的？青年人在商场购物时是如何省钱的？退休人群是如何对待反向抵押贷款的？为何人们在手头紧的时候选择发薪日贷款？可替代最低税（Alternative Minimum Tax，AMT）是如何影响美国家庭的？不要借口这些题材对应的人群规模太小而不去报道。个人理财报道应该尽可能地多样化，以覆盖不同收入的人群。不同人群面临的问题是不一样的。所以你需要与大量的人交流。当然你也要感受到其中的乐趣。比如，你可以把自己的结婚戒指拿到所谓的高价回收的珠宝店里叫价，你可能会有很有意思的发现。

查克·贾菲（Chuck Jaffe）是一位为 MarketWatch.com 和《波士顿环球报》报道共同基金的记者。他一直在收集在过去的报道中向他提供反馈的读者的姓名，在他的列表中包含了读者的电子邮件和其他联系信息。当贾菲的报道中需要举一个消费者的例子时，他就会给列表上的读者发送邮件，告诉大家他将要撰写什么文章，同时希望那些曾有过相关经历的读者

---

[1] 劳丽·温斯洛：《如果您有省钱妙招，请告知商业版编辑，我们将在几周后刊登》，*Tulsa World* 2009 年 8 月 15 日，第 E2 版。

提供反馈。利兹·普利亚姆·韦斯顿（Liz Pulliam Weston）也是一位个人理财专栏作家，每周为 MSN 理财版块撰写两篇文章。他指出："人们非常渴望得到可靠又不复杂的个人理财建议，所以他们往往愿意成为消息人士，从而得到有关个人理财方面的合理建议。"

91 　　同时，好的个人理财报道需要用统计数据来做支撑。如果你正在写消费支出方面的文章，你需要登录劳工统计局的主页（http：//www.bls.gov/home.htm）查找相关数据。具体且翔实的数据可以向读者显示此文的意义和价值。该网站还提供关于收入与年龄、性别、种族、就业等方面关系的数据。如果你在这个网站上找不到想要的数据，那就去其他地方找找。总之，从抵押贷款数据到信用卡诈骗，有足够的数据供你撰写任何个人理财报道。

　　当你报道和撰写个人理财文章时，下面还有一些其他的技巧供你参考：

　　1. 不要写你自己的经历。你可以用自己的个人经历来构思故事，但一定要避免写个人的经历，这是有很多原因的。首先，你的经历可能并不代表更广泛的读者的体验。第二，如果你透露太多的信息，则有可能面临遭人欺诈的风险。第三，第一人称叙事会让人感觉作者以一种高高在上的口吻向消费者提供建议和帮助。这种随意的形式有时候效果不错。比如布鲁斯·沃森（Bruce Watson）就在 WalletPop 上面写了他和妻子被一家餐厅的巨额账单震撼到的亲身经历，其中他写道，他们之前点的葡萄酒是 36 美元一瓶，但服务员给他们端上来的却是 315 美元一瓶的天价酒，他还写了之后他们如何试图与经理协商的故事。

　　2. 让专家发表意见。无论是挑选人寿保单还是为初中生选择学校，只有专家才对这些特定的话题了解得更为深入。作为一名记者，你有能力去写大量的话题，发表这方面的权威见解，但你无法成为所有领域的专家（很少有人能做到这点）。所以，你要找到某个领域的专家，将他们的意见传达给读者或观众。同时，听到专家的意见消费者也会感到更加放心。

　　3. 不要只听一家之言。对同一主题你要确保从不同角度采访多位专家，因为专家在给消费者提建议的同时可能会考虑自身的利益。例如，保险代理人可能会为了取得最大化的佣金收入而向消费者推荐一份保单，但是定额收费的个人理财规划师可能会建议消费者选择另外一份更适合其财务状况的保单。即使你相信你的消息来源，也请对消费者做出附加说明。

专家推荐的是不是其持有的股票？是否在市场顶部给出了与大势相反的建议？如果把这些情况向读者做了充分说明，即便专家预测不准或者判断失误，也并不代表他们能力不够。

4. 让读者在阅读文章后有所收获。 在报道某一话题的时候，你可以为读者做个利弊分析。例如，如果你写的是如何通过 401（k）计划为退休后的生活多存些钱，那么你可以分析投资股票与购买债券的利弊。而这些很可能是对读者有价值的信息。

5. 不要让文章看起来像是作者在提建议。 我们不是理财规划师，所以我们要将所引用的专家建议标注出来，以便清楚地告诉读者文中建议的来源出处。太多的个人理财文章看起来像是作者本人无所不知，给消费者提建议，但其实他们并不真正了解消费者的具体情况。

6. 不要暗示消费者按文中的提示操作可以获利。 如果文章和标题给读者这样一种暗示——如果参照作者的投资提示，读者将会从市场中盈利，这种方式被认为是个人理财报道的最大问题之一。设想一下，如果建议有误，后果将会怎样？答案是读者和观众的流失。

7. 恰当使用图表和图形。 由于个人理财涉及复杂的概念，因此利用图形往往可以更好地对所涉及的概念加以诠释。同时，绘制图表还可以更加明确地显示个人理财操作策略的重要性，比如可以用图表显示消费者从早期就开始存钱的重要意义。图表也可以给读者提供一个清单，来帮助他们列出自己应该在何时做何事。如果你在写关于购买新住宅的文章，你可以制作一个图表，列出购房者在签订合同前应做的十件事。图形、图表也是撰写投资报道的

专家建议

《底特律自由报》（*Detroit Free Press*）的专栏作家苏珊·唐博（Susan Tompor）对个人理财报道的看法如下：

建立你的人脉关系网： 如果有经济学家来了，一定要和他坐下来聊一聊。如果有券商邀请你去参加他们的客户展示会，一定要抽出时间参会。你不一定非得写出一篇文章，但你可以借此建立你的人脉关系网。注意都有哪些人参加了这些活动，以及人们所关注的问题。美国联邦储备银行在全国一些大城市都会组织各种活动，这可以为记者提供写作的素材。记者还应该认识一些重要投资者的代理律师、政府监管部门的官员以及本地的银行家和证券经纪人。

专家建议

《底特律自由报》（*Detroit Free Press*）的专栏作家苏珊·唐博（Susan Tompor）对个人理财报道的看法如下：

遇到常理解释不了的现象，请不要害怕： 为什么要买期房？为什么永远还不完抵押贷款？如果有些事情用常理难以解释，那就应该挑战常规，用新的观点来看待它。一味引用专家的看法并不见得就好。传统观点在 2008 年到 2009 年市场崩盘的时候就面临了严峻考验。房地产市场并非一本万利，股票市场也可能陷入长期的低迷。对大多数人来说，即便从 20 多岁的时候就开始存钱，他们也并不见得能够在退休的年龄攒够足够

92

的钱养老。如果只是简单引述某些人的观点，于读者或观众其实并无多大助益。请记住，金融产品也不过是产品而已，并不神秘，只不过有的规律适合，有的规律不适合。

专家建议

《底特律自由报》（Detroit Free Press）的专栏作家苏珊·唐博（Susan Tompor）对个人理财报道的看法如下：

请对财富和你的读者抱有敬畏之情：你不需要陷入迅速致富的泥沼。赚钱并不是人生的全部，你也不应该把读者的时间浪费在无谓的财富神话中。钱来得快往往去得也快。倒卖房产、投机科技股就属于这样的情况。不要制造狂热的市场投机情绪。对你所投资的股票一定要慎之又慎。如果你是报道银行业的记者，不要持有你所在地区的银行股。翻阅你所在的媒体的记者道德准则。如果你所在的媒体没有这方面的相关规定，那么就参照其他大型媒体集团的做法。尽量遵守记者道德准则。

一个有用工具，可以列出专家推荐的共同基金、股票和债券的名字。

8. 永远不要写得太绝对。如果具体条件发生变化，任何在经济、金融方面的论断都可能遭到挑战而不再成立，在报道市场和税收的时候尤其如此。因此，记者要尽量使用像"一般"或"通常"这样的词语。例如，商业记者通常把报道利率下降这类趋势性新闻视为好消息。诚然，当市场利率下降的时候，企业债券等固定收益证券的价格通常会走高。只有一种情况例外，那就是利率下降的当天该公司突然宣布破产。然而，对于那些依赖利息收入的退休人群来说，较低的利率则是一个可怕的消息。而另一方面，我们必须承认2008年的经济衰退在部分程度上要归咎于低利率导致的住房和其他资产领域的投机性泡沫。如果你的论断太过绝对，你就会面临读者的各种质疑和挑战。

同其他许多商业新闻题材一样，个人理财报道需要记者有特定的知识储备，以达到读者和观众所期待的专业水准。付出总是会有回报的，这类报道对消费者的影响比出版物或网站上的其他任何内容都更为直接。所有记者需要做的就是尽可能多地阅读个人理财方面的书籍。虽然记者无法成为所有领域的专家，但仍需要有足够的知识储备才能提高自己的辨别能力。

罗恩·利伯在2002年被《华尔街日报》旗下的 Personal Journal 聘用，当时的他还只是一个在个人理财报道领域没什么经验的商业记者。在此之前，他曾先后供职于《财富》杂志以及商业杂志 Fast Company。"当时的我是个'空中飞人'，这样的人生经历对我后来报道信用卡行业大有助益。我就从员工福利、银行以及其他与你的支出相关的方面下手，开始对信用卡领域的追踪报道。"

末了，利伯将所有个人理财报道的重点总结为：关注那些与支出相关的问题。

个人理财报道题材

既然我们已经讨论了个人理财报道的重要性以及相应的报道策略，下面我们来看一下商业记者应该知道的该领域的报道范围和题材。个人理财往往侧重于投资，除此之外还有许多报道题材。 93

为《洛杉矶时报集团》（*Los Angeles Times Syndicate*）撰写个人理财专栏的记者凯茜·克里斯托夫曾表示，现在的主要问题是决定写什么。不管是在杂货店购物，还是工作与投资，凡是与消费者支出相关的话题都值得一写。记者面临的一个很大的挑战是，要么专门追踪研究一些话题，把自己变成真正的专家能手；要么尽可能把自己变成精通各行各业的"万事通"。

很显然，即使是最顶尖的个人理财记者，也很难成为精通各个领域的全能型选手。下面是一个最基本的个人理财知识测试，它将帮助评估你在撰写个人理财报道时的优势和劣势。

请将答案写在一张纸上，然后看一看你的成绩如何。

> **专家建议**
>
> 《底特律自由报》（*Detroit Free Press*）的专栏作家苏珊·唐博（Susan Tompor）对个人理财报道的看法如下：
>
> **如果可以的话，尽量参加一些金融会议**：美国商业编辑和记者协会的会议经常会就一些热门话题进行讨论，并且会有主讲嘉宾出席。总部位于芝加哥的晨星（Morningstar）公司每年会在芝加哥举办年会，邀请顶尖的共同基金理财规划师和基金经理参加。有些理财规划师协会也会在当地社区举办各种会议，向协会成员提供一系列的理财知识培训。作为记者，你应该尽量多地参加此类活动。

1. 投资者用于评估一只股票相对于另一只股票估值优势的三种方式是什么？
2. 共同基金和对冲基金之间的三个差异是什么？
3. 股票投资和债券投资的主要区别是什么？
4. 消费者购房抵押贷款的两种基本类型是什么？
5. 为什么房主通常将家庭抵押贷款进行再融资？
6. 大多数雇主提供的医疗保险的两个最基本的类型是什么？
7. 终身人寿保险和定期人寿保险最大的区别是什么？

专家建议

《底特律自由报》（*Detroit Free Press*）的专栏作家苏珊·唐博（Susan Tompor）对个人理财报道的看法如下：

别忘了税收题材：由于税收政策经常变化，所以人们需要记者对新老税收政策进行清晰而又简单易懂的比较。认识一些为低收入群体提供报税服务的志愿者队伍；尝试与国内税务局的人合作，掌握未收退税的网上信息。如果你能在网上提供未收退税人员的名单，那将为读者提供极大的便利。此外，还有州个人所得税以及相关的各种规定。

8. 员工该如何将他或她401（k）账户中的钱进行投资？

9. 消费者一年可以要求多少次免费的个人信用报告？

10. 如果你的信用卡被盗刷，应该联系哪两家政府机构？

这里是相应的答案。请诚实地打出你的分数。

1. 市盈率、市净率和净利润率。

2. 共同基金可以打广告，而对冲基金不能。对冲基金可以做空股票，而大多数共同基金不能。（"做空"指的是预期未来行情下跌，先借入股票卖出，再买进归还。）除了收取管理费之外，对冲基金经理通常按百分比从投资利润中抽取业绩提成，而大多数共同基金经理不单独收取业绩提成。

3. 持有股票能让你获得公司的一小部分所有权，持有债券就无法拥有所有权。

4. 固定利率抵押贷款和可调利率抵押贷款。

5. 当同类别的其他抵押贷款利率低于房主现有贷款的利率时，他通常会进行再融资。

6. 赔偿计划和管理式医疗计划是医疗保险的两种基本类型。

7. 终身人寿保险的保险责任从合同生效后到被保险人死亡之时为止，定期人寿保险一般只在一定的时期内担保，如10年。

8. 大多数投资者需要有多样化的401（k）投资组合，即将资金分别投入股票、债券、货币市场账户以及其他资产类别（如房地产和大宗商品）。

9. 消费者在一年中总共可以有三次免费获得信用报告的机会，从三大信用评级机构中各可免费获得一次。但你需要当心，因为要求获取信用报告的次数太多会降低你的信用评分。

10. 联邦贸易委员会和社会安全局。

现在，让我们一起来看评估结果：

- **0~2 项正确**：您有必要好好恶补一下理财常识了，而本书可以作为参考。
- **3~5 项正确**：您花钱的时候从不需要担心细节问题。
- **6~8 项正确**：您对金融领域非常关注，但仍需要积累知识和提升技能。
- **9~10 项正确**：您已经知道得足够多了。

大多数人大概属于前两类，这意味着阅读本章将会对你的个人和职业发展都有好处。个人理财报道成功与否，其实就取决于你能否给出这些细节问题的答案。作为记者，你能提供的核心、具体的信息越多，文章就写得越好。所以，让我们开始吧。

投资和市场

个人理财新闻的兴起与存款利率管制的放开是同步的。由于通货膨胀率在当时一直很高，拥有储蓄账户的普通民众很想知道如何捕捉利率最高的时机以及如何评估利率前景。在通货膨胀率高企的局面得到控制之后，美国股票市场在 20 世纪 80 年代和 90 年代一片繁荣，从而吸引了数以百万计的普通美国人投身股市。与此同时，雇主开始放弃传统的养老金计划，在以前的这种计划下，雇主代表员工进行投资并从养老金基金里支付员工的养老金。现在，雇员有了自己的 401（k）账户，它是美国一种特殊的退休储蓄账户，可以享受税收优惠。这样一来，雇员对个人账户的投资具有决定权，可以根据自己的愿望选择投资方式，即使很少有人真正了解市场行情。如果回过头来看个人理财栏目的诞生过程，你会发现很多媒体就是在这段时间成立的。CNBC 于 1989 年成立，*Smart Money* 成立于 1992 年，MarketWatch. com 成立于 1994 年，而 TheStreet. com 于两年后面世。

在整个 20 世纪，个人投资者的数量急剧增加。直到 1999 年，超过半 95 数的美国家庭都参与了某种形式的市场投资。这些投资者开始关注商业和财经媒体，希望从中获取投资所需要的知识以及相关的投资线索。

每天都有上万亿美元的资金在股票、债券、商品、货币等市场上进行交易。如何报道这些投资活动，让一般人易于理解，其实这并不是一件容易的事。通过阅读个人理财新闻，消费者希望获取投资信息，并提高投资组合的回报。

很多个人理财杂志、新闻通讯、电视节目、网站和博客通过访谈的形式满足了消费者的要求。在访谈中，专业的理财经理将会告诉记者他们对某些股票的具体看法。这些理财经理可能会认为目前银行类股的估值偏低，建议投资者在投资组合中加入这些股票；他们也可能认为零售商类股的估值已经变得较高，因此投资者应该卖出。之后，读者或观众需要基于他们对这个理财经理的信任程度，决定是否听从其投资建议。

在整个采访中，个人理财记者应不断向经理进行合理的提问。有些股票估值便宜，这是为什么？经理应该通过证明该股的市盈率或市净率比整体市场低来支持这一说法。市盈率也称本益比，是当前股价与每股收益的比值；而市净率则是每股股价与每股净资产的比值。

例如，如果 A 公司的股价为每股 30 美元，同时公司在最近四个季度的每股收益为 3 美元，则它的市盈率（P/E）为 10 倍。个人理财记者可以将这个数字与市场整体市盈率水平进行对比，如标准普尔 500 指数可能对应的是 18 倍市盈率。如果同行业其他个股的整体市盈率为 15 倍，那么相比之下该股确实估值便宜。市盈率同样也可以是股票市价与股票分析师所估算的未来收益的比值。

同样的方法也可以用来解释某只股票为何估值过高。假设一家公司股票价格为每股 50 美元，该公司的每股净资产（资产总值除以流通股数量）是 10 美元，这意味着该公司的市净率为 5。但如果市场整体市净率为 1.8，而同行业的其他公司的市净率为 2.5，那么个人理财记者就可以做出该股估值偏高的论断。

同样的报道方法还可用于其他类别的资产投资。例如，记者可以将共同基金过去一年或过去五年的表现与采取同样投资策略（如买进小盘股或拉美概念股）的其他共同基金的表现做个对比。由于对冲基金基本上不受政府监管，因此记者很难得到相关的财务数字用来比较。而对冲基金对投资者资金门槛的要求要远远大于共同基金，因此很少有读者对对冲基金感兴趣。

与投资相关的个人理财报道也可涉及不同的市场投资策略。个人理财记者必须首先本着学习的态度，坚持客观、批判的立场，而不是为读者或观众灌输这些投资理念。举例来说，投资者是否可以将看跌或看涨期权纳入投资组合？股票期权是一种能在指定期间，按某一特定价格购买或出售股票的权利。再比如做空，这种模式使得投资者在价格下跌的波段中能够获利。具体来说，如果投资者预计某一股票未来会跌，就在当期价位高时借入此股票，在公开市场卖出，再到股价跌到一定程度时买进，以现价还给卖方，产生的差价就是利润。如果一个投资者做空一百万股每股 10 美元的股票，他们在借入 1000 万美元的股票后卖出。如果每股价格跌到了 8 美元，则现在的股票总值为 800 万美元，投资者因此可以回购股票并获利 200 万美元。当然，投资总是会有风险的，如果股价涨到每股 12 美元，投资者就必须支付 1200 万美元用以回购股票，即损失 200 万美元。

专家建议

《底特律自由报》（De-troit Free Press）的专栏作家苏珊·唐博（Susan Tompor）对个人理财报道的看法如下：

像伯纳德·麦道夫这样的骗子何止一人： 从州监管部门那里你可以获悉本州出现的骗局。访问 www.finra.org 或 www.sec.gov 网站，你可以找到提醒消费者和投资者小心防骗的各种提示。警惕分类广告中大力推销给消费者的东西。比如，有些自由工作机会中就包含骗局。人们不仅需要知道如何赚钱，而且还需要知道自己的钱如何不被别人骗走。也可以参照 www.ftc.gov 网站。

关于投资的个人理财报道也可以从其他很多角度展开，如打新股或者在某私营公司上市时购入其股票。许多投资者主张购买会向股东派发股息的股票，其中股息就是股票的利息，是指公司从留存收益中定期派发给股东的那一部分现金或股份。这里投资者获利的方式有两种：一是公司派发的股息，二是因股票价格上涨从中获利。

投资类报道也可以观察那些从事投资业务的人的活动。例如，通过检验分析师的建议是否具有投资价值，可以看出哪些分析师才是为客户提供有效建议的合格的分析师。一些个人理财媒体经常将不同分析师的观点放在一起对比，有的分析师可能推荐投资者购买某只股票，而其他分析师却告诉投资者要避免购买此类股票。其他个人理财出版物专注于共同基金经理投资组合的表现，用以检验他们的投资策略是否合理。

当然，市场上的投资方式并不仅限于股票交易。个人理财记者可以从多个角度展开观察。以债券为例，当发行人的债务评级被上调或下调时，该类债券是否值得投资？还有，虽然大多数消费者对商品市场的了解极为有限，但他们会在购买 1 加仑（约 3.8 升）汽油或 1 扎橙汁的时候体会到商品市场交易对自身生活的巨大影响。从个人理财的角度撰写关于商品市场的报道，不仅可以为读者解释商品价格上升或下降的原因，同时也可以帮助他们对其投资组合和家庭预算做出明智的投资决定。

除此之外，还有很多关于投资的个人理财报道。只有你想不到的，没有个人理财报道无法涵盖的内容。然而，当你在撰写关于投资的报道时，请记住：如果你的意图是增加市场交投活动，受益的仅仅是从市场交易中收取佣金的经纪人，那么你其实没有为消费者带来任何好处。最好的投资者其实是股票、债券、商品等投资产品的长期持有者。

97

员工福利

个人理财报道的范围也延伸到了员工福利部分，如健康险、人寿保险、伤残保险等，这些保险是雇主为了吸引员工加入或继续留在公司所采取的激励措施。

大多数雇主会为他们的员工提供各种形式的健康险。个人理财报道一般探讨哪些是对员工最有效的福利方案。大多数医保计划在临近年底时已经可以购买，在此期间消费者可以随时改变主意，通常是通过额外自付的方式来提高或降低他们的医保支出。

如果购买了按照服务收费的医疗保险计划，员工可以自行选择医生或其他医疗服务提供商。因为他们对于医疗服务的选择不受限制，因此成本通常较高。不过对于疗养机构或者优选医疗机构等管理式医疗计划来说，承保人一般都已经事先定好了统一收费标准。对于部分消费者来说，这种计划的缺点是必须选择指定的医生就诊，否则就需要额外支付费用。

从雇主提供的健康险产品中进行选择应该算是最为精明的做法，因为它可以把雇员必须支付的医疗费用设定在一个限度之内。在大多数情况下，员工向雇主资助的健康保险计划所缴纳的保费是免税的。但是许多员工没有意识到的是，他们对某些保险项目的选择会影响到自己所支付的保费金额。个人理财记者就可以为这些消费者解释这些项目的优缺点，如阐述活期支出账户的利弊，或消费者是否应该选择附加保险项目（如牙科护理、眼科护理，甚至宠物保险）。

个人理财记者也经常撰写关于人寿保险的文章。虽然有些雇主将寿险作为员工福利来提供，但不少消费者还是需要考虑购买寿险产品，这也是个人理财策略的内容之一。记者要向他们解释不同类型的保单及保费的利弊，以及在什么情况下终身人寿保单比定期人寿保单更有利。

有关员工福利方面，还有很多其他类型的保险产品可以报道。伤残险可以在员工受伤不能工作的时候为他们支付房租、电费等费用。许多雇主都为员工提供这种成本相对低廉的保险，不过很少会有人充分利用这份福利。此外还有长期护理保险，它可以为退休老人支付家庭护理等费用。当然，这种保险的缺点是，如果被保人在他们需要护理之前就已经去世，那么保费也就浪费了。

个人理财报道甚至可以覆盖汽车和住房保险在内的更多险种。如何在不增加保费的基础上获得最大限度的保障，这样的报道文章对消费者而言是最有价值的。很多消费者对汽车或家庭保险所覆盖的范围并不完全了解，因此记者便可以向他们解释如何通过家庭保险获得一种可以享受额外收益的特殊保单，来弥补他们在收集棒球卡或珍贵艺术品方面的支出。

98

退休规划

出于对美国社会保障制度能否长期有效运行的质疑，再加上不少公司为支撑养老金计划而做各种挣扎，个人理财记者一直在密切关注消费者的退休规划问题。《财富》杂志 2009 年 8 月 17 日的一期栏目就对美国社会保障体制中存在的问题进行了深入观察，并且解读了它对每个美国人的影响。

目前，美国人最主要的退休计划被称为 401（k）计划，这是由雇主提供资金支持的退休计划。401（k）计划的名称来自《国内税收法案》第 401 条第 k 项，也称为"现金或递延安排"（CODA）计划。它允许雇主将员工的一部分税前工资存入一个储蓄计划，积累至退休后使用。在该计划中，雇主将按照一定比例在个人退休账户中存入相应的资金。

该计划的运作方式如下：假如，一个消费者的周薪为 1000 美元，他选择将周薪的 10% 即 100 美元存入 401（k）计划，而他的雇主的缴付比例为 6%，这意味着雇主每星期会向他的退休账户额外缴付 60 美元，这些钱是公司实实在在打到员工账户的钱。在这种情况下，员工的应纳税收入为900 美元，这也就意味着他享受了税收优惠待遇。计入员工个人退休账户的资金，员工在退休前一般不得领取。如果他为了购买住房或因其他原因提前支取这笔款项，那么他不但要对这笔款项照章纳税，而且还要缴纳罚金。

这笔钱可用作投资。企业通常会向员工提供包括股票、采取不同投资策略操作的共同基金、货币市场账户以及债券等不同的证券投资组合，员工可任选一种进行投资。这样一来，如何投资，投资什么是员工需要考虑的问题。他们中的大多数人会从个人理财记者那里寻求投资建议，而记者则常常建议他们分散投资。一些安然的前员工在公司倒闭或股票价格一落千丈的时候真真切切地懂得了分散投资的重要性，因为他们把自己401（k）计划中的所有资金均投在了安然股票期权上，落得血本无归的下场。

个人理财记者通常会撰写一些退休规划策略的文章。例如，每季度检查一次401（k）报表以确保投资组合运行正常。记者还会为消费者提供一些指导意见，告诉他们何时需要考虑调整401（k）计划中的投资组合。不仅如此，记者们还可以撰文告诉读者离职时如何妥善处理自己的401（k）账户，并把资金转入新的401（k）计划或将它投资到个人退休账户。

其他可以报道的话题还有个人退休金账户（Individual Retirement Account，IRA）和罗斯个人退休账户（Roth IRA）计划。除了401（k）计划之外，消费者还可以通过将现金放入个人退休账户来存下一些钱。这部分资金可以根据收入和纳税申报的情况予以免税，并且在员工停止工作或税率较低时支领。而只要消费者在罗斯账户中有连续五年或五年以上存款，且达到退休年龄，消费者在取款时——包括全部存款和存款盈利——就可享受完全免税。这些信息都是个人理财记者喜欢向读者提供的。

大额支出

大多数消费者在一定时期将会购买房子，而这是他们一生中最大的支出。因此，记者可以尝试从个人理财的角度来撰写文章。

在人生的不同阶段到底该买房还是租房，这个问题已经困扰了消费者很久。此外，购房者的抵押贷款利率能否享受税收减免，以及房产增值的问题，都是消费者关心的问题。近年来，一个热门的话题是利用房屋净值贷款来偿还高利息的贷款，如信用卡债务。事实上，买房、卖房以及购房贷款再融资，这些都是个人理财记者可以报道的角度。

此外，个人理财记者还可以比较固定利率抵押贷款和可调利率抵押贷款的优点和缺点。固定利率抵押贷款对于打算长时间居住的购房者是更好的选择，而对于计划在未来三到五年卖出房产的购房者来说，可调利率抵押贷款则是更明智的选择。此外，那些需要建立个人信用的首次购房者一般会比较偏向于可调整利率抵押贷款。还有一个选择是选择性可调整利率抵押贷款。这些贷款利率每月上调，因此消费者需要知晓此类交易的巨大风险。

接下来还涉及贷款期限问题。购房者应该贷 30 年还是 15 年？同理，这两种贷款期限都有各自的好处和坏处，具体还是取决于消费者的财务状况。

近年来，次级抵押贷款问题逐渐引起社会的广泛关注，因为它们是引起 2008 年经济危机的原因之一。银行常常将房贷借给没有资格申请抵押贷款的消费者，在这种情况下，他们往往没有对客户的贷款偿还能力做全面的尽职调查，也没有向购房者解释清楚如果贷款违约将面临失去房屋的风险。现在，抵押贷款机构对购房者贷款资格做出了更加严格的限制，这方面的报道成为个人理财报道的又一个重大题材。

另一个与抵押贷款相关的个人理财话题是，当贷款利率下降时，是否选择再融资。再融资会产生一定的费用，但它可以减轻购房者的月供压力。同时，如果消费者因其他事由需要用钱，他们可以变现部分房屋净值。

我们不能忘记在房地产购买和其他领域的个人理财报道中出现的欺诈现象。我以前的一个学生安得烈·邓恩（Andrew Dunn）在《夏洛特观察者报》商业栏目实习的时候撰写了下面这篇文章。文章中所报道的公司曾承诺购买消费者露丝·巴伯（Ruth Barbour）的房子，但最终没有履约。邓恩这样写道：

> 像北卡罗来纳州的大部分人一样，这位女士成为抵押贷款欺诈案的受害者。而很多骗子公司将目光盯在了急于将房子脱手的房屋所有人。夏洛特主要的球员中就有一位因按揭诈骗而锒铛入狱，同时一位正在研究这一趋势的律师预测有几千人卷入了这起案件。许多公司频繁购买和出售房产的行为引起了国家监管机构和立法者的关注，他们现在正考虑通过立法密切跟进这些案件。参与此案调查的北卡罗来纳州众议员及维克郡民主党人珍妮弗·韦斯（Jennifer Weiss）表示："很多房主正面临着丧失抵押品赎回权的窘境，因而他们非常脆弱，甚至有很多不明真相的人已经被人利用了。"①

100

---

① 安得烈·邓恩：《房屋所有人成为欺诈案件受害人，部分人甚至丧失抵押贷款赎回权》，《夏洛特观察者报》2009 年 8 月 16 日，第 1D 版。版权归《夏洛特观察者报》所有，经许可转载。

房屋买卖失败可能是令消费者最沮丧的经历之一，有些个人理财记者就专门从事关于房地产行业的报道。他们的专长是用一种每个人都能理解的方式为消费者解释房屋买卖交易中的各类注意事项。

信用分数

个人信用状况是决定其是否具备购房资格的因素之一。但很少有人（甚至包括一些个人理财记者在内）了解个人信用评分机制，这就使得个人信用成为个人理财报道中的一个重要题材。

信用报告是人们信用活动的记录。它列出了每个人的信用卡账户、名下的贷款、收支状况以及贷款人定期还款的相关记录，也包括一些未偿付账单的记录。Equifax、TransUnion 和 Experian 这三家公司收集此类信息。它们把信息列成表格并对贷款人进行评分，评分基于个人还款记录、贷款金额、贷款期限、新增贷款以及贷款类别这五个方面。

很多消费者并没有意识到哪些人可以获得他们的信用评分资料。显然，决定是否向其发放贷款的债权人可以获得消费者的信用评分，但其他人也是可以的。雇主在招聘新员工、考虑员工升职和重新分配工作岗位的时候可以参考员工的信用报告，而考虑为消费者提供保险服务或者续保的保险公司也可以获得其信用情况报告。政府机构可以通过审查信用报告来评估某人的财务状况，从而决定其能否享受政府福利；房东在将房子出租之前或任何从事合法商业活动的人都可以申请获得个人信用信息。怎么样，害怕了吧？我相信你们大多数人一定都想知道自己的信用分数以及哪些人看到了这些资料。

这就是个人理财新闻的要义——为读者提供一些他们并不了解却对他们的生活产生影响的信息，从而改善和提升他们的生活质量。

预算和支出

个人理财报道领域增长最快的是与人们日常生活息息相关的内容，如管理日常支出的方法和如何避免超支的小提示。在过去的几年里这种情况尤其明显。

这些个人理财报道的范围非常广，从教你如何减少家庭生活的各种税费，到为你提供积攒大学学费的小贴士，教你如何与信用卡公司谈判争取一个较低的贷款利率等不一而足。个人理财记者还可以将消费者的财务状况交由专业的理财规划师进行分析，然后来撰写资产配置建议。

华盛顿的《先驱共和报》（*Herald-Republic*）记者马伊·黄（Mai Hoang）撰写了一篇关于学生在学年开始前如何为购置服装做预算的文章。她首先与顾客聊天得到他们的购物策略，之后从专家处获得建议。她的文章里提到了消费者在购物和结账排队时需要考虑的一系列问题。

《新闻与观察者报》的零售业记者苏·斯多克则更上一层楼。她写了一篇名为"Taking Stock"的博客，其中她记录了每年通过使用优惠券和购买打折商品而节省的花费。她还将每周可以收集和使用优惠券的地方编成了一张表。她在最近的一条博客里写道："我从不使用优惠券的人那里听到的最常见的回答就是，使用优惠券太浪费时间，对优惠券进行裁剪和分类需要消耗大量劳动。但如果你能利用一个星期中的一到两个小时的时间对优惠券进行裁剪、分类并浏览销售传单，你将能够节省大量资金，可能一周至少节约20美元，折合成一年则省下1000美元以上。而且省下的这些钱都是扣除税之后的，因而是真正能拿到手中的钱。"

美联社商业记者萨拉·斯基德莫尔（Sarah Skidmore）基于一项调查中获得的数据扩展了这一话题，向消费者提供了一些如何与商家议价的建议。根据消费者调查机构——美国研究集团（American Research Group）的数据，大约72%的美国消费者在过去的几个月里学会了讨价还价，并且他们的成功率已达到80%。因此，基于谈判专家的建议，斯基德莫尔总结

专家建议

《底特律自由报》（*Detroit Free Press*）的专栏作家苏珊·唐博（Susan Tompor）对个人理财报道的看法如下：

关注你的个人账单以及个人邮件： 通过阅读写在底部的含有限制条件、例外等的附属细则，你可能会挖掘到很好的报道题材。在国会开始调查信用卡收费之前，我在20世纪90年代中期就写过一篇专栏文章，谈的就是银行关于信用卡还款逾期的一些奇怪规定。这些规定显示在页面底部，因而并不显眼，却是一个非常有趣的专栏报道题材。如果你注意到银行或其他机构在账单或发送的其他文件中有些不同寻常的规定或收费，你就应该提醒读者注意。商家赠送的礼品卡也有同样的问题。很多人都没有注意到这些卡可能很快过期。如果你仔细阅读了卡上的附属细则，并且发现了问题，那么你就可以撰文给读者以提醒他们。

出了关于如何讨价还价的六条建议，主要包括行为礼貌、音调练习以及利用身为顾客的优势等，被全国各地的报纸刊登。

结　语

一定要记住，个人理财报道可以是关于任何题材的文章。本章没有提及的内容也完全可以成为个人理财报道的题材。1993 年，我为《商业周刊》的"个人商务"栏目写了一篇关于收集棒球卡的报道。一年后，我又写了一篇关于购买和销售超级跑车的报道。虽然这些可能不算最基本的个人理财报道题材，但它们很受读者欢迎。我写的那篇棒球卡的报道在读者中就非常受欢迎，后来我还应邀上了 CNBC 电视台来一起讨论这一话题。

参考文献

Bucci，S.（2009，July 27）. Refi second mortgage to pay off card debt. Bankrate. com. Retrieved August 12，2009 from http：//www. bankrate. com/finance/debt/refi – secondmortgage – to – pay – off – card – debt. aspx.

Dunn，A.（2009，August 16）. Home scam stings owners：Businesses advertise as buyers. They take over a home's title but not the mortgage，and some can leave distressed owners in foreclosure. *Charlotte Observer*，p. 1D.

Hoang，M.（2009，August 9）. How to stretch your fashion dollar. *Yakima Herald – Republic*，p. 1B.

Skidmore，S.（2009，August 13）. Smart spending：6 ways to haggle with class. The Associated Press. Retrieved August 16，2009 from http：//www. philly. com/philly/business/personal_finance/081309_haggle_with_class. html.

Stock，S.（2009，August 15）. Managing your coupons and your time··· The（Raleigh）*News & Observer*. Retrieved August 16，2009 from http：//projects. newsobserver. com/taking_stock/managing_your_coupons_and_your_time.

Taylor，C.（2009，July 6）. Thinking of Switching Financial Planners？ It can be a difficult，even emotional decision. Here are some things to consider before breaking up with your current adviser. *BusinessWeek*，pp. 58 – 59.

Watson，B.（2009. August 4）. Financial mistakes by experts who should know better. Walletpop. com. Retrieved August 13，2009 from http：//www. walletpop. com/blog/2009/08/04/live – blogging – our – first – 300 – wine – a – shock – and – not – in – a – good

- wa/.

Winslow, L. （2009, August 15）. Business section seeks your money-saving tips： We'll publish them in a few weeks. *Tulsa World*, p. E2.

个人理财类专著

Brokamp, R., Gardner, D., Gardner, T., Yochim, D., （2002）. *The Motley Fool personal finance workbook： A foolproof guide to organizing your cash and building wealth.* New York： Fireside.

Kobliner, B. （2009）. *Get a financial life： Personal finance in your twenties and thirties.* New York： Fireside.

Murray, N. （2001）. *The new financial advisor.* Suffolk, NY： Nick Murray Co.

Opdyke, J. （2006）. *The Wall Street Journal Complete Personal Finance Guidebook.* New York： Three Rivers Press.

Swenson, D. （2009）. *Pioneering portfolio management： An unconventional approach to institutional investment, fully revised and updated.* New York： Free Press.

参考练习

1. 做一个你自己的基本预算表并列出开支和收入项目（即使钱来自你的父母）。然后将开支和收入两列加总。当你完成之后，将你的预算表和另一个同学交换，并互相讨论你们如何做到降低开支。有哪些省钱的方法是你还没有用过的呢？

2. 拿出你最近的几份信用卡账单，审视一下你的购买行为。在账单中是否有你几乎不使用的东西？如果有的话，那么你该如何描述你的信用卡消费习惯？

3. 找到能够详细反映美国消费者按月偿还信用卡账单的统计数据，然后同样在你的同学中进行调查，将调查结果进行对比。你是否每个月都会还清你的信用卡账单？信用卡账单如何反映一个人的财务状况？

4. 在学期末的时候，请将本章的个人理财小测试再做一遍。在做第二遍的时候，你的回答是更好还是更糟了呢？为什么你认为你的表现和水平改变了？

5. 你认为什么类型的个人理财报道是大学生最感兴趣的？为了撰写那些报道，你会采访谁？又会怎样来写呢？请写一篇很短的一页报道交给你的导师或编辑。

第6章
上市公司报道

在互联网时代到来之前，你很难说服一些上市公司向记者提供他们在美国证券交易委员会（SEC）的文件。很多公司都知道，如果工作地点不在华盛顿特区或纽约，记者们通常很难获得一些相关的文件资料。把文件打印出来并将它们寄给编辑部属于付费服务，一般单件要花费25美元。对许多在资金管理上精打细算的报社来说这是一笔不小的开支。就一份无聊的监管文件而言，其中可能并不包含对报纸出版有价值的信息。

然而，任何一位财经新闻编辑都不会在8-K报告上省钱，因为8-K报告中包含更多实质性的新闻。用法律术语来说，当上市公司发生"具有实质性意义的重大事件"时，需要向SEC递交8-K报告。这意味着8-K报告可能披露了有关公司的一切情况。按照SEC的要求，8-K报告所涉及的16件重大事项包括：

1. 公司控股权的转移；

2. 资产收购或处置；

3. 破产或处于破产清算中；

4. 变更会计师事务所；

5. 董事辞职；

6. 财务报表与证物；

7. 会计年度变更；

8. 签署或终止一份实质性最终协议；

9. 通过资产负债表外实现的金融安排；

10. 与退出或处置活动相关的重大成本；

11. 任何加快或增加公司债务的事项；

12. 发生重大减值；

13. 股票退市的公告；

14. 未登记的股票销售；

15. 营业或财务业绩；

16. 其他重大事项。

通常情况下，8－K 报告同时也是一份公司对外发布的新闻稿。然而，有时候 8－K 报告会包含公司新闻稿中所没有的其他信息。有些时候，公司只提交 8－K 报告，但不发新闻稿。这些都为记者提供了最佳的新闻报道素材。根据一般经验，当一家公司递交了 8－K 报告却没有对外发布新闻稿时，它其实并不想披露这些信息，只不过按照规定必须这样做罢了。

许多公司选在星期五下午提交 8－K 报告，特别是当消息内容不太有利时。这些公司希望财经记者在周五下午忙于计划周末而忘记查阅它们的报告。现在已经有越来越多的记者意识到这些文件的重要性，这些举措显然以失败告终。此外，还有一种特别服务，每当所报道领域内的公司向 SEC 递交文件时，记者们都会收到提醒，这样就有效地防止了记者漏掉消息的情况出现。

按照规定，公司必须向 SEC 递交多种文件，而这些文件为记者披露了很多关键信息。本书第9章中将详述 10－Q 和 10－K 报告能够提供的有价值的信息。本章着重讨论股东签署的委托声明书中所披露的重要信息，以及公司主管们买卖公司股票时发布的文件。

简而言之，SEC 文件是财经记者的"好朋友"。尽管众多表格现在以电子版的形式发布，但是通过其披露的消息与信息仍可洞悉上市公司与一

专家建议

路透社记者凯瑞·乌特罗斯（Karey Wutkowski）：

你是否意识到你已卷入一个猫捉老鼠的游戏中了呢？ 在公司提交给监管部门的文件中存在一个基本的冲突。通常，公司和对冲基金这样的一流投资者都会选择在满足 SEC 对于信息披露基本要求的情况下，尽可能少地发布信息。这时候你就需要发掘有价值的信息以及文件中真正透露的内容，包括公司经营状况、高管薪酬以及财务前景。

专家建议

路透社记者凯瑞·乌特罗斯（Karey Wutkowski）：

公司向监管部门递交的文件中可能充满了晦涩难懂的法律术语和试图模糊表达的财经数据。但是它们绝对是记者的无价之宝，记者可以揭去缭乱繁杂的信息的面纱，从中挖掘大量有用的信息。财经记者几乎每天都要做的一件事就是查阅 SEC 文件，查看一家公司的高管是否正在买进公司的股票，对冲基金是否露出了恶意收购的马脚，一家大型公司是否已经因为粉饰账面而引起了联邦调查机构的注意。

106

些私营企业的经营状况。虽然很多文件包含很多法律术语，理解起来有难度，但它们通常披露了内部运作机制和企业重要决策的关键性细节，只要记者能理解其中被解释的问题就能利用好它们。

与20年前形成鲜明对比的是，现在记者们能通过各种各样的渠道获取公司递交给SEC的文件。很多公司把最新的SEC文件放在它们的网站上，如10-Q、10-K和股东签署的委托声明书。但它们通常不提供高管递交的内部交易文件或与投资者相关的文件。

纵观一家公司提交给SEC的所有文件的最简单方法是登陆SEC官方网站www.sec.gov，点击"公司文档查找"。只要输入公司名，并点击"查找公司"，你就可以轻松找到相关文件资料。另一个记者们用于查阅SEC文件的网站是http://freeedgar.com，该网站由诺沃克公司埃德加在线（EDGAR Online）注册运营，本部位于康涅狄格州。该网站要求用户注册。这家公司还运营着一些提供有关SEC信息和数据的收费网站。有趣的是，埃德加在线本身也是一家上市公司，它所提交的SEC文件可从其网站获取。还有一家网站也经常被一些高级财经记者用于文件检索，那就是晨星数据检索（Morningstar Document Research），原先的网站地址是10Kwizard.com。很多记者使用这家网站是因为它允许用关键字词搜索某家公司的文件。例如，一个记者想浏览可口可乐公司所有的文件，以查看是否提及其竞争对手百事可乐，在这家网站上搜索网站就能告诉他或她此文件中何处提及过百事可乐（SEC网站上现有一个类似功能，允许记者搜索关键字词，如"重大减值"）。然而，像埃德加公司所提供的此类高级搜索服务是需要付费的。

查阅SEC文件对记者们来说很有价值，那些对所报道的领域并不熟悉的新任记者尤其能够从中获益，因为他们需要了解即将报道的公司的情况。阅读SEC的文件

专家建议

路透社记者凯瑞·乌特罗斯（Karey Wutkowski）：

一个新的时代即将到来：SEC文件是不断进化的产物，最初是很难在互联网上获取到的静态文档，如今却是交互式的、能毫不夸张地以上百种方式搜索到的信息。公司、共同基金和一流的投资者们越来越多地采用可扩展商业报告语言（eXtensible Business Reporting Language，XBRL）发布文件。这一格式基本上给每一个财务数字和每一份书面文件打上电子"标签"。从这些标签收集来的数据能被纳入电子数据表或其他文档，让用户迅速比较、解释数据，使公司财务和运营状况更加透明。记者们要紧跟形势的变化并学会如何驾驭这些信息，从而更好地报道商业新闻。

可能不会每次都能写出报道。事实上，记者通过阅读 SEC 文件写出稿子的概率只有不到 50%。但对于专门报道某些特定行业和领域的记者来说，这无疑是一种很好的职业训练。当记者从浩繁的文件背后挖掘出一则新闻的时候，这些努力就得到了回报。不仅如此，阅读所有的相关文件有助于记者勾勒出公司的全景，让记者真正了解自己所报道的这家公司及其相关事宜。

信息披露要求

在过去的几年里，上市公司发布 8 - K 报告的次数大量增加。首先，我们有必要了解一家公司发布 8 - K 报告的原因和发布的时间要求。据 SEC 最新规定，公司要在重大事件发生后的 4 个营业日内发布 8 - K 报告。如果按照公平披露法案的规定，那么公司需要更早发布这份报告。有时候，公司在重大事件发生的当天发布 8 - K 报告。但大多时候，它们会等上几天甚至是一星期。需要注意的是，如果公司除此之外还发布了新闻稿，那么 8 - K 报告内容中可能含有后续的动向和消息。

107

根据规定，如有重大事件发生，公司需要提交 8 - K 报告。这些事件大多数是监管部门认为投资者有权知晓的公司内部的重大变更。财经记者应从监管部门那里获取线索，这些要求披露的信息通常就是应该被媒体曝光的重要新闻。比如其中一项信息是关于公司新管理层的任命。因为公司总是在新闻发布会上宣布新任首席执行官或董事长，所以含有此信息的 8 - K 报告一般不具有新闻价值。然而，有时候关于高管变动的 8 - K 报告会揭示重要信息。例如，请注意丘博保险公司（Chubb Corporation）于 2003 年 1 月 21 日发布的 8 - K 报告，其中介绍了几个月前任命的新首席执行官的全部薪酬构成：

专家建议

路透社记者凯瑞·乌特罗斯（Karey Wutkowski）：

对这些文件了如指掌： 如果语言不通，那么你就难以读懂一本书。同样的道理，你必须熟悉公司对外披露文件的不同格式。大部分文件中充斥着代码和正式术语，所以你必须研究这些文件，熟悉它们长什么样子，这样你才能从中快速收集信息。

1. 他的起薪为 120 万美元；

2. 他可获得高达薪水 2.5 倍的奖金；

3. 他的股票期权现值为 600 万美元；

4. 他可在商务旅行期间享用公司的汽车、司机和飞机。他将被提供一家乡村俱乐部的会员资格和会费，并享受免费的金融咨询服务。

新首席执行官的薪酬待遇对财经记者撰写新闻很有价值，因为这些信息能帮助投资者和公司员工判断公司的资金配置是否合理。另外，每当公司收购或处置资产即收购或出售某项业务时，按照要求，公司应发布 8－K 报告介绍交易细节。通常，这份 8－K 报告会披露新闻发布会没有对外公布的财务细节。还可能包括并购协议、股权协议（如果有的话）、任何与交易相关的修正或修订条款、交易完成、被收购公司的财务报表以及并购业务的财务数据。

有时候一份 8－K 报告甚至能披露一次潜在的收购交易。例如，注意以下一篇来自《丹佛邮报》报道的开头：

> 作为一家能源交易公司和管道运营商，威廉姆斯公司（Williams Cos.）可能转而收购巴雷特资源公司（Barrett Resources Corp.）。在星期二的威廉姆斯董事们的电话会议上有"外部投资者"参与进来，这一意图便显露出来。坐落于丹佛市的巴雷特公司在星期一拒绝了荷兰皇家壳牌集团旗下子公司价值 24 亿美元的收购提议，准备将公司竞价出售。

> 根据总部位于俄克拉荷马州塔尔萨市的威廉姆斯公司提交给 SEC 的文件，该公司星期二召开了董事电话会议，讨论收购巴雷特公司一事。但文件没有说明详细条款。文件显示，在周二的董事会上，有外部投资者被"错误地"连入了董事会电话会议，从而在无意间披露了威廉姆斯公司有意收购巴雷特的消息。

专家建议

路透社记者凯瑞·乌特罗斯（Karey Wutkowski）：

公司文件中更新或修正的内容值得注意：一份修正过的文件会透露众多信息，特别是有关公司财报的内容。记者可能会从中发现重大财务变更的痕迹，并能了解一家公司的真实财务状况。同时，修正后的 IPO（首次公开募股）文件填补了定价的关键细节，显示出公众对于此次 IPO 的投资热度。被修正的公司所有权文件则显示主要投资者是否在出售或买进公司股票，暗示他或她对公司未来是否抱有信心。对同样的文件做出修正，并不意味着其中不会透露具有时效性和新闻价值的信息。

108

该公司在提交给证交会的 8 - K 报告里表示，"在这一错误被发现之前，威廉姆斯的管理层曾经透露，董事会已被要求考虑收购巴雷特的潜在计划"。

巴雷特方面表示，直至今日它们一直在接受来自外部的竞价收购。公司对外称，得益于产品价格提高，一季度公司利润增长六倍以上。该公司在美通社（美国企业新闻通讯社）的声明中公布，一季度实现净利润 5700 万美元，摊薄后每股收益 1.67 美元；去年同期净利润为 780 万美元，摊薄后每股收益 24 美分。销售额达到 1.614 亿美元，增幅超过一倍。

巴雷特股价上涨 52 美分，至 64.87 美元。这表明，投资者认为将可能有公司会出比壳牌石油勘探开发公司（Shell Exploration and Production Co.）每股 60 美元的收购价更高的价。

威廉姆斯股票上涨 1.21 美元，至 43.38 美元。[①]

如果没有这份 8 - K 报告，威廉姆斯收购巴雷特的这一重大消息恐怕要等到公司发布新闻稿才可能被媒体披露。

根据规定，当一家公司申请破产保护或成为监管部门的管制对象时，它必须发布 8 - K 报告。这些文件通常包含珍贵信息，可供记者报道在总部所在州以外的其他州开设业务或者子公司的公司。例如，成千上万的公司选择在特拉华州设立分支机构，就是因为该州的公司法比较有利，这也是为什么大量的破产（和与破产相关的诉讼）案件也在那里产生。因此，波特兰的记者（比方说吧）可能就不清楚特拉华州的法院受理的案件。

从这种类型的文件中挖掘信息进行报道属于基本报道范式，因为报告中披露出公司正在发生的事。例如，当 Cynet 公司（一家网络、音频、传真软件提供商）申请破产保护时，记者们根据 8 - K 报告中披露的细节予以了报道。其他 8 - K 报告中可能包含的内容还有监管机构给公司的信件，细述对它们未来运营的限制或针对公司继续运营的禁令。针对大多数此类情况，公司不会发布新闻稿，所以阅读 8 - K 报告对记者来说非常重要。

公司在更换会计师事务所时也需要发布 8 - K 报告。公司会计可能已辞职或被解聘。在这些情况下，即使会计师是友善地离职，这样的情况也

---

① J. 博普雷：《酒店和电影公司或将竞争对手合并为一家公司》，《丹佛邮报》2001 年 5 月 2日，第 C - 1 版。版权归《丹佛邮报》所有，经许可转载。

109

专家建议

　　路透社记者凯瑞·乌特罗斯（Karey Wutkowski）：

　　切勿忽略脚注：细节决定成败。证交会文件的细节隐藏在脚注中。脚注多用来隐藏关键性细节，如果仔细梳理文件，你会发现证交会披露的文件能深挖出许多坏账和资产负债表内没有体现出来的问题资产，以及那些触及公司底线的会计变更等信息。

专家建议

　　路透社记者凯瑞·乌特罗斯（Karey Wutkowski）：

　　抓住重点：监管文件中隐含着很多重要的信息披露，需予以高度重视。你应该能区分常规表述性语言与暗示公司内有重大变更的信息。审计师对公司持续经营产生怀疑的告示常常是公司的死刑宣判书。如果文件中披露出公司正在寻求"战略选择"，这意味着公司为维持生存正寻求合作伙伴或公司收购。如果文件中披露公司收到来自证交会的"韦尔斯通知"（Wells Notice），或监管机构对公司开展正式调查，这些会使公司股价立即下挫。作为记者，你应该熟知这些术语，这样你就能迅速解读它们的影响。

需要发布报告。需注意的是，当对公司财务报表存在争议或分歧时，会计师事务所才可能终止其与某客户的关系。鉴于安然的破产倒闭与安达信（安然前会计师事务所）审计失败的案例，记者们期待看到的是更多公司密切审视它们与会计师事务所的关系。另外，记者也期待更多会计师事务所重新评估与曾经存在分歧的客户之间的关系。

　　有关某公司更换审计员的消息看起来算不上劲爆，但此类变更可能暗示公司内部存在深层次问题，特别是当业务不景气时。公司每年的年会会决定与哪家会计师事务所合作。如果那家事务所拒绝继续合作，毫无疑问它们之间存在争议。如果记者在报纸上刊登了一则某家公司变更会计师事务所的短消息，那么接下来可能会接到来自公司内部或者会计师事务所内部消息源的更多爆料。建议记者核对公司的委托声明书（或 DEF 14A 报告），从中搜寻公司年会上待选的新会计师事务所。

　　如果某位董事会成员辞职，公司也必须向监管机构提交 8－K 报告。通常情况下，这则消息不会成为报纸商业版块的头条新闻，除非该董事很知名且有影响力。一般情况下，这些辞职内容非常简短，可能不超过两三句话。但公司董事的突然辞职可能意味着董事会与公司执行部门之间存在分歧。而几个董事同时辞职也可能暗示董事会与管理层之间产生内部冲突。2006 年惠普公司董事会成员的辞职揭露了重大内幕：该公司一直监视财经记者来核实到底是哪位董事成员向外泄露了公司信息。这位董事因不赞成这一做法而辞职，最终董事会主席迫于压力也不得不辞去职务。

公司也会为其财务报表、附件、会计年度变更发布 8 - K 报告。这种消息披露很少成为新闻，但有时也会。例如，附件中披露的可能是一位新聘高管的雇用协议。如果之前没有披露细节内容的话，记者可以借此写一则新闻。公司的财务报表一般是最新财政季度的财务数据，如果公司财报里没有这些内容，记者需要对其进行专门的评估。

SEC 也要求公司在 8 - K 报告中披露与经营活动相关的、具有重大影响的其他事件。事件是否具有"重大影响"取决于公司管理层的解读。但是，在美国 2008 ~ 2009 年发生的经济危机中，很多公司都因没有披露信息而受到批判，这反过来导致众多公司出于稳妥考虑而相继发布 8 - K 报告。例如，纳森公司（一家总部位于纽约的热狗连锁店）发布的 8 - K 报告里写道，家得宝终止了公司业务所在地区内的八家饭店的授权合约，这部分业务占到公司总销售额的 15%。这是一条很有价值的信息，因此《亚特兰大宪法报》的记者用来报道家得宝。

> **专家建议**
>
> 路透社记者凯瑞·乌特罗斯（Karey Wutkowski）：
>
> **做到深入彻底**：这些文件从单页到数百页不等。把这些文件仔细读完很不容易，但一定会有收获。很多记者会迅速浏览它们，如果没有醒目的新消息映入眼帘，记者就会很快跳过。但如果你花时间深入挖掘，就有机会挖掘并揭露别人遗漏的重大消息。

此外，公司在 8 - K 报告中还会披露下个财政季度或下一财年的盈利预期。这些预期大多时候是公司在会议或展示时提供给分析师和投资者的。因此，通过提交 8 - K 报告，这些信息实现了共享。

总部位于纽约的保险和资产管理公司 MONY Group Incorporated 在 2013 年 1 月 16 日提交给 SEC 的 8 - K 报告就是那天晚些时候要展示给投资者和分析师的几页 PPT 的内容。通讯社记者和其他媒体人立刻查阅了这份报告，以便决定其中是否有值得报道的新闻。

以下是在线新闻网 Insurance Investor Interactive 负责报道 MONY 公司的记者——迈克尔·克里滕登当天报道的导语部分：

> 保险公司 MONY Group 在 1 月 16 日递交给监管部门的文件中暗示，公司第四季度营业利润将会轻松超过华尔街预期。在这份 8 - K 报告中，这家总部位于纽约的公司称，公司第四季度初步结果显示，税前营业利润为 800 万到 1300 万美元，合每股 11 到 18 美分。而此前

汤姆森（Thomson First Call）的预测为，最差的情况是实现收支相抵，最好的情况是每股盈利 11 美分，约合每股 3 美分。MONY Group 称，第四季度初步净利润应在 900 万到 1400 万美元，合每股 12 到 19 美分。[①]

专家建议

路透社记者凯瑞·乌特罗斯（Karey Wutkowski）：

了解一家公司独有的文化： 公司提交给 SEC 的文件中会有很多信息揭示其企业文化，这对报道公司的记者来说是个重要方面。公司支付其高管的薪酬数量，以及这一报酬是否以递延股本或现金的形式支付，这些足以说明高管们与公司未来的发展有多深的关系缔结。有关公司董事会以及他们与其他公司或个人的纠葛、利益冲突的细节，可以帮助你洞察谁是公司信赖的"守卫人"。你看文件的次数越多，你越能意识到公司的透明程度。公司对其投资者的开放程度足够说明它的运营方式以及它所处的竞争市场的类型。

有趣的是，就在同一天，道琼斯记者丹·洛瑞（Dan Lowrey）关注的则是同一份报告中的其他信息。他在报道导语中提到，该公司 2003 年的盈利预期为每股 0.3 到 0.35 美元，而华尔街分析师的平均预测为每股 0.33 美元。以上两位记者都查阅了那份超过 30 页的 8-K 报告，并为各自的读者带来了重要信息。

此外，8-K 报告可能披露对评估公司业绩十分重要的财务结果。例如，美联社报道称，计算机网络设备制造商思科公司在其 8-K 报告中表示，公司 2.75 亿美元的季度亏损中的 5% 与客户账户有关。公司因问题账户而提列了 1400 万美元的亏损拨备，远高于上年同期的 500 万美元。在写报道时，记者巧妙地对比了思科公司本财年第一财季与上年同期的亏损拨备。

经比较显示，该公司因客户逾期支付而提列的亏损拨备是上年同期的近三倍，这意味着公司客户的偿还能力存在问题。

《匹兹堡邮报》（*Pittsburgh Post-Gazette*）2002 年的一则报道就使用了阿德尔菲亚通信公司发布的 8-K 报告中的信息。报道称，该有线电视公司用户正在减少，因此盈利预期降低。

这则报道对阿德尔菲亚公司的盈利情况进行了预测，并解释公司调低盈利预期的意愿。对每个基于 8-K 报告进行新闻写作的财经记者来说，

---

① 迈克尔·克里滕登：《MONY 预计第四财季业绩超预期》，Insurance Investor Interactive 2003 年 1 月 16 日。版权归 SNL Financial 所有，经许可转载。

向读者解释原因和相关背景非常重要。

还请注意，所有作为例子的故事需要注明所引信息的出处。这样做能让你的报道和你自己更可信，让读者感觉他们在实时获取公司的最新消息。

通常情况下，记者必须通篇浏览报告以找出具有新闻价值的片段，再把它们整合成一篇出色的报道。通常需将成千上万的文字和数字压缩成一个三到四百字的故事。

单个私人投资者可能无法评估这类信息。但财经记者借助于行业专家的解读以及自身对所写报道的正确理解，就可以正确评估信息，并通过新闻写作告诉投资者该信息披露到底重要在哪里。

专家建议

路透社记者凯瑞·乌特罗斯（Karey Wutkowski）：

如果你不知道，赶快问：很多监管文件会让人产生疑惑。如果以错误的方式解读，记者会传播不准确的信息，导致一家大公司的股票剧烈波动。如果你对文件中披露的问题有疑惑，赶快打电话给公司。公司管理层往往在文件解读方面有些限制，因为他们不能透露文件背后的细节，但是他们可以向你准确描述文件说了什么。如果你没能从公司那里获得一个满意的答复，打电话询问分析师或证交会人员来充分理解文件的内容。

111

董事会成员和高管辞职

前一节中提到在众多情况下公司需要发布 8 - K 报告，包括公司更换其高管、董事会成员辞职等。这些大概可以说是 SEC 规定的最重要的披露信息，因为管理团队和董事会负责运营公司，确保公司盈利。然而，如果管理层中的一位或多位离开，你不应该下意识地就认为公司出问题了。

很多时候，公司高管变更与公司业绩无关。首席执行官或董事会成员可能到了退休年龄。在某些情况下，首席执行官因健康原因或决定是时候让年轻人施展才华而离开公司。董事会成员可能发现了另一个商机，感觉没有那么多时间继续为董事会工作。

这些都会成为公司管理层变更的理由。但在越来越多的情况下，首席执行官或董事会成员离开表明公司内部发生震荡。

财经记者第一次察觉到安然公司有问题可能是在它的首席执行官杰弗里·斯基林（Jeffrey Skilling）在公司审计丑闻被披露前突然辞职的时候。当时，斯基林在一份声明中说他是因个人原因离开公司的，与公司无关。虽然"个人原因"可能在多数情况下是个有效的解释，但不幸的是，它变成了许多公司用以掩盖紧急状况的术语，这些状况包括从董事会对首席执行官的表现不满到内部纷争逼迫高管退休。

在多数情况下，董事会内部的波谲云诡对财经记者来说是最好的报道素材之一。高管和董事也是人，他们之间也有个性冲突。这些个性常常使一家公司也被高管们的个人风格和言谈举止所影响。记者从新闻稿或文件中获取信息，写出一则有关高管辞职的报道，这可能只是冰山一角，因为这个故事会衍生出一系列事件，如谁将取代离任的高管或为什么董事会成员离开。

在从 8 - K 报告中找出首席执行官离职的原因后，一个有魄力的记者应该变得更为好奇，想要了解更多有关该高管表现的信息。事实上，以下这则来源于《坦帕论坛报》有关首席执行官辞职的报道，揭示了消息背后发生的更多鲜为人知的故事：

112

最近 Tropical Sportswear International Corp. 首席执行官威廉·康普顿宣布辞职的消息引发了针对一个问题的热议：上市公司必须向监管机构和股东披露多少信息？

公司治理专家表示，虽然不需要披露内部发生的一切，但如有"重大事项"发生，公司必须向 SEC 递交相关文件。

特拉华大学公司治理中心主任、前斯特森大学格尔夫波特法学院教授查尔斯·埃尔森说，这意味着披露的信息需对"一个理性投资者做出投资决策有所帮助"。如果有重大事项发生，公司必须在事件发生当月结束后的十天内发布 8 - K 报告。类似的说明文件也必须向公司股票所在的证券交易所提供。

在 Tropical Sportswear 的例子中，公司在 11 月 19 日也就是康普顿辞职后的第二天发布了 8 - K 报告。

报告披露了康普顿辞职的相关信息，包括他的离职协议和公司的新闻发布会，会上宣布在"董事会评估了康普顿先生最近的管理问题"之后其本人已同意辞职。

发布会没有详述导致康普顿辞职的管理问题，只表示它们并非系统问题，不会导致公司财务报表的调整或重述。

近几年，法院在个案的基础上对"重大事项"、需强制披露内容的界定进行了不断的调整。

阿德勒·波洛克和希恩（Adler Pollock & Sheehan）在罗德岛普罗

维登斯的证券律师合伙人、前证交会新英格兰区主管威利斯·里奇奥（Willis Riccio）说，公司对什么属于必须披露的"重大事项"可以有自己的理解。

里奇奥说："就是否对外披露信息而言，公司可以基于自己对'重大事项'的理解做出自己的判断。"

他指出，国会改革，包括最近颁布的《萨班斯－奥克斯利法案》可能会缩短公司需要对外披露信息的时间。

如果有关乎重大事项最新进展的消息，公司也有补充文件内容的一贯义务。

"毋庸置疑，他们在披露信息的时候，需保证所有重要信息准确无误。"埃尔森表示。①

除了解释哪些内容必须披露以外，这则报道还提出了一个问题：为什么康普顿离开公司？显然很多投资者都想知道答案，因此，对记者来说它是个好问题。有的时候，报告可能会说明董事会成员想解聘高管的具体原因，正如下面这则来源于《丹佛邮报》对一家总部位于科罗拉多州的公司的报道：

> 本周证交会发布的董事辞职信显示，阿拉珀霍郡一家技术公司——Laser Technology Inc. 的三位董事称，辞职的原因是公司存在长期的财务问题。
>
> Laser Technology Inc. 是一家生产激光速距测量装置的公司。公司首席执行官大卫·威廉姆斯周三对《丹佛邮报》表示，大家对此事有点反应过度了，其实问题就是公司有笔销售业绩发生在 1993 财年，但可能应该计入 1994 财年业绩。1 月 11 日的董事辞职信显示，他不肯透露有关理查德·B. 塞弗德、R. 詹姆斯·林奇和威廉·R. 卡尔这三位董事的辞职细节。他们在 10 月份开始深入调查公司会计操作问题之后提出了修正提议，但被公司全体董事拒绝，因此他们决定退出董事会。该公司本周向证交会提交了董事辞职信，作为 8－K 报告的补充文件。

113

---

① G. 哈伯：《公司按照事件与投资者的关联度来决定是否对外披露信息》，《坦帕论坛报》2002 年 12 月 10 日，第 4 版。版权归《坦帕论坛报》所有，经许可转载。

文件显示，这三位董事建议首席执行官威廉姆斯、首席财务官帕梅拉·塞维、董事 H. 德沃思和秘书兼董事丹·N. 葛罗特辞去职务。

文件还显示，大卫·威廉姆斯应将其个人应付公司的钱款全额付清，公司从外部聘请新的首席执行官和首席财务官，并且立即保留一家独立于公司管理层和董事之外的著名会计师事务所。

当被问及最终是否计划辞职时，威廉姆斯表示"不是今天"。

这是 Laser Technology Inc. 最近经历的一次大动荡，动荡始于芝加哥的德豪会计师事务所（BDO Seidman）12 月 21 日与公司解除合作，并对其在 1993 年至 1997 年间对 Laser Technology Inc. 的财务审计发表了免责声明。该公司股票自 12 月 22 日起就没有在美国证交所交易。

威廉姆斯告诉《丹佛邮报》，争议的核心是公司有笔销售业绩发生在 1993 财年，却应记录在 1994 财年。但他不肯透露具体细节。

"如果说到个中的细节，我必须得解释很多问题。很遗憾，我无法做到。"威廉姆斯说。

在终止与 Laser Technology Inc. 合作的同时，德豪会计师事务所还告诉美国证交会："德豪已意识到 Laser Technology Inc. 管理层的表现不再值得信赖。"

虽然塞弗德周三拒绝评论，但他表示他所持的立场与辞职信中的立场一致。卡尔也拒绝评论，林奇未能联系上。

塞弗德、林奇和卡尔在 10 月份组成了特别审计委员会，针对 Laser Technology Inc. 的会计操作行为展开调查。这三位董事带来了他们自己的法律顾问、会计师事务所和临时首席财务官，直接向特别委员会报告。

德豪事务所在调查过程中中止了与 Laser Technology Inc. 的合作。Laser Technology Inc. 股票暂停交易，而特别委员会的调查仍在继续。该委员会于 1 月 7 日向全体董事建议，威廉姆斯和塞维需要留下来，直到找到新的首席执行官和首席财务官人选，且威廉姆斯需要支付他欠公司的所有款项。

114

对此，威廉姆斯表示："问题是公司欠我钱还是我欠公司的钱。我可能因为一项有争议的出售交易而欠公司一些钱，但这些钱款的数目很小。"

他说这是公司会计记账方法的问题，并不涉及渎职问题。

他还说："我并不是说这是个小问题，但它经过酝酿发酵变成了大问题，不过也没有一些人想得那么严重。"

威廉姆斯表示，无论是会计问题还是几乎长达一个月的暂停交易，都已经对公司的业务造成负面影响。

"公司业务进展得很好。"他又说。

虽然公司最终可能需要重报 1993 年和 1994 财年业绩，但威廉姆斯表示，公司在过去五年的业绩总额这个数字仍然是准确的。公司最近宣布，截至 1998 年 6 月 30 日的 9 个月实现净利润 73.8508 万美元，销售额 810 万美元，合每股净利润 15 美分，截至 9 月 30 日的全年盈利预测为 1170 万美元的创纪录水平。威廉姆斯表示，这些数字都是准确的。

威廉姆斯说，上周公司选择了琼斯·詹森公司为其新的审计公司，希望在两到三周以后理顺公司的财务账簿，之后公司股票可以恢复交易。①

董事会成员和公司高管之间发生冲突可能有以下几个原因：公司没能如董事会所愿赚那么多钱，或首席执行官和总裁管理公司的风格使员工不满，降低士气，致使他们没有动力把业务做好，从而导致公司业绩受损。而公司高管可能对董事会成员也有不满情绪。可口可乐首席执行官道格·伊维斯特（Doug Ivester）仅在任两年即于 1999 年离开，原因是他觉得董事会成员干扰了其对公司的经营管理。公司高管每天都参与公司运营，他们可能比董事会更懂得公司的实际需要。

在这两种情况下，观察高管和董事会之间产生分歧是明智之举，即使它们不会披露在 8 - K 报告里。无论公司大小，公司内部斗争都会变成一个吸引眼球的故事，往往成为商业版最吸引读者的文章。只要记者知道自己要找什么，就可以在 8 - K 报告中找到线索。

许多投资者和读者都想知道公司辞掉一名高管需要花费多大代价。在某些情况下，8 - K 报告中会提供这方面的细节。如果 8 - K 报告里没有，接下来的委托声明书会提供这方面的信息，对此本书会在第 10 章中详细讨论。

以下摘录来源于劳德代尔堡的《太阳前哨报》，这则故事介绍了公司辞掉其首席运营官的代价：

115

---

① L. 柯克曼、E. 于布莱：《Laser Technology Inc. 董事要求管理层离任》，《丹佛邮报》1999 年 1 月 21 日，第 C1 版。版权归《丹佛邮报》所有，经许可转载。

　　总部位于劳德代尔堡的猎头招聘巨头思安公司（Spherion Corp.）周二表示，公司将额外冲销 2.5 亿至 3 亿美元，用于收购交易中的商誉价值。本财年早些时候该公司已经冲销了 6.92 亿美元。

　　在同一份声明中，思安公司表示，公司首席运营官罗伯特·利维涅斯（Robert Livonius）已经离开了公司，这将导致公司第四季度额外承担 350 万美元的费用。

　　思安公司就以上两件事情在盘前向 SEC 提交了 8 - K 报告。其股价收盘下跌 42 美分，至 6.21 美元。

　　公司发言人帕特里夏·约翰逊（Patricia Johnson）说，利维涅斯的职位被取消是为了减少管理层级，使组织扁平化。利维涅斯于 1991 年加入公司，并在 1997 年被任命为执行副总裁兼首席运营官，向前首席执行官雷蒙德·玛西（Raymond Marcy）汇报。

　　利维涅斯的年薪为 49.5 万美元，此外还持有公司期权，他是公司里薪酬水平仅次于首席执行官的高管。此次离职，公司将给他 350 万美元的遣散费。

　　现任首席执行官兼总裁森达·霍尔曼（Cinda A. Hallman）在一份针对利维涅斯离职的声明中写道，此后公司业务将由她直接负责。

　　"我们真诚感谢鲍勃对公司做出的巨大贡献，愿他未来一切都好。"她补充道。[1]

上例中第二段提到的费用就是高管离开公司时获得的 350 万美元遣散费。过高的遣散费往往遭到投资者和薪酬管理专家的批评。

记者应该向读者披露这类信息，因为投资者和公司的员工想知道公司在开支上的做法是否明智。因此，财经记者报道此类事件时应查明，公司总共获取的收益是否超过其辞退高管的遣散费。

当公司和会计师发生分歧时

近年来，公司与其会计师事务所之间的关系受到越来越多的关注。在

---

[1] J. 弗莱舍·塔门：《思安公司额外冲销 2.5 亿美元，用于商誉支出；裁撤 COO 职位用以削减成本》，《太阳前哨报》2003 年 1 月 8 日，第 10 版。版权归《太阳前哨报》所有，经许可转载。

安然、世通等其他公司倒闭之前，一个公司和它的审计公司之间的关系相当密切。公司会向会计师事务所支付数百万美元，后者对其财务状况进行审计，从而在提交给SEC的文件里增加一份证实其财务状况良好的声明。会计行业的作用就是为投资者以及公司的商业伙伴提供一份安全感。

而实际情况如何呢？会计师事务所按照公司高管的意愿来报告他们的收入、销售额以及其他财务数据，因为它们害怕拒绝公司的要求后就没有了收入来源。

在其他情况下，公司甚至向其审计公司隐瞒真实的财务状况，人为地设置障碍，使得会计师们根本无法完成他们的工作。

然而，这里面肯定有审计师的过失。总部位于佛罗里达州的韦斯评级（Weiss Ratings）的一项研究显示，会计师事务所曾为超过90%的公司提供了证明其财务状况良好的报告，但之后这些公司都被发现存在会计违规操作的行为。韦斯的研究还表明，在这些存在会计问题的公司中，很少有审计师曾表达过担忧。在会计违规行为被披露之前，这些公司在华尔街占有的市值超过1.9万亿美元。而违规行为被披露之后，这些公司的市值蒸发了1.2万亿美元以上。对财经记者来说，这不仅属于重大新闻，而且也体现出理解公司与会计师事务所之间关系的重要性。

在这种情况下，财经记者的处境也很难。如果连公司自己的审计师都不知真相，财经记者又如何能相信一个公司的财务数据或揭发其不当行为？记者仍需仔细查阅很多文件，从而判断公司与其会计师事务所之间的关系是否合法。最重要的是，记者应仔细阅读上市公司的10 - Q（上市公司季报）和10 - K（上市公司年报）报告中的审计声明书。有时公司的审计师会对公司的持续经营能力表示怀疑，这不仅为明天的晨报或晚间新闻报道提供了报道素材，还证明了公司与会计师事务所之间关系的合法性。以下是摘自《圣何塞信使报》的一则报道案例：

> 作为全国最大的高速互联网接入服务提供商，At Home在周一提交给美国证券交易委员会的修正后的年度报告中表示，公司正面临沉重的债务负担和经营亏损的风险。
>
> 这家曾经在互联网经济时代实现飞跃发展的公司表示，安永会计师事务所就高度怀疑其持续经营的能力。
>
> At Home周一股价跌幅逾50%，每股下跌46美分，至47美分。

116

　　该公司可能面临从纳斯达克股票市场摘牌的风险，如若退市，该公司需向可转换债券持有者支付近1亿美元。截至6月30日，该公司的现金流只有1.834亿美元。分析师认为，如果该公司需要支付这笔钱的话，它将很快耗尽现金流，并被迫宣告破产。

　　6月，At Home通过可转债的方式获得了两家投资公司价值1亿美元的注资。这两家投资公司专门为陷入资金困境的公司提供投融资服务。这项交易要求At Home在证券交易所上市。

　　目前At Home尚未满足纳斯达克股票交易所继续上市的最低要求。其股价已经跌破每股3美元，低于纳斯达克股票交易所上市的最低标准。该公司女发言人艾莉森·鲍曼说道："公司尚未收到来自纳斯达克的摘牌通知。"[1]

　　阅读审计报告的重要性不言而喻，如果公司在过去几年中曾出现过亏损的情况，那么记者更应仔细阅读审计报告的内容。大多数公司得到了财务状况良好的审计结果，因此，如果审计师在报告中对公司财务发出了质疑的声音，那就算得上是重大事件了。审计师也会对有些公司持保留意见，这通常意味着公司的财务状况没有达标。此外，如果审计师质疑某家公司未来的生存能力，记者应当核对10－K或者是10－Q报告中的审计声明书，看看报告中的措辞表述是否已经发生改变。如果措辞确实已经改变，无论是变好还是变坏，那么记者很有必要对其进行更新报道。如果审计师对公司的持续经营能力表示担心，这类信息往往出现在8－K报告中。正如以下《丹佛邮报》中有关波士顿鸡肉公司（Boston Chicken）的报道：

　　　　波士顿鸡肉公司的审计师已经向SEC提交了一份声明，对这家连锁经营企业的持续经营能力表示高度怀疑。

　　　　在这份签署日期为3月19日、提交时间为周三的文件中，审计方安达信会计师事务所（Arthur Andersen）对波士顿鸡肉公司的财务困境进行了详细阐述。

　　　　安达信方面的审计师表示，该公司的财务问题可能会导致数百万美元的债务违约。这份文件称不能保证公司能够履行债务清偿责任。

① J. 夸梅：《At Home发出预警，称公司可能耗尽现金流》，《圣何塞信使报》2001年8月21日，第1C版。版权归《圣何塞信使报》所有，经许可转载。

安达信会计师事务所在 8 - K 报告中表示，该公司 1997 年的审计报告中就有一段文字表明对其持续经营能力的高度怀疑。

在对波士顿鸡肉公司的加盟商（加盟商又被称作"地区发展商"）财务状况的评估报告中，安达信会计师事务所也表达了同样的担忧。安达信也对每家加盟商的财务状况进行了审计，并质疑每家加盟商的持续经营发展能力。

8 - K 报告是上市公司提交给美国证券交易委员会的一份文件，用于说明任何可能影响公司财务状况或者是股票价格的事件。

毕马威会计师事务所合伙人表示，如果审计师在财务审计中加入持续经营声明的话，这表示问题是非常严重的。[①]

在报道公司消息时，明智的财经记者会与公司的供应商、竞争对手以及了解其经营状况的政府机构核实信息。竞争对手一般都知道其他公司是否正处于困境或失去市场份额。在关于公司的报道中，其供应商是非常重要的信息来源，因为从它们的口中你可以得知该公司是否按时支付各种款项。如果一家公司出现了延迟付款的情况，这有可能说明这家公司有会计师尚未发现或提及的财务问题。同时，记者还应当查找法律诉讼记录，看看公司是否因拖欠款项而面临诉讼。

有时，SEC 可能会对那些其认为没有准确呈报财务问题的公司发起调查或诉讼。相关的调查结果会在 8 - K 报告、10 - K 或 10 - Q 报告中披露。

以下是彭博新闻对 SEC 调查一家公司财务状况的报道：

> 雅来制药公司表示，SEC 已经开始了对其收入确认方法的正式调查。雅来公司的股价下跌 13%，每股下跌 2.75 美元，至 17.90 美元。
>
> 这家总部位于新泽西州李堡市的仿制药和动物保健品制造商曾于去年 11 月份进行了财务重述。SEC 的调查就涉及两项与财务重述相关的收入确认方法。
>
> 公司股东曾就此事发起集体诉讼，称该公司对其在巴西的动物保健业务曾经采用了不当的收入确认方法。公司今天表示，美国新泽西州地区法院驳回了这一集体诉讼。

---

① P. 帕克：《波士顿鸡肉公司深陷债务泥潭》，《丹佛邮报》1998 年 3 月 29 日，第 A1 版。版权归《丹佛邮报》所有，经许可转载。

雅来制药有限公司 10 月表示，将对收益表进行修改，因为有些动物产品的销售不是在实际发货之后，而是在订单确认时就计入了公司业绩。公司此前曾表示，这一问题在去年第三季度前已经做了修正。

雅来在 11 月重述了财务报表，经过修正的 2001 年上半年净利润增加 59%，至 3570 万美元，表现不及此前三年。

公司还称 2000 年净利润为 5550 万美元，而非之前公布的 6110 万美元。1999 年该公司实现净利润 2990 万美元，比之前公布的数字少 700 万美元。1998 年实现利润 2280 万美元，此前对外公布的利润为 2420 万美元。一旦委员会批准成立正式的调查组，相关工作人员有权传唤相关人士以获取信息。

根据文件，雅来将配合 SEC 的调查。[①]

类似的调查会导致公司重报其财务业绩，降低其收入或盈利数字。当这一切发生时，公司实质上是承认会计师出了大错。然而，投资者不会被糊弄。他们通常会抛售股票，导致股价下降。由此可见，财经记者应该始终留意公司财务报表里是否有任何不当行为的蛛丝马迹。第一个向公众披露问题或相关调查的记者对读者的助益最大。

此前"信息披露要求"一节提到公司在与审计员产生分歧时必须提交 8 - K 报告。需要特别强调的一点是，如果公司解雇审计员或审计员拒绝再为公司提供服务，这可能是公司要出问题的最好暗示之一。（有一种情况除外，那就是像安达信等会计师事务所破产，其客户不得不重新寻找新的会计师事务所来审计其财务状况。）通常，8 - K 报告中会透露公司与其审计员存在分歧从而导致双方决裂。有时候，原因并不明确给出。但变更会计师事务所仍然是一个重大事件，记者应该密切关注，甚至追根溯源查明上市公司变更会计师事务所的真正原因。

下面这则报道源自《坦帕论坛报》，详细说明了公司在破产法庭挑选新审计员的过程。这个故事暗示，被挑选出来新的审计员应该对公司的财务状况给予新的解读：

安可玻璃容器公司（Anchor Glass Container Corp.）已不再聘请安

---

① M. 韦斯：《雅来制药公司称 SEC 就其收入确认方法展开调查》，彭博新闻社 2002 年 6 月 3 日。版权归彭博社所有，经许可转载。

达信作为其独立公共审计师，但表示这一决定与安达信近期麻烦缠身的事实无关。

美国证券交易委员会（SEC）的记录显示，如果参照 2001 年收取的审计费，安达信的损失约为 50.3 万美元。

据该公司 4 月 15 日提交给 SEC 的 8 - K 报告，公司选择了普华永道承担其 2002 年的财务审计工作。

安可首席财务官戴尔·布克沃特（Dale Buckwalter）说："这一决定与安达信无关，我们无论如何也会这样做。"公司内部人士——卡尔顿·菲尔兹（Carlton Fields）称："之所以变更会计师事务所，不过是因为我们有了一个新老板和一个新的律师事务所。"

SEC 文件表明，安可的董事会在 4 月 11 日做出上述决定。文件称，（公司）"与安达信会计师事务所在会计准则或操作、财务报表披露、审计范围或过程等问题上并无分歧"。

"因为母公司 Consumers Packing Inc. 申请破产保护，所以安可 4 月 15 日被迫申请破产保护。"公司管理层如是说。

上周，安可首席运营官理查德·M. 迪恩奥（Richard M. Deneau）表示，目前该公司的经营状况是过去二十年以来最好的。

获得安可业务的普华永道是坦帕湾地区最大的会计公司。普华永道负责佛罗里达州中部事务的合伙人安德鲁·麦克亚当斯称："显然，安可玻璃容器公司是我们一个重要的大客户。"

3 月 14 日，安达信因涉嫌销毁"成千上万的材料"、删除存储在计算机中有关安然公司破产的文件而遭到联邦大陪审团指控。[①]

由于人们越来越关注公司和会计师事务所之间的关系，很多人希望审计师在为客户进行财务审计时更加审慎严谨，因而也就有越来越多的问题被审计师披露出来。

120

美国证券交易委员会在以下两方面对审计的要求似乎更为严格：一是对审计师和公司之间商业交易的审查，二是对因商业交易而影响审计独立性的审计师的罚款和惩处。SEC 的另一重要举措是提高审计委员会对公司董事会的影响力。审计委员会主要负责审查公司与外部会计的关系。这对

---

① T. 亚茨科维科斯：《安可变更会计师事务所，弃安达信而选择普华永道》，《坦帕论坛报》2002 年 4 月 23 日，第 5 版。版权归《坦帕论坛报》所有，经许可转载。

专家建议

路透社记者凯瑞·乌特罗斯（Karey Wutkowski）：

IPO 文件规则：通常情况下，记者"厚此薄彼"的做法是不允许的。但公司首次公开募股（IPO）文件会让你十分兴奋。这是公司第一次向公众披露其内部运作细节，它包含了众多的宝贵信息，如公司财务历史、投资者、可能带来问题的"风险因素"以及其他重要的法律问题等。关注"所得款项用途"同样重要。如果一家公司把资金用于再投资、扩大业务规模，这预示着良好的发展前景。如果大股东利用 IPO 的机会进行套利，公司则可能潜藏着重大问题。

财经记者来说也很有价值。很多公司的首席财务官就来自其合作的会计师事务所，而这一做法早就招致公司治理人士的批评。

此外，SEC 还要求大公司的高管保证其财务报表的准确性。这一规定适用于 900 家规模一流的大公司，即公司资产超过 12 亿美元的公司，而对于其他规模较小的公司，高层管理人士也需要保证财务数据的准确性。这意味着公司高管现在有责任向审计师和公众提供反映公司真实情况的准确财务数字。

大多数公司都会提供尽可能准确的财务数字。但总有这样一些公司想突破会计规则的限制来粉饰账面，使自己看起来比实际情况更好。理解公司与外部审计的关系对财经记者而言尤其重要，凭此记者可以评估公司对外披露的业绩状况是否真实以及是否需要深入调查。

公平披露法案和公司电话会议

还记得本章前面提到 MONY Group 在其 8－K 报告中披露盈利预期的例子吗？为什么公司需要披露这类信息？

在报告发布的前两天，公司还发布了一篇新闻稿，从中我们可以找到线索。新闻稿中提到，该公司将举办年会，邀请投资者和分析师参加，届时其管理团队将介绍"公司和各项业务的基本情况和发展前景"（MONY GROUP，2003 年）。新闻稿中还提到投资者可以登录公司网站收听年会情况。所以在发布 8－K 报告的同时，公司还召开了一次年会讨论报告中的信息。这次会议、新闻发布会和 8－K 报告均遵循了 SEC 制定的、2000 年生效的公平披露法案（Regulation FD），该法案深刻改变了华尔街和财经媒体获取信息的渠道。

在华尔街和众多公司的一片反对之声中，SEC 制定了公平披露法案，该法案旨在为投资界提供一个公平竞争的环境。在这之前，公司只向特定分析师和投资者提供有关公司业绩和业务运营的信息，允许这部分人在其他投资者获悉信息之前参与公司股票交易。现在，有了公平披露法案，公司就不能只将信息提供给华尔街的少数人，而必须面向所有人同时发布。

公司遵守公平披露法案的方法有很多。其中之一就是通过发布 8 – K 报告来披露信息。另一种方式是召开电话会议讨论季度业绩或其他重要事项，投资者或其他人士可通过网络或免费电话收听会议，包括媒体和散户投资者。过去，公司电话会议只能给分析师和投资者听。尽管有些公司允许记者连线听会，但也有其他公司不允许，如安海斯-布希公司。如果记者注意到，在电话会议进行的时候一家公司的股价正在上升或下降，他就不得不等到会议结束后打电话给他认识的分析师和投资者去挖掘股价波动的原因。

公平披露法案得到了财经媒体的大力支持。彭博新闻社写了多篇文章批判不敞开电话会议渠道的公司。美国商业编辑和记者协会也写信支持该法案。理由很简单：除了帮助投资者之外，公平披露法案也向记者敞开了更多的信息渠道。记者们现在也可以聆听曾经只对华尔街内部人士开放的电话会议。虽然财经记者不能总是在会上发问，但他们可以利用高管、分析师和投资者之间的对话来充实报道内容，解释华尔街人士对公司表现满意或不满意的原因。这样一来，记者就可以提供更加深入、详细的报道，所以倾听电话会议也成了财经记者日常生活的一个重要组成部分。有些记者经常一天之内要收听几个电话会议，业绩发布期尤其繁忙。大多数公司以新闻稿的形式直接告知记者如何连入它们的电话会议。

一些人认为，在公平披露法案出台以后，虽然公司召开的电话会议不断增加，却并没有达到提供更多信息的预期效果。现在的公司高管们都对报告的措辞仔细推敲，尽量不提供任何额外的特别信息。公司的主要分析师和投资者依然在电话会议上询问大量问题，但许多公司对会议上每人提的问题做了数量上的限制，且公司事先准备好的回答有时长达 30 分钟之久，这使得会议（通常时间限制在一小时）上回答不了所有问题。特别是关于季度业绩的电话会议会非常无聊，如果公司业绩表现符合华尔街预期，那么公司电话会议恐怕并无任何新意可言。

只有跟踪报道一家公司多年的懂行记者才能听得懂此类电话会议，并从中判断信息是否具有新闻价值。很多时候，唯一有价值的新闻出现在问答环节。但现如今，分析师和投资者们并不想问过于深入的问题，以防被竞争对手获悉。因此，具有新闻价值的信息一般是公司有没有在电话会议中披露收益预期。如果会上谈到了盈利预期，那么该公司通常在新闻稿或8－K报告中对此进行阐述。公司高管若在回答问题时提供了他们认为决定公司业绩的重要信息，通常情况下，公司随后会发布8－K报告。

即使花费了时间还没有可报道的故事，听电话会议仍然是财经记者宝贵的经历。记者可以评估首席执行官或首席财务官与分析师和投资者互动的过程，注意提问过程是充满敌意还是颇为友善。记者可以从双方提问和回答的语气辨别华尔街对该家公司满意与否。公司高管对一个问题的反应也能暗示他或她对公司业务运行状况或未来发展前景的看法。

让我们再来回顾一下现已破产的能源巨头安然公司2001年第一财季电话会议。你会听到一段高地资本公司（Highfields Capital Corporation）分析师理查德·格鲁曼（Richard Grubman）和安然首席执行官杰弗里·斯基林之间的对话。这段对话是针对安然没有将资产负债表连同季报一同发布的质询和回应：

> 格鲁曼：早上好。你能告诉我们截至第一财季末基于价格/风险管理的资产和负债情况吗？
> 斯基林：我们还没有做出资产负债表。我们会很快完成。
> 格鲁曼：你们是唯一没能在季报中披露资产负债表和现金流量表的金融机构。
> 斯基林：呃……非常感谢你。我们很感激。
> 格鲁曼：谢谢。[①]

斯基林然后低声骂了几句。不到六个月后，他从公司辞职，公司不久后进行了业绩重报并申请破产保护。斯基林和格鲁曼之间气氛紧张的对话其实是一个暗示，在听完这段对话之后，记者可能需要仔细看看安然的业绩。

有时候，公司电话会议会提供一些意想不到的信息。下面是彭博新闻列举的一个案例，其中股东在电话会议上披露了某公司与其首席执行官之间的关系：

---

① M. 马巴若：《公司电话会议仍将投资者拒之于门外》，《华盛顿邮报》2002年12月6日，第H1版。版权归《华盛顿邮报》所有，经许可转载。

房产经纪公司 Insignia Financial Group Inc. 首席执行官安德鲁·法卡斯（Andrew Farkas）的薪酬问题遭到了两名最大投资者的批评，他们说安德鲁的收入建立在牺牲股东利益的基础之上。

Third Point Partners LP 的丹尼尔·勒布（Daniel Loeb）在电话会议上说，在公司管理的基金实现一定的投资回报水平之后，法卡斯将从中获得 22% 的利润回报，而这不符合股东的最佳利益。

勒布还说，公司因使用了法卡斯个人的飞机和船只而付给他 95 万美元，这笔支出也是不应该支付的。这样的不合理薪酬安排使公司受到了股东的严厉抨击，公司股价下挫 24 美分。Insignia 旗下子公司 Insignia/ESG 是纽约最大的房产经纪公司。截至 3 月底，勒布所在的公司持有 Insignia 4.9% 的股权。

勒布在电话里对法卡斯不客气地说："你现在是一边捞钱一边看着公司股价'跌跌不休'。"

公司管理层拒绝对此置评。在这场意在讨论 Insignia 第二财季业绩的电话会议上，法卡斯反驳称勒布的分析并不"完全正确"。

法卡斯说："我相信股东和公司管理层（包括所有参与促进项目的人）的利益实际上是一致的。"

他继续说道，Insignia 的顾问和薪酬委员会（成员包括 Related Cos. 董事会主席斯蒂芬·罗斯和贝塔斯曼集团旗下娱乐公司 BMG Entertainment 的前主席 H. 施特劳斯·尔尼克）都会定期对项目进行重新评估。

Insignia 昨日表示，第二季度净利润为 318 万美元，合每股 12 美分；上年同期持续经营业务亏损 175 万美元，合每股 9 美分。互联网相关的业务部门第二财季亏损额为 260 万美元。

在纽约证券交易所，该公司股价下跌 30 美分，至 8.20 美元。另一股东、绿光资本公司（Greenlight Capital LLC）对冲基金经理大卫·埃因霍恩（David Einhorn）也在电话会议上和勒布一起批评 Insignia。截至 3 月底，绿光拥有 Insignia 7.4% 的股份，是其第三大股东。

"我们和他有同样感觉，"埃因霍恩表示，"我们认为公司在被媒体炒作之前应及时回头解决治理上的问题。"

勒布说，法卡斯应首先确保 Insignia 扭转亏损局面，而不是从新业务中为个人谋取私利。由法卡斯牵头搞起来的互联网业务项目已使

公司蒙受了 3470 万美元的损失，其中包括为公寓租房者提供服务的
EdificeRex. com。

"你似乎可以一个接一个地与公司高管建立伙伴关系，如果一种
伙伴关系没有见效，那就随它去，"勒布说道，"然后你再开始寻找下
一个。而我宁愿看到高管与公司同呼吸共命运。"①

一个月后，Insignia Financial 发布了 8－K 报告，披露公司将不再因公
用 CEO 个人船只而支付报酬，也会停止为公私共有的飞机付款（随后彭博
社记者就此事也写了一篇报道）。这是公司投资者而非高管利用电话会议
披露重要信息的案例。

对大多数财经记者来说，找渠道参加电话会议和找公司网站一样简
单。大多数公司会在网上提供电话会议链接。其他公司也会在新闻发布会
结束时提供可供拨打的电话号码。但也有专门提供公司电话会议渠道的网
站，其中一个最好的免费网站的网址是 http：//seekingalpha. com，另一个
需要付费但很不错的网站的网址是 www. bestcalls. com，因为它还提供（根
据录音或笔记整理的）会议记录。

目前距离 SEC 出台公平披露法案已有十年时间。监管机构花了两年多
时间打击涉嫌违反规则的公司。即便如此，公司得到的仅仅是名义上或象
征性的惩罚，正如《圣何塞信使报》的一篇报道中所写的：

> 位于圣马特奥市的希柏系统软件公司（Siebel Systems）同意就一
> 项联邦指控达成和解。这项指控称公司违反 SEC 规定，在向普通投资
> 者发布消息之前有选择性地向华尔街分析师披露信息。
>
> 针对该软件公司的诉讼是公平披露法案实施后的第一次诉讼。
> 该法案于 2000 年 8 月生效，以确保公众能平等获得重要的投资
> 信息。
>
> SEC 周一还宣布了针对美国信客公司（一家总部位于圣何塞的安
> 全软件制造商）和雷神公司（位于马萨诸塞州列克星敦的国防承包
> 商）的行政诉讼。
>
> 三家公司均同意遵守公平披露法案，但没有承认或否认任何不当

---

① D. 莱维特：《Insignia Financial 首席执行官薪酬方案遭到股东批评》，彭博新闻社 2002 年 7
月 25 日。版权归彭博新闻社所有，经许可转载。

行为。希柏系统软件公司还同意支付 25 万美元的民事罚款。

位于美国硅谷的律师事务所——泛伟律师事务所（Fenwick & West）董事长戈迪·戴维森（Gordy Davidson）说："他们正试图传达一个信息，那就是 SEC 在推进公平披露法案执行的问题上是认真的。"

上述三个例子说明公平披露法案广泛影响着公司与投资者沟通的方式。在法案推出之前，大部分分析师依靠个人与公司高管的沟通来预测公司的财务前景。而规模更大、更有声望的公司的分析师则经常收到关于公司业绩的专门预测。

"这些案子，特别是针对雷神公司的诉讼，描述了公平披露法案意在阻止的不当行为的类型。"SEC 东北区域办事处副主任马克·斯科菲尔德说道。

SEC 文件显示，雷神公司首席财务官富兰克林·凯恩（Franklyn Caine）在 2001 年 2 月举行电话会议后打电话给私人分析师，称他们对第一财季收益的预测"过高"、"过于冒进"。

在与他通话之后，分析师们调低了对该公司的业绩预期，三个月后公布的每股收益比分析师的一致预期多了 1 美分。现在凯恩本人就是 SEC 调查的一方当事人。

监管机构称，摩托罗拉幸免于一起类似案件，因为该公司内部法律顾问告诉高管可以打电话给特定的分析师。

在美国信客公司的案子中，首席执行官约翰·迈克·纳尔迪（John McNulty）也曾在对外发布新闻稿之前，将公司软件与思科公司产品捆绑销售的交易提前告知特定的分析师。现在迈克·纳尔迪本人也是 SEC 调查的一方当事人。

旧金山地区办公室主管助理罗伯特·米切尔（Robert Mitchell）表示，尽管监管机构判定初始信息披露属于意外，但迈克·纳尔迪在下属员工准备新闻发布会时仍与更多的分析师讨论这一交易。"这就构成了违规问题。"米切尔说。

此外，希柏系统软件公司也因首席执行官汤姆·希柏（Tom Siebel）2001 年 11 月在高盛技术会议期间发表的讲话而面临诉讼，但汤姆·希柏本人没有在这场诉讼中被直接点名。

在投资者会议召开三周前，该公司就举行了公开财报电话会议。当时，希柏对"异常疲软的市场形势"和艰难的商业环境表达了悲观情绪。但就在会议的前几天，该公司的投资者关系主管告诉高盛分析师说"公司业务向好"。上午 10 点，希柏在投资者会议上发表了乐观言论，之后公司股价一路上扬，比前一交易日收盘价高出逾 16%。

SEC 文件显示，希柏在会上的讲话还没有结束，与会者就已经开始买进公司股票，高盛是那天交易希柏公司股票最活跃的公司。

周一公司新闻发布会称希柏的言论"违反了公平披露法案，因为他的发言没有通过网络或其他方式向公众直播"。该公司称希柏并不知道会议没有在互联网上直播。

"这对各地的管理团队都是一个很好的警示，他们最好在电话会议的问答和交流环节谨慎措辞。"摩根大通证券分析师帕特里克·瓦尔拉芬斯如是说。[①]

结　语

公平披露法案确实给公司提供了一些指导，特别是什么信息应该向公众披露及怎样提供信息等方面。随着企业界向前发展并开始更好地理解这些规则，各大公司已更加遵规守法，在举行电话会议期间披露信息方面也更从容及时。

了解公司制造新闻并传播新闻的方式有助于财经记者胜任新闻报道工作。如果对公司董事辞职或审计员质疑公司未来发展胡乱解释一通的话，那就对不起"财经记者"这一称号了。

关键术语

否定意见	审计员
审计报告	破产
电话会议	8 - K 报告
持续经营能力的担忧	保留意见
公平披露法案	

---

① E. 阿克曼：《希柏系统软件公司因信息披露不当将向 SEC 支付 25 万美元罚金》，《圣何塞信使报》2002 年 11 月 26 日，第 1 版。版权归《圣何塞信使报》所有，经许可转载。

参考文献

Ackerman, E. (2002, November 26). Siebel to pay fine to SEC; $250000 settles charge of disclosure violation. *San Jose Mercury News*, p. 1.

Associated Press (2000, December 5). Cisco prepares for delinquent accounts.

Associated Press (2002, December 27). CyNet files for Chapter 11 bankruptcy protection. *San Jose Mercury News*, p. 2.

Barbara, M. (2002, October 6). Any more questions? Company conference calls still leave investors out. *Washington Post*, p. H1.

Beauprez, J. (2001, May 2). Liberty takes On Command reins; Hotel-room movie firm maybe merged with rival. *Denver Post*, p. C-1.

Chubb Corporation. Form 8-K. (2003, January 21). (SEC Publication No. 0000950123-03-000485, pp. 1-22).

Crittenden, M. (2003, January 16). MONY sees fourth-quarter results ahead of estimates, in line 2003. *Insurance Investor Interactive*. Retrieved January 30, 2003 from http://www.snl.com.

Haber, G. (2002, December 10). Firms base disclosure on relevance to investors. *Tampa Tribune*, p. 4.

Home Depot ends 8 Nathan's licenses. (2002, September 21). *Atlanta Journal-Constitution*. , p. 2R.

Jackovics, T. (2002, April 23). Anchor Glass drops Andersen, retains PriceWaterhouse-Coopers. *Tampa Tribune*, p. 5.

Kokmen, L., & Hubler, E. (1999, January 21). Laser Technology execs' exit urged. *Denver Post*, p. C1.

Kwan, J. L. (2001, August 21). At Home warns it may run out of cash. *San Jose Mercury News*, p. 1C.

Levitt, D. M. (2002, July 25). Insignia Financial CEO's pay package criticized by shareholders. Bloomberg News.

Lowrey, D. (2003, January 16). MONY Group 2003 earnings outlook tracks estimates. Dow Jones Newswires.

MONY Group (2003, January 14). Corporate news release.

Parker, P. (1998, May 29). Boston Chicken woes mount. *Denver Post*, p. A1.

Subscriber loss hurts Adelphia. (2002, November 6). *Pittsburgh Post-Gazette*, p. D-4.

Tamen, J. Fleischer. (2003, January 8). Spherion taking $250M goodwill charge;

COO post eliminated to cut costs. Fort Lauderdale，FL：*Sun-Sentinel*，p. 1D.

Weiss，M.（2002，June 3）. Alpharma says SEC investigating its revenue methods. Bloomberg News.

参考练习

127
1. 找出公司发布 8 - K 报告的十个理由，并找到依据这些报告写成的新闻报道（可作为整个学期的项目）。

2. 写一篇 500 字的文章解释为何公平披露法案出台后 8 - K 报告发布频率增加。解释公平披露法案的要求，并列举法案出台后相继发布的 8 - K 报告的种类以及这类报告的新闻价值。

3. 找到一家公司高管最近辞职或被更换的案例。比较公司新闻发布会上披露的信息与其 8 - K 报告中披露信息的异同。

4. 倾听一家公司的电话会议，基于其中披露的消息写一则新闻。写完后比较会议开始时公司事先准备好的讲话与会议结尾问答环节的差异。

第 7 章
公司并购交易报道

竞相收购为哪般

几乎每一名商业记者都曾撰写过公司兼并的新闻报道，就像每一名刑事案专访记者都曾撰写过谋杀案件的新闻报道一样。这两类新闻事件都时常发生：2009 年前三季度就发生了 1896 起兼并和收购活动，总交易额超过 4715 亿美元。这些数字尽管看似庞大，但并购市场咨询公司 Mergermarket 的数据显示，相比于 2008 年前三季度，2009 年并购活动的数量和总交易额分别下降了 41% 和 34%。

简单道来，收购兼并活动如此频繁地发生，已然成为商业报道的重头戏。正是由于并购活动时常发生，记者们就有必要了解并购活动为何发生，并熟知哪些信息对读者和观众来说具有价值。几乎所有的大型企业以及不少小规模公司都是一次或者多次并购交易的产物。花旗集团（Citigroup）是由花旗银行（Citibank）和旅行者集团（Travelers）合并而来；美国在线时代华纳公司（AOL Time Warner）是美国在线（America Online）兼并时代华纳（Time Warner）的产物，而时代华纳本身则是时代集团（Time）和华纳兄弟（Warner Brothers）的产物；美国广播公司（ABC）收购了娱乐体育节目电视网（ESPN）之后又被迪士尼集团（Disney）收购。

推动收购兼并浪潮背后的原因有很多——近来的金融危机迫使一些公司为了生存而不得不出售部分业务。美国联邦政府也发挥了一定的作用，比如帮助陷入财务困境的企业寻找合适的收购方等。2008 年 9 月，联邦政府先是支持花旗集团收购美联银行（Wachovia Corporation），但最终由于富国银行集团（Wells Fargo & Company）出价更高转而支持富国集团。同月，联邦政府接管了华盛顿互惠银行（Washington Mutual Incorporated），后将该银行的大量资产转卖给摩根大通（J. P. Morgan Chase & Company）。

无论是上市公司还是私营企业，大部分公司都希望扩大经营规模，其中有许多公司都选择兼并其他公司，因为它们认为公司规模越大就越能优化产能。打个比方，两家公司如果合并的话不就只需要一名首席执行官和财务官了吗？同样的情况下，只需设立一个总部不就可以了吗？以上这些都是公司的美好愿望，但事实上并购活动的结果却常常与目的背道而驰。

首先需要对兼并与收购的概念予以界定。尽管有时候兼并与收购这两个词在实际的使用中可以互换，但二者之间存在很大差别。兼并指的是两家公司就业务合并达成一致意见。在一场真正意义上的兼并活动中，两家公司的所有者将各自拥有新合并公司50%的股权，而且新成立公司的董事会通常也由两家公司原有董事会成员组成。在很多情况下，新公司的管理层也是由两家公司原有的管理团队组成。以上便是兼并活动的真正含义。

然而，尽管各家公司都尽量争取实现平等合并，但总是会有某家公司占取优势的情况发生。比如说其中一家公司的总部成为新合并公司的总部；其中一名首席执行官成功地掌握新公司的管理权；或者其中一家公司的股东拥有新公司55%的股权等。

与兼并行为类似但又有差别的是收购行为。收购指的是一家公司出资购买了另一家公司的控股权。收购活动并不总是意味着一家公司购买了另一家公司的全部股权，而有时候仅仅购买另一家公司51%的股份，这么做是因为一旦公司成为大股东，它便取得了整个公司运营的控制权。

公司间相互收购的原因有很多，其中一个就是促进公司继续成长，而帮助公司成长最为简便的方法就是收购另一家公司。但有时候收购行为并不总是明智之举，因为被收购公司可能在公司运营或者企业文化方面无法融入原有公司。但总的来说，并购行为的发生都带有明确目的。公司收购可能是公司扩张的战略之一。比如20世纪90年代中期，可口可乐公司

> **专家建议**
>
> 《交易报》编辑罗伯特·泰特尔曼（Robert Teitelman）给报道并购交易的新闻记者的建议：
>
> **收购兼并活动背后的经济动因是什么？**是为了创造附加值，扩大市场份额，还是为了转型？是为了剥离业绩下滑的业务部门，还是为了占领更大的市场份额，获取垄断地位？收购方仅仅是想通过并购推出新产品，还是追求更高层次的技术创新，或者是为了达到成功转型的最高目标？记者可以通过收购价格或者溢价程度来判断企业收购背后的动因。有些企业总是愿意为技术创新而溢价收购其他公司，而有些则是为了促进转型，还有一些经常进行收购活动，并且在整合双方公司业务方面有自己的成功之道。这些信息都可以通过收购方的交易记录查询到。

130

的战略目标之一就是丰富旗下产品种类，而公司最缺少的就是根汁汽水系列产品，于是可口可乐就在各个销售区推出了名为"Ramblin"的根汁汽水系列产品。但遗憾的是，可口可乐的竞争对手在根汁汽水系列方面享有更高的知名度，如广受欢迎的 Mug、Dad's 以及 A&W 等品牌。这就迫使可口可乐不得不寻找收购对象，最终在 1995 年收购了总部位于新奥尔良的 Barq's 公司。

除了提高竞争力以外，有些公司收购是为了拓展新的市场。例如，一家公司的业务主要分布于美国西部和中西部，但公司希望拓展美国中大西洋区域的市场，于是就选择了收购的方式。以下是《华盛顿邮报》的一篇关于公司为了拓展新市场而进行收购的新闻故事：

> 弗吉尼亚州最大的医疗保险公司——Trigon 集团同意以 38 亿美元现金加股票的方式被美国第五大上市医疗保险公司——Anthem 集团收购。
>
> 这两家医疗保险机构都加入了蓝十字和蓝盾协会，此前也都属于非营利性质，之后转为股份制企业。近几年来，很多地区性的医疗保险公司有意与规模大一些的公司合并，以便与安泰保险（Aetna Inc）、联合健康保险（United Health Group Inc）等行业巨头展开竞争。
>
> 总部位于美国印第安纳州首府的 Anthem 医疗保险公司拥有 800 万的客户群，客户遍及全美八大州。一旦该公司的兼并申请获得批准，Anthem 将会获得弗吉尼亚州及华盛顿特区的总共 220 万客户，并在美国东南部及中大西洋区获得立足之地，要知道，Anthem 此前可是从未涉足过这些地区。根据兼并协议，Trigon 股东所持的每股 Trigon 股份将换得 30 美元现金及 1.062 股 Anthem 股份。按照上周五收盘价格计算，Trigon 股东在股份兑换后所持的股份价值为每股 105.08 美元。
>
> 昨日纽约证券交易所的数据显示，Trigon 的股票上涨了 14.62 美元，最终以 98.87 美元收盘，涨幅达 17.4%。而 Anthem 股票则下跌了 4.05 美元，以 66.65 美元收盘，跌幅达 5.7%。
>
> Trigon 的首席执行官托马斯·斯尼德（Thomas G. Snead Jr.）先生表示此项兼并活动将不会对公司顾客的保险费用带来直接影响，但他同时预测保险费用会在"至少未来几年内"迎来两位数的增长。
>
> 斯尼德先生说，保费金额的设置是由预估医疗费用和管理费用共

同决定的。随着兼并的实施和完成，公司将会变得更加强大，拥有更多的资金支持和技术力量。

"此次兼并是一项战略性联盟，合作双方都静下心来仔细分析并展望交易完成之后公司的发展前景。我敢说这次兼并活动绝对是意义非凡。"斯尼德先生如是说道。

该交易目前正在等待弗吉尼亚州保险监管机构的审批结果。①

131

可以看到，这篇新闻的导语首先提及的是被收购方 Trigon，而非收购方 Anthem 公司，这是因为记者已经深刻把握住读者的关注焦点。由于《华盛顿邮报》在弗吉尼亚地区拥有大量读者，因此该报将新闻的重点放在了这家被收购的弗吉尼亚公司，即 Trigon。导语部分还详细阐明了收购资金是通过何种方式支付给被收购公司的。在报道并购交易的时候，收购金额是交易规模的显示，因而是最重要的细节。如果一家公司没有透露收购资金的数额，那么记者应当向公司询问。如果是上市公司进行收购合并活动，监管部门自然会要求公司对外公开交易数额；但若是私营企业的话，公司就可以不公布交易额，不过它们也有可能会选择公布这一信息。

通过这则新闻，读者还了解到收购资金是通过现金加股票的方式来支付的。这也是公司并购新闻中相当重要的一点，因为读者可以通过这一信息了解到收购资金的来源。对于上市公司来说，股票支付是一种常见的交易形式。

在通过股票支付的并购交易中，换股比率是多少一定要在新闻报道中有所体现，本则新闻就是一个很好的例子。只有说明这一点，被收购公司的股东才能知道他们将会获得多少合并后公司的股份。在 Anthem 收购 Trigon 的案例中，除额外的现金补偿外，Trigon 股东所持的每股 Trigon 股份将换得 1.062 股 Anthem 股份。而在兼并活动中，换股比率通常为 1∶1，或者接近 1∶1。

从这篇报道中，读者还可以获悉收购方对被收购公司每股股票的估值情况，对于持有 Trigon 股份的《华盛顿邮报》读者来说，这也是非常有价值的信息。股民们可以借此估算他们将会获得多少新公司的股份，并判断这笔交易是否合算。针对本案来说，绝大多数 Trigon 股东应该会对 Anthem

---

① B. 布鲁贝克：《总部位于美国印第安纳州首府的 Anthem 医疗保险公司将以 38 亿美元收购 Trigon 公司》，《华盛顿邮报》2002 年 4 月 30 日，第 E1 版。版权归《华盛顿邮报》所有，经许可转载。

的出价感到满意。在收购的消息尚未公布前，Trigon 股价为每股 84 美元，而 Anthem 则以每股 105 美元的价格将其收购，这给 Trigon 的股东带来了 25% 的股票收益。这 25% 的收益相当于 Anthem 支付给 Trigon 的股票溢价，即所支付的实际金额超过股票面值的部分。

收购方溢价收购的原因有很多，但很多都是出于整体战略目标方面的考虑。也许是因为发起收购的公司管理层认为交易能够提升公司的运营水平，提高整体的销售额和利润率。如果选择了对的收购对象，那么被收购公司的实际价值很可能比当前的收购价还要高。溢价收购的另一个原因可能是公司主管认为溢价部分可以由两家公司业务合并之后削减的运营成本来补偿，这一规模扩大带来的成本减少的现象被称为协同效应。

到目前为止，以上这些收购案例都属于善意收购，即收购方与被收购公司的董事会进行协商谈判，最终就收购价格达成一致意见。但这类情况并非经常出现，有时候一家公司中意的收购对象根本就没有出售的意向；或者两家公司的协商进展并不顺利，最终无法达成一致意见。这种收购公司在未经目标公司董事会允许，不管对方是否同意的情况下，所进行的收购活动都被称为恶意收购。

恶意收购也会发生在收购双方达成协议之后，比如第三方突然以更高的出价或者更加诱人的条件向收购对象发出收购要约。2000 年至 2001 年期间美国东南部就发生过一起类似事件——美联银行和第一联合银行就合并为一家银行达成协议，但太阳信托银行（SunTrust）不愿看到这一结果，于是单独向第一联合银行

专家建议

《交易报》编辑罗伯特·泰特尔曼（Robert Teitelman）给报道并购交易的新闻记者的建议：

薪酬问题：任何交易都以获益为目的。公司高管和董事会成员的薪资问题一直以来都是人们关注的热点。某些情况下，高管会选择在公司发展的巅峰或者即将进入衰退期的节点上选择将公司出售，这么做是为了给股东和自己带来最大化的收益。有时候，高管拿的奖金与股价表现挂钩，收购一经披露还会给公司股价带来提振。但事实并非总是如此。如果遇到熊市，即便是十分诱人的交易也会遭到投资者的拒绝，股价会受到重创，管理层的态度也会发生大逆转。多数情况下，是否进行交易的潜在逻辑是该交易是否能够带来收益。作为记者，你该提出的问题是：谁将从交易中获利？

专家建议

《交易报》编辑罗伯特·泰特尔曼（Robert Teitelman）给报道并购交易的新闻记者的建议：

结余资金去哪儿了？新部门何时才能给公司带来效益？收购双方是否存在业务重叠部门？若有，能否给公司节省日常营运和雇用员工的开支？如果两家公司是业务互补关系，那么业务合并将会变得容易，但是要想节约成本、取得协同效应是不是更加困难了呢？削减成本到底是

132

好是坏，具体要取决于收购双方的企业文化。仅仅为了降低收购价格而压缩成本将会导致人才流失。所以说涉及人才和知识产权交易的收购双方最难取得协同效果。

专家建议

《交易报》编辑罗伯特·泰特尔曼（Robert Teitelman）给报道并购交易的新闻记者的建议：

什么是性格匹配？ 归根结底，收购活动的成败由人决定，而最关键的人物就是首席执行官。凡是新合并公司存在两个首席执行官的，绝大多数情况下都会导致公司瘫痪。另外，为了达到使收购双方的人员相互制衡的目的而不依据员工的工作能力来任命公司的高管也是一个危险的信号。稍微理想一点的情况是公司在收购进行时已经有了人员安排。比如首席执行官计划退休，这时公司与另一家公司重组合并，而另一家公司的年轻的首席执行官正好接任新公司的这一职位。最后还有企业文化的问题。有些收购合并案中，收购双方的企业文化冲突从未间断，如美国在线兼并时代华纳。有些案例中，收购双方在谈判中争执不下，但最终还是一家公司的文化融合了另一家公司的文化。所以说，收购双方的企业文化能否相互交融是很难预测的。

提出收购要约。但最后依旧是美联银行取得了胜利。这种恶意收购案例对商业记者来说是很好的新闻素材，因为这类新闻往往具有很大的信息量，既涉及竞争者，又有各方首席执行官为了在收购战中占取有利位置而积极地与媒体合作。事实上，很多首席执行官直接通过媒体与收购对象的股东进行对话，向其表明自己的收购条件更加优越。

以上谈及的仅仅是公司并购类新闻素材的一种，类似的大型收购活动常常选择在周末达成协议，并在周日晚间或者周一早间对外公布消息，这么做是因为收购双方都希望引起媒体的广泛关注。由于周末期间通常不会有很多的商业事件发生，这样一来，收购双方便成为周末新闻的主角。此外，收购双方都知道《华尔街日报》周日不发刊，因此其周一的新闻将会是上周末的最新动态，《华尔街日报》负责收购合并版块的记者肯定会对周日发生的兼并活动进行充分的报道。

以下一篇来自《纽约时报》的新闻报道说明了公司为何借助媒体的力量来证明其恶意收购交易的合理性：

> 恶意收购的浪潮卷土重来，但这次来得更温柔，更悄无声息。他们说这叫"熊抱式"收购。
>
> 根据美国汤姆森金融证券数据（Thomson Financial Securities Data），今年到目前为止，主动的要约收购（unsolicited offer）占据了所有收购活动总交易额的19.5%，而去年同期这一数字仅为2.9%。过去几年的很多收购要约都是通过投标出

价（tender offer）的方式进行，也就是由投标人直接向被收购公司的股东出价。但近来绝大多数公开投标都是面向公司的管理层而非股东，原因之一是投标人无法直接接触到股东。与秘密的幕后收购谈判不同，这种"熊抱式"收购以一种非常公开的形式进行。

EchoStar 通信公司本周主动出价 300 亿美元收购 Hughes 电子就是一个使用"熊抱式"收购的例子。此外还有 Comcast 有线系统公司收购 AT&T 有线电视业务，以及产品、服务及技能供应商 Danaher 集团主动出价 55 亿美元收购其竞争对手 Cooper 工业集团（后者昨日拒绝了这一收购提议）等案例。

以上三个例子中，收购方都清楚地知道交易达成的可能性非常小，但它们同样也清楚即使没能成功收购目标公司，它们也还是会在很多方面有所获益。

就 EchoStar 通信公司而言，其董事长查尔斯·埃尔根（Charles Ergen）先生公开宣布收购 Hughes 电子的意向，此举旨在引起 Hughes 电子的母公司——通用电气公司董事会的注意。埃尔根先生表示已与 Hughes 电子的主管沟通过，但他担心通用电气董事会并未就此项提议进行审议。

昨日，埃尔根先生表示自己得知"通用电气集团已在周二决定对收购提议进行审议，而此时正处在考虑阶段"这一消息后感到十分高兴。使用"熊抱式"的收购策略的目的之一也是促使公司股东向董事会施压。自 EchoStar 实施"熊抱式"收购以来，通用电气集团已经四次被股东起诉，目的是敦促公司董事会考虑 EchoStar 的收购要约。而 Comcast 公开出价收购 AT&T 的举措也迫使 AT&T 延迟了其拆分旗下业务部门的计划，使得该部门得以继续运作。至于第三个案例，尽管 Cooper 工业集团拒绝了 Danaher 的收购要约，但 Cooper 明确表示将会通过其他方式来提升股东价值，并为今后公司出售增加筹码。此外，考虑到在百慕大地区寻求收购者比较困难，Cooper 最终还推迟了将公司迁至百慕大的股东投票。

然而，公开出价收购公司也会遇到很多问题，其中最主要的就是公开出价会引来许多竞争者从而降低了收购方的成功概率。自从 Comcast 向 AT&T Broadband 提出收购要约以来，已经有其他 6 家竞争者表达了收购意向，有些甚至仅仅是为了阻碍 Comcast 和 AT&T 联手而提议与后者共同组建集团公司。

　　另一个例子是关于英荷壳牌集团（Royal Dutch/Shell Group）旗下的美国子公司壳牌石油公司（Shell Oil Company）收购 Barrett 资源公司的案例。尽管 Barrett 后来拒绝了壳牌石油的收购提议，但也受到来自公司股东要求出售公司的压力，最终 Barrett 被能源和管道供应商 Williams 公司收购。

　　很多公司喜欢"熊抱式"收购策略的原因之一就是这种方式不仅容易实施，而且成本低，比投标出价动员数千名股东这种费钱费时的大工程要简便得多。"熊抱式"收购仅需举办一场新闻发布会，会议结束后再将收购要约寄送至收购对象的董事会手中即可。

　　有一部分公司喜欢"熊抱式"收购是因为它们并不担心会失败。瑞士信贷第一波士顿银行（Credit Suisse First Boston）是一家全球性的投资银行和金融服务公司。该公司并购部门的主管唐纳德·梅尔泽（Donald Meltzer）先生说过："旧的经验法则告诉我们，如果没有把握做成一件事，就不要将其公之于众，但如今这条法则已经过时。越来越多的收购者选择公开提出收购提议，并愿意承担最终无法达成收购交易的风险，从而向外界传达这样的信息，即它们在收购价格的问题上一贯坚守原则。"

　　在前述案例中，太阳信托银行在试图收购美联银行并最终输给了第一联合银行后，其董事长菲利普·于曼（L. Phillip Humann）表示愿意接受这一结果。

　　"我们当然希望看到另一种结果，但我们也不会提出高得离谱的价格来赢得这场收购战，我们不会放弃自己的底线，这样对股东来说是毫无意义的。"①

没有完全相同的两片雪花，也没有完全相同的两笔交易。但总的来说，并购类的新闻报道应当阐明以下问题：

　　1. 交易总价和每股价格分别是多少？
　　2. 收购资金是如何支付的？通过现金，股票，借贷，还是多种

---

① A. R. 索全：《恶意收购的浪潮卷土重来，但这次来得更温柔，更悄无声息》，《纽约时报》2001年8月9日，第C1版。版权归《纽约时报》所有，经许可转载。

形式？

　　3. 如果是通过股票支付，那么换股比率是多少？

　　4. 业内类似收购案例的成交额是多少？

　　5. 交易什么时候完成？需要得到哪些部门的批准？

　　6. 收购动机是什么？收购完成后，收购方是否成为行业老大？

　　7. 投资者是如看待此项收购案的？

　　8. 此项兼并和收购案会对竞争对手产生影响吗？

　　9. 在宣布收购消息之前，收购双方的股票交易活动是否迅速增加？

　　10. 此项收购案会增加还是稀释收购方公司的股票价值？

　　对于任何一项收购案例，记者都应当思考这项收购活动究竟会给双方带来哪些益处。通常情况下，收购双方会与华尔街及其他媒体机构进行电话会议，告诉他们为什么此项收购活动是明智的选择。记者应当参与这些电话会议，如果分析师和投资者不看好这项收购交易的话，记者也应当带着怀疑的态度去探究个中原因。

交易的资金来源

　　公司为并购交易融资的形式可以是多种多样的，其中最为常见的三种方式分别为现金、股票和债务。公司还可以同时使用两种或多种形式筹集资金以支付收购款项。

　　现金支付方式最容易理解。一般情况下，只要公司账目上的现金足够支付收购费用，那么该公司就拥有足够的现金来完成这笔交易。商业记者可以查询公司随季度或年度财务报表一同提交的现金流量表，并依此判断公司是否有充足的现金来完成交易。有时候即使账户上没有足够的资金，公司也会对外宣布使用现金进行交易，而不足的部分将会通过发行债券、

专家建议

　　《交易报》编辑罗伯特·泰特尔曼（Robert Teitelman）给报道并购交易的新闻记者的建议：

　　收购费用怎样支付？ 现金，股票，借贷，还是多种形式共用？最干脆的就是现金支付。但是有时候还需要通过股票或者债务方式进行支付，当然这样的支付形式会存在一定的风险。主要风险在于：能够筹集到足够的资金吗？即使资金筹集到手，高额的成本会不会让未来的买家望而却步？债务负担会不会太重？过高的债务负担会不会影响公司的正常运行？银行借款合同是否会影响到公司的独立运行，是否会迫使公司削减产品研发等项目的投资？

举借债务或者公开发行股票来筹措（详见第 8 章），这种形式与银行借贷类似。

有些情况下，公司会选择股票支付的方式，即收购方向被收购方的股东支付股票。如果选择股票支付的话，收购方还须向证券交易所提交关于股票增发的相关资料。公司一般在股价上涨时选择以股票的形式支付交易金额，这么做的原因在于股票的价格越高，公司支付给被收购方的股票数量就越少。例如，A 公司同意以 1 亿美元的价格收购 B 公司，此时股价为每股 10 美元，那么 A 公司就要支付 1000 万股。但是如果股价为每股 20 美元，那么 A 公司就只需支付 500 万股。很多公司及其股东在进行交易时都会着重考虑这一点，因为他们不希望公司的股票被稀释。

135　　收购公司还可以通过承担被收购方债务的形式支付交易费用。被收购公司如果本身就和银行或者其他机构有债务关系，那么它会希望收购方在支付收购款项时一并将这些债务偿还掉。如果收购公司不承担被收购方的这些债务，那么这些债务还将继续保留在被收购方名下，此时报道这项收购交易的记者就应当持续追踪被收购公司将如何清偿这笔债务，尤其在报道的重点为被收购方而非收购公司的情况下更应如此。如果收购公司承担了债务，那么支付这笔债务的资金也是收购价格的构成部分。也就是说，如果一家公司以 1.5 亿美元的现金收购了另一家公司，并为其偿还了 5000 万美元的债务，那么此项收购交易总额将是 2 亿美元。所以这 2 亿美元就是收购方最终为这项收购交易所付出的资金成本。

并非所有收购交易的支付方式都这么简单明了。在 Anthem 收购 Trigon 的案例中，Anthem 与 Trigon 达成协议，前者以现金加股票的方式支付收购款项。其他情况下，收购方可能会通过现金支付并承担债务，或者通过股票支付并承担债务的形式进行收购，或者三种方式兼而有之。很显然，收购方所关注的是怎样以最有利的支付方式收购到目标公司。如果收购方的股票价格相对较低，则收购方就可能不会选择股票支付的方式，尤其是预计到股票价格近期可能会上涨的情况下。股票支付方式可以吸引被收购方的管理层继续为新公司效力。因为如果被收购方的管理层同时也是股东的话，他们在收购交易中获得了新公司的股份所有权，那么他们就有充分的理由留在新公司并为公司股票增值而努力奋斗。相反，如果被收购方的股东认为收购公司的股票价格不会再上涨，那么他们就会与收购方协商谈判，争取采用现金支付的方式；如果他们认为收购方的股票在短期内将会增值，那么他们就会争取采用股票支付的方式。

　　现金、股票和债务这三种支付方式各占多少比例取决于收购双方的谈判。此外，双方在选择支付方式的时候还要将税收因素考虑进去。很多小型企业业主只接受现金支付的方式，因为这样就可以按照资本所得来缴纳税款。另外，部分私营企业业主不再想继续成为收购公司的股东，这也是他们只接受现金交易的原因之一。即使接受了股票支付，这些业主一般也会在收购交易结束后的一到两年内出售所持股份。

　　通常，一家公司在决定收购价格时会向投资银行进行咨询。投行主要负责评估收购目标公司的业绩表现并将其与同行业的其他公司进行对比分析。同时，投行还会对收购对象的发展前景进行预测，审查同行业的同类并购案例，并给出收购价格参考区间。一般情况下，收购方的董事会会根据投行所提供的信息向被收购方的董事会发出收购要约。收购要约经常是以信函的形式寄出，如果收购双方为上市公司的话，则信函内容随后将会被提交给美国证券交易委员会（SEC）。有时候收购方在信函中会提到收购价格浮动的"上下限"（collar），这一说法经常用来向被收购方保证最低的收购价格，目的是动员被收购公司的管理层和所有者留任新公司董事会成员，从而避免这些人另起炉灶，成为竞争对手。

136

　　收购对象可以选择接受或者拒绝收购要约，还可以等待下一个更高的收购价格。当两家公司就收购价格达成最终意见时，双方通常会发布新闻稿，对外宣称此项收购将会在未来取得骄人的业绩等。但是任何具备职业洞察力的商业记者都知道收购交易的结果如何还要等个一两年才能见分晓。

如何判断交易是否成功

　　本章之前也提到过，并不是所有的并购活动都会给收购双方带来令人满意的结果。商业记者只要掌握并购交易运作的基本知识，就能判断交易结果到底是好是坏。

　　对于收购方来说，判断一项交易是否成功，最直接的标准则是这项交易达成后对公司收益带来的直接影响，是使公司收益增加呢还是减损呢？如果一项交易给收购方带来了增值，则表现为收购方公司的每股收益立即增加。这种结果通常发生在收购方的市盈率高于被收购方的情况下。具体

专家建议

《交易报》编辑罗伯特·泰特尔曼（Robert Teitelman）给报道并购交易的新闻记者的建议：

关于收购价格和溢价

收购：决定收购价格的因素主要是被收购公司的市盈率以及股票溢价。不同行业的市盈率不同，因此发展迅速的科技公司的收购价格要高于发展滞缓的制造商。另外，如果交易能够有助于削减成本，股票溢价就可能会越高，这么做是为了在收购竞价过程中占取优势或者成功说服不情愿的卖家。由于实力雄厚，大型企业可能会以高溢价收购小公司，尤其是科技公司。但是收购价格和股票溢价越高，收购成本也越高，这就是为什么在牛市中会出现更多的高价收购案。记者应该提出的一个问题是：收购对象的内在价值是什么？

说来，如果收购方的市盈率为18，而被收购方的市盈率为14，那么这将是一个具有增值作用的收购项目（市盈率定义参见第9章）。减损盈利的收购项目指的是导致收购公司每股收益下跌的交易。这种结果通常发生在收购方的市盈率低于被收购方的情况下。公司一般都会在新闻稿中声明收购是增值项目还是减损项目，但如果公司没有声明，那么投资者或者投资分析师很可能会在收购项目的电话会议中对此进行提问。

投资商大多希望并购活动能给公司收益带来增值，至少不能带来减损，毕竟他们购买一家公司的初衷就是为了从中获益。减损盈利的收购项目会导致收购公司的收益减少，为了安抚投资者，收购方通常会向其说明此项收购活动将会在未来的一到两年里给公司带来收益。公司可以通过提高被收购公司的经营业绩成功地将一项减损盈利的收购项目转变为盈利项目。

收购交易完成后，记者还得继续关注收购方是如何整合双方的业务的。首先，记者应当仔细研读公司的季度财务报表，看看收购活动是否给公司带来任何收益。公司一般都会在财报中对收购交易的成果大加称赞，但如果公司没有这样做，那么投资商者和分析师可以在财报电话会议中向公司询问。即便电话会议中也没有对此有所提及，记者还可以直接向公司进行询问。如果一项预计为盈利的收购项目最终没有给公司带来收益，这就成为一个很好的新闻素材，值得进行深入调查报道。

收购交易之所以没有达到预期的原因之一在于两家公司的业务缺乏战略协调性。公司进行收购的目的就是为了拓展业务，取得更大的发展空间。但事实并不都是如此。公司在一项业务上取得成功并不意味着在另一项业务上也能复制成功。

就拿第一联合银行（First Union）来说吧，这家总部位于夏洛特市的银行与美联银行进行了合并（详见本章开头）。1998 年，第一联合银行决定拓展借贷业务，成为行业大佬，于是便收购了 The Money Store。然而就在两年后，第一联合银行就关闭了旗下的借贷业务，充分表明收购 The Money Store 是一个巨大的失误。《商业周刊》评论员希瑟·蒂蒙斯（Heather Timmons）（2000）在第一联合银行宣布关闭借贷业务后详细分析了此项收购案失败的原因，蒂蒙斯发现第一联合银行光是为了清偿债务就花费了 26 亿美元，而且第一联合银行是以每股 34 美元的价格收购 The Money Store 的，整整比预期收购价格高出 25%。此外，第一联合银行的收购价格相当于 The Money Store 每股收益的 20 倍，而其竞争对手美洲银行仅仅以 8 倍的价格就成功收购了一家实力相当的公司。相比于竞争对手的收购价格，第一联合银行的收购出价实在是过高，这是导致此项收购案失败的重要原因。蒂蒙斯通过对比市盈率发现第一联合银行与其他银行的收购出价如此悬殊。她还发现，第一联合银行忽视了针对低收入群体的借贷业务。

因此，在新闻报道中，记者可以将收购公司的出价与其他公司对同类企业的收购价格进行比较。通过比较市盈率倍数或其他指标，记者可以让读者对公司收购价格水平有一个大致的了解和判断。另一个例子就是 Anthem 收购 Trigon 案例。在医疗保险行业中，公司一般以管控型医疗保险计划下每位成员所缴纳费用为依据来决定收购价格。相比于其竞争对手收购同行业公司的价格，Anthem 按照每位成员所缴纳费用支付给 Trigon 公司的价格要高得多。通过对比分析同类收购案例，记者可以在报道中告诉读者交易所涉及的收购价格在业内究竟处于何种水平。

《商业周刊》在文章中提及的"账面价值减记"这一概念是商业记者衡量并购交易成功与否的重要标准。如果一项收购案给收购方带来利润增值，那么这笔交易将不需要任何账面价值减记，实际价值等同于账面价值。所谓"账面价值减记"指的是公司在资产估值高于同类资产市值的情况下，需将资产的账面价值减记，减记的价值通常在损益表中表现为其他项目支出，净利润也随之下降。

在收购案例中，账面价值被减记的资产通常来自被收购方的业务部门。一项资产的账面价值如果被减记，就说明收购方的出价高于市场平均水平，只有通过减记的方式才能降低资产的账面价值。换句话说，这项收购交易是个败笔。因此，商业记者应该将资产的账面价值减记看作收购失败的标志。相反，如果一家公司没有进行资产减记，也就意味着收购双方的公司业务得到了很好的融合。账面价值减记通常又称为"商誉摊销费用"，因为被减记的部分是被收购方的商誉价值。当被收购公司的收购价格高于其资产和负债价值总额时，该公司的商誉价值便由此产生。商誉可以被视为消费者对公司的忠诚度以及公司旗下门店所在的地理位置。

138　　以下这篇来自《旧金山纪事报》的文章很好地阐释了公司为什么要减记账面价值及其对公司业绩产生的影响。

　　　　在一次鸡尾酒会上，如果你并不想与别人聊天，那么你可以聊聊"商誉摊销"这个话题，此人会很快识趣地走开。

　　　　除了保证金追缴通知和资本利得税等话题之外，"商誉摊销"也是股票投资者所不愿讨论的一个话题。

　　　　但随着越来越多的公司减记价值数十亿的商誉价值，你就会好奇到底发生了什么，要不要给予关注呢？

　　　　美国捷迪讯光电公司（JDS Uniphase）上周宣布进行创纪录的448亿美元商誉账面价值减记，仅仅比加利福尼亚州对下个年度的中小学教育预算支出少几个亿而已。

　　　　上一季度采取大幅度减记的公司包括加拿大北电网络公司（124亿美元）、美国康宁公司（48亿美元）和美国威瑞信智能信息公司（99亿美元）。但到目前为止我们所了解到的资产减记规模也还只是冰山一角而已。

　　　　"明年的首个季度——哇，你肯定不敢相信，商誉账面价值减记将会达到数千亿美元。"雷曼兄弟税收会计分析师罗伯特·威伦斯（Robert Willens）如是说。

　　　　原因如下：

　　　　当一家公司对目标公司的收购价格高于后者实际资产减去债务的价值，商誉就随之产生，因此商誉代表着公司的无形资产，如声誉、客户群和劳动力。

　　　　美国财务会计准则委员会项目经理金·佩特罗尼（Kim Petrone）说过："正是商誉使得企业的整体价值大于其各个部分的机械相加之和。"该委员会近期修改了商誉价值的计算方法。

以往的规定要求公司在一定时期内"摊销"即减记定量商誉，这样一来公司营业利润的账面价值减少了，这么做是为了让兼并活动创造出足够的利润以弥补商誉减损。

公司一旦意识到出现商誉减损时应当随即进行账面价值减记，这也就意味着被收购公司的实际价值没有达到当时收购时的预期价值。

由于商誉减损并不等同于工资、超级碗广告投入等现金支出，投资分析师们在评估公司业绩和发展前景时往往会将其忽略，但这并不意味着记者也应当忽略商誉减损。

收购交易 vs 权益结合：只有在公司进行收购活动并将商誉作为交易的一个项目列入会计报表时，商誉才会产生。

根据会计规则，以"权益结合"方式进行的收购活动是不会产生商誉的。权益结合的形式尽管存在缺陷，但得到很多公司的偏爱，因为权益结合可以避免产生商誉减损。

为了创造更加公平的竞争环境，美国财务会计准则委员会（FASB）近期采用了新的规则——第141条规定宣布权益结合为非法行为。所有在6月30日之后宣布的收购案都必须遵从新的规定，这也就意味着所有的并购交易都会产生商誉。

委员会的另一条新规定——第142条规定解除公司定期"摊销"商誉的限制。

现在，根据第142条新规定，公司将采用与以往的几种方法不同的新会计准则。遵照新的会计准则，只有在公司出现商誉减损的情况下才需减记账面价值。

专家建议

《交易报》编辑罗伯特·泰特尔曼（Robert Teitelman）给报道并购交易的新闻记者的建议：

简单还是复杂？ 多数情况下，简单的交易更容易达成。这类交易一般都通过现金进行支付，而不涉及行政诉讼和其他监管问题，并且收购双方拥有相似的企业文化。一项复杂的收购活动可能要考虑各种因素，比如合法避税、均衡各方利益等。在经济动荡或者财务困难时期的收购活动还会涉及最低收购价条款、协议解约金、非售条款和认股权证等问题。总之，收购双方会在谈判时就这类条款达成一致意见，条款旨在降低风险，但条款本身的存在就意味着风险。问题：采取某种组合方式的原因何在？

专家建议

《交易报》编辑罗伯特·泰特尔曼（Robert Teitelman）给报道并购交易的新闻记者的建议：

兼并收购案的性质：是恶意收购，对等兼并还是一般收购？ 是通过债务融资的私募股权收购还是直接收购？收购双方经常有业务重合的部门，直接降低了合并后新公司的运营成本。但这种情况通常不会发生在杠杆收购案中，这就导致过高的债务负担迫使公司不得不通过其他方式降低成本、增加现金

139

流。（但有一些杠杆收购扩大了收购方的市场份额，从而削减了成本。）发起杠杆收购的公司通常会在收购完成后的三到七年里收回成本。记者应该问的一个问题是：公司是选择杠杆收购还是一般收购呢？

专家建议

《交易报》编辑罗伯特·泰特尔曼（Robert Teitelman）给报道并购交易的新闻记者的建议：

经济形势变化的概率有多大？ 形势总在变化，但很多企业都倾向于用当前的经验来推断未来，这就是很多企业过于乐观而陷入债务危机的原因之一。有时候，兼并收购活动由于受到各方面因素的影响，可能会花上八个月到一年的时间才能完成。在这期间，股市、资本市场以及监管机构的政策都会发生变化。需要数年磨合期的复杂的大型收购项目更是面临着巨大的经济风险。一项以转型为目的的收购活动面临的风险要高于其他收购案，因此通常需要将未来的各种变化因素都考虑在内（参见美国在线兼并时代华纳案）。记者的问题是：经济形势十分糟糕时的收购活动是怎样的？

到目前为止，收购活动还没有给公司带来不良效益的收购方将会因这条新规定而受益，因为它们无须每个季度都减记商誉减损了。Genentech、Marriott 和其他企业都已经就此项规定对下一财年业绩的影响进行了预估。[①]

在评价收购效果时记者除了要考虑战略协调性、增厚/稀释和账面价值减记等，还应当考虑其他影响因素。有时候，收购活动的组织形式会对公司的未来产生至关重要的影响。

20 世纪 80 年代，杠杆收购浪潮风靡一时。杠杆收购经常发生在公司出售给己方管理层和其他投资者的收购活动中，其中收购资金部分为现金，部分为借贷资金以及债券等债务。己方管理层希望通过提高公司的经营业绩以清偿债务或债券等。

管理层通常会将公司的部分业务出售以筹集现金来支付收购费用。20 世纪 80 年代的不少收购案以失败告终都是因为公司无力偿还债务。有时候公司为了控制成本而削减广告和门店员工方面的支出，但反而导致销售业绩下降，最终导致无法清偿债务。记者在报道这类新闻时，尤其是报道公司自身管理层参与的收购案时，应当弄清楚此项交易的组织形式。尽管并不是所有的杠杆收购案例都以失败告终，但许多公司都因此破产，甚至被迫出售业务以清偿债务。

杠杆收购风靡一时主要是因为公司的管理

---

① K. 彭德：《大幅度资产账面价值减记是收购失败的标志；美国捷迪讯光电公司商誉账面价值减记位列各大公司之首》，《旧金山纪事报》2001 年 8 月 2 日，第 B1 版。版权归《旧金山纪事报》所有，经许可转载。

团队可以在运营公司几年之后借助首次公开募股（IPO）的机会出售公司股票，也就是将公司股份出售给公众。很多公司主管都通过出售股份大赚一笔。尽管杠杆收购活动不再像以前那么活跃，但仍有一些收购活动会给公司管理层带来资金收益。一些公司会将所谓的"黄金降落伞"条款写入公司章程，旨在让管理人员在公司被收购后获得高额补偿。公司设置"黄金降落伞"条款通常是为了对抗恶意收购行为，但是一旦公司决定出售业务，其因收购活动而被迫离职的主管将会获得包括股票期权、奖金或者大量现金在内的补偿。某些情况下，某些公司的主管甚至会获得数千万美元的补偿。商业记者应当在公司向证券交易委员会提交的材料中寻找"黄金降落伞"条款，因为这些条款也是具有价值的新闻素材。

收购交易还会涉及协议解约金的条款。协议解约金是收购一方由于某种原因无法继续履行协议而支付给另一方的赔偿金。某些收购交易会设置高额的协议解约金，这么做是为了防止公司解除收购协议。就像"黄金降落伞"条款一样，协议解约金条款会随其他相关资料一同提交给证券交易委员会。收购交易无论成功与否都与协议解约金或者"黄金降落伞"条款没有任何因果关系，但二者都涉及大量的资金支出，因此也是很好的新闻素材。

还有一点值得注意的是"毒丸策略"，这是公司在收购活动中使用的一种策略。使用"毒丸策略"的公司可以成功逃过恶意收购。"毒丸策略"使得公司股东而非潜在收购者以较低的价格购买公司增发股份，这样就迫使潜在收购者以高于预期的价格进行收购。

有时候交易没有完成就宣告失败。可能会出现另一个出价更高的买家，这时原始买家就可能宣布退出收购交易。此外，收购方退出交易也可能是由于资金短缺而不得已做出的选择；或者是政府的监管部门将交易搅黄。某些情况下被收购公司经历重大变动，收购双方会就收购价格重新进行谈判。记者们可以在公司提交给证券交易委员会的资料中找到相关的详细资料。

如何达成协议

《旧金山纪事报》曾经报道过一篇关于美国康柏电脑公司（Compaq）被惠普电脑公司（Hewlett-Packard）收购的新闻。新闻导语部分讲述了这样一个故事：一名财务分析师问惠普公司总裁迈克尔·卡佩利亚斯（Michael Capellas）是否会跳舞，这名分析师实际是在影射惠普在收购康柏案例中使用各种狡猾的策略。总裁回答道："我的风格就是不惜一切代价达到目的。"说罢，卡佩利亚斯便转身跳起了舞。这个故事发生在公司主管与财务分析师及投资商的非公开会议上。这类会议的与会人员一般包括财务分析师、股东、投资组合管理人和公司主管，但不对公众和记者开放。但是精明的记者总会有办法知道会议上到底发生了什么，特别是商讨并购交易的会议。《旧金山纪事报》的记者在文章第二段末尾处简要介绍了信息出处（Pimental，2001，p. E1）。

公司提交给证券交易委员会的资料中有一份名为"S-4"的文件，其中的信息也具有一定的新闻价值，但很多商业记者和编辑都将其忽视了。这类文件所含的信息量非常大。当公司想要出售更多股份并征求股东意见时会向证券交易委员会提交S-4文件。至于公司为何想要增发更多股份，最大的可能就是该公司将会在近期进行一项收购活动。举个例子，伊利诺伊州的 Arthur J. Gallagher & Company 在 2008 年提交了 S-4 文件，称将增发 1000 万股公司股票。Gallagher 是美国一家保险代理商，在过去的几年里 Gallagher 一直热衷于收购小型保险代理公司——2007 年收购/宣布收购了 20 家公司；2006 年收购/宣布收购了 9 家公司。在提交 S-4 文件后，Gallagher 于 2008 年底前总共完成了对 10 家保险公司的收购。那么 Gallagher 提交的S-4 文件到底说了些什么呢？想必大家应该不会感到惊讶：

141

> 本公司计划在未来两年内完成几项收购交易，因此将会增发一定数额的公司股份，具体数额参见本招股书。公司未来的收购活动主要面向保险经纪公司及其他相关行业，而收购交易的主要支付形式包括：分期付款，普通股股份、其他有价证券（包括可转换证券），担保、债券等债务形式或三者任意组合。收购双方就以上问题进行多次谈判协商后统一敲定收购方案。此外，公司还将与被收购方的股东及主要高管达成人事协议和竞争限制协议。目前，公司正积极地与潜在的收购对象展开收购项目的前期商讨。
>
> 一般来说，收购项目的每一则协议条款都是由双方代表和被收购公司的所有人或控权人共同决定。项目条款的决定因素包括：被收购公司的业务水平及公司声誉、保费总收入、收益能力、现金流、发展

潜力、地理位置以及因收购而导致地理位置和保险服务多样化等。我公司预计，作为未来收购交易的支付手段之一，公司增发的普通股的估值水平将参照其在纽约证券交易所的交易或交割价格。除了被收购公司的现金结余以外，我公司不会获取与普通股增发相关的任何现金收益。（Arthur J. Gallagher & Co. S - 4 表格第 11 页）

当然，Gallagher 提交的 S - 4 文件并不是海明威式的英雄主义小说，对于任何出版商来说也并不具有足够大的新闻价值，但是它使读者有机会了解 Gallagher 的收购策略，了解 Gallagher 是如何同潜在收购对象进行项目谈判的。同时，读者们还可以从中判断公司是否会在近期采取更多的收购行动。商业记者可以就 S - 4 文件中的信息向 Gallagher 公司首席执行官进行有关收购策略的提问。

其他收购公司提交的 S - 4 文件也许要比 Gallagher 公司更有新闻价值。就拿帕尔迪房产公司（Pulte Homes Incorporated）收购住宅建筑商——Centex 公司时提交的 S - 4 文件来说，读者可以从中获得更多有关收购案的背景信息，这些都是从未公开过的信息。后来，在线房产信息网站大建筑商的一位名叫萨拉·亚乌斯（Sarah Yaussi）的记者根据这些信息写出了一篇很不错的报道。

亚乌斯的新闻报道讲述了收购双方 Centex 和帕尔迪房产公司的谈判过程，并且还指出了另外两家公司也对该收购项目感兴趣。以下是亚乌斯报道的摘录：

142

　　3 月 11 日，埃勒在与 B 公司首席执行官的私人会面上提出了"对等兼并"的提议。但根据这项提议，Centex 股东将会获得新合并公司 51% 的股份，剩余 49% 的股份将由 B 公司股东所有。此外，新合并公司的董事会成员配额将平均分配给 Centex 和 B 公司，埃勒将成为新公司的首席执行官，新公司的总部将设在美国达拉斯市。

　　会面结束后还不到一个礼拜，B 公司就提出了一份新的提议。这一次 B 公司要求实现真正意义上的"对等兼并"，即 Centex 和 B 公司股东分别持有新公司 50% 的股份。根据新提议，埃勒将继续担任新公司首席执行官，但公司总部将设在 B 公司所在地。①

---

① 萨拉·亚乌斯：《帕尔迪房产公司 S - 4 文件：帕尔迪和另外两家公司都有意收购 Centex 公司》，《大建筑商》2009 年 5 月 11 日，http：//www. bigbuilderonline. com/industry - news. asp? sectionID = 363&articleID = 963768。版权归 Hanley Wood LLC. 出版公司所有，经许可转载。

值得注意的一点是，S－4文件通常是收购双方谈判进展的唯一信息来源，因为双方公司的主管大多不愿意谈及谈判内容，有时候甚至以交易尚未完成为借口拒绝置评。

要想撰写一篇关于收购项目进展的新闻，S－4文件是搜集项目背景信息和谈判详情的最佳来源。如果收购双方的公司主管不愿透露信息，这时记者可以礼貌地提醒他们这些信息将会随S－4文件一同提交给证券交易委员会。很多主管在得知这一信息后会突然松口，这着实让人感到意外。如果记者挖到了这些细节信息，就可以及时找到报道的素材，不然恐怕要等人们看到S－4文件中关于项目背景和谈判详情时才对这些事件有所了解。

举例来说，美国国际集团曾经宣布增发股份，以完成对香港恒生银行的收购交易，其向证券交易委员会提交的S－4文件并没有引起商业记者的广泛关注，但实际上该S－4文件中含有不错的新闻素材。这份S－4文件内容涉及很多此前从未公开过的信息，比如恒生银行首席执行官理查德·布斯（Richard Booth）当初就职的目的就是负责公司出售事宜。然而，布斯去年在履新后接受记者采访时并没有透露这一信息。下面的S－4文件详细介绍了布斯和美国国际集团首席执行官汉克·格林伯格（Hank Greenberg）会面的时间、地点以及谈话内容。

143　　　　恒生银行首席执行官布斯与好几家公司进行了接洽，其中既有恒生集团已有的合作商、合资伙伴和其他盟友，也有潜在的战略合作伙伴。2000年4月13日，布斯和美国国际集团董事长兼首席执行官汉克·格林伯格在纽约的美国国际集团总部进行了会面，并就当时的市场行情、双方公司采取的战略以及各自的市场竞争力交换了意见。实际上，在此次会面前后，布斯先生与其他同行业公司高管有过多次会面，主要探讨能够为恒生银行带来战略突破的合作关系。

　　2000年6月5日，布斯与公司董事会就其与各方的会谈结果、战略合作关系以及恒生银行目前面临多方面的营运风险进行了商讨。来自高盛银行的代表们也与恒生银行董事会讨论了股东利益等问题。一番透彻的讨论之后，恒生银行董事会通知并授权布斯对所有潜在的战略交易进行评估，其中包括出售恒生银行的可能。2000年6月14日，恒生银行聘请高盛集团担任其战略交易的金融顾问，其中不排除出售恒生银行的可能。高盛集团则向恒生银行提供了9家可以发展战略合作关系的公司候选名单。2000 年 7 月 24 日，布斯向董事会报告了战略伙伴选择的最新进展，而高盛集团则与董事会一道对股东利益等问题进行了评估。充分讨论过后，大家认为按照当前的价格和汇率来计算，美国国际集团的出价要比与其他公司更有竞争力。之后恒生银行董事会授权布斯与美国国际集团展开进一步商讨。

2000 年 6 月 26 日，恒生银行首席执行官布斯，高级副总裁兼财务主管、首席财务官索尔·巴希（Saul L. Basch），高级副总裁兼全球保险总监诺曼德·梅西埃（Normand Mercier）与美国国际集团首席执行官格林伯格及其他公司高管齐聚纽约，共同商讨企业发展战略，并对企业合并前景进行了预测。此后，美国国际集团和香港恒生银行分别对对方公司的资信、债权债务等进行了全面的"尽职调查"。"尽职调查"完成后美国国际集团就收到了恒生银行的合并意向书。经过持续几天的紧张谈判，2000 年 8 月 13 日一早，两家公司分别就合并案的各项主要条款及相关文件达成一致意见。①

像汉克·格林伯格这种身份地位的首席执行官与什么人进行了会面，会面的交谈内容又是什么，这类信息传到商业记者耳中时早已不是第一手信息了，除非当事人允许记者参与会议。遗憾的是，美国国际集团提交的 S-4 文件并没有详细记录双方就收购价格讨价还价的过程，有些 S-4 文件会披露此类信息，有些则不会。

虽然本案例的 S-4 文件并没有记录交易双方的价格协商过程，但 S-4 文件还是并购新闻的重要信息来源。通常，公司提交的 S-4 文件的信息量要远远大于公司自己发布的新闻稿。S-4 文件一般都会说明还有哪些公司也有收购意向，整个收购谈判过程中价格的变化趋势如何等问题。而且，通过 S-4 文件，记者们还有可能了解到收购合并活动的组织过程。对 S-4 文件缺乏了解的记者往往将其忽视，而那些熟知 S-4 文件内容的记者往往更受编辑的青睐。

记者应当查阅相关公司提交的有关收购案的任何文件，S-4 也包括在内。收购活动无法总是取得公司股东的一致赞同，部分股东的利益也许会受到影响，这种情况下公司股东可以在文件中陈述其反对收购的理由。类

① 摘自美国国际集团 2000 年 9 月 15 日提交的 S-4 文件，SEC 文件编号为：0000950123，第 26~30 页，华盛顿特区：美国证券交易委员会。

144　似的案例就发生在惠普电脑公司收购康柏电脑公司的交易中。惠普电脑公司的一名创始人的亲属认为收购活动会损害公司利益，于是向证券交易委员会提交了相关文件。下面是彭博新闻社对该事件的报道：

　　　　监管部门的报告显示，惠普电脑公司董事沃尔特·休利特（Walter Hewlett）将动员股东反对康柏电脑公司收购提议。沃尔特·休利特是公司创始人之一——威廉·休利特（William Hewlett）之子。

　　　　美国证券交易委员会的报告显示，反对此项收购案的还包括一位名叫埃德温·凡·布伦霍斯特（Edwin van Bronkhorst）的股东，惠普前首席财务官、创始人威廉·休利特的两个女儿以及持有惠普股份的William R. Hewlett信托公司，他们都将参与到投票代理权争夺战中。

　　　　休利特和惠普公司另外一名创始人之子戴维·帕卡德（David Packard）都反对这项价值233亿美元的收购提议，认为这项收购将导致惠普公司更加依赖个人电脑销售业务，而且其他部门的大批员工还会因业务缩减而被迫下岗。此项收购案的最终意见将由明年年初举行的股东投票大会决定。

　　　　"休利特站出来反对此项收购案肯定会引发一系列的问题。很显然，他一定会尽力阻止这项收购交易的发生。"Matrix资产顾问公司的首席投资官大卫·卡兹（David Katz）这样评价道。大卫·卡兹本人也持有惠普公司的股份并对此项收购案持反对意见。

　　　　上周，休利特雇用了MacKenzie Partners代理服务公司，并引发了他可能采取攻势以赢得更多股东支持的猜测。

　　　　休利特的新闻发言人托德·格拉斯（Todd Glass）说："休利特还没决定是否要发起一场代理权之争，这次提交的文件也只是为了保留选择的权利。休利特先生还没有决定将会采取什么样的行动。"

　　　　持反对意见的埃德温·凡·布伦霍斯特是帕卡德基金会（David and Lucile Packard Foundation）的前任理事。帕卡德基金会持有惠普公司10.4%的股份，但该基金会对这桩收购案的态度尚不明晰。另外两位反对者是惠普公司创始人威廉·休利特的两个女儿——埃莉诺·休利特·吉蒙（Eleanor Hewlett Gimon）和玛丽·休利特·杰斐（Mary Hewlett Jaffe）。

　　　　总部位于加利福尼亚州帕洛阿尔托的惠普公司股票价格下跌59美

分，至每股 21.5 美元。而位于休斯敦的康柏公司股票价格下跌 40 美分，至每股 10.3 美元，这一价格比惠普的每股出价还要低 24%。

私募股权公司 Friedman Fleischer & Lowe 和投资咨询公司巴特农集团（Parthenon Group）联合发表的一篇报告是这样评论的："康柏公司收购交易实在是'缺乏吸引力'，只会拖累惠普公司的业绩，而且这桩收购交易也无法解决惠普现在面临的战略问题，两家公司业务的整合风险也很大。总之，这项收购交易将会损害股东的利益。"经休利特委托，这份报告将于今日提交给证券交易委员会。

惠普公司首席执行官卡莉·费奥莉娜（Carly Fiorina）正动员股东们对这项收购案投赞成票。她曾说过，两家公司的合并将会拓展惠普公司旗下的产品系列，并且加强惠普在利润更高的咨询服务方面的优势。

"我们坚信这桩收购案完全符合股东、员工和顾客的利益。"惠普公司女新闻发言人瑞贝卡·瑞博（Rebeca Robboy）如是说道。康柏公司新闻发言人阿奇·科瑞德（Arch Currid）拒绝就休利特提交给证券交易委员会的报告进行评论。[①]

在撰写收购案的新闻报道时，记者应当不遗余力地搜集收购双方的相关信息，哪怕是看似毫不相干的信息，因为在这些貌似无用的资料中也许就存在非常重要的信息。

交易监管

收购双方的董事会就收购案达成一致意见并不意味着这项交易就算完成了。几乎每一例收购案都需要征求其他相关人士的同意。比如说股东需要对收购活动投赞成或反对票。一般情况下，公司的管理层会将大股东的同意书拿来做动员，鼓励其他股东投赞同票。当惠普公司宣布收购康柏公司时，惠普的管理层就投入了大量精力说服股东支持此项交易。

但对很多收购活动来说，尤其是行业巨头间的收购活动来说，最终的决定权掌握在州和联邦监管部门的手中。每年，各州和联邦监管部门都要审批很多起收购案，调查这些收购活动是否妨碍行业内的公平竞争，是否

---

① P. 霍维茨：《惠普董事正在考虑是否要发起一场代理权之争》，彭博新闻社 2001 年 11 月 16 日。版权归彭博新闻社所有，经许可转载。

专家建议

《交易报》编辑罗伯特·泰特尔曼（Robert Teitelman）给报道并购交易的新闻记者的建议：

关于监管： 收购活动是否会因为涉嫌垄断遭到司法部或者联邦贸易委员会的调查？保险、博彩行业及公共事业的收购项目一旦涉及各个州政府的批准，活动进程将会大大放缓，且困难重重，对于涉及裁员的收购项目尤其如此。如果收购一方为国外买家，那么这项收购活动将可能会被纳入国家安全考虑，甚至会因得不到美国海外投资委员会或者美国国会的批准而被迫终止。很多年来，不少积极分子都利用美国社区再投资法案的漏洞阻止了一起又一起银行收购合并案。最后，来自环保组织、集团、员工和股东的各种诉讼也会阻碍并购活动的进行。相比于大型并购活动来说，小规模的收购项目更容易受到此类诉讼的影响。

存在垄断等不公平或者欺骗性行为而导致价格上升，进而损害消费者的利益。

无论是什么行业的兼并和收购行为都必须向美国联邦贸易委员会提交审批。自一项收购活动宣布开始，联邦贸易委员会将会有 30 天的时间对交易进行审批。如果涉及非常复杂的收购活动，委员会可以获得 30 天的延缓审批时间。这就是我们为什么在公司新闻稿上经常见到"该交易正等待股东和监管部门批准"。联邦贸易委员会审批后将会给出一份 Hart - Scott - Rodino 审批报告，报告内容属于机密，但多数报告也仅仅是走个形式而已。

虽然如此，联邦贸易委员会也在审批收购交易中发挥了重要的作用。从 1996 年到 2009 年 8 月 31 日，联邦贸易委员会总共对 319 起收购案提出异议。如果联邦贸易委员会经审核对某项收购案持反对意见，那么委员会就可以申请向联邦法庭对收购公司发出初步禁令。13 年来，联邦贸易委员会总共申请过 34 次初步禁令。联邦法庭受理申请后就会颁布临时禁令，禁令颁布后至联邦贸易委员会提起行政申诉或者行政诉讼这一时间段内公司的收购活动不能进行下去。有时候，委员会仅仅向收购公司表示此项收购案获得批准的概率不大——这就足够搅黄一项收购交易了。对此，商业记者们可以借题发挥写出一篇报道来。

以下这则案例出自美国北卡罗来纳州罗利市《新闻与观察者报》2009 年 6 月刊登的一篇报道。报道讲述的是一项收购活动由于联邦监管机构的异议而被迫中止的事件。

本周一，北卡罗来纳州药品生产商 Talecris Biotherapeutics 宣布，因未获得监管部门的批准，公司决定放弃其与一家澳洲企业拟议的 31

亿美元的收购交易。但 Talecris Biotherapeutics 公司高管表示将会继续拓展公司业务。

Talecris Biotherapeutics 去年 8 月宣布公司将与澳大利亚生物技术公司 CSL 合并，一旦合并成功，这将会成为美国三角研究园区最大的一场"商界联姻"。Talecris 公司的总部位于三角研究园，并在克莱顿拥有一座大型制药工厂。

但美国联邦贸易委员会对这一交易提出异议，担心这项交易会妨碍行业公平竞争，提高血清制药类产品的市场价格。上个月，委员会向联邦法庭申请阻止此项交易。

CSL 和 Talecris 公司管理人士表示他们原计划向联邦法庭提请申诉，但在周一却表示放弃这一收购交易。分析员认为，CSL 不希望与贸易委员会进行一场旷日持久的诉讼，其高风险、高开支将不会给公司带来任何好处。

停止这项收购活动可以使很多员工免遭失业。分析人员表示两家公司合并完成后，为了节约成本将会有不少职位被撤销，Talecris 公司的 RTP 总部尤其如此。Talecris 公司在全球范围内共有 4750 名员工，其中在三角研究园区就雇用了 2000 多名员工。

Talecris 公司首席执行官劳伦斯·斯特恩（Lawrence Stern）指出："我们认为，终止合并对所有利益相关方都是最好的选择。接下来我们会讨论下一步应该怎么走。"

斯特恩还说："Talecris 的财务状况非常稳健，我们并不需要采取特别行动。"Talecris 公司去年收入达到 14 亿美元，较 2007 年涨幅超过 15%。

Talecris 公司将继续新药品的研发工作，如今旗下 66 家血清制药研发中心已遍布美国各地，员工人数也在不断增加。截至今年年初，Talecris 又为北卡罗来纳州增加了 222 个工作岗位。

斯特恩表示 Talecris 公司计划在未来的几年里将位于加州伯克利市的生产治疗罕见凝血疾病的制药厂搬迁至克莱顿的工厂。这一举动将会给克莱顿市带来更多的就业岗位。

斯特恩还说："过去的十个月里，我们一直在加大公司的业务投入，所以面对未来，我们已经做好了充分的准备。"

然而，Talecris 公司的股东可能还会继续寻求新的买主，或者考虑将公司上市。2005 年，位于纽约的 Cerberus 资产管理公司和马萨诸塞州韦尔斯利镇的 Ampers &Ventures 投资公司以 3.035 亿美元购买了 Bayer 的血清制药公司，Talecris 便由此诞生。这两家持有 Talecris 公司股份的投资公司可能会在未来的某个时候出售 Talecris 公司股票，从而将投资收益变现。

"接下来做什么只能由公司股东决定。"斯特恩在周一的电话采访中如是说道。记者也曾致电 Cerberus 资产管理公司，但对方没有回复电话。

斯特恩表示他已于周一通过群发语音邮件和信息就终止 CSL 收购案通知了公司员工。他说："大家都为此项收购活动尽了全力，我们现在已经不再停留在原地而是向前迈进。"

147

尽管交易失败，但 Talecris 公司也从中获得了一点甜头。根据两家公司的协议，一旦交易取消，CSL 将会支付 Talecris 公司 7500 万美元的解约费。CSL 将继续为 Talecris 供应血清。

根据联邦贸易委员会提交给法庭的报告，委员会之所以反对这项收购案是因为担心两家公司合并后会取得血清制药行业的大部分市场份额，并且原有的血清制药公司数量也会由 5 家减少到 4 家。

此外，报告中还写道："这项收购案会导致治疗罕见疾病的药物市场竞争大大减少，引发供应短缺、价格上涨等不良后果，甚至还会导致危重病人无法得到他们最需要的治疗。"

CSL 和 Talecris 公司官员却对这种说法表示反对，他们认为两家公司合并会降低运营成本，而节省的开支将会用于研发新药品和扩大产能。

CSL 公司首席执行官布莱恩·麦克纳米（Brian McNamee）先生在一份事先准备好的声明中说道："尽管我们始终坚信这项收购案符合众多消费者的利益，并且会带来巨大的经济效益，但 CSL 公司董事们认为与联邦贸易委员会进行一场旷日持久的诉讼将会给公司带来巨大的风险和开支，并且使我们的管理人员和员工长期分心，这并不是实现 CSL 股东利益最大化的最好方式。"[1]

---

[1] A. 沃尔夫：《Talecris 和 CSL 两家公司终止合并》，《新闻与观察者报》2009 年 6 月 9 日，第 E6 版。版权归《新闻与观察者报》所有，经许可转载。

　　除联邦贸易委员会外，美国司法部同样也对大型收购合并交易进行审批，并针对违法的并购交易向联邦法庭申请禁令。即便一项收购活动已经完成，司法部还可以要求公司剥离或出售部分业务。司法部还经常与联邦贸易委员会合作，共同审批收购合并交易，并经常在交易完成前提出一些要求。例如，埃克森石油公司和美孚石油公司合并业务时，这两家公司被迫在美国东北部、大西洋中部地区、加州以及德州出售多达2400家加油站，因为联邦监管机构认为埃克森和美孚合并后将在这些地区拥有过多的汽油市场份额。同样的情况也发生在英国石油公司（BP）与阿莫科公司（Amoco）的收购合并案中。

　　审批并购交易的监管机构可不止以上两家。例如，联邦通讯委员会（Federal Communication Commission）主要负责审批广播与电视台的并购活动。联邦储备委员会和货币监理署都对银行和储蓄机构的收购合并交易拥有审核权。如果涉及一家美国企业收购另一家在欧洲拥有大量业务的企业，那么收购交易还需得到欧洲监管机构的审批。一般而言，凡是涉及在欧洲年收入超过2.25亿美元的企业的收购活动都必须征得欧盟竞争委员会专员的批准。当年通用电气公司以450亿美元收购霍尼韦尔国际公司的项目尽管得到了美国监管机构的批准，但最终由于欧盟竞争委员会的反对而以失败告终。

　　美国各州的监管部门同样有权干涉兼并收购交易。例如，保险行业的兼并收购案主要由州保险委员会专员负责监管。银行间并购交易也必须获得州监管机构的审批。

　　要想知道收购案的审批流程，商业记者应当接触并了解那些掌握审批权的监管人员，并且查明这些人员是否会对一项收购交易召开公众听证会。一般来说，公众听证会只面向本州民众，而非全国人民。比如在Anthem收购Trigon（总部位于弗吉尼亚州）完成之前，弗吉尼亚州公司委员会就举行了一场公众听证会，会上还有几名医生代表表达了反对意见。因此，听证会对记者来说也是获取新闻素材的很好的渠道。

　　即使监管部门不举行公众听证会，记者们还可以通过其他渠道找到交易的相关资料。联邦贸易委员会和司法部经常就一项收购合并案向同行业的其他公司寻求意见。当年可口可乐收购Barq's时，A&W餐饮公司的董事会主席就向联邦贸易委员会提交了一份报告，表示反对此项收购交易。《亚特兰大宪法报》的一名记者在报道可口可乐收购新闻时就将吉百利负责美国软饮料业务的总裁约翰·布洛克（John Brock）对收购案的评论进行了编辑整理，最后写出了一篇报道。

如果连公众评论也无法获得，记者还可以采访收购双方的主要竞争者。竞争对手一般都会愿意发表对收购活动的看法，并阐明原因。

和其他商业新闻一样，报道并购交易的记者也要考虑还有哪些人会受到交易的影响。当然，受影响的大多都是业内的竞争对手公司。如果记者周全地考虑到收购活动产生的影响，那么他/她就能在激烈的媒体竞争中脱颖而出。

关键术语

增厚	收购
解约费	稀释
换股比率	公平意见
黄金降落伞	杠杆收购
兼并	毒丸策略
溢价	协同效应
接管	要约收购
减记	

参考文献

149

American International Group Inc. Form S–4.（2000，September 15）.（SEC Publication No. 0000950123–00–008562，pp. 26–30）. Washington，DC：Securities and Exchange Commission.

Arthur J. Gallagher & Co. Form S–4.（2008，August 1）.（SEC Publication No. 0001193125–08–163735，p. 11）. Washington，DC：Securities and Exchange Commission.

Brubaker，B.（2002，April 30）. Indiana company to buy Trigon；Insurers agree to $3.8 billion deal，*Washington Post*，p. E1.

Horvitz，P.（2001，November 16）. Hewlett-Packard director to wage merger proxy fight. Bloomberg News.

Pender，K.（2001，August 2）. Large goodwill write-downs a sign company made bad buyouts；JDS Uniphase leads list of firms posting charges. *San Francisco Chronicle*，p. B1.

Pimental, B. (2001, November 4). Selling the deal; HP-Compaq road show fails to convince many analysts that merger is the solution. *San Francisco Chronicle*, p. E1.

Radian Group Inc. Form S – 4. (2000, December 27). (SEC Publication No. 0000950123 – 00 – 011830, pp. 23 – 29). Washington, DC: Securities and Exchange Commission.

Sorkin, A. R. (2001, August 9). The warm and fuzzy version of the hostile takeover bid. *New York Times*, p. C1.

Timmons, H. (2000, June 10). How the Money Store became a money pit. *BusinessWeek*, p. 62.

Uchitelle, L. (2000, February 13). As mergers get bigger, so does the danger. *New York Times*, p. C4.

Wolf, A. (2009, June 9). Talecris and CSL Ltd. halt buyout attempt. The (Raleigh) *News & Observer*. Retrieved October 11, 2009 from http://www.newsobserver.com/business/technology/story/79566.html.

Yaussi, S. (2009, May 11). Pulte S – 4: Centex discussed possible acquisition with two other bidders. *Big Builder News*. Retrieved October 10, 2009 from http://www.bigbuilderonline.com/industrynews.asp? sectionID = 363&articleID = 963768.

并购活动类著作

Foster Reed, S., Reed Lajoux, A. & Nesveld, P. (2007). The art of *M&A: A merger acquisition buyout guide* (4 th ed.). New York: McGraw – Hill.

Gaughan, R. (2001). *Mergers, acquisitions, and corporate restructurings* (3rd ed.). New York: John Wiley & Sons.

Paulson, E. (1999). *The complete idiot's guide to buying and selling a business.* New York: Macmillan.

Rickertson, R., Gunther, R. & Lewis, M. (2001). *Buyout: The insider's guide to buying your own company.* New York: AMACOM.

Sherman, A. & Hart, M. (2006). *Mergers and acquisitions from A to Z: Strategic and practical guidance for small-and middle-market buyers and sellers.* (2 nd ed.) New York: AMACOM.

参考练习

1. 找到一则当地最近发生的有关并购交易的新闻，并回答以下问题：如何获取收购方出价的相关信息？如何获得收购双方业务合并的相关信息？你认为收购方的收购动机是什么？

2. 找到一个涉及股票支付的收购交易的 S–4 文件，仔细阅读文件中关于收购谈判的内容，并写一篇 500 字的内容分析，包括是否有其他竞购方参与收购活动，以及被收购方是否能够争取到更高的收购价格。

150

3. 讨论股权增厚与股权稀释收购交易的区别。列举公司进行股权稀释收购交易的原因。

4. 评价一家正在进行收购的公司的股票走势情况。股票上涨或者下跌与收购活动有无关联？收购活动的哪些条款会给公司股东带来有利或不利影响？

5. 找到一项全股票或者全现金支付的收购交易活动。如果收购方全部使用现金进行支付，请比较收购进行时与收购进行前收购公司的股票价格表现。如果交易进行时收购公司的股票价格下跌，讨论收购方是否会采取股票支付方式。如果收购方通过股票进行支付，请再次回答以上问题，并分析收购方不使用现金支付的原因。要回答本题，你可能需要回顾一下收购公司的现金流量表。

第 8 章
金融市场报道

走近华尔街

华尔街总能抢占各类商业版块的头条。美国全国广播公司财经报道、福克斯商业新闻电视网和彭博财经的观众全天候地接收来自纽约证交所交易大厅的实时报道以及屏幕下方滚动播出的股价信息。然而，即使是经验丰富的财经记者，也无法完全弄明白正在发生的一切，更别提那些刚从业的记者了。这使得他们很难就股票市场一天的表现或某些公司股价涨跌的原因完成一份清晰、连贯的报道。

事实上，华尔街背后的基本运作原理并不复杂。记者们可将它看作一个巨大的市场——在这里，全球各地的投资者集聚在一起，买入和卖出股票。尽管如此，许多交易是通过分布在全球各地的计算机网络完成的。包括纽约证

> **专家建议**
>
> 《商业周刊》资深作家罗本·法尔扎德（Roben Farzad）就如何报道金融市场给出如下建议：
>
> **要看长线：** 传奇投资者杰克·博格（Jack Bogle）曾经留下这样一段不朽的文字，即从长远来看，股票市场是一个称重机。不论在短期内它是如何混乱、多变且不可预测（互联网眼球效应，有谁不是呢），股票价格最终需要反映的是"收益"这一重要因素。同时，对那些所谓的新范式理论和模型要抱以谨慎的态度。

151

交所、美国证交所以及纳斯达克股票市场在内的美国各大交易所的交易时间为周一至周五的上午 9：30 至下午 4：00，但在规定的交易时间之余，人们也可以通过计算机在海外交易所或以盘后交易的方式进行美国公司股票的换手交易，实现 24 小时的全天候交易。

投资者根据其对于公司未来业绩的预期决定买入或卖出股票。若投资者 A 认为香草口味能为可口可乐公司创造销售额和利润，即使这只股票的开盘价是 58 美元，他也可能愿意以 60 美元的价格买入该股。公司未来盈

利能力越强，股价上涨的空间就越大。若投资者 B 不喜欢香草口味，他可能认为这一产品的销售状况注定惨淡，从而抛出手中所持的部分股票。（关于公司业绩如何影响股价表现，请参见第 9 章。）

投资者为了盈利而买卖股票或进行其他资产投资，于是就有了华尔街的这句经典箴言——"低买高卖"。投资者以每股 40 美元的价格买进可口可乐公司的股票，又可能以 60 美元的价格卖出一部分，从而实现 50% 的回报率。但投资者若以每股 58 美元的价格买入该公司股票，观望了一段时间后，其试图以高于 60 美元的价格抛出股票，那么他只能实现 3.4% 的回报率。

当然了，投资者们必须掌握这样一个小窍门：并不是所有的股票都会涨。许多投资者自 20 世纪 80 年代末进军股市，在 90 年代赚得盆满钵满，并因此期待着 21 世纪初他们的投资组合每年能有两位数的回报率。然而，股票市场在 2008 年底的大溃败让他们认识到，股市不会一成不变地保持上涨势头，只有那些经验丰富且又精明的投资者才总能准确地挖掘到黑马股。

进行股票买卖的交易所就像巨大的杂货店，供应着尽可能多品种的食品和饮料。唯一的不同之处在于，在交易所里，消费者或者说投资者，才是决定价格水平的一方。每天，投资者们来到这里，试图买入或卖出股票。但他们中的大部分对于这些股票的价格都有一定预期。比如说，如果投资者想买微软公司的股票，但又认为该公司的股价只值每股 50 美元，那么当股价超过 50 美元时，他们便不会买进这只股票。市场上只要有卖方，就一定有买方。因此，股票市场的运作遵循着经济学中的"供求"理论。若某公司股票的市场需求旺盛，投资者则以低价便能购买到该股票的可能性最小；但若因大量投资者出于各种原因卖出股票而导致该公司股票供给过剩，则股票持有者须以低于预期的价格出售股票。

152　　　持有公司股票的投资者即拥有该公司的一部分所有权。公司通过出售股份的方式筹集资金，建立新厂或收购其他公司，从而扩大经营规模。投资者买进公司股票，希望看到的结果是公司将所得的资金加以充分利用，创造更高的利润和销售额。而公司的好业绩又会吸引更多的投资者，因此推动股价的上涨。

然而，事实并不总是如此。若公司未能成功扩大业务，其股价则会下跌。例如，一家装饰品公司以每股 20 美元的价格向一批投资者出售了 100

万股公司股票。这样，公司便筹集了 2000 万美元用来扩大经营规模。假设有一名投资者以 200 万美元购买了 10 万股该公司股票，那么他持有该公司10% 的股份，并因此需向证券交易委员会（SEC）递交一些材料（详情参考第 10 章）。当公司被清算时，这名投资者则有权得到公司 10% 的资产。

影响股票价格涨跌的因素有很多，但这些均可归结为一个原因：投资者的人气。若投资者相信一只股票出于各种原因会上涨，那么他们将乐意购买该股票。反之亦然。若公司未来创造更大收益的可能性不大或公司CEO 要跳槽，那么投资者很可能认定该公司的股票将下跌。

在决定某只股票是否值得购买时，投资者会考虑多种因素。有些是诸如第 9 章讨论的市盈率和市净率等基本指标。其他因素则可能包括公司季度收益以及分析师对于公司未来几个财季或财年的收益预测。还有一些投资者则采用定性分析，如对 CEO 的喜爱程度或购买该公司产品的频率。

那些需根据股市在每个交易日、每周、每月、每个季度或每年的表现撰写报道的财经记者则会关注导致股票价格涨跌的诸多因素。很多报社通常希望记者们仅关注当地股市的走势。但即使在这些情况下，股票价格仍会受多重因素影响出现浮动，而其中的大多数因素可能与公司本身并无直接联系。这些因素可能包括：投资者因多变的经济局势而忧心忡忡，或因担心伊拉克战争将切断中东的石油供应，从而增加众多公司的经营成本；抑或是政府发布的消费支出或消费者信心指数低于预期；又或是总统强烈要求通过一项旨在增加消费者实际收入的减税方案，并希望消费者用这笔钱购买产品和服务。

要理解股市在某个交易日内涨跌的原因，并不比评估某特定行业内某一只或某几只股票的表现更容易。然而，行业内单只或几只股票常会导致股市的整体下跌。以道琼斯工业股票平均价格指数为例，该指数可谓最广为人知的股市"晴雨表"——每天，成百上千的记者详细记录着道琼斯指数的走势。然而，该指数只包括 30 只成分股已是不争事实，尽管这些股票都是诸如可口可乐和迪士尼等著名公司的股

专家建议

《商业周刊》资深作家罗本·法尔扎德（Roben Farzad）就如何报道金融市场给出如下建议：

道指并不是万能指标： 诚然，追踪 30 只蓝筹股的道琼斯指数是使用最为广泛的市场指标。但诸如标普 500 指数，甚至威尔夏5000 指数这些代表性更广泛、更多样化的指数也可以为读者提供参考。尽管有许多关于深奥的、跨部门增长及价值基准的共同基金的营销措辞，但无论出于何种目的或意图，参照多种市场指数才能还原"市场"的真实面貌。

153

票。如果其中一只股票出现大幅下跌，那么该指数也会下跌。

其他股票指数则不太可能随单只股票的表现而波动。标准普尔500指数由500只成分股组成，而罗素2000指数更是涵盖2000家小型公司的股票。另有一些指数仅适用于特定行业或市场。

以下引文为彭博新闻社的一篇报道：

> 美国股市走低，包括花旗集团在内的金融类股领跌，因耐用品订单数量下降，而令人失望的假日季零售额也给了投资者避开股市的理由。
>
> 标普500指数与道琼斯指数结束自1941年起的首次三年连跌，伊拉克、朝鲜以及委内瑞拉日益紧张的局势也开始让人担忧企业收益增长正放缓的事实。
>
> "这一切都将加剧当前情形的恶化。那么这是否意味着我们正步入衰退期？这很难说。"管理着35亿美元资金的美国新桥投资公司研究主管艾瑞克·玛洛纳克如是说道。
>
> 标普500指数下跌4.91点，收892.47点，跌幅0.6%，其中金融股指数占跌幅三分之一。道琼斯指数下跌45.18点，收8448.11点，跌幅0.5%，这是6个交易日内该指数的第五次下跌。纳斯达克综合指数下跌9.22点，收1372.47点，跌幅达0.7%。
>
> 本交易日是自去年平安夜以来市场交投最冷清的一天，纽约证交所交易总量为4.61亿股。平安夜当天，美国股市按照惯例在纽约时间下午1点提前收盘，且在次日的圣诞节继续休市一天。纽约证交所上涨股与下跌股的比例约为7:8。三大股指在经历了前两个月的上涨后在本月都有所回落。纵观全年，道指累计跌幅为16%，标普500指数的跌幅达22%，纳斯达克指数下跌30%。
>
> "随着股市结束了三年连跌的颓势，大家都变得兴奋起来。股市也迫不及待地想要反弹，但现实是，它正面临着更多的利空消息。"负责管理着260亿美元的National City Investment Management Co. 高管克里特·托马斯表示。[1]

---

[1] S. 富：《美国股市因耐用品订单量与零售额下降而大跌：花旗集团股价下跌》，彭博新闻社2002年12月24日。版权归彭博新闻社所有，经许可转载。

在这篇报道的后半部分，作者解释了包括百思买、Lowe's、Target 等在内零售类股出现的下跌，因投资者担心圣诞购物季期间销售状况低迷。

彭博记者手册《彭博的方式》中列出了股市报道开篇应该回答的四个问题：

1. 我的投资组合表现如何？
2. 为何会有这样的表现？（报道主题）
3. 与过去相比有何区别？
4. 引用谁的观点？（关键引用）

（彭博社 1995，第 100 页）

专家建议

《商业周刊》资深作家罗本·法尔扎德（Roben Farzad）就如何报道金融市场给出如下建议：

彭博终端机：如果你无法拥有一台终端机（其价格相当昂贵），那么就动用你的人脉关系尽可能多地借用彭博终端机。在数据挖掘、交叉分析方面，没有什么工具能比得过彭博终端机了。

154

这些问题在报道开篇就须一一解答。而当日各大股指的具体涨跌幅度一般在第四段才交代。该手册随后又指出，记者们在回答第三个问题时应当考虑以下几点：

1. 这是自何时起的最大涨幅/跌幅？
2. 这是连续第几日股指出现上涨/下跌/持平？
3. 在这段时间里股价/收益率变化了多少？
4. 这是自何时起的最高/最低水平？
5. 又是自何时起的最大/最小涨跌幅度？

（彭博社 1995，第 101 页）

彭博社一直很擅长股市报道，因为其主要受众是那些每天都会买入或卖出股票的交易员和投资者。彭博社的记者和编辑们清楚地明白，他们近乎苛刻的读者想要通过清晰简洁的报道来了解股市的走向以及背后的原因。然而，大多关于股市的报道都围绕着"为什么"展开，而忽略了对股市动态的全面解释。

二三十年前，媒体并不太关注股市报道。但随着越来越多的美国人将退休储蓄投入 401（k）计划，且投资于华尔街的变额年金逐渐增多，读者们迫不及待地想要了解股市的表现。如今，华尔街已成为大众传媒争相报道的对象。

专家建议

《商业周刊》资深作家罗本·法尔扎德（Roben Farzad）就如何报道金融市场给出如下建议：

真正读懂公司业绩报告中的信息：若能对一份损益表进行仔细检查，找出其中的问题，那就算是一名不错的财经记者；若能弄清楚利润、现金流的来龙去脉，读懂常被忽略的资产负债表，那就算得上是一名优秀的财经记者了。你可以在社区大学选修一门会计课程，读一读诸如美国独立研究机构CreditSights或Gimme Credit等小型机构的研究报告。毕竟，债券和股票市场是互相关联的。

除了购买公司股票，投资者还可投资债券。债券可以被视为投资者向公司提供的贷款。投资者一旦购买债券，公司便获得资金。作为回报，公司向投资者支付债券利息，并在债券到期日偿还本金。举例来说，一家公司发行价值1亿美元的30年期债券，利率6.75%。公司每年向投资者支付利息，且在第30年年末偿还1亿美元的本金。一般来说，公司希望通过利用资金扩大业务规模，从而创造高于利息成本的利润，来弥补其支付的利息。债券期限越长，公司需付的利息就越高。比如，一年期债券的收益率只有3%，但30年期债券的收益率则高达6.75%。我们所谓的垃圾债券，是由标普或穆迪评为信用等级低的公司发行的债券。鉴于其信用等级低，这些公司必须提供更高的收益率来吸引投资者，其中有的债券收益率可能高达10%以上。

和股票一样，市场上每天也在进行着债券交易。但财经记者经常犯的错误是，当债券价格上涨时，其收益率是下跌的，反之亦然。例如，若一名投资者从一家公司购买价值1000美元、收益率为7%的债券，那么在债券到期前，他每年将获得70美元的债券利息收入，而在债券到期时收回1000美元本金。但若该投资者以999美元出售了债券，则债券的收益率会小幅提高，因为新的债券所有人在债券到期时，不仅获得利息收入，还将收回1000美元本金，高于其购买时支付的999美元。

债券和股票的一个重要区别在于，当公司申请破产保护时，债券持有人通常是第一批获得偿付的。但股票持有人则很少能从破产程序中获取任何赔付。（相关问题请参阅本书第13章。）

但债券和股票的共同之处在于：二者都由华尔街的大型券商或投资银行发行。许多券商与发行股票和债券的公司保持着长期的合作关系，这些券商代为出售股票和债券，并在全国各地设有办事处。股票经纪人试图说服投资者购买股份。一般来说，当投资者想要购买股票时，他们会在股票经纪人处下订单——这些订单通常为以某特定价格（如每股20美元）购买一定数量的股份（如 1000 股）的形式。经纪人随后开始寻找愿意以此价格出售股份的卖家。券商本身并不购买股票和债券，他们只负责出售并收取其出售股份的佣金。出售的股票越多，券商赚取的佣金则越多。这也解释了为何这些公司拥有股票经纪人以及专向投资者兜售股票的卖方分析师。地方股票经纪人主要向当地的小型投资者兜售股票，而分析师主要负责向被称为"机构投资者"的大型投资者兜售股票。机构投资者是指任职于一家保险公司或共同基金、尽可能以低买高卖的方式进行股票买卖的人。有时，机构投资者可以很成功地完成这一任务，但大多时候情况则不是这样。

在过去的二十年里，一种叫作"债务抵押债券"（又称"资产抵押证券"）的投资产品也开始进入市场。不过，许多人认为它是导致 2008 年全球金融危机的罪魁祸首。债务抵押债券是由一系列债券或银行贷款为抵押的投资证券。例如，抵押担保债券就是一种由房产抵押的证券。截至 2006 年发行的抵押担保债券价值就超过 5000 亿美元。可在 2008～2009 年，房地产市值的缩水使得房主们开始拖欠贷款，各种问题也随之产生，导致购买这些证券的投资者颗粒无收。

股票经纪公司或评级机构的分析师会对发行证券的公司进行调查，并确定最佳的投资组合。然而，近期的调查发现，华尔街的大多数专业投资者都已明白——分析师会受其公司影响，推高与其所在公司有业务往来的公司的股票价格，如帮助其寻求潜在的收购机会，或出售更多的股票和债券。这种现象在债务抵押债券中常有发生，许多债券以"投资级"的评级被售出。通过对房地产价格下降进一步观察可以发现，住房抵押贷款具有高度投机性，消费者违约的风险非常大。

156

因此，在许多消费者及财经记者眼中，华尔街的信誉度着实令人担忧。一些媒体机构目前对于用作证券抵押品的资产保持着密切关注。也有一些媒体要求各自的记者在引用分析师的话时，尽可能地说明评级机构或投资银行分析师与其他业务伙伴间的潜在利益冲突。现在的新闻报道通常是以下形式：

"Widget Co. 公司的业绩表现远高于其竞争对手。"所罗门美邦公司的分析师弗雷德·马格斯先生说道。马格斯同时也持有 Widget Co. 公司的股份。不过，他所任职的所罗门美邦公司并不负责 Widget Co.

的投资银行业务。

财经记者需要了解分析师与其持续追踪的投资产品——不管是股票、债券、商品或其他之间的关系，从而确定分析师是否保持客观立场。若想进一步了解卖方和买方分析师及其在财经报道中扮演的角色，可参考本章节后面的内容。

股票买卖

市场对于某只股票的需求在一两个交易日内可能有较大变动，但有些股票却总是能在几个月甚至几年的时间里得到投资者的持续追捧。不同股票的情况各有不同，股票发行公司的业绩表现通常决定了投资者的购买意向以及愿意买入的价格。

> **专家建议**
>
> 《商业周刊》资深作家罗本·法尔扎德（Roben Farzad）就如何报道金融市场给出如下建议：
>
> **说起剩余收益（EBO）：** 优秀的财经记者须能够从公司发布的业绩披露报告中发掘出标准的、准确合理的、GAAP认可的净利润数字。是的，作为首席财务官，首先恭喜贵公司取得了营业利润的连续增长（未扣除摊销以及与某项目相关的一次性费用）。但一旦将这些费用纳入其中，您的股东们又能真正盈利或损失多少呢？行家里手一看就会不屑地称其为"没有什么参考价值"的利润数字，而我则更愿称之为"令人云里雾里"的数字。

投资者的情况也是不一而足，他们对于哪只股票将有更好的表现有着各种各样的预想。对于财经记者来说，他们很有必要理解公司的商业策略、公司本身规模、管理团队、过去的历史和投资者对其股票的购买意愿之间的关系。有些投资者可能会购买未来增长潜力巨大的公司的股票。

20世纪90年代中期，位于亚特兰大的一家叫作"哈里农贸市场"的杂货店成功上市，向投资者出售股份，并许诺将依照家得宝公司改变DIY自助销售模式的方式，对杂货店行业进行改革。家得宝公司的早期投资者在该公司于1981年上市后，因公司业绩的迅猛增长而晋级为百万富翁。但哈里农贸市场未能履行承诺，其业务仍只限于亚特兰大市场，其众多投资者也因此损失惨重。

可现实是，每十个哈里农贸市场里才会诞生一个家得宝公司或微软公司。喜欢挖掘潜力股的投资者期待着公司实现巨大的增长空间，这类股票也被称为"增长型股票"。而购买了增长型股票的投资者期待着公司通过扩大业务规模、赚得丰厚利润而推动股价上涨。大部分增长型股票并不向投资者支付股息。增长型公司是指收益或利润增长幅度是同类企业数倍的企业，其中收益可能每季度增长 30%，而利润每季度增长 25% 或更多。

与增长型投资策略相对的是价值型投资策略，这是一种基于公司价值购买股票的策略。所谓的价值投资主要考虑股票的市场价值是否比按照模型计算出的股票内在价值低。例如，价值型投资者可能希望购买按市净率来算股价更便宜的股票。

若其公司市净率低于其竞争对手或整个市场，则投资者可能认为该公司股价更为便宜。价值型投资者在购买股票时也会参考市盈率。若其公司的市盈率约为 10 倍，而股票市场中的其余公司的市盈率为 15 倍，那么该公司的股票可能被视为具有价值。反之同理。若公司市净率或市盈率高于竞争对手或市场中的其他公司，投资者可能会考虑出售其所持的股票。对于财经记者来说，持续追踪公司的市值，揭示股价涨跌背后的原因的报道是更为明智的选择。

其他的价值型投资者则偏好向投资者支付股息的公司的股票。股息指公司派发给投资者的公司盈余的一部分，以鼓励投资者购买和持有该公司股票。股息通常每季度发放一次。例如，位于亚特兰大的南方公司是一家电力控股公司，每季度以每股 0.44 美元的价格向其股东派发股息。事实上，很多投资者购买股票就是为了赚取公司每季度派发的股息。这也解释了为何当公司决定削减股息，并将资金投资于其他方面时，总是能引起轩然大波。因为削减股息将促使投资者抛售股票，进而导致股价下跌。

大多数时候，采用增长型策略的投资者比价值型投资者承担的风险更大。增长意味着公司正在扩大规模，而在这一过程中，常常不可避免地会出现一些问题。比如说，零售商将商店建在了错误的位置。这样看来，价值型投资的风险就小得多，因为公司常会以其缓慢而有条不紊的增长步伐来吸引投资者。不过，若公司成功地实现了快速增长，增长型投资策略也能为投资者带来更丰厚的回报。

对于许多投资者来说，股票的信誉度或者说可靠性是非常重要的。20 世纪 90 年代，美国通用电气公司和可口可乐公司的股票总能吸引无数投资者，因为这两家公司定期公布的收益常能实现甚至超过华尔街的预期。尽管这些公司会因为利用会计变更来粉饰账目饱受批评，但投资者仍对其实现华尔街预期的能力赞赏有加。投资者不想看到或听到意料之外的利空消息，如果公司公布的收益符合预期，则其股价下跌的可能性就不大。

158

专家建议

《商业周刊》资深作家罗本·法尔扎德（Roben Farzad）就如何报道金融市场给出如下建议：

对冲基金到底对冲了什么风险？ 对冲基金在2008年度过了有史以来最艰难的时刻，许多基金和经验丰富的投资者均蒙受了巨大损失。财经记者因此有义务也有责任不再盲从轻信，而是用审慎的目光来考察这些对冲基金。请您说说，对冲基金何德何能向投资者收取资产的2%外加盈利部分的20%作为费用？投资对冲基金的回报能否高过ETF或指数基金？后者的收费可比对冲基金少多了。

专家建议

《商业周刊》资深作家罗本·法尔扎德（Roben Farzad）就如何报道金融市场给出如下建议：

如何理解卖空？ 由于卖空与市场普遍的运作方式背道而驰，这一投资策略常被财经记者误解。假设有一位投资者预计将从某投资品价格下跌中获利。

那么具体的运作是这样的：

假如我是一家对冲基金的投资经理。在研究了某公司的财务报表和现金流量表后，我认为该公司将陷入困境。于是，我从经纪人处借了其为其他投资者持有的100万股该公司

投资者和财经记者可以通过简单的数据对比来衡量股票的信誉度。若X公司的第二季度业绩报告显示每股盈利0.25美元，但预期收益为每股0.27美元，那么投资者对该公司的股票将是避之唯恐不及。但如果预期收益为每股0.24美元，那么投资者将很乐于买进该股。尤其是在报道公司业绩表现时，注意这一点对于财经记者们来说非常重要。优良的业绩会促使公司股价上涨，反之，则可能导致股价下跌。如果两者中的任何一种情况发生，则有必要和投资者谈一谈这只股票的动态。

公司的规模大小也是投资者股票投资的决定因素之一。一些投资者甚至从不考虑市值10亿美元以下的公司的股票。上市公司的市值是由当前股价乘以发行的总股本计算得出的。其他投资者则偏好市值较小的公司。例如，一些共同基金就专门投资那些市值5亿美元以下的公司。

还有一些投资者可能仅看重公司的战略或结构。事实上，很多投资者采取的策略仅是购买某些储蓄银行的股票——这些银行通常已完成了公开上市的模式转变。这些投资者过去在上市过程中赚了钱，因此也确信能从公司其他的战略调整中获利。

还有很多投资者会关注公司产品或服务的商业销售策略。如果他们使用过某公司的产品，则更有可能购买该公司的股票。他们还会观察产品的销售策略或地方商店的销售情况。举例来说，一位投资者走进一家Gap门店，看到门店内选购的顾客人数很多。但若他注意到这些顾客中的大部分是空手而归，那么他可能会考虑抛出部分Gap股票。而另一位投资者发

现自己每天需要排很长的队才能买到一杯星巴克咖啡，从而萌生了购买星巴克股票的想法。

管理层的能力也是许多投资者考量的重要方面。同财经记者们一样，投资者喜欢和公司的 CEO 和 CFO 们进行面对面地交流。投资者对于管理层治理公司、执行连贯策略能力的认知在很大程度上决定着他是否会购买该公司的股票。若在与 CEO 见过面后，投资者认为这位公司领导对公司的运营情况并非谙熟于心，那么他就不大可能购买该公司的股票。相反，若这位 CEO 能合理地解释其对于公司未来发展的构想，投资者将更有可能购买其股票。

也有一部分投资者单纯地看重公司是否会被其他公司收购。由于收购方支付的价格常常高于被收购公司股票的交易价格，因此有经验的投资者若能发现公司将被出售或有潜在收购意向，也能从中赚到大钱。在 1999 年美国国会通过格雷姆－里奇－比利雷法（Gramm－Leach－Bliley Act，又称金融服务现代化法案）后，许多投资者转而购买保险公司和金融服务公司的股票，因此该项法案首次允许商业银行经营这些非银行金融机构的业务。记者们在意识到这类事件的

股票。由于我通常通过经纪人的公司进行交易，并支付一定的佣金，经纪人同意将这 100 万股的股票借给我。随后，我又将这些股票转手，以每股 12 美元的价格卖给另一位投资者。这样，我便可筹集 1200 万美元的资金，并将其存入我的银行账户。如果公司财务报表中的问题被其他投资者得知，使得股价跌至每股 8 美元，我可以拿出800 万美元重新购买这些股票，并将其还给经纪公司。这样一来，我就赚了 400 万美元。

然而，若股价涨到每股 15 美元，我的经纪人可能就会要求收回这些股票。一旦这种情况发生，按照我与经纪人签订的协议，我便需要以更高的价格（即 1500 万美元）重新买回这 100 万股的股票。这样一来，我便亏损了 300 万美元。

159

重要性后，通过对那些依据最新事件动态做出股票买卖决定的投资者们进行采访，总能写出一篇优秀的报道。

大型投资者通常指那些管理共同基金和对冲基金的人。这些人常管理着数以十亿计的巨额资金，且有时在市场中扮演着非常重要的作用。所谓共同基金，即投资者将资金集中起来交付给基金经理进行投资，以获取收益的投资方式。基金可采取专门的投资策略，如本章前面部分所述。例如，基金可能仅考虑市盈率倍数低或零售业公司的股票。共同基金诞生于20 世纪 20 年代，现总数已超过 8000 只，目前管理的资金规模已超过 12 万亿美元。

对冲基金与共同基金相似，也是将投资者的资金集中起来。不过，二

专家建议

《商业周刊》资深作家罗本·法尔扎德（Roben Farzad）就如何报道金融市场给出如下建议：

报道的两面：

与流行的看法相反，那些认定股价会跌的卖空者并非都是不法之徒。他们越来越频繁地向公司管理层以及投资团体曝出有些人不愿公开的材料数据，即使其中大部分属于不必要的担忧。但也有很多是经过了充分调查后的发现，有助于投资者做出宝贵的决策。看看梅塞尔·阿克曼（Messrs Ackman）和埃因霍恩（Einhorn）在2008年的市场恐慌中是怎样批评债券发行人和雷曼兄弟倒闭的吧。

者具体的运作方式又不尽相同。与共同基金经理不同，对冲基金经理通常也在基金中持有份额，并从中获取一定利润。此外，对冲基金投资于债券和大宗商品等证券产品，而非股票。最后，对冲基金有时会抓住机会采取做空策略，以从中谋取利润。

有的投资者认为某种股票价格看跌，便会卖出股票，这些人被称为卖空者或空头。事实上，他们并不会购买公司的股票。相反，他们从股票经纪人手中借入股票抛出，并认定其价格会下跌。这一投资策略风险性可能极高，因为一旦股价上涨，卖空者将面临一再亏损的局面，除非其停止借入股票。很多此类投资者常花费几周或几个月的时间来研究公司的财务报表，试图找出可能出现问题、并将导致股价下跌的业务。

显然，对于财经记者来说，要弄明白投资者购买某只股票背后的多层原因具有重要意义。若财经记者能与那些专门关注于收购题材股的投资者打好关系，他很可能在官方消息公布前几天甚至几周就能写出一篇关于某公司将被收购的报道。

以贝塞尼·麦克林为例，这位《财富》杂志的撰稿人在安然公司宣布遭受巨额亏损并申请破产保护前近九个月就详细揭露了该公司的潜在问题。最初，知情人士向麦克林透露，最好咨询尼克斯联合基金公司（Kynikos Associates）的吉姆·查诺斯（Jim Chanos）关于安然的看法，而后者正在卖空安然股票。查诺斯建议麦克林重新审查该公司的 10 - K 报告。

麦克林表示，她从中发现了"可疑的交易"、"不稳定的现金流"以及巨额的债务。"这不禁让你怀疑，安然公司的业务是否真有如此高的利润，而同时其债务又以如此快的速度增长。"麦克林在《华盛顿邮报》的一篇回顾她当时如何写下报道的文章中如是说道（Kurtz, 2002, p. Cl）。

如今，查诺斯与麦克林讨论安然的动机已很明显。他希望能有一篇对安然公司持批评态度的报道，这样，安然的股价必将下跌。只要财经记者明白投资者的任何举动背后均有其动机，这些人便可成为宝贵可靠的信息来源。比如，在撰写任何与一家上市公司有关的报道时，记者可以考虑与这家公司的投资者们聊聊，因为他们通常比财经记者们更了解这家公司。毕竟，他们在投资前都已对公司的经营策略、管理层、过去的业绩以及经营情况做过调查。

可以肯定的是，所有投资者在记者所报道的公司中都存在既得利益。他们中的大多数都希望公司股价上涨，也有些人则盼着股价下跌。不过，投资者比记者们更容易接近公司的管理层，因此也能提供有关公司业务进展的更多细节，尤其在公司本身并不愿透露更多信息时。公司的 CEO 和 CFO 总能尽快回复来自公司大股东的电话。

此外，仅凭投资者可以从公司盈利中获得回报这一点，并不能说明他将和你滔滔不绝地讨论公司的业绩情况。许多投资者，尤其是那些认为公司管理层在促使股价上涨方面未做出足够努力的投资者，会在评估公司业绩时与记者们坦诚相待。不少大股东甚至会公开、大肆批评他们投资的那些公司，这或许是因为股价的下跌使他们沮丧。我们来看看《圣何塞信使报》的报道。这篇报道通过一名投资者来解释为何会引发其他投资者的不悦，同时也解释了为何该投资者购买该股票：

> 位于圣何塞的互联网软件公司 Unify Corp. 于周一承认多报了公司上一财年的营收（前一财年也有可能），这与那些野心勃勃的高科技公司管理层参与伪造账目的案件并无二致。
>
> 但就在过去的几天里，沮丧的投资者们开始关注另一个令人不安的事实：在公司夸大营收、促使公司估值增长的同时，公司 CEO 雷扎·米凯利（Reza Mikailli）正忙着抛售或处理他持有的那 140 万股公司股份。
>
> 事实上，根据他本人向证券交易委员会递交的、并经公司确认的文件，米凯利早已在 6 月 20 日前便售空了其所有股份，大约六周之后，公司宣布存在营收问题，纳斯达克股票交易所中止了该公司的股票交易。自 1999 年 6 月起，他本人总共出售了价值 734 万美元的股份。"这正常吗？在坏消息出来前就清空了所有股份，我才不相信这是偶然。" Abbey，Gardy & Squitieri 律师事务所的合伙人之一——马克·加尔迪（Mark Gardy）说道。这家律师事务所也已代表 Unify 的投

160

资人向该公司提起集体诉讼。

本周一，Unify 公司批准了米凯利和公司首席财务官盖里·帕多（Gary Pado）两人的休假，并承认公司的确存在"不恰当的会计行为"。这意味着该公司在上一财年，甚至很可能前一财年都存在"营收计入方法不当"的情况。

该公司董事会表示，审计委员会正对此次事件进行调查，且公司已雇用 Gray Cary Ware & Freidenrich 律师事务所作为法律顾问。后者也邀请了普华永道作为独立审计机构协助调查。

Unify 的外部审计机构德勤同样参与了调查。对于为何选择让两位高管在此时休假，以及为何德勤早前未发现公司存在谎报收入问题，Unify 并未做出更多解释。米凯利位于萨拉托加的住所的电话尚未接通，而其律师暂时也无法取得联系。代表股东的 11 家律所已正式向 Unify 提起诉讼，它们中的多家均宣称该公司高管曾试图通过故意夸大营收来谋取利润。

纽约一家名为 Kirby McInerney & Squire 的律所在提起的集体诉讼中宣称："鉴于 Unify 公司爆出的种种问题，该公司股价被人为抬高。这使得内幕人士通过抛售股票获取高额利润，并迫使投资者们以高价购买该公司的股票。"

关于米凯利及公司其他内幕人士的股份出售还存在诸多疑问。米凯利 6 月 5 日心脏病发作，公司在次日宣布他将休病假。公司方面称此时他正在家中休养。

本周五，公司发言人德布·米奇凯（Deb Micciche）表示，米凯利抛售股票的事件仅在 3 周前才曝光，当时他显然正"赶着完成"须向证券交易委员会提交的部分文件。直到 6 月 17 日当周，其抛售 70 万~90 万股份的事件才突然曝光。

在米凯利提交的文件中，至少有 16.3 万股被归为"转让处理"，但米奇凯称公司方面尚不清楚这些股份被转让至谁人或何处。通常情况下，这种处理是指转让给亲属或个人受托人。根据网站 insider-watch.com 的信息，公司 CFO 帕多于五月售出 14595 股股票（相当于其持有的所有股份的 1/4 左右）。同月，公司副总裁弗兰克·维拉蒂（Frank Verardi）也售出了 50000 股公司股票（即其持有的所有股份的约 2/3）。

与此同时，投资者们也发起了攻击。身为投资人之一的大卫·库普勒（David Kupler）表示，他一直在insiderwatch.com网站上追踪Unify公司的内幕交易，并发现米凯利在5月时仍持有其原先股票份额的半数股份。他转而开始研究公司的年度报告，核对其债务和现金流水平，并最终得出结论：该公司的股票似乎很值得购买。

"于是我就买了该公司的股票，但我的分析都是基于公开文件。如果公司做了假账，我又怎能做出正确的决定呢？"库普勒说道。库普勒以每股约6美元、共计12000美元的价格购入该公司的股票。而在周一，当纳斯达克中止了该公司的股票交易后，该公司股价大幅跌至3.94美元。

库普勒说："这非常可疑，内部人士一直在出售他们所持的股份，但他们常常又留有小部分股份。"①

专家建议

《商业周刊》资深作家罗本·法尔扎德（Roben Farzad）就如何报道金融市场给出如下建议：

自互联网泡沫开始破灭以来，华尔街的卖方股票分析师越来越有不作为之嫌。种种利益冲突使他们的分析失去了客观性，这给十分信任他们的投资者们带来了严重伤害。如今，此类冲突仍在上演。一般来说，投资银行并不愿意驳公司客户的面子，为其股票提供不甚满意的评级。分析师们也因此表现出非理性的一面，鼓吹追捧这些关系户的股票。聪明的机构投资者对待华尔街的调查研究时一般持审慎态度；明智的财经记者必须也能做到如此。

这篇报道对股票交易提出了诸多疑问，因此是一篇不错的报道。

卖方和买方分析师

几十年来，研究股票和债券的卖方分析师一直是财经记者们最可靠的朋友。分析师定期会与记者通电话，从某家公司的CEO聊到下月将推出的新款薯片。和分析师搞好关系，合理地引用他们的话，他们才会及时给你回电话，并向你提供几条关于某家公司近期可能发生的新闻消息。作为回报，媒体方面也会将亨利·布罗吉特（Henry Blodgett）、玛丽·米克尔

① M.马歇尔：《股票销售震惊Unify众投资者》，《圣何塞信使报》2000年8月5日，第1C版。版权归《圣何塞信使报》所有，经许可转载。

（Mary Meeker）、杰克·格鲁曼（Jack Grubman）等人打造成明星分析师，宣扬他们关于"某只股票明年股价将翻番"之类的大胆预言。而随着股市不断走高，这些卖方分析师的公众形象也愈加高大。

然而，这些分析师对公司及股票分析的"客观性"正受到越来越多的质疑。一些对技术公司或电信公司前景做出大胆预测的分析师，在那些公司遭遇失败或申请破产保护后，遭受了严厉抨击。他们中的许多人虽认为公司前景惨淡，并私下将这一观点通过邮件告知朋友和同事，却因所属券商与这些公司关系良好，而公开表示对该公司股票十分看好，并极力推荐投资者购买。

任何财经记者在报道上市公司时，都应充分认识到卖方分析师与其推荐股票之间固有的利益冲突。分析师的职责是将公司的股票卖给投资者。然而，分析师本身所属的券商可能与这些公司存在其他业务关系。比如，券商可能负责这家公司的投资银行业务。这意味着一旦公司决定出售更多股票，发行额外债券或进行收购，券商便可从中获取一定费用。同样地，不少分析师也曾被迫为公司描绘美好前景，以吸引更多的投资者。

鉴于华尔街券商会因一系列不道德行为而被课以巨额罚款，有的券商已对其研究部门进行了全面整改。越来越多的卖方分析师开始将股票评级定为"卖出"或"中性"，即该公司股票至少在分析师看来并不值得购买。其他券商也在其研究部门和投行部门间划出更为严格的界限。

因此，财经记者仍应当将卖方分析师视为宝贵的信息源。在某种程度上，记者和分析师做着同样的工作。他们都要向公众提供与公司有关的信息，也都须对公司的运作提出问题并仔细检查。唯一的区别在于，记者的职责是更好地告知读者或受众，而分析师的职责是更好地服务于投资者们。对于财经记者来说，优秀的分析师是那些清楚地知道他们关注的公司的所有内部及外部信息的人。他们会在该批评的时候批评，该表扬的时候表扬。总之，分析师应同记者一样实事求是。

此外，同记者一样，分析师也要就他们研究的公司撰写报告。一份好的分析报告可以提供有洞察力的观点，支持华尔街的支持者们对于某家公司未来前景的预想。在长期跟踪某家上市公司并撰写相关报道之前，记者应当认真阅读关于这家公司的研究报告，以大致了解投资界对该公司的态度和看法。有些报告可能很短，不足一页纸，但胜在简洁明了。而有些报告，尤其是那些分析师首次覆盖的个股报告，其篇幅可能更长，常常超过

30 页纸，并附有大量表格和数据。有些分析师擅长写报告，因此可以很好地阐述他们的观点和原理。而有些分析师则将报告交给助理来写。公司一般会在网站"投资者"一栏列出关注其股票的分析师名单，并发布研究报告。分析师的数量可以是一至两位，也可以多达三四十位。诸如通用电气等大公司，就有三十多位分析师。

　　几乎所有分析师都会针对他们研究的股票提出建议。在大多数华尔街上市公司里，最好的建议是"强烈推荐"或"买入"，表示分析师认为未来一年内，该公司股票的表现将跑赢大盘指数，如标普 500 指数或道琼斯指数。这些股票是分析师鼓励客户买入的。分析师常常也会将这只股票纳入其个人投资组合，但一些华尔街投行要求分析师公开其持股情况。

　　相较于"强烈推荐"或"买入"评级，"跑赢大市"或"增持"的评级更低一些，但仍能表示分析师相信该股表现可能超过市场整体水平。"中性"或"持有"的级别就更低了。过去，这些评级常意味着投资者应当卖出股票。但由于许多华尔街投行试图对其评级系统进行调整，这类评级可能就表明该股目前估值充分，股价短期内不会上涨。分析师可以给出的最低评级是"卖出"。研究表明，在 2000 年股市下跌前不久，只有 1% ~2% 的分析师给出的评级为"卖出"。根据《洛杉矶时报》的一篇报道（Peltz，2004，p. 4），尽管近年来评级为"卖出"的股票数量有所增加，但也仅占股票评级总数（截至 2002 年底，分析师给予评级的股票总数为 24000 只）的 8% 左右。

　　若一位财经记者打算在报道中引用某位分析师的话，那么他就必须了解该分析师对公司股票的具体评级。如果分析师在采访中对公司前景持乐观态度，给出的评级却是"持有"，那么这名记者应当考虑，分析师在采访中或报告中是否表达了他的真实观点；而当分析师在采访中对公司前景并不乐观，却给出了"强烈推荐"这一评级时，记者同样需要大胆提出质疑。若记者不清楚分析师给出的评级，其可以在采访中进行询问。一般来说，分析师会通过邮件将研究报告发给记者。记者也应主动要求分析师将研究结果发送给自己。而在拿到研究报告后，记者应仔细阅读全文，并努力寻找分析师观点的任何变化。举个例子，分析师将评级由"买入"下调至"持有"，这便可能是最明显的变化。而对于评级的上调也应给予一定的关注。如果评级的调整基于有足够新闻价值的公司相关信息，记者就应该撰写一篇报道。下面是《巴尔的摩太阳报》关于一家购物中心开发商的报道：

一位金融分析师昨日指控 Rouse Co. 公司在其 2500 万美元的开支上存在做假账行为，使得这家购物中心巨头对外宣称取得了历史最高的季度收益。

美盛集团分析师大卫·匹克（David Pick）称，投资者受到了公司的误导，他建议投资者抛售这只股票。Rouse 高管则表示，公司并未做错任何事，但也承认没有遵循行业规定，未将奖金、退休金等成本纳入经营性现金流中。经营性现金流是房地产投资信托公司普遍使用的业绩衡量标准。

"我们认为我们是在提供衡量经常性收入最好的标准。在计算结果时，我们从未作假。我们以为纳入这些开支对您更好地了解我们并无太大作用。"Rouse 公司副总裁及投资者关系部门主管大卫·特里普（David Tripp）说道。分析师的抛售提示似乎对该公司的股价并未造成太大影响——其昨日收盘报 29.4 美元，跌 20 美分。

164　　匹克是在 Rouse 公司发布其第三季度业绩的次日给出建议的。公司于周一发布报告称，截止到 9 月 30 日，第三财季经营性现金流为 9680 万美元，合每股 1.03 美元（上年同期经营性现金流为 6990 万美元，合每股 0.92 美元）。

匹克表示，该公司之所以实现历史最高收入，是因为其并未将打算年底发放给新任高管的奖金以及收购成本、退休金及裁员等相关费用计算在内。这笔费用总计 2500 万美元。

Rouse 公司称第三财季支出为 860 万美元，并表示第四财季支出预计为 1640 万美元。匹克表示，如果公司将这笔开支纳入第三季度经营性现金流，那么将使公司每股收益减少 0.12 美元，降幅为 19%。

"他们不应靠这些误导性的财务报告侥幸得逞，"匹克说，"毕竟现在我们都知道了，他们采用了不当的会计操作方式。"

匹克给出"卖出"评级还基于一些其他因素，如公司的发展计划。他又补充道："这绝不是说 Rouse 公司将遭遇彻底失败。我们只是认为，在未来的 18～24 个月里，Rouse 的业绩可能会低于行业水平。一切还没到无法挽回的地步。"

Rouse 尚未将经营性现金流报告递交给证券交易委员会，尽管分析师和投资者们将其视为关键的衡量标准。这一标准是由美国房地产投资信托协会（National Association of Real Estate Investment Trusts）推出的，该标准除去了房产折旧等非核心、浮动费用，从而能更好地反映公司每年的营收状况。

其他市场人士也认为 Rouse 公司没有遵守行业标准。"解雇补偿金只是一次性成本，但给高管的奖金可就不是了。二者不可同日而语。"美国财务研究分析中心（Center for Financial Research & Analysis Inc.）总裁霍华德·施利特（Howard Schilit）说道。

摩根士丹利驻纽约的分析师马修·奥斯特洛尔（Matthew Ostrower）也表示，Rouse 公司的开支本应被包括在业绩内。他对该公司股票给予了正面评级。

"我们不认同 Rouse 公司计算经营性现金流的方式，也的确认为应将这 2500 万美元的支出计入经营性现金流中。不过，如果我们要下调所有曾违反经营性现金流计入规则的房地产投资信托公司的评级，那么每一家我们都得建议'卖出'。"

周一当晚，在分析师电话会议上，Rouse 董事会主席兼首席执行官安东尼·迪林（Anthony W. Deering）将第三、第四财季的支出归为一次性重组成本，因此可以不将其计入经营性现金流中。但他也向一名质疑这一计算方法的分析师承认，这种计算方法的确违反了行业协会准则。

一些分析师对这笔"一次性费用"的数额之高表示惊讶。但 Rouse 公司方面坚信，众分析师中只有匹克昨日下调了公司股票的评级。这些费用中，有些产生于公司的大规模重组。这在 Rouse 公司并不多见，毕竟公司向来以其长达数十年的高管任期和内部晋升机制而闻名。

Rouse 公司曾成功开发了如哥伦比亚、内华达萨莫林购物中心和社区等项目，但如今正遭遇开发计划的"滑铁卢"，因为已开发的购物中心已经够多了。Rouse 方面最近从公司外部聘请了一位董事会副主席兼首席财务官，合并了两个部门，并提拔了一批高层员工。两名高管也已于近日宣布退休。[1]

---

[1]　M. 科恩：《美盛集团分析师谴责 Rouse 公司三季度报告作假》，《巴尔的摩太阳报》2002年10月30日，第1C版。版权归《巴尔的摩太阳报》所有，经许可转载。

这则报道既解释了分析师为何下调股票评级，也加入了其他未下调评级的分析师的评论。这就是一个取材于分析师报告的财经新闻报道案例。另外，在经历了 21 世纪初的科技股整体大跌后，多家分析机构也已简化了其评级系统。许多股票评级均比过去更容易解读了。

假如分析师改变了某公司的盈利预测，记者同样可以从中找到报道题材。最好是分析师在公司发布盈利报告之前撰写报告，断言某公司在某个财季或财年的每股盈利将无法实现分析师的普遍预期（根据所有分析师的预测算出的每股平均盈利）。如果分析师的研究报告未能抢在公司发布盈利预期之前发布的话，这份报告就属于"马后炮"，没有任何新闻价值，除非分析师给出的预测比公司官方的预测要低得多。

166   此外，对于那些在公司发布盈利预警后下调公司盈利预测、但未同时下调评级（尤其当评级为"强烈推荐"或"买入"时）的分析师报告，记者们要格外警惕。所谓"盈利预警"，是一种公司向华尔街发出的公司运营情况不佳的信号。

大多数分析师在报告中也会注明目标股价，即分析师认为股票在未来 12 个月某一时刻可能达到的价格。若未注明，则很可能是由于股票的总体评级为"中性"或"回避"。还要特别留意那些未注明目标股价而评级却为"强烈推荐"或"买入"的分析师报告。如果股票的确值得强烈推荐，分析师将告知投资者和财经记者究竟有多值得买入。而记者们也应时刻关注公司相对于目标股价的实时股价。他们应预料到，若实时股价开始向分析师设定的目标股价逼近，分析师将在认定股价会继续走高的情况下上调目标股票评级，或在认为股票已得到充分估值的情况下下调股票评级。

在报告中，分析师会对公司未来一至两年内的营业收入、收入、每股收益及其他业绩指标进行预测。这些指标可以更好地体现分析师对于公司未来业绩的构想。如果分析师对公司的评级为"强烈推荐"，而事实上该公司利润仅增长了 5%，那么这种情况是不正常的。

除了卖方分析师，研究上市公司的还包括买方分析师和信用分析师。买方分析师效力于共同基金之类的投资公司，甚至是地方大学的投资部门。他们也是财经记者的有价值的消息源，但他们几乎从不会就其追踪的股票对外发布报告。买方分析师的分析报告仅供公司内部投资者参考。

信用分析师则主要追踪公司的债券发行情况，其研究的主要内容为公司发行的债券，而非股票。他们中的一些人也会任职于信用评级机构。这些分析师向公众提示了安然公司及最近陷入困境的其他公司的潜在风险。

上　市

私人公司若想转型为公开上市公司，须向证券交易委员会提交大量文件。其中，S-1表格对于财经记者来说最为重要，它可以让记者们快速初步了解一家过去从未公开过任何财务信息或业绩分析报告的私人公司。这份报告也是公司的一种宣言："我们想要对公众出售公司的股票，并且相信会有很多人愿意与我们在未来共进退。"金融市场人士随后会仔细阅读公司递交的申请文件，并决定是否愿意进行投资。通常情况下，公司须对文件进行修改，补充更多信息。

对于财经记者来说，这份报告可以提供一些宝贵信息，比如私人公司在过去的盈利或亏损情况。对文件中公开的财务业绩进行审核是每位记者要做的第一步工作。记者们通常会仔细阅读文件，并将公司最新财季与上年同期以及最新财年与上一财年的业绩情况进行对比，从而了解公司盈利是否有所增长。例如，位于哈特福德的美国凤凰公司于2001年夏天公开上市。该公司在最初递交的S-1声明中，并未公开其当年第一季度的财务业绩。但在同年5月的修订版声明中，该公司补充了相关数据。数据显示，相对于上年同期，该公司在2001年第一季度出现亏损。

财经记者又是如何根据这些信息撰写报道的呢？《哈特福德日报》（*Hartford Courant*）的戴安·莱维克（Diane Levick）在公司提交上市申请文件当天就完成了一篇报道，该报道揭露出该公司因风投第一季度净亏损1.5750万美元（Levick，2001）。报道第二段又提到申请文件中透露的另一事实，即公司去年同期实现了盈利。紧接着，报道还透露，该公司正面临两起与其IPO有关的诉讼。

莱维克阅读了整个申请文件，并将其中的信息与公司早些时候公布的信息进行了对比。通过大量阅读和分析，她最终写出了这篇能帮助读者更好地了解公司业绩情况的报道。

能够发现明显的业绩增长同样重要。韦莱集团控股公司是一家位于伦敦的公司，其F-1文件（与S-1文件类似，但为外国公司须提交的文件）披露，公司在2000年净收益为900万美元，合每股收益0.07美元。而在1999年，该公司损失了1.3200亿美元，合每股亏损1.11美元。鉴于

167

韦莱集团的盈利水平仍低于其竞争对手，因此将韦莱集团利润及利润率与这些公司进行比较是正确的做法。F-1 文件通常会对公司未来发展计划以及发展策略的潜在风险做详细说明。

最初提交的 S-1 文件可能不会包括公司企图通过上市募集资金的确切数目，也可能不包含公司预想的股价变动区间和计划售出的股份总额。但公司希望在首次公开募股中售出的股份总额可以反映出股票的受欢迎程度，因此对于投资者来说十分关键。一般来说，公司发行的股票数量越多，承销商就越有兴趣让客户买进这只股票。

股价区间可以反映首次公开募股的需求状况，因此也非常重要。莱维克在报道中指出，凤凰公司在最初提交的 S-1 文件中给出的股价区间为每股 9~16 美元。随后，在修改过的 S-1 文件中，这一区间被上调至每股 14.5~17 美元。这表明承销商感受到了投资者高涨的认购热情。财经记者应持续关注此类信息，并根据这类信息进行报道。

但实际操作可没那么简单。股价区间的变动应与发行的股份总额放在一起进行研究。凤凰公司在上调股价区间的同时，也将首次公开募股总额从 7380 万股下调至 4880 万股——股价上涨了，可股份总额却减少了。这是典型的供求经济学。发行的股份数额越少，投资者需求越大；因此，凤凰公司很有可能上调股价。鉴于此，我们需要经常性地核对 S-1 文件，以了解股价区间或募股总数是否有了新变化。此外，公司希望在 IPO 中募集的资金总额也可能发生变化。

在 S-1 文件首页的下面通常会有 IPO 承销商名单。这些承销商会把上市公司的股票大量出售给投资者。承销商名单直接关系到股票发行的成败，因此对于财经记者来说，这是非常值得研究的信息。比如说，若高盛、摩根大通和摩根士丹利等大公司均在承销商名单之列，那么这意味着，这些券商将不遗余力地将股票出售给其机构客户。股票开始交易后不久就能实现股价上涨的概率因此大大增加。然而，S-1 文件中对于承销商与即将上市的公司之间关系的详细说明也非常关键。有时候它解释了为何某家华尔街投行能够成为承销商。

我们可以看看以下由 Max Re Capital 最新提交的 S-1 文件中的一小段：

我公司董事之一马里奥·特斯洛先生（Mario P. Torsiello）现任德

利佳华（Dresdner Kleinwort Wasserstein）董事总经理，其附属机构德利佳华证券（Dresdner Kleinwort Wasserstein Securities）为我公司首次公开募股承销商之一。隶属于花旗集团的所罗门美邦国际（Salomon Smith Barney Inc.）曾担任我公司第二次私募股权融资交易的承销商，收取了580万美元的承销费，同时也担任此次公开发行的承销商。我公司另一位董事威廉·海曼（William H. Heyman）先生现为花旗投资公司主席。花旗投资公司隶属于所罗门美邦国际，为我公司主要股东之一。

隶属于美银证券（Bank of America Securities LLC）的美国银行（Bank of America）也是本次公开募股的承销商之一，所罗门美邦国际及花旗集团旗下的花旗银行也参与向我们提供3亿美元的银团贷款。美国银行和花旗银行各投入1亿美元。[①]

很明显，这是一个股票发行公司与承销商"互惠互利"的典型案例。在今天的商业世界，监管机构通常对这类关系的审查较为严格。如果监管机构对此类信息感兴趣，那么很显然，财经记者也应关注这些公开信息，并据此进行报道。

有形资产账面价值是S–1文件中最为重要的信息之一。投资者迫切地想了解他们购买的股票是否与公司的实际价值相符。

一般来说，投资者更愿以接近有形资产账面价值的价格购买股票。但韦莱集团控股公司的首次公开募股却不是这样。其提交的F–1文件中注明，公司在上市前的有形资产账面净值为负。该文件随后表示：

按照招股说明书，我们以每股11美元的拟定价格（本说明书封面注明的股价区间中点）出售了2000万股普通股，除去承销折扣及预计发行费用，并遵循收入的预期用途，即用所有募集资金购买了TA II Limited的优先股。这样，截至2001年3月31日，我公司有形资产账面净值约为8.38亿美元（合每股5.82美元）。这样来看，老股东的有形资产账面净值每股将增长2.55美元，而此次首次公开募股之后的新股东持有的股票每股将稀释16.82美元。[②]

169

---

① 摘自S–1文件，Max Re Capital，2000年5月31日，证券交易委员会出版编号：0000950130–01–502080，第81页。华盛顿：证券交易委员会。

② 摘自F–1文件，韦莱集团控股公司，2001年5月15日，证券交易委员会出版编号：0000912057–01–516288，第25页。华盛顿：证券交易委员会。

换句话说，在韦莱集团控股公司 IPO 期间买入该股票的投资者以高于公司实际价值的价格购买了股票。这就成为财经记者们需要关注并报道的事件了。

记者也应告诉读者 IPO 后公司的控制权是否会发生转移。购买了即将上市的公司股份的股东们对于公司未来经营决策的实际发言权很少。有时，其他公司会持有多数控制权。这就意味着，正如纽约的奥德赛再保险公司（Odyssey Re）在 IPO 后其控制权仍掌握在之前的母公司——枫信金融（Fairfax Financial）手中。根据奥德赛再保险公司提交的 S-1 文件，枫信金融控股旗下子公司在奥德赛再保险 IPO 后仍将占有后者多数股权。TIG 保险公司将持有超过 70% 的股权，且投资者在短期内将不会看到枫信让出股权。在奥德赛再保险公司的申请文件中，枫信金融称其"在短期内并不会售出大量普通股，否则将失去股权"（Form S-1，Odyssey Re Holdings，2001，p.14）。此外，该文件还做出以下申明：

> 为维持控股权，枫信金融可能不会参与使普通股股东获取远高于其投资成本或当时市场价格的交易。[①]

财经记者应特别关注此类公开文件。根据这些文件中的信息，他们可以向读者解释投资者为何对某家公司的股票不感兴趣。

S-1 文件中还有一个章节值得一读——"风险因素"。在这一节中，即将上市的公司须列出所有可能导致其股价下跌的因素。有些最基本的因素，我们几乎在每份 S-1 文件中都可发现。这些因素包括：整体市场不景气影响公司业务，利率提高促使公司利润增加，以及公司之间的竞争等。除此之外，公司众所周知的丑事也将在该文件中被重新提起。因此，记者需要探索的是那些独一无二的风险因素。当然了，判断哪些是独特因素也是一项技能，这需要记者们花上一些时间来培养。但只要读了一些文件，记者们便学会分辨常见和不常见的风险因素了。

以下节选自一家公司的 S-1 文件。文件指出，公司的高债务水平可能会限制公司的财务增长及收购计划。

---

① 摘自 S-1 文件，奥德赛再保险公司，2001 年 3 月 26 日，证券交易委员会出版编号：0000947871-01-000156，第 16 页。华盛顿：证券交易委员会。

高债务水平限制了公司应对商业和经济环境变化的能力，尤其能体现在保险经纪行业日益激烈的竞争中。而且，高债务水平约束了我公司寻求其他商业机遇、为未来业务发展进行贷款以及实施商业战略的能力。[①]

了解公司的派息政策也十分重要。S-1文件中涵盖的这一重要信息揭露了公司上市后的股息分配计划。股息通常每季度向投资者派发一次，以吸引投资者购买并继续持有公司股票。

S-1文件中还包括许多其他宝贵信息。大多数S-1文件包括首次公开的高管薪酬、认股权、高管贷款额和其他趣闻逸事等。在按照S-1文件进行报告时，有必要通读整个文件，因为有些信息可能在你意想不到的章节出现。比如，凤凰公司提交的修订版S-1文件在"承销商"一节中谈到了公司如何要求IPO银团为买家之一的州立农业保险公司（State Farm）留出500万股的股份。州立农业保险这样的大公司要投资另一家公司，这可是重磅新闻，因此读者都认为这类信息应出现在S-1文件开头的摘要部分。

2008~2009年，因投资者对整体股市忧心忡忡，IPO数量曾大幅减少。2008年只有21家公司选择上市，而2004~2007年，每年上市的公司数量均超过150家。不过，如果IPO受到市场热捧，到那时，越来越多的公司便会选择上市，财经记者们也会忙得不亦乐乎。

举债融资并不总是坏事

本节将主要介绍股票市场的运转机制以及投资者、分析师与公司高管关注股票的原因。此外，本节还将谈到常被财经媒体忽略的"债券"问题。债券是许多公司用来募集资金的重要投资工具之一。

债券常由公司发行。不过，地方政府或州政府也可发行债券，为新建医院或公路等大型建筑工程募集资金。尽管为建筑工程募款而发行债券的新闻本身不算有趣，但一些优秀的财经记者在《债券买家》（一份专门从事各类债券发行新闻的报道、撰写和编辑的报纸）的工作经历，让他们掌

171

---

① 摘自F-1文件，韦莱集团控股公司，2001年5月15日，证券交易委员会出版编号：0000912057-01-516288，第11页。华盛顿：证券交易委员会。

握了将这类新闻变有趣的技巧。

关注债市与分析股市有很多相似之处。发行债券的公司或政府机构都依靠大量买家来购买债券，从而获取可支配的资金，这一点和发行股票没有什么两样。在债市和股市中，投资者均希望能得到回报。然而，回报的方式并不相同。从以往来看，股票给投资者的回报比债券更多；但债券又比股票风险更低。几乎没有任何政府机构——不论是市级、县级、州级或联邦政府——出现过破产，并申请破产保护。诚然，发行债券的企业有时会破产，但即便是在这种情况下，债券持有人也比股票持有人更有可能获得补偿。

与股票市场不同，了解债券市场如何运作还有另一个重要原因：私人公司频繁地发行债券，为其项目募集资金。一旦私人公司发行了债券，其必须公开与过去业绩相关的信息。

债券与房屋按揭或抵押贷款购车的原理很相似。出于各种原因，公司或政府机构需要大量资金。于是它们发行债券，将其出售给投资者。通常每张面值为1000美元。作为回报，公司或政府承诺每年将以息票的形式向投资者支付一定数额的钱。一张年利率为7%的债券，其对应的息票价格为每年70美元。债券到期时，公司或政府须向债券持有人归还1000美元本金和息票。

公司和政府之所以选择发行债券，是因为为修建一家工厂而向银行贷款5亿美元并不是一件容易的事。大多数银行规模有限，无法贷给某一家公司如此巨额的款项。它们也担心，如果该公司无力偿还贷款，自己将陷入困境。因此，公司和政府便采取发行债券的办法，将风险分散给成百上千甚至成千上万的投资者。

以下节选自美联社一篇关于坦帕市新建佛罗里达水族馆的报道。报道解释了债券的运作方式、发行原因及预期的偿还方式：

> 修建这座玻璃圆顶建筑的大部分资金来源于市政府参与发行的8400万美元收益债券。拉坎里（Racanelli）表示，如果他当时仍在位，一定不会同意让这项计划通过。
>
> 这项公共融资计划可以理解为，水族馆实际上是从债券买家（个人或公司）处借钱，并在到期时用从游客那里赚得的钱如数归还。
>
> 这项计划起初看起来可行性很高。研究表明，水族馆每年将吸引

180 万名游客。若每张成人票价定为 13.95 美元，那么水族馆将有能力每年偿还 720 万美元债券。

但事后看来，这些数据并不准确。游客人数事实上依靠的是增长率仅为 4% 的州旅游业，且水族馆的门票价格在全国也是最高。[①]

这篇报道提供了一个州政府或地方政府发行债券的案例。事实上，广泛发行并受记者广泛关注的债券还有两种。它们分别为由企业发行的债券和由美国政府发行、有时也被称为"短期国库券"的债券。

企业债券又分两大类——投资级债券和垃圾债券。公司发行债券时，诸如标普或穆迪等评级机构会对债券进行评级。这一评级将决定发行的是投资级债券还是垃圾债券。若为投资级债券，该债券评级须为 BBB 及以上（如 AAA、AA 和 A 级）；若为垃圾债券，则评级须为 BB、B、C 或 D。

债券评级越高，收益率越低。若公司发行的债券评级较高，其可以以更低的利率出售。而发行垃圾债券的公司通常为新公司或近期出现财务问题的公司。因此为了吸引投资者购买它们的高风险债券，这些公司会提供更高的收益率。

评级机构对公司的评级常常可成为记者们重要的新闻素材。若评级下调，则公司在下次发行债券时须支付更高的利息；反之，若评级上调，其发行债券的成本将降低，如果再加上公司向你透露如何使用这笔节省下来的钱的话，这将可以成为很好的报道素材。

另外，评级机构的分析师也是很好的资源，因为他们一直关注着这家公司的债券发行情况，清楚地了解公司的业绩。从某种程度上来讲，这些分析师与卖方分析师很相似，但前

> **专家建议**
>
> 《商业周刊》资深作家罗本·法尔扎德（Roben Farzad）就如何报道金融市场给出如下建议：
>
> **戳穿他们的谎言**：华尔街的金融家们总是过分夸大他们的技能。他们吃得讲究，拿着高额薪水，享受着无数赞美（以及从 IPO 交易中获取的丰厚回报）。可他们对那些低收入的财经记者却总不抱有好感。但千万别因此胆怯，大胆地向他们发起挑战吧。适当穿插"我不太明白，您能解释得更详细些吗？"之类的问题也是明智的选择。毕竟，安然公司的分析师或住房抵押贷款证券化的专家们要是早遇到这样的质问也就不会有后来的诸多事情发生了。

[①] 丽萨·霍勒瓦：《游客数量不尽人意 水族馆成佛罗里达一大败笔》，美联社 1996 年 3 月 17 日。版权归美联社所有，经许可转载。

者并不会敦促投资者购买债券，因此他们可能更加客观。然而，他们所属的评级机构的收入却依赖于债券发行公司。

债券投资者同样是很好的报道资源。和股票投资者一样，债券投资者也会在购买债券前对公司进行大量调查。有时债券可转换成股票，投资者们就会关注那些业绩不错、股价会上涨的公司，从而购买其债券。这些债券又称可转换债券。

173　　相较于股票，企业债券的价格波动较小。债券若以高于面值的价格出售，则为"溢价出售"。但很多情况下，即使公司股价出现大幅波动，债券的价格仍几乎不变。而且当股价猛跌时，企业债券仍可以以接近其面值的价格出售。

市政债券市场比企业债券市场规模要小，但亦能提供足够的新闻。负责债市新闻部分的记者通常会对州政府和地方政府进行报道，因此他们也需要了解债券的运作情况及资金的流向。相对于企业债券，投资者们更偏好市政债券，因为后者是免税的。也就是说，投资者获得的利息收入不需向联邦政府缴税。然而，市政债券比企业债券的利率要低。同企业债券一样，发行市政债券的机构须向其投资者支付利息。所以，有时州政府和地方政府不得不寻找其他方式募集资金，以对债券持有人进行偿还。

以下为彭博新闻社的一篇报道，讲述了马萨诸塞州的一家发行债券的水务机构是如何通过上调利率和削减开支来偿还债券利息的：

> 作为波士顿的一家供水和排污机构，马萨诸塞州水资源局计划上调利率，解雇 50 名员工，并动用超过 1.35 亿美元的储备基金，从而弥补 4800 万美元的预算赤字。水资源局发言人乔纳森·约（Jonathan Yeo）称，为填补赤字，董事会投票决定削减 1600 万美元的开支（包括裁员），将利率上调 4%，并动用 1600 万美元的储备基金。
>
> 今年早些时候，代理州长简·斯威夫特（Jane Swift）与州立法机关取消了对该水资源局 4800 万美元的补贴。
>
> 马萨诸塞州水资源局负责 61 个市区的供排水，将其经营预算的 60% 用于偿还 51 亿美元的债务。标普、穆迪和惠普对该局高级债务的评级分别为 AA、Aa3 和 AA－。"我们一直积极维持较高的债券评级，我想这从董事会对储备金使用做出的明智决定中就能看出。"乔纳森·约同时还称，该局已遵循债券发行协议，储备了 3.5 亿美元资金。

美国各州目前正逐步削减补贴，减少各类项目。这一举动正是为了应对经济衰退和股市下滑造成的税收损失及预算赤字。马萨诸塞州本财年预算赤字至少为 3 亿美元，且明年预计将超 20 亿美元。

约表示，在未来 4 年（而非计划的 5 年）内，董事会计划将动用 1.35 亿美元储备基金。

利率上调可能于 2 月开始生效，并预计在 7 月 1 日即下一财年开始前上调 2.9 个百分点，因此，2~6 月的利率水平将比上年同期上升 6.9%。

据彭博社给出的数据，该局于 2012 年到期的票面利率为 5.25% 的息票价格上涨了 0.3%，达 111.5 美元，收益率为 3.767%。①

这则新闻向读者提供了债券评级和收益率等信息。通过对评级和价格信息的详细说明，作者使读者更好地了解对这类债券进行投资的合理之处。

最后一种债券为长期国库券。这些由联邦政府发行、面额与到期日各异的债券主要用来为政府项目募集资金。短期国库券期限少于一年，面值 1 万美元；中期国库券期限 1~10 年，面值 1000 美元；长期国库券期限 10~30 年，面值 1000 美元。期限越长，债券收益率越高。鉴于美国联邦政府从未出现违约情况，这类债券安全性最高。当然，评估各类债券的经济因素也十分重要。若利率上涨，公司和政府可能会减少债券发行量，否则其融资成本将提高。

企业债券和国债之间也有关联，以下这篇报道就做了解释：

美国国债即将遭遇经济出现复苏迹象两个多月以来最大单周跌幅。

在商务部称 11 月建筑支出连续第三个月上涨后，国债需求量今日出现回落。而随着股票上涨，10 年期基准国债也在昨日出现一年多来的最大跌幅，结束了此前连续四周的走高势头。就在此前，一份行业报告显示，制造业指数也在近日实现 11 年内的最大涨幅，美国股市受此提振而大幅攀升。

"今年前六周整体经济形势应该较为乐观，这对企业债券来说是

① E. 贝勃：《马萨诸塞州水资源局启用储备基金，上调利率并裁员 50》，彭博新闻社 2002 年 12 月 27 日。版权归彭博新闻社所有，经许可转载。

件好事，不过对国债来说就不一定了。"丹·谢克福（Dan Shackel-ford）说道。丹负责位于巴尔的摩的普信集团 60 亿美元的债券投资事宜，他还表示，该公司减持了国债数量，相应增持了有更高收益的企业债券和资产抵押债券。

本周截至纽约时间下午 3∶15，票面利率 4%、2012 年到期的基准国债价格下跌 175%（即每张面额 1000 美元损失 17.5 美元），遭遇 10 月 18 日当周以来的最大跌幅。其收益率上升 22 个基准点，至 4.03%。而票面利率为 1.75%、2004 年到期的国债价格下跌 37.5%，收益率上升 18 个基点，至 1.77%（一个基点为 0.01%）。当天，债券价格并未发生变化。10 年期国债价格上涨 31.25%，而 2 年期国债价格持平。

两种债券利率差本周扩大 5 个基点，至 2.26 个百分点，为两周以来最高水平。这表明交易者们已注意到，为支持经济复苏，美联储已将隔夜拆借利率下调至 1.25%，创 41 年来历史最低。

分析师称，一些投资者本周售出了投资组合中的部分国债，以应对即将到来的企业债券供应量增加。特朗普酒店和赌场度假村（Trump Hotels & Casino Resorts Inc）以及欧洲第四大债券发行商——德国再建设银行（Kreditanstalt für Wiederaufbau）也计划在未来几日发行约 40 亿美元的债券。根据美林公司最新债券指数，投资级企业债券比国债平均收益率高出 1.81 个百分点。[①]

国债收益率低于企业债，因此在企业债开始出售时，一些投资者会减持部分国债，以购买企业债。财经记者应时刻关注这一趋势，因为这可能影响目标公司的债券发行计划。

尽管大多数有关华尔街的报道都聚焦于股票的涨跌，对于任何财经记者来说，掌握债市的动态也同样重要。债券也常常可以广泛而清晰地揭露公司或政府机构背后的故事。假如一家公司发行了大量债券，其可能是为扩大业务规模或进行收购做准备。无论出于何种原因，这家公司急需资金。而财经记者的任务就是挖掘出这背后的原因。

① H. 班杜尔：《经济复苏加速本周国债下跌》，彭博新闻社 2003 年 1 月 3 日。版权归彭博新闻社所有，经许可转载。

钱就是油

本章解释了公司通过股票市场和债券市场募集资金的原因、方式，以及这一过程对创造公司成功业绩的重要性。因利润和销售量增长而取得不错业绩的公司，一般较有可能实现股价上涨。这使得它们能够增发股票，以激励员工。

但募集到的资金进入公司银行账户后又去了哪儿呢？公司有时并不会跟股东详细说明它们的资金使用计划。通常，这些资金有四种用途：偿还过去的贷款和债务；收购另一家公司；建造新工厂或总部等；仍存在银行账户中，必要时取出。

前文中也提到，公司通过上市的方式将股份卖给投资者。S-1 文件一般会解释公司打算如何使用集得的资金。总部位于纽约的克西公司是一家休闲连锁餐厅，于 2002 年成功上市。以下是该公司提交的上市申请文件中的一部分，大致说明了其从股票发行中募集的资金的使用计划：

> 我公司管理层对于本次公开募股集资净额的使用具有自行决定权。我们无法保证公司管理层将有效运用这笔资金，也无法确保其投资能获取较高收益。[1]

这一声明充满不确定性。但在申请文件的其他部分中，公司提供了更多细节，说明了这笔钱的使用计划——增开新店：

> 新建连锁店一直是且在短期内仍将是我公司收入增长的主要来源。我们认为这一策略可实现可控增长，并计划将多数新店设在我公司现有市场，一部分设在新兴市场。此举旨在提高经营效率，为顾客带来便利，从而提高品牌知名度。由于我们不采用物资供应系统，因此业务规模的扩大并不受地理因素或物资供应厨房的约束。我们的选址标准比较灵活，这样可以增强我公司适应各种地区的能力，如商业中心区、城市和郊区、住宅区以及郊区购物中心等。我公司计划于

---

[1]　摘自 S-1 文件，克西公司，2002 年 4 月 17 日，证券交易委员会出版编号：0000950123-02-003869，第 12 页。华盛顿：证券交易委员会。

2002 财年新开 25 家餐馆，2003 财年新开 53～59 家，并且希望大部分能实现 24 小时营业。[①]

再举一例。加利福尼亚州的美国 Impac 医疗系统公司从 2002 年底开始发行股票。该公司对其首次公开募股集资净额的使用计划同样含糊其辞。在以下选段中，该公司提到了多种可能性，但并未给出更详细的说明：

> 我公司管理层对这笔收入的使用可能会违背股东意愿或带来较低的收益。尽管您购买了我公司的普通股，您仍旧无法左右这笔资金的使用途径。目前，我公司打算将其用于一般性目的和运营资本，或未来的战略收购与投资（尽管目前并无具体的收购或投资计划）。在开始使用这笔资金前，我们打算用其购买投资级附息债券。不过，收益可能很小，甚至可能出现亏损。[②]

专家建议

《商业周刊》资深作家罗本·法尔扎德（Roben Farzad）就如何报道金融市场给出如下建议：

记住这些小角色：尽管大多市场报道喜欢实时播报收益预期和买入与持有的狂欢，但是为养老金计划操心的数千万个体投资者才是今天股市应该更加关注的团体。这些投资者的退休金以及孩子的大学教育正越来越多地取决于他们如何操纵变化无常的股市。不要伤害他们，尽可能地帮助他们。

最重要的是，许多公司募集资金是因为它们可以。它们常常不会将这些钱用于特定用途，但会在需要的时候拿出来。

一旦公司宣布启动一个需要花钱的大项目——比如一项新的全国性广告项目，建造一座新工厂或是收购另一家公司——财经记者们应当询问这些钱来自哪里。若公司不告知新项目的费用，记者应问出大致的估算额。若连估算额也不愿透露，则可找来公司内的专家给出大概的数字，然后仔细查看公司财务报表，以确定其是否有足够的资金启动这一项目。如果结果是否定的，则公司可能向银行贷款，或以发行股票或债券的方式融资。

公司用来扩张的经费必须有其来源。大多数时候，这些钱来自买卖股票和债券的投资者们。记者若能在报道中解释清

---

① 摘自 S-1 文件，克西公司，2002 年 4 月 17 日，证券交易委员会出版编号：0000950123-02-003869，第 3 页。华盛顿：证券交易委员会。

② 摘自 S-1 文件，Impac 医疗系统公司，2002 年 6 月 4 日，证券交易委员会出版编号：0000898430-02-002259，第 16 页。华盛顿：证券交易委员会。

楚现金如何被募集和被使用，那么将为读者和听众提供宝贵的信息。

追踪资金用途是最能体现财经记者价值的一个要素。本章解释了资金如何从投资者处流入公司，以及为何公司有时需要资金。在接下来的章节里，我们将讨论公司"花钱"的其他方式。

关键术语

美国证券交易所	债券
买方分析师	分析师普遍预期
息票	股利
道琼斯工业指数	交易所
表格 S-1 文件	首次公开募股
机构投资者	投资银行家
主承销商	到期日
共同基金	纳斯达克
纽约证券交易所	卖方分析师
卖空	股票
收益率	

参考文献

Baeb, E. (2002, December 27). Massachusetts water taps reserves, raises rates and fires 50. Bloomberg News.

Bandur, H. (2003, January 3). Treasuries fall in week on expectations economy growing faster. Bloomberg News.

Bloomberg (1995). *The Bloomberg Way.* New York: Bloomberg Business News, pp. 100 – 101.

Cohn, M. (2002, October 30). Legg analyst accuses Rouse of a misleading 3Q report. *Baltimore Sun*, p. 1C.

Cosi Incorporated. Form S-1. (2002, April 17). (SEC Publication No. 0000950123 – 02 – 003869, pp. 1 – 45). Washington, DC: Securities and Exchange Commission.

Fu, S. (2002, December 24). U. S. stocks fall as durable, retail data lag; Citigroup drops. Bloomberg News.

Holewa, L. (1996, March 17). Flagging crowds make aquarium a Florida flop. Associated Press.

Impac Medical Systems Incorporated. Form S – 1. （2002，June 4）. （SEC Publication No. 0000898430 – 02 – 002259, pp. 1 – 50）. Washington, DC: Securities and Exchange Commission.

Kurtz, H. （2002，January 18）. The Enron story that waited to be told. *Washington Post*, p. C1.

Levick, D. （2001，May 12）. Phoenix lists a loss of $ 157 million for quarter. *Hartford Courant*, p. E1.

Marshall, M. （2000，August 5）. Stock sale jolts Unify investors. *San Jose Mercury News*, p. 1C.

Max Re Capital. Form S – 1. （2001，May 31）. （SEC Publication No. 0000950130 – 01 – 502080, pp. 1 – 83）. Washington, DC: Securities and Exchange Commission.

Odyssey Re Holdings. Form S – 1. （2001，March 26）. （SEC Publication No. 0000947871 – 01 – 000156, pp. 1 – 37）. Washington, DC: Securities and Exchange Commission.

Peltz, J. F. （2002，October 14）. Analysts' tougher ratings take toll on Wall Street. *Los Angeles Times*, p. 4.

Willis Group Holdings. Form F – l. （2001，May 15）. （SEC Publication No. 0000912057 – 01 – 516288, pp. 1 – 96）. Washington, DC: Securities and Exchange Commission.

华尔街类著作

Apostolou, N. G., & Crumbley, D. L. （1994）. *Keys to understanding the financial news* (2nd ed.). Hauppauge, NY: Barron's Educational Series.

Faber, D. （2009）. *And then the roof caved in: How Wall Street's greed and stupidity brought capitalism to its knees.* New York: John Wiley & Sons.

Gasparino, C. （2009）. *The sellout: How three decades of Wall Street greed and government mismanagement destroyed the global financial system.* New York: Harper Collins.

Kansas, D. （2009）. *The Wall Street Journal guide to the end of Wall Street as we know it: What you need to know about the greatest financial crisis of our time—and how to survive it.* New York: Harper Collins.

Sorkin, A. R. （2009）. *Too big to fail: The inside story of how Wall Street and Washington fought to save the financial system—and themselves.* New York: Viking.

Warfield, G. （1994）. *How to read and understand the financial news* (2nd ed.). New York: Harper Collins.

Wurman, R. S., Siegel, A., & Morris, K. M. （1989）. *The Wall Street Journal guide to understanding money & markets.* New York: Access Press.

179

参考练习

1. 列出一份地方股票清单，关注它们一天内的表现。根据单只股票的涨跌和相关指数的表现完成一篇报道，看看和当地报纸上的股市报道都有哪些区别。

2. 仔细阅读一份由卖方分析师发布的某地方公司研究报告。对分析师给出的评级进行分析，并谈谈你认为评级是否合理，字数要求 250 字左右。

3. 谈谈卖方分析师和买方分析师的区别。分别列出 5 种卖方分析师和买方分析师可帮助财经记者的方式。想想双方分析师都会利用记者们来做什么。

4. 仔细阅读近期上市公司的 S-1 注册文件。对其首次公开募股的规模及股价进行评估。列出 5 条文件中有新闻价值的信息。

5. 假如你是一家专门关注银行股票的杂志的主编。你已同一家投资银行股的共同基金经理预约了问答采访。该共同基金是杂志 401（k）退休计划的一部分，且作为主编，你也是计划中的一部分。那么，你认为是应该你本人亲自采访，还是找一名没有投资该项计划的职员来完成采访？如果你找来了一名职员，那么你认为是否应当参与到编辑采访的文字记录这项工作中？

第9章
公司业绩报道

专家建议

路透社记者乔·劳赫 (Joe Rauch) 谈业绩报道:

尽量多读: 这是最简单的方式, 同时也很烦琐。不过, 一页一页细读年度报告、季度报告和收益报告对于了解一家公司来说是极为重要的。假如你完整地读完一份报告, 你会惊奇地发现收获了不少宝贵信息。这些文件中还常常包含有用的信息, 可以据此写成后续报道或者企业深度报道。此外, 这些报告还帮助你对所报道的公司形成一个完整的认知体系。这样的话, 在写报道时如果急需确认某一事实, 你就不用翻阅每份文件了。令人遗憾的是, 由于公司总是把信息表达得很隐蔽, 略读便不起任何作用。但随着你对公司季度报告和年度报告的结构越来越熟悉, 有些样板章节大致阅读即可。不过即使是这些章节, 一旦其内容有变动, 你还得再认真读一遍。

损益表和资产负债表

企业的最终目的都是为了盈利。如果无法实现盈利, 它会改变业务方式, 直至有利可图。不过, 如何确定公司是不是在盈利呢? 通常, 上市公司和私人公司会向证券交易委员会和州监管机构提交重要的财务报表, 以供审阅和分析。其中一个是损益表, 另一个是资产负债表。二者包含同等重要的信息, 且均能反映公司的业绩情况。然而, 财经记者往往给予损益表更多的关注, 而忽略了资产负债表和现金流量表。

损益表是反映公司财务业绩的报表。有经验的读者可以从中看出很多有关公司业绩的线索。它详细说明了公司的销售、开支和利润情况。公司通常每三个月 (即一个财政季度) 提供一次损益表, 并将其与上年同期进行比较。分析师不应将本财季财务数字与上一季度进行比较, 因为对比结果并不一定有效, 尤其当公司的业务具有季节性特点时。例如, 可口可乐公司每年第二、第三季度比其他两个季度销量更高。为什么呢? 很显然, 第二、第三季度天

181

气更热，买饮料的人自然更多。

损益表是衡量公司业务成败和财务健康状况的重要指标。财经记者应仔细审阅损益表中的业绩情况，并比较收入、开支以及利润的增长率。若收入增长率大于利润增长率，一种解释可能是公司正在削减其产品的成本；若利润增长率大于收入增长率，则公司可能正在削减开支；若开支增长率高于收入或利润增长率，则该公司可能开启了一项广告活动，只是其促销效果尚未显现。损益表中共有三种可能的情况供财经记者写作时参照。

表 9-1 为某公司某一季度典型的财务报表。

诸如可口可乐等公司的损益表可以成为很好的学习范本。报表首行为"营业净收入"。举例来说，就是指可口可乐公司在 2009 年 4 月、5 月、6 月共售出了价值 82.67 亿美元的经典可口可乐、健怡可乐、芬达汽水、派伯先生可乐及其他口味产品。这与可口可乐公司上年同期 90.46 亿美元的销售额相比下跌了 8.6%。

第二行是"主营业务成本"，包括可口可乐公司生产软饮料所需的浓缩物和糖浆的成本。本季度可口可乐公司的主营业务成本为 29.13 亿美元，比上年同期 31.62 亿美元的成本减少了 8.5%。应注意到，营业净收入和主营业务成本的跌幅几乎一致。如果可口可乐公司需向原料（如人工增甜剂）供应商支付更高的费用，则主营业务成本的降幅可能为 5% 甚至更小。增长率的每一次变化都有其深层原因，只有明白这一点，记者们才能在采访高管和华尔街的专家们时提出最恰当的问题。

接下来是"毛利润"，实际上就是营业净收入减去主营业务成本，不包括公司运营费用。再下一行便是"销售成本、综合开销及行政管理费用"，也称 SG&A，包括广告费用、高管和员工薪酬、总部大楼取暖费甚至公司电话费等。本季度可口可乐公司这项费用达 28.44 亿美元，同比下跌 8.1%。

182

表 9-1 可口可乐公司及子公司简明综合损益情况（未审计）

第二财政季度	2009 年 7 月 3 日	2008 年 6 月 27 日
（每股数据单位为美元，流通股平均数单位为百万股，其余单位均为百万美元）		
营业净收入	8267	9046
主营业务成本	2913	3162
毛利润	5354	5884
销售成本、综合开销及行政管理费用	2844	3095

续表

第二财政季度	2009 年 7 月 3 日	2008 年 6 月 27 日
（每股数据单位为美元，流通股平均数单位为百万股，其余单位均为百万美元）		
营业收入	2438	2679
利息收入	57	69
利息费用	97	89
股权收益（损失）—净值	310	（843）
其他收入（损失）—净值	20	101
税前收入及会计变化的累积效应	2728	1917
所得税	679	474
净收益	2049	1443
减：非控股权益净收入	12	21
稀释每股净收益	0.88	0.61
每股股息	0.41	0.38
流通股平均数	2323	2343

注：表格来源于可口可乐公司于 2009 年 7 月 30 日提交至证券交易委员会的 10 - Q 报表。

按照美国证券交易委员会的规定，10 - Q 报表是公司提交的有关前三个财季业绩的财务报表。要想快速比较损益表上的数字，可以在 10 - Q 报表中找到"运营成果"这部分内容。在这一部分里，公司会回顾其过去一段时间内的业绩情况，并通常会解释损益表中任何数据涨跌的原因。

举个例子，假设有一家公司的收入或销售额下降了 8.6%，生产成本减少了 8.5%，销售成本、综合开销及行政管理费用降低了 8.1%。通过对比这三组数据的增长率，记者们应当可以悟出该季度公司遭遇了什么。比如可口可乐公司，它的收入下降幅度比销售成本、综合开销及行政管理费用下降幅度大，这就表明公司销售额的下跌速度比其减少开支的速度要快。理想状态下，当销售量下降时，投资者希望公司能够加大力度削减开支（如交通和人员成本）。但有时候，销售额下跌的速度比削减开支的速度更快。

营业净收入减去主营业务成本和销售成本、综合开销及行政管理费用，就能得出公司的营业收入，或算出在税前和会计变化的累积效应前其盈利或亏损的数额。[①] 营业收入可以反映公司核心业务的业绩情况。比如，

183

---

① 按此计算，表 9 - 1 中的营业收入金额不正确。或许其中还有其他方面的小额成本，没有列入表中。——译者注

在上述案例中，可口可乐公司营业净收入相比上一年同期下降了8.6%。比毛利润下降的幅度更大，原因是销售成本、综合开销及行政管理费用的削减速度较为缓慢。

表中接下来的几行反映了公司在投资活动中赚得或亏损的数额。这一信息通常不会对公司盈利造成太大影响，而对某些行业则不然。例如，保险公司通常会将保险费用来投资股票和债券。随后，它们会在表上记录投资的收益或亏损情况。需要注意的是，这里显示的亏损是放在括号内，而非前面带减号。切忌在有括号的情况下将公司的收益报为正值。括号里有数字表示收益为负。比如，可口可乐公司在2008年第二季度因投资其他公司（主要是装瓶公司）而亏损8.43亿美元，但在2009年的同一季度，该投资又使可口可乐公司盈利3.1亿美元。2008年之所以出现亏损，主要原因是可口可乐公司持有一定股权的大型装瓶公司——可口可乐企业公司发生资产减计。

在对利息收入和支出以及投资盈亏进行加减计算后，就能得出公司的税前收益。拿这一数字减去该季度支付的税额，就能得出净收益。净收益是财经记者们最需要关注的数据，其反映了公司该季度的盈利或亏损情况。就可口可乐公司来说，其净收益为20亿美元，比上年同期增长了42%。

像可口可乐公司这样的上市公司会将其净收益数据分解开来，从而更好地显示每股流通股的收益情况，这就是表9-1中的"稀释每股净收益"，但其通常被理解为每股收益，是由净收益除以流通股总数计算得出。如上，可口可乐公司净收益为20.49亿美元，流通股总数为23.2亿股，因此每股收益为0.88美元。

每股收益是公司盈利情况的衡量指标。许多华尔街的分析师会在公司正式公布数据前，就根据预测和计算机模型估算出公司的每股收益。若公司的实际每股收益超过了分析师预期，则公司的股价将上涨；相反，若低于预期值，则股价将下跌。以下一则报道以可口可乐公司为例，展示了这些数字如何能够帮助读者理解公司的盈利情况：

> 可口可乐公司公布的第二财政季度数据显示，尽管美国市场走软，但受益于北美市场外新产品销售强劲，该公司当季收益上涨了44%。

184

总部位于亚特兰大的可口可乐公司公布的数据显示，第二财季净收益达 20 亿美元，合每股 0.88 美元。而 2001 年同期净收益为 14.2 亿美元，合每股收益 0.61 美元。这一结果与华尔街分析师预期较为一致。因美元汇率走低，该公司收入从 90.46 亿美元降至 82.67 亿美元，降幅为 8.6%。

分析师表示，当季收入低于预期使得投资者不免担忧。因此，公司股价下跌了 1.3%，至每股 50.35 美元。

需要注意的是，报道导语部分着重介绍了盈利或净收益的增长幅度。而实际净收益数字在第二段才提及。在第二段中，记者还将每股收益与分析师预期进行了对比。想要更多地了解收益报道和收益预测类文章的撰写，请参考本章"撰写公司收益报道"这一部分相关内容。

资产负债表是反映公司财务状况的另一重要标准，但鲜有记者关注。事实上，资产负债表显示了公司的资产和负债情况，因此记者们应给予更多关注。尽管公司实现净利润，但其负债额很可能大于资产——这反而更能真实地反映公司的状况。通过对资产负债表进行评估，你可以发现许多重要信息。

顾名思义，资产负债表中的公司资产应等于其负债和所有者权益之和。资产通常分为三种：流动资产，房产、工厂和设备以及无形资产。我们先来看一个资产负债表样本，随后再对这些进行详细解释。

我们还以可口可乐公司为例，来看看第二财政季度公司的资产负债表。

表 9 - 2 反映了公司截至 2009 年 7 月 3 日的总资产情况。这些资产的价值每天都可能发生变化，尤其是现金和现金等价物这一项。因此，资产负债表上的数字只能反映当天公司的资产情况。

表 9 - 2　可口可乐公司及子公司简明综合资产负债情况（总资产）（未审计）

第一财政季度	2009 年 7 月 3 日	2008 年 12 月 31 日
（除票面金额外其余单位均为百万美元）		
流动资产		
现金和现金等价物	7647	4701
有价证券	298	278
应收账款（分别减去折让 58 美元和 51 美元）	3746	3090

续表

第一财政季度	2009 年 7 月 3 日	2008 年 12 月 31 日
（除票面金额外其余单位均为百万美元）		
存货	2483	2187
待摊费用及其他资产	2198	1920
流动资产合计	16372	12176
投资和其他资产		
投资权益法	5804	5316
其他投资（主要为装瓶公司）	488	463
其他资产	1859	1733
房产、工厂和设备	8904	8326
无限期商标权	6143	6059
商誉	4092	4029
其他无形资产	2392	2417
资产总计	46054	40519

注：表格来源于可口可乐公司于 2009 年 7 月 30 日提交至证券交易委员会的 10－Q 报表。

　　该报表前部分列出了可口可乐公司截至 7 月 3 日银行账户内的现金存款，并详细说明了公司在季度末的软饮料原料及其他材料的存货价值，即表中的"存货"一栏。还有一大项是"待摊费用及其他资产"，其中包括可口可乐公司已支付但未被使用的用于电视广告的费用等。

　　接下来的一项"投资和其他资产"，如可口可乐公司通过购买股票或增加资金投入的方式在全世界范围内对其他公司进行的投资，其中主要包括一些装瓶和向零售商运货的公司。可口可乐企业公司就是全美最大的软饮料装瓶公司，可口可乐 Amatil 公司则是澳大利亚的大型装瓶公司。

　　可口可乐公司为何会投资这些公司？原因可能是公司高管认识到，这些公司的业务成败也关系到可口可乐公司自身的成败。这种投资对于公司来说非常重要，因此财经记者需要认真评估资产负债表的这一部分。若一公司对其他公司的投资与其自身业务并无关系，那么这部分资产需要着重分析。（比如，为什么饮料公司会投资软件开发商？必须是基于某些合理的商业原因。）财经记者也要看看，究竟这些投资会不会增加公司的价值呢？如果答案是否定的，则公司的投资策略可能需要重新评估了。好好研究，又一篇有新闻价值的报道就诞生了。

　　紧接着，可口可乐公司列出了其房产、工厂和设备价值。这一项包括公司总部和其他建筑物地皮、电脑、公司用车、卡车和自动贩卖机等其他物品。这些物品的价值会随一种称作"贬值"的会计方法有规律地下跌。可以这样理解贬值：假如一位消费者购买了一辆车，一旦车从车行开出来，其价值就立即下降。这就是车辆贬值。但若是辆奔驰，其贬值速度可能没一辆雪佛兰快。其他物品也同样会发生贬值，如电脑和自动贩卖机。

　　最后，公司列出了其商标和其他无形资产的价值。这里，可口可乐公司对其给予装瓶公司的特许经营权价值进行了评估。文件中还可以找到这些资产的详细说明。

　　截至6月30日，除去贬值，所有这些资产总计460亿美元，比公司2008年上半年资产总额增加了55亿美元。尽管这些数字看起来很让人欣慰，但寻找这些资产增加或减少的原因似乎更有意义。通常，公司会在财务文件中给出解释。比如可口可乐公司就在文件中解释道，其资产价值的增加部分是由于其房产、工厂和设备价值的增加。现在，我们再来看看资产负债表的另一部分，即负债和所有者权益（见表9-3）。这两者之和应等于资产价值。

186

　　负债部分中的"应付账款和预提费用"一栏列出了公司应对其软饮料和其他产品原料的供应商和销售商支付的费用。"借款和应付票据"为公司欠银行和其他贷款人的钱。

表9-3　可口可乐公司及子公司简明综合资产负债情况（负债和所有者权益）（未审计）

负债和所有者权益	2009年7月3日	2008年12月31日
（除票面金额外其余单位均为百万美元）		
流动负债	13567	12988
应付账款和预提费用	6356	6205
借款和应付票据	6382	6066
一年内到期的长期借款	49	465
应交税费	780	252
长期借款	5017	2781
其他负债	3051	3011
递延所得税	902	877

负债和所有者权益	2009 年 7 月 3 日	2008 年 12 月 31 日
（除票面金额外其余单位均为百万美元）		
权益总计	23517	20862
所有者权益	23076	20472
普通股，票面金额 0.25 美元	880	880
发行 5600 股：分别 3520 和 3519 股		
资本盈余	8111	7966
再投资收益	39999	38513
其他综合收益累计	(1740)	(2674)
库存股份，按成本计算——分别 1205 和 1270 股	(24174)	(24213)
非控制性权益	441	390
负债和所有者权益总计	46054	40519

注：表格来源于可口可乐公司于 2009 年 7 月 30 日提交至证券交易委员会的 10 – Q 报表。

以上两项均属于流动负债或短期借款，即公司一年内必须偿还的债务。在这一部分，可口可乐公司列出了其长期借款（通常还款期限在一年以上）数额。需要注意的是，该公司在六个月内长期借款增加了一倍以上。一旦发现如此大幅度的增长，那么你应当去找找背后的原因。以可口可乐公司为例，其长期借款的增加部分是由于其发行了债券，以偿还短期借款。

最后，可口可乐公司列出了所有者权益（通常也称公司账面价值）。其实质上是指公司售出所有财产、停业、对投资者进行赔偿时股东所能获得的数额。大部分公司都会随后讨论这些数字的增减。但由于公司通常用其资产偿还负债，因此比较资产负债表中的"流动资产合计"和"流动负债合计"这两栏非常重要。若负债大于资本，则公司可能需要借钱来偿还负债。显然，若资产负债表中的任何数字出现大幅涨跌，记者都有必要对其进行仔细研究。因为这一现象很可能表明，该公司内部正发生着大事，因此很有新闻价值。

安然公司的破产案可能让许多读者无意中听过"表外交易"这个词。表外交易是指未纳入资产负债表内的公司交易，可能包括与另一公司建立合资公司，或贷款给另一个刚起步的公司。例如，石油公司建立子公司进行新油井的勘探。按照公认会计原则，这些交易可以不被纳入公司资产负债表，但多数必须在脚注中做详细说明。由于这些脚注是由会计师编写，并经律师审查，因此读起来可能较难理解。查看资产负债表时，若遇到脚注，最好请教那些明白其内涵的会计师、律师或专业人士。安然公司当时就是利用表外交易掩盖其业务亏损的事实，从而提高盈利的。

私人公司的财务报表

本章第一部分评估了上市公司的财务业绩。可口可乐公司的股票正在纽约证交所进行交易，鉴于任何人皆可购买，其被视为上市公司。然而，可口可乐公司的财务报表和私人公司财务报表的构造十分相似。因此不论是上市公司还是私人公司，理解公司损益表和资产负债表中数字的来龙去脉对于任何类型的财经报道都非常关键。许多初出茅庐的财经记者单纯地认为私人公司就是私人的。他们认为，既然投资者没有这些公司的股份，他们就无权披露公司的财务业绩。这大错特错。许多财经记者惊奇地发现成千上万家私人公司，如银行和保险公司，都需要向州和联邦监管机构提交文件，公开其财务业绩。

举个例子，美国大众超级市场公司（Publix Super Markets Incorporated）是全美最大的连锁商店之一，该公司从20世纪90年代起就开始走出佛罗里达州，在佐治亚州、亚拉巴马州和南卡罗来纳州都开起了分店。尽管这是家私人公司，聪明的报社记者们还是钻研起该公司向证券交易委员会公开的财务报表来。为什么大众超级市场公司会公开这些信息呢？因为按照相关规定，资产超过1000万美元且股东人数超过500人的公司必须提交年度和其他定期报告，而大众超级市场公司恰恰符合这一标准：其股票由成百上千位商店雇员和詹金斯家族持有。因此，该公司递交财务信息便成了一大新闻。公司的竞争对手也想知道其业绩情况如何，其成千上万名员工更不例外。不过，很少有记者会主动寻找这些信息。以下是一篇来自彭博社的报道：

> 美国大众超级市场公司称，其去年利润仍保持在5.304亿美元。而由于公司流通股数量的减少，每股收益从一年前的2.52美元增至2.62美元。销售额也从2000年的146亿美元上升至153亿美元，涨幅4.8%。

公司在报表中特地表示，上一财年比本财年实际上还多出了一周。

同店销售额上涨了 3.2%。同店销售额涵盖营业时间至少为一年的连锁店，由于其销售额不包括新开或关门歇业的店面销售额，因此是反映零售商业绩情况的重要指标。

188

这家总部位于佛罗里达州雷克兰市的公司，目前在佛罗里达州、佐治亚州、南卡罗来纳州和亚拉巴马州共有 691 家连锁店，其股份也由詹金斯家族成员、公司员工和主管共同持有，每股估值为 41 美元。①

这篇对私人公司的报道中所包含的信息同样适用于上市公司。导语部分重点介绍了公司的利润情况，与关于可口可乐公司盈利的那篇报道有异曲同工之妙。销售额或营业收入，对于私人公司和上市公司来说均为重要的"晴雨表"。不管属于哪一类，任何公司都以不断扩大利润为奋斗目标；且若其销售额和利润持续增长，则表明公司业绩良好。

类似的财务信息也可从其他行业内的私人公司监管机构处获取。例如，州行政长官也会对保险业实施监管。按照要求，在某一州内开展业务的保险公司须向该州行政长官提交财务信息。（有关监管机构处可获取的信息，请参考第 15 章。）

尽管上市公司和私人公司公布的财务信息十分相似，但是记者们应以不同的方式对两者提供的数据进行解读。上市公司的职责之一是为其股东努力提高股价。为完成这一目标，许多上市公司会通过削减销售成本、综合开销及行政管理费用来增加利润。然而，私人公司可能并不会如此热衷于提高利润。私人公司的管理层常常并不希望公司上市，因此他们实际上更可能降低一或两年的盈利，并将这笔钱用来新建工厂或公司总部大楼。许多私人公司，尤其是股东人数很少的私人企业——有些规模更小的公司甚至可能只有一位股东——其实并不担心每股收益的变化。

公司为何要公开财务信息？

假如没有一家公司——不论是上市公司还是私人公司——曾公开其损

---

① S. 伊拉姆：《大众超级市场公司年利润保持 5 亿 3040 万美元不变》，彭博新闻社 2002 年 3 月 1 日。版权归彭博新闻社所有，经许可转载。

189

专家建议

路透社记者乔·劳赫（Joe Rauch）谈业绩报道：

你的一站式服务——年度报告： 当记者面临截稿压力时，年度报告十分有助于记者快速找到与公司或高管有关的新闻素材。证券交易委员会规定，年度报告必须全面回顾公司在指定年份的业绩情况。年度报告通常篇幅很长，但其中的信息极为宝贵。你可以发现，从公司官方网站上的公司历史或公司简介一栏永远无法找到的信息其实就隐藏在年度报告中。有时，这类信息会被更新的季度报告取代，但年度报告可以向记者或投资者全面展示公司的基本情况。

专家建议

路透社记者乔·劳赫（Joe Rauch）谈业绩报道：

不能只看数字： 众所周知，公司发布的收益报告总是尽可能地给出最好的季度业绩。毕竟，它们也希望报告上的数字看起来"好看"。但收益报告的前几句通常反映的不是真实情况。举个例子，美国银行2009年第二季度报告称，金融危机之后的一年尽管艰难，公司仍实现了净利润。该份报告还列出了第一季度的亏损状况。大部分媒体对此信以为真，只有《纽约时报》的记者

益情况，或其每季度或每年销售额的情况，那么那些潜在投资者如何确定这些公司的股票是否值得购买呢？他们会直接相信公司的话吗？消费者又如何确定购买 A 公司还是 B 公司的产品呢？显然，有些公司的话的确不可信。公司高管们清楚地明白，通过发布公司业绩相关的财务信息，他们可以打消顾客对于公司可能破产的疑虑；若同时还能展现出提高收入和利润的能力，他们还可以说服更多的投资者来购买公司股票。

按照商业规则，公司须向大众公开其财务业绩的详细信息。股票在交易所中交易的公司须定期向证券交易委员会提交文件，公开其损益情况、销售额及许多其他财务指标。私人公司也会公开财务信息，尽管获取这些信息并不容易。令很多记者意想不到的是，不少私人公司会直接将结果递交至证券交易委员会。有些私人公司则会向其贷款人、评级机构和州监管机构公开财务业绩信息。简而言之，所有公司都会记录其开支的去向和盈利的来源。通过仔细研读公司提交至证券交易委员会和州监管机构的财务报表，记者们便可以找出这些关键信息。

阅读并评估公司的财务报表是财经记者需具备的基本能力。记者应能够分析公司的业绩情况，并与公司竞争对手的业绩进行比较。有人说，对公司财务报表中的数字进行评估是财经记者的首要职责。若不能正确理解报表中的利润、销售额、收入及其他指标，记者则无法：（a）就公司业绩问题对其 CEO 进行采访；（b）正确解释为何该公司想收购其竞争对手；（c）理解董事会成员关于管理人员变动的意见。

正如前文所言，美国证券交易委员会负责监管所有定期进行股票或债券交易的公司。由

于有义务保护投资者，证券交易委员会通常会要求公司提交大量信息，以供公众查阅。这为财经记者们提供了一个丰富的宝藏——假如他们知道该寻找哪些信息以及该在哪里找到这些信息。

证券交易委员会为什么要求提交这些文件？如果按照委员会的要求，公司定期提交运营情况的文件，投资者和潜在投资者们便可对公司业绩直行评估，判断其是有所改善还是有所退步。若利空消息被公布（通常在向证券委员会提交的文件中公布，而非在新闻稿中公布），则公司股价可能会下跌。而利好消息则有可能选择在新闻稿中宣布，随后会促使股价上涨。

华尔街的专业投资者们每天都会阅读这些文件，以获取此类信息。这也是优秀的财经记者也会查阅 SEC 文件的原因。如果记者能最先发现这些信息，并写出报道，那么他便抢到了独家。但抢独家新闻绝非易事。记者需要能够理解这些信息的含义，并分析其重要性。最重要的是，他们需要找出真正有新闻价值的信息，并写出一篇言之有理的报道，为那些没有时间通读文件的读者提供信息。

> 弗洛伊德·诺里斯在当天上午晚些时候的一篇报道中写道，这一"利润"数字仅得益于一次性收入，因此不能真正反映公司核心业务的业绩——该业务实际亏损了数十亿美元。

> **专家建议**
>
> 路透社记者乔·劳赫（Joe Rauch）谈公司收益报道：
>
> **阅读"管理层讨论与分析"（MD&A）这一部分内容**：管理层讨论与分析和与分析师（有时是媒体）进行的电话会议是了解管理层对公司业绩看法的主要渠道。管理层的视角自然具有一定价值，且比分析师电话会议的内容更为坦诚。其中包含各种季度业务相关的有趣事项，因此应仔细阅读。

公司财务健康状况评估

190

本章和前几章简要介绍了如何判断公司盈利或亏损。实际上，利润和收入持续增长的公司（不论私人公司或上市公司），通常财务状况较为健康。本节将讨论公司公布的可用来衡量财务状况健康程度的一些指标。

除损益表和资产负债表之外，现金流量表是公司须向证券交易委员会提交的另一份财务报表（见表 9 - 4）。财经记者可用这份报表来分析公司资金的来源及用途。

正如本章第一部分所示，评估损益表和资产负债表只需简单的加减法及除法，并不需要复杂的公式或运算法则。这种方法对于现金流量表同样适用。现金流量表反映的是一家公司在经营活动、投资活动和融资活动中的现金流入流出状况。检验一家公司财务状况是否健康的基本标准是公司能否创造正向现金流，即流入的现金是否多于流出的现金。若流入大于流出，则表示公司财务状况较为健康。

表9-4也是以可口可乐公司为例，展示了现金流量表的大致结构。

经营活动现金流量反映了公司在出售产品或服务过程中产生的现金流量。若该现金流量出现增长，则表明公司财务状况健康；反之，则表明公司的产品或服务出售可能出现了一些问题——这是值得财经记者们深入研究的话题。

专家建议

路透社记者乔·劳赫（Joe Rauch）谈公司收益报道：

专注于核心业务：注意关键数据——净收益、收入、成本等——但更要关注于核心业务的业绩。尽可能地发现并提取出报道中那些可导致利润或损失大幅波动的、独特的一次性因素。除了报道大多数人最为关注的净收益，记者还应告诉读者公司的核心业务进展如何。工厂生产的小装饰品数量是增加了还是减少了？举一个我职业生涯初期报道过的一家化工制造公司的例子。该公司位于美国南部的一座工业港口城市。它在某一季度发布报告称，当地工厂是公司在全球范围内利润最大的工厂之一。我认为这种说法很是奇怪，毕竟我每天上班开车经过工厂时，它的停车场总是空空如也。在深入研究公司的收益报表和投资者电话会议后，我发现该公司公布的利润主要是来自闲置的工厂和出售工厂前几个季度的化工品存货，而公司却并无重新开始生产的计划。所以，这家工厂的盈利能力真有那么强吗？

表9-4 可口可乐公司及子公司简明综合现金流量状况（未审计）

（以百万美元统计）	满六个月	
	2009年7月3日	2008年6月27日
经营活动		
合并净收入	3408	2954
折旧和摊销	585	637
股票补偿支出	107	152
递延所得税	(83)	(222)
股票收益或损失（扣除股利）	(191)	856
外汇调整	1	43
资产出售收益，包括装瓶业务权益	(15)	(111)
其他经营费用	106	159
其他项目	141	34
经营资产和负债净变化	(397)	(1198)
经营活动产生的现金净额	3662	3218
投资活动		
收购和投资（主要为饮料、装瓶公司及商标权）	(248)	(621)

续表

（以百万美元统计）	满六个月	
	2009 年 7 月 3 日	2008 年 6 月 27 日
购买其他投资品	(17)	(140)
处置装瓶公司和其他投资品的收益	45	387
购买房产、工厂和设备	(980)	(896)
处置房产、工厂和设备的收益	32	46
其他投资活动	4	10
投资活动产生的现金净额	(1164)	(1234)
融资活动		
债券发行	8058	4317
债券支付	(6087)	(2478)
股票发行	74	459
购买库藏股	(4)	(1031)
股利	(1889)	(884)
融资活动产生的现金净额	142	383
汇率变动对现金及现金等价物的影响	306	111
现金及现金等价物		
期间净增加额	2946	2478
期初现金及现金等价物余额	4701	4093
期末现金及现金等价物余额	7647	6571

注：数据来源于可口可乐公司 2009 年 7 月 30 日提交至证券交易委员会的 10 - Q 报表。

投资活动产生的现金流量反映了公司如何使用其多余的现金进行投资，以扩大业务规模。以可口可乐公司为例，该公司就有购买装瓶公司和房产、工厂及设备（按括号中价值计算）的费用开支。财经记者应留意公司的投资费用。若费用大幅增长，那么应考虑为何公司认为需要增加费用以扩大业务规模；相对于去年同期而言，这又意味着怎样的商业机会。

现金流量表的最后一部分显示了公司筹资活动中使用的现金量。它反映了公司如何获取额外资金来发展业务，以及公司是否正在偿还其债务。公司必须按时偿还债务，否则利息将不断增加，使得债务越来越多，偿还也越来越难。通过发行债券融资的公司最终都需要偿还债务；若未能偿还，一些公司还将面临破产的命运。

191

财务稳健的公司整体现金流为正。若现金流量为负，则表明公司用于业务经营的花费大于其产品和服务的销售收入。一般来说，财务状况健康的公司，其现金流量是不断增长的。以可口可乐公司为例，其在2009年上半年的现金流量为29亿美元，而2008年同期的现金流量为25亿美元。

华尔街的投资者和财经记者们也通过其他方式衡量上市公司的财务业绩。其中之一便是分析公司的利润率。各行业利润率有高有低——杂货零售商的利润率可低至2%。然而，不论高低，利润率为净收益与收入之比。我们再来看一看可口可乐公司的利润率，净收益20.49亿美元，除以82.67亿美元的收入，得出的利润率略多于24.6%。透过这一信息，投资者和记者们可将可口可乐公司与其竞争对手百事可乐公司的利润率进行对比。他们将发现前者的利润率（24.6%）高于后者（15.7%）。营业利润率是衡量公司财务健康状况的另一指标，为营业成本与销售额之比。同样，应将某一特定公司的营业利润率与其竞争对手乃至整个行业的营业利润率进行比较。

同一行业内的不同企业还可比较股本回报率（ROE），即净收益与股东股本之比。该指标反映了公司对股东投入资本的运用效率。许多业绩不错的公司股本回报率可高达20%，即对公司投资的每一美元可创造20美分的利润。

资产收益率（ROA）或投资回报率也是衡量业绩的类似指标，即公司净收益与利息支出之和除以总资产。这三组数据在损益表及资产负债表中都可获取到。一般来说，公司在决定是否启动新项目时会参考资产收益率。比如，若资产收益率为5%而贷款利率为7%的话，公司就可能不会通过贷款来建造新厂。

投资者在检验公司业绩时最常用的指标之一是市盈率（P/E），市盈率由股价除以每股盈利得出。举例来说，若一家公司股价为60美元，且其每股盈利为2.50美元，那么该公司市盈率为24。然后将该数字与公司竞争对手乃至整体股票市场的市盈率进行对比。

若竞争对手市盈率为30，则说明在一定因素的作用下，其股价才能上涨——如实力更强的管理团队。还有一种可能，即市盈率较低的公司因过去的一些财务问题而无法得到投资者的信任。通过这样的比较，财经记者可以更好地评估公司的战略及其在同行中的地位。市盈率较高的公司一般具有更大的发展潜力。此外，某些行业普遍比其他行业拥有更高的市盈率——因此，应在同一行业内进行市盈率比较和评估。

华尔街的专家和财经记者们使用的另一重要指标是市净率（P/B）。市净率为每股股价与每股净资产的比率。公司每股净资产通常在向证券交易委员会提交的文件中会有提及，由资产除以流通股股数得出。若一家公司股价为每股 60 美元，而每股净资产为 50 美元，则说明该公司股票市价高于每股净资产。也就是说，每股股价是每股净资产的 1.2 倍。

市净率也是记者评估股票市场中公司相较于竞争对手的表现情况的一项指标。投资者们通常认为股价若低于每股净资产的个股估值便宜。但导致这一现象的原因有多种，比如公司持续亏损或收入持续下跌。投资者由于担心公司可能陷入困境，便考虑售出股票，使得其股价走低。总的来说，股票市场中每股股价是略高于每股净资产的。有些公司的股价甚至达到每股净资产的三至四倍。微软公司就是很好的例子：由于公司业绩保持强劲，因而其股价一直高企。

撰写公司收益报道

本章首先介绍了 10 - Q 文件和 10 - K 文件的内容，随后回顾了公司发布的季度收益报道中的内容——毕竟这两份文件中的信息和分析要比公司发布的收益报道更为详细具体。前者全面、如实地展示了公司财务的健康状况，而后者提供的仅是公司自身对其业绩的解释和评价。两者常常并无关联。

然而对于财经记者来说，令人遗憾的是，企业很少在发布其季度收益报告前向证券交易委员会提交季度 10 - Q 文件或年度 10 - K 文件。这就导致了大部分关于公司的收益报道是基于公司发布的收益报告完成的。而当

> **专家建议**
>
> 路透社记者乔·劳赫（Joe Rauch）谈公司收益报道：
>
> **做足功课：** 在公司公布业绩报告前几日或几周试着联系公司内部或竞争对手公司的消息人士。鉴于证券交易委员会的规定，不得对外泄露公司的实际盈利数据，但你可以在业绩报告出来之前就对公司的业绩情况有个大致的了解。这个季度表现得怎么样？竞争对手是否占了上风？员工们有无注意到公司的销售额在减少？这一准备工作将为你解答以上所有问题。它让你对公司收益有更深入的了解，并获悉有关公司的最新观点。最重要的是，它赋予你竞争优势，让你在业绩报告发布时为读者提供更多的背景知识和观察视角。在这一过程中，不要过分依赖分析师的预期。毕竟在 2008 年的金融危机中，我们就足以看出分析师们的后知后觉——他们是最后一批意识到许多公司正遭遇致命性财务问题打击的人（极少数分析师除外）。

193

企业向证券交易委员会提交 10 – Q 文件或 10 – K 文件时，记者们又常常忘了关注，从而错过了一则好新闻。考虑到这两份文件包含的信息十分重要，本节将对其进行重点介绍。

很多公司偏向在股市上午 9：30 开市前，或在下午 4 点闭市后发布收益报告。因此对于大多数记者，尤其那些来自美联社、路透社、道琼斯通讯社或彭博新闻社的记者来说，这就意味着他们在收益季早上和下午的这段时间都会相对较忙。这里，有必要再次说明一点，即公司可利用其发布的收益报告制造"业绩好"的假象。有时，公司试图强调收入方面的强劲增长，从而掩饰当季度公司用于广告投入等开支的大大增加而导致收益低于预期的事实。而有时，公司又会忽略销售额惨淡的事实，大肆吹嘘其强劲的收益增长。因此，记者们需要以大局眼光看待收益报告。尽管华尔街的分析师和投资者将焦点主要放在公司是否"实现"了收益预期上，但事194 实上，关注公司的整体业绩可能会写出更好的报道。让我们看一篇典型收益报告的开头：

> 世界上最大的家居建材用品零售商美国家得宝公司 2002 财年第三财政季度净收益为 9.4 亿美元，合摊薄后每股 0.40 美元，净收益较 2001 财年同期增长 21%（2001 财年净收益 7.78 亿美元，合摊薄后每股 0.33 美元）。当季销售额增长 9%，至 145 亿美元，同店销售额下降 2%。

> "由于对设施和零售人员的持续再投资，家得宝公司第三季度业绩表现不俗。一年前我们启动的运营计划开始显现成果，这一切都归功于我们敬业的零售人员、忠诚的顾客和销售伙伴。"家得宝公司主席、董事长兼首席执行官鲍勃·纳德力（Bob Nardelli）说道，"目前的零售环境，加上销售业行情变化及我们商店内部的重置，或多或少都影响了顾客流量。然而这一季度，我们发现顾客对家用电器、地板材料和电动工具的需求量大大增加，从而带动了整体销售额。"

> 纳德力还补充道："在第四季度和下一财年，我们将努力通过一系列活动让我们的顾客购买到价格低廉、品种更多的商品和更贴心的服务。尽管我们对明年经济形势仍持谨慎态度，出色的资产负债表和运营业绩将保证我公司战略的继续实施。"

> 纳德力表示："今年我们计划新开 200 家连锁店，并新招 4 万名零售人员。至本季度末，我公司财务状况良好，现金结余 40 亿美元，股

票价值超过 200 亿美元。"本季度，家得宝公司新开 34 家店面（包括墨西哥的两家）；而到本季度末，公司总共经营 1471 家门店。

家得宝公司再次证实公司 2002 财年第四季度预计摊薄后每股收益为 0.31 美元，连续 13 周实现同比增长 15%。该公司还表示，本财年实现摊薄后每股收益 1.57 美元，这一数据相对于上一财年（共 52 周）增长了 25%。[①]

这篇收益报告开篇就列出了所有人都关心的一组数据：净收益和每股净收益。家得宝公司本季度净收益比去年同期增长了 21%。不过应当注意的是，报告中未将本季度收益与上季度进行对比，而是与上年同期进行对比，这样做是为了更真实地反映公司的业绩状况。

财经记者应警惕那些试图比较环比收益（连续两个季度）的公司，因为这不是华尔街专业人士及记者们评估收益的方式。此外，记者还应学会核对公司的数据。例如，家得宝公司给出的收益增长率是 21%，那么就应当考虑：这一增幅是否与净收益增长率或每股净收益增长率一致？若计算发现实际净收益增长率为 20.8%，每股净收益增长率为 21.2%，则表明公司给出的收益增长率可如实反映净收益增长率和每股净收益增长率。

> **专家建议**
>
> 路透社记者乔·劳赫（Joe Rauch）谈公司收益报道：
>
> **尽量将当前数据与上年同期进行对比（除非同比对照无法说明问题）：** 当前经济形势下，有些公司为了显示良好的业绩表现，通常选取环比（即将本财季与上一财季收益进行对比）对比业绩表现。而通用标准是将本财季与上年同期数据进行对比，以消除季节性及其他因素的影响，从而实现合理的同期比较。
>
> 但有时也有例外。例如，在当下的银行体系危机中，投资者正密切关注银行每季度不良贷款的变动情况，以判断银行财务状况是否健康。在这种情况下，同比和环比的对比结果都是合理的。总的来说，要时常向可靠人士核实企业是如何以及为何给出这样的数据的；再将该公司的数据与同行业其他公司进行比较，以确认是否符合行业标准。

但是，有些公司的净收益增长率和每股收益增长率可能并不那么一致。英特尔公司在发布的一份收益报告（2002 年）中首段就表示，公司第三季度收益相比上一季度或上年同一季度均上涨了 3%。而报告的第二段才给出净收益的增长情况——净收益相比去年同期猛涨 547%，而每股净

---

① 美国家得宝公司：《2002 年第三季度收益报告》，2002 年 11 月 19 日。版权归家得宝公司所有，经许可转载。

收益则上涨400%。为何会出现这样的现象？事实上，英特尔公司在最新季度扩大了流通股股本数量。公司常常发行更多股票或进行股票重购，使得每股净收益增长率大于净收益增长率，因此净收益增长率成了更能衡量公司收益增长情况的指标。记者应小心避免掉入此类陷阱，而应该聚焦于净收益的增长或下降情况。

英特尔公司在提利润前首先提到了收入，而家得宝公司则相反，先提利润增长再提收入。在某些行业，收入和销售额是比利润更能反映公司业绩的重要指标，比如计算机行业。然而，大多数公司的成功与否仍以利润来衡量。

其他一些指标在收益报告中也发挥着重要作用。对于诸如家得宝和沃尔玛等零售商，多数专家更倾向于以同店销售额（在家得宝发布的收益报告首段亦有提及）来衡量公司的业绩。该数据反映了营业时间至少为一年的店面销售业绩。以家得宝公司为例，其同店销售额下跌2%，但整体销售额却增长了9%。这主要是因为公司当季新开了多家连锁店，从而带动了总销售额的增长。

在其他行业内，也有类似的衡量企业业绩的指标。记者们一般会试图从收益报表中寻找这些指标。可口可乐和百事可乐等饮料公司在某一季度的软饮料销量出现了增长或下降；安海斯-布希和康胜公司某一季度啤酒销售额出现了增长或下降……家得宝公司在发布收益报告时，也发布了一张表格，其中披露了某一店面内平均购买数量等信息。

财经记者们一般通过传真以及越发普及的电子邮件接收公司发布的收益报告。以下展示了彭博新闻社亚特兰大站的一名记者是如何接收来自家得宝公司的收益报告，并解释其中的重要信息的。这则报道在上午9：50由彭博社登出，而此时离收益报告的公布仅不到两个小时。报道中提到的电话会议从上午9点开始：

> 世界上最大的家居建材用品零售商美国家得宝公司称，由于控制了开支，公司第三季度净利润增长了21%。同店销售额则出现下降。
>
> 当季净利润由上年同期的7.78亿美元（合每股33美分）上涨至9.4亿美元（合每股40美分）。家得宝公司在一份声明中称，截至11月3日的三个月销售总额增长8.9%，至145亿美元。但公司股价足足下跌了12%。

家得宝公司同店销售额下降2%，创下纳德力出任首席执行官两年以来的第二大跌幅。公司此前预期同店销售额将增长4%，但由于美国市场的饱和而出现负增长。规模较小的竞争对手——劳氏公司也开始进军家得宝在波士顿等大型城市的市场。

"我对公司的销售业绩有些失望，"纳德力在电话会议中对投资者说道，"一年前启动的运营项目的确有助于扩大毛利率。尽管这些项目也有缺陷，但这总比什么也不做好。"

纳德力表示，公司今年将不会实现15%~20%的收入增长预期。首席财务官卡罗·托梅（Carol Tome）在电话会议中称，第四季度同店销售额预计也将下跌3%~5%。

为吸引顾客，家得宝公司扩大了店内家用电器和家居装饰销售区。但发言人鲍勃·布尔顿（Bob Burton）称此举反而使得销售额下滑。一份监管文件显示，这项业务调整导致第二季度该公司同店销售额减少了2%~3%。

"家得宝已经远远落后于劳氏公司了。后者正努力在市场中立足，"Arnhold & S. Bleichroeder Inc. 分析师芭芭拉·艾伦（Barbara Allen）说道，"我觉得纳德力并不明白家得宝公司到底最需要什么。"芭芭拉·艾伦本人并不持有家得宝公司股份，并将公司评级定为"中性"。

托梅表示，木材价格的下跌使同店销售额下降1%；而家得宝新店也影响了老店的销售业绩，使整体销售额下降了4%。

在纽约证交所交易中，总部位于亚特兰大的家得宝公司股价在上午9：45跌至25.88美元，跌了2.72美元，盘中一度跌至25.05美元。今年一年，家得宝股价累计下跌44%，创道琼斯指数30家成分股中的最大跌幅。

家得宝公司在一份声明中重申，第四季度盈利预期为每股31美分，比此前 Thomson First Call 给出的分析师平均预期低1美分。第三季度盈利水平达到分析师平均预期。

家得宝公司2001年第一财季同店销售额下跌3%，为纳德力在任期间最大跌幅。①

---

① 玛克辛·克莱顿：《家得宝公司控制成本第三季度收益上涨21%》，彭博新闻社2002年11月19日。版权归彭博新闻社所有，经许可转载。

专家建议

路透社记者乔·劳赫（Joe Rauch）谈公司收益报道：

使用网络数据库进行多向比较： 充分利用数据库资源。有时公司会提交修正后的季度或年度报告。一些证券交易委员会的文件呈报服务，如晨星数据检索（前身为 SEC 文件研究和提醒服务提供商 10－K Wizard）就可以对原始文件和修正后的文件进行比较，并标注所有的不同之处。此外，手动操作虽然耗时，但也很有帮助。有一次，我关注的一家公司在首次提交文件短短几周后又提交了一份修正后的季度报告。这本身并不正常。在简单地浏览文件后，我发现更改之处为公司关于税收收益或损失的会计处理。仔细阅读后，我又发现有一句话提道，公司正在废除针对高管的竞业禁止协议。这无疑又是一条有趣的新闻。

这篇报道的作者玛克辛·克莱顿（Maxine Clayton）一毕业就加入了彭博社。从这篇报道我们可以看出，作者清楚地明白家得宝公司发布的信息中哪些属于重要信息，而且她对整个零售业也有充分的了解。导语部分她就解释了为何该公司利润增速比销售额增速更快——公司削减了运营支出。此外，报道还解释了同店销售额出现下滑的原因。克莱顿在评论电话会议时还补充道，她清楚读者们想要了解什么内容，如下一财政季度的销售预测。

另外，报道还提到了投资者对于这一业绩表现的反应，其中记者引用了一位分析师的评论，并描述了公司股价是如何在收益报告发布后出现下跌的。还应注意在倒数第二段中，作者告诉读者，家得宝公司的收益报告符合分析师预期。这是在撰写公司经营业绩报道时的一大重要指标。若收益低于或高于华尔街预期，克莱顿早就会提出来。文章最后记者写道，家得宝公司下一季度收益预计为每股 31 美分，比收益报告公布时分析师们给出的预期要低 1 美分。而这可能就是导致公司股价下跌的原因。

类似这样的收益预期值得财经记者持续关注，毕竟公司的股价可能根据公司发布的信息大幅上涨或下跌。一旦公司发布下一季度或财年的预测报告，记者们应将其与华尔街方面给出的预期以及公司早前发布的收益预期进行比较。其中的原因很简单，也很重要。若公司发布的收益预期高于此前发布的预期或华尔街预期，则其股价很可能在当日出现上涨。许多投资者就是根据公司的年度收益预期来决定是否购买该公司的股票的。收益预期越高，投资者出高价购买股票的可能性就越高；反之亦然，若公司发布的收益预期低于此前预期或华尔街的预测，则股价很可能下跌。记者在报道新发布的收益预期时，应重点强调为何收益预期出现上涨或下跌——在多数情况下，是因为公司实际业绩高于或低干预期。

企业通常是这样发布此类信息的：

联合健康集团（United Health Group）预计在 2003 财年将保持强劲的增长势头和经营业绩，总体营业利润率将上涨，且各业务部门利润率均将保持稳定或有所增长。

在上周的年度投资者会议上，公司管理层提供了 2003 年的关键数据：

· 公司所有业务总收入约为 290 亿美元，收入有机增长率为 13%。

· 营业利润达 25.7 亿美元或以上。

· 毛利润率从 2002 年的 8.7% 增长至 2003 年的 8.9%。

· 每股收益增长到至少 5.05 美元，达到公司收益预期区间的上限，相比 2002 年每股收益预测（4.2 美元）高出 20%。

· 经营活动产生的现金流量由 2002 年的 23 亿美元增长至 2003 年的 26 亿美元以上。

· 净资产收益率达 34% 或以上。①

这份收益报告的第四条重磅信息便是收益预期。该预期表明这家管理式医疗保健公司预计 2003 年收益将高于预期。报告是在早上 6 点后不久发布的。尽管在这个时间点新闻编辑室的记者都还没有上班，但许多公司仍喜欢早早地发布报告，因为高管们知道编辑们会在一天繁忙的工作开始前就分配好写作任务。

专家建议

前《坦帕论坛报》和《布雷登顿先驱报》（佛罗里达站）财经记者米歇尔·莱德（Michelle Leder）于 2003 年 8 月创建的博客网站 www. footnoted. org 堪称最能挖掘 10－Q 和 10－K 文件中有趣且有价值的新闻。自创立以来，网站引起了全国众多投资者、分析师和财经记者的关注，并常常在报道中得到记者们的大力推荐。在 2009 年的委托书征集季，《纽约时报》旗下博客 Dealbook 就引用了该网站中的内容。

2009 年 10 月，莱德上传了一份微软公司发布的关于大选捐款的委托书。在最近的 9 月，该博客在谈及 First Marblehead 公司时，提到了公司支付给前高管们的解雇补偿金。正是在这些高管的任期内，公司股价出现了大幅下跌。

虽然莱德的网站大部分内容为免费，不过她最近又启动了一个名叫 FootnotedPro 的付费网站，订阅者一年缴纳 2500 美元便可获得更多莱德和她的团队每天审阅的、提交至证券交易委员会的信息和数据。

---

① 摘自联合健康集团于 2002 年 11 月 26 日提交的收益报告。版权归联合健康集团所有，经许可转载。

一位路透社的记者利用联合健康集团发布的报告解释了公司为何会公布此类信息——为了抵消前一天因分析师的担忧导致的股价下跌以及股市整体的反应。该记者注意到，仅在收益预期发布的前一天，一名华尔街分析师下调了联合健康集团评级，导致公司股价下跌近10%。在公司发布收益预期后，股价就上涨了约3.5%。报道中还提道，该公司2003年收益预期略高于分析师预测，且收入预期也与前几年预期保持一致。应注意的是，在每篇收益相关的报道中都应进行此类对比。

公司发布的上一季度收益报告或下一季度收益预期通常也包含了与该公司相关的一些最重要的信息。这些报告可用来衡量公司业绩的好坏，以及其财务状况健康与否。因此，对于财经记者来说，如何读懂这些报告，并将其中的信息转化成一篇可详细解释当前动态的报道是十分重要的。

财务报告中的其他新闻

除了有关收益的信息，在向证券交易委员会提交的文件中（10-Q和10-K报表），记者们还可以发现其他详细说明公司财务业绩的信息。文件中其实有很多有用的信息，尽管它们一眼看上去并无多大新闻价值。

其中最著名的便是10-Q报表，即根据证券交易委员会规定，各公司须提交的季度财务报告。该报表须在各财季结束后40日之内提交至证券交易委员会。由于大多数公司的财年与日历年一致，因此每年的5月10日、8月10日和11月10日都是财经记者们最忙于阅读的日子。每个财季一般在3月31日、6月30日、9月30日和12月31日结束。未能在该时间段

198

专家建议

路透社记者乔·劳赫（Joe Rauch）谈公司收益报道：

纳入参考：这是人们阅读这些文件时最怕遇到的几个字。企业常常引用与财务报告相关的文档，却从不附上该文档的完整版以供读者参考。企业常使用这一关键策略，以避免透露那些它们不愿使之广泛流传的信息，比如带有巨额解雇补偿金说明的CEO雇佣合同。这就意味着，你将很难找到CEO雇佣合同中的信息。大部分记者在开始逐步了解一家公司，或是为一则相关报道挖掘背景资料时，常常因时间、精力或能力有限而略过这部分内容。但这些文档却总是值得深入研究，它能使你的报道更加"有料"，或至少为你提供采访和报道中需要的一些重要信息。参考文献一般会在文档最后一部分列出。若有些文献看起来很新或是刚补充进去的，那么你应仔细阅读这些文件。曾经就有一位银行CEO告诉我，所谓信息披露，就是向读者提供那些他们常常因难以找到而不得不放弃的信息。

内提交文件的公司通常会申请延期，这些公司一般是遇到了一些财务问题才会延期申报报表。

10－Q报表中有一部分专门讨论公司上一季度的财务业绩，并解释收入和利润的涨跌情况。此外，通过这些文件，记者们可以了解该公司是否正在买进公司股票。这是很有趣的信息，也很有可能被写成报道，毕竟它反映了公司高管对股价便宜与否的看法。若公司在最新季度持续买入大量公司股票，则表明公司首席财务官和首席执行官可能认为公司发展潜力不错，值得投资；若公司并未买入大量自身股票，则高管们可能认为股价过高了。这些信息是财经记者们最想告知读者的，因为读者正是根据这类信息买卖股票的。

以下一段文字展示了10－Q报表是如何呈现此类信息的：

> 公司可能在2002年12月31日之前回购多达1.2亿美元的A级普通股。2001年第二季度，公司就以734295美元（合平均每股28.80美元）的价格回购了25500股公司股份。而2000年第二季度，公司又以4300216美元的价格回购了149957股。
>
> （摘自伊瑞保险2001年10－Q报表第20页）

这些数字向财经记者们传递了什么样的信息呢？事实上它暗示了一点，即掌管公司股票回购计划的负责人可能认为2000年第二季度的股票价格比2001年同期便宜很多——因此2000年公司股票回购支出高达430万美元，而2001年同期支出仅为73.4万美元。这里再强调一次，公司倾向于在其股票价格便宜且有上涨可能时进行回购。

而10－K报表则是公司向美国证券交易委员会递交的年度报告，且必须在财年结束后60日内提交。因此在每年2月的最后一周和3月的第一周，记者们的阅读任务非常繁重。10－K报表通常会对公司业务情况做历史回顾和全面概述，对刚开始追踪一家公司的记者来说非常有益。此外，该表格还详细介绍了公司的员工人数以及财产情况。

如果记者知道如何比较文件中提供的两种增长率，那么他还可以就此写出一篇报道。《芝加哥论坛报》（*Chicago Tribune*）金融市场专栏作家比尔·巴恩哈特（Bill Barnhart）曾经写道，确定数字间的偏差非常重要。"在阅读企业管理层的讨论结果之前，记者应先找出数据间的偏差，"巴恩哈特说，"在公司未能写在报告里的财务报表中，你常常能发现一种

199

有趣的趋势或异常现象。或许你可以根据这一趋势或异常现象写出一篇报道来——这在经济萧条时期，企业为看似偶然的项目润色以增加利润时尤为常见"（Barnhart，2001，p. 1）。

例如，巴恩哈特仔细阅读了一份来自麦当劳公司的文件。文件称，公司发行了价值 24 亿美元的长期债券，使得公司负债股权比率上升至 1991 年以来的最高水平。然而巴恩哈特注意到，即使在整体市场不景气，公司现金流量出现下降的背景下，该公司还是将发行债券筹措的资金几乎全部用来回购公司股票，最终导致每股净收益增加。换句话说，麦当劳公司这一年的业绩其实谈不上可喜可贺。但那些经验不足的记者因未能将股票回购与每股净收益的增加联系起来，便以为该公司的业绩实现了大丰收。

企业未来用于改善基础设施或其他运营活动的支出预测是这类文件中常包含的另一重要信息。这可能包括新建一家工厂，或增添计算机设备。并非每家公司都会在 10 - Q 或 10 - K 文件中注明未来支出，然而一旦提及，它可能会对未来收益造成一定影响——这正是投资者所希望了解的。若一名财经记者可以最早根据这一信息写出报道，那么这篇报道将可能带动公司股价的变化。

比如：

> 2001 年，公司开始启动多项电子商务业务，以支持伊瑞保险通过独立代理人分销保险产品的商业模式。该电子商务项目包括更换财产和意外伤害保险政策管理体系、客户互动体系以及重要的信息科技基础设施支出。该项目旨在改善服务、提高效率和促进销售额增长。预计历时 5 年的项目总支出将达 1.5 亿美元至 1.75 亿美元。这些计划的成本也将由伊瑞保险多家子公司共同分担。根据初步估算，公司税后净收益将使 2001 年下半年每股收益减少 0.08 至 0.12 美元，并使未来四年每年的每股收益降低 0.05～0.07 美元（2001 年下半年将出台更精准的预测结果）。
>
> （摘自伊瑞保险 2001 年 10 - Q 报表第 21 页）

要是在 10 - Q 或 10 - K 文件中发现这类信息，记者应立即求证华尔街方面是否已经将这笔开支以及收益预期下调这些因素体现在股价中。评估公司竞争对手的经营状况也非常必要。若竞争对手公司并未像报道对象公司那样建造新厂或增添产品线，那么你就有必要在报道中提出来。

10－Q 和 10－K 文件中也常常提到诉讼的问题。商业诉讼在本书第 13 章会有深入讨论，但这些文件可以为财经记者提供线索，帮助他们找到有关诉讼的信息。商业诉讼有时会变得非常棘手，并影响股票价格。企业常常留出一部分钱用于庭外和解或应对不利的裁决。若诉讼涉及两家公司，这种信息对于读者来说显得尤为珍贵。

在于 2009 年 2 月提交的 10－K 文件中，可口可乐公司称公司及部分高管于 2000 年 10 月 27 日受到佐治亚州北部地区地方法院的起诉，被指控歪曲了公司真实财务的业绩情况；而同年 11 月 9 日，公司还受到了类似起诉。文件指出，一名法官在 2001 年受理了这两起诉讼，且公司已于 2001 年 9 月提出驳回诉讼的请求。文件还称，公司最终于 2008 年 5 月支付 1 亿 3800 万美元实现了和解，而法院也在同年 10 月批准了和解协议。

> **专家建议**
>
> 路透社记者乔·劳赫（Joe Rauch）谈公司收益报道：
>
> **诉讼：** 每份季度或年度报告都会涵盖公司面临的所有重要法律案件。通常，这是你能从公司那里获取的关于其所有诉讼的唯一真实评估。

研究公司竞争对手面临的诉讼案件也有一定的新闻价值。例如，负责追踪报道马克尔公司（为一系列客户提供保险的地方保险公司，其"客户"甚至包括马场和托儿所）的《里士满时报》记者便可能想研究该公司竞争对手，即其他保险公司 10－Q 文件中涉及的诉讼部分。

马克尔公司提交的 10－Q 文件中是这样谈及其面临的诉讼案件的：

2001 年 1 月 31 日，公司收到了一份由 Palladium 保险有限公司和美国银行共同向纽约南部地区地方法院对 Terra Nova 保险有限公司提起的诉讼，要求后者支付与所谓的再保险协议相关的至少 2700 万美元的惩罚性损害赔偿金。公司认为有足够理由拒绝这些要求，包括这一所谓的再保险协议其实并无法律效应。公司将积极地为自己辩护；不过，暂时还不能预测结果。

2001 年 5 月 29 日，宾夕法尼亚保险局对信实保险公司（Reliance Insurance Company）进行改造。2001 年 6 月 30 日和 12 月 31 日，信实保险公司及子公司亏欠我公司已付和未决损失再保险赔偿金约 3 亿 3400 万美元。在评估再保险赔偿金过程中，这些余额通常都会纳入考虑。

（摘自马克尔公司 2001 年 10 - Q 文件第 13 页）

然而，该文件并未透露其他涉及马克尔公司的诉讼。若负责追踪该公司的记者阅读了其他保险公司的 10 - Q 文件中的诉讼部分，他们会发现来自 PXRE 集团的以下信息：

PXRE 于 1999 年 5 月与另外两方签署了天气期权协议。2000 年 4 月，协议各方依照协议规定，向 PXRE 特拉华州分公司提交了共计 825.25 万美元的发票，要求其进行支付。PXRE 公司遵照协议支付了款项。与此同时，PXRE 特拉华州分公司将这一合约责任通过 Terra Nova 保险有限公司（简称 "Terra Nova 公司"）的两项商业内陆运输天气保险政策进行了投保。按照保单规定，PXRE 公司于 2000 年 4 月向 Terra Nova 公司提出了赔偿要求，但后者拒绝赔偿，称其总代理公司无权推出这类保单。PXRE 公司对此提出异议，并向新泽西州地方法院对 Terra Nova 公司正式提起诉讼。双方均已向法院提交了即决判决的动议，但审判已被延迟，使得法庭对该动议的裁决始终未果。这笔总计 825.25 万美元的资金已被计入其他资产中；公司管理层也认为支付得起这笔资金，且不需进行估价备抵。

（摘自 PXRE 有限公司 2001 年 10 - Q 文件第 15 页）

报道马克尔公司的记者便这样为自己找到了一条新闻线索。由于该记者已经报道该公司数年，他知道马克尔公司最近收购了一家叫作 Terra Nova 的保险公司。而该保险公司与 PXRE 公司的纠纷很有可能导致公司遭受损失。如果马克尔公司必须向 PXRE 支付该笔现金，则其利润将低于投资者预期。

企业常常会在 10 - Q 或 10 - K 文件中公开最近一笔交易的销售价格或购买价格。此外，企业还会利用 10 - Q 报表为投资者实时更新最近一次收购的进展情况。财经记者总是对这类信息更感兴趣，因为这是从未在别处公开过的信息，或其中的数据人们从未见过。以下是财产及意外保险公司圣保罗公司和大都会集团的案例。

这是圣保罗公司对一次收购活动的实时报道：

在对 MMI 公司进行收购时，我们设立了 2800 万美元的储备金，其中包括 400 万美元雇员相关成本以及 2400 万美元的占用成本。雇员相关成本包括解雇补偿金以及其他相关福利，如为离职员工进行新职介绍的咨询费用。我们预计 MMI 公司各个层面削减 130 个员工职位。2001 年 6 月 30 日，已有 118 名员工被解雇，共支付费用 400 万美元。接下来，我们所需支付的 MMI 员工相关成本费用预计不超过 100 万美元。

202

（摘自圣保罗公司 2001 年 10 - Q 报表第 23 页）

事实上，储备金费用之前已被报道过，但已支付的费用这一数字并未披露。另外，圣保罗公司方面的信息也显示，其用来解聘 MMI 员工的费用已超过预期。

以下是美国大都会集团（总部位于纽约的大型人寿保险及金融服务提供商）提交的 10 - Q 文件中的一段：

2001 年 7 月 2 日，公司完成了对康宁公司（以下简称"康宁"）的收购。康宁是被收购的泛关金融公司的子公司，专门从事保险公司投资组合的资产管理和投资研究。公司在交易中获取 1.8 亿美元，第三季度收益达 1700 万美元，税后净收益为 1100 万美元。销售价格将按销售合同相关条款进行调整。

（摘自美国大都会集团 2001 年 10 - Q 报表第 20 页）

在该份文件中，美国大都会集团首次公布了出售一家子公司获取的资金及其对公司下季度收益的影响。鉴于这些数据此前从未公开，其将成为报道的重要依据。

企业有时也会在文件中公开与其他商业交易相关的重要信息。

例如，在可口可乐公司提交的 10 - Q 文件背面，有一小节叫作"最新进展"。在这一部分的底部有一段文字，其中详细谈到了两份旨在改善公司饮料业务的商务合同：

2002 年 7 月，我公司宣布与美国大学体育总会（NCAA）、哥伦比亚广播公司以及休斯敦太空人棒球俱乐部签订了长期协议，总价值约为 6.5 亿至 8 亿美元。我公司、哥伦比亚广播公司以及美国大学体育

总会将共同参与一个营销与媒体传播项目，其中包括授予我公司在涉
及 22 个运动项目的 87 场 NCAA 锦标赛中的饮料营销与媒体传播权。
此外，美汁源公司（我公司旗下经营单位之一）将与休斯敦太空人棒
球俱乐部建立长期营销及社区营销合作伙伴关系，其中包括对太空人
球场的冠名权——该球场将被重新命名为"美汁源球场"。

（摘自可口可乐公司 2002 年 10 - Q 文件第 27 页）

鉴于公司此前已就两个协议发布了公告，上述交易可能已并不是新
闻。但协议中的"价格"却具有重要的新闻价值。即使是对可口可乐这样
的公司，6.5 亿美元也是一笔巨款。然而，正如以下来自另一家公司 10 - Q
文件的条款所示，这些公布的信息并非总是好消息。

7 月下旬，美国商业保险公司收到马萨诸塞州教师协会（MTA）
的通知，称协会将终止与公司的代理关系，且已撤回对由公司向 MTA
成员实施的个人汽车团体营销计划的背书（将于 2002 年 1 月 1 日生
效）。公司预计，这将导致价值约 1670 万美元的保费无法得到续期。

（摘自美国商业保险公司 2001 年 10 - Q 报表第 14 页）

马萨诸塞州教师协会此次终止与美国商业保险公司的合同，直接导致
后者损失近 1700 万美元。这对于规模尚属中等的商业保险公司而言，无疑
是一笔巨额损失。这样的信息并不总会在 10 - Q 或 10 - K 文件的相同位置
出现。与诉讼相关的信息一般会在"意外事项"部分中提及，而与增长率
和经营决策有关的信息则时常能在"管理层讨论"部分中找到。不过，在
其他一些 10 - Q 文件中，此类信息会在脚注中说明，因此有时认真地把文
件通篇读完还是有用的。

在充分了解了如何阅读和分析企业的财务报表以及公司发布的相关信
息后，财经记者们便可以更深入地理解如何用数据来助力公司业绩报道。

关键术语

资产	资产负债表
现金流量	负债权益比率
收益预期	每股收益
表格 10 - K	表格 10 - Q

损益表	负债
净收益	表外融资
营业收益	营业毛利率
市净率	市盈率
利润率	资产收益率
净资产收益率	收入
股东权益	股票回购计划

参考文献

Barnhart, B. (2001, August/September) . Financials tell tales, not analysts. *The Business Journalist*, p. 1.

Borden, W. (2002, November 26) . United Health: Profit at high end of view. Reuters.

Clayton, M. (2002, November 19) . Home Depot 3rd - qtr earnings rise 21% on cost controls. Bloomberg News.

Coca-Cola Company. Form 10 - K. (2009, February 26). (SEC Publication No. 0001047469 - 09 - 001875, pp. 21 - 22) . Washington, DC: Securities and Exchange Commission.

Coca-Cola Company. Form 10 - Q. (2009, July 30). (SEC Publication No. 0001047469 - 09 - 007013, pp. 4 - 6) . Washington, DC: Securities and Exchange Commission.

Commerce Group Incorporated. Form 10 - Q. (2001, August 13). (SEC Publication No. 0000811612 - 01 - 500048, pp. 14 - 15) . Washington, DC: Securities and Exchange Commission.

Elam, S. (2002, March 1) . Publix Super Markets annual profit unchanged at $530.4 million. Bloomberg News.

Erie Indemnity Company. Form 10 - Q. (2001, July 19). (SEC Publication No. 0000922 - 621 - 01 - 500002, pp. 20 - 21) . Washington, DC: Securities and Exchange Commission.

Home Depot (2002, November 19) . Third-quarter 2002 earnings release. Intel Corporation (2002, October 15) . Third-quarter 2002 earnings release.

Markel Corporation. Form 10 - Q. (2001, August 8), (SEC Publication No. 0000916641 - 01 - 500824, pp. 13 - 14) . Washington, DC: Securities and Exchange Commission.

MetLife Incorporated. Form 10 - Q. (2001, August 14). (SEC Publication No. 0000950123 - 01 - 505612, pp. 20 - 22) . Washington, DC: Securities and Exchange Commission.

PXRE Group Limited. Form 10 - Q. (2001, August 20). (SEC Publication No. 0000950117 - 01 - 501018, pp. 15 - 16) . Washington, DC: Securities and Exchange Commission.

St. Paul Companies. Form 10 - Q. (2001, August 14). (SEC Publication No. 0000086312 -

01 – 50012，pp. 23 – 25）. Washington，DC：Securities and Exchange Commission.

United Health Group. （2002，November 26）. Corporate news release.

公司财务类专著

Apostolou，N.，& Crumbley，D. L. （1994）. *Keys to understanding the financial news* （2nd ed.）. Hauppauge，NY：Barren's Educational Series.

Handler，J. （1994）. *How to use financial statements：A guide to understanding the numbers.* New York：McGraw-Hill.

Kline，B. （2007）. *How to read & understand financial statements when you don't know what you are looking at.* Ocala，FL：Atlantic Publishing Co.

Leder，M. （2003）. *Financial fine print：Uncovering a company's true value.* New York：Wiley.

Schilit，H. （2002）. *Financial shenanigans；How to detect accounting gimmicks & fraud in financial reports* （2nd ed.）. New York：McGraw-Hill.

Tracy，P. （1999）. *How to read a financial report.* New York：Wiley.

Warfield，G. （1994）. *How to read and understand the financial news* （2nd ed.）. New York：HarperCollins.

参考练习

1. 找一家地方上市公司。如果你所在的区域没有上市公司，那么找一家诸如麦当劳或沃尔玛等上市公司的地方分公司亦可。阅读该公司的10 – Q文件，写一篇关于公司损益表和资产负债表的400字分析文章。随后，在班上与大家一起研究这篇文章。

2. 研究该公司的现金流量表。依次解释表中每一行数据的含义，然后投票决定该现金流量表所反映的公司财务健康状况是正在改善还是在恶化。

3. 在公司网站上找到收益报告和10 – Q报表，对比两份文件中公开的财务信息。如果可能，尽量找一份未包括资产负债或现金流量表的公司收益报告。

4. 比较同一时期公司发布的收益报告和10 – Q报表中的业绩。看看10 – Q表中是否有收益报告未涉及的话题。

5. 用十分钟计算出公司的利润率、营业毛利率、市净率和市盈率，并将其与竞争对手的数据进行对比。

6. 阅读某公司的10 – Q和10 – K文件。根据文件中提供的信息，拟出三个可能的新闻报道提纲。

第 10 章
财经人物报道

明星般的 CEO

20 世纪 90 年代，为大公司的首席执行官（以下简称"CEO"）树碑立传成为一种时尚。包括微软的比尔·盖茨（Bill Gates）、通用电气的杰克·韦尔奇（Jack Welch）和可口可乐的罗伯托·古兹维塔（Roberto Goizueta）在内，他们就像电影明星和摇滚偶像般为人拥戴。诚然，这些CEO 都因公司的成功而被社会肯定，尽管公司的行业领袖地位应归功于他们手下成千上万为公司的成功付出贡献的员工。但媒体对公司高管长篇累牍的报道显得有些过，而且也没有采取应有的批判视角。如今的商业媒体正在以更加审慎的目光观察这些 CEO，观察着他们在公司运营上的成败沉浮。

泰科国际（Tyco International）的 CEO 丹尼斯·科兹洛夫斯基（Dennis Kozlowski）也是这批 20 世纪 90 年代的"明星"之一，他的照片曾出现在许多商业出版物上，其发展"集团企业"的策略也广为称赞。如今，他已不再是泰科的高管。离职后不久，他便因逃税于 2002 年身陷囹圄。另外，他还被指控挪用 6 亿美元的公款来维持自己的奢华生活，包括一个 15000 美元的伞架和一个 6000 美元的浴帘。奥兹·奥斯朋①可以如此享受，但当一个 CEO 利用公款如此奢华，那便是玩火自焚，无法躲过商业媒体的审查。

---

① 奥兹·奥斯朋被誉为"英国重金属摇滚之父"，是一位比肩猫王、列侬的摇滚明星。——译者注

专家建议

《克莱恩纽约商业杂志》（*Crain's New York Business*）资深记者阿龙·埃尔斯泰（Aaron Elstein）对报道公司高管薪酬给出如下建议：

在报道高管薪酬时，记得给相关公司一个辩白的机会。通过打电话到公司去或者接触董事会负责薪酬事务的相关人士来核实信息。多数时候，公司方面和董事会方面都会保持沉默，那样的话你就根据自己现有的资料来写。但如果公司或董事会其中一方开了金口，那你就很有希望从中找到有趣的新闻点。

科兹洛夫斯基在商界一度声名卓著，而如今则名誉扫地。在科兹洛夫斯基任内，为筹集现金，泰科曾将几年前购买的业务以半价出售。然而，商业媒体并没有充分行使舆论监督的职责——就在被捕前几个月，科兹洛夫斯基还被《商业周刊》评为全球最佳经理之一。

不幸的是，科兹洛夫斯基这样的丑闻并非个案：前安然 CEO 肯尼思·莱（Kenneth Lay）就曾用公司专机为女儿运送过家具；前阿德尔菲亚高管约翰·里加斯（John Rigas）曾经挪用 1300 万美元公款修建高尔夫球场。即使是曾经的商界巨擘韦尔奇和古兹维塔也都面临其公司业绩有待重新评估的问题。自韦尔奇从公司退休后，通用电气就难以维持其任内的利润增长率，即便是 2008 年经济衰退尚未发生之前该公司也难以续写辉煌。这主要是因为公司无法像从前通过大规模收购来维持高水平收益，而且公司也很难从其现有业务中减少额外支出来维持公司的成长。而且韦尔奇本人享受的优厚待遇也令人瞠目：根据其离婚协议中披露的信息，通用电气给了他丰厚的退休待遇，包括支付其在曼哈顿的公寓和乡村俱乐部的费用。

1997 年去世的可口可乐 CEO 古兹维塔在任期间的表现也值得仔细推敲。作为轻易可以会晤全球元首的人，古兹维塔将可口可乐公司推上了全面改革的风口，一部分人甚至认为这将确保可口可乐未来数十年的成功。然而，就在接替古兹维塔两年多后，古兹维塔钦定的接班人道格·伊维斯特便辞掉了可口可乐 CEO 的职务。对于会计出身、来自佐治亚州的伊维斯特来说，这项工作显得过于繁重——他无法承受聚光灯下关于种族歧视诉讼、欧洲业务的挑战以及产品滞销方面的压力。当然，这些都被记载于《亚特兰大宪法报》1999 年 12 月的一篇文章里，文章将伊维斯特的辞职看作"惊喜"，将他任职期间的公司状况称为"混乱"。文章还提到伊维斯特抵制了董事会关于任命公司"二把手"的压力，也就是从那时开始，可口可乐公司在十年间经历了三次以上的高层人事变动及其他各种混乱。

在许多类似案例中，财经记者在记录公司业绩的同时，总是十分急切地要为这些 CEO 做"无罪推定"。强大的 CEO 和他们的公关人员总是用公司未来的伟大愿景来迷惑记者的双眼。诚然，这些所谓的承诺极少实现，因为极少有公司能够实现业绩长期持续增长的目标。近年来，像美林证券和花旗集团这样的昔日蓝筹公司在曝出问题后，其 CEO 都被迫离职。几乎华尔街上的每个 CEO 都因投资衍生品和抵押支持证券等问题而受到批评。

一些健谈和古怪的首席执行官也得到了相当多的媒体关注。但这是必要的吗？在诸多案例中并非如此。在线商业新闻服务网站 TheStreet. com 的资深作家达恩·麦克道威尔（Dagen McDowell）这样写道：

> 如果公司的 CEO 个性多彩、魅力十足，那么这家公司便会得到媒体更多的关注；否则一切便会变得枯燥无味。直言不讳、敢说敢做、固执己见甚至有点张狂的 CEO 都会比无聊乏味的公司领导人更受青睐。不幸的是，对于投资者而言，个性张扬的管理者并不必然会成为一个伟大的企业领袖。（麦克道威尔，2002）

正如摇滚明星都会受到或多或少的指责一样，CEO 们也是如此。财经记者可以从最新的针对 CEO 不当行为的披露中挖掘出更多内幕，这也在另一方面迫使 CEO 对自己的行为更加负责。当然，一些 CEO 及公司管理层是在为自己股东和雇员的利益最大化而努力工作，但相当一部分高管并没有做到这一点，因此并不值得如此多的媒体关注。

记者可以发掘公司管理层内幕并写出深度报道，相关法律也要求上市公司公开公司高管每年的薪资、奖金、股票期权和其他福利。对于一些私人公司，高管薪资、奖金和其他报酬等信息则需向所在州的监管机构公开，而记者也可以从相关渠道得到这些信息。

但问题是：为什么公司董事会可以让这些 CEO 逃脱公款私用的处罚？答案是：许多公司董事会（包括泰科在内）都自称不知道他们的 CEO 做了什么。当然，许多公司董事对高管支出问题给予了极大关注，这对于需要寻找新闻素材的财经记者来说是个好消息，因为一些友好的董事会成员可能会主动向记者提供相关的文件。

另一个问题是：为什么公司董事会会同意为这些 CEO 支付如此高昂的

209

薪酬？在许多案例中，成功的 CEO 都会挣得 7 位数的收入与福利，以便确保他们能为公司继续服务，但高管薪酬日渐成为财经媒体关注的问题。在本书后面的章节中，我们会通过房产记录和法庭文件详细介绍并解释如何发现这些 CEO 的相关金融资产。但在记者采访和撰稿之前，了解公司的结构似乎更为重要。

公司组织结构

不论公司规模大小，其 CEO 都是最重要的管理者。他们为公司发展制定战略，也要对公司上上下下所有人负责。

在许多公司，CEO 同时还兼任其他职务：很多时候，他们也是公司董事会主席，很多公司都设有董事会，为执行团队提供指导。

当公司的 CEO 也兼任董事长一职时，他们便具有绝对的权力。但也有例外，如可口可乐 CEO 道格·达夫特（Doug Daft）和他的前任一样身兼 CEO 和董事长两职，但当时可口可乐公司的董事会中有世界首富沃伦·巴菲特。巴菲特持有公司 8% 的股份，持股比例高于达夫特，因此许多人认为以巴菲特的身份地位其会比达夫特拥有更多的决策权。有报道称，巴菲特和其他董事会成员在 2001 年否决了达夫特收购桂格燕麦公司（包括佳得乐）的提议。相反，其竞争对手百事可乐最

专家建议

《克莱恩纽约商业杂志》资深记者阿龙·埃尔斯泰（Aaron Elstein）对报道公司高管薪酬给出如下建议：

报道高管薪酬消息的时候，请记住问题的关键不在于公司高管到底拿了多少钱，而在于他们的薪酬数字与公司的业绩表现之间的关系。Home Depot 的首席执行官鲍勃·纳德力之所以引起投资者众怒并最终被赶出公司，是因为他拿了数额不菲的薪酬，还把好好的一家公司管理得一团糟。

专家建议

《克莱恩纽约商业杂志》资深记者阿龙·埃尔斯泰（Aaron Elstein）对报道公司高管薪酬给出如下建议：

同样要记住的是，有时候薪酬过高只是相对的概念。在报道这类题材时，至少要接受这样一个事实，那就是有些人在劳动力市场的薪资水平确实是比较高的。如果你对拿着高薪的高管层一概否定，那你可能会错过很多新闻题材。

终收购了这家公司。

董事会通常由其他公司的 CEO 或主管、公司 CEO 的朋友，以及和公司及高管有业务关系的人员组成。许多董事会都在增加外部董事，他们和公司的 CEO 没有关系。但这些独立董事备受监管机构和投资者的青睐，因为他们敢于为公司的未来规划建言献策，也敢于对 CEO 过度消费的行为行

使监督职能。有的公司也在增加少数族裔及女性董事会成员的数量，意在听取更多不同的声音。

如果 CEO 并不兼任董事长一职，那么这两者之间的关系则至关重要。董事长本质上是 CEO 的老板，如果对 CEO 失去信心，那么他可以和董事会其他成员一起寻找一个更能胜任的 CEO 人选。

当 CEO 退休但仍留任董事长时，两者之间的关系就变得很有意思了。许多曾经担任 CEO 的人即便只剩公司董事长的头衔，仍会在公司管理事务上显得难以割舍，以至于干涉继任者的管理活动。当记者查看董事会的人员构成时，很重要的一点是观察是否有前任 CEO 卸任后仍旧担任公司董事长的情形。

公司董事会的会议，甚至是一些上市公司的会议，都不对记者开放。根据公司的具体情况，董事会平均每月一次或每隔一个月举行一整天的集中会议，听取对公司经营状况的报告、讨论管理方面的变化。董事会除了投票表决推动公司发展的事宜（诸如建立新址、聘请新任 CFO 等）外，还会表决诸如股票分割、提高派息等事项。此外，公司还会将董事会上的新决策通过新闻稿公之于众。

充分了解所报道公司的董事会成员，对于财经记者来说是一个明智之举。当然，大多数公司都会在其网站上或年报末尾提供董事会成员名单。董事会成员经常会向记者谈起 CEO 的工作绩效，他们也会分析董事会关于收购交易方面的决策进程。因而本章将对如何获取董事会成员的信息加以介绍。 210

作为公司的最高管理者，CEO 也会兼任公司总裁。公司总裁基本上负责公司的日常运营、监管主要业务部门的运行。如果公司 CEO 和总裁这两个职位分别由不同的人担任，那么公司总裁一般要向 CEO 汇报工作，主要区别在于 CEO 负责公司战略发展规划，而公司总裁则负责监管公司业务运营。

图 10-1 为制造企业的典型组织结构，公司董事长同时兼任 CEO。

如果不设总裁一职，那么公司可能会设有首席运营官（以下简称"COO"）。这些职位大都相似，有时也会一人兼任两职。如果公司有一位 COO 而没有设总裁一职，问题就不是太大。然而，既有 COO 又有总裁则会加剧二者之间的权力争夺。有时候 COO 与总裁这两个职位的同时存在则是对现任 CEO 权力的挑战，值得记者关注，必要的时候可以写成新闻报道。

COO 或公司总裁与 CEO 之间的关系对一家公司而言至关重要。CEO 总会任用某些人作为他的左膀右臂，因为他知道"二把手"是一个高效、迅速执行公司政策的角色。CEO 与董事长也会定期见面讨论公司的战略和运营情况。20 世纪 90 年代的可口可乐公司 CEO 兼董事长每周都会与其他高管在午餐时间共商大事。

通常与公司总裁和 COO 平起平坐的是首席财务官（以下简称"CFO"），CFO 主要负责管理公司的财务事宜，因而 CFO 比其他高管更适合负责处理公司的财务业绩。CFO 主要负责准备公司的季度收益报告，并在公司举行分析师和投资者电话会议时分析公司业绩。

在总裁和 COO 之下则依照公司结构设有不同职位。诸如可口可乐这样主攻营销和全球业务的公司会设有专门负责北美、欧洲、中东、南美、非洲和亚洲的运营主管，当然还会有一位首席营销官（CMO）——所有这些高管都对公司总裁负责。其他公司可能会有截然不同的结构，其高管们分管相关业务，并直接向总裁汇报工作。

211

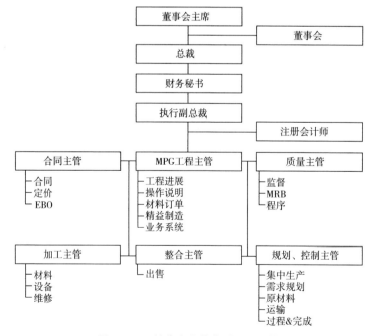

图 10-1　制造企业的典型组织结构

记者应该了解这些高管的关系。首席营销官需要和公司运营部门的负责人多多交流——当公司发布新产品时，他们需要尽可能地扩大销量，因而高管需要和运营部门负责人讨论新产品的卖点。

在公司中也存在其他重要的关系。运营部负责人需要资金去扩大生产或开发新品。要得到这笔资金，他需要去找公司总裁或 CEO。像沃尔玛这样的公司，山姆会员商店的负责人需要在商店安装新电脑，以跟踪各产品的销售情况。要购置这些新电脑，他需要请示信息系统部门的主管，有时也被称为首席信息官（CIO）。

如果沃尔玛要新建分店，则需要招募新员工。人力资源部的副总裁需要从零售业务负责人那里掌握诸如商店地址、开业时间、雇员分布人数这些具体信息。

弄清楚公司高管的职责范围对记者而言非常重要。对于一个报道微软巴西业务的记者来说，采访公司南美业务负责人要比采访公司现任 CEO 史蒂夫·鲍尔默更为有效。实际上，大多数公司的各部门高管可能更能满足财经记者的需求：要去报道葛兰素史克这样的药品公司的记者，首先要与负责产品研发的高管培养关系，因为只有他们才会了解药物研发与未来销售的相关事宜；如果财经记者要报道的题材是自动取款机在银行失效的故事，那么他就要采访公司首席信息官（CIO）或负责信息系统的副总裁。

大公司都会有企业公关人员去处理媒体需求。好的公关就会极力撮合记者与高管之间的交流，而不是由他们自说自话——他们明白高管比任何人更了解公司的状况。而在大多数情况下，这些高管也接受过如何应对媒体提问的培训。

> **专家建议**
>
> 《克莱恩纽约商业杂志》资深记者阿龙·埃尔斯泰（Aaron Elstein）对报道公司高管薪酬给出如下建议：
>
> 在你审视公司薪酬委员会的报告时，请一定注意其用作参照的同类公司高管的薪酬数字。董事会总会以其他公司给出的薪酬水平作为给予高管巨额报酬的依据。但所谓的"同类公司"是否存在？是否参照了规模更大的公司或其他行业的公司？由于大公司一般给出的薪酬更高，小公司总是倾向于将其薪酬体系对照大公司。（我发现，管理层薪酬与公司业绩之间的相关性远不及薪酬水平与公司规模之间的相关性。）

记者们应努力确保他们提出的问题得到满意的回答。有些时候，高管就像政客一样答非所问，这就需要记者们仔细甄别他们的回答，并在必要时将未回答的问题重新提问。多数情况下重新提问一次便见效，有时也会要问两到三次。

高管们一般都事务繁多，他们管理着市值数十亿美元的公司，因而在面对构思不精的问题时他们会显得很不耐烦——这就需要记者在采访前将这些受访高管的背景资料准备好，以避免在基础的问题上浪费时间。比如，记者要问的是公司的经营战略，而不是对方已经做了多久的 CEO。所以，那些看上去准备充分且熟悉业务的记者才会让这些高管欣然再次接受采访。

图 10-2 是另一种典型的公司组织结构（CEO 在有些国家也被称作"执行董事"）。注意企业传播部门的负责人虽然直接向公司高管汇报，但等级仍低于公司的运营总监或 CFO。通常情况下，传播部门副总监会直接和公司的董事长或 CEO 商讨应对媒体的策略。

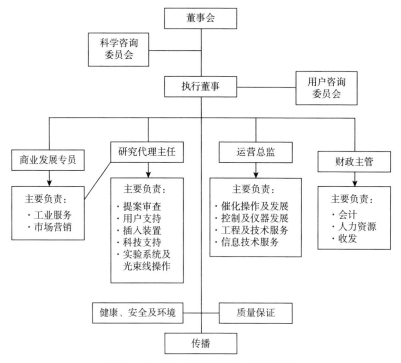

图 10-2 另一种典型的公司组织结构

工资、奖金和股票期权

公司运营的目的是盈利，公司的高层管理者亦是如此。CEO 深谙公司运作得越成功，便越会名利双收的道理 在运作有望成功盈利的项目的同时，高管自己也会因此获得不菲的实际收益。

美国证券交易委员会（以下简称"SEC"）要求不论上市公司还是私有企业都要公开公司的运营信息，其中就包括高管的薪酬待遇。另外，高管薪酬信息也成为财经报道的重要内容——一些高管过度消费的例子在本章开头已经提到。2009 年的奥巴马政府也对经济危机期间接受政府救助的公司高管薪酬水平规定了上限。

财经记者可以从不同渠道获取高管的薪酬信息。在每年年会的六周之前，公司会将一个称作"股东委托书"或"DEF 14A"的报告发给每一位注册股东。每位独立股东为报告中的各个详细项目投票，如果公司的财政年度与日历年度一致，投票通常就在 2 月末或 3 月初。此时，财经记者就需要搞清楚所报道的公司提交相关文件的时间。通常，这些报告中便会包括这些财经记者将要在第二天登出的新闻。

一般情况下，董事会的一些成员会参加选举，而且是连续竞选，所以董事会的大部分成员在一年内不会有太大变动。另外，公司会要求股东批准高管股票期权方案。通常情况下，公司也要求股东投票反对持异议的股东（如工会等）的提案，因为他们认为此类提案可能会限制高管对公司事务的控制力。持异议的股东提案一般要求公司增加外部董事的数量，从而降低董事会中公司高管的人数。当然，此类消息在财经记者报道中屡见不鲜。

下一则故事则是《芝加哥论坛报》的比尔·巴恩哈特报道的关于有异议的股东就公司审计提出的意见：

专家建议

《克莱恩纽约商业杂志》资深记者阿龙·埃尔斯泰（Aaron Elstein）对报道公司高管薪酬给出如下建议：

在掌握了查阅公司代理报告以及财务数据的诀窍之后，你可以从公司年报代理声明部分找到薪酬管理委员会的内容读起。这部分是公司董事会在证明 CEO 和其他高管薪酬的合理性。仔细阅读这部分内容。如果公司方面称，CEO 薪酬是基于利润增长或其他指标，那么就要追问其如何定义利润，是复杂的界定方式还是简单的利润概念，是否随时间变化也发生调整。（唯一的解读方法恐怕是研读前些年的股东委托书。）例如，默多克的薪酬水平是基于调整后每股收益，对此新闻集团董事会表示，所谓的"调整后"指的是未计入一般商业支出（如包括解雇员工的遣散费在内的重组成本）、资产贬值、减计和其他事项的每股收益。你会发现，公司用尽各种招数粉饰坏消息，并为高管领取巨额薪资寻找依据。

213

214

专家建议

《克莱恩纽约商业杂志》资深记者阿龙·埃尔斯泰（Aaron Elstein）对公司高管薪酬报道给出如下建议：

美国众议院最近通过了一项法案，要求公司让股东投票决定其薪酬体系。参议院也可能通过一项同类草案。很多公司已经开始采取这种做法。在接下来的几个月和几年里，记者可以关注股东投票情况，因为它可以反映出公众对于公司薪酬体系的看法。

能源集团安然的倒闭将为今年这一轮股东会议注入新的活力。支持维持现状的股东将安然丑闻视为现任及前任高管过失及欺诈的恶果——这便是所谓的"坏苹果"理论，但激进股东就安然事件要求对公司治理程序进行系统性改革。如此一来，四五月份的年会高峰季将聚焦在激进股东教育股东和主张其自身权利等问题上。

其中一个主要的进步是 SEC 发布的一个新规则，规则要求上市公司必须披露其向其独立审计师支付的薪酬数字，这就将审计服务费用和其他工作收入（如咨询服务）一分为二，当然其他收入可能带来与审计工作的利益冲突。在去年通过的这项规定其实是对禁止审计师为客户从事非审计工作的呼声的一种折中。

联合养老金计划顾问、总部位于芝加哥的马可咨询公司在其年报中的股东权利回顾部分中总结道："从过去 Sunbeam、Micro Strategy、Cendant 及 Waste Management，以及当前安然垮台的审计丑闻中不难发现，股东们已经开始质疑其审计师的'独立性'了。"

这会成为一种趋势吗？去质疑在大型娱乐公司迪士尼 2 月 19 日的股东大会上公布的股东委托书中包含了一份要求公司当前独立审计普华永道公司不参与迪士尼其他工作的股东提案。当然，激进股东做的不只是这些，禁止审计师为客户做非审计工作可能会成为一种趋势。除了会计操作外，激进股东还对高管薪酬问题予以关注。许多研究已经证明，首席执行官的薪酬水平与公司的股票表现之间没有关联。

去年，股东已经 13 次否决了管理层提出的股票期权计划，这些计划将对现有股份构成稀释。根据马可咨询公司的分析，在某些情况下，股票期权计划允许高管以股票期权授予日的市场价格的折扣价行使期权。利用互联网，激进股东去年已成功鼓动了包括 Lone Star Steakhouse & Saloon、Alltrista、Hercules、Willamette Industries 和 ICN 制药公司在内的持有异议的董事会成员。①

　　这篇报道反映了公司股东在高管薪酬问题上的争议，并集中讨论了为什么股东可以在审计师的选择以及确定未来几年高管薪酬问题上提出更多的限制条件。巴恩哈特正是通过自己对股东委托书以及其中的股东意见部分的了解而写成了上述报道。财经记者如果在委托书中发现了此类内容，就应该进行相应的报道。

　　股东委托书中还有一些信息会吸引财经读者的注意——多数财经记者会在收到股东委托书后首先会关注高管薪酬部分的内容，因为过去一年间CEO薪酬或奖金的增减显然就是一条新闻。当然，难就难在记者如何为读者解析这些数字变化背后的意义——因为读者也想了解这些信息，但他们无法接触到股东委托书；那些尚未收到股东委托书的投资者们也希望了解这方面的信息。

专家建议

　　道琼斯通讯社副主编麦克·里德（Michael Reid）对公司高管薪酬报道给出如下建议：

　　不要被高管薪酬数字吓到，也没有必要感到愤愤不平或无所适从。公司高管和金融界才子拿到的薪水、奖金和股票激励非常人可比，虽然他们领着如此高额的薪酬，但你要记住，这些数字都是金融行业这个语境下的产物。作为记者，你不要被民粹主义的呼声所影响而想当然地认为一百多万美元的薪酬高得离谱，你需要结合高管的业绩表现、是否实现盈利目标、竞争对手以及前任高管的薪资情况、股价表现以及利润水平等重要因素进行考量，从而展开公平、准确的报道。

　　高管薪酬问题是最受读者青睐的报道内容之一，因为其他公司的高管也想了解他们的同行收入多少，公司的雇员想知道他们的老板薪酬水平如何，而公司股东也要看看他们的高管是否配得上这样的薪资水平。通常情况下，记者可以将CEO在任何给定年份的薪酬变化幅度与当年公司股票价格的涨幅或跌幅做对比。当然多数投资者想要看的还是高管薪酬包（包括工资、奖金、股票期权及其他收入）如何与公司当年的绩效水平挂钩。例如，如果一个CEO的薪水增长75%，但当年该公司的股票价格下跌40%、利润也下降了50%，投资者可能会感到不悦，并有可能在公司年度会议上提出质疑。

　　近年来，SEC针对股东委托书中的薪酬披露方面的要求有所变化，这使得记者更容易确认高管的收入数字。此前，记者就必须将每个部分的薪

---

　　① 比尔·巴恩哈特：《激进股东促成公司变革》，《芝加哥论坛报》2002年1月8日，第8版。版权归《芝加哥论坛报》所有，经许可转载。

215

专家建议

《克莱恩纽约商业杂志》资深记者阿龙·埃尔斯泰（Aaron Elstein）对公司高管薪酬报道给出如下建议：

查阅公司的薪酬统计表，找到薪资排在前五位的公司管理人士。其中是否有人出人意料地拿到与CEO比肩甚至比CEO还多的薪资？这需要引起注意。此外，表上的"薪酬总额"这一栏并不是公司高管薪酬总数的确切数字。你必须深入研究股东委托书，查找该年度公司授予高管的股票以及期权价值，然后将这些数字与表上的"薪酬总额"相加，最终得出实际的薪酬总数。最简单的办法是求助于Equilar或Salary.com等专门研究薪酬数据的金融服务公司，它们将为你做出专业的解读。

专家建议

道琼斯通讯社副主编麦克·里德（Michael Reid）对公司高管薪酬报道给出如下建议：

DEF 14A报告是公司高管薪酬报道的"圣经"。上市公司每年都必须向SEC披露高管薪酬。其提交的DEF 14A报告可谓记者必看的"宝典"。这份报告通常在公司年度股东大会召开前的特定时间段内提交给美国证券交易委员会（SEC），

酬数额累加得出薪酬总数，这种方法难免会出错；而现在，公司必须公开高管的薪酬总数。即便如此，薪酬数字也有算出差异的时候：比如美联社就在2008年的报道指南中提到，美联社计算出的高管薪酬数字可能与委托书中的数字不一致。

另外，SEC的新规定也为记者提供了更多信息——这体现在对高管奖金问题的细化，以及高管持有股票期权的信息披露上，另外还有高管的离职补偿以及退休金缴纳计划等。

股东委托书是公司每年披露高管薪酬的唯一途径，内容包括薪酬多少、奖金高低，以及股票期权的授予情况，而委托书中的"其他薪酬"项目是最有意思的一部分。

表10-1是新闻集团2009年的股东委托书。新闻集团是《华尔街日报》、MarketWatch.com、道琼斯通讯社和《巴伦周刊》的母公司。

就算第一次读到这份委托书的人想必也能发现一些背后的故事：一个是CEO的薪酬总额在过去的两年里连续下降；而另一个则是福克斯新闻频道及福克斯商业新闻电视网的CEO罗杰·艾尔斯（Roger Ailes）赚的要比整个新闻集团的CEO鲁伯特·默多克还多。公司薪酬委员会在报告中（未显示在表10-1中）阐明了原因：艾尔斯高达750万美元的奖金（其中550万美元是现金）得益于他在福克斯新闻频道的出色表现。

艾尔斯拿到的薪酬与前一年相比高出了不少，对此薪酬委员会做出如下解释：

凭借福克斯电视台在2009财政年度的

表 10 – 1　截至 2009 年 6 月 30 日财政年度的薪酬统计表

单位：美元

姓名及职务	财政年度	薪金	奖金	股票奖励	期权奖励	非股权激励计划薪金	养老金及递延补偿	其他薪金	总计
鲁伯特·默多克（董事长兼 CEO）	2009	8100000	—	1735629	—	5435000	4237000	379981	19887610
	2008	8100000	—	1545292	—	17500000	—	403169	27548461
	2007	8100000	—	1012500	—	15795000	6872000	356175	32135675
彼得·彻宁（前总裁兼 CFO）	2009	8100000	—	7131702	—	5435000	1373188	187737	22223627
	2008	8100000	—	10243171	(1245396)	11250000	221947	232259	28801981
	2007	8100000	—	12902837	1245396	10397500	1108909	230936	33985578
詹姆斯·默多克（欧亚区董事长兼 CEO）	2009	3147236	1573618	1391292	—	2717500	167000	219538	9216184
	2008	1895200	1421400	1648381	—	3572917	2381000	54175	10973073
大卫·德沃（高级执行副总裁兼 CFO）	2009	2853750	—	1863373	(14687)	2174000	783000	165128	7824564
	2008	2853750	—	2994999	(576982)	4250000	—	212603	9734370
	2007	2853750	—	3230640	622697	4079500	790000	153313	11729900
罗杰·艾尔斯（高级执行副总裁兼 CFO）	2009	5000000	1000000	4397641	—	5500000	7553000	232499	23683140
	2008	5000000	1000000	9165588	—	4500000	10000	228251	19903839
	2007	5000000	1000000	1627662	—	3000000	56000	210951	10894613

注：1. 本表是公司截至 2007 年 6 月 30 日、2008 年 6 月 30 日和 2009 年 6 月 30 日财政年度包括公司首席执行官、首席财务官及其他三位薪酬最高的高管的薪酬情况。2. 此表来自新闻集团 2009 年 DEF 14A 报表。

从而变为一份公开报告。（鉴于很多公司的财政年度与日历年度一致，因此很多公司都是在3月份提交DEF 14A报告。）报告中包含公司高层管理人士的薪酬情况以及各项细目（如工资、奖金等）。你可以在"薪酬总表"这一栏找到这些信息。此外，"股票、期权等激励措施"这一栏中会显示公司高管拿到的股票和期权激励的价值。现行薪酬体系的调整也将体现在公司提交的8-K报告中，记者也需时时留意。要确保能从这些文件中找到记者所需的信息，脚注、图表、收益报告和其他文件中都有可能涵盖薪酬方面的信息，如果仔细研读，可能找到14A报告中所没有的细节和分析。

专家建议

道琼斯通讯社副主编麦克·里德（Michael Reid）对公司高管薪酬报道给出如下建议：

薪水和津贴并不是一回事。现在高管拿到的薪水看上去并没有以前拿的那么多，但这掩盖了高管实际所得的真实数字。比如，文件显示一位CEO的年薪为84.5万美元，但其获得的"津贴"可能高达200万美元。反对华尔街的抗议浪潮催生了薪酬咨询行业的繁荣。薪酬咨询师们

业内最佳表现，薪酬委员会决定给予艾尔斯先生550万美元的现金作为奖金。另外，依照2008年10月的雇佣协议条款，艾尔斯先生获得333333股A级普通股，这些股票的公平市值现已达到协议条款中规定的买入成本的两倍。

（摘自新闻集团2009年提交的DEF 14A文件第25页）

在充分阅读了相关的股东委托书后，记者们总结出：许多公司将股权作为薪酬的一部分授予高管，这不失为一种激励CEO及其他高管继续提升公司业绩的手段，同时也会推高股价，而CEO的个人资产也将水涨船高。

假设有一家名为ACME的公司，其薪酬委员会决定给予其CEO 10万份股票期权，允许他在合约规定的到期日以每股25美元的价格买入公司的股票。无论股票价格高低，CEO通常都可以在一定的期限（比如10年）后以每股25美元行使期权。CEO想要看到的是行权时的股票价格要远高于每股25美元，因为他的买入成本只是预定的25美元。如果行权时的股价是每股50美元，那么他得到的10万股便会价值500万美元。因而CEO会按照其与薪酬委员会达成的协议，以每股25美元、总计250万美元买入这些股票，而他在这笔交易中则会赚得250万美元（再减去税额）。很多时候，公司高管们在行权后转而高价出售股票，这都为财经记者提供了报道素材。

当然，有些时候也会事与愿违。当CEO和其他高管无法成功将股价提升至高于期权价时，管理层手中的期权就会变得一文不值——

谁又愿意做赔本的生意呢？然而，公司有时会改变股票期权协议，从而降低期权协议价——这自然会让投资者坐立不安，也将成为头版新闻。

期权期限也很重要——如果期权就要到期，而公司的股票价格尚未达到期权价格水平，CEO可能会找另一家公司来收购自己的公司，收购价需高于期权价格。这样一来，CEO便可在到期之前行使期权。

了解高管是否行使期权至关重要。他们在行权价低于股票现价时选择不行使期权，就说明他们更倾向于将资金投在其他地方，稍后我们也会在本章探讨如何查明高管的股票买卖情况。由于期权是公司除工资和奖金以外支付给高管的额外"补偿"，因此格外引人关注。股东权益活动家批评认为，公司高管已经获得了数百万美元的薪酬，因此公司没有必要再给他们大量的股票期权。

公司也会奖励高管们所谓的"限制性股票"。这类股票比股票期权的限制条件要多。大多数公司规定，公司高管只有在退休后才能出售限制性股票并从中获益；如果高管在退休前离开公司，限制性股票便会被注销。但在大多数情况下，尽管高管并不能实际控制这些股票，但他们仍会获得股息收益。因此，授予高管限制性股票和股票期权往往为他们的薪酬包增加了数百万美元，这就是记者要报道的新闻点。

记者应该在委托书中找到对高管股票期权

脑洞大开，想出了包括薪水、奖金、股票分红、股票期权、限制股、支出报销以及以"包税"形式确保高管拿到应纳税额在内的收入等多种薪酬补偿方案。这些咨询师也是记者应该培育的消息来源。以上列举的还只是冰山一角。所有的薪酬信息可以从SEC文件中找到详细说明，不过有时候你也可以从其他文件中找到有价值的信息。

专家建议

《克莱恩纽约商业杂志》资深记者阿龙·埃尔斯泰（Aaron Elstein）对公司高管薪酬报道给出如下建议：

高管薪酬问题很显然会招致非议，但不能孤立地看待这一问题。你需要将公司当前的业绩与前些年的业绩作比较。看看公司股价到底表现怎样，公司具体属于什么情形。是创业型公司的初创人员对自己的奖励，还是公司聘请的经理人从公司发展的盛宴中分得一杯羹？是因为公司的增长势头强劲从而提升了CEO的薪酬水平？从这些角度来提问题，这样将为你的报道增加深度。

和限制性股票的解释，而查询此类信息的最好渠道就是"薪酬委员会报告"。薪酬委员会由公司董事会成员组成，薪酬委员会报告包括高管薪酬水平统计表。因而记者需要留意的是董事会的哪些成员方同时也是薪酬委员会的一员，他们有权决定高管薪酬的高低。

以下内容节选自新闻集团的薪酬委员会报告：

> 本公司及罗杰·艾尔斯先生于2008年11月修订了此前的雇佣协议，新协议将取代原定于2010年8月到期的旧版协议，协议期限延长至2013年6月30日。根据新的协议，艾尔斯先生在截至2011年6月30日、2012年6月30日和2013年6月30日的3个财政年度里将获得100万美元至125万美元的年终奖。同时，根据旧版协议的条款，艾尔斯先生还可以在新的协议期间内获得福克斯新闻频道奖金。2009财政年度艾尔斯从福克斯新闻频道业务中获得的奖金数额介于0至550万美元，而在新的就业协议期限中，艾尔斯的奖金上限将增至1000万美元。
>
> （摘自新闻集团2009年DEF 14A文件第27页）

专家建议

道琼斯通讯社副主编麦克·里德（Michael Reid）对公司高管薪酬报道给出如下建议：

谨防重复计算的风险。 在DEF 14A报告中你经常看到授予公司高管的期权或限制股价值。但这个数字是基于Black-Scholes期权定价模型推导得出的，对于新记者来说可能意味着风险，因为它只是一个名义数字（即基于期权授予日的价格推导出的价值）。换句话说，它并不是公司高管最终从股票期权或限制股中获得的收益。由于其中涉及对将来价值的预测，这个薪酬数字在同比的过程中并不准确。换言之，这里存在重复计算的问题。记者应该选定一个参照时段，并措辞准确地表达出来。

以下这则报道讲述了依据新闻集团的股东委托书艾尔斯的奖金为何能在未来几年内继续增长。

> 根据新闻集团向监管机构提交的股东委托书，凭借公司近年来出色的财务业绩，福克斯新闻频道CEO 2008年获得的奖金金额较此前进一步增加。

私下交易与董事会成员

在董事会成员名单之后，委托书中还有一部分内容容易令人起疑。这一部分被称作"特定关系和关联交易"，用以说明董事会成员和公司业务关系的详细情况。例如，如果某位董事会成员是律师，这部分将详细介绍公司支付给他或她所在的律师事务所的年费。

赫布·艾伦（Herb Allen）是纽约的一位投资银行家，他和他的公司为可口可乐公司服务。2009 年的股东委托书公开了这层关系：

> 赫伯特·A. 艾伦为我公司董事，同时也兼任 ACI 公司总裁、CEO 和董事，并担任 ACI 母公司的主要股东。ACI 是 ACL 公司的间接股权持有人，ACI 于 2002 年 9 月将其投资和财务咨询服务业务转让至 ACL。
>
> ACI 公司从 1977 年起便承接位于纽约市第五大道 711 号、隶属于我公司子公司的办公场地的出租及转租业务。2005 年 6 月，ACI 将这些出租及转租业务转让给 ACL。2008 年，ACL 支付了约 480 万美元的租金及相关费用；根据租约，预计 ACL 也将在 2009 年支付相似数额的费用。在管理层看来，2002 年修订的租约条款对公司来说公平合理，在租约执行期间公司获得的服务可以与公司无任何关联的第三方提供的服务相媲美。
>
> 2008 年，公司向 ACL 支付了 150 万美元，作为其为某项潜在交易提供金融咨询服务的回报。在管理层看来，这些金融咨询服务的安排条款同样是公平和合理的，在租约执行期间公司获得的服务可以与公司无任何关联的第三方提供的服务相媲美。
>
> （摘自可口可乐公司 2009 年 DEF 14A 报告第 25 页）

就这件事本身而言并没有多少新闻价值，因为 ACL 公司与可口可乐公司的合作关系已经持续了数十年（财经记者可以自行查阅以往的资料），但涉及报道可口可乐及为其提供法律服务的律师事务所时，记者仍需要适当予以关注。

可口可乐公司的委托书中还有一章详细介绍了其与巴菲特旗下公司的详尽关系。其声明内容如下：

> 麦克莱恩公司（McLane Company）是伯克希尔·哈撒韦公司（Berkshire Hathaway）下属的全资子公司。2008 年，麦克莱恩公司斥资约 1.37 亿美元收购了本公

220

专家建议

《克莱恩纽约商业杂志》资深记者阿龙·埃尔斯泰（Aaron Elstein）对公司高管薪酬报道给出如下建议：

公司必须披露高管所享受的特殊待遇及其折合的美金数额，包括出于个人原因使用公司专机、专车和司机，由公司雇员为其报税，家中的防盗系统以及昂贵的公寓。这些信息通常出现在高管薪酬表下方的脚注部分。仔细阅读这部分内容，可能你会发现意想不到的新闻素材。

221

专家建议

道琼斯通讯社副主编麦克·里德（Michael Reid）对公司高管薪酬报道给出如下建议：

准确是王道：同财经报道中的其他主题一样，高管薪酬报道中的措辞表述准确是非常关键的。现金总收入并不等于薪酬总额，薪酬总额和总酬劳也存在差别。现金总收入指的是高管拿到的工资加奖金；薪酬总额是现金总收入加股票价值；总酬劳则包含其他非股票待遇在内的全部收益。而且要记住，公司授予高管的激励方案并不一定是他最终拿到手的报酬，因为股票期权的价值总在波动。实际上，如果公司股价在一段长时间内是下降的，那么高管的期权和股票可能不值一文。如果股价大幅上涨，Black-Scholes 期权定价模型推导出的报酬数字可能仅是高管实际拿到的薪酬的一小部分。

司的汽水用糖浆以及其他日常业务。同年，本公司向麦克莱恩公司支付了约 780 万美元的代理佣金、营销费用及日常业务过程中的产品销售费用。这层业务关系在 2003 年伯克希尔·哈撒韦公司出资收购麦克莱恩之前就长期存在，相关交易条款公平合理，并与其他客户的合约关系大致相同。

International Dairy Queen 公司（简称 IDQ）也是伯克希尔·哈撒韦公司下属的全资子公司。2008 年，IDQ 及其子公司以接近 200 万美元的价格直接或从装瓶子公司和其他代理公司手中间接收购了包括汽水用糖浆及其他产品在内的业务，用于直营店的日常运营。但其中不包括授权店的费用。同样在 2008 年，IDQ 及其附属公司从我公司及附属公司处获得共计约 170 万美元包括直营店和授权店的推广和营销激励费用。这层业务关系在 2003 年伯克希尔·哈撒韦公司出资收购麦克莱恩之前就长期存在，相关交易条款公平合理，并与其他客户的合约关系大致相同。

FlightSafety International 也是伯克希尔·哈撒韦公司下属的全资子公司。2008 年，本公司向 FlightSafety 支付了约 85.4 万美元，用于包括提供飞行员、空乘人员以及培训技工的费用。在管理层看来，相关支付条款公平合理，在合约执行期间公司获得的服务可以与公司无任何关联的第三方提供的服务相媲美。

Xtra 租赁公司也是伯克希尔·哈撒韦公司下属的全资子公司。2008 年，本公司向 Xtra 租赁公司支付了约 18.7 万美元，用于包括拖车运输、储存在内的租赁业务，以维持日常业务运营。在管理层看来，相关租赁条款公平合理，在租约执行期间公司获得的服务可以与公司无任何关联的第三方提供的服务相媲美。

（摘自可口可乐公司 2009 年 DEF 14A 报告第25 ~ 26 页）

所有这些可口可乐公司同巴菲特旗下公司的关系都看似合理合法，但其中的重要关系更需要财经记者仔细研读，因为细读之后便可从中发现一些可能有问题的交易细节。比如，有些记者便从下面这则 Progressive Corporation 2000 年的委托书中发现了交易信息。当时公司的 CEO 为彼得·刘易斯（Peter Lewis）。

> 1999 年 4 月 23 日，本公司以 1210 万美元的价格将一架加拿大挑战者 601 - 1 号飞机出售给了彼得·B. 刘易斯独立拥有的公司。这架飞机的市场公允价值由独立飞机鉴定公司 Jet Perspectives 决定，而当时飞机的账面净值为 690 万美元。飞机由两名飞行员和机械师操作，他们都是本公司子公司的员工。刘易斯先生向本公司支付了上述员工的薪酬及其他人力费用，并直接或间接地支付了本公司与飞机保管、维护、使用和操作有关的其他费用。本公司还按照每小时 3567 美元的包机费率（基于 Jet Perspectives 公司选择的 3 家包机公司的报价）向刘易斯支付了其为公司相关业务或以董事会成员身份公干的相关费用。

（摘自 Progressive Corporation 2000 年 DEF 14A 报告第 5 页）

乍看起来，我们会认为这似乎是一个合理的安排。声明中说明了公司和 CEO 的关系，以免飞机出售事宜引发非议。但追根究底的记者可能还会打几个电话专门咨询这一飞机型号的价值以及租金费用。

医疗保健服务提供商安泰保险（Aetna Incorporated）还在其 2000 年的委托书中透露了公司董事会成员伦纳德·艾布拉姆森（Leonard Abramson）及其亲属之间的关系。详见下文：

> 基于独立承包商协议，本公司的附属公司于 1999 年向艾布拉姆森先生的女婿理查德·沃尔夫森（Richard Wolfson）支付了 150469 美元。
>
> 在 1999 年一年间，本公司及其子公司根据服务协议向 Criterion Communications 支付了 7068958 美元。艾布拉姆森先生的女儿——马西·休梅克持有 Criterion 100% 的已发行有投票权的证券。

（摘自安泰保险 2000 年 DEF 14A 报告第16 页）

222

专家建议

《克莱恩纽约商业杂志》资深记者阿龙·埃尔斯泰（Aaron Elstein）对公司高管薪酬报道给出如下建议：

薪酬资讯行业的产生就是帮助董事会确定高管的薪酬水平。 业内代表性的公司有 Frederick W. Cook、Towers Perrin、Mercer 以及 Pearl Meyer & Associates 等。同样也有越来越多的股东团体认为公司高管的薪酬超过了合理水平，如 AFL-CIO、AFSCME、the Carpenters Union 等。记者可以试着获取这些人士的看法，但应该对其立场和议程有所警觉。同样，RiskMetrics、Glass Lewis 以及 Proxy Governance 等公司则为共同基金和其他大型投资者如何在年度股东会议上投票提供咨询服务。这类研究型公司对公司的薪酬体系有比较深入的研究。

此类带有裙带关系的薪酬安排可能引发争议，记者可以从中找到报道的角度。当艾布拉姆森从董事会辞职后，上述关系便被美联社以及《费城问询报》（*Philadelphia Inquirer*）所报道。以下援引《费城问询报》报道的第四段：

> 美联社援引该公司向 SEC 提交的文件内容称，自 1996 年起，艾布拉姆森的两个女儿和女婿从该保险公司前后获得了超过 1800 万美元的收入。
>
> （斯塔克，2000 年）

之后，这篇报道还引述了公司股东对于咨询收费这一安排的批评。委托书的其他部分则提供了诸如董事会成员拥有多大权力方面的线索。重要的是财经记者从中可以看到董事会成员隶属于哪些委员会，如果董事会成员同时担任薪酬委员会成员则有可能导致权力的滥用。

分析股权结构图对于财经记者来说也同样重要，因为图表能显示出谁是公司最大的股东。这一列表包括每名董事会成员、高管和最大的机构投资者所持有的股票数量。董事会成员持有的股票数量越多，其在董事会的权力也就越大。

通常情况下，公司的 CEO 或前任 CEO 应该是最大的个人股东之一。此外，董事会成员也会在每年增加自己的持股量。这时记者就应该将本年度的股权结构图和上一年度做个对比，以确定董事会成员的持股量是否在上升。当然一般情况下都是在上升，这就表明他们对公司的发展前景持乐观态度。如果不是，记者就要追问其中的原因。

股权结构图的价值还体现在：它列出了不担任公司高管或董事会成员的最大股东。如果公司濒临破产，记者可以第一时间电话咨询他们；有时在这一部分的脚注中会包含这些股东的住址，这也会有助于记者找到他们的电话号码。

内幕交易

如果向普通人问起他们对内幕交易的看法，他们通常会做出一些较为浅显的评论，比如，内幕交易是不道德的，或者他们会说政府应该积极介入并在起诉内幕交易的案件中保持强势。很多人可能知道，美国家政女王玛莎·斯图尔特（Martha Stewart）因涉嫌在一桩股票内幕交易中说谎而被判以伪证罪。她在得到 ImClone 公司前 CEO 山姆·维克赛尔（Sam Waksal）的内线消息之后抛售了艾克隆（ImClone）公司的股票，山姆·维克塞尔本人也从公司离职，并承认犯有内幕交易罪。

很多人可能不知道，超过 99% 的内幕交易都是完全合法的，而内幕交易的记录则为财经记者提供了一个评估公司高管、董事会成员或投资者对公司未来发展看法的好机会。

根据 SEC 关于投资活动的规定，内部人员是被定义为持股比例高于 10% 的公司的管理人员或董事，可以是个人也可以是经济实体。在玛莎·斯图尔特的案例中，斯图尔特算是内部人员，因为她涉嫌从另一个内部人员维克塞尔那里获取内线消息，并基于这些信息进行了股票买卖活动。

这些高管、董事会成员和机构投资者都是允许进行股票交易的，只要在交易后向 SEC 提交文件说明即可。如果内部人员在公开市场中买卖股票，他们必须在交易之后第二个月的 10 号之前向 SEC 递交相关的文件。当高管、董事或外部投资者在非公开的重大信息基础上买卖股票时，这样的内幕交易便是非法的。对于重大交易的认定，请参照本书第 6 章中提到的要求公司提交 8－K 报告的

> **专家建议**
>
> 道琼斯通讯社副主编麦克·里德（Michael Reid）对公司高管薪酬报道给出如下建议：
>
> **记者要留意所有权变更条款：** 很多关于公司战略方向和董事会决策的优秀新闻故事均取材于所有权变更条款。因为其中包括公司被其他公司合并或收购后 CEO 和其他高管的薪酬调整。如果公司所处的行业内并购之风盛行，而公司本身的实力较弱，那么这类公司会在所有权变更条款中给予管理层丰厚的回报。同样，将公司包装并成功出售的高管也有可能要求更高的薪酬。如果管理层和董事会调整了所有权变更条款，那就很有可能是交易即将发生的前兆。更好的情形是，所有权变更条款中的措辞表达模糊，公司高管不但拿到了先前聘用合同规定的薪酬补偿，还保住了自己在公司的控制权。同样，如果并购交易发生了但高管没有拿到薪酬补偿，他们就很可能心生不满而愿意向媒体开口。

223

条件。

举例来说，如果一位 HSB 集团的高管在 1999 年的春天向投资者透露，公司将以每股 60 美元的价格被美国国际集团（American International Group Incorporated）收购，而该投资者凭借这些内部信息买进股票获利，那么等待他的只会是联邦调查局的调查和惩罚。

下面这则报道就是内幕交易的一个典型案例：

圣路易斯投资者约翰·D. 韦尔（John D. Weil）已经同意支付 93424 美元罚金，以就 SEC 对其提出的内幕交易指控达成和解。

SEC 称，韦尔得到了关于总部设在纽约的凯尔保险经纪公司（KayeGroup Inc.）将被收购的内幕消息，并因此投资获利。

在既未承认也未否认指控的情况下，韦尔同意放弃 46712 美元的交易获利，并支付等量的民事罚款，记者无法联系到韦尔本人对此事发表评论。

SEC 驻费城的助理管理员大卫·霍洛维茨（David Horowitz）表示，作为正常监管范围的一部分，纳斯达克股票市场开始注意到关于凯尔保险经纪公司股票交易中的可疑之处。纳斯达克股票市场随后向 SEC 发出了提醒。

根据 SEC 的指控，韦尔在 2000 年 11 月底或 12 月初打听到会有一家公司有意收购凯尔保险经纪公司，而这则内幕信息来自凯尔集团的董事斯内德·L. 舍伍德（Ned L. Sherwood）。

拥有凯尔集团 10% 股份的韦尔经常与舍伍德讨论公司的决策问题，而他也向舍伍德保证双方之间的谈话是保密的。

专家建议

道琼斯通讯社副主编麦克·里德（Michael Reid）对公司高管薪酬报道给出如下建议：

签约奖金和黄金降落伞：大多数人会对签约奖金和"黄金降落伞"（"黄金降落伞"是指雇佣合同中按照公司控制权变动条款，对失去工作的管理人员进行补偿的规定）表示不满。同样，你需要考虑到报道对象所处的行业。公平地说，签约奖金既不是礼物也不是奖金，而是公司向新员工支付的一笔钱，作为对其加盟公司的激励，也是对其放弃前任公司报酬的补偿。很多公司只向在职员工提供股票期权或其他形式的股票激励，一旦选择离职就意味着你自动放弃了未来可能的各项收益。同样，"黄金降落伞"也是对公司高管任期可能不长的补偿，因为虽然高管待遇听上去令人艳羡，但股东的要求很难满足，公司的季度业绩未必能令其满意，这就意味着公司高管的平均任期很短，可能只有短短数月，因此"黄金降落伞"协议也是对高管离职风险的补偿。

224

韦尔利用未婚妻名下的经纪账户在 2000 年 12 月 28 日～2001 年 1 月 17 日以每股 7.44～7.94 美元的价格先后买进了 7400 股凯尔集团的股票。

凯尔集团在 2001 年 1 月 20 日宣布，已经接受了另一家保险经纪公司 Hub International Ltd. 每股 14 美元的私有化要约收购请求。SEC 还指控佛罗里达州奥兰多市的兰德·E. 夏皮罗（Rand E. Shapiro）凭借凯尔集团另外一位董事霍华德·A. 凯尔（Howard A. Kaye）提供的内幕消息非法获利 35804 美元。和韦尔一样，夏皮罗同意就诉讼达成和解，退回其非法盈利并支付一定数额的罚款。

而凯尔集团的董事并没有因不当行为被指控，因为他们认为谈话是保密的，而且他们没想到会有人用这些信息进行非法牟利。

奥兰多联邦法院周二以民事诉讼形式就 SEC 的指控进行了审理。①

这些宝贵、重要的故事都可以被用于财经新闻报道，但上述事实并非来自 SEC 的文件；相反，它们来自 SEC 的起诉，这些都能从 SEC 官方网站 www.sec.gov 上获取（有关从网站上获取信息的详细内容，请参见第 16 章）。

同样，由公司高管、董事会成员或其他投资者从事的股票交易几乎都是完全合法的，因而这些通常都不值一写。但如果董事会成员或公司高管正在抛售他们自己持有的大部分股票，或者大量买进公司股票，那么故事就变得有意思了。

当然，这些高管或董事会成员出售股票是出于正当理由的：它可能是用于支付孩子初中的学费，或许是用于购买度假屋，甚至可能是出于分散投资组合的考虑——这些都是内部人士出售股票的正当理由。然而，财经记者还是要时刻关注内幕交易，当它发生时，记者应致电该公司探寻原因。如果高管能给出很好的理由来解释其抛售股票的行为，那么可能没必要去报道；但是高管如果给不出很好的理由，这可能就意味着这些高管不认为公司股票会在短期内升值，因为高管比任何人都更了解一个公司的未来前景。此外，记者应注意有无高管买入大量公司股票——这可能表明这

---

① D. 尼克劳斯：《圣路易斯投资者约翰·D. 韦尔已就 SEC 对其提出的内幕交易指控达成和解》，《圣路易斯邮报》2002 年 12 月 14 日，第 2 版。版权归《圣路易斯邮报》所有，经许可转载。

些高管看好公司未来的发展前景，相信股价会在未来升值。那么问题来了，记者会从哪些渠道获取这些信息呢？答案还是SEC。

值得注意的一点是，财经记者在掌握了某些股票的内幕消息之后可能也会禁不住诱惑而买进股票，这种行为必须禁止。因为记者可能因此而被解雇。没有任何一家媒体允许旗下记者利用职务便利从事股票交易行为。

此外，SEC要求公司高管、董事会成员和其他投资者以多种方式公开其所从事的交易，比如4号文件（Form 4）。这份两页纸的文件主要针对公司董事、高管或持股比例超过10%的股东，涵盖与股票证券买卖计划以及报告人同公司的关系等信息。此外，文件还将公开股票的买卖状况、交易数额以及股价、个人持股量等信息。

阅读这些文件对于财经记者来说当然是有价值的，因为它们通常还包含投资人的具体住址。所以，当记者在追踪调查某公司董事会成员遇到困难时，这份文件就能派上用场了。然而，公司高管或董事会成员有时会只在文件中留下公司的邮寄地址。而另一个为记者诟病的问题是，这些业内人士往往会在交易次月的第十天才提交4号文件，而到那个时候，其交易过程中的买卖条件可能已经发生了变化。

记者在报道某公司的经营战略或是CEO时，查看公司成员的交易活动不失为明智之举。如果CEO们在探讨一个他们看好的新产品或公司时，他们也应该心口一致，买进公司的股票。但如果CEO只是大谈公司的美好前景却没有买进所在公司的股票，这时记者便应该去探明原因。

关注内幕交易当然也有着更深远的意义：追踪内幕交易的金融专家想要了解的是交易中买盘是否多于卖盘——如果买盘力量超过卖盘，则可能表明大盘有望走高。

以下是有关投资者内幕交易的部分报道：

专家建议

道琼斯通讯社副主编麦克·里德（Michael Reid）对公司高管薪酬报道给出如下建议：

位居高位并不意味着拿到的薪酬最高：2009年在美国财政部对多家银行采取了救助措施之后，限制高管薪酬问题变得很重要。不少民粹主义者要求对高管薪酬设置上限，后来政府方面也做出了调低银行高管薪酬的承诺。但仍存在一个问题，那就是公司职位排名前100位的高管，特别是那些金融机构的管理层，通常并不是收入排名前100的那些人。和篮球、足球、电视以及其他行业一样，"明星"经理人的年薪要比管理层甚至公司CEO多得多。过去，高盛的明星银行家的收入甚至是CEO的两倍。记者在报道高管薪酬问题时需要注意这一点。

SEC 文件显示，最近几个月机构投资者加大了对 Trenwick 公司的投资力度。就在今年的第三季度，位于纽约的詹尼斯公司（Jennison Associates LLC）便购买了超过 100 万股 Trenwick 股票。另一家总部位于纽约的资产管理公司 Trainer Wortham 也购买了超过 68.6 万股该公司股票。同期，总部位于孟菲斯的新南威尔士资本管理公司（New South Capital Management Inc.）也增持了 457915 股 Trenwick 股票，成为后者最大的机构投资者。目前新南威尔士资本管理公司累计持有超过 350 万股 Trenwick 股票。

最近，Lord Abbett & Co. 在第四季度买进了超过 24 万股 Trenwick 股票，这样一来，其在 Trenwick 的总持股量就超过了 100 万股。得克萨斯州的 The Teacher Retirement System 也买入 9.7 万股 Trenwick 股票，总持股量达 24 万股。另外 Palisade Capital 也增持了 4.34 万股。

另据最新的 SEC 方面消息，在过去六个月中，Trenwick 公司的十大机构投资者中只有两家减持该股。今年第三季度，Reich & Tang 出售了 51525 股 Trenwick 股票，不及其总持股量的 4.0%。总部位于纽约的罗伊斯公司（Royce & Associates Inc.）也在第四季度减持了 289600 股 Trenwick 股票，但其总持股量仍然超过 90.5 万股。

尽管 Trenwick 公司的市值已经接近 10 亿美元，但华尔街卖方分析师却对该公司的兴趣不大，五分之三的分析师目前对

专家建议

道琼斯通讯社副主编麦克·里德（Michael Reid）对公司高管薪酬报道给出如下建议：

天时地利：要想准确、公正地报道公司高管薪酬，记者需要考虑整个行业的大环境以及或大或小的竞争对手的情况。公司的强劲业绩表现到底是 CEO 个人的功劳还是整个行业正处于上升期的结果，这是值得记者搞清楚的问题。以 20 世纪 90 年代的英国制药公司史克必成（Smith Kline Beecham）为例，当时公司实现了稳健的增长速度和利润增长，同时股价也随之上涨。时任 CEO 的让·莱斯克利拿到了高达 9000 万英镑的薪酬，在当时的英国高管薪酬排名前几位（公平点说，他得到的主要是股票和期权）。后来公司与葛兰素（Glaxo Wellcome）合并之后，新任 CEO 让 - 皮埃尔·加尼尔（Jean-Pierre Garnier）的境遇却截然相反，为其准备的"金色降落伞"协议不仅招致了广泛的批评，还受到股东的抵制。部分原因是加尼尔在行业困难的时候接手了公司，研发成本不断上升，政府监管力度加大，而同行业的竞争也在不断加剧。这些并不是他个人的过错。而前任 CEO 莱斯克利则遇上了所有的制药公司都实现高速增长的行业黄金期。换言之，

> 莱斯克利幸运地赶上了天时和地利。他和加尼尔的表现以及薪酬待遇带来了截然不同的反应，尽管加尼尔被普遍认为是制药行业最有能力的管理人才。

Trenwick 公司评级仅为"持有"。[①]

这类内幕交易活动的报道正是读者想要了解但往往没有时间自己研究的问题。如果财经记者们能够在报道里提供更多的信息，他们将会更好地服务于读者。此外，他们也向这些高管证明自己了解最有效的公司绩效衡量标准，那就是投资者是否愿意购买该公司股票。而投资者持股量的增减也是华尔街专业人士衡量特定股票的一个重要指标。

另外，有些投资者虽然不是公司高管、董事会成员，但他们在买卖股票时依旧需要向 SEC 提交相关说明文件。记者对此也应该予以关注。

13D 文件是对股东单独或共同持有 5% 以上公司股份的公告，必须在交易开始后的 10 天之内提交给 SEC。此外，提交 13D 文件的投资者通常是怀着锐意革新的目的，他们都是对公司现状不满的股东们。由于持股比例超过 5% 就必须向监管层提交 13D 文件，出于隐私的考虑，很多时候他们会选择将持股比例提高至 4.9% 即可。同时，股东增持的行为也会推动公司股票价格上涨。

还有一种文件也需引起财经记者的注意。SEC 规定，机构投资者和专业投资者在买进股票的同时并没有改变公司控制权的想法。在这种情况下，机构投资者应提交 13G 报告，而且必须在交易发生当季的最后 10 天内签署。

虽然 13G 报告在提交时间上要求不像其他报告那么及时，但它依然可以提供有用的信息，比如 13G 和 13D 报告一般要求披露投资者所在公司信息、股权购买量以及购股的日期及价格。很多时候，记者从中可以查到参与具体投资的机构投资者的姓名和电话。

以下面给出的 13G 报告节选为例。有记者在调查总部位于密歇根州的美国医师资本公司（American Physicians Capital Incorporated）时发现了这家公司的提交的 13G 报告，记者查到了 Greenlight Capital 的电话，接通了公司负责人大卫·艾因霍恩（David Einhorn）的电话，后者愉快地回答了记者的提问。

---

① C. 劳什：《Trenwick Group 股票备受追捧，现任 CEO 能否保持股价上涨态势》，Insurance Investor 2001 年 3 月，第 1 版。版权归 SNL Financial 所有，经许可转载。

项目1（a）发行人：美国医师资本公司。

项目1（b）发行人办公地址：密歇根州东兰辛区 Hagadorn 北路 1301 号，邮编 48823。

项目2（a）申报人姓名：Greenlight Capital（以下简称"Greenlight"），大卫·艾因霍恩、杰弗瑞·A. 加永。

项目2（b）主要办公 & 住宅地址：纽约州纽约市列克星敦大道 420 号 1740 套房，邮编 10170。

项目2（c）国籍或机构所在地：Greenlight 是依据美国特拉华州法律成立的有限责任公司。大卫·艾因霍恩和杰弗瑞·A. 加永是 Greenlight 公司的主要负责人，他们都是美国公民。

项目2（d）证券类型：普通股，每股无票面价值（以下简称"普通股"）。

项目2（e）CUSIP 号码。

项目3 报告人：不适用。

项目4 所有权：

（a）Greenlight 和艾因霍恩先生、加永先生持有 99 万普通股。

（b）Greenlight 和艾因霍恩先生、加永先生是已发行普通股中 9.9% 流通股的最终受益者。这个比例基于发行方首次公开募股（以下简称"IPO"）的 1000 万股流通股。此外加永先生被告知，截至 2000 年 12 月 14 日，IPO 承销商已经选择行使超额认购，总股本增至 11450254 股。基于调整后的已发行股本，Greenlight 和艾因霍恩、加永先生的持股比例将达到 8.6%。

（c）Greenlight 对上述 99 万股普通股拥有独家投票权和处置权，

专家建议

道琼斯通讯社副主编麦克·里德（Michael Reid）对公司高管薪酬报道给出如下建议：

按劳取酬：如果公司高管实现了业绩目标，他们就可以拿到其该得的奖励。CEO 要实现 10% 的收入增长和利润增长才能得到相应的奖励，即便公司半数的管理层离职，或者公司引起了监管部门的注意，或者某些争议事件影响了公司的声誉（当然这是一种假设），这都不会影响到高管的薪酬。换言之，在报道中要考虑到给 CEO 制定的目标是否与公司的发展目标一致。记者如果以每股收益来衡量 CEO 业绩，那么对高管而言实现盈利增长很简单，回购股票就可以。要与行业内的竞争对手以及整个行业的情况做个比较，这样可以得到公司相对于竞争对手的发展情况等较为全面的看法。如果一个行业的其他多数公司年利润增长都在 10% 以上，那么某家公司的 CEO 因为实现了 10% 的利润增长而得到奖励就不值一提，因为利润增长的原因不过是大形势好罢了。

227

因为 Greenlight 的主要负责人艾因霍恩先生和加永先生有权投票和处理最终受益的这 99 万股普通股。

（摘自 Greenlight Capital 2000 年提交的 13G 报告）

这则报道可以看作美国医师资本公司为提高绩效而采取的策略。唯一可以更好评估公司战略的便是 CEO 本人，他的评价胜过持有大量公司股票的投资者的评论。记者就是从这份报告中找到公司名称、通信地址及负责人姓名这些有价值的信息的，并通过查号服务台轻松找到了这家公司的电话。

记者在报道公司的高管、董事会成员和投资者时，要能够在报道中厘清他们的关系。他们毕竟是凡人，因此他们都会被某些因素驱动：CEO 可能会被权力欲望所驱动，也可能出于为员工提供良好工作环境的愿望或为投资者带来丰厚回报的理念；而董事会成员通常被相同的因素驱动；投资者的目标只有一个，那便是盈利。而三者间的互动则常常会产生引人入胜的新闻故事。

关键术语

董事会	内幕交易
奖金	总裁或首席运营官
董事长	股东委托书协议
首席执行官	限制性股票
首席财务官	13D 报告
4 号文件	股票期权

参考文献

Form DEF 14A.（2000，March 22）.（SEC Publication No. 0000914039 - 00 - 000119，pp. 15 - 16）. Washington，DC：Securities and Exchange Commission.

Barnhart，B.（2002，January 8）. Activist shareholders forcing change. *Chicago Tribune*，p. 8.

Coca-Cola Company. Form DEF 14A.（2009，March 5）.（SEC Publication No. 0001047469 - 09 - 002248，pp. 25 - 26）. Washington，DC：Securities and Exchange Commission.

Greenlight Capital, L. L. C. Schedule 13G. (SEC Publication No. 0000941302 – 00 – 500113, pp. 1 – 6). Washington, DC: Securities and Exchange Commission.

McDowell, D. (2002, January 18). Confessions of a securities writer. TheStreet. com. Retrieved Sept. 15, 2002 from http: //www. thestreet. com/funds.

News Corporation. Form DEF 14A. (2009, August 20). (SEC Publication No. 0001193125 – 09 – 178387, pp. 25 – 27). Washington, DC: Securities and Exchange Commission.

Nicklaus, D. (2002, December 14). St. Louis investor John D. Weil settles SEC insider trading suit. *St. Louis Post Dispatch*, p. 2.

Progressive Corporation. Form DEF 14A. (2000, March 16). (SEC Publication No. 0000950152 – 00 – 001752, pp. 4 – 5). Washington, DC: Securities and Exchange Commission.

Roush, C. (2001a, March). Trenwick Group's growth spurt: The reinsurer has added new businesses through acquisitions and is seeking more deals. Can CEO Jim Billett keep the stock price rising? *Insurance Investor*, p. 1.

Roush, C. (2001b, March). Bill Cheeseman enters the fray: The CEO of American Physicians Capital wants to buy other medical malpractice insurers. The line forms to the left. *Insurance Investor*, pp. 6 – 8. Stark, K. (2000, June 8). Abramson quits Aetna Inc. board; he sold U. S. Healthcare to the insurer in 1996. *The Philadelphia Inquirer*, p. C1.

Unger, H. (1999, December 7). Coke's shocker: Ivester retiring after 2 years under pressure. *Atlanta Journal-Constitution*, p. 1A.

Valdmanis, T., & Howard, T. (2000, November 22). Coke plan to buy Quaker for $16B stock collapses; Disagreement over price, strategic direction bring startling about-face. *USA Today*, p. 1E.

CEO及管理类专著

Bossidy, L., & Charan, R. (2002). *Execution: The discipline of getting things done.* New York: Crown Publishing.

Charan, R. (1998). *Boards at work: How corporate boards create competitive advantage.* New York: Jossey-Bass.

Charan, R. (2001). *What the CEO wants you to know: How your company really works.* New York: Crown Publishing.

Collins, J. (2001). *Good to great: Why some companies make the leap . . . and others don't.* New York: Harper Collins.

Ellig, B. (2001). *The complete guide to executive compensation.* New York: McGraw-Hill.

Greising, D. (1999). *I'd like the world to buy a Coke: The life and leadership of Roberto*

Goizueta. New York：Wiley.

Slater，R.（1998）.*Jack Welch & the GE way：Management insights and leadership secrets of the legendary CEO.* New York：McGraw-Hill.

参考练习

1. 比较两家不同公司的组织结构图。用 500 字左右分析两家公司组织结构差异的原因，着重分析公司成员的职务和隶属关系，特别是 CEO、总裁和执行副总裁或部门总裁的关系。

2. 研究一家上市公司的高管薪酬方案。比较公司 CEO 和总裁的奖金和工资增长幅度与同一财年内该公司净利润和股价的增长幅度。讨论高管薪酬增长幅度和公司业绩增长幅度之间存在差异的原因。

3. 选取一家公司的董事会进行研究。列出董事会中可能与公司存在财务关联的成员以及没有关联的成员名单。分析董事会成员与公司的财务关联是否会对其决策产生影响。

4. 选取一家公司的大股东进行研究。用 30 分钟找出哪些股东属于外部投资者，哪些是董事会成员，哪些曾经是或仍然是公司管理层。比较董事会成员的持股量与外部投资者的持股量的差别。讨论持股比例大的外部股东是否应该在董事会内占有一席位。

5. 研究过去 12 个月中一家公司的高管和董事会成员的内部交易活动。将其出售的股票与买进的股票相加。过去一年中的内部交易是否反映公司未来业绩的前景？

第 11 章
私人企业与小企业报道

当地经济的重要组成部分

私人企业和小型企业是国家经济的支柱，如果没有它们，城镇和社区就不会存在。它们为成千上万的人提供稳定的工作，帮助经济增长。或者说，私人企业和小型企业在大企业遇到挫折或歇业破产时发挥着维持经济稳定的作用。

然而，当你阅读报纸，浏览网页、杂志，收听广播，或者观看电视新闻时会发现，小型企业和私人企业经常是为数众多的商业新闻报道所忽视的对象。其中一个原因可能是，记者认为这些企业太小，不足以构成新闻价值，或者说，它们本身就不够有趣。

乍一看，这些记者似乎是正确的——那些大公司的产品和服务会被整个国家乃至全世界的人使用，而那些小型企业的产品并不会给人们带来巨大的影响。

但不要忘了，当小型企业推出的产品逐渐对更多的人产生影响时，它便可以变成人们口中的大型企业了。比尔·盖茨在他的车库中起家，如今微软已变成全球最大的公司之一，在软件行业独占鳌头；沃尔玛从一家小商店做起；可口可乐的第一瓶饮料是在药店卖出的；福特也是从卖第一辆车开始……这些公司都不是一开始就拥有数以亿计的业务和数以千计的工人，相反，它们都是从小业务开始做起，梦想着有一天能够变大变强。

媒体不报道小型企业和私人企业的另一个原因是很难找到有关这些企业的客观信息。事实上，SEC 并没有要求私人企业或小型企业披露其收入和利润等财务信息。比方说，一家小型企业的 CEO 对记者说他的公司去年收益增长了 50%，除非他把财务账簿拿给记者看，不然他的说法是无从考证的。但其实只要记者有足够多的思考和研究，有很多方法都可以找到小型企业和私人企业的财务信息，对此本章会进行深入的探讨。没有哪家公司是完全私人的，哪怕规模再小的公司也会留下它经营的痕迹。因此，对小型企业的报道是可以完成的，只是很多记者不知道怎么去做罢了。

> **专家建议**
>
> 以下是记者应该查阅的私营企业的公共档案信息：
>
> 1. 地方政府：不动产交易记录、契据登记、健康部门记录、规划部门记录、物业评估员或估税员、民事或刑事诉讼记录。
>
> 2. 州政府：州政府秘书长办公处的公司记录、统一商业法规、经济开发记录、州立法机构记录、专业许可部门、保险银行业监管机构。
>
> 3. 联邦政府：消费品安全委员会，环境保护署，平等就业机会委员会，职业安全与健康管理局对工地安全的记录，联邦贸易委员会，专利商标局，能源、航空等特定行业的联邦监管机构。

大众传媒应该将注意力更多地放在小型和私人企业以及那些会影响其运营的问题上，其中还有另外一个更重要的原因：就像上文说的那样，小企业和私人企业对于经济来说至关重要，当经济遭遇挫折时，小型企业也会像其他企业一样受到波及。2008 上半年美国的失业人数为 763000 人，其中超过半数都发生在小型企业中，非合资的个体经营企业数量在 2008 年从 2007 年的平均 1040 万跌落至 1010 万，到 2008 年 11 月、12 月已降至 960 万。总体来说，从 20 世纪 90 年代中期开始，小型企业每年创造了 60% 至 80% 的新兴就业机会，然而 2008 年减少的就业岗位已经达到 310 万。虽然小型企业流失的工作岗位具体多少可能无法获知，但这一数字的影响确实深远。

事实上，部分媒体忽略了这些小型企业，大都市区的媒体尤甚，而那些小型企业的就业人数占到全国劳动力的一半以上，其产出也占到了整个私营部门的一半以上。诚然，确实有些记者被媒体派去报道小型企业。以北卡罗来纳州西部的《斯泰茨维尔大事纪闻报》（*Statesville Record & Landmark*）为例，这些小型乡镇报刊在每个社区都派有财经记者，其中所有的报道都是关于小型企业的。但和大型企业以及名气较大的小企业的报道相比，大多数媒体还是忽略了对普通的小型私人企业的报道。

根据位于华盛顿的美国企业研究所（American Enterprise Institute）调查得出的结论：美国人对小型企业的评价其实比大型知名集团和工会更高。调查还显示，有 90% 的美国人偏爱小型企业，并且这个数字在前 25

年中就徘徊在 84%～94%。相比之下，哈里斯民意调查显示，只有 66% 的人对工会很有信心或比较有信心，人们对大型企业的信心水平也只有 72%。

美国保护小型企业已有超过一百年的历史了，19 世纪国会便出台反垄断法来保护小型企业和私人企业，成立于 1953 年的小型企业管理局也旨在促进小型企业的发展。这些保护政策使得小型企业成长为影响国家立法机关和国会决策的一支重要游说力量。国家独立企业联合会（National Federation of Independent Business）有超过 60 万成员，并在全美 50 个州中设有办事处，其宗旨是向州及联邦政府争取小型企业的权利。

下面这则来自 MarketWatch.com 的报道很好地说明了过去监管机构是怎样为小型企业服务的，但也有一个显著的例外：

> 它可以被称为官僚主义体制的战争，政府炮制的大量规章法制对小型企业来说是一剂毒药。小型企业与联邦政府在是否服从华盛顿发布的法令问题上进行了 20 多年艰苦卓绝的持久战。
>
> 毫无疑问，中小企业在这一过程中赢得了一两个重要的回合。然而，这场争斗尽管令人无比受挫，但仍在持续。最近的情形是，关于小型企业的争论上周在众议院委员会展开，讨论的内容主要是美国国税局（IRS）。
>
> 作为背景，这个针对官僚主义的斗争的终结应该追溯到 1980 年。当时白宫小企业发展委员会（White House Conference on Small Business）促成了三项重要法案的出台——弹性监管法（Regulatory Flexibility Act，RFA）、司法公证法（Equal Access to Justice Act）和文书削减法（Paperwork Reduction Act）。
>
> 上述法案旨在确保政府机构将联邦法律影响到的所有人都考虑进去，而弹性监管法尤其是关键。它要求联邦机构保证将会在发布法案之前研究即将出台的法规对小型企业将产生怎样的影响，以减少法案对小型企业的可能冲击。
>
> 众所周知，没有一个联邦机构会像国税局那样需要处理成堆的文案工作。然而国税局在弹性监管法的问题上却持反对立场。Argus Group 负责人丹·马斯特马可罗（Dan Mastromarco）表示："如果避免推行弹性监管法成为国税局最终的目的，那么毫无疑问他们成功了。

但是对那些非常在意弹性监管法推行成效的人来说，该法案总体的效果不如人意。"Argus Group 位于美国亚利桑那州首府菲尼克斯，专门为小型企业提供保险。

国会在 1996 年加强了弹性监管法的要求，紧接着就是四年非常激烈的立法讨论。或许你不用惊讶就能想到的是，国税局推行的看似无关痛痒的工资税收储蓄制度改革实际上在一定程度上促成了监管法案的改革。"那些他们发布的所谓的规定说白了就是胡扯，"参与了此次斗争的前任国会议员安迪·爱尔兰说道，"我都不能理解这些规定。当我去听证会做证时，美国国税局委员会中也似乎没有一个人理解。但这些人相信一般小型企业都能遵守这些规定。"

位于印第安纳波利斯的 Baker & Daniel 律师事务所合伙人弗兰克·斯温（Frank Swain）表示："不幸的是，美国国税局对弹性监管法表现出的不屑之情非常明显。"事实上，根据美国国税局 12 月发表在联邦公报（Federal Register）上关于最近半年的监管议程，其管理的 286 个项目中只有两个值得进行监管灵活性分析。"这份陈述表明，无论美国国税局如何看待这项法律，其负责的 286 个监管项目中只有两个值得监管灵活性分析。而这种做法无疑显示出国税局对这项法案的蔑视。"小企业管理局前主任顾问斯温如是说。

看似无伤大雅的美国国税局的政策建议为何会产生过火的后果，要理解这一点，只需联想一下国税局去年 6 月提出的取消某些移动机械设备商（如起重机）享有的特定燃料和消费税豁免权的建议就能明白了。尽管这些移动机械设备商享有的税收豁免权自 1977 年开始就已被写入法律，但美国国税局说这将会对小型企业产生不太大的经济冲击。斯温表示，国税局从来没有费心去进行监管灵活性分析。他还表示，最后的结果显示，许多行业（包括建筑、挖掘服务和移动式起重机操作行业）均受到波及，其中包括相当数量的小型企业。①

报道小型私人企业不同于报道那些大型上市公司。第一，许多小企业并没有通过增加曝光率来提高股价。许多小企业并不想引起记者的注意。然而许多大型上市公司都由自己的公关部门来处理媒体关系，许多私人企

---

① K. 希拉尔德：《小企业与国税局展开拉锯战》，CBS MarketWatch.com，2003 年 5 月 5 日。版权归 MarketWatch.com 所有，经许可转载。

业却没有。当一个记者打过去电话，往往接起电话的就是公司总裁或 CEO。

商业记者没有必要事无巨细地报道小型企业的运作情况，可以将其涵盖在其他公司报道中一并提及。例如，一个零售业记者在撰写关于圣诞节销售情况的报道时，文中就可以既包括个体经营的小店，又包括上市连锁超市甚至沃尔玛的销售数字。而银行业的跑口记者可以写关于私人社区银行如何与美国银行和BankOne 竞争的报道。

私营企业主和管理层有时也愿意接受记者的采访，聊聊本地和特定地区的经济状况，或者就用工短缺、新颁布的法律对其的潜在影响谈谈看法。这个时候记者的目的似乎并不在于写篇报道，而在于获得关于私营企业主和公司高层的信任。而当更有新闻价值的事件出现时，私营企业主也会更愿意向媒体爆料。

像大多数的企业一样，小型企业需要明白媒体的角色。很多企业希望媒体对其进行积极的、正面的报道，一旦它们没有获得正面报道，它们甚至会生气。一些人可能甚至认为正面的媒体报道是广告费用的等价交换。

记者应该清楚地向其表明报道的基本原则。对于一些商业报道，记者以及媒体的报道宗旨应当是向公众传播信息。如果一家小型企业对市场具有特别的意义，就会有媒体对其进行报道。威斯康星州的报纸 *Door County Advocate* 报道了在斯特金湾北部开设的第一家洗车店，因为这是几英里内唯一的一家洗车店。媒体应该按照新闻价值决定什么是新闻。

关于小型企业的报道可以显示企业的发展轨迹。开普吉拉多（Cape Girardeau）的报纸

专家建议

给小企业或私人企业主的 12 个问题：

许多小企业主都对记者的提问小心翼翼，尤其是对那些之前从来没有被采访过的业主来说更是如此。以下问题可以让企业雇主感受到，你是真心诚意地想要把有关他的公司的情况展现给读者们看。

1. 是什么促使你成立自己的公司？如何将你的个人背景与公司的发展融为一体？

2. 你运作公司的资金来源是什么？是用自己的积蓄还是找亲友借的钱？

3. 你的公司成立多久后开始盈利？你又是怎么庆祝的呢？

4. 在让公司起步并运营的过程中，你遇到的最困难的事情是什么？

5. 你认为谁是你最大的竞争对手？为什么？

6. 你是怎么实现公司业务增长的？是利用广告还是顾客的推荐？

7. 你最大的客户是谁？假如失去了那个客户，你会怎么做？

8. 最热销的产品是什么？

9. 假如附近新开了一家同类型的公司，你会做何反应？你将如何应对日益激烈的竞争？

10. 请你设想一下，五年以后你的公司会是什么样的规模？十年后呢？

234

11. 什么会促使你把你的公司出售给另一家企业？

12. 你的员工是怎样参与到公司的日常决策中来的？

专家建议

《新奥尔良时报花絮》(New Orleans Times-Picayune) 商业编辑基姆·奎林（Kim Quillen）对报道小型和私人企业给出如下建议：

社交网络：你可以从许多地方获取关于小型企业的信息，包括商会午宴、小型商业研讨会或其他社交活动。记者需要花时间与小型企业的经营者打交道，以便了解他们的经营状况。

Southeast Missourian 在头版刊登了一则关于外来小企业家和国际务工人员的报道，向读者解释了为什么这些企业会在小镇上建立起来。

许多小型企业的跑口记者关注的是小企业自身存在的问题以及发展趋势，而非企业特写。记者关注的焦点是小型企业如何在商业领域生存，如何进行雇员健康保险和其他福利方面的决策，以及这样做是否会令其不堪重负。记者会在报道中提到一个小企业主是怎样努力挣扎，将经营了40多年的公司交给下一代的。他们评估新开的家得宝门店会对当地经营多年的五金店带来什么样的影响。

关于小型和私营企业的报道之所以能够吸引读者，是因为记者需要更深入地分析一个公司的情况——因为记者不能依赖美国证券交易委员会提供的事实材料，而必须去采访企业的竞争者、顾客和客户，去评估市场环境，自己去寻找小型企业如何获得成功，或者怎样维持收支相抵的蛛丝马迹。

235 记者们应该把自己想象成一家小型企业，设身处地地去报道。记者自己既有以薪水形式获得的收入，也需要应对各种开支，如房租、电费、天然气等，就如同一个小企业一样。收入大于支出的部分便可以用作扩大业务规模，如买一台新的电视、一些家具，甚至一辆新车，盈余越多，记者就可以越大地扩大他们的"业务规模"。然而，如果没有盈余，那么"经营活动"就会很难进行，甚至可能欠下债务，入不敷出。这可能就意味着记者要用信用卡购物，或通过银行贷款买车。

小型企业和私营企业的经营方式几乎相同，当它们经营状况不好的时候同样也需要借钱，如果情况依旧得不到改善，它们可能会被迫倒闭。同样，如果记者的个人财务状况仍旧糟糕，他们也可能"破产"，并且不得不去寻找一份薪资更高的工作。

像任何企业一样，小型企业和私营企业都会经历起起落落，而这些起落都可以成为新闻。

获取信息

许多记者误以为私营企业真的仅仅是"私人的"。然而事实并非如此——虽然私营企业很少心甘情愿地提供相关的经营信息，但记者仍有很多获取信息的其他途径。

记者需要考虑什么样的信息可以更好地反映一个小企业或私营企业的状况，然后要求该公司提供此类信息。制表企业天美时的 CEO 曾向我提供了该公司最近一年的收入和利润数字，原因很简单——因为我问了他这些。自 20 世纪 30 年代开始，这家北卡罗来纳州最大的私人企业每年都对外公布它的收入和利润数字。如果企业拒绝提供信息，那么记者应该想一想，在哪里可能找到这些信息呢？

一些私人公司愿意向当地商业杂志等出版物提供其盈利信息。如果没有公司提供的数据，媒体可能会基于公司业务的基本认识对公司的运营情况进行估测。当记者们使用这类数字时，他们必须说明数据的来源。

即便一家小型或私营企业不愿意提供信息，记者仍能够找到这些信息。最好从政府机构那里寻找大部分信息，公司章程等小型企业和私人公司的基本信息会在州秘书办公室备案。另外，公司章程还会提供高管和所有者的名字、电话号码和邮件地址。如果你想调查小型企业和私营企业的信息，这应该是你最先着手的地方。有时这些信息可能不是最新的，或者有的企业在所在州的记录并不算好，这可能是企业正处于财务困境的一个信号。

另一个获取公司信息的地方是地方政府记录，如当地建设部门的建筑许可证和检验记录。在县书记官那里会有关于房地产信息、抵押协议以及

> **专家建议**
>
> 《新奥尔良时报花絮》(*New Orleans Times-Picayune*) 商业编辑基姆·奎林对报道小型和私人企业给出如下建议：
>
> **盛大开张典礼/周年纪念/新产品发布会：** 作为一名报道小型企业的记者，我可以保证通过当地企业开张典礼、周年纪念活动或新品发布会你会收获大量的写作素材。报道这些事件时，最好提前想好你的侧重点在哪儿（或者想好你的文章会按照什么逻辑来写），这样一来你便可以自如地应对各种情况。

> **专家建议**
>
> 《新奥尔良时报花絮》(*New Orleans Times-Picayune*) 商业编辑基姆·奎林对报道小型和私人企业给出如下建议：
>
> **不要害怕开口：** 小型私人企业并没有义务公开它们的财务信息。但记者经常可以从企业所有者或高管那里获得信息，最大化地利用那些渠道，并直接询问企业所有者是否愿意告诉你有关公司的一些信息。

专家建议

《新奥尔良时报花絮》
(*New Orleans Times-Picayune*)
商业编辑基姆·奎林对报
道小型和私人企业给出如下
建议：

**好好利用州务卿办公
室的资源：** 有些州务卿办
公室里可以搜索到本州所
有注册企业的网络数据库。
如果你正在赶着出一篇急
要的公司报道，而你又对
那家公司知之甚少，那么
州务卿办公室会是一个帮
助你快速搜寻信息的好地
方，在那里你可以获得有
关公司高管和注册时间等
方面的信息。

虚构名称的注册信息。公司名称也很重要。如
果一个公司业务运营时用的是一个名字，在
州政府注册时却用了另一个名字，记者就应
该注意到这一重要信息。

记者在关注庭审案件的同时也不要忘记查
一下某家企业过去是否有过被起诉的经历。记
者应该查阅法庭诉讼书，并想办法得知起诉该
企业的律师的姓名，给他们打电话并询问相关
情况。如果某家企业在过去的几个月或一年中
面临大量的诉讼，这可能表明企业存在无力清
偿债务的问题。同时，记者还应弄清该企业是
否存在滥诉倾向。虽然小型和私人企业的很多
信息并不对外披露，但通过查询企业在法庭诉
讼方面的信息，记者可以获取很多有价值的新
闻素材。

236　　　记者在听取法院刑事判决的时候，还应该留意其中是否有公司涉及其
中。例如，如果某家小公司的首席执行官或小企业主被逮捕，这往往可以
成为一则新闻。首席执行官和公司高管偶尔也会出现在与自己公司业务无
关的民事诉讼中，而其中可能会披露公司的相关信息。离婚申请是一个最
好的例子，CEO 或高管的配偶可能为了争取一半的财产而会披露有关公司
财务业绩的详细信息。

在地方一级还有很多有价值的信息。当地卫生部门会有企业的卫生
检查记录和一些许可证。对餐饮在内的许多行业来说，健康档案是很重
要的信息。例如，科罗拉多州的 *Loveland Daily Reporter-Herald* 列出了该县
每周的餐厅和食品服务检查结果，并把那些获得"优秀"、"临界"和
"较差"等级评价的餐馆进行排名。

再比如，城市区划部门会有很多开发许可证和建设债券的信息，这些
信息可以帮助记者报道当地商业或住宅地产开发公司。此外，物业评估师
或估税员则可以提供房产的评估值以及房地产和建筑评估信息。

记者从当地房地产交易中也可以找到关于小公司或私人企业的信息。
某公司最近是否有购买土地的记录，如果有，那么地块的位置在哪里以及
公司的用地计划是什么，记者们应该查找这方面的资料。如果其购买的土

地就在公司当前位置附近，那么该公司可能会计划进行扩张。另外，如果小公司和私人企业购买的是住宅型物业，那么记者就要查查谁将住在里面。如果是公司的员工或管理人员，那么记者就要问一问，他们为什么可以享受这种特殊的待遇？

小型私人企业与那些可以提供信息的州管理机构也保持着联系，除了州政府秘书长办公室，其他州政府部门也掌握着有关企业的记录。例如，司法部长办公室有对客户投诉及公司起诉的调查记录；经济发展办公室致力于促进企业发展并吸引更多的企业前来投资，企业若是享受了税收减免政策或是其他经济上的优惠政策，经济发展办公室都会有记录。

例如，《哈特福德日报》就曾报道了这样一则新闻：康乃迪克州官员帮助宾夕法尼亚州的一家小企业获得州政府的资金支持，实现业务扩张。作为回报，涉事官员的亲属获得了在这家私人企业的投资权益。在获得政府资金支持后，这部分投资的价值很快大幅上涨。而这则报道的信息来源就是州经济发展办公室。

州营业执照管理处也是记者获取小型私人企业的重要信息源。州营业执照管理处负责对各类企业（大到医院，小到理发店）进行系统管理，因此许多这方面的记录都属于公共信息。有时，罚款或医生吊销执照的信息都可以从中找到。

记者还应从州立法机构那里查到是否有涉及某家企业或者某一行业的听证会。州环境保护部门会有公司在环境污染方面的记录，劳工部门有企业裁员方面的记录，而州采购办公室则有公司和州政府之间的详细交易记录，该记录具体到某一项商品和服务。

《美国统一商法典》（UCC）① 的文件中也有小型私人企业的信息记录。UCC 的法律规则几乎被所有的州接受。如果一家企业赊销给另一家企业货物，一般会采纳 UCC 法律规则：假如一家农用拖拉机生产企业在提交的UCC 文件中提到，其出售的拖拉机是企业贷款的抵押品，如果购买拖拉机的企业未能还清贷款，那么其他公司就有权收回这台拖拉机。UCC 文件可

237

① 《美国统一商法典》（Uniform Commercial Code，UCC）是在美国统一州法全国委员会和美国法学会的共同努力下取得的最成功和最重要的成果，也是最为著名的一部"标准法典"。它对现实中的商事规则和商事惯例进行了归纳和制度层面的架构。它基本消除了各州商法对州际交易因规定不同而造成的障碍，实现了美国商法在州际交易范围内，关于销售、票据、担保、信贷各领域规定的统一。——译者注

以显示一家企业是否是通过大量举债来进行采购，大量举债同时也可以成为一家企业计划扩大经营规模的标志。

州银行业和保险业监管部门也是小型企业信息的重要来源，甚至能提供保险代理公司这样的小企业信息。州监管部门那里保存着该州所有银行和保险公司的财务报告。如果私人银行和私人保险公司不愿向记者透露其收益和利润数字，记者仍然可以从州监管部门那里获得这些信息。不过记者如果想要从监管方获取这些信息并用到报道中的话，仍需告知相关公司。在知晓了记者已致电咨询过州监管部门之后，这些公司可能会向记者提供更多的信息。类似情况也发生在如电力公司、自来水公司等公共事业公司身上。它们统归州公共服务委员会管理，同样在那里也存有它们的财务状况记录。

小企业在所在州的纳税记录也是非常有价值的信息。纽约 WABC 广播电台的吉姆·霍福尔（Jim Hoffer）从纽约州纳税记录中发现，许多曼哈顿的餐厅都存在数千美元的欠缴税款。"我们的调查发现，小至快餐店，大至纽约市最好的餐厅，近 200 家企业拖欠的税款累计约 1000 万美元，"霍福尔说，"这些钱都是从顾客缴纳的 8.25% 的销售税中得来的，但这些餐厅自己存留了这笔钱而没有上缴给纽约市政府和州政府。"带着这些信息，霍福尔与这些小型企业的业主进行了交流，许多业主都表示会偿还这些欠缴的税款。其中一人表示，他把这些税费当作贷款，来帮助自己的公司度过 2001 年"9·11"恐怖袭击事件之后的困难期，他同时表明自己完全知晓这么做会被罚款（霍福尔，2003）。

根据小型私人企业的不同业务类别，联邦机构可能也拥有它们的信息记录。例如，环境保护机构会向小企业发放环境污染液体排放的许可证，同时也会进行公司污染物泄漏方面的调查。如果公司因为安全问题而出现产品召回的话，消费品安全委员会那里也会相应地留有记录。（本书第 15 章中会介绍更多有关州监管部门的信息。）

在有关员工的问题上，平等就业机会委员会以及职业安全与健康管理局是记者查询信息的好地方。这些机构对劳工就业歧视、骚扰以及不安全的工作环境的投诉都有记录。假若一家公司有员工在工作的时候受伤，或面临员工受到不公平待遇的投诉，这些麻烦事都会有相应的调查记录。如果一家公司有工会成员，那么记者可以在国家劳资关系委员会（National Labor Relations Board）那里查到这家公司是否有过破坏工会投票记录的行为。

如果一家公司的业务范围涉及高科技或其他专门领域，它就会申请发 238
明专利权，以实现持续盈利。专利商标局对公司的每一项专利都有记录，
如果公司不愿意透露产品方面的信息，那么专利和商标局则是记者获取信
息的绝好渠道。然而，如果涉及这项专利的具体含义，记者可能需要咨询
工程师或科学家。

联邦机构同时还监管着一些特殊行业，如在国家信用合作社管理局
（National Credit Union Administration）可以找到有关信用合作社的财务信
息，然而，多数的记者都不知道这些，而是想当然地认为信用合作社是存
款人所有的非营利机构。而事实上，许多信用合作社的盈利水平都是非常
可观的，因此一名记者可以去挖掘所在地区的信用合作社的盈利能力，这
一定会是一个很值得写的故事。

联邦航空管理委员会（Federal Aviation Administration）收集的有关机
场的信息对记者写故事很有帮助，对那些报道交通和旅游题材的记者来说
更是如此。该委员会拥有有关航空公司、飞行员、航空机械等航空业的一
切信息，甚至包括所有飞机的登记信息。此外，联邦通讯委员会拥有所有
无线广播和电视台的有关信息以及电话公司和有线电视公司的文件。

矿山安全健康局（Mine Safety and Health Administration）可以为寻找私
人煤矿公司信息的记者提供帮助，核安全检查委员会（Nuclear Regulatory
Commission）拥有核电站运营情况的记录。这两个例子表明，几乎任何行
业都有特定的监管机构负责监管。如果记者想要报道镇上的枪支售卖商
店，他可以向酒精、烟草和枪支管理局（Bureau of Alcohol, Tobacco, and
Firearms）寻求帮助，因为后者拥有联邦许可枪支经销商的所有信息。如
果这家枪支商店并不在管理局的名单上，那么这名记者将会有一个超乎预
想的故事可以大书特书了。

再或者，记者可能在写一篇有关某小型企业从小企业管理局（Small
Business Administration, SBA）获得担保贷款的报道。SBA 的数据库中有关
于企业贷款的详细记录，包括贷款额、贷款审批时间、贷款偿还状态、发
贷银行以及公司承诺的增加雇员人数或其他一些信息等。SBA 还负责管理
小型企业承担的联邦政府项目。类似信息可以在项目合同中找到。如果记
者报道的公司承揽过联邦政府项目，那么关于该公司的很多信息都可以查
到，包括公司收入水平以及收入来源等。

另外，有些付费报告也可以为记者提供有关小型私人企业的重要信

息。例如，记者可以付费订阅邓白氏公司（Dunand Bradstreet）的信用报告，从而了解企业是否存在债务偿还问题。

如果私人企业有过发行债券的经历，那么美国证券交易委员会便会有相关的信息记录。此外，债券评级机构也可能在评估公司状况后对其发行的债券给予相应评级。该债券评级机构还会发布关于这家企业及其财务状况的报告。

如果小企业要想寻求上市，其并不需要像大型企业一样提交那么多文件。如果该企业收入低于 2500 万美元，或者股票价值低于 2500 万美元，那么这家公司只需提交 SB-1 文件就可以上市融资，融资上限为 1000 万美元。SB-1 文件允许公司以问答的形式提供相关信息。小企业如果希望股票发行不受额度限制的话，则只需向 SEC 提交 SB-2 文件，其中的信息披露要求仍比大公司要宽松。举例来说，小企业只需提供两年经过审计的财务报告，而大公司则需要提供三年的报告。

除此之外，还有获取小型私人企业信息的其他渠道。如果某小型企业发布过新闻稿，记者都可以在 PR Newswire 或 Business Wire 找到相应的文件记录。记者应该查询所在媒体的图书馆，看看过去是否有关于该企业的报道，或是否需要在 LexisNexis 法律数据库中查找更多信息。如果一家小型私人公司属于某一利基行业，该行业有自己专门的刊物（如实时通讯或月报），那么记者就应该从中查找涉及该企业的信息。每一条细微的资讯都是有帮助的。

企业的竞争对手也会提供有价值的信息。广告公司等供应商或产品的经销商都可以提供关于这家企业的有效信息。此外，一些公共利益团体可能也掌握着小型企业的信息，记者可以去拜访当地的商会和商业发展促进局，查找是否有针对小型私人公司的投诉。

另外，公司员工也是很好的信息来源。员工有时可能会对工作有情绪，或并不十分满意自己的工作。虽然他们可能因为害怕丢掉工作而要求记者不透露消息源，但他们也可能向记者提供公司内部文件或对公司有杀伤力的信息，作为对自己受到不公正待遇的一种报复。不过，记者在遇到这种情况时应小心谨慎，如果这个员工想为难你，他可能会报告给自己的上司，称有记者在向他打探公司的消息。

《福布斯》杂志近期发起的一项调查显示，53% 的被调查者认为私人公司没有必要披露包括收益、利润、资产和员工的一系列信息，而 29% 的被调查者认为私人公司应该披露这些信息。目前来看，政府不见得会出台法律就小型私人企业的信息披露做出明文要求。但关于小型私人企业信息无法获得的认识是需要被纠正的。实际上，记者可以获得大量的有关小型企业的信息，当然这需要记者下不少工夫，而且很多时候收获与付出并不成正比。但是要坚信一点：付出终归会有回报。

UCC 编码文件

UCC 文件是小型私人企业信息的重要来源，这一点怎么强调都不为过。对记者来说，UCC 文件是他们可以获取的有关小型私人企业的最好信息源，但遗憾的是，虽然这些文件能为记者提供有关公司或个人的重要信息，但记者很少利用 UCC 文件来撰写公司报道。当报道公司或个人时，记者应该去查询 UCC 文件。他们可以在每个州的州务卿办公室查到 UCC 文件。许多文件都可以在网上通过借款人姓名或贷款人身份信息查询到。

如上文所述，UCC 文件记录各州企业借入款项用于采购或其他用途，它还显示哪一家公司持有哪个企业或个人的留置权。有时，文件还记录了贷款数额以及贷款抵押品。没有人会想买一栋留置权还在前任房主的债权人手中的房子。UCC 文件可以告诉你这些信息，它还可以告诉企业主其潜在合作伙伴有多少贷款，甚至贷款的具体数额。许多企业主会在与另一家公司签合同之前先查询 UCC 文件中的记录，希望从中判断对方是否有履行合同义务的能力。

北卡罗来纳州州务卿办公室是这样评价 UCC 文件的用途的：

> 这些信息可以用于判断贷方是否有贷款给小型企业主的意向，如出借资金给小型企业用于购买设备或原材料。
>
> 而小型企业主可能会对 UCC 文件记录进行评估并决定是否以收取利息的方式向客户提供赊销，自己是否会通过收取担保利息的方式向买家提供贷款。如果没有 UCC 的文件记录，出借人或小型企业主可能要去各地查询留置权记录，以获取潜在交易中个人或企业的真实财务信息。
>
> （北卡罗来纳州州务卿政府部门，2003 年）

专家建议

《新奥尔良时报花絮》
(*New Orleans Times-Picayune*)
商业编辑基姆·奎林对于
如何报道小型和私人公司
给出如下建议：

请告诉我贵公司是做什么起家的：这是我最喜欢问小型企业的问题之一。通常，这个问题抛出来以后，都会有一个有趣的故事在等着你。另外，小型企业的工作人员经常会因为你表现出对他们公司的兴趣而感到高兴，这使我打破与小企业主谈话的僵局，引导谈话继续进行。

这些文件在很多方面都非常有用。当记者在写关于一家公司或个人的文章时，他可以通过这些文件发现这家公司或个人的详细债务情况。当《今日美国》撰写关于前世通公司高管伯尼·埃博思的报道时，记者们查遍了全国 UCC 文件，查到了他在过去十年内投资或购买的一切详细记录。通过这种方法，记者让读者了解到伯尼·埃博思从世通公司赚来的钱都去了哪里。另一个例子是，《匹兹堡邮报》(*Pittsburgh Post-Gazette*) 调查了一家想要重建购物中心的教堂。通过 UCC 文件记者发现，这家教堂虽然存在拖欠税款及其他债务的问题，但仍然获得了银行和其他出借方的七项贷款。

UCC 文件有两种主要的类型：第一种叫作 UCC-1 文件，它是首次记录的财务状况报告。另一种是 UCC-3 文件，是继续、终止、修订、发行债务或贷款的报告。

UCC 文件看上去或许令人望而却步，但实际上它只是在记录简单的商业交易。记者们应该学会利用这些文件。当一家小型私人企业的业主或任何相关人员发现记者正在花时间查看他们的 UCC 文件，他们会立即意识到记者非常热衷于发现有关他们公司的信息。《圣彼得堡时报》的记者们通过 UCC 文件找到了一家向里奇港所在城市供水的公司的信息，对此那家公司的管理者感到非常意外。

私人企业的所有权及组织结构

了解小型私人企业的所有权和了解其公司经营情况一样重要。公司的所有权情况会让你知道是谁在操纵这家公司。如果一家公司归一人所有，那么他很可能是这家公司的董事长或 CEO，公司所有主要的决策都由他来做。

当公司做得越来越成功时，个人独资企业会改变它的所有权结构。比方说，当一家小公司需要资金来拓展业务时，公司唯一的所有者便会将公司股权出售给投资者来获取现金。这些投资者可能会希望在公司经营问题上拥有发言权，以提升其股权价值。有时候，公司还会把股票出售给员工。这样一来，公司的经营状况与公司员工自身的利益就息息相关了。

近期，普华永道会计师事务所做的一项关于私人企业的研究显示，一般的私企拥有大约 200 名雇员，年收入大约为 4700 万美元。小镇的小型私人企业的平均规模可能没有那么大，但大城市的私人企业的规模可能要大得多。

普华永道的调查显示，大约半数以上的私人企业都是不公开上市的公司，这意味着这些公司只有少量的股东，通常不超过 50 人。这些公司的股票并不大规模公开出售，而大部分股东都会积极参与对企业的管理。

调查显示，大约有 40% 的私人企业属于我们所说的 S 类公司。它们享受了公司这种所有制的好处，却避开了对公司利润和股东收入重复征税的问题。S 类公司的股东规模被限制在 100 人以下。

调查还发现，大约有 4% 的私人企业是合伙企业，如有限责任公司。这种公司结构为公司成员规定了有限责任，并且按照合伙企业来缴纳税款，而不是重复计税。律师事务所和会计师事务所通常属于这类企业。大约有 3% 的私企是独资企业，这意味着这家公司的所有人只有一个。

其他小型私人企业采取了一种名叫"员工持股计划"（ESOP）的策略，该策略允许公司员工持有股权。到目前为止，大约有 11500 家公司采用了 ESOP 计划，这个计划涵盖了超过 1000 万的公司员工，相当于私人企业大约 10% 的劳动力。在 ESOP 计划中，员工可以通过多种方式来获得公司股权：他们可以直接购买公司的股票或者获得股票奖励。他们可以通过分红计划来获得股票，在这个计划中，公司会把收益按一定比例分给股东。

ESOP 计划被私人企业广泛应用。该计划允许公司所有者向公司员工出售股票，这对于其他的公司员工而言也是一种激励。所有年龄在 21 岁以上的全职员工都可参与 ESOP 计划，按照工资标准或其他方案获得股票。员工持股的时间范围是 5~7 年，这意味着他们在此期间拥有这些股票。若员工离开公司，则公司会按照外部评估的股票价值回购这些股票，有时也会按照公司自身或员工的估价回购这部分股票。

ESOP 计划旨在鼓励员工最大化地考虑公司的利益，但这有时并不那么管用。有些 ESOP 计划并未能帮助公司扭转乾坤。1994~2000 年，作为员工工资和待遇下降的补偿，美国联合航空公司（United Airlines）的员工

242

们掌握了母公司 55% 的股票，共计 48 亿美元。但批评人士认为这个项目最终失败了，因为公司没有把空乘人员包括进去，也没有给拥有股票的员工投票选举公司董事的权利。此外，公司并没有把 2000 年后入职的员工包括到该计划之中，这在员工之间也造成了隔阂。不过其他 ESOP 项目也有成功的。例如，一家名叫西蒙斯的床垫公司在推行 ESOP 计划十年后实现了溢价出售。对私人企业的员工来说，ESOP 计划的风险就在于他们把自己所有的"鸡蛋"都装在一个篮子里了。假若一家公司遭遇危机，并且已经开始亏钱，那么在这项计划中的股票价值将会下跌，这就如同一家上市公司经营状况不佳，其股票价格也会随之下跌一样。

下面的故事说明了私人企业的所有权结构将会如何影响一家公司以及这种变化背后的原因。

> 安良科技公司（Alion Science and Technology Corp.）昨日称，公司员工以 1.3 亿美元的价格从伊利诺伊州理工学院（IIT）收购了公司股份。而这些资金来自员工的退休基金，这样做也是为了实现公司的独立运作。
>
> 总部位于麦克莱恩市、拥有 1650 位员工的安良科技公司是五角大楼的军事战略咨询顾问，公司研发出了训练士兵使用新式武器的建模软件。
>
> 公司管理层表示，公司所有权的变动将给安良科技带来一项优势，即在竞争逐渐激烈的市场中能够留住优秀人才。安良科技公司的竞争对手包括科技应用国际公司（Science Applications International Corp.）和博思艾伦咨询公司（Booz Allen Hamilton Inc.）。
>
> "当伊利诺伊理工学院的教授在市场不景气时创立公司时，这标志着一个在研发领域的新方向。"安良科技公司的董事长巴赫曼·阿提夫（Bahman Atefi）说。
>
> "现今，围绕研发资金和人才的竞争都是非常残酷的。与其公司面临一些核心人员流向私人企业的压力，不如我们自己变成一个私营的、以盈利为目的的公司，以此来留住最优秀的人才。"
>
> 安良科技公司技术部门经理巴里·沃森（Barry Watson）表示，公司摒弃了非营利的立场，用股票去吸引拥有军事背景或者科研背景的员工。

　　沃森表示，"9·11"事件的爆发导致几个项目需要加快进度，因此公司在去年加速了人才招募进程。最近，安良科技公司赢得了国防部一个开发生化武器、军备控制、国土防御技术的合同。

　　另外他还表示，公司有大约100个职位空缺。

　　正如大部分人所熟知的，安良科技公司是IIT下属的研究院，主要承担政府业务。在所有权结构发生变更之后，公司改了名字并且把总部搬到了北弗吉尼亚州，因为前几年它就开始在这里设立办公机构。

　　其他的几个国防承包商也是员工集体持股制企业，如戴恩公司和科技应用国际公司。计算机科学公司计划以9.5亿美元、现金加股票的形式收购戴恩公司。

　　沃森说，这是唯一一个把大学创立的非营利企业变为私人所有、员工集体持股的公司的案例。在2002财年，安良科技公司实现收入2.01亿美元，利润470万美元。

　　安良科技公司发言人表示，安良科技公司20%以上的收入都来自一个和国防部签署的合同，即管理安纳波利斯市的无线设备，包括找到无线电通讯可用的频率。

　　另外，美国证券交易委员会的文件显示，安良科技公司15%的收入来自一个军事模拟软件的开发项目。

　　芝加哥大学的校长卢·柯伦斯（Lew Collens）表示，该交易为IIT提供了1.5亿美元的捐助基金。此外，交易还包括一个价值1亿美元的认股权证，如果安良科技公司达到了某些财务目标，IIT可以在五年之内行使这一认股权证。

　　柯伦斯表示，他们讨论过是把公司直接出售还是把它卖给员工的问题。公司受托人认为应该优先考虑公司员工。①

　　尽管买卖双方都不是上市公司，该公司对外披露了交易规模。不过，关于最大股东的信息却没有公布。

　　从非营利公司转变为营利公司这样的所有权结构变化是十分值得注意的。有些企业在一种结构下经营了很长时间后很难实现这种转变。近年

---

　　① 《安良科技公司员工以1.3亿美元买下公司》，《华盛顿邮报》2003年1月8日，第E5版。版权归《华盛顿邮报》所有，经许可转载。

来，许多公司由客户持股转变为股东持股。这种情况多发生在保险和银行业，这类企业由存款人持股变为股份所有制结构。

这些储蓄机构和保险公司之前是以互助公司的形式存在的。互助公司采取的是公司权益归客户所有的企业所有制形式，但这种所有权在保单到期或储户从银行撤资后即告终止。美国的一些大型企业都属于互助公司，包括 State Farm 和西北互助人寿保险公司（Northwestern Mutual）。在 21 世纪的前几年，许多储蓄机构都从互助公司变为上市公司。在所有制结构转变的过程中，存款人可以获得一定数量的上市公司的股票。

244

许多大规模的保险公司都从互助公司结构变成其他结构，包括美国大都会人寿保险公司（MetLife）、约翰·汉考克（John Hancock）以及保诚集团（Prudential）。在公司结构转型的过程中，新公司的大量股票会被分发给保险客户。公司结构需要得到州监管机构批准，但时间可能需要很久。

许多小型私人企业采用了特许经营这一特殊的结构。这种结构是指特许经营权拥有者以合同约定的形式，允许被特许经营者使用其名称、商标、专有技术、产品及运作管理经验等从事经营活动的商业经营模式。当然，被特许经营者需要向特许经营权拥有者缴纳特许经营费用。

特许经营企业可以有不同的组成形式。这种方式主要应用于快餐行业，如麦当劳和汉堡王。特许经营这种形式最先被私人企业运用，不过也有一些上市公司采取了这种形式。一个很好的例子是位于亚拉巴马州伯明翰的棒约翰比萨。该公司曾是上市公司，但现在已变为私人企业。

特许经营企业需要所有者预先支付一笔资金。根据麦当劳的估算，新开一家餐厅的成本在 46.1 万美元到 78.85 万美元之间，新店开张支付给麦当劳的初始特许经营费用为 4.5 万美元，想加盟麦当劳，初始现金投资至少要 17.5 万美元，其余的费用可以以贷款方式支付。

麦当劳方面负责得到地块的产权还有负责店面的建造装修，而加盟商则负责厨房设备的采购、装配以及座椅、标志的购买制作和商店

专家建议

《新奥尔良时报花絮》（New Orleans Times-Picayune）商业编辑基姆·奎林对于如何报道小型和私人公司给出如下建议：

寻找一个深度访谈的机会：如果有一家你要定期报道的小型私营企业，你应该找个时间约见高管，得到一些关于公司的简要介绍，甚至可以实地考察一番。在没有什么大事发生的时候，公司会愿意让你了解公司的背景。而这些背景信息可以在将来报道的时候派上用场。

周边的绿化。

为什么特许经营商愿意参与这样的业务？一方面，所有关于产品和经营运作方面都已经有了现成计划，而特许经营商们要做的就是经营业务、执行计划然后实现盈利。

特许经营商往往是各大媒体报道大公司时的重要信息来源。总公司往往会做出一些决定从而影响甚至扰乱特许经营商，但有时候特许经营商的反对会迫使总公司改变决策。

根据国际特许经营协会的数据，全美有超过90万家特许经营商，提供了1100万个工作岗位。联邦贸易委员会负责管理特许经营企业，一些州还通过了一些有关特许经营的法律。这些法律绝大部分是为了保护特许加盟商的利益，比如要求特许经营权拥有方上报成本数字以及业务潜在盈利能力的公平评估报告。

> **专家建议**
>
> 《新奥尔良时报花絮》(*New Orleans Times-Picayune*)商业编辑基姆·奎林对于如何报道小型和私人公司给出如下建议：
>
> **寻找独一无二的企业信息：** 在写一篇关于某企业的特稿时，最好在文章中描述这个公司是如何克服困难或解决眼下遇到的难题的。特稿写作中如果能够找到这种素材，通常你会事半功倍。

记者一旦了解了其正在报道的这家小型私人企业的组成结构，那么他们就可以找到一些问题。举个例子，如果这家私营公司为了实现业务增长而将股份出售给投资者，那么它将如何实现业务增长、避免亏损？如果公司成功实现了业务增长，那么公司又计划扩大到什么规模？如果这家企业本身是一个特许经营商，是否有扩容计划呢？如果企业是一家互助公司，是否会考虑改变公司结构？在一些情况下，小型或私营企业的组织结构可能成为记者报道的题材。

以小型企业或私营企业为题材的特稿写作

很多时候，媒体会以小型企业或私营企业为题材写一些特稿。这些特稿看起来并无伤大雅。媒体往往用奉承的、正面的态度讲述那些企业的产品和服务如何优质、生意如何兴隆。很多时候，这些故事读起来更像是软文，给人的感觉是企业为了扩大宣传在媒体上花了钱。

然而，小型企业或私营企业特稿并不总是这样的。例如，20世纪90年代，商业记者千篇一律地报道"互联网公司上市，使其许多工人成为百万富翁"，而事实恰恰是这些公司栽了跟头，记者们并没有以批判的精神审慎地报道。

关于小型企业或私营企业的故事应该反映当地的经济发展状况。假如某地有一家工厂关闭致使 40 个人失业，伴随失业问题而来的支出和消费下降又影响到了附近的其他小企业，从而使得整个小镇的经济形势受到了不利影响。如果情况没有好转的迹象，那么记者就不应该再粉饰太平了。如果某个特定行业正遭遇寒冬，而这个行业里的一个小老板告诉记者说"我们正在经历一个前所未有的最好业绩期"，这时记者就不应该轻信，因为他很可能在说谎。

以下是阿拉斯加的一家报纸——*Petersburg Pilot* 在 2002 年 6 月 20 日的一篇报道的引语。该报道聚焦当地的鲑鱼捕捞业的困境：

> 恶劣的天气一波接一波地冲击着阿拉斯加的鲑鱼业，而当地渔民和鱼肉加工商正在焦头烂额地应对残局。不仅是洄游的鲑鱼数量不足的问题，而且那些独立渔民报出的价格同样令他们不寒而栗。
>
> "所有鱼品的价格都在下跌，"Icicle Seafood 的约翰·贝尔德说道，"这里有供应过剩的鲑鱼罐头，人工养殖的鲑鱼被切割后做成冷冻食品，再加上最近欧洲国家已经禁止中国的鱼品进入欧洲市场。而俄罗斯的伊库拉（Ikura）三文鱼鱼子市场已经关闭，而且预计会在比去年货源少的情况下售卖，这种情形应该不会发生大的变化。"
>
> "鲑鱼价格是我从渔民那里听到的他们最关心的事情，"州众议院代表佩吉·威尔逊（Peggy Wilson）评论说，"以前鲑鱼的售价奇高，但现在被拦腰截断了一半。实际上每年都有一些问题，现在他们想一起寻求一套解决方案。"
>
> 今年夏天，东南部地区的粉红鲑产量可达 2500 万至 3600 万条，全州范围内的产量是 8700 万条，而过去五年的平均产量为 1.04 亿条。
>
> NorQuest 工厂的经理戴夫·奥马尔

专家建议

《新奥尔良时报花絮》（*New Orleans Times-Picayune*）商业编辑基姆·奎林对于如何报道小型和私人公司给出如下建议：

挖掘能够产生影响的新闻故事：

州和国家立法以及经济的变化也会对小企业产生重大影响，如最低工资的增加，攀升的汽油价格和税法的调整等。记者应该注意这些更大的问题，你可以从中挖掘出具有影响力的新闻线索。

246

(Dave Ohmer) 表示. "去年是一个丰收年,但是本季度却难以维持这种态势。目前的价格是对去年供应充足和市场需求的反映。"

红鲑产量可能将达到 24 年来最低水平,狗鲑产量预计将比 2001 年下降 15%,银鲑产量预计将与去年一致。国王鲑的产量配额实际上已经做了向上修正。[①]

小型企业和私营企业之所以成为媒体报道的对象,原因有很多种。可能是这家新成立的企业在当地的业务独一无二,也可能是因为这家公司与另一家公司发生冲突,或许因为这家企业迅速发展壮大并且招募了许多当地员工,或许因为公司业务举步维艰,可能坚持不了六个月。

不管什么原因,记者应该用报道大公司、大企业的方式去报道小型和民营企业。而且,由于小型和民营企业的曝光率不高,因此记者的报道可能会使读者对这些之前没有提到过的企业有进一步了解。此外,在报道完成之后,记者也不要忘了进行后续报道。因为这些企业在报道之后可能知名度更高,而记者也应该进

> **专家建议**
>
> 《新奥尔良时报花絮》(*New Orleans Times-Picayune*) 商业编辑基姆·奎林对于如何报道小型和私人公司给出如下建议:
>
> **明确你的报道对象:** 小型或私营企业可以包括许多不同类型的企业,从家庭经营的海事公司到高科技初创企业,再到只有两个员工的发廊都可以作为你报道的对象。记者要弄清楚所在商业社区都有哪些类别的企业,这样的报道才具有准确性和全面性。

行追踪报道。想象一下,如果有这么一位记者,工作地点在一个人口约1.5 万的小镇。几年前,这个小镇上开了一家制作松露巧克力和其他带有异国情调的甜点店,记者报道了这家巧克力店开张的消息,之后就把它忘了。后来,在某一天早上,这位记者走进编辑部发现它居然出现在了《华尔街日报》的头版。这家店因为其制作的甜点可口而闻名世界,大量的情人节订单需求使店里生意火爆。店主也有扩大业务的想法,但是每天的时间就这么多,他实在是忙得不可开交。

当地报纸为何错失了报道机会?也许是因为地方媒体的记者没有和这家店的店主保持联系,也没有定期走访这家巧克力店,和店里的员工聊聊天,以至于后来被《华尔街日报》抓到了报道先机。

---

① K. 施托尔佩:《鲑鱼捕捞业前景堪忧》,*Petersburg Pilot* 2002 年 6 月 20 日,第 1~2 版。版权归 *Petersburg Pilot* 所有,经许可转载。

247 　　以下是摘自北卡罗来纳州的报纸《先驱太阳报》的一篇文章的导语部分。该文赢得了美国商业编辑和记者协会大赛一等奖。这是关于一个小型私营公司的故事，但细读起来感觉公司已经上市了。然而记者随后披露，来自债券评级机构的信息显示公司存在贷款拖欠问题，而且还存在更多其他问题。借助于债券评级机构的信息，记者获得了采访的机会，从而报道出了问题的严重性。

> 　　达勒姆·斯威夫特服务公司（Swifty Serve Corp.）曾经见证过辉煌，迅速成长为全美第二大私营连锁便利店。然而，目前这家公司却在挣扎中求生。
>
> 　　该公司曾在东南地区开设了600多家连锁店。为了避免亏损态势蔓延，目前该公司已经关闭了70到100家门店，并削减了1000多个工作岗位。
>
> 　　和整个便利店行业的行情一样，斯威夫特服务公司受到两大核心业务——天然气和香烟的销量下降的打击，盈利大幅缩水。
>
> 　　这个经营了五年的公司正在和贷款方商讨一个重振公司的融资计划，但是一些问题必须在"几个星期内而不是几个月之内解决"，公司总裁兼CEO杰夫·哈米尔（Jeff Hamill）说道。他之前曾担任7 - 11连锁便利店的高管，4月份刚加入这家公司。
>
> 　　"如果融资的事情谈不拢，我不知道公司是否面临破产或者其他变动。"哈米尔在位于希兰代尔路的公司总部说道。
>
> 　　达勒姆市开发商W.克雷·哈姆纳（W. Clay Hamner）在1997年与他的长期合作伙伴韦恩·罗杰斯（Wayne Rogers）开始创建斯威夫特服务连锁店。哈姆纳因他在特里布恩住宅开发公司和亮叶广场零售中心所发挥的重要作用而被人熟知，而罗杰斯则在电视连续剧 $M^*A^*S^*H$ 中扮演过猎人约翰。[1]

　　在下文中，这家公司的首席执行官称公司面临"巨大的发展契机"，企业的所有者对管理团队充满"自信"。然而这个故事的读者却看到了另外一幅画面：这家连锁便利店因为行业的变化而面临困境。报道并未引用

---

[1] J. 齐默尔：《斯威夫特服务公司陷入困境；旗下连锁便利店关闭并减员》，达勒姆《先驱太阳报》2002年9月27日，第A1版。版权归达勒姆《先驱太阳报》所有，经许可转载。

任何具体的收入和利润（或损失）数字来说明公司面临的具体麻烦，而是中肯地解释了竞争对手在定价以及门店规模方面是如何超越这家公司的。即使没有数字佐证，记者也能借助文中的引用说明公司运营陷入困境的事实，更何况这里还有公司拖欠贷款的详细数字。

财经媒体以外的其他媒体也可以用同样的方式去报道小型企业或私营企业的故事。例如，科罗拉多州日报 *Loveland Daily Reporter-Herald* 聚焦于当地的旅行社在航空公司宣布取消佣金之后产生的问题。加州的 *Antelope Valley Press* 则从商业的视角审视当地小联盟棒球队的问题，报道了罗切斯特 JetHawks 队如何提高上

专家建议
《新奥尔良时报花絮》(*New Orleans Times-Picayune*) 商业编辑基姆·奎林对于如何报道小型和私人公司给出如下建议：
在相关社区找到了解小企业的专家： 当地的小企业管理局和小企业发展中心的专家们每天都在关注小公司的运作状况。这些专家可以帮助你准确分析小企业的发展趋势以及存在的问题，而你可以把这些写进你的报道。

座率的事件。尽管没有列出任何具体的球队运营数据，记者通过引用内部管理层的话向读者传递了球队去年蒙受亏损的信息。

在撰写有关小企业和私营企业的特稿文章时，记者应该采取这样一种思路：这些企业可能被出售，也可能经营失败，或者在未来即将上市，正因如此它们应该出现在公众的视线中。由于之前已经做过有关这些公司的报道，记者所在的媒体机构应该在后续的报道中具有充分的背景知识。

处于起步阶段的小企业和私营企业愿意接受媒体的报道，因为媒体的曝光可以为它们吸引顾客。但在企业陷入困境的时候它们根本不希望引起媒体的关注。不过，此时的报道也很重要，因为它们可能反映所在城镇的经济形势。如果镇上的某家门店开不下去了，那么这将对该地区同类门店的未来有何影响？

关于小企业和私营企业的报道通常要求记者关注企业创始人或所有人。他们往往是公司业务的实际掌权人。如果无法获得采访机会，那么记者应该怎么做呢？如果可能的话，记者可以找到创始人曾经工作的地方。也许那里有人会透露创始人的工作习惯和经营理念，也许创始人是被前任雇主解雇或开除后才开始创业的，也许他是主动辞去上一份工作后开始创业的，等等。

小企业和私营企业的创始人往往会为他们的公司感到自豪，因他们从一个简单的想法开始，逐步建立起现在的公司。他们中的许多人会非常保护

248

他们公司的形象和业务，而且他们也希望记者们意识到，在创业成功甚至是公司生存下来之前，他们经历了怎样一段漫长艰难的岁月。如果企业主不愿意接受采访，记者必须明白他们为什么对采访抱有戒备心理。让老板或者企业创始人明白记者可以体会到他们创业的艰辛，是打消他们顾虑的最好方法。而这并不意味着记者的报道倾向就是正面的。大部分小型企业或私营企业特稿一般都会提到一点，那就是这些企业如何起步、又如何坚持到现在。

记者在搜集有关企业的信息时应该毫不犹豫。所有公司所有人或总裁可能仅仅给出一个"是"或"不是"的回答。记者们最好也从那些与自己正在采访的公司有业务来往的公司那里查找信件或者其他文件，也许从竞争对手那里可以得到一些难得的报道信息。下面是摘自《罗切斯特商业杂志》（*Rochester Business Journal*）的一篇报道的导语部分：

249

> Strong Health 的一位高管称，Excellus 公司故意破坏了 Strong Health 的一个重要项目，并且试图继续破坏其与罗切斯特大学之间的一项医疗健康计划。
>
> 《罗切斯特商业杂志》获取的一封 1 月 4 日 Strong Health 寄给 Excellus 首席执行官霍华德·伯曼（Howard Berman）的信件以及三周后伯曼的回复均显示出双方存在巨大分歧。Excellus 是罗切斯特地区的蓝十字蓝盾公司的母公司。Strong Health 和 Excellus 是该地区最大的两个医疗组织。
>
> 伯曼的回信中逐条反驳了之前由 Strong Health 和 Strong Memorial and Highland 医院首席执行官史提芬·德斯坦（Steven Goldstein）写给其信件里的指控。伯曼还提议与 Strong Health 管理层会面进一步讨论解决方案。①

以上报道讲的是两家私人公司，记者设法得到了一封信，而首席执行官在被询问之后提供了回复的信件。这就是记者如何用一个文件得到另一个文件的方法。

在小型或私人企业报道中，记者不应该只采访企业主或公司管理层，因为那无法做到新闻报道的平衡和客观。记者应该想一想是否可以通过对

---

① 《回信强调了 Strong Health 和 Excellus 的不和》，《罗切斯特商业杂志》2002 年 3 月 15 日，第 1 版。版权归《罗切斯特商业杂志》所有，经许可转载。

其他人的采访来了解这家公司，或者从哪里能了解有关公司的其他信息。如果把所有的信息拼在一起，记者就呈现给读者一个有关该企业的全面报道。

关键术语

转换	互助所有制
公司	合伙制
员工持股计划	利润分享计划
加盟商	S类公司
有限责任公司	统一商法典

参考文献

Astor, W. (2002, March 15). Letter underscores UR-Excellus feud. *Rochester Business Journal*, pp. 1, 17.

Fitzpatrick, D. (1999, July 21). Petra Ministries battles financial woes; back taxes, lack of experience as a developer raises concerns about the independent church's ability to revitalize the former East Hills Shopping Center. *Pittsburgh Post-Gazette*, p. B-1.

Girard, K. (2003, May 3). The battle rages on: Small business squares off against IRS rulemaking. CBS. MarketWatch. com. Retrieved May 27, 2003 from http://cbs. MarketWatch. com/news.

Hoffer, J. (2003, April 27). Too common restaurant practice is costing New York City. WABC-TV. Retrieved May 28, 2003 from http://abclocal. go. com/wabc/news/ investigators/wabc Jnvestigators_ 042803restaurants. html.

Kleinbaum, J. (2002, July 7). A minor struggle ...JetHawks deal with smaller crowds. *Antelope Valley Press*, p. A1.

McIntire, M. , & Lender, J. (2003, April 13). Family ties and hefty profits; as a food company seeks state aid, investments in its stock benefit some close to the circle of power. *Hartford Courant*, p. A1.

Merle, R. (2003, January 8). Employees buy tech firm for $130 million; Va. -based Alion was Depression-era creation of Illinois Institute of Technology. *Washington Post*, p. E5.

Mickelson, C. (2002, April 21). Taking a shine to it. *The Door County Advocate*, p. 6.

Moyers, S. (2002, April 21). Cape's global economy: Business owners from afar take a chance on Missouri. *Southeast Missourian*, pp. 1A, 6A.

North Carolina Department of the Secretary of State (2003, January 1). Important notice to UCC record filers. Raleigh, NC：Author.

O'Donnell, J., & Backover, A. (2002, December 12). Ebbers' high-risk act came crashing down on him. *USA Today*, pp. 1B, 2B.

Stolpe, K. (2002, June 20). Storm on the horizon for salmon fisheries. *Petersburg Pilot*, pp. 1 – 2.

Waite, M., & Glenn, B. (2000, April 2). Well deal unearths murky ties. *St. Petersburg Times*, p. 1.

Zimmer, J. (2002, September 27). Swifty Serve Corp. is in fight for its life；Durham-based convenience store chain has closed stores, cut jobs. *Durham* (N. C.) *Herald-Sun*, p. A1.

私营和小企业类专著

Gerber, M. (1995). *The E-Myth revisited：Why most small businesses don't work and what to do about it.* New York：Harper Business.

Hartley Smith, P. (2003). *Board betrayal：The Weirton Steel story：Failed governance and management hand in hand with Arthur Andersen：An ESOP fable.* Belgrade, MT：Wilderness Adventure Books.

Sutton, G. (2001). *How to use limited liability companies & limited partnerships.* Reno, NV：SuccessDNA Inc.

参考练习

1. 找到你所在城市的小企业主进行采访。问他如何起步以及创业的原因是什么。看一下他愿意公开哪些财务信息。如果他不愿意透露收入和利润数字，问他是否愿意披露其他财务信息，如销售额或利润增长数字。

2. 记录下你所采访的小企业主的姓名，并分别从州秘书办公室、县法院处查找有关该企业的公共信息。别忘记查找法律诉讼、UCC 文件和联邦政府的记录。在你收集了上述信息之后，把这些信息展示给小企业主看。现在该企业主是否更愿意提供有关公司的进一步信息了呢？

3. 很多小企业以大学生为消费主力。多找一些这样的小企业，如校园附近的餐馆、书店、酒吧以及复印中心。问一下这些企业的业务有多大比例来自大学生。这对于你所在的城镇的经济形势有什么指示意义？

4. 问一下班上的其他同学，看他们是否有在小企业兼职工作的经历。如果有，问一下他们是否认识小企业主以及小企业主工作的频率。如果他们不认识企业主，那么公司经理或他们的上司的工作时间是多少小时？

第12章
非营利组织报道

像营利性企业一样运营

本书一直忽略了商业社会的一个重要部分，那就是非营利组织。它们既不是公共事业单位，也不是追求利润的私人企业，却为公众提供产品与服务。由于其独特性，非营利组织这一部分很少被媒体报道。

根据美国国家税务局（IRS）的数据，美国有150多万个非营利性组织。国家慈善数据中心（National Center for Charitable Statistics）的数据显示，近50万家非营利组织向税务局披露财务状况，其资产总额高达2.6万亿美元。从数量来看，加利福尼亚州的非营利组织数量最多；而从资产规模来看，纽约州的非营利组织排在首位。

非营利组织包括基督教青年协会、美国红十字会、国际亲善行业协会以及地方性托儿所、收容站、健康保险公司、社区诊所、博物馆、医院、教堂、学校以及艺术中心和沟通促进协会等多种机构和组织。有的是当地最大的组织，有的则在当地最富影响力。很多情况下，它们需要与公共事业单位以及私人企业展

> **专家建议**
>
> 伊利诺伊大学新闻学教授、前《调查记者与编辑杂志》（*Investigative Reporters and Editors*）执行主任布伦特·休斯顿（Brant Houston）对报道非营利组织的建议：
>
> 通过《调查记者与编辑杂志》的数据库 www.ire.org 或者国税局免税组织数据库，记者可以获取一份所在区域尽可能完整的非营利组织名单。这些数据库罗列了所有从税务局获得免税资格的组织，并附有财务概要。这些数据包含组织名称、地址、联系人、年收入、总资产及活动概述。记者也可以通过 www.guidestar.org 网站搜索，该网站主要收集非营利组织的信息。记住一点，任何你能够想到的领域都有非营利机构的身影。

253

开竞争。例如，地方基督教青年协会与营利性健身中心争夺客户；像 Kaiser 这样的非营利养老机构与 CIGNA 和 Aetna 这些营利性企业争夺业务；天主教会医院与财力雄厚的私立医院也存在竞争关系。营利性企业经常会抱怨非营利机构总是利用自身的有利地位削弱竞争对手的实力并争夺市场。

非营利组织是一种有特殊服务目的的公司实体，其服务领域涉及教育、宗教、科技以及社区服务。鉴于其特殊地位，这些组织无须向所在州或联邦政府交税。国家税务局以及各州立法机构认为，鉴于这些组织的公益性质，它们应该享受特别的税收待遇。

> **专家建议**
>
> 伊利诺伊大学新闻学教授、前《调查记者与编辑杂志》（*Investigative Reporters and Editors*）执行主任布伦特·休斯顿（Brant Houston）对报道非营利组织的建议：
>
> 记者应该调查非营利组织的董事会及其所有活动。查找前任和现任董事会成员名单，如果可能的话，记者还应该查找董事会会议记录。阅读约束董事会成员的行为守则，并尝试参加董事会会议。要特别留意非营利组织与其董事会成员名下公司之间的商业往来。前董事会成员则更有可能坦诚地透露组织情况。

但是，并不是所有的非营利机构都能享受免税优惠政策。要享受这一优惠政策，它们必须向国家税务局提出申请，由后者决定是否给予免税优惠。如果得到了国家税务局的批准，这些非营利组织必须依照美国税法第 501（c）（3）条款进行财务申报。因此这类组织也常被称为"501（c）（3）组织"。

与营利性的上市企业和私有企业一样，非营利组织也必须遵守各州以及联邦的相关法律。一般情况下，各州司法部还负责监管所在地区的慈善活动。大多数非营利组织都有自己的执行总裁或 CEO，由其负责管理日常运营事宜。这些非营利组织的雇员规模有时高达上千人。它们也从营利性企业中聘用经理人，学习并寻找适合自己的运营战略。此外，非营利组织也必须向营利性企业一样从事日常运营，召开董事会并将会议内容记录在案。

254   但不同之处在于，非营利组织可以从上市公司、私人企业以及政府机构处筹集资金，但不得像企业一样进行政治游说，其管理者不得从活动中谋取利益，也不能将所获利润分配给所在组织的成员。

非营利组织并不属于任何人，因此也不得对外出售。管理者如果决定解散非营利组织，则必须偿还所有债务，并把剩余资产赠予另一非营利组织，以确保该组织非营利的公共属性。公众为非营利组织出钱出力是因为他们认为这些组织是为了提供社会公共利益，而不是为谋求利润而存在。因此，这些组织赚得的利润只能用于自身发展和扩大服务范围。

许多非营利组织的利润其实十分丰厚，有些甚至超过私人企业和上市公司。美国癌症协会在2007年年报中披露其收入为10.6亿美元，同期的费用支出为9.66亿美元，盈余约9500万美元。

这样的事例还不止一家。例如，救世军（The Salvation Army）教会2007年收入为33亿美元，支出为30亿美元，当年盈利额达到3亿美元。实际上，大多数大型非营利机构2007年均实现了盈利。公共广播公司（the Public Broadcasting Service）2006年实现收入18亿美元，同期支出15亿美元，项目成本达6亿美元。其中近三分之二的收入（约合12亿美元）来自拨款和捐赠。

那么，这些利润都去哪儿了呢？像营利企业一样，这部分资金都用于促进组织发展，诸如增加服务和新增设备以及奖励表现突出的员工。这说明非营利机构可以像营利企业一样庞大，一样实现盈利。但媒体经常将这些组织与营利性商业企业完全区别开来看待。

其实这样做是不对的。这些组织在医疗和保险等诸多领域都是重要的参与者。在某些城镇，它们甚至占有最大的市场份额。它们也会出现滥用资金或不遵守相关法规的行为。

据《西雅图时报》报道，当地的一家公共电视台KCT正处于财政困难期。不久之后，KTC总裁宣布辞职。报道中提到，"KTC的雇员、前总裁以及为其提供咨询服务的机构都表示，现任总裁把KTC当作一家私人所有的企业一样运营"。（Phillips and McFadden，2003，p. A1）。KTC 2001年亏损高达340万美元，而与此同时，其总裁的薪水高达26.8万美元。由于没有提交财务报告，公共广播公司已经停止对KTC的资助。另外一个例子来自伊利诺伊州皮奥里亚的一家报纸——*Journal Star* 的报道：当地一个反犯罪组织在筹集资金方面的费用占到了总费用的55%，这一比例明显高于其他非

专家建议

伊利诺伊大学新闻学教授、前《调查记者与编辑杂志》（*Investigative Reporters and Editors*）执行主任布伦特·休斯顿（Brant Houston）对报道非营利组织的建议：

如果非营利组织在某个慈善项目上获得州政府资助，看看政府是否对这笔资金的支出情况进行过审计以及是否有例外情况。几年前，我看过一份针对私人承包商的政府审计报告。该承包商为心理障碍人士提供服务。报告中多次提及承包商对资金的使用不当，包括汽车、游泳池及其他个人花费。但政府对此并未采取任何行动。

营利组织。还有一个例子，明尼达苏州公共电台的总裁在出售旗下营利性邮购公司的交易中个人获利 700 余万美元。此外，2003 年 4 月，美国食品和药物管理局对美国红十字会做出规定，要求其在血液处理的相关问题上披露更多信息，否则会面临罚款。双方因这一问题而对簿公堂，红十字会方面既不承认也不否认有任何违规操作。

255　　以上这些例子说明，许多营利性企业的问题同样存在于非营利组织中，如资金滥用、违反相关法规等。这些问题无论发生在什么类型的企业中，都是有新闻价值的。

　　毫无疑问，非营利组织的宗旨是为当地社会提供公共服务，改善数百万人的生活，而不应当以谋取利润为目标。它们同样也具有新闻报道价值，媒体应该对其加以报道。但是，许多媒体并没有全职从事非营利组织报道的记者，而且大多数大众媒体甚至没有设置跑口非营利组织的商业记者。

　　对非营利组织的报道和写作技巧与报道一般的公司新闻基本相同。通常情况下，可以通过财务状况了解该机构的运营情况。非营利机构与企业之间的竞争日益激烈。以下是《达拉斯晨报》的一篇报道。这篇报道表明，商业记者应该对非营利组织加以关注和报道。

　　　　"这不是你外婆开的二手小店"——尽管这一口号并没能挽救 Oldsmonile 公司的命运，但 Goodwill Industry 公司提出的新理念却使得这家二手慈善商店重焕生机。

　　　　实际上，赫斯特市政委员会已经于周二批准建立一家大型商场。该商场占地 22000 平方英尺（约 2044 平方千米），包括一家咖啡厅、一家高端书店和一家时装店。

　　　　戴维·考克斯（David Cox）是 Fort Worth Inc 社区关系部的负责人，同时也负责 Goodwill Industries 业务的市场推广工作。他表示："我们希望人们白天在 Neiman Marcus 购物，下午则到 Goodwill 去。""在我们的停车场中，总能发现许多奔驰、雷克萨斯、宝马这样的车。"

　　　　市政委员会的决议为这家超级商场的开业铺平了道路。这家商场位于 W. Pipeline 路 825 号，其面积是以往 Goodwill 零售中心的三倍大，占地 33000 平方英尺（约 3066 平方米），将于 7 月在 Food Lion 杂货店曾经坐落的位置开业迎宾。

考克斯表示，这家慈善商店并没有摒弃售卖旧衣服和二手家具电器、筹集资金帮助残疾人就业的传统。但看到位于波特兰的高端商店业务繁荣，该慈善商店也决定做出一些改变。

"我们的目标仍然是一致的，我们帮助有需要的人，但并不直接救济他们。我们（从商场的销售中）赚取利润，为残疾人进行求职方面的训练。我们的原则是授之以鱼，不如授之以渔。"

零售部门负责人埃林·奎利恩（Erin Quillian）表示，实际上，该 256 公司去年收入 1000 万美元，其中 600 万美元来源于零售和救援业务。

Goodwill Industries International 的发言人戴夫·巴林杰（Dave Barringer）表示，东北部的 Tarrant County 超市是得克萨斯州的第一家慈善超市，该机构在全国范围内有近 1800 家同类型超市。

"我们与沃尔玛、凯马特（Kmart）这样的廉价超市展开竞争，从它们那里学习，我们就能更好地服务我们的顾客。这些商场有两个主要的功能，一是为我们的其他项目提供资金支持；二是为我们的客户提供工作机会。"

达拉斯 Goodwill 的总裁罗德·金瑟（Rod Ginther）表示，这些商场将革新 Goodwill 的零售业务模式。达拉斯商场在过去 10 年间保持着可观的销售规模，拥有书店以及其他设施。[1]

读到这里，你是否觉得非营利组织的故事也值得报道。这些非营利组织日益扩张，与私有企业及上市公司的竞争日趋激烈。上面提到的 Neiman Marcus、沃尔玛、凯马特都是最大型的几家企业之一，而 Goodwill Industries 则将目光放在了其他几家零售商没有注意到的零售利基市场。

基金会

基金会与非营利组织类似，都不以创造利润为目标。事实上，基金会的存在只是为了把钱分给有需要的人，而不是创造利润。但这并不意味着它不是商业社会的一部分。

---

[1] M. 林登贝格尔：《Goodwill 旗下的超级市场即将开业，或成为当地最大的零售中心》，《达拉斯晨报》2001 年 2 月 15 日，第 1N 版。版权归《达拉斯晨报》所有，经许可转载。

257

专家建议

伊利诺伊大学新闻学教授、前《调查记者与编辑杂志》（*Investigative Reporters and Editors*）执行主任布伦特·休斯顿（Brant Houston）对报道非营利组织的建议：

不要从 990 报告中得出太多草率的结论。如果组织成员不仅从非营利组织那里领取薪酬，也从其所属机构或其他团体那里获得收入，那么这份报告中的工资数据就不具有参考意义。例如，如果某家非营利组织是大学下属的组织，组织成员同时为这所大学工作，那么其工资的一部分来自非营利组织本身，另一部分则来自学校。而 990 报告中仅显示来自非营利组织的那部分工资。此外，若报告显示非营利组织的净资产逐年递增，可能是因为来自外界的捐赠增加，而非其自身的营运收入增加。要知道，基金会的费用支出来自投资所得，而非本金部分。这就意味着，如果遇到投资亏损，该组织即便又获得了 500 万美元的捐款，也不能将其用于费用支出，那么该组织就可能会因投资亏损而被迫裁员。

许多基金会的资金来源于营利性商业企业，或者来自商业企业家的捐赠，这些企业家通过经营公司及出售公司股份获利。规模最大的当属微软公司创始人比尔·盖茨及其夫人创立的比尔和梅琳达·盖茨基金会（Bill and Melinda Gates Foundation）。截至 2009 年 9 月的数据显示，该基金会的资产高达 340 亿美元。其他以商业人物命名的基金会还包括利里基金会、福特基金会、强生基金会、凯洛格基金会、派克德基金会、休利特基金会、杜克基金会、盖蒂基金会以及梅隆基金会等。

基金会中心的数据显示，全美现有 75000 家基金会，其资产高达 6820 亿美元。这些基金会在 2007 年总共向其他非营利组织、个人和集体捐赠了 440 亿美元。

基金会类似于非营利组织和公益信托基金，但其首要任务与医院和 Goodwill Industry 这些非营利组织不同。基金会的首要目的就是把资金和电脑等设备分发给需要帮助的个人和组织。法律规定，基金会每年必须分发 5% 的资产，以取得免税资格。［基金会也同样需遵守国税局 501（c）（3）条款的规定。］

基金会有很多种，其中最为常见的是独立基金会，独立基金会指的是并不依附于某一企业或家族的基金会。而公司基金会通常挂靠在营利企业之下，通常服务于该企业所在的社区。家族基金会的资金来源于某一家族及其成员，其拨款通常与家族利益密切相关。著名的运动员和明星也会成立基金会，这些基金会的资金用途可能会产生有价值的新闻素材。著名球星马歇尔·福尔克（Marshall Faulk）当选 NFL 年度球员时，他的基金会收到了 3 万美元的捐款。

基金会的运营一般会涉及巨额投资业务。尽管基金会每年都会捐赠巨额款项，它却能长期持续运营。基金会不太可能会把所有资产都捐赠出去，特别是由私人投资的基金会。基金会总会把资产投资于股票、债券、房地产和其他方面，以实现资产增值。捐赠出去的资产通常来自这些投资的收益。因此基金会管理人特别是投资经理总是密切关注股票市场和经济走向，其职责与共同基金经理和华尔街投资人差不多。

股票市场和其他投资工具的涨跌会影响基金会资产的价值。2008 年股市的暴跌影响了许多基金会。佐治亚州的罗伯特·伍德拉夫基金会受可口可乐公司前总裁罗伯特·伍德拉夫（Robert Woodruf）的资助，2008 年该基金的资产价值随可口可乐公司股票价格震荡而大幅波动。其他一些基金会还委托纽约投资人伯纳德·麦道夫进行投资，但当后者的庞氏骗局曝光之后，这些基金会无疑损失了大部分甚至全部资产。据统计，至少有 147 家基金会曾经把钱交给麦道夫打理。

而美国法律对基金会在上市或非上市公司中持有的所有权份额设置了限额。根据税收改革法案的规定，基金会投资于上市或私有企业的资产份额不能超过 20%。部分基金会已经触及这一红线。对此，监管部门给出了五年的宽限期，要求基金会承诺在这一期限内出售相关股权。

了解基金会的运作模式和资金来源至关重要。基金会对当地经济和商业社区都发挥着十分重要的作用，特别是对于接受基金会捐款或受其资助的小企业。通常，基金会对那些由少数族裔创立的企业给予支持。此外，对于研发药物对抗主流疾病的科学研究机构，基金会也会给予资金支持。这些机构的成果将推动医药产业的发展。

以下这篇《堪萨斯城星报》的报道将告诉我们当地的基金会是如何影响堪萨斯市的经济的： 258

> Ewing Marion Kauffman 基金会去年决定逐步停止对社区服务行业的小额资助，但今年又决定增加此类资助。
>
> 作为所在地区最大的慈善组织，该基金会宣布将在未来的几年内设立 2500 万美元的专项基金，用于资助非营利组织。这些资金将用于向城市年轻人开设领导力提升项目以及艺术课程。此举将进一步扩大 Kauffman 以往的资助范围。
>
> 据《堪萨斯城星报》的分析，Kauffman 在 2001 年对当地非营利组织的小额资助约为 180 万美元。该基金会最新的扩大小额资助计划

意味着其针对非营利组织的小额资助（资助金额在 2.5 万美元或以下）规模至少将增长 36%。

这是由于 Kauffman 做到了在减员增效的同时向需要的人提供小额资助，希望借此应对当地日益恶化的经济环境。Kauffman 的新任执行总裁卡尔·施拉姆（Carl Schramm）表示，Kauffman 基金会一贯就有帮助不幸之人的义务，在当下经济不景气的时候更应该如此。

施拉姆同时也表示，经济衰退也是进一步促进社会福利项目发展的一个契机。

而非营利组织行业的其他管理层则对此普遍持保留态度。他们对 Kauffman 这一堪萨斯城最大的慈善组织如何在施拉姆的领导下实现变革拭目以待。施拉姆在去年秋天从路易斯·史密斯（Louis Smith）手中接管了 Kauffman。

施拉姆透露，希望将更多的钱集中投向少数几个项目，这样基金会可以发挥更大的影响力。他还承诺，如果基金会的新商业计划在今年晚些时候获批，用于支持堪萨斯城经济发展的资金将会增多，而不会减少。Kauffman 增加面向当地青年人的小额资助就是践行其承诺的第一项实际行动。

许多非营利机构的领导者在对 Kauffman 增加小额资助表示赞许的同时，也很想知道后者大额资助方面的政策会有怎样的变化。

Mattie Rhodes 艺术中心的董事玛丽·卢·哈拉米略（Mary Lou Jaramillo）表示，增加小额资助基金可以扩充资金池，这是一件好事。多家非营利机构都对 Kauffman 下一步的发展方向拭目以待。玛丽所在的 Mattie Rhodes 艺术中心也是 Kauffman 的被资助方之一。

多年来，Kauffman 一直担任着类似于社会福利提供者的角色，承担着本应属于当地政府的责任，包括训练公立学校的校长以及资助社区服务机构等。

Kauffman 拨发小额资助款的方式有两种：一是通过 Kauffman 基金拨发，该基金隶属大堪萨斯城社区基金会（Greater Kansas City Community Foundation），并由社区顾问团管理；二是通过基金会自己的企业以及青年发展运营分支机构拨发。

该基金会每年资助 Kauffman 基金 100 万美元。根据 Kauffman 向美国国税局提交的 990 号报告，在 2001 财政年度，通过基金会拨给当地非营利组织的小额款项达到 83.8 万美元。这一数字并不包括 Kauffman 拨给公立学校的款项。

Kauffman 基金会的管理层表示，他们无法对此事做出评论，因为基金会并没有保留对当地小额资助的记录。

而现在施拉姆正在通过在基金会内部裁员近半的措施推动对整个基金会的改革。此前他曾宣布有意暂停基金会的小额拨款资助。现在来看，虽然有了每年向当地经济投入 2500 万美元资助的新承诺，但他仍有可能暂停小额拨款资助。

施拉姆表示，至少在未来三年内 Kauffman 将尝试在减员增效的同时实现自己的拨款承诺。他表示："这将会是一个大家乐于看到的结果，一个把资金拨给社区的高效方式。"

一些仍在运营的小额拨款项目可能因此而存在一些不确定性。例如青年顾问团项目，该项目以高中学生为主体，通过讨论和选择资助项目以推进青年志愿者活动，资助金额多数都在 1000 美元以下。

如果像青年顾问团这样的项目在施拉姆上任后仍然继续运营的话，那么 Kauffman 小额资助规模必将超过 2500 万美元。①

> **专家建议**
>
> 伊利诺伊大学新闻学教授、前《调查记者与编辑杂志》（Investigative Reporters and Editors）执行主任布伦特·休斯顿（Brant Houston）对报道非营利组织的建议：
>
> 了解 990 报告中的细节（本章对 990 报告进行了详细介绍），同时要注意报告中缺失的信息。例如，如果非营利组织发放教育津贴或奖学金，必须在 990 报告中列出所有受资助者的资料。这里有个事例，报道 2002 年盐湖城奥运会筹备工作的记者发现，一家与奥运会相关的非营利组织发放了奖学金，但 990 报告上并没有关于被资助者的资料。记者经过进一步调查发现，奖学金都发给了国际奥委会委员的家庭成员，而恰恰是这些奥委会委员的投票决定了盐湖城为这届奥运会的举办城市。
>
> 同时，那些在筹款活动上花费很少的组织也值得特别注意。有些非营利组织会尽量减记筹款费用，或把那些费用归入教育性项目，认为这样能改善组织的形象。

这一故事向我们讲述了 Kauffman 基金会（资金来自创始人名下的制药公司股票增值部分）的拨款政策是如何影响到当地组织的。基金会同时也是大学及学校的主要捐助者。大学也经常进行游说募捐活动，其中基金会

---

① J. 斯皮瓦克：《Kauffman 基金会将增加对非营利组织的小额资助》，《堪萨斯城星报》2003 年 1 月 24 日，第 A1 版。版权归《堪萨斯城星报》所有，经许可转载。

就是捐款的主要来源之一。这些捐款将用于新建教学楼、雇用新教师，从而促进当地高校的发展。在报道基金会提供拨款资助的同时，记者也应评估这些资助对当地经济的影响。

对于很多希望在自己卸任后仍有所作为的现任公司高管而言，基金会及其旗下的资金是一个重要的途径。公司 CEO 和其他高管有时会设立基金会，并将他们持有的公司股票捐到基金会里。记者可以通过证券交易委员会的文件查询相关的股权转移事项。此外，有些公司管理层即便在离职之后也会继续为基金会出租办公室。这些相关协议也会在证券交易委员会的文件中被披露出来。

非营利组织运营过程中遇到的问题，如资金管理不善和资金滥用等，基金会通常也难以幸免。

260　《圣何塞信使报》在 2003 年 4 月报道了一则有关当地一家基金会的新闻。该基金会的资产缩水 25% 并辞退了部分员工，而与此同时，其总裁仍然获得了一系列高额补偿。如果联邦当局对该基金会的薪酬补偿计划进行审计的话，该基金会肯定会受到处罚。

《巴尔的摩太阳报》于同年 5 月报道了当地基金会的相关新闻。根据纳税记录，当地基金会向多名信托受托人支付了劳务报酬，而这些劳务在其他很多基金会那里则属于自愿工作。这引起了国税局的注意。

很多基金会像商业企业一样运作，其资本开支和现金流向都值得关注。尽管基金会实际上并不销售具体的产品或服务，但它们也是掌管着数十亿美元的重要组织。

大多数媒体都忽略了有关基金会的报道，有的报道仅仅是对大额资助或基金会捐赠进行了大而化之的报道。当然这样的报道具备新闻价值，但针对基金会内部运作的报道也同样值得媒体关注。

在下一部分，我们将介绍查找基金会和非营利组织具体财务信息的方法。

查找资料：990 报告

在许多记者看来，基金会和非营利组织就像私有企业一样神秘莫测，其财务信息根本无从得知。

其实这种认识是不对的，即便是小型私有企业也并非铁板一块无从下手。实际上，记者叫以从很多渠道获取关于基金会和非营利组织的信息。就像商业企业一样，这些机构也需要向所在州的州政府提交一些文件，甚至还需要提交仅针对慈善组织的文件。记者从中能够获取关于非营利组织的董事会和组织代表律师的相关信息，但也仅限于此。

许多非营利机构接受市、州或联邦政府的捐赠，或与其有合作关系，相关文件都是公开的。在某些情况下，政府部门也会对这些非营利组织进行审计，以确保资金按照预定计划使用。

其他组织也会与非营利组织有合作关系，比如公平贸易局（The Better Business Bureau）①就下设慈善咨询服务部门，针对非营利组织在管理、筹款活动、资金使用及其他方面的表现进行评估。根据该局的规定，60% 以上的捐款必须用于公益服务，而筹款活动方面的费用不能超过非营利组织预算的 35%。记者可以通过访问 http：//www.bbb.org/us/charity 这一网址获取相关信息。

然而，要进一步挖掘基金会和非营利组织的具体财务信息，记者还可以查看美国国税局自 1942 年起就要求所有基金会和非营利组织提交的 990 报告，这些报告都可供公开查阅。

990 报告的内容包括：非营利组织在上一年度的筹款情况、筹款渠道以及资金的使用去向。相关费用包括项目开支、管理费用以及筹款费用。报告同时也包括非营利组织正在运营中的项目及其相关费用。此外，该报告也提供董事会成员的相关信息及其薪酬情况。与此同时，这份报告还会披露非营利组织在上一年度是否有任何交易以及是否进行过游说。

> **专家建议**
>
> 伊利诺伊大学新闻学教授、前《调查记者与编辑杂志》（*Investigative Reporters and Editors*）执行主任布伦特·休斯顿（Brant Houston）对报道非营利组织的建议：
>
> 从非营利组织当年提交的 990 税务报告着手，但绝不止步于此。至少收集近三年的报告（通常可从 www.huidestar.org 获取）。如果非营利组织的网站上没有提供过去三年的预算和审计报告，那么记者应该向它们索要这些资料。如果对方拒绝提供，记者就应调查材料缺失的原因。毕竟，非营利组织接受公众捐款，并享有免税资格（相当于获得公众资助），为何不能尽可能地保证公开透明呢？

---

① 又译"商业改进局"。——译者注

261

专家建议

伊利诺伊大学新闻学教授、前《调查记者与编辑杂志》（*Investigative Reporters and Editors*）执行主任布伦特·休斯顿（Brant Houston）对报道非营利组织的建议：

记者如果知道哪家非营利组织接受联邦政府资助，可以到联邦审计局（Federal Audit Clearinghouse）的网站（http://harvester.census.gov/sac/）上查询相关信息。

倘若花费的联邦资助款数额超过 50 万美元（2004 年 1 月前该数字为 30 万），该组织就应向联邦预算管理办公室（Federal Office of Management and Budget）提交其财务状况的独立审计报告。这份独立审计报告会公布在上述网站上。这份审计报告包含许多具体信息，包括资助的来源以及组织的会计处理上是否存在问题。综合这份报告与其他公开资料，记者就可以更好地了解这些政府拨款的使用情况。

990 报告可以被视为类似于上市企业的 10 - Q 报告和 10 - K 报告，该报告还加入了股东委托书等其他 SEC 文件的功能。990 报告是能够为记者提供最全信息量的财务文件之一。

2000 年通过的监管条例使得更多的人可以查阅 990 报告。只要有人提出查阅要求，非营利组织就必须向其提供最近的三份 990 报告以及申请免税资格的原始文件。这些文件必须在申请人提出申请的当天于办公室准备好，或在 30 天内邮寄上门。这些文件也可以通过填写 4506A 表格或致函国税局而直接查阅到。不过国税局的回复可能耗时六周之久。州政府也会将州内基金会的 990 报告存档备案。现在，许多基金会每年也会在互联网上公布其 990 报告，供公众查阅。任何拒绝公开这一报告的组织都有可能会被罚款。

大多数非营利组织必须在财政年度结束之后的六个月内向国税局提交 990 报告。但这并不意味着公众可以马上查阅，因为联邦政府需要花费数月来审查这些报告。非营利组织也可以通过申请延期而推迟提交报告的日期。

大部分宗教组织无须提交 990 报告，年收入在 2.5 万美元以下的非营利组织也不用提交 990 报告。但年收入在 10 万美元以上或总资产在 25 万美元以上的组织必须提交 990 报告。年收入在 2.5 万美元至 10 万美元之间，总资产在 25 万美元以下的非营利组织则必须提交 990 - EZ 报告。

990 报告并不要求非营利组织提供同比财务数据，这是该报告与公司财务报告的不同之处。这就要求记者查阅该组织几年来的财务数据并分析其变化，以便进行纵向比较。单份 990 报告只记录了非营利组织在某一财年末的财务数据，类似于上市企业的资产负债表或现金流量表。位于北卡罗来纳大学附近的教堂山卡尔伯罗基督教青年协会（YMCA）的 990 报告显示，该协会 2008 财政年度收入超过 520 万美元，支出超过 430 万美元，负债 16.7 万美元，资产规模超过 490 万美元。

990 报告的顶部就像大家每年都要填写的退税申请，包括非营利组织的名称、地址、电话、网址。报告的第一部分是该组织的收入、支出及净资产变化。例如，公平贸易局明智捐赠联盟（Better Business Bureau Wise Giving Alliance，以下简称"明智捐赠联盟"）是一家追踪调查其他非营利组织的机构。根据该机构 2007 年提交给公平贸易局有限责任公司的 990 报告，当年该机构总收入 173 万美元（见图 12−1），总支出 171 万美元，显示该机构的开支和收入数字相差无几。其中，总支出部分有 110 万美元属于项目开支，18.2 万美元用于支付管理层薪酬和一般管理费用，25.8 万美元属于筹款费用。

商业记者应该将这些数字与上一年度的报告进行比较。如果支出显著上升，而收入却没有改变，那么记者就该研究一下到底是哪一部分费用增加了，并向组织内的人询问原因。相反，如果该年度的收入同比显著提高，记者也应该寻找原因。是因为政府资助增加了，还是收到了私人捐赠？这些收入的显著提高或波动的背后通常都有故事。

990 报告第一页的底部是该组织年初和年末时的净资产。这个数字可以衡量组织未来的财务实力。如果净资产上升，则说明该组织的财务实力比较强。如果净资产下降甚至出现负数，则可能意味着该组织会面临财务问题。举例来说，明智捐赠联盟的 990 报告显示，该组织净资产从 2007 年初的 −319604 美元上升到同年年末的 −302051 美元（见图 12−1）。

> **专家建议**
>
> 伊利诺伊大学新闻学教授、前《调查记者与编辑杂志》（Investigative Reporters and Editors）执行主任布伦特·休斯顿（Brant Houston）对报道非营利组织的建议：
>
> 建立你自己有关非营利组织的消息来源。非营利组织有许多特殊的会计准则和法律法规，需要专门的会计师和代表律师来帮助你解读相关文件和信息。请专业人士帮你解读这些背景文件，并为你提供调查的方向和意见。
>
> 但最重要的是，在采访非营利组织之前记者需要做足功课，在新闻发布之前再一次检查所有的调查结果，以保证不出错。同时要记住，小型非营利组织的运营者通常是那些有使命感但缺乏管理经验和商业头脑的人。在某些情况下，问题出在他们的商业经验不足，而不是渎职等过失。

262

Form **990** Department of the Treasury Internal Revenue Service

Return of Organization Exempt From Income Tax
Under section 501(c), 527, or 4947(a)(1) of the Internal Revenue Code (except black lung benefit trust or private foundation)
▶ The organization may have to use a copy of this return to satisfy state reporting requirements

OMB No 1545-0047 **2007** Open to Public Inspection

A For the 2007 calendar year, or tax year beginning and ending

B Check if applicable: Address change; Name change; Initial return; Termination; Amended return; Application pending

Please use IRS label or print or type. See Specific Instructions.

C Name of organization: BBB WISE GIVING ALLIANCE
Number and street (or P O box if mail is not delivered to street address): 4200 WILSON BOULEVARD — Room/suite: 800
City or town, state or country, and ZIP + 4: ARLINGTON, VA 22203-1804

D Employer identification number: 52-1070270
E Telephone number: (703) 276-0100
F Accounting method: [ ] Cash [X] Accrual [ ] Other (specify) ▶

● Section 501(c)(3) organizations and 4947(a)(1) nonexempt charitable trusts must attach a completed Schedule A (Form 990 or 990-EZ).

H and I are not applicable to section 527 organizations.
H(a) Is this a group return for affiliates? [ ] Yes [X] No
H(b) If "Yes," enter number of affiliates ▶ N/A
H(c) Are all affiliates included? N/A [ ] Yes [ ] No (If "No," attach a list.)
H(d) Is this a separate return filed by an organization covered by a group ruling? [ ] Yes [X] No
I Group Exemption Number ▶ N/A
M Check ▶ [ ] if the organization is not required to attach Sch B (Form 990, 990-EZ, or 990-PF)

G Website: ▶WWW.BBB.ORG/CHARITY
J Organization type (check only one) ▶ [X] 501(c) (3) ◀ (insert no) [ ] 4947(a)(1) or [ ] 527
K Check here ▶ [ ] if the organization is not a 509(a)(3) supporting organization and its gross receipts are normally not more than $25,000 A return is not required, but if the organization chooses to file a return, be sure to file a complete return
L Gross receipts Add lines 6b, 8b, 9b, and 10b to line 12 ▶ 1,729,458.

Part I Revenue, Expenses, and Changes in Net Assets or Fund Balances

	Line	Description				Line	Amount
Revenue	1	Contributions, gifts, grants, and similar amounts received					
	a	Contributions to donor advised funds	1a				
	b	Direct public support (not included on line 1a)	1b	912,016.			
	c	Indirect public support (not included on line 1a)	1c				
	d	Government contributions (grants) (not included on line 1a)	1d				
	e	Total (add lines 1a through 1d) (cash $ 912,016. noncash $)				1e	912,016.
	2	Program service revenue including government fees and contracts (from Part VII, line 93)				2	817,410.
	3	Membership dues and assessments				3	
	4	Interest on savings and temporary cash investments				4	32.
	5	Dividends and interest from securities				5	
	6 a	Gross rents	6a				
	b	Less rental expenses	6b				
	c	Net rental income or (loss) Subtract line 6b from line 6a				6c	
	7	Other investment income (describe ▶)				7	
	8 a	Gross amount from sales of assets other than inventory	(A) Securities	8a	(B) Other		
	b	Less cost or other basis and sales expenses		8b			
	c	Gain or (loss) (attach schedule)		8c			
	d	Net gain or (loss) Combine line 8c, columns (A) and (B)				8d	
	9	Special events and activities (attach schedule) If any amount is from gaming, check here ▶ [ ]					
	a	Gross revenue (not including $ of contributions reported on line 1b)	9a				
	b	Less direct expenses other than fundraising expenses	9b				
	c	Net income or (loss) from special events Subtract line 9b from line 9a				9c	
	10 a	Gross sales of inventory, less returns and allowances	10a				
	b	Less cost of goods sold	10b				
	c	Gross profit or (loss) from sales of inventory (attach schedule) Subtract line 10b from line 10a				10c	
	11	Other revenue (from Part VII, line 103)				11	
	12	Total revenue. Add lines 1e, 2, 3, 4, 5, 6c, 7, 8d, 9c, 10c, and 11				12	1,729,458.
Expenses	13	Program services (from line 44, column (B))				13	1,271,135.
	14	Management and general (from line 44, column (C))				14	182,522.
	15	Fundraising (from line 44, column (D))				15	258,248.
	16	Payments to affiliates (attach schedule)				16	
	17	Total expenses. Add lines 16 and 44, column (A)				17	1,711,905.
Net Assets	18	Excess or (deficit) for the year Subtract line 17 from line 12				18	17,553.
	19	Net assets or fund balances at beginning of year (from line 73, column (A))				19	<319,604.>
	20	Other changes in net assets or fund balances (attach explanation)				20	0.
	21	Net assets or fund balances at end of year Combine lines 18, 19, and 20				21	<302,051.>

SCANNED JUN 0 9 2008

RECEIVED 321 MAY 0 6 2008 IRS-OSC OGDEN, UT

723001 12-27-07 LHA For Privacy Act and Paperwork Reduction Act Notice, see the separate instructions. Form 990 (2007)

图 12－1 美国非营利组织免税申请表（990 号）① 扫描件

① 原表系美国某公司实际申报表的扫描件，考虑到译后的表格呈现效果可能不如原表，故未译。——译者注

续图

Copyright Materials of Taylor & Francis
Licensed to Acacemics Academic Press No.J152
Beisanhuan Zhonglu, HuiLong Plaza, No.
Beijing, 100029, Xicheng District
PR China

Form 990 (2007) BBB WISE GIVING ALLIANCE		52-1070270 Page **2**		
Part II Statement of Functional Expenses	All organizations must complete column (A). Columns (B), (C), and (D) are required for section 501(c)(3) and (4) organizations and section 4947(a)(1) nonexempt charitable trusts but optional for others			
Do not include amounts reported on line 6b, 8b, 9b, 10b, or 16 of Part I.	**(A) Total**	**(B)** Program services	**(C)** Management and general	**(D)** Fundraising
22a Grants paid from donor advised funds (attach schedule) (cash $ 0. noncash $ 0.) If this amount includes foreign grants, check here ▶ ☐	**22a**			
22b Other grants and allocations (attach schedule) (cash $ 0. noncash $ 0.) If this amount includes foreign grants, check here ▶ ☐	**22b**			
23 Specific assistance to individuals (attach schedule)	**23**			
24 Benefits paid to or for members (attach schedule)	**24**			
25a Compensation of current officers, directors, key employees, etc listed in Part V-A	**25a**	0.	0.	0.	0.
b Compensation of former officers, directors, key employees, etc listed in Part V-B	**25b**	0.	0.	0.	0.
c Compensation and other distributions, not included above, to disqualified persons (as defined under section 4958(f)(1)) and persons described in section 4958(c)(3)(B)	**25c**			
26 Salaries and wages of employees not included on lines 25a, b, and c	**26**		0.	0.	0.
27 Pension plan contributions not included on lines 25a, b, and c	**27**			
28 Employee benefits not included on lines 25a - 27	**28**			
29 Payroll taxes	**29**			
30 Professional fundraising fees	**30**			
31 Accounting fees	**31**	6,000.		6,000.	
32 Legal fees	**32**			
33 Supplies	**33**	8,108.	7,086.	284.	738.
34 Telephone	**34**	3,472.	3,035.	121.	316.
35 Postage and shipping	**35**	140,765.	29,333.	5,103.	106,329.
36 Occupancy	**36**	56,461.	50,179.	1,745.	4,537.
37 Equipment rental and maintenance	**37**			
38 Printing and publications	**38**	122,976.	73,289.		49,687.
39 Travel	**39**	21,242.	14,913.	6,179.	150.
40 Conferences, conventions, and meetings	**40**	17,908.	16,999.		909.
41 Interest	**41**			
42 Depreciation, depletion, etc. (attach schedule)	**42**	911.	796.	32.	83.
43 Other expenses not covered above (itemize)				
a _____	**43a**			
b _____	**43b**			
c _____	**43c**			
d _____	**43d**			
e _____	**43e**			
f _____	**43f**			
g SEE STATEMENT 1	**43g**	1,334,062.	1,075,505.	163,058.	95,499.
44 Total functional expenses. Add lines 22a through 43g (Organizations completing columns (B)-(D), carry these totals to lines 13-15)	**44**	1,711,905.	1,271,135.	182,522.	258,248.

Joint Costs. Check ▶ ☐ if you are following SOP 98-2.
Are any joint costs from a combined educational campaign and fundraising solicitation reported in (B) Program services? ▶ ☐ Yes ☒ No
If "Yes," enter (i) the aggregate amount of these joint costs $ N/A , (ii) the amount allocated to Program services $ N/A
(iii) the amount allocated to Management and general $ N/A ; and (iv) the amount allocated to Fundraising $ N/A

723011
12-27-07
Form **990** (2007)

　　报告的第二页将开支细分为法律费用、供应支出、通讯费、租金、打印与出版费以及差旅费等。这些费用被归入项目费用、管理费用或筹款费用。根据 www. guidstar. org 网站的资料，许多组织会把大多数费用一起列入其他费用并在附注中说明，尽管其中许多费用可以纳入上述分类。因此，明智的记者也应该看一下附注的内容。比如，明智捐赠联盟最大的开

263

专家建议

伊利诺伊大学新闻学教授、前《调查记者与编辑杂志》（*Investigative Reporters and Editors*）执行主任布伦特·休斯顿（Brant Houston）对报道非营利组织的建议：

在比较项目费用和管理费用时应特别留意一些数据。社会上的基金会名目繁多。有这样一句话："如果你见过一家基金会，那你仅是见过一家基金会而已。"对于非营利组织而言同样如此。不同的非营利组织由于各自的性质和目标不同，它们在支出上的差别也很大。通常认为，非营利组织应当将三分之二的资金用于项目服务，另外三分之一用于管理费用，但这并非是放之四海而皆准的标准。例如，本地的联合劝募会（United Way）接受各方捐赠并将这些捐赠来的资金发放给需要的人，其管理费用远低于三分之一。倘若参照上述资金支出的标准，记者就可以从这个角度写出一篇好文章。

支是"员工服务"这一项（高达 90.34 万美元）。事实上，该组织就把这部分支出列入了"其他费用"（见表 12 - 1）。

同时还应注意非营利组织该年度的筹款费用与总支出的关系。有观点认为筹款费用占总支出的比例应该较小。但是对于许多非营利组织，特别是新成立的组织和正在推广某项并不讨喜的项目的组织而言，其中的筹款费用可能会占到支出的大部分比例。如果某个非营利组织花费巨资进行筹款，而收入却没有上升，那么其筹款活动就缺乏效率。

990 表格的下一部分记录的是非营利组织在上一年度的活动。但这部分内容只占三分之一的版面，所以很多组织无法详细阐述它们举行活动的细节。报告的第四部分为资产负债表，显示该组织的资产和负债情况。这些属于基本信息，里面可能并没有什么故事可挖掘。但第五部分则值得我们关注。这一部分是组织内雇员和管理者的薪酬数字。近年来，非营利组织以丰厚的薪金来吸引商界的优秀管理人才。新闻媒体可以从中找到很好的报道线索。例如，明智捐赠联盟的 990 报告表明，其首席执行官赫尔曼·泰勒（Herman Taylor）2007 年薪酬高达 196875 美元，同时他还享受 21211 美元的员工福利；首席运营官班尼特·维纳（Bennett Weiner）的薪酬为 125000 美元。但这些薪酬均由公平贸易局有限责任公司（Better Business Bureau Incorporated）支付，而非明智捐赠联盟。董事会成员都不领取工资。

记者应该将本年度高管薪酬与上一年度进行比较。如果薪酬数字没有增长或只有小幅增长，则没有什么报道价值。但如果高管薪酬大幅增加，或新一任 CEO 的薪资水平明显高于前任，则可能意味着记者有料可挖。

264

记者也应该特别注意这些文件与企业的声明之间是否相矛盾。《华盛顿邮报》就报道了杰西·杰克逊（Jesse Jackson）名下的非营利组织在提交 990 报告时省略了一位高层薪资信息的事实：

在有关财务问题上，杰西·杰克逊已经提交了 100 多页的纳税记录以及审计报告。但是这些文件都没有提及他和一个女人有婚外情并育有一子的情况。不过鉴于这位女士领取的薪酬数额较大，按照联邦税法规定该情况应该列入相关文件。

杰克逊名下有四家慈善机构，去年的筹款总数达 1700 万美元，其中超过 1000 万美元的资金投到了具有免税资格的公民教育基金（Citizenship Education Fund）。按照 1999 年国税局的规定，所有年薪高于 5 万美元的员工都应该出现在报告名单中，但该基金会没有将前执行总裁卡琳·斯坦福（Karin Stanford）列入其中。

杰克逊名下的彩虹联盟（Rainbow/PUSH Coalition）发言人表示，斯坦福于 1999 年生下杰克逊的孩子并从基金会辞职，她当年的年薪是 12 万美元。

杰克逊的高级助手在 1999 年 9 月 10 号寄给斯坦福的一封信显示，该基金会又以未来咨询费的名义向她支付了 4 万美元，帮助其在加利福尼亚州买房，从而将其推向风口浪尖。杰克逊表示，他是从他的私人账户中每月给斯坦福 3000 美元。

杰克逊名下的四家慈善组织分别是彩虹联盟、公民教育基金会、人道联合组织（People United to Serve Humanity）、卓越促进机构（Push for Excellence）。这四家慈善机构的副总裁和首席财务官欧文斯（Billy R. Owens）表示，杰克逊的助手声称公民教育基金会中年薪在 5 万美元以上的 5 位高管名单并未被要求列入 990 表格，但税务审计师正试图确定是否需要对该表格内容进行修改。

欧文斯表示："税务审计师正审查所有文件，以确定是否需要做出修正。"

尽管彩虹联盟和其相关团体支付的咨询费接近 100 万美元，但 1999 年退税报告并没有要求对这些外包咨询服务进行申报。欧文斯发布的"致捐赠者财务报告"显示，杰克逊名下的慈善组织在去年共支

265

付了 130 万美元的咨询费。①

如果发现这些组织提交的 990 表格中没有包含美国国税局要求披露的信息，那么记者就可以深入挖掘，寻找有新闻价值的线索。记者可以将这些组织的公开声明和它们提交的文件进行对比。

990 表格的第六部分是非营利组织在游说上的费用支出。许多团体用于游说政府官员的花费甚少或甚至为零。但如果游说费用显著高于其他费用，记者则应该深入探究一下。游说过度可能会导致非营利组织失去免税资格。

该表格的第十部分也是记者应该关注的内容。这部分披露的是非营利组织下设的营利性分支机构的相关信息。非营利组织也会经营一些营利性项目，以帮助其慈善项目和服务筹集资金。记者应该仔细阅读这一部分，看看这家非营利组织有没有下属的营利性企业。如果有的话，记者还需要注意这些企业的盈利数字。

美国国税局每年都会收到数千份 990 报告。美国审计总署（General Accounting Office）的报告显示，国税局无法逐一审查所有关于非营利组织的文件。以下是一篇来自《今日美国》的报道：

> 不要指望美国政府发现慈善界的欺诈行为。
>
> 一项联邦调查显示，尽管非营利组织的数量逐步增加，但美国国税局的审查与监管力度大为滞后。美国审计总署进行了一项调查，发现国税局由于缺乏数据，无法发现非营利组织在税务申报时违规的情况。其他发现如下：
>
> 1996～2001 年，申请免税资格的新慈善组织数量上升了 9%，而国税局审查员队伍却缩编 15%。
>
> 在过去两年中，国税局针对慈善组织的抽查比例下降了 0.5%，创下六年来新低。
>
> 对于被拒绝或撤销免税资格的慈善组织，国税局没有向州一级的监管部门发出定期通知。而州政府官员表示，这些信息有助于保护捐赠者。

266

---

① W. 克莱本：《杰克逊名下基金会的税务报告存在隐匿信息的嫌疑》，《华盛顿邮报》2001 年 3 月 7 日，第 A3 版。版权归《华盛顿邮报》所有，经许可转载。

"慈善组织中的害群之马总是在欺骗民众以后才被媒体曝光。我们必须改变这一现象，把防范预警放在第一位。对此，国税局应该加大审查力度。"爱德华州参议员查尔斯·格拉斯雷（Charles Grassley）如是说。他同时也是参议院金融委员会少数派成员。

《今日美国》去年的一项调查发现，某些慈善组织并没有将精力放在完成帮助重疾儿童的使命上，而是把钱花在了筹款、雇员工资和其他项目上。同时也发现，国税局每年只会对慈善组织提交的年度税务报告中的一小部分进行审计。上述信息披露后，格拉斯雷和参议院小组委员会要求美国国会审计总署展开彻查。

审计总署经过调查发现，慈善组织存在少报筹款费用，或将筹款费用与其他支出纳入慈善项目费用的违规行为，而且这些问题时有发生。而另一方面，国税局在评估这些慈善组织违规行为方面几乎毫无作为，而且也没有确立以结果为导向的审查原则。

然而，在多重监管体制下，美国国税局正计划针对慈善组织报税的问题在 35 个方面展开调查。报告还指出，国税局应当获得关于慈善组织是否遵守税法的可靠数据，增加审查人员的数量，并加强与各州慈善业监督机构的信息共享。

国税局委员会主席查尔斯·罗萨缇（Charles Rossotti）随后做出书面回应，对报告中指出的问题和建议表示认同。但同时他也指出，国税局在加强监督的同时，也必须考虑到资源限制以及多项任务的优先性。[①]

在安然公司、世通公司、阿德尔菲亚及其他公司的丑闻爆出之后，越来越多的记者开始关注上市公司提交给证交会的文件。但是针对非营利组织提交的 990 报告的新闻报道还鲜有涉及。对立志有所作为的记者而言，深入报道这一领域的时机已经成熟。其实，记者未必一定要爆出慈善组织的重大违规行为，只要更全面地向公众报道非营利组织和基金会的情况就已经很好了。

除了 990 报告和信息来源之外，记者也可以借助许多网站分析国税局的文件。之前提及的 Guidestar 网站（www. guidestar. org）上提供了各类综

---

① K. 麦科伊：《慈善组织数量日益增多，美国国税局监管滞后》，《今日美国》2002 年 5 月 28 日，第 1B 版。版权归《今日美国》所有，经许可转载。

合信息，可以帮助记者了解数字的含义。类似的网站还有 www. gra-
ntsmart. org 以及 www. charitynavigator. org，后者不仅对 1000 多家慈善组织
进行评估，而且还提供各类提示和信息资源。

记者查阅非营利组织的 990 报告的举动实际上是在向管理层传达一个
信息——记者对此次报道十分重视，尽力做到报道的公平与平衡，同时尽
可能完整地向公众展现组织的运营情况（见表 12 - 1）。

蓝十字 - 蓝盾计划和医疗服务机构

与其他任何行业相比，医疗行业的非营利企业数量最多。其中，大型
医院、医疗保健企业、疗养院等一般都属于非营利企业。

例如，恺撒医疗集团（Kaiser Permanente）就是一个拥有 16.7 万名雇
员、客户超过 860 万人的大型医疗企业。该集团 2008 年收入高达 400 亿美
元。美国天主教医疗协会（Catholic Health Association）有超过 620 家成员
医院，全国范围内每六个病人就有一个在该协会成员医院就医。退伍军人
健康管理局（Veterans Health Administration，VHA）拥有全国最知名的医
院，如 Mayo Clinic 和 Cedars-Sinai Health。此外，全美各地的许多蓝十字 -
蓝盾协会（Blue Cross-Blue Shield plans）成员也是非营利企业。

非营利医疗企业广泛存在于每个州甚至每个市场。通常它们会与营利
性医疗企业直接竞争，很多情况下它们甚至占据最大的市场份额。例如，
在亚拉巴马州，蓝十字 - 蓝盾协会成员在当地保险业占据的份额高达
80%。这些非营利性医疗企业无须考虑利润和满足股东要求等问题。它们
只需设法以低成本提供优质的医疗服务。这样的企业愿景听起来值得称
赞，但事实上这些企业的收入经常高达数十亿美元，盈利上百万美元。在
过去的十年间，许多非营利医疗企业和保险公司已经转变成营利性企业，
有些甚至出售给了营利性公司。

非营利医疗企业的运营模式与其他非营利组织并无二致。通常情况下
它们可以享受联邦政府的免税优惠。但蓝十字 - 蓝盾协会成员在 1986 年失
去了这一资格。非营利医疗企业需要向国税局报告财务状况和管理层的薪
酬数字。位于坦帕市的圣约瑟夫医院（St. Joseph's Hospital）在 2007 年向
国税局提交的 990 报告中申报了 6.237 亿美元的收入以及 5.681 亿美元的
支出。同年，位于在弗吉尼亚州夏洛茨维尔市的玛莎·杰弗逊医院（Mar-

tha Jcffcrson Hospital）申报了 1.91 亿美元的收入及 1.738 亿美元的支出。
通常情况下，这些非营利医疗企业也向所在州的保险和医疗管理机构申报
财务状况。

同营利性竞争对手一样，非营利医院和医疗企业也面临许多问题。
比如，它们也必须控制成本以保证持续经营，加强管理以全面提升企业
业绩，推行兼并和扩张计划以便其能够进入新的领域和市场。当然，比
起营利性企业，它们也有自身独有的优势。营利性医院和保险公司可以
通过发行股票从市场上融资，而非营利组织则可以发行免税企业债券。
调查显示，营利性医疗企业的运营成本更高。但非营利企业同样也面
临一些问题。例如，扩张计划无法按计划进行，或者从外部聘请的高
管无力扭转残局而被迫离职等。下文是摘自《波士顿先驱报》的一篇
报道：

> 纪念医疗集团（Memorial Health Care Inc.）的员工认为，亚瑟·
> 罗素（Arthur R. Russo）医生离开医院对他们而言是一种解脱。
>
> 罗素医生上任仅 14 个月。而上周三，医院主管就迫使其辞职。罗
> 素医生重组医院的计划饱受争议，其中包括停止肝脏移植项目。
>
> 此外，他还削减了 200 多个工作岗位，并支持了一名在个人简历
> 上造假的管理层成员。
>
> "今天的气氛比昨天缓和多了。"
>
> 伊利瑟·卡茨（Eliezer Katz）医生如是说。他主管的肝脏移植项
> 目最终有幸得以保留。"情况总会慢慢好起来，大家对此持谨慎乐观
> 的态度。"
>
> 卡茨医生认为员工们对临时接任的玛丽安·菲利斯（Marianne E.
> Felice）医生充满信心："她是一名备受尊敬的医生。"
>
> 医院正在寻找正式接替罗素的人选。
>
> 这家非营利医疗集团下设 8 家医院，共有 761 个床位，拥有 1 万
> 名雇员。集团发言人马克·谢尔顿（Mark Shelton）表示，刚刚结束的
> 财政年度该集团实现收入 10.7 亿美元，业务净亏损 2400 万美元。去
> 年收入为 10.6 亿美元，净亏损 940 万美元。
>
> 为了解决亏损问题，医院管理层求助于佛罗里达州的咨询公
> 司——猎人集团（Hunter Group）。猎人集团提出一系列饱受争议的建

268

议，如削减 500 个工作岗位以及停止肝脏移植项目。

停止肝脏移植项目的决定遭到了医生和以前的病人的抗议。最终，医院管理层做出让步，该项目最终得以保留。

此外，迈克尔·格林尼（Michael Greene）在简历上伪造教育经历的事情曝光之后，罗素甚至还表示支持格林尼并保留其工作岗位。医院发言人表示，目前还无法确定格林尼是否会被开除。

集团发言人还透露，对于支付罗素医生的 68 万美元解雇补偿金仍在协商过程中。在这期间他仍会留在医院并指导儿科主管菲利斯医生。菲利斯医生同时也是马萨诸塞州立大学医学院的教授，她已经在该集团工作了三年。①

此外，明尼阿波利斯市《星坛报》披露了州内非营利医疗公司的高管薪酬超过了 990 报告中所申报的数额。

与此同时，非营利医疗机构的数量却在下降。美国审计总署 1997 年12 月的报告显示，1990 年至 1996 年，全美 5000 多家非营利医院中有 192家转为营利性医院。仅在 1996 年一年就有 60 多家医院转为营利性医院。据美国医院协会（American Hospital Association）提供的数据，如今全美5708 家医院中只有大约 2900 家是非营利医院。

同样的趋势也出现在寿险行业中。尤其在蓝十字－蓝盾计划中，许多非营利保险计划中的机构转变为营利性机构。例如，北卡罗来纳州的蓝十字－蓝盾协会就曾提交过转变为营利性机构的计划，但随后撤回了这一计划。不过，位于纽约州、佐治亚州、密苏里州的同类医疗机构已经变身为营利机构。值得注意的是，有些蓝十字－蓝盾计划中的部分机构已经表明不会转为营利性机构。

由于其非营利性质，这些医疗企业没有股东，其所有权属于所在社区以及客户。但一经转换，这些医疗机构的所有权就从社区转到股东手中。许多州在 20 世纪 90 年代通过了立法，要求这些非营利机构在转变为营利机构的过桯中对民众给予一定的补偿。

如今，非营利医疗机构如果想要转变为营利机构，必须要由州和联邦立法机构审核批准，通常还需举行公众听证会。从这些机构最初提交有意

269

---

① J. 赫尔特·鲍威尔：《纪念医疗集团 CEO 罗素遭解雇》，《波士顿先驱报》2001 年 11 月 2 日，第 38 版。版权归《波士顿先驱报》所有，经许可转载。

转型的计划到举办听证会听取公众意见，记者都可以从中寻找新闻故事，因为可能会有关于医疗费用过高以及转型后医疗成本可能会增加等问题的讨论。

近几年来，监管部门要求非营利医疗机构在转型后设立基金会，以回馈社区。对于这些医疗机构的估值将决定基金会收到的捐款数额，因而这将成为问题的关键。在某些州，虽然基金会仅收到少量捐款，但是这些营利性医疗业务得以在几年后以更高的价格出售出去。

不过有时候，针对非营利组织的收购价格却远低于其自身的价值，出售交易会因此遭到质疑。原因之一就是这些机构的高管并不拥有股份。而上市公司高管通常持有公司股票，因此希望谈到最高的收购价格，以便最大化地实现股份变现。相比之下，非营利机构的管理层则没有这样做的动力。

某些情况下，监管部门会认为成交金额过低而介入并阻止非营利医疗机构的收购交易。举例来说，加利福尼亚州总检察长阻止了该州的一家医院将自身出售给 Columbia/HCA 的计划，因为 HCA 的出价比其他竞争者低了 20 亿美元。同样，2002 年马里兰州保险委员会也否决了将非营利的蓝十字－蓝盾协会成员出售给营利性的维朋医疗（WellPoint）的计划。这些收购交易，特别是收购失败的原因，都可以变为有价值的新闻故事。

非营利组织如果有意向转变为营利组织，则仅需向美国国税局提交财务报告，而且这些组织通常会向营利性企业一样对外披露其营运状况。它们这是在为转变成营利组织做准备，并开始像上市企业一样运营。

以下节选的这则新闻报道显示，在一家蓝十字－蓝盾协会成员组织转变为营利性企业的过程中，记者如何对其发布的业绩报告进行分析，并通过提供咨询机构报告以及对其历史表现进行纵向比较，说明该组织的盈利状况对监管部门及其他利益相关者的影响：

> 在计划转变为营利性组织的同时，蓝十字协会公布了 2001 年的业绩数字。当年共实现利润 8560 万美元，这是该组织运营 69 年来盈利水平最高的一年。 270
>
> 协会内部管理层认为如此优异的业绩得益于运营水平的持续提升。北卡罗来纳州罗利市医疗保健联盟项目主管亚当·西林（Adam Searing）对此大加赞扬："哇，太棒了！"不管用何种言语形容，这一

盈利能力足以彰显蓝十字协会的强大生机。

该协会拥有 250 万名成员，是北卡罗来纳州最大的医疗保险组织。

亚当表示，这些企业并不只是像非营利组织一样运营，它们非常注重创造利润和业务发展。"因此，我认为应该允许它们转变为营利性企业。"

夏洛特市的一位医保福利顾问表示，既然北卡罗来纳州蓝十字－蓝盾协会有足够强大的盈利能力，那么人们不禁要问，为什么该协会还要求提高保费呢？（这一要求已于最近获得州政府的批准）该协会 1993 年实现利润 7560 万美元。

William M. Mercer 高级社会福利顾问史蒂夫·格雷比尔（Steve Graybill）表示，"人们会问，真实情况到底是什么？"

蓝十字协会首席财务官丹·格拉斯（Dan Glaser）表示，医疗费用近年来不断上涨，而保费恰恰是由医疗费用的多少决定的。他在周二指出，2001 年医疗费用增长了 13.9%，去年则增长了 8.8%。

格雷比尔对此表示赞同，认为医疗费用正以 12%～16% 的速度增长。但同时也提出了他的质疑，"对于一个既定的险种，保费怎么能一下子就增加 33% 之多？他们是想钱想疯了吗？"

蓝十字协会向雇主、个人及其他组织提供一系列的人寿保险计划。据北卡罗来纳州保险局的信息，其中大多数保险计划的保费平均增长幅度都在 27% 到 47% 之间。

这家位于教堂山的保险机构旗下的蓝色关爱组织（Blue Care）拥有 7.8 万名投保人。根据保险部门数据，该组织自 7 月起将保费上调了 47%。该机构旗下的另外一家拥有 10.5 万投保人的医疗保险组织——蓝色选择计划（Blue Choice Plan）也在同一个月将保费平均上调了 37%。其他的蓝十字协会成员组织中有四分之一不会在今年大幅提高保费，但保费也出现 5%～8% 的涨幅。

271　　政府保险局虽然批准了该协会调高保费的计划，但也在密切关注蓝十字协会向营利性企业转型的问题。

保险局发言人莫莉·多利（Mollie Doll）表示："我们关注的问题是，该机构是否针对调高保费的举措制订了全面的计划。"

她同时表示，由于蓝十字协会仍未提供转型前后三年保费费率的分析报告，所以围绕其转型计划的磋商不得不暂缓进行。蓝十字方面则表示，公司正在编制相关信息。

蓝十字协会在 1 月份已经提交了向营利性机构转变的计划书，并希望于秋末或夏季完成。

上述转型计划是基于 1998 年通过的法律制订的。按照该计划，通过公开出售蓝十字股票，蓝十字有望成为本州最大的医疗基金会。基金会将拥有蓝十字发行的所有原始股。若在五年之后将多数股票出售，这些股票价值将超过 10 亿美元。

蓝十字的库存股当前的市值为 7.15 亿美元，蓝十字可以通过二级市场出售股份筹集资金。

鉴于公司良好的财务业绩，投资者认购热情高涨。但蓝十字的发言人表示：公司并没有为了确保顺利上市而将盈利目标定到 8560 万美元。

发言人凯尔·马歇尔（Kyle Marshall）表示："蓝十字变身为营利机构并不会影响 2001 年的运营策略，也不会影响今年的保费费率。"

福利顾问格雷比尔透露，事实上蓝十字已经像营利企业一样运营许多年了。在展现出较强盈利能力的同时，蓝十字协会也在努力实现上市。他在上周的采访中表示："转型可能增加蓝十字的盈利动机，但我觉得即便不转变为营利性企业，蓝十字也会尽力赚取利润。"

福利顾问格雷比尔表示，2000 年上任的蓝十字执行总裁罗伯特·格鲁辛吉斯（Robert Greczyn Jr.）是推动蓝十字转型为营利性组织的最主要的推手。格雷比尔认为："即便蓝十字仍是一家非营利组织，但格鲁辛吉斯一直在努力营造营利性企业文化。"

一个非常明显的例子就是，蓝十字和其他营利性竞争对手一样，均采用了业绩考核激励机制，奖励有突出业绩的雇员。

以 2001 年为例，蓝十字总计向雇员发放了 1400 万美元的奖金，其中有 200 万美元是奖励九名高管的奖金。格鲁辛吉斯本人就拿到了 57.15 万美元奖金，这使得他 2001 年度总收入高达 110 万美元。

蓝十字首席财务官格拉斯表示，该协会的巨额利润来自高达 7 亿美元的投资组合。其中股息、利息以及大规模股票出售交易为该协会带来了 8590 万美元的利润。而该协会的营运收入达 4860 万美元，连续两年保持增长，该指标显示蓝十字的主营业务——健康险业务运转良好。

扣除该年度 462 万美元的所得税以及 280 万美元的利息，蓝十字协会总计实现利润 8500 万美元。

其中已经计入了去年蓝十字对北卡罗来纳州最大的营利性医疗保健组织——Partners National Health Plans 的收购交易影响。这笔收购交易耗资 2.02 亿美元，蓝十字从投资组合收益中拿出 1.02 亿美元用于支付收购款，余下的部分将在十年内付清。[①]

这篇报道的结尾处提到了一家非营利组织收购营利性机构。正如之前提及的，在许多州，非营利组织可以拥有营利性分支机构。

如果社区中的非营利医疗企业有变身为营利性企业的计划，其所采取的第一步措施往往是聘请在营利性企业中有相关经历的管理人士。这位管理者进入非营利性企业后会推出有利于其转型的革新举动，下一步则是向监管层提交转型为营利企业的意向书。

如果当地的非营利医疗企业有转变为营利企业的计划，记者应该加以留意。因为这一决定将会对所在地区产生一定的影响。营利性医院或医疗保险公司可能会提高保费费率，也有可能通过发行股票筹集资金，并用于收购交易或扩大现有业务。营利企业还会向其管理层提供股权或其他激励方案。这些都值得我们关注。

据非营利保健联盟（Coalition for Nonprofit Health Care）透露，检察长和工会对于许多医疗企业的非营利资质也颇有微词。在转型过程中，他们有时候不得不拆分非营利组织，甚至将其剥离。监管部门还曾威胁要解散非营利医疗企业的董事会。

基督教青年会（YMCA）及其他非营利组织

其他很多非营利企业也很少出现在新闻报道中，但它们可能成为一个令人惊讶的消息来源。

基于非营利组织和基金会的工作，记者其实可以写出精彩的新闻特写。这些组织总是在设法造福社区，帮助有需要的人。记者可以找出它

---

① J. 齐默：《蓝十字 2001 年实现利润 8560 万美元，计划转型为营利型组织；调高保费引发质疑》，达勒姆《先驱太阳报》2002 年 3 月 20 日，第 C1 版。版权归达勒姆《先驱太阳报》所有，经许可转载。

们所做的工作，找到它们曾经帮助过的人。《今日美国》的一篇报道为我们提供了绝佳的范例。这则新闻报道了思科公司（Cisco Systems）前总裁建立了一家基金会，宗旨是帮助女性建立科技型创业公司。怎样才能把新闻特写写好？ABC News 就深入报道了西雅图的科技公司高管用自己的收入建立基金会的故事。非营利组织和营利组织的关系也是很好的新闻素材。例如，《华尔街日报》的一篇报道就是关于一些创业型科学家通过非营利组织获得政府资助，并把这些钱投入营利性生物科技公司的故事。

　　有些时候，非营利组织和营利机构共用一家办公场所，甚至由同一人负责运营。它们之间的关系容易引发质疑。就像营利性企业一样，非营利组织的高管的薪酬问题、违法行为、主要筹资活动以及管理层的变更这些视角都具有报道价值。《圣何塞信使报》报道了非营利组织里一名游泳教练的工资情况。文章的开头部分节选如下：

> 皮特·瑞克切（Pete Raykovich）把曾经不知名的 De Anza 水上运动（De Anza Cupertino Aquatics program，DACA）发展成全美第六大俱乐部，并在游泳界享有盛名。但作为总教练的瑞克切获得的可不仅是赞扬，他去年的收入是 353518 美元。
>
> 瑞克切的薪资比许多更大更知名的非营利组织的 CEO 还要高，甚至是州长格拉伊·戴维斯（Gray Davis）薪水的两倍。
>
> 根据合同约定，瑞克切将按俱乐部净收入的一定比例获取薪酬，DACA 董事长也认为这是他应得的收入。但是许多非营利组织的高管为了能够把更多的资金投入慈善项目，都宁愿收取比商界更少的工资。这使得瑞克切的高薪格外引人注目。
>
> 专家表示，这种把非营利组织的收入与管理者薪酬挂钩的方案闻所未闻。
>
> 乔治敦大学公共政策研究所的高级研究员，同时也是《慈善纪事报》专栏作家的博罗·安森博格（Pablo Eisenberg）表示："我并不否认他的工作表现，也不质疑他领取高工资，但如果他的目的是赚取高薪，那么他应该去营利性企业……在我看来，他的工资过高了。"
>
> DACA 去年总收入为 270 万美元。北加州非营利组织工资及福利调查（Wage & Benefit Survey of Northern California Nonprofit Organizations）

273

专家建议

伊利诺伊大学新闻学教授、前《调查记者与编辑杂志》（*Investigative Reporters and Editors*）执行主任布伦特·休斯顿（Brant Houston）对报道非营利组织的建议：

要想获取关于一些非营利组织的信息，记者应该查找相关的新闻报道，登录非营利组织的网站，或查阅相关的法庭记录。如果涉及一家成立时间比较长的非营利机构，那么记者至少应该查查过去五年的相关报道。此外，还可以在该机构的网站或脸书等社交媒体上查找资料。还可以通过 www. aichive.com 查询该机构较早期网站的信息。以往的不良审计报告或过分夸大的声明多数都已经不复存在。还有，记者还可以从法庭查询民事诉讼记录，看看非营利组织是否存在法律纠纷。法庭记录经常会为记者提供他们在其他地方无法获取的信息。

报告显示，对于那些预算在 250 万到 400 万美元的非营利组织来说，其执行董事的薪资在 49920 美元到 127050 美元之间，中位数则为 93964 美元。对于青年和娱乐类非营利性机构，高管的工资范围是 38500 美元到 128102 美元，中位薪资水平是 64700 美元。

有人认为，瑞克切的工资高同时意味着他对俱乐部的贡献也很大。

董事会成员马特·桑德斯（Matt Sanders）表示："这就像创业故事一样，瑞克切建立了企业，他的报酬就随着企业的发展而增加。"①

接下来文中将这名游泳教练的工资与其他非营利组织负责人的工资进行了比较，同时援引了参加俱乐部游泳课程的学生家长的话，这些家长认为瑞克切拿高薪是理所应当的。

记者应该尽量发掘关于非营利组织的不同寻常的新闻故事。例如，位于教堂山的基督教青年会最近决定在养老中心新建一家托儿所。这种把小孩和老年人安置在一起的独特做法就可以写成有趣的新闻故事。此外，记者也可以通过查询当地的房地产交易记录，看看非营利组织是否有购买土地的情况。如果有此类情况，那么记者就应该调查一下这块地是买来干什么的。

报道非营利组织和基金会与报道营利企业并无二致。通常情况下，消息源均来自法庭记录、联邦政府报告、法庭诉讼等。记者尤其应该对其中的趋势加以关注。如果发现该地区所有非营利组织资产总值都在下降，记者就应该调查一下原因。是因为把资产投资到股票市场里了，还是外部捐

274

---

① 《前游泳教练如今薪酬近 40 万美元，值不值？董事会和专家各执一词》，《圣何塞信使报》2003 年 4 月 14 日，第 A1 版。版权为《圣何塞信使报》所有，经许可转载。

赠下降所致？如果是，将如何解决？资产缩水是否意味着基金会今年的资助额度也会随之减少？有没有基金会或非营利组织逆势增长，不论是资产总额还是捐赠数额均实现强劲增长？这些组织有什么独特之处？

许多非营利组织都会在网站上披露其项目和服务的相关信息。如果有新项目上线，记者应该采访组织内部人员，通常是执行董事或项目主管，以便查明项目对收入增长的潜在影响。

报道非营利组织和报道其他的新闻内容一样，记者应该知道从何处下手和问什么问题。

关键术语

转型   美国国税局（IRS）

990 报告   非营利机构

基金会

参考文献

Adams, C. (2001, January 30). Laboratory hybrids: How adroit scientists aid biotech companies with taxpayer money. *Wall Street Journal*, p. 1A.

Claiborne, W. (2001, March 7). Missing information noted in Jackson's tax records. *Washington Post*, p. A3.

Cronk, M. (2003, April 14). Is swim coach worth \$ 353, 518?; Board says yes, but some experts question salary. *San Jose Mercury News*, p. A1.

Heldt Powell, J. (2001, November 2). UMass hospital ousts embattled Russo as CEO. *Boston Herald*, p. 38.

Howatt, G. (2001, November 30). Health-care executives were paid more than reported; The nonprofit companies vary in their interpretation of an IRS rule on disclosing deferred compensation. *The Star Tribune*, p. 1A.

Lindenberger, M. A. (2001, February 15). Goodwill to open megastore; Retail supercenter will be area's largest. *The Dallas Morning News*, p. IN.

McCoy, K. (2002, May 28). IRS oversight of charities falls behind. *USA Today*, p. 1B.

Nalder, E. (2003, April 27). CEO's rewards at nonprofit. *San Jose Mercury News*, p. 1A.

Okeson, S. (2002, August 4). Stopping crime has "shocking" price tag—CrimeStoppers defends spending 55 percent of expenses on fund-raising. *Peoria Journal Star*, p. 1A.

Phillips, C. & McFadden, K. (2003, April 18). Head of Seattle's public-TV station to step down amid devastating debt. *The Seattle Times*, p. A1.

Shatzkin, K. (2003, May 11). Some foundations spend lavishly on own board members; Most in U. S. pay nothing, but in some cases, fees exceed amount of gifts. *The Baltimore Sun*, p. 1A.

Spivak, J. (2003, January 24). Kauffman Foundation will increase small grants to nonprofits. *Kansas City Star*, p. A1.

Wang, D. (1999, August 4). A boom in giving. ABCNews. com. Retrieved November 29, 2002 from http://abcnews. go. com/sections/tech/DailyNews/hitech _philanthropy 990804. html.

Zimmer, J. (2002, March 20). Blue Cross racks up record $85. 6M profit; as nonprofit eyes for-profit status, question arises about a need for large rate increases. *Durham Herald-Sun*, p. C1.

275

非营利组织类专著

Carver, J. (1997). *Boards that make a difference：A new design for leadership in nonprofit and public organizations.* Hoboken, NJ：Jossey-Bass.

Dowie, M. (2001). *American foundations：An investigative history.* Cambridge, MA：MIT Press.

Drucker, P. (1992). *Managing the nonprofit organization：Principles and practices.* New York：Harper Business.

Weinstein, S. (2002). *The complete guide to fund-raising management* (2nd ed.). New York：Wiley.

Wolf, T. (1999). *Managing a nonprofit organization in the twenty-first century.* New York：Fireside Books.

参考练习

1. 从班上找一位同学，询问对方是否曾向非营利组织捐过款。如果是，那么是什么原因促使他向该机构捐款？他是否想过所捐资金的用途？是否曾查看过非营利机构的财务报告，确保资金得到了合理使用？

2. 从网上找到一家非营利组织的 990 表格。很多机构现在都在网上公布这类文件。阅读这份文件，然后尽可能将其与上一年的数据进行比较。写一篇 500 字的小论文，分析这份文件中该机构的收入和不同项目的支出、管理层薪

276

资和机构的筹资情况。就该机构当年的财务状况进行总结陈述。

3. 找到当地的一家非营利机构，索要一份 990 表格。次日向班级汇报是否获得了这份表格以及在获取过程中是否遇到了阻力。你选择的非营利机构是否痛快地提供了这份文件？你是否花费了一些时间去找这份文件？该机构有没有不允许他人获取这份文件？如果有，它们给出的理由是什么？建议找当地的 YMCA 组织、公共电视台或电台、当地的救世军或 Goodwill 组织或当地的红十字协会。

4. 找一家最近花费了很多资金开展筹款活动的非营利组织，将其收入与过去三年进行对比。其筹款活动是否对收入产生了影响？你认为该组织筹集资金的活动是否有效？理由是什么？该机构还可以采取哪些措施去筹集资金？

5. 寻找一家当地的非营利医院或医疗保险计划提供商。如果找到了，想一想它们是否需要和其他营利性医院或保险公司展开竞争。你能看出来它们的运营模式有何不同吗？当地居民认为非营利机构和营利机构有什么区别？

第 13 章
法庭与商业新闻报道

走进法庭，寻找商业新闻线索

不同层级的法院系统：

1. 州、县级法院：经常处理位于同一司法管辖范围内的公司之间的诉讼和处于同一个县的消费者提起的诉讼。

2. 联邦法院：经常处理员工和消费者对企业发起的集体诉讼以及原、被告分别位于不同州的商业诉讼。

3. 破产法庭：属于联邦法院系统的一部分。破产法庭主要处理企业或个人无法向贷方和供应商偿还债务的案件。

4. 小额索赔法庭：主要处理 5000 美元以下的案件。任何个人或企业都可能会和小额索赔法庭打交道。为了方便群众，该法庭有时候也会在晚上开庭。大部分诉讼当事人并不需要律师。

在经历了过去几年的经济危机之后，没有比法庭（尤其是破产法庭）更好的寻找商业新闻故事的去处了。企业和个人申请破产保护的数量创下了历史纪录，而关于他们如何走到这步田地的故事也同样十分精彩。破产方从菲尼克斯郊狼队（Phoenix Coyotes）到报纸所有者，再到《终结者》系列电影的制片人，如此等等不一而足。据美国法院行政办公室统计，仅2008 年，全美破产案件增加了 31.3%，其中商业案件增加了 53.7%，达到了十年以来的最高水平，其中个人破产案件增加了 30.6%。

其他类型的法院也可以成为商业新闻故事的信息源。企业在运营的过程中需要提交有关营业执照、地产交易细节等资料，当它们和客户、供应商、竞争者或者员工发生纠纷的时候，也要向法庭提起诉讼。除此之外，也会有与企业存在业务联系的个人向法庭起诉的情况发生。

诉讼作为一种商业策略和一种处理企业不当行为的方式已经为越来越多的企业采用。对于记者来说，了解法院系统在商业领域中的运作方式是很重要的。商业诉讼可以率先向世界揭示重大商业纠纷或企业面临的困境与问题。

联邦法院层面上的商业诉讼与在州法院提起的商业诉讼到底有什么区别？答案很简单。如果原告方与被告方不在同一个州，一般要在联邦法院提出诉讼，而当原告和被告在同一个州时应在州法院提出诉讼。

有一些公司总是会遇到法律方面的纠纷。根据《今日美国》的一项统计，零售商沃尔玛在 2000 年一年间总共被起诉 4851 次，相当于每两个小时左右就被起诉一次。法律专家认为，除了美国政府之外，恐怕没有第二家企业比沃尔玛遇到的官司更多了。对于大部分法律诉讼，这个位于阿肯色州的企业最近采取了官司坚决打到底而不是协商解决的战略。原告的情况也是多种多样，有在沃尔玛超市里受伤的消费者，也有在沃尔玛停车场被劫持而后被杀的遇害者的丈夫。

企业高管可能会因为日常的决策而官司缠身。事实上，一些公司高管甚至还需要应付因已故公司高管的决策引起的诉讼，而当时的决

> **专家建议**
>
> 《华尔街日报》法务部门负责人珍妮弗·福塞斯（Jennifer Forsyth）对法庭报道的建议：
>
> **寻找有趣的新闻点：**芭比娃娃生产商美泰（Mattel）成功起诉了美国音乐公司（MGA），称后者的俏皮布拉茨娃娃设计师是在美泰工作时想出的创意。结果是布拉茨娃娃被停产，MGA 公司被勒令支付美泰一笔巨额罚款。这类纠纷在竞争对手公司之间是比较常见的。

策者早已去世一百多年了。2002 年，安泰保险金融集团（Aetna Incorporated）、铁路运营商 CSX 公司、FleetBoston 金融公司都被控利用奴隶制牟取利益，原告方是当年奴隶制度下奴隶们的后代，现在他们要寻求赔偿。无独有偶，制造商们也正面临着数百万美元的起诉，因为半个世纪以前这些公司曾用石棉瓦搭建房屋，后来人们才发现，人们吸入石棉材料后会引发严重疾病甚至死亡。

其他诉讼案件的起因可能并没有这么富有戏剧性，就是由于某些决策或做法违反了法律规定。例如，一家公司可能因为在没获得授权的情况下使用别的公司的专利或技术而被告上法院。一位经理可能会因为和未来的新雇主分享前雇员的私人信息而惹上官司。又或者，公司管理层可能因为询问一位女性求职者的年龄以及未来一年中是否有生育计划而面临诉讼。

企业与企业之间也会产生法律纠纷。例如，一家公司可能同另一家公

司签订了以固定价格为前提的零部件供应合同。但是如果生产零件的成本上升，生产商可能因为害怕亏本而毁约，而订货商则可能起诉供应商，以强迫后者履行合同义务。

企业间还有可能因为债务纠纷而诉诸法律。例如，有一家公司承包了住房建筑商分的房后平台部分建造项目，但是建筑商以质量不达标为由拒绝付款。这家承包商可能就会为了追款而起诉住房建筑商。

还有一种情况是，企业可能因为产品的专利权被侵犯而将另一家企业告上法庭。企业拥有发明专利权以及品牌相关的商标权，其他企业不能用来获利。当一家企业认为另一家企业侵犯了它的产品专利权，一场法律诉讼就不可避免了。下文中彭博社报道的两家软件公司就是这样的例子：

> 总部位于犹他州普罗沃市的计算机软件公司——Novell 有限公司对于一项关于其涉嫌侵犯知识产权的指控表达了异议。此前 SCO 集团有限公司称，Novell 有限公司使用 Linux 计算机操作系统的行为侵犯了其知识产权。SCO 公司曾表示，Linux 系统包含了一些 Unix 代码，使用或推广 Linux 的公司应向 SCO 支付 Unix 专利费用。对此，Novell 公司在一份声明中称，公司保留了 Unix 操作系统的专利和版权。Unix 系统是 AT&T 公司在 20 世纪 60 年代末推出的计算机操作系统。Novell 在 1992 年购买了 Unix 的专利，又在 1995 年将部分 Unix 许可权出售给了 SCO。
>
> "根据 1995 年签署的合约，Novell 并没有向 SCO 转移相关版权。"Novell 首席执行官杰克·麦斯曼（Jack Messman）在一封写给 SCO 首席执行官的信中说。
>
> SCO 公司原名为 Caldera 国际有限公司。目前，该公司正在起诉国际商业机器有限公司（简称 IBM 公司），称后者出售并推广了含 Unix 代码的 Linux 软件，因此应向 SCO 支付专利费。此外，SCO 也向其他 1500 家公司发出了警告，称它们也可能面临起诉。分析师认为，IBM 和甲骨文公司针对 Linux 操作系统的推广活动可能因其与 SCO 的法律纠纷而中止。
>
> SCO 在一份声明中表示，"SCO 起诉 IBM 的案子并不牵涉专利或版权"，而是涉及违约问题。

SCO 表示，根据合同规定，公司有权利阻止任何 Unix 供应商对 Unix 代码、方法和理念的不当使用行为。[①]

其他的例子还包括：如果一家公司认为另一家公司通过如窃取客户信息的方式干扰了其业务运作时，这家公司就会提起诉讼。如果一家公司未能偿还贷款，则可能面临来自银行和贷款方的起诉。或者，如果某家企业没有按照预期方式运作的话，也有被投资方起诉的风险。

很多公司相关的诉讼可能根本没有报道价值。记者和编辑们将决定这些商业诉讼是否值得报道。比如，马里兰州贝塞斯达市的一家便利店起诉其薯片供应商未能在一个月的时间里出货，导致其销售业绩受损，这样的故事显然不在《华盛顿邮报》的报道范围内。但是，如果将其置于一个小镇的背景下，假设那家便利店是镇里仅有的几家售卖薯片的商店，那么这桩诉讼案就可能成为一条当地新闻。

对任何牵涉到企业的诉讼，记者都应该完整地将诉讼文件读完，评估案件的严重性以及涉及的索赔金额。在原始的文件中会提到多项指控，对于原告和被告（这里也可能涉及多家公司）也会有详细的介绍。在很多商业诉讼文件中，相关公司的总部所在地以及详细地址都会列出来。记者可以借此联系到企业的相关人员。

在一些商业诉讼案件中，企业可能会要求法官发出临时限制令，以阻止其他企业采取有损其业务的行为。但许多商业诉讼只是要求赔偿损失。有些文件中可能会提到具体赔偿金额。记者应该在有关商业诉讼的报道中提到涉及的赔偿金额。

有关商业诉讼的新闻报道中应该包含的重要信息有：

1. 原告和被告的名字及其业务关系。
2. 在诉讼文件中经常包括的相关企业的背景信息。
3. 案件中指控的损害类型。例如，利吉特集团（Liggett Group）和布鲁克集团（Brooke Group）两家卷烟制造商曾经向 12 家保险公司提起了诉讼，理由是这些保险公司拒绝向购买了其保险的吸烟者支付赔偿金。

---

① J. 凯利：《Novell 公司对 SCO 起诉提出异议，称仍拥有 Unix 版权》，彭博新闻社 2003 年 5 月 28 日。版权归彭博新闻社所有，经许可转载。

商业纠纷报道的消息源：

1. 法庭书记员：书记员掌握着诉讼提交时间、证人陈述以及证据等信息。

2. 律师：记者应该尽可能向原告、被告的代理律师了解情况。

3. 法官助理：他们可以向你透露法官的日程安排，对接下来的裁决给一些暗示。

4. 原告和被告：双方都需要有自己的发声渠道。

4. 诉讼提交的时间以及受理法院。

5. 诉讼双方的背景资料，有时候在最初的诉讼文件中有详细说明。

6. 诉讼文件中原告是否提出了永久或临时强制令或禁止令的特殊诉求。

在报道商业诉讼案时，记者应分别致电原告和被告，得到双方的回应，尽量做到平衡报道。公司高管往往不会发表评论。记者最好去联系公关人员或公司的代表律师。为确保新闻报道的公平性，记者应尽量提供来自双方的回应。原告方提起诉讼后，应该给被告方一个回应的机会。大多数时候，被告方会否认有任何不当行为。如果案件的影响足够大，记者应该对被告的回应予以报道。

很多时候，案件会出现庭外和解的情况。一般情况下，诉讼双方会在听证会上各自陈述理由，之后双方有可能达成和解或由法庭裁决。这些可能都具有新闻价值，记者应该跟踪案件的进度并不断更新报道。

很多涉及商业纠纷的听证会都可能具有新闻价值。记者的报道不应止步于诉讼的初步阶段，然后就一直等到审判开始。这期间其实会有不少值得关注和报道的新闻点。

280 与公司员工相关的诉讼

情形 1：一位女员工走入休息室，发现一群男员工正在看杂志上的女性裸体照片。

情形 2：一位男性想在一家餐厅工作，但是那家餐厅拒绝了他，理由是他所申请的岗位只招聘女性员工。

情形 3：一位男主管对其已婚女下属进行性挑逗并要求对方下班后和他出去喝一杯。

情形 4：公司员工请求培训以增加未来升迁的可能性，但是这个请求被拒绝。

情形 5：一个工人一周工作 60 个小时，但只得到 40 小时的报酬。

情形6：一个工人由于工作时吸入过多烟尘而患有严重疾病，不得不在医院接受为期3周的治疗。

以上六种情形都可能导致雇员起诉雇主，要求其弥补他们在工作中受到的伤害。根据美国司法部门的调查，1990年到1998年，联邦法院接到的员工诉讼案件数量翻了三番。州一级法院受理的员工诉讼案件也呈现上升趋势。

员工起诉公司的案例可以成为很好的报道题材。员工起诉公司看上去无异于蚍蜉撼树、以小博大①。例如，一个普通员工起诉一家资产数十亿美元的公司通过盘剥员工来增加公司的利润和提高生产力。当然，如果诉讼案件如此非黑即白就好了。涉及员工的官司通常存在很多灰色地带。是的，一个员工可能受到了不公正对待，但这一定是公司的责任吗？

能够肯定的是，在员工与现任或前任雇主的诉讼中，有上千桩案例是员工胜诉并得到了补偿。以下节选的是一篇关于沃尔玛员工因未得到加班报酬而起诉公司并且获得了赔偿的报道：

> **专家建议**
>
> 《华尔街日报》法务部门负责人珍妮弗·福塞斯（Jennifer Forsyth）对法庭报道的建议：
>
> **员工可以反映公司遵纪守法的情况**：公司员工，特别是那些被解雇的员工经常会提起诉讼，声称他们因种族、性别或者是年龄等受到歧视。此类案件通常会被提交到联邦法院。这对于记者而言是一个好消息，因为比起州法院，联邦法院的记录更容易在网上查阅到。当然，越来越多的州法院已经把案件资料上传到网上。同时，记者还应密切关注提交至法院的内部检举人的控告。这些内部检举人声称，他们由于曝光了上司的不法行为而受到不公正待遇。这类诉讼的数量正在增加，因为联邦法律限制公司惩处内部检举人。

联邦法院的陪审员周四发现，全球最大的零销商沃尔玛在1994到1999年间曾强迫俄勒冈州的员工无薪加班。这是全美范围内第一批公开审理的员工诉讼案件之一。

在俄勒冈州的27家沃尔玛门店中，来自24家门店的共计400多位员工将这家零售商告上了法庭。法院将进行一场单独审讯，以确定

---

① 此处作者将员工与公司的关系比作大卫（David）对战戈利亚特（Goliath）。大卫是圣经故事里的一个英雄，他年纪轻轻就上战场，对战身形巨大的戈利亚特。可是最后大卫却把戈利亚特杀死。——译者注

沃尔玛的赔偿数额。

沃尔玛发言人比尔·沃茨（Bill Wertz）表示，"基本上来说，我们对陪审团的裁决感到失望。这方面沃尔玛有明文规定，所有员工都会按照工作时间获得报酬"。"我们想强调一点，俄勒冈州的员工总数为15000人，这个裁决只涉及其中的350名员工。"

诉讼的发起人是卡洛琳·底比斯（Carolyn Thiebes）和贝蒂·艾德森（Betty Alderson）。他们在塞勒姆地区的沃尔玛门店担任管理工作。

沃尔玛被诉强迫员工超时工作：经理在员工已经打卡下班后要求其打扫商店，还删除员工工时。

原告方提出，沃尔玛对那些提出工作已经超时的员工进行了责难。他们因为在正常工作时间内无法完成公司管理层分派的工作，所以被迫加班。

281　　　沃尔玛在周二公开辩论中承认存在超时工作的现象，但是公司规定明确禁止这一做法。

沃尔玛是一家价值2180亿美元的零售公司，在全美范围共有3250家商店，员工人数达一百万。公司律师鲁迪·英格伦（Rudy Englund）在法庭宣读裁定后并未做何评论，而是把问题交由公司总部作答。沃尔玛发言人沃茨表示，公司正在考虑是否上诉。法院裁定是在股票市场休市后下达的。沃尔玛股票在纽约证券交易所收报50.16美元，下跌22美分。

在其他30个州还有39件针对沃尔玛的集体诉讼案正在等待裁决。从加利福尼亚州到纽约州，这些诉讼案涉及成百上千寻求上百万美元赔偿的员工。

此前，沃尔玛曾在科罗拉多州和新墨西哥州遭遇过两起类似的员工超时工作赔偿案件。

据报道，沃尔玛两年前为科罗拉多州69000名员工超时工作而支付了5000万美元的赔偿金。公司律师还表示，最近沃尔玛又向新墨西哥州盖洛普地区120名员工支付了50万美元的加班补偿。

法庭审讯持续了大约4周时间，而陪审员做出决定用时4天。

俄勒冈大学Lundquist商学院院长菲利普·梅罗梅（Philip Romero）表示："大约每一到两年沃尔玛就会受到劳资关系方面的指控，

但公司仍保持着增长趋势。所以我不认为这些诉讼会极大地影响到沃尔玛的公司形象和销量。"①

请注意这个案件中的细节，如法庭审理时间和陪审团决定时间，以及商学院院长的评论。从法律专家或经济学家那里得到的分析可以增加报道的可信度，有助于读者理解更加宏观的背景信息。

这个故事同样也提供了对其他地区类似案件的解读视角。如果一名记者正在跟进报道一家业务范围涵盖全国的大公司所面临的法律纠纷，以其他州的类似案件作为参考也不失为一种明智的做法。这些诉讼案的报道可能会给读者提供一种全新的视角。

有时候提起诉讼的是公司的某一名员工，接着其他有相同遭遇的员工也加入到原告的队伍中来。这类案件有时被纳入集体诉讼，包括职场中的歧视、骚扰或其他招聘行为。

这类纠纷案件经常要求记者深入工作场所了解情况。如果想为读者或观者提供了解这家公司的广阔视角，记者可以多查阅一些资料，如平等就业机会委员会（Equal Employment Opportunity Commission）的档案、针对公司的其他诉讼以及职业安全与健康管理局的资料。

与员工相关的诉讼案并非都由陪审团来裁决。例如，2002年12月的一个关于性别歧视的集体诉讼，当时的仲裁委员会要求股票经纪公司——所罗门美邦公司（Salomon Smith）赔偿320万美元给一名女性股票经纪人。这个由三人组成的仲裁委员会是帮助公司与原告方解决争端的。

这些案子有时会被交给调解员或是仲裁员解决。调解和仲裁同时也经常被运用到国际商业诉讼中。很多时候，争议的一方或另一方会建议走调解和仲裁程序，这样可以节约费用。

此外，员工诉讼案经常涉及其他一些与公司相关的文件，如员工合同和内部备忘录等。这些资料可以更好地显示出相关公司的情况。记者应该仔细阅读这些合同和文件，从中寻找报道的亮点和特色。

反过来，公司也可以根据劳动合同起诉现任或前任员工。如果公司发现前任员工窃取公司信息或文件，并将之用于新的工作，如果新东家是公

---

① W. 麦考尔：《沃尔玛被判赔偿员工加班工资》，美联社2002年12月20日。版权归美联社所有，经许可转载。

司的竞争对手，公司会将前雇员告上法庭。此外，很多公司在合同中规定了非竞争协议或条款，即员工在雇佣关系结束后的一段时间内不得供职于公司的直接竞争对手。

非竞争协议有利于保护商业机密。商业机密是能给公司带来竞争优势的信息，因为通常情况下其他公司无法获得这些信息并从中获益，商业机密一般是经权利人采取保密措施的产品配方、模式、汇编资料、项目、设备、方法、技术或是制作工艺。

例如，可口可乐公司就对掌握可乐配方的内部员工设置了非竞争条款限制，防止这些员工将来离开公司后继续使用可乐配方。（加利福尼亚州法律仅允许公司在极少数情况下与员工签署非竞争协议。）

以下节选的内容详细描述了一家电信公司招聘高管时要求其签署非竞争协议一事。

> 美国斯普林特通信公司（Sprint Corp.）周日宣布，威廉·艾斯利（William T. Esrey）打算辞去首席执行官一职。公司已经选定南贝尔公司（BellSouth Corp.）董事会副主席加里·福希（Gary Forsee）来担任这一职务。
>
> 但南贝尔公司采取了法律行动，试图阻止福希加盟斯普林特。针对连日来的猜测，斯普林特公司在周日晚间发布了简短声明，证明这些猜测并非空穴来风。
>
> 这份声明显示，斯普林特公司的独立董事已经评估了管理层变更的可能性。但并没有说明是董事会要求艾斯利离开，还是艾斯利由于其他原因而自行离职。
>
> 声明表示，艾斯利将会担任公司"过渡时期"的主席。艾斯利、现任总裁和首席运营官罗纳德·勒梅（Ronald T. LeMay）将"继续担任目前的职务"。
>
> 据悉，一直被认为是艾斯利接班人的勒梅也将离开公司。
>
> 283　斯普林特管理层周日拒绝透露更多信息，公司管理层状况显得更加扑朔迷离。
>
> 董事会成员欧文·霍克蒂（Irvine O. Hockaday）表示："我只想说，公司发布的这份声明已经说明了问题。随着事件的发展，我们将

在必要时或者选择合适的时机对外公布更多信息。"①

也有的公司要求员工（特别是公司管理层）在离开公司时签署离职协议。协议中规定公司管理层可以获得一笔现金回报，前提是不得在公共场合向媒体谈论任职期间的事宜。有些公司就是据此将一些没有遵守离职补偿协议的前雇员告上法庭的。

另外，卸任后的公司高管同样也可以因公司没有遵守协议而起诉公司。如果一家公司的高管以轻蔑的语气谈论前同事，对后者的职业生涯造成不利影响的话，公司可能会惹上官司。如果某家公司没有履行离职补偿协议里关于补偿金额的支付义务或其他相关条款的承诺的话，前任高管也会把公司告上法庭。

举例来说，联合百货公司前首席执行官艾伦·奎斯特罗姆（Allen Questrom）因力挽狂澜使梅西百货和瑞奇百货免于破产而享有盛名。但他在退休后却将公司告上法庭，称公司欠他4500多万美元的工资。最终这桩案子他并没有胜诉，但他之后成为联合百货公司的竞争对手——杰西潘尼公司（J. C. Penney）的首席执行官。

> **专家建议**
>
> 《华尔街日报》法务部门负责人珍妮弗·福塞斯（Jennifer Forsyth）对法庭报道的建议：
>
> **不要忽略了白领犯罪：**法庭报道一般会让人联想到血腥与暴力，而白领犯罪对公众的影响也值得警惕。例如，金融诈骗犯伯纳德·麦道夫导演了一出数十亿美元的庞氏骗局，其对公众生活的影响绝不亚于任何连环杀手。如果受害人的境况非常悲惨，那么偷窃或诈骗案件就更值得报道。特别是当罪犯最后必须在法庭上面对受害人时，整个案件就更富有戏剧性了。但请注意，尽管麦道夫被判处150年徒刑，但是许多白领罪犯都被轻判了。

雇主可能会因为透露关于员工的私人信息而惹祸上身。很多时候，雇主不能讨论员工的财政状况、婚姻状态或其他私人事务，除非有正当的理由需要透露这些信息。在某些州，如果雇主向前雇员的新东家提供虚假信息，并影响到雇员的职业生涯发展，那么这些雇员完全可以起诉前任雇主。

美国大多数州的法律都有规定，雇主不能因员工参加工会活动而将其

---

① D. 海斯、S. 金：《斯普林特 CEO 艾斯利即将卸任，南贝尔副主席福希有望成为继任人选，但南贝尔利用法律手段留住福希》，《堪萨斯城星报》2003 年 2 月 3 日，第 A1 版。版权归《堪萨斯城星报》所有，经许可转载。

列入黑名单。根据这些法律，这些雇主不能在推荐信中提供虚假或诽谤性言论。

商业和犯罪指控

284

专家建议

《华尔街日报》法务部门负责人珍妮弗·福塞斯（Jennifer Forsyth）对法庭报道的建议：

法庭诉讼也会暴露出公司的犯罪行为： 这类诉讼在形式上主要以证券欺诈诉讼为主，公司涉嫌未能按照要求向投资者披露信息。有时候这类诉讼以一群投资者合起伙来打官司的集体诉讼①形式出现。集体诉讼的信息披露必须非常透明：各方必须公开披露和解条件，代理律师甚至也要披露诉讼费的详细数额。

因金融诈骗而臭名昭著的纽约投资者伯纳德·麦道夫已经认罪伏法，并可能在监狱里度过余生。艾克隆系统公司前首席执行官山姆·维克塞尔在承认内幕交易罪后被判 7 年徒刑。康复连锁医院——南方保健的十几名前高管承认了刑事欺诈罪和共谋罪，公司前 CEO 理查德·斯克鲁希至今还关押在得克萨斯州监狱。

所有这些案件都涉及对大公司及其高管犯罪行为的指控。越来越多的公司高管因涉嫌欺诈投资者、会计师、商业伙伴和其他人而面临州和联邦政府机构的刑事诉讼。虽然犯罪报道还未成为商业世界中的常见现象，但它有时会成为报道的重要组成部分。

这些报道常常成为头版新闻。这些往往是与一家公司相关的重大事项，并且预示着该公司可能会陷入财务困境。美国证券交易委员会和司法部可以对涉嫌不当行为的上市公司启动刑事调查。例如，这两个部门在 2003 年 6 月对房地美②展开了调查，最终导致房地美开除了 3 位高管。美国司法部下属的犯罪事务司负责调查商业犯罪，如企业欺诈计划、金融机构欺诈、证券欺诈、保险欺诈、涉及医保等政府项目的诈骗和包括外国政府官员违反《海外反腐败法》（Foreign Corrupt Practices Act）的贿赂行为在内的国际犯罪活动。

此外，美国证券交易委员会的执行部（Division of Enforcement）负责调查违反联邦证券法的行为和提交至联邦法院的民事诉讼案件。执行部常

---

① 集体诉讼指多数成员彼此间具有共同利益，因人数过多无法全体进行诉讼，所以由其中一人或数人为全体利益起诉或应诉。——译者注

② 房地美全称为联邦住房贷款抵押公司（Freddi Mac）。——译者注

常会申请法庭禁令，对违反禁令的人处以罚款或监禁。其中许多案件涉及欺诈行为，如股票发行过程中的欺诈行为、操纵股价的行为、非法内幕交易或证券经纪人违反证券法的行为等。

近年来，司法部还制订了针对电话营销欺诈、盗用他人身份信息、网络诈骗等案件的计划。司法部的律师也会与其他联邦机构一起对涉事公司提起诉讼。2003年6月，Guidant Corporation旗下子公司Endovascular Technologies承认存在隐瞒设备故障的行为，而手术设备故障可能导致病患死亡。最终，这家心脏手术设备制造商同意支付9200多万美元的刑事和民事罚款。美国食品和药物管理局（Food and Drug Administration，FDA）和司法部共同推进了此案的调查工作。

此外，美国国税局还对企图逃税、故意不申报税额、提交虚假纳税申报表或以其他方式企图欺骗纳税人的公司展开调查。

> **专家建议**
>
> 《华尔街日报》法务部门负责人珍妮弗·福塞斯（Jennifer Forsyth）对法庭报道的建议：
>
> **公司也有可能面临指控**：大多数人倾向于认为诉讼案件涉及的是个人，但事实上很多公司也会面临犯罪指控。例如，有名的安达信会计师事务所（Arthur Andersen LLP）就曾因为安然公司的财务造假丑闻而轰然倒闭。（对该公司的判决虽然最终被最高法院推翻了，但该公司造成的损失已经无法挽回。）针对大公司的诉讼并不多见，如果有的话很多案子最终都是公司与政府达成和解，并获得法官的批准。这种情况下，公司就免于起诉，但其声誉仍会受到损害。

所谓的白领犯罪案件可能会发生在许多不同的领域，而且并非一定要涉及商业主管。卷入刑事商业案件的也可能是存在消费者欺诈行为的公司。

即便是小城镇的报纸和电台也能够报道引人入胜的商业犯罪故事。以下内容节选自弗吉尼亚州西部农村的《莱克星顿新闻公报》的报道：

> 白领犯罪不仅令人气恼，同样也会带来危险。
>
> 9月，罗克布里奇县的凯若琳·斯梅德利（Carolyn Kate Smedley）因伪造32份文件被判处八年有期徒刑，缓刑五年零四个月。她还被法庭责令支付4148.64美元的赔偿金。
>
> 利用这些伪造的文件，来自北卡罗来纳州的现年34岁的大卫·哈罗德·修特当上了莱克星顿救生和急救队队员，而且还成了斯通威尔·杰克逊医院（Stonewall Jackson Hospital）的工作人员。他在2001

285 年5月到7月接了大概60通电话。其中一个电话是弗吉尼亚运输部工人丹尼·凯格力（Denny Kegley）在81号州际公路上被一辆卡车撞倒后的求救电话。凭借这些捏造的文件，修特称他具有护理人员资质，他在电话中指挥其他人员对凯格力采取了救治措施，而后者几天后在卡尔顿·罗诺克纪念医院（Carlton Roanoke Memorial Hospital）逝世。

修特因伪造公开文件被判处五年有期徒刑，并因欺诈敛财而被判处12个月的轻罪。

本月初，西南地区预防犯罪协会在弗吉尼亚州霍斯中心（Virginia Horse Center）举行了为期一天的研讨会，讨论有关当地商人降低犯罪风险的途径。60多个来自该地区的执法人员和零售代表出席了会议。①

这个故事是一个很好的例子，说明白领犯罪并不总是企业高管犯下的罪行。故事中的例子在法院和警察记录中很常见。

专家建议

《华尔街日报》法务部门负责人珍妮弗·福塞斯（Jennifer Forsyth）对法庭报道的建议：

法庭活动并不仅限于审判： 事实上，看似常规的听证会（如要求法官冻结被告的银行账户或禁止其出境）都可以管中窥豹。此外，这是一个与涉案人员接触的好机会，包括平时可能不愿意接电话的政府律师、家庭成员以及与案件有紧密关联的代理律师，都有可能成为有价值的信息源。

还有许多刑事案件涉及商业领域。根据美国刑法典的定义，洗钱是指将违法所得及其产生的收益，通过各种手段掩饰、隐瞒其来源和性质，使其在形式上合法化的行为。20世纪90年代初，一些银行曾被指控帮助毒贩洗钱。

记者还应该对多个消息源进行犯罪记录方面的调查，如果消息源有犯罪记录的话，记者可以就此写出新闻故事，或者进行人物形象的刻画。假如一位记者进行Tropicana（美国的一家橙汁生产商）工会主席选举方面的报道，而记者通过调查发现两位候选人中的一位曾经有过非法持有海洛因的犯罪记录，那么记者可以将此事以及涉事候选人的回应写成一篇新闻报道。

---

① M. L. 迪比亚斯：《弗吉尼亚地区召开犯罪风险应对研讨会》，《莱克星顿新闻公报》2002年10月31日，第D1~D2版。版权归《莱克星顿新闻公报》所有，经许可转载。

有些时候，如果记者查一下包括 CEO 在内的公司管理层的犯罪记录，甚至可能会有意想不到的收获。举例来说，记者在追踪报道一位不善经营的公司 CEO 的故事时，发现这位 CEO 曾经因为在限速 35 英里（约 56 公里）的路段以每小时 110 英里（约 177 公里）的速度飙车而被警察拘捕，那么这一事例足以说明此人的秉性。一家总部位于新泽西的公司的 CEO 因为在自家阁楼上种植大麻而被捕入狱，公司在他被捕后给了他一段时间的假期，但他最终也没能回到工作岗位上来。

此外，不要忘了翻阅州和联邦法院的刑事犯罪案件。记者经常可以从中发现有趣的商业新闻素材。例如，佛罗里达州坦帕市出现了这样一桩关于保险经纪人向企业推销虚假保单的刑事诉讼案，受此影响当地企业开始审慎对待其所投保的各种项目。

证人、证言与证据材料

法院立案后，被告对原告的诉讼请求做出答辩，然后双方各自会开始做诉讼准备。尽管很多涉及商业的案件最终未必会进行到开庭审理程序①，但原被告双方及其律师都会做好开庭审理的准备。除了起诉书、答辩状之外，还会有一些申请书，请求法院命令披露（或禁止披露）案件信息。此外，被告方律师开始询问涉案的关键人员、固定其证词，并要求原告开始移交有关材料。原告方也会开始（主动）提交案件材料。

开庭审判前，律师对证人的询问和证人的宣誓证词（即证人证言）能透露出一些有价值的信息；如果案件开庭审理时，还能为公众预测判决结果提供一些线索。此类材料（即证据）的内容可能有助于厘清案件，但也可能会相反。

记者应花些时间通读这些证词和证据，特别要仔细翻看对企业高管的采访记录或管理层撰写的备忘录。分开来看，这些文件可能说明不了什么。但合在一起，它们可以连成一条新闻，展示出一家公司或企业之前不为外界所知的一面。

在复杂的商业案件中，法庭上的宣誓做证往往可以持续几天，双方律

286

---

① 大部分涉及商业纠纷的案件或金钱赔偿的案件双方会庭外和解，原告撤诉，诉讼程序终结，而不会进行到开庭审理、法官做出判决的阶段。——译者注

师都可以进行询问。现场会有速录员记录双方的陈述。从证人证言中可以收集有关案件的信息和事实。有时，如果案件进入庭审阶段，证人证言也会被用于证明目击者的证词不可信。

律师常常在开庭前训练业务主管或其他人如何回答问题。对于许多公司来说，高管的证词可能导致案件朝着有利或不利的方向发展。在庭审过程中，律师会寻找证人的声明与证词之间不一致的地方，而这可能对案件的结果产生重要的影响。

美国公共电视台播出的《前线》节目就展示了20世纪90年代末期烟草公司高管在法庭上出庭做证的环节。这一案件的控方是州检察机构，被告涉嫌扣留由州政府支付给患病烟民的医疗补助金。在这档节目中，世界上最大的卷烟公司——菲利普·莫里斯公司的 CEO 杰弗里·拜伯（Geoffrey Bible）当庭表示：（a）从未听说过顾问委员会（一家有着三十多年烟草行业战略研究经验的律师团体）；（b）不知道有多少青少年在消费菲利普·莫里斯公司生产的香烟；（c）未曾问过他的员工这个问题。罗瑞拉德烟草公司（Lorillard Tobacco Company）董事长亚历山大·斯皮尔斯三世（Alexander Spears Ⅲ）在证词中表示，他认为吸烟不会引起肺气肿或肺癌，吸烟不会上瘾，而他的公司从来没有研究过是否有青少年群体在吸他们这个牌子的香烟。

记者可以通过引述法庭上的证词进行精确报道（包括证人说了什么或谁说的）。据《孟菲斯商业杂志》（*Memphis Business Journal*）报道，本地某家投资银行的员工跳槽到别家投行工作，并且带走了一些商业文件。据称这些文件有助于他们的新雇主获得客户资源，其中包括联系人信息和未完成的债券承销交易细节。其中一名员工的行政助理凯莉·费得斯（Kelli Feathers）在证词中称，她的上司命令她销毁掉这些文件。

287　　《孟菲斯商业杂志》引述凯莉在法庭上的证词称，当时"麦克不安地在办公室里转来转去，叫嚷着'把电脑里的东西统统删掉'……'不管是什么统统都删掉！我可不想让任何人认为我们偷了任何东西，这种事情真是有口说不清，还是不惹麻烦为妙！'"

再举个例子。杂货连锁店 Supervalu 因涉嫌年龄歧视而面临诉讼。法庭证词显示，该公司高管曾讨论过让管理层接触到包含生日信息的员工信息表。根据发表在明尼阿波利斯市《星坛报》上引述的副总裁兰迪·韦根

（Randy Wiegand）的证词，公司高级副总裁利兰·戴克（Leland Dake）曾对韦根说过这样的话："我们得摆脱那些累赘，节省一些钱，这样才是正确的做法。"（Forster，2003，p. 1D）

后来在他的证词中，韦根说他在另一个会上对此表达了异议。"我告诉他我对公司当时的所作所为感到不满和担心。""他（戴克）很快就结束了这个话题，显然，随后会议也很快结束了。"（Forster，2003，p. 1D）

其他支持商业诉讼主张的文件材料也有助于记者更好地厘清思路，并以内部视角向读者们展示美国企业的面貌。很多商业报道就是基于这些文件写就的。

例如，泰科公司在起诉前任 CEO 丹尼斯·科兹洛夫斯基时还附上了 100 多页的证据材料。这些文件显示，丹尼斯为自己和其他高管谋得了一些额外好处，包括价值 250 万美元的位于曼哈顿的特朗普大厦公寓以及为十几位员工买房的 1400 万美元额外津贴，这些费用均由公司支付。

法庭证词和证据可能并不总是有新闻价值。有些材料脱离了语境的话可能很难理解，但是它们还是可以提供关于诉讼进展的深入解读。与此同时，如果案件进入审判程序的话，读者和观众还可以从中一窥究竟。

整个法院体系都可以被看作另一个层面上的商业监管。由于诉讼和其他相关文件都是对公众公开的材料，它们可以帮助企业回应不利于其业务运营的指控，以自证清白。

企业破产案件

并非所有的公司和集团都经营得很成功。对很多企业而言，即便拥有最好的商业计划和最优秀的经理人，实现盈利也并非易事，也有一些企业实际上是在亏损经营。这种情况无论是上市公司还是私有企业都普遍存在。

导致公司亏损的原因有很多种。有的公司可能错过了所在行业的转型机会而导致竞争对手乘虚而入；有的公司可能因为进入一个新业务领域而产生巨额亏损；有的公司可能因为收购了另一家公司而不得不承担其债务和其他财务义务。

288　　　总之，公司经营失败的例子并不少见。当一家公司陷入财务困境、不能及时清偿账单和贷款时，它常常会向法院申请允许其继续经营，重组债务，以便将来有能力偿还这些债务，这就是申请破产重组。

破产法庭属于联邦法院系统的一部分，它不仅仅适用于企业，也适用于个人。通过破产申请可以部分地甚至极大地减轻公司债务负担。

乍一看，这样的主张对债权人是不公平的。很多债权人抱怨他们无法收回应得的欠款。但是从进入破产程序的企业角度来看，这样做可以消除一部分债务负担，让企业将来有机会偿还一部分债务。如果没有这个程序，企业直接倒闭的话，那么债权人可能得不到任何偿付。除此之外，如果企业进入破产程序，那么法庭总会试图以一种公平的方式对债权人给予补偿，在破产企业的债务偿还顺序中，债权人排在前列。

破产案件已经越来越多地成为商业记者的主要报道内容。在美国，规模前八位的公司破产案件有五件发生在2008年或2009年，其中包括雷曼兄弟、华盛顿互惠银行、通用汽车和克莱斯勒公司（美国历史上最重要的破产案件见表13-1）。即便是一个规模较小的公司寻求破产保护的消息，对于所在县镇或城市可能也是很重要的大新闻。因为如果一家企业申请破产，它们通常会通过关闭门店并解雇工人来削减开支，而这可能对当地经济产生影响。

了解破产法庭的运作方式以及企业申请破产保护的原因，这不仅是财经记者必须了解的知识，也是其他任何条块上的记者都需要了解的重要知识。当一家企业申请了破产保护，债权人可能是政府机构（如地方学校的董事会），或者是与企业签署合约、由后者提供服务和产品的联邦机构，也可能是一家计划对市中心落后区域进行改造的企业。

289　　　美国各州的大多数城市都设有破产法庭。通常情况下，企业会向距离总部最近的破产法庭申请破产保护。但也并非总是如此。有时候企业会在它们被并入的那个州申请破产保护。

破产法庭的运作方式和其他联邦法院和州法院很相似。会有一名书记员负责整理、归档所有的案卷资料。财经记者需要知道的很重要的一点是，破产案件资料属于公共记录，可供公众查阅。不过《美国破产法》（United States Bankruptcy Code）也有特别规定，如果案件涉及与公司运营相关的商业机密或有关个人的诽谤信息，法庭有权不对公众开放。

初次备案时提交的文件中列出了企业的总资产和总负债。因此这个列表是很有价值的，因为记者可以顺藤摸瓜找到相关消息源，了解企业的偿付方式以及违约情况。

如果一家企业申请了破产保护，其资产会被冻结。企业申请后，法庭会举行听证会决定这家企业能否使用大额资金。《匹兹堡商业时报》（Pittsburgh Business Times）的一篇报道在导语部分描述了破产法庭开庭第一天的情况，包括详细介绍破产企业、公开其债务和资产总额。

> **记者查阅破产法庭文件时要关注以下内容：**
>
> 1. 初次申请备案。说明申请破产保护的公司名称或个人姓名，以及资产和负债金额。
>
> 2. 债权人列表。列出每个债权人的名字和联系信息。记者可以将其发展为信源。
>
> 3. 重组方案。详细说明债权人将会得到的赔偿数额以及公司面临削减开支的压力是否有出售任何业务的计划。
>
> 4. 法官判决。法官判决的内容十分宽泛，既包括支付公司高管的薪酬，也包括对公司重组计划的审批。

表 13-1 美国历史上最重要的破产案件

单位：亿美元

公 司	破产日期	资产规模
雷曼兄弟控股有限公司	2008 年 9 月 15 日	6911
华盛顿互惠银行	2008 年 9 月 26 日	3279
世通公司	2002 年 7 月 21 日	1039
通用汽车公司	2009 年 6 月 1 日	910
安然公司	2001 年 12 月 2 日	655
康塞科股份有限公司	2002 年 12 月 17 日	614
克莱斯勒有限责任公司	2009 年 4 月 30 日	393
索恩伯格抵押贷款公司	2009 年 5 月 1 日	365
太平洋燃气和电气公司	2001 年 4 月 6 日	362
德士古公司	1987 年 4 月 12 日	349
美国金融公司	1988 年 9 月 9 日	339
瑞富股份有限公司	2005 年 10 月 17 日	333
迪美合众银行股份有限公司	2008 年 7 月 31 日	327
环球电讯有限公司	2002 年 1 月 28 日	302

续表

公　司	破产日期	资产规模
新英格兰银行公司	1991 年 1 月 7 日	298
General Growth 房地产公司	2009 年 4 月 16 日	296
利安德化工公司	2009 年 1 月 6 日	274
卡尔平公司	2005 年 12 月 20 日	272
新世纪金融集团	2007 年 4 月 2 日	261
联合航空公司	2002 年 12 月 9 日	252

导语部分提到，RedZone 机器人技术股份有限公司申请了破产保护。该公司主要设计和制造用于清理危险环境（如核电站）的机器人。第二段说明了案件是在哪个破产法庭申请的。第四段列出了公司的资产和债务。报道的其余部分引用了该公司总裁的话，并提到了雇员规模减小的情况。

实际上，记者着眼于为读者呈现这家公司的资产和负债情况。虽然没有采访到总裁，但是记者联系到了公司相关人士以获得对于破产原因的评论。但这篇报道并没有解释是什么原因导致公司走到了破产这一步。

以下摘自《波士顿先驱报》的报道很好地解释了导致公司破产的原因。在关于公司申请破产保护的报道中，记者需要详尽深入地挖掘导致公司破产的原因。

专家建议

《华尔街日报》法务部门负责人珍妮弗·福塞斯（Jennifer Forsyth）对法庭报道的建议：

让破产法庭为我们展示当地大企业的全新一面：

如果一个公司不得不寻求破产保护，那就反映出经济大环境不景气、行业状况不景气、企业管理不当等问题。法庭会帮助厘清谁对此负有责任，谁可以帮助该公司制订一个更好的重组计划。所有这一切都必须公开完成，通常以书面形式呈现在法庭上或者发布到网络上。

凯马特公司昨天成为寻求破产保护的最大美国零售商，消息人士称，此举可能导致 600 多家凯马特门店歇业。

这家总部位于密歇根州特洛伊市的美国第二大折扣连锁零售商去年收入 370 亿美元，主要受销售额下降、巨额亏损、假期购物季表现糟糕以及供应商信心不足等因素影响。此外，凯马特还面临竞争对手沃尔玛的激烈竞争。

凯马特昨日表示，在收到进一步的通知之前，旗下所有的 2114 家

290

凯马特门店将继续运营。但该公司会在今年关闭一些亏损和业绩不佳的门店。凯马特在马萨诸塞州经营着 29 家门店，大约有 3000 名本地员工。

零售业人士称，他们预计凯马特将关闭数百家门店，最多有可能高达 600 家门店。昨天凯马特公司表示，将终止 350 家已经关闭或已经出租给其他租户的门店的租约，这将为公司节省 2.5 亿美元。公司在新英格兰地区拥有 69 家门店，平均每个店里有 100 名员工。

近来有些观察者批评凯马特门店在凌乱的过道上摆放不受欢迎的商品，库存技术已经过时，无法满足当今消费者的需求①。

上面这篇《波士顿先驱报》的报道反映了凯马特破产对当地的影响。在报道企业申请破产保护的案件时，聪明的记者都会交代该公司的本地业务是什么以及旗下拥有多少雇员。

初次备案时提交的文件中含有重要的信息。比如说，即便一家公司进入了破产保护程序，其供应商仍必须为其提供产品和其他原料。在申请破产保护的过程中，企业要走一系列法律程序，举行多次听证会。有的听证会决定一家公司是否要关闭店铺或工厂。有的会上决定需要给高管多少补偿以及支付给公司代理律师的费用是多少。

除此之外，对于记者来说，在报道一个公司破产案件的时候，了解复杂的法院系统的运作模式也很重要。例如，有时候做出破产保护申请决定的并非公司本身，而是公司的一些债权人。这被称作非自愿破产（involuntary bankruptcy）。三个或者三个以上的债权人可以一起迫使公司申请破产。而公司也可以对非自愿破产提出反对。

> **专家建议**
>
> 《华尔街日报》法务部门负责人珍妮弗·福塞斯（Jennifer Forsyth）对法庭报道的建议：
>
> 一个公司能否从破产困境中走出来，这一点非常重要，所以理解第 11 章和第 7 章的不同规定是很有帮助的。破产法第 11 章有助于公司走出债务深渊，为其减轻债务负担，直到它可以拿出一个更好的盈利方案。根据第 11 章申请破产保护的公司可以持续运营很长时间，甚至数月。而第 7 章要求债务人破产清算，这意味着公司只能卖掉一切资产，并停止运营。破产法第 11 章有时是一个很好的选择，有利于公司的长期健康发展；而第 7 章却意味着清算终结。

---

① G. 加特林：《凯马特申请破产保护，马萨诸塞州 29 家门店未出现亏损》，《波士顿先驱报》2002 年 1 月 23 日，第 27 版。版权归《波士顿先驱报》所有，经许可转载。

其次，了解公司在申请破产保护后将由谁来运营，这一点对记者来说也很重要。在有些案件中，法庭将会任命一个破产财产管理人（trustee）负责监督公司的运营情况。

对公司来说，进行资产评估非常重要，因为资产可以被定义为企业拥有或控制的、预期会给企业带来经济利益的资源。很多时候，一家申请破产的公司将寻求出售部分资产，目的是筹集资金以改善经营状况。

举例来说，康塞科股份有限公司决定将旗下子公司 Conseco Finance 以7亿多美元出售给 CFN 投资控股有限责任公司，并将 Mill Greek Bank 资产以3.1亿美元出售给通用电气消费者金融业务公司。当时包括彭博、道琼斯、路透社和美联社在内的多家媒体均对这桩交易进行了报道。该交易就是在康塞科申请破产保护的过程中通过一项拍卖达成的，当然它还需要获得破产法庭法官的批准。

291 如果有一家企业（特别是一家大型企业）申请了破产保护，这应该被看作一条重要新闻。但是，申请破产保护并不意味着这家企业就要倒闭——这是许多读者甚至有些记者的误解。如果企业事实上并没有倒闭，那么记者应该在稿件中清楚地说明这家企业仍保持运营。

美国破产法第 11 章与第 7 章内容

美国破产法的实体法律内容并不相同。有的章节允许公司重组债务，有的章节只允许公司在尽可能地清偿债务后停止运营。

美国破产法第 11 章就属于第一种情况。按照第 11 章的要求，陷入无力偿债状况的企业或个人可以通过重组解决债务问题，而无须将所有资产进行清算。债务人仍保持对企业的控制，除非是法院任命一个破产财产管理人（trustee）。通常情况下，该公司在向法庭提交了破产保护申请之后，要向债权人提交一份债务偿还计划。如果债权人批准该计划，而且法院也认同该计划，那么该公司将获准进行债务重组。

而第 7 章的要求则更加严苛。如果一家公司选择这种破产程序解决债权债务问题，这意味着该公司将把所有资产尽数出售，最后解散公司。

还有一种类型的破产申请是第 13 章。在这一章里，公司可以申请在三到五年的时间内清偿债务。

在研究某家公司在破产法庭上提交的文件时，记者首先应该确定这家公司选择的是第 11 章还是第 7 章程序以解决其债务问题。其中的差别是很大的。如果媒体在这一重要信息上犯错的话，不仅会严重影响记者与信源的关系，还可能会对企业产生不利影响。

对大中型企业来说，破产法第 11 章是它们最常见的选择。当然，这一程序并非所有企业的选择。2009 年上半年，共有 30333 家企业申请破产保护，同比增长 64%。其中只有不到 5% 的企业选择了破产法第 11 章。看上去这似乎是一个小数目，但是记者研究发现，寻求第 11 章破产保护的企业资产规模达到数十亿美元，这些企业在寻求重组债务的过程中，仍可以持续经营。例如，在 2008 年 9 月申请破产保护的时候，雷曼兄弟的资产规模仍高达 6911 亿美元，而华盛顿互惠银行（Washington Mutual）的资产规模也在 3279 亿美元。这样的资产量级是成千上万的小公司无法企及的。

发现哪家公司提交了破产保护申请可能并不是一件简单的事。记者可以尝试每天去法院蹲点，查询相关文件。这个方法固然可行，但是做起来并不容易。如果记者听到了某家公司可能会寻求破产保护的传言，那么记者就应该做一些背景调查。 292

首先，记者应该查一下公司在所在州的注册名称。有时该公司的注册名称未必与其在经营时所使用的名称一致。这种情况在餐馆等企业中比较常见。

其次，记者还需要知道公司组建的地点。这将有助于记者找到其提交申请的破产法庭。如果记者在一家破产法庭寻找公司破产保护申请文件而一无所获，结果别家媒体的记者却在另一家法庭找到了资料并抢先报道了这一事件，这种经历是很令人沮丧的。在这种情况下，法院的书记员可以帮助记者查出公司是在哪家法庭提交的破产保护申请。

最后，有不少企业，特别是那些地方社区的大企业，会选择在一天结束时或周五晚些时候提交破产保护申请，这样做的目的是尽量不引起人们的注意。如果记者做不到全天候在法院蹲点，就应该向书记员索要前一天提交的所有文件。不过有的时候，有些公司就是简单地发出一份新闻稿，宣布该公司已经申请破产保护。例如，人寿保险公司康塞科股份有限公司发声明表示，公司将按照破产法第 11 章申请破产保护。此举实属意料之中。一些华尔街分析师在研究报告中已经预测到该公司会采取这样的行动，并且该公司在提交的 SEC 文件中也给出了考虑破产保护的暗示。即便如此，该公司还是选择了在东部时间凌晨 3 点发布这一消息。由于康塞科

专家建议

《华尔街日报》法务部门负责人珍妮弗·福塞斯（Jennifer Forsyth）对法庭报道的建议：

破产案件检察员和受托人可以成为记者的好帮手。 这些人由法庭任命，负责接管一家破产清算的公司，或者调查是否有人应该对公司的破产负责。检察员通常和负责调查不法行为的政府机构联系紧密，他们的报告是有关一个公司为何陷入破产困境的信息富矿。而且检察员有时愿意跟媒体透露他们的调查结果。

是上市公司，所以它也提交了一份 8 - K 文件对此进行了说明。下文摘录的是美联社当天晚些时候对康塞科申请破产保护以及随后举行的听证会的报道：

> 康塞科股份有限公司周三表示，公司计划迅速脱离破产保护状态。但多位公司债权人威胁将推迟并可能扰乱公司的重组计划。
>
> 康塞科因 20 世纪 90 年代的收购交易而深陷债务泥潭。上周二该公司成为美国第三大申请破产保护的公司。
>
> 这家总部位于印第安纳州卡梅尔的保险金融公司拥有约 14000 名员工，去年实现收入 81 亿美元。该公司的首席律师对芝加哥破产法庭表示，预计该公司最早将于明年第二季度从破产保护状态中走出来。
>
> 康塞科拖欠银行的贷款和债券持有人的债务达 40 亿美元。目前该公司已经与银行和债券持有人就破产保护条款达成了暂时协议。
>
> 但一部分优先股股东仍坚持要求公司履行偿付义务。这些优先股股东起初并没有参与在 8 月份开始的债务重组谈判，但最终在抗议下赢得了参与谈判的权利。他们仍在与公司方面进行谈判。
>
> 在破产清偿顺序方面，优先股股东排在普通股股东之前，但在银行和债券持有人之后。而普通股股东预计无法从康塞科公司获得任何投资回报。
>
> 康塞科公司的破产重组方案首先需要债权人通过，经过法院确认，然后再上交给法院。截至目前，康塞科依据《破产法》第 11 章申请破产的方案细节内容尚未公布。公司发言人马克·鲁伯（Mark Lubbers）表示，将在四至六周内提交方案细节。①

① 《康塞科承诺将尽快摆脱破产保护状态》，美联社 2002 年 12 月 18 日。版权归美联社所有，经许可转载。

上文中的例子与一般的根据破产法第 11 章提交的申请不一样的一点 293
是，康塞科在申请破产保护之前就与公司最大的债权人协商过。有些时
候，公司会采取预先准备好的破产方案（prepackaged bankruptcy filing），
即公司在申请破产前编制好重组计划，并与债权人与股东进行了大量商讨
及投票。这样一来，破产案件的法庭审理程序会被缩短。要实行这一方
案，公司必须征得代表其总债务三分之二的多数债权人的同意。

不过通常情况下，在申请破产之前公司并不同其债权人协商。协商环
节一般发生在法庭上，特别是在听证会环节。债权人委员会由代表律师组
成，这些律师对于记者而言是有价值的信息来源，从他们口中记者可以探
知债权人是否同意公司提出的重组计划。

下文摘取的内容详细介绍了一家非营利公司申请破产保护的过程。
《路易斯维尔信使报》的记者以报道私有或上市公司的方式报道了这家非
营利公司。记者在报道开头部分交代了公司的资产和债务状况以及破产的
原因。

　　位于杰弗逊县东部的奥克斯摩尔高尔夫和越野障碍赛有限公司
（Oxmoor Golf & Steeplechase Inc.）自 1990 年成立以来就成为 HFH
Inc. 旗下业务的成功典范。HFH Inc. 是 20 世纪 80 年代末和 90 年代
初在高尔夫比赛和住宅建筑热潮下涌现出的一家房地产开发商。
　　奥克斯摩尔经营着莱姆豪斯路 9000 号的奥克斯摩尔乡村高尔夫俱
乐部。而如今，由于要偿还近 200 位债权人的债务并面临 4 位供应商
的追款诉讼，这家公司正面临破产。
　　这家非营利公司在 7 月 5 日向肯塔基州西区的破产法庭申请破
产保护，此举使其获得了重组机会而免于资产清算。该公司向法庭
提交的申诉书显示，公司资产规模为 100 万美元，未偿债务达 500
万美元。奥克斯摩尔因租用布里特（Bullitt）家族信托基金下的土地
而需要支付高额租金。俱乐部方面的代理律师大卫·凯特（David
Cantor）表示，租金价格不断上涨是导致公司债务负担加重的主要
原因。
　　当 HFH 在 20 世纪 90 年代中期面临资金困难时，奥克斯摩尔就接
管了俱乐部的运营。接手后它们要继续运营一个现代化的俱乐部以及
颇具挑战性的 18 洞高尔夫球场，此外还包括每月大约 3 万美元、为期

37 年的租约以及 1.75 万美元的抵押贷款月供。[①]

294　　下面的报道列出了奥克斯摩尔的最大债权人。在破产案件中主要有两类债权人：担保债权人和无担保债权人。担保债权人为了保证自己的债权能够安全实现，要求债务人提供保证、财产抵押等形式的担保。这与汽车贷款和住房贷款有点类似。如果债务人到期不能清偿债务，有担保的债权人就可以要求担保人通过拍卖汽车、房屋等抵押、质押财产，优先清偿自己的债权。

　　另一种债权人是无担保债权人。无担保债权人是指没有对其债务设定任何保证的债权人。例如，通过股票经纪人购买一家上市公司股票的投资人就是这种债权人。在破产案件中，担保债权人的清偿顺序排在无担保债权人之前。

　　企业破产案件历时多久是由企业和债权人协商决定的。有些破产案件会持续很多年，有的就几个月。作为一名记者，持续关注案件进展状况是很重要的。有些破产法庭会把法庭听证会的时间和备案公布在网上。但也有未公布的内容，这就需要记者亲自去法院查案卷。

　　此外，记者还需要了解案件的当事方，尤其是公司及其债权人的代理律师。还记得上文中关于企业为了降低事件的影响力而尽量选择在一天结束时宣布申请破产保护的提醒吗？有些法官甚至会允许企业在法庭关门后深夜把文件送到他们家。虽然法官很少会谈及卷宗内容，但他们和书记员还是经常让记者了解到案件的进展状况。

　　有的企业在按照破产法第 11 章寻求破产保护后，希望把自身塑造成一个吸取教训、整装待发的公司形象。像凯马特这样的许多公司就力求在破产后东山再起。

　　但是现实并非总是如此。很多企业最初希望通过第 11 章重组债务，最终却不得不在债权人的压力下寻求按照第 7 章进行破产清算。因为它们无法与债权人达成协议，或者因为它们的经营状况恶化，最明智的选择就是停止经营。破产清算的决定往往是由公司债权人或法院强制做出的。同样，记者要和企业取得联系，征询其对法庭诉讼的回应，这一点很重要。

---

　　① M. 格林：《奥克斯摩尔俱乐部希望走出破产困境》，《路易斯维尔信使报》2002 年 7 月 30 日，第 1D 版。版权归《路易斯维尔信使报》所有，经许可转载。

不过也有另一种情况，那就是企业在按照第11章申请破产保护的同时也警告债权人可能按照第7章进行破产清算。例如，联合航空公司的CEO在2002年12月接受《纽约时报》采访中警告说，公司可能由第11章项下的申请变成第7章项下的申请。

很多破产案件审判专家认为，公司之所以经常提到破产清算的可能性，就是为了使债权人或者员工让步，以降低成本。在联合航空公司的案件中，这位CEO可能是为了让工会同意降低工资而说出这番话的。2003 年3月Wire在报道中提到，该公司提交给法庭的文件中表示，"如果不能降低劳动力成本的话，公司很可能会考虑破产清算的可能性"（美联社，2003年）。最终，联合航空公司在破产后获得重生，并持续运营至今。

如果一家公司按照第11章申请破产保护，但也谈及按第7章破产清算的可能性，这时记者就需要明确公司这样做的动机。因为按照第7章破产清算就意味着公司会彻底停止运营。通过查阅法庭文件以及采访相关人员，不管涉及的是大公司还是小公司，记者都可以写出一篇引人入胜的报道。

重　组

那些申请通过债务重组走出债务泥潭、重获新生的公司实际上是寄希望于与债权人就重组计划达成一致，通过债务重组计划实现降低债务水平并最终清偿部分债务的目的。

重组计划对于公司未来的成功十分重要。如果重组计划不如人意，公司可能不得不再次申请破产。如果重组计划给予债权人的回报很少甚至没有，那么投资者也不会愿意投资重组后的新公司。

进入破产程序后，公司首先做的几件事包括：找到在其债务重组过程中能够为其提供资金支持、保证其继续运营的贷款人。是否应该向破产企业提供融资的决定应由法庭批准，并经过听证会多次讨论。

寻找资金支持只是重组计划的第一步。重组计划是由债权人委员会共同制订的。一些债权人为了尽可能地获得赔偿可能会试图给公司施压，令其出售部分资产。而有些债权人可能希望在摆脱破产困境后的新公司里争得一席之地。

专家建议

《华尔街日报》法务部门负责人珍妮弗·福塞斯（Jennifer Forsyth）对法庭报道的建议：

债务方可能会有一长串的债权人列表。负债公司可能寻求削减开支、减轻债务负担，而债权人则更希望获得的偿付尽可能多。这就意味着破产案件中涉及的各方都在争夺有限的资金。有时候还会出现争抢工作机会的情况。因为公司可能撕毁与工会签署的合同或关闭工厂。同样，债权人有时也会将公司高管扫地出门。

公司会向法院提交债务重组计划。记者应明确计划的最后期限，并确保手上尽快得到一份材料。记者从这份债务重组计划中可能找到新闻点，因为计划书会首次披露公司决定向债权人偿还的债务数额。此外，计划书中也会披露公司是否会通过关闭门店、裁减员工、高管降薪等措施来减少开支。

债权人、债券持有人和股东必须接受这份重组计划。记者必须知道，在大多数破产案件中，股东作为重组计划的一部分通常什么也得不到。然后这份计划须得到法官的批准。

记者的报道应该说明这份计划能够怎样帮助公司减少债务。要知道，公司申请破产的首要原因是无力偿付债务。如果债务削减的力度不够，该公司接下来可能会面临麻烦。

利益相关方

倘若上市企业申请破产保护，股东通常会血本无归，债券持有人虽然可以获得一定的回报，但通常也少于他们投入的本金。

296   企业申请破产的过程通常也会涉及其他相关方的利益。律师、会计师、投行、咨询师甚至企业高管都可能从法律程序中获得数百万美元的报酬。在破产程序中，企业与这些利益相关者，甚至其彼此之间都会产生冲突。因此，有必要了解这些人在破产程序中扮演的角色。如果深入挖掘企业破产过程中利益相关方之间的关系，记者经常会为读者奉献出优秀的新闻报道。

企业之所以走到了申请破产保护这一步，主要是因为其入不敷出、无力清偿债务。但是向法庭申请破产保护的过程却耗资不菲。这也是破产法庭制度饱受诟病的原因，其间举行的无数听证会以及破产企业向法官提出的多个动议更是凸显了这一制度的缺陷。

例如，帮助企业申请破产保护的律师、咨询师以及其他工作人员的费用需要由主审法官批准，有时候这些费用可能会引起法官甚至读者的不满。

《丹佛商业杂志》（*Denver Business Journal*）就报道了科罗拉多州的水族馆 Ocean Journey 在破产程序中支付的相关费用，该费用包括付给律师、资产评估师及其他咨询师的费用。9 月份及 10 月底的所有费用高达 241000 美元，其中有 135581 美元是付给破产律师的四个月的律师费。

彭博新闻社对律师费的问题进行了深入报道。在展开了详尽的调查之后，彭博社报道称，2001 年和 2002 年全美破产金额排名前 25 位的案例中，企业向律师事务所支付的法律费用达 2.35 亿美元。

这些费用多被威嘉律师事务所（Weil Gotshal & Manges LLP）等大型律师事务所收取。例如，在 Global Crossing 破产案例中产生的餐饮费用支出达 21694 美元，调查费达 73182 美元，其他在申请过程中产生的费用总计超过 24000 美元。

彭博社的报道引起了得克萨斯州首席检察官对高额律师费问题的关注和批判。他认为这些费用没有花在实处，应该得到这笔钱的是债权人和其他人（St. Onge，2003）。

报道企业破产案的记者应当从律师和其他人员提交的文件和动议中获取信息，调查他们的收费数额及其提供的服务是否必要。通常来说，这些文档和动议都能被写成有趣的故事。

当然，引发异议的并不仅限于律师费问题。有时，法庭任命的监督员会对资金的使用提出反对意见，特别是当他们认为资金用于别处的时候更有效用。上文提及的康塞科破产案就是如此。机警的记者在法庭文件中发现了这一问题，并在报道中描述了这种担忧。破产企业的管理层也会受到密切关注。企业高管的薪酬必须由主审法官批准。而有时法官会裁定破产企业高管领取的薪酬待遇过高。有时候，企业也会为了向高管追讨资金而诉诸法庭。举例来说，2003 年 1 月，凯马特要求五名高管偿还未经董事会批准的贷款，并且解雇了获得贷款的部分高管。这则新闻是从法庭文件中挖掘出来的，并成为大众传媒报道的重大新闻。

有些破产案件专家认为，破产程序中真正的赢家是公司重金请来扭转经营困境的管理者，他们通常都能拿到高达数百万美元的薪酬，因此公司债权人的利益受损。但也有人认为，如果不是这些管理者辛劳工作使公司从破产保护的泥潭中解脱出来，公司的债权人、债券投资者和股东可能一无所获。因此，记者应兼顾这两种观点，在密切跟踪破产案件进展的同时仔细留意其中的资金流向，并且向读者详尽地解释企业重组这一复杂的流程。这可不是一项简单的工作。记者如果对其中的关系以及法庭程序有基本的了解，那么就可以帮助读者理解破产案件的影响。

个人破产

如本章上文所述，破产案件并不仅限于上市公司和私营公司。事实上，95%以上的破产案件涉及个人。

个人破产案件对商业记者来说也是有价值的，尤其对那些致力于报道当地经济状况的记者来说更是如此。跟踪报道当地个人破产申请案件有助于展示当地的经济状况。如果在三个月内寻求破产保护的人数较上年同期有所增加的话，那么这就显示当地人的财务状况不容乐观：他们可能遭遇了裁员以至于无法支付信用卡账单，或者是找到了新工作，但薪水却低于之前的水平。

大多数破产法庭都会保持季度和年度的破产保护案件申请记录。记者可以先向书记员查询这些数据，然后着手构思一篇新闻报道。接下来记者可以查阅一些文件，记录下那些最近申请破产保护的个人的名字。在与其债权人或者代理律师交流过以后，记者就可以写一篇类似下面《印第安纳波利斯星报》的报道了。

> 2002年，在美国南部的印第安纳州，有三分之二的地区的个人破产申请数量增加了13%，主要受裁员、超支和抵押贷款负担这三大因素的影响。但这一增长率与上一年比起来并不算大，因为2001年的个人破产申请增幅为28%。
>
> 印第安纳州和部分伊利诺伊州的破产托管人凯文·登普西（Kevin P. Dempsey）表示，截至2002年12月31日，提交的个人破产保护申请从2001年的28551宗增至32158宗，增长势头仍比较明显。
>
> 他认为，这已经是相当大的数字了，已经创下了历史最高水平。
>
> 美国法院行政管理办公室（the Administrative Office of the US Courts）的数据显示，截至9月30日的联邦财政年度，印第安纳州南部地区的个人破产案件数量增加了15.9%，而全国范围内的平均增长

速度是 7.8%，可见这一增幅是全国水平的两倍。

截至 2002 财年，按照破产案件数量增速统计，印第安纳州南部地区（包括印第安纳波利斯在内）在 75 个可以提交破产申请保护的联邦地区中排名第八位。印第安纳北部地区的申请数量增长了 17.5%，排在第四位。

登普西表示，2002 年印第安纳州的增幅居前。破产案件研究专家   298
表示，与 2001 年一样，经济大环境不景气、企业裁员是 2002 年个人破产案件持续增长的主要原因。

印第安纳波利斯的破产律师马克·扎克伯格（Mark Zuckerberg）表示："印第安纳州的发展历来以制造业为主，这也是过去几年来工作机会持续减少的原因。我认为人们都尽力了。没有人愿意申请破产，在走到这一步之前，人们已经倾尽了所有可用的资源。在实在无力清偿债务的情况下他们才不得已向法庭申请破产。"①

和公司申请破产一样，个人也可以选择按照破产法第 11 章或第 7 章申请破产。有时候，个人破产案件也可以从第 11 章项下的申请变为第 7 章项下的申请。而且很多流程和步骤与企业破产申请是一样的，都包括与债权人协商等内容。就申请地点而言，个人破产案件和企业破产的规定也是一样的。当然，有的州针对个人破产案件要求提交更多文件。

个人破产与公司破产最大的不同之处在于，很少会有人愿意为个人提供信贷支持，帮助其暂时渡过难关。而且个人破产记录最长会在个人的信用记录上保持 10 年。

个人破产案件对其他新闻报道来说也是重要的信息来源，尤其对相关公司报道来说更是如此。因为持有一家公司股票的投资者可能希望得知关于公司高管过去曾经申请个人破产的信息。例如，《亚特兰大宪法报》就曾经让跑零售口的记者调查当地百货店连锁企业哈里农贸市场杂货店的问题。记者将这家企业的几位高管的名字敲入当地破产法庭的系统网站，发现其代理 CFO 和一位负责销售的副总裁都有过个人破产的记录。

---

① C. 奥马利：《印第安纳州破产保护申请数量创历史纪录，南部地区增幅达到全国平均水平的两倍》，《印第安纳波利斯星报》2003 年 1 月 10 日，第 1C 版。版权归《印第安纳波利斯星报》所有，经许可转载。

透过这些破产记录，记者就可以在报道时发出质疑的声音：这些高管如果没有能力管好个人财务状况以至于走到了破产的地步，又如何能够管好一家单周支出高达数百万美元的上市公司呢？

在某些情况下，个人破产是一家公司出现问题的先兆，特别是一家私营公司。高管个人申请破产无疑意味着公司也出现了问题，因为很多小型和民营企业的所有者会将他们的个人财务状况与企业运营融合在一起。无论是哪个环节出现问题，公司恐怕都有申请破产的危险了。

个人破产案件的听证会往往会占据法官大部分的时间。虽然许多个人破产案例并不具有新闻价值，但是它们往往反映出很多人都遭遇财政困难的现实。所以说，在法庭的亲身体验会给记者展示他们所没有经历过的现实生活的另一面，让他们更好地意识到不当使用信用卡、贷款以及其他金融工具的潜在危害。

关键术语

资产	破产
美国破产法第 7 章	美国破产法第 11 章
美国破产法第 13 章	民事诉讼
集体诉讼	债权人
刑事诉讼	债务
债务人	被告
证词	证据
非自愿破产	调解
庭外和解	原告
重组	担保债权人
受托人/破产财产管理人	无担保债权人

参考文献

Associated Press（2002，December 18）. Conseco promises a swift bankruptcy.

Associated Press（2003，March 18）. United Airlines says liquidation possible without labor cuts.

Court issues restraining order against KC pharmacy（2003，March 11）. *Kansas City Busi-*

ness Journal.

DiBiase, M. L. (2002, October 30). Regional seminar here focused on ways of reducing the risk. *Lexington News-Gazette*, pp. D1 – D2.

Docherty, N. (1998, May 12). Inside the tobacco deal. Retrieved May 25, 2003, from http: //www. pbs. org/wgbh/pages/frondine/shows/settlement/.

Evans, D. (2003, January 17). Wade Cook financial ordered liquidated by judge. Bloomberg News.

Forster, J. (2003, April 28). Written off: A lawsuit filed by seven former employees of Supervalu Inc. that accused the company of age discrimination has been cleared for trial in August. *Minneapolis Star Tribune*, p. 1D.

Gatlin, G. (2002, January 23). Kmart enters bankruptcy; Retail giant Kmart is bankrupt; No immediate loss seen of any of its 29 Mass. stores. *Boston Herald*, p. 27.

Green, M. (2002, July 30). Oxmoor club hopes to survive bankruptcy. *The Courier-Journal*, p. 1D.

Guzzo, M., Davis, C., & Tascarella, P. (2002, July 12). RedZone files for Chapter 11 reorganization. *Pittsburgh Business Times*, p. 3.

Hayes, D., & King, S. (2003, February 3). CEO change near, Sprint says; Esrey stepping down; Forsee offered job, but BellSouth gets court order to keep him. *Kansas City Star*, p. A1.

Kelly, J. (2003, May 28). Novell says it owns Unix rights, challenges SCO claim. Bloomberg News.

Mason, E. (2002, July 12). Charlesbank sues portfolio firm over accounting issues. *Boston Business Journal*, pp. 1, 53.

Moore, P. (2002, November 18). Ocean Journey dollars flow to handle bankruptcy fees. *Denver Business Journal*, p. A4.

Nilsen, K. (2003, October 18). ArgoMed garners $ 3. 15M in court. *Triangle Business Journal*, p. 13.

O' Malley, C. (2003, January 10). State bankruptcies go through the roof; area district filings set record and are twice national rate. *The Indianapolis Star*, p. 1C.

Parker, V. L. (2002, December 27). Swifty Serve swiftly split up. *The News & Observer*, p. D2.

Perkins, T. (2002, September 20). Report: Duncan Williams staff stole, copied and deleted files. *Memphis Business Journal*, p. 14.

Reuters (2003, March 5). Conseco in $ 1 Billion Deal to Sell Unit.

St. Onge, J. (2003, February 26). Weil Gotshal Reaps Most Fees on Biggest Corporate

Bankruptcies. Bloomberg News.

Wong, E.（2003，December 10）. Airline Shock waves：the overview；bankruptcy case is filed by United. *New York Times*, p. A1.

商业和法庭相关专著

Bogus, C. T.（2001）. *Why lawsuits are good for America：Disciplined democracy, Big Business, and the common law.* New York：New York University Press.

Howard, P. K.（2001）. *The lost art of drawing the line：How fairness went too far.* New York：Random House.

Olson, W.（2003）. *The rule of lawyers：How the new litigation elite threatens America's rule of law.* New York：Truman Talley Books.

Schweich, T. A.（2000）. *Protect yourself from business lawsuits：An employee's guide to avoiding workplace liability.* New York：Fireside Books.

破产保护相关专著

Baird, D. G.（2002）. *Elements of bankruptcy*（3rd ed. ）. New York：Foundation Press.

Fusaro, P. C., & Miller, R.（2002）. *What went wrong at Enron：Everyone's guide to the largest bankruptcy in U. S. history.* New York：Wiley.

Gilson, S. C.（2001）. *Creating value through corporate restructuring：Case studies in bankruptcies, buyouts, and breakups.* New York：Wiley.

LoPucki, L.（2006）. *Courting Failure：How competition for big cases is corrupting the bankruptcy courts.* Ann Arbor, MI：University of Michigan Press.

Roe, M. J.（2000）. *Corporate reorganization and bankruptcy：Legal and financial materials.* New York：Foundation Press.

Swartz, M. , & Watkins, S.（2003）. *Power failure：The inside story of the collapse of Enron.* New York：Doubleday.

参考练习

301　　1. 在课堂上围绕消费习惯展开讨论。问一下你身边的同学，他们是否认为现在的开支会导致未来的债务问题？多少同学有信用卡？他们中有人有汽车贷款吗？

　　2. 如果你学校附近设有破产法庭的话，请参加一次法庭举办的听证会。在接下来的课堂讨论中，就你所看到法官、债权人和律师之间的关系发表评论。

3. 假设某个周末你在当地沃尔玛商场购物时被放在过道的玩具绊倒而伤到了腿。你会为对造成你的伤害和损失的工资起诉沃尔玛吗？分别说明原因。

4. 假如你是当地报纸的记者，有一天你正在查阅法庭的诉讼文件，期望从中找到报道题材。你发现一家连锁便利店起诉当地的甜甜圈生产厂商，要求后者终止一份合同，合同中规定这家连锁店只能销售后者生产的甜甜圈，而这种甜甜圈的销量已经出现下滑。这家连锁便利店同时还要求开始销售 Krispy Kreme 甜甜圈。而相关文件中涉及被甜甜圈生产商标记为"机密"和"私密"的资料。你会把这些文件用作你故事的一部分吗？

5. 假设州保险部门已经起诉了当地一家保险公司，称后者没有足够的资产偿付保单，需要对其进行监管。你给保险公司打电话并与公司 CEO 进行了交谈。他告诉你："如果这一诉讼案件见诸媒体，那么这家保险公司可能会破产，因为这可能引起投保人的恐慌性退保。"他甚至通过电话会议连线了公司的代理律师，律师也做出了类似的判断。在这种情况下，你还会坚持把这件事情写成报道并发表在明天的报纸上吗？

第 14 章

房地产市场报道

专家建议

加利福尼亚州《橘郡纪事报》（*Orange County Register*）的记者乔恩·兰斯纳（Jon Lansner）对房地产市场报道给出如下建议：

尊重读者和受众：对于很多读者而言，不管是不是房屋所有人，住房都是他们生活中最大的一项支出。跟踪房地产市场的记者经常会被一些名头很大的开发商以及大买主牵着鼻子走，而忘记了一个基本事实：不管涉及的是独栋房屋还是公寓，是酒店还是办公室，房地产其实是关乎每个普通人能否实现居者有其屋的民生问题。请别意会错了我的意思，我并不是说大开发商、大公司不重要，它们可以成为非常重要的报道题材。但记者要时刻把平凡普通的房主和租房人放在心上，他们才是房地产报道中不可或缺的要素。

土地交易的源起

在任何一个国家或者说在世界范围内，几乎所有的公司都是从一个中心地带发展起来，这个中心地带通常被称作公司总部。公司要么购买土地并在此基础上建造办公楼，要么从房地产公司那里租赁一处物业。如果公司现有的位置无法满足自身业务发展的需要，那么公司会通过购买土地建造办公楼或租赁物业为自身发展提供更大的空间。

同样，个人与家庭也是居住在租赁或购买的公寓或者独栋房屋里，因此房地产对于每个企业和消费者而言都属于必需品。如果以这样的方式来看待这个话题，那么围绕房地产市场的报道就不会像第一眼看上去那么枯燥无趣。房地产市场报道并不仅限于房屋交易和为吸引制造商和其他企业而建立的工业区，它对于商业领域乃至一国经济都起着至关重要的作用。

2008 年前后的市场起伏显示了房地产对于商业和经济报道的重要性。房地产市场对商业报道的方方面面都产生了实质性的影响，包括股票市场、信贷市场以及个人理财领域。

房地产交易可以是小到一英亩（约4047平方米）的土地交易（新住宅建设），也可以涉及大规模的房地产交易，如数百亩土地的所有权转让交易，开发商规划建设一个大型购物中心或住宅小区。简单地说，在商业新闻乃至各类型新闻稿中，房地产都是一个广泛报道的话题。

零售企业需要有地块建店面，制造企业需要有场地建生产车间，农民需要有农场来种植庄稼和放牧牲畜，垃圾回收人员也需要空间来停放卡车和倾倒收集来的垃圾。即便是互联网公司也需要办公空间以实现业务运作。其他领域同样也少不了房地产。城镇里修建公园和学校需要房地产，州政府要容纳数千员工和公司，扩展公立大学校区同样也需要房地产。联邦政府要解决军队驻地和推进其他上百项工程也离不了房地产。

即使有的企业的主营业务并不是房地产，也可以进行房地产投资。例如，有些银行和保险公司把地产投资视为增厚利润的一种途径。20世纪80年代末和90年代初，一些银行和保险公司在房地产领域头寸过多。当房地产价值缩水，特别是写字楼价格一落千丈时，这些银行和公司都遭受了巨大损失。

甚至有些企业完全靠收取公寓楼和办公楼租金获利，这种情况不论在上市公司还是私营企业中都存在。当房地产需求高涨，房屋入住率高企的时候，房地产上市公司的股票价格就会上涨；而当房地产供应过剩时，股票则会相应下跌。

房地产投资信托基金（通常被称为REIT）指的是持有并经营地产物业（如办公楼、商场、购物中心和公寓）的封闭型投资基金。这些信托基金必须将不低于90%的净利润以红利的形式分配给信托单位持有人。美国有170多个公开上市的房地产投资信托基金，市值总额超过1600亿美元。此外，还有私人房地产投资

专家建议

加利福尼亚州《橘郡纪事报》（*Orange County Register*）的记者乔恩·兰斯纳（Jon Lansner）对房地产市场报道给出如下建议：

多给读者提个醒：绝大多数房地产是通过杠杆手段购买的，杠杆效应增强了买方的购买力。要不然，你觉得次级抵押贷款危机是怎么发生的呢？杠杆作用有两种：一种是投资收益和亏损都被成倍扩大。它是正当房地产交易中使用的一种极具挑战性的金融工具，同样也是非法房地产交易中的核心因素。如果说媒体要从这次住房市场繁荣和萧条周期中得到一个教训的话，那么这个教训就是：不管是大人物还是普通人，很少有人能够处理好杠杆过高的问题。在房地产市场欣欣向荣的时候，记者在报道时别忘了多关注风险问题；当市场萎靡不振的时候，记者也要再次提醒读者和受众房产交易中杠杆操作的难度之大。

信托基金。这些公司活跃在每一个美国大城市的房地产市场。

304　　　此外，还有成千上万家房地产公司在从事商业地产买卖交易。它们可能只拥有一处房产，也有可能拥有数百处房产，甚至可能是另一家公司的子公司。

　　记者在撰写有关商业房地产交易的报道时，通常要说明交易涉及的物业名称、交易的意义以及买家和卖家的信息。例如，《芝加哥论坛报》在报道怡安中心（Aon Center）出售交易时提道，怡安中心被视为芝加哥市中心的地标性建筑。报道还指出，该交易是芝加哥市历史上规模最大的一次交易。报道第二段提到了交易的买方和卖方，并指出该建筑有80层。第三段提到了交易价格，把这一数字与卖家原来的要价做了比较。

　　在报道过程中，记者做了一些计算，并在故事中告诉读者每平方英尺（约0.09平方米）的单位售价。记者也试图努力确认这处物业的实际收购价格。在许多情况下，收购价格可以从公共渠道获得，在本章的后面部分将对此进行讨论。但在这项交易中，记者不得不依靠业内人士披露成交价格。房地产交易价格应该是所有大型交易中最重要的信息，记者需要积极获取这方面的信息。

　　商业地产可以分为几类。其中写字楼市场主要包括企业用的办公楼。据全美地产经纪商协会预计，2009年第三季度美国办公场所的空置率将从上年同期的13.4%上升至16.7%，租金平均降幅将由2008年的0.4%升至4.2%。而房产空置率和平均租金是当地商业房地产领域的重要晴雨表。许多大型券商都有这方面的信息。

　　仓储市场是商业地产行业的另一个重要组成部分。企业将制成品和未成品存储在仓库，然后把它们售出或运送到门店。据全美地产经纪商协会预计，2009年仓库空置率将从2008的10.7%小幅上升到12.2%。仓库租金平均降幅为4.1%。

　　此外，零售市场也是商业地产的一部分。

专家建议

　　加利福尼亚州《橘郡纪事报》（Orange County Register）的记者乔恩·兰斯纳（Jon Lansner）对房地产市场报道给出如下建议：

　　商业地产是地区经济形势的晴雨表：大型开发商的兴衰起伏无疑是记者报道的重点之一，办公或厂房经纪人是否达成交易固然值得报道，不过商业地产领域的趋势与问题（如空置率与新屋开工许可等）同样也需要记者加以注意，因为它是反映当地经济形势的重要指标。当然，地区办公物业租赁情况等指标也反映出当地经济的发展情况。

2009 年第三季度零售市场的房屋空置率预计将从 2008 年第三季度的 9.8%
升到 13.4% , 租金降幅将由 2008 的 2% 升至 9% 。

在创下 21 世纪初的历史记录之后, 住宅房地产市场的房屋销售数量在
过去的几年中已经大幅回落。全美地产经纪商协会的数据显示, 2008 年的
成屋销量超过 490 万套, 与 2007 年 560 万套的销量相比下降了 12.5% , 全
年成屋销量创下十多年来的最低水平。2008 年全美成屋销售中位价为
19.86 万美元, 较 2007 年的中位价 21.9 万美元下降了 9.3% 。

事实上, 房地产交易可以被看作经济形势的"晴雨表"。如果房地产
成交量增加, 该地区或国家的经济增长势头可能也比较强劲。反之, 如果
房地产成交量增速放缓, 那么经济增速有可能同样放缓。(关于房地产,
尤其是新屋销售和成屋销售的内容详见本书第 3 章内容。)但是需要指出
的是, 住宅市场的升温与降温均与利率水平息息相关。而利率水平是由美
国联邦公开市场委员会根据经济走向做出的决策。记者应从当地的抵押贷
款供应商那里了解到相关区域的利率变化。

同时, 住宅房地产交易涉及不同类型的贷款, 这一点记者也需要理 305
解。固定利率抵押贷款是指在整个贷款周期内利率保持不变, 贷款期限一
般为 15 年或 30 年。可调利率抵押贷款是指在贷款期限内允许根据美联储
的利率政策或者其他因素对合同利率进行调整。在 2001 年和 2002 年美国
利率水平接近历史低点的时候, 许多房主选择进行再融资抵押贷款, 以获
得更有利的利率, 降低抵押贷款的利息成本。

记者跟踪报告所在县镇、城市、地区的房地产市场活动可以帮助读者
和观众了解经济发展的情况。如果在一个特定的市场出现了一桩大型商业
地产交易, 这意味着企业高管对市场前景抱有信心。但如果有大型商业地
产楼盘待售较长时间, 这可能意味着购房者预计房地产价格可能下降, 经
济增长可能会放缓。

此外, 新建商业地产数量也是一个非常重要的指标。新建商业楼是为
了给企业总部提供办公空间, 还是会成为带有仓库和制造工厂的工业园
区? 办公楼租金往往比仓库租金高出很多。

记者也应注意地方或州政府为鼓励商业地产建设而采取的激励措施。
通常情况下, 政府通过提供税收优惠来吸引企业到该地区开展业务, 因为
新业务意味着有更多的就业机会, 这将全面促进当地经济的发展。

而减税政策的出台需要获得如市议会、县委员会等地方政府机构的

批准。税收政策的影响如何，记者可能并不理解，这时可能就需要从谙熟房地产市场的商业记者那里寻求帮助。下文中《堪萨斯城星报》的报道就解读了政府的税收减免政策对新的房地产开发项目及租户的潜在影响。

<table>
<tr><td>

专家建议

加利福尼亚州《橘郡纪事报》（Orange County Register）的记者乔恩·兰斯纳（Jon Lansner）对房地产市场报道给出如下建议：

如何全面认识抵押贷款利率：很多时候媒体都将贷款利息低视为房地产业的利好消息。但是经济史的发展告诉我们，实际情况并非如此。一般情况下，经济形势不妙、商业环境需要政策提振的时候才会推出较低的贷款利率。这种时候经常会出现失业率不断上升、失业者没有能力买房的情况。由于害怕失去工作或者仅仅是为了等待更低的利率出现等原因，就使那些工作稳定的人也会选择在这个时候推迟购房计划。相反，利率上升往往意味着经济不断增长，良好的商业环境催生了很多工作机会，就业岗位的增加对房地产市场而言是利好消息。更别提购房者争相在利率提高之前出手买房了。所以在思考房地产市场走向的时候，记者要考虑到抵押贷款市场的影响，把注意力放在真正影响房地产市场的因素上，比如能够提供不错的收入以及稳定的就业机会。

</td></tr>
</table>

房地产开发商 Opus Northwest 周五刚刚获得了市规划工业扩展局（Planned Industrial Expansion Authority）的批准，其将获得为期 25 年的免税政策优惠。Opus 所承担的混合房地产开发项目规模达 4000 万美元。该项目有望吸引运动设施设计公司——HOK Sport Venue Event 公司的入住。

Opus 房地产开发部门主管戴夫·哈里森（Dave Harrison）表示："这是一个独一无二的项目，我们正在与 HOK 推进一项伟大的合作项目。希望明年的这个时间能够在这个地方举办很多活动。"

继市规划工业扩展局决定采取大规模税收减免的政策后，这是该局首次批准的一项 100% 减税项目。

Opus 计划在第四街和怀恩多特街交汇处建成一处六层建筑，该建筑将容纳 HOK 的 250 名员工，顶部两层楼将设计为 20 多套公寓，低楼层将设有 300 个公共停车位。

目前 HOK 公司位于西八街 323 号。尽管尚未达成最终协议，但 HOK 公司已经就租用这块占地 8 万平方英尺（约 7432 平方米）的地块签署了一份意向书。

哈里森表示："项目进展情况良好。"他还预计将于今年晚些时候或 2004 年早些时候开工建设。HOK 公司的首席行政官理查德·马丁（Richard A. Martin）也表示愿意尽快与 Opus 签署一份租约。他说："我们对此感到高兴，因为这意味着项目取得进展。我们希望问题得到解决，尽早推进这一项目。"

市规划工业扩展局曾在上一次会议上将该计划暂时推后，原因是免税项目申请过多。该局曾将 10 年期开发项目的免税额度设为 100%，而 15 年期开发项目的免税额度限制为 50%。

该局委员会成员决定，在审核 Opus 申请以及未来出现的其他全额免税申请时均以上述政策为指导。这一政策是基于去年冬天由市规划开发局制定的经济开发政策草案。在 Opus 开发项目投票前该政策已经获得委员会全票通过。

而堪萨斯市政委员会曾经考虑过推迟免税政策的出台时间。市政规划开发部门主任维基·诺提斯（Vicki Noteis）曾经负责新政策讨论环节的工作。她对这项新政策基本上持赞赏态度。她认为："这个政策是朝着正确方向迈出的一步。虽然免税政策本身并不完美，但经济开发政策草案也有不完美的地方。"

新的免税政策与市政规划委员会倡导的方案的一个主要区别在于新政策没有为全额免税项目设置地域限制，这些项目并不限于市中心区高速环路以内的地块。

诺提斯表示，鉴于堪萨斯市其他地区的发展情况，她所在的部门认为市中心环线区域仍需要更多的政策支持。

诺提斯还表示，如果全额免税政策（又称"超级 TIF 税收优惠政策"）也适用于包括 River Market、Crossroads 和 West Bottoms 在内的非环线区域，那么免税政策的有效性将被减弱。

此外，该委员会成员还要求 Opus Northwest 与另外一个附近的 River Market 的项目开发商——River View Central 合作，以便双方都可以解决停车位的问题。

根据 River View 房地产开发公司的计划，原先位于西四街 228 号的 Adams Transfer 公司大楼变为办公和零售地产。但要继续推进该项目还需要争取大量的公共资金支持，以解决停车位不足的问题。

市规划工业扩展局局长爱德华·德雷克（Ed Drake）表示，希望两个项目能够合作解决停车位不足的问题。

River View 开发公司负责人吉米·蒂塔（Jim DeTar）表示，公司与 Opus 的合作进展良好。如果要在 Opus 开发的地块上容纳更多停车位，那么 River View 的项目就需要修建更加便捷、更加便宜的停车场。[1]

这个故事向读者说明了当地减税政策的先例。无论政府部门什么时候批准了这些减税申请，记者都应该查看是否也有其他开发商获得了类似的优惠待遇。如果没有的话，其他房地产开发商及其租户都有可能要求享受类似的减税优惠政策。

住宅地产对于企业来说也非常重要，对于像霍顿公司（DR Horton）这样设有分支机构的房产开发商来说更是如此。但其他企业也会对住宅房地产市场感兴趣。例如，20 世纪 90 年代，美国加州硅谷的一些科技公司很难吸引员工，原因就是该地区的住宅成本太高。企业希望自己的员工能够搬到适宜居住的社区或地区。它们还希望住房成本能与雇员的收入水平相匹配。

住宅房地产也可以在其他方面凸显其重要性。市中心的零售商乐于看到出租公寓、联排式住宅、出售公寓及其他住房建在闹市区附近，这样他们的商店就有客流保证。如果没有住在附近的居民光顾商店，零售商恐将难逃倒闭的命运。

不过，房地产行业涉及的远不止房产买卖交易这么简单。本章的剩余部分将向大家详细说明，实际的房地产交易是一个漫长的过程，可能持续几个月的时间。各方会针对交易展开谈判，特别是围绕商业地块的出售事宜。买方或承租人将会比较很多地块进行筛选。而且，大多数房地产交易的过程都会有公开的记录。

住宅地产

虽然大多数房地产记者将大量时间花在了报道商业地产市场上，撰写了不少关于市区新建的摩天大楼或大型建筑物出售的消息，但在过去十年中，住宅地产市场开始变得日益重要。

2005 年，美国成屋销售额超过 700 万美元，这一数字在 2008 年下降到 500 万美元，之后又在 2009 年小幅回升至 520 万美元。新屋销售额也出

---

[1] K. 科利森：《HOK 全额免税申请获批，将迁至 River Market》，《堪萨斯城星报》2003 年 6 月 21 日，第 C1 版。版权归《堪萨斯城星报》所有，经许可转载。

现了同样的波动。受益于联邦政府推出的税收信贷政策，新屋销售额在 2009 年夏天出现上涨，但在 9 月出现回落。成屋销售和新屋销售的波动对当地经济的影响很大，这意味着记者应关注所在地区的房屋销售数据。

　　除了跟踪房屋销售数据之外，房地产记者还应关注贷款市场的动向。在过去的十年里，许多银行和借贷者通过设立业务分支部门来吸引之前没有买过房的消费者或那些可能有不良信用历史的购房者。所谓的次级抵押贷款，或称掠夺式贷款，很大程度上扩大了美国的住房自有率①，但随着利率的上升，很多消费者因无力支付每月的按揭付款而失去了住房的抵押赎回权，变得流离失所。那么问题就在于，消费者购房时对贷款的细节是否有充分的了解，或是贷款方有没有向消费者充分披露贷款文件中的信息。

　　住宅地产融资的问题也很重要。在经济不景气的时候，消费者可能会为了获得较低的利率而选择抵押贷款再融资，这样其每月支付的月供就会减少。他们也有可能会在持有的房产升值时将贷款进行再融资，用房子增值的部分去买船或出手度假屋。所以，记者应该多跟当地贷款机构的工作人员交流，聆听他们对于该地区未来融资环境的看法。

　　贷款方可以是住宅地产报道的另一个很好的消息来源。在 21 世纪第一个十年的后五年时间里，许多房主发现自己是"泥菩萨过江——自身难保"，即消费者支付的贷款数额超过房屋的价值。消费者通过交纳少量首付购买了住房，一旦房屋价格在短期内下降，资产价值缩水的情况出现，许多消费者就会放弃这处房产，任其由银行收走。很多银行和贷款方通过拍卖等方式将这些违约房产低价卖掉，这样就进一步助长了房地产价格的

> **专家建议**
>
> 　　加利福尼亚州《橘郡纪事报》（*Orange County Register*）的记者乔恩·兰斯纳（Jon Lansner）对房地产市场报道给出如下建议：
>
> 　　**记住一点：买不买得起房子，这是读者最关心的问题。**记者很容易被行业思维所误导，认为不管是住宅地产还是商业地产，房价都是越高越好。实际上，报道内容应该反映住房所有人、购买者、租户以及土地所有人的需求。不要忘了一点：虽然房价/房租价格一路攀升对现任房主有利，但是对于大部分人而言，高企的房价意味着他们买房的希望越来越渺茫。所以，即便是"十年来最糟糕的市场"对部分读者而言也是个抄底买房的好机会。

308

---

① 住房自有率指居住在自己拥有产权住房的家庭户数占整个社会住房家庭户数的比例。——译者注

下降趋势。

就如我们在第3章中所讨论的，遵循趋势在跟踪报道住宅地产市场的时候是很重要的。联邦政府和全美地产经纪商协会都会发布月度住房数据，这些数据可以成为记者报道的基础。联邦政府的住房市场报告会依据美国四个主要地区以及房价区间分别披露新屋的销售数据。如果全国范围内的新屋销售额都在下降，而你所在地区的新屋销售额却出现了逆市增长，你就应该问问房地产经纪人和购买者为什么会发生这样的事。如果全国范围内成交价在75万美元以上的交易数量忽然增加，你就应该看看你所在的地区是否也有同样的情况发生。

新小区开发规划显然也是住宅地产市场的一个重要部分。如果当地市场新屋销售额在最近的几个月或几年内都呈下降趋势，那么为什么开发商要推出一项新的开发计划呢？如果开发商计划开发的小区紧邻着另外一个拟建小区，那么这种竞争对老社区而言意味着什么？

平均房价的变化也是一个重要的报道内容。20世纪90年代的大部分时间和21世纪的前十年间，美国的房价每年都稳步上涨。包括加利福尼亚州、亚利桑那州、佛罗里达州在内的房产价格都在上涨，这种情形促使投机者产生了购入房屋和公寓、在一两年后以较高的价格转手售出的想法。而当平均房价开始企稳甚至下降时，这些购房者需要尽快抛售房产来避免损失。怎么去找到这样的买家？查查某个县的房产登记名单，看看有哪个人的名字被列为多处房产拥有者，那么这些人很可能就是以投资房产作为获利手段的炒房客。

房地产交易

对于跑房地产线的记者来说，大量的房地产交易每天都会发生，报道这些交易是他们的主要任务。如果记者发现一项交易将对所在地区产生影响，或者对其他房产项目产生影响，并将此写成报道，那么这无疑会为读者提供便利。

假设某房地产开发商已悄悄地收购了某城镇某个区域的物业，计划进行修葺翻新。这家开发商已经连续购买了几个街区的所有物业，但唯独有一处物业因房主不想卖而没有买到。在报道了相关的交易之后，记者知道，开发商就差这一处物业没有买到了。这时如果能够对物业的业主进行采访，记者可能会发现一个有趣的故事。

房地产开发商购买物业的原因还有很多。《三角商业杂志》（*Triangle Business Journal*）对北卡罗来纳州罗利市的房产交易记录进行了研究，发现一家公司拥有 Exploris 博物馆附近几个街区的 33 处物业，价值约 690 万美元。这家公司的老板是戈登·史密斯三世，也是 Exploris 博物馆的主席。史密斯告诉记者，他希望通过翻新社区能使房产价值上升。他建议在该地区竖立雕塑、建造住房和办公区。

大规模房地产交易对于大众传播媒体来说是一个重大的独家消息。如果你发现一个竞争对手还没有报道的交易，他们可能会在第二天争相跟进这个报道。

史蒂夫·坎农（Steve Cannon）此前曾担任罗利市的《新闻与观察者报》房地产记者。在房地产报道领域，他所供职的《新闻与观察者报》和同在罗利市的《三角商业杂志》存在竞争关系。他表示："最好的信息来源是商业地产经纪人，这些人知道什么资产待售，哪些房地产即将被出售或出租，哪家公司在为业务发展购买物业。"

> **专家建议**
>
> 加利福尼亚州《橘郡纪事报》（*Orange County Register*）的记者乔恩·兰斯纳（Jon Lansner）对房地产市场报道给出如下建议：
>
> **理解房产经纪人思维：**在商业报道中，没有比房地产专题更需要记者与行业内的一线销售人员定期打交道的了。当跟踪房地产领域的记者因为和房产经纪人打交道而心生抱怨，这说明他们没有意识到房产经纪人对市场动态的把握。在和房产经纪人打交道时，记者要尽量闭上嘴巴，仔细倾听。和很多销售人员一样，房地产经纪人对市场往往持过度乐观的态度，并且悉心看护自己负责的区域。学会他们的语言，并做好和他们交换信息的准备。把他们的观点做到为你所用，获得关于房地产市场实时走势的内部知识。

坎农表示："与开发商比起来，房产经纪人了解的新闻更多。"（2003年5月15日的私人对话）"开发商有自己的项目，这些项目几乎占用了他们大部分时间。而经纪人始终是有顾客带着需求上门，然后经纪人亲自上门去寻找资源，有些人可能会说他们手头上的房源已经卖出，现在已经没有待售房源。最重要的信息源是那些掌握全局信息、了解历史背景的人，这些人能够认识到每一个交易都是全局中的一个环节，既有前兆也有后果。"坎农还表示："与信源建立联系、增进了解是一个漫长的过程。每个星期我都会尽量结识两个人，我会和他们吃早餐或午餐，这个人可以是开发商，也可以是银行界人士或是经纪人。我这样坚持了一年多时间，不断积累和丰富信源名单。每周通过给 25 个人打电话，我基本上就能获得报道地产交易所需要的信息了。"

除了依靠信源，记者还应该知道一点：所有的房地产交易都在地区法院留有备案，一般情况下可以在书记员办公室里找到。这些资料可能在交易后的几天里尚未归档，但对于记者来说，要查找谁买了一处房产、卖家是谁、成交价多少等信息，没有比法院更好的地方了。而且，越来越多的县把这些信息放在互联网上。

可惜的是，报道房地产交易并不总是这么简单。有时，如果一个公司使用另一个注册名称去购买一块地产，那么记者很难追踪究竟谁是真正的买家。记者需要经常去州务卿办公室查看公司的注册文件、管理层及邮寄地址等信息。邮寄地址可能和社区的某家知名企业相同，管理人员也可能是某家著名公司的高管。这是记者发现真正买家的一种方式，或者至少得到一条很好的线索。

房地产交易的卖方信息可能也是未知的。有时，卖方列表中出现的可能是律师或是不知名人士的姓名。这时候记者应该去查找公司记录，或者打电话给律师，问一下他们是哪家公司的代理律师。

有时候并非一定要记者去查找房地产交易记录。如果出现一桩大型土地或房产交易，买方或卖方会以新闻稿的形式公布交易。不过并不一定公布交易金额。如果新闻稿中没有提及交易金额，那么记者应该找一位房地产专家来评估成交价。如果专家掌握了房产交易的面积以及地段信息，那就可以很容易估算出成交价。很多时候，通过买方或卖房的消息人士记者也可以获悉房地产交易的成交价。

除了销售价格、建筑或规划建筑的面积等信息，与房地产交易有关的其他信息也值得报道。记者可以将每平方英尺（约0.09平方米）或每英亩（约4047平方米）的售价与市场中的其他同类交易进行比较。如果售价高于或低于近期其他交易，这可能预示当地房地产市场的走向，同时也可以表明买方对这块地产的购

专家建议

加利福尼亚州《橘郡纪事报》（Orange County Register）的记者乔恩·兰斯纳（Jon Lansner）对房地产市场报道给出如下建议：

重视品味： 买房不同于买其他商品。能不能把房子卖出去经常取决于能否理解人们对房产的体验与感受。不管是买房还是租房，不管是小户型住房还是办公大厦，顾客都希望对购买行为保持良好的感觉。不管是改善厨房台面、游泳池露台还是办公园区景观，这些努力都不会白费。因为顾客对房地产的视觉和体验都足以影响到他们的购买决策，因此不理解这个意义就做不好房地产生意。

买热情。

在房地产交易中，房产地段以及当前的区划用途都是非常重要的信息。如果买方不愿透露其购买这一地块的用途，那么记者应该在交易完成后不断地联系买方负责人，直到对方愿意开口为止；或者记者也应该经常性地检查当地区划管理委员或规划委员会的文件，寻找关于房地产开发计划的相关记录。

如果买方愿意与记者交流他的开发规划，那么相关的建筑图纸和细节问题可能已经敲定了，比如项目动工和竣工时间。同样地，记者要尽可能获取更多的交易信息。

下文节选自科罗拉多州媒体 *Northglenn-Thornton Sentinel* 的一篇报道。报道中强调了交易涉及的地块用途、购买面积以及用于商业用途的地块面积。

> 房地产开发商 Jordon Perlmutter and Co. 已经与 Thornton 签署了一项协议，将把 7 号高速公路与 25 号洲际公路交汇地段打造为当地最大的零售中心。Jordon Perlmutter and Co. 曾经成功开发了北葛伦市的商业中心 Marketplace of Northglenn。
>
> Jordon Perlmutter and Co. 将收购四个地块，将其打造为一个占地 120 英亩（约 48.6 万平方米）的零售中心，预计将有 50 万平方英尺（约 46452 平方米）的地块用于商业开发。
>
> 杰·珀尔马特（Jay Perlmutter）表示，该区域将被打造为像 Park Meadows Mall 这样的购物中心，周边将建造与 Highlands Ranch① 面积相当的住宅区。
>
> 杰·珀尔马特是公司创始人之子，同时也是商业伙伴。他表示："该项目将为所在地区提供新的经济增长点。"他指出，拟建零售中心的周边地区大多由大型住宅开发商所有，他们计划在零售中心周边建造数千个居民住宅。②

---

① Highlands Ranch 是位于美国科罗拉多州道格拉斯县的一个人口普查指定区（CDP）。——译者注
② 《房地产开发商 Jordon Perlmutter and Co. 已与 Thornton 签署地产出售协议》，*Northglenn-Thornton Sentinel* 2002 年 12 月 1 日，第 1 版。版权归 *Northglenn-Thornton Sentinel* 所有，经许可可转载。

311

　　请注意，这则报道的导语部分向读者说明了这块地所处的位置，还解释了周边地块的用途（将建造住宅楼）。

　　如果一家公司进行了大量的地产收购交易，这就应该在报道中反映出来。就算它所从事的都是小规模交易也不要紧，交易本身可能反映出买方对特定类型的地产或特定区域地产的购买兴趣。记者应该从大处着眼，统揽全局。如果买方以前都是在某个地区进行收购，而这次却转向其他地区，那么这项地产收购交易可能是公司战略转变的一个迹象。

　　下文是一篇报道的开头部分，导语部分就交代了这项收购交易的重要性：

　　　　房地产专家表示，麦迪逊县政府火速收购保险公司 Florists' Mutual Insurance Co. 办公大楼的举措表明，市场对爱德华兹韦尔（Edwardsville）商业区的办公空间的需求巨大。

　　　　麦迪逊县政府委员会周三批准了一项收购位于圣路易斯街 500 号、面积为 32000 平方英尺（约 2973 平方米）的大楼的计划，收购价为 223 万美元。在接下来的 18 个月左右的时间里县政府将向这家保险公司收取租金。

　　　　县政府官员吉姆·曼迪（Jim Monday）表示，县政府于 5 月 17 日发出了收购报价。双方在一周内就收购价格达成一致。

　　　　县政府计划将这栋大楼翻新改造成刑事法庭。地产开发商认为，鉴于近期爱德华兹韦尔商业区办公地产的火爆形势，县政府的这桩收购交易很划算。

　　　　商业地产开发商、经纪公司 Amerivest Reality Inc. 董事长菲尔·普拉特（Phil Polite）表示，市场对政府办公大楼附近的地产需求很旺，而可用的新办公空间却不多。普拉特所在的公司正在开发一个位于曼哈顿饭店大楼的两层办公楼项目。

　　　　他表示，针对这处物业的翻新改造工作刚刚完成。这处物业中有大约 65% 的空间已经出租，其他办公空间的租赁项目也在洽谈之中。

　　　　他说："从一开始我们的计划就是将物业改造翻新，然后打广告招徕租户。不过实际情况是，还没等我们找到广告承包商，就已经有两个租约在商谈中了。"

　　　　普拉特还表示，两年前他就曾代表一家圣路易斯的公司与 Florists' Mutual 保险公司进行了接洽,前者表示有兴趣收购一处类似面积的办公楼。

不过那个时候 Florists' Mutual 还没有出售办公楼的意向。

当时担任这家保险公司董事长兼 CEO 的是罗伯特·麦克莱伦 (Robert McClellan Jr.)。去年,Florists' Mutual 达成了一项交易,将在伊利诺伊 143 号公路和 55 号洲际公路交汇地段建造价值 2500 万美元的办公广场和新的总部大楼。在将这座有着 30 年历史的办公大楼在市场上公开出售之前,公司先与县政府进行了接触。曼迪表示,公司代表曾在去年秋天向县政府委员会成员表达了出售办公大楼的打算。

此前,县政府官员原打算收购位于第二街的 St John's United Methodist 教堂地块,计划将其改造成法庭,但终因收购成本过高而放弃。

曼迪表示,县政府有意收购教堂地块的消息几乎是人尽皆知的,这个交易谈了大概有五年之久。

另据建筑专家的考察,县政府改造翻新 Florists' Mutual 保险公司的办公大楼需要耗资大约 300 万美元。

Florists' Mutual 保险公司办公楼要价 260 万美元,而县政府的出价为 200 万美元。交易涉及 170 个停车位、一个较小的仓储室和光纤电缆。

预计交易将于 7 月 15 日完成。[①]

上文对这项房地产交易进行了详尽的报道,交代了买方对办公楼感兴趣的原因以及卖方出售物业的原因。此外,最后一段还交代了交易将于何时完成,倒数第二段中提到了卖方的要价和买方的出价。只要能够获得这些交易细节,记者都应该在报道中提到。

同时记者也要特别注意那些以前一直在出售物业,现在开始表现出收购兴趣的房地产公司。举例来说,《达拉斯商业周刊》(*Dallas Business Journal*)就注意到了 Crescent 房地产投资信托公司(Crescent Real Estate Equities Company)的这种变化。该公司决定将奥马哈市和新奥尔良市的物业出售,以集中精力发展其他市场。

此外,还有其他一些房地产记录可以帮助记者追踪报道房地产行业和

---

① 《麦迪逊县政府将收购 Florists' Mutual 保险公司办公大楼》,《圣路易斯邮报》2000 年 5 月 22 日,第 1 版。版权归《圣路易斯邮报》所有,经许可转载。

专家建议

加利福尼亚州《橘郡纪事报》（*Orange County Register*）的记者乔恩·兰斯纳（Jon Lansner）对房地产市场报道给出如下建议：

别怕数据的模糊性：不同渠道发布了大量的住房数据，而这些数据显示出不同的市场趋势。怎么办？不必发愁。这种不一致的情况华尔街经常出现，如某天道琼斯指数上涨，但纳斯达克综合指数却下跌，原因是利率走势发生变化，而且完全无法预知这些股指的表现会对你的投资组合有什么影响。如果你能够了解所报道的房地产市场的具体指标和走势，那么这就是你的优势。住房中位数并不能告诉你什么，但是房主会乐意和你谈谈他们的财务状况。作为记者，你要向读者解释房地产指标的不同表现意味着什么，并阐述不同表现引起的各方争议和看法，这样你的报道对读者才有帮助，才更能吸引读者。

业内人士。美国各州的法律规定，房地产经纪人需要取得执照，也需要接受政府监管。有些时候，针对房产经纪人或中介的投诉也构成公共记录的内容。如果记者认为某位房地产经纪人遇到了麻烦，就应该去找找这些记录。有时候房产经纪人本身就可以构成报道的素材。

有时候，房地产交易的报道不一定完全涉及某些地产的购买或出售。很多报道是关于房地产开发商取得重大进展的事项。如果开发商获准进行新的办公楼建设，对于某个地区的房地产市场而言，这也是值得报道的一件大事。

报道房地产交易和重大进展看上去难度很大，因为它们一般涉及复杂的交易。其窍门是用一种读者能够理解的方式来报道。

对此，史蒂夫·坎农说道："查找房地产交易信息的工作是非常专业的（2003 年 5 月 15 日的私人对话），但实际写作的时候不能过于专业晦涩。房产交易对于每个人而言都很重要。如果其中的细节和内容读者很难明白和理解，那么这样的报道可能根本就不应该做。有时候也会有消息人士向我透露房地产租约拟定的详细过程，但关键问题是读者该如何去理解它，如果读者理解起来有难度，那我宁可选择不写这样的报道。"

住房区划和规划部门

住房建筑工程是发生在商业地产和住宅建筑出售或出租之前的环节。一般情况下，在破土动工之前，地方政府首先要批准开发商的建筑方案。负责审批的政府部门是住宅区划委员会或规划委员会。在有些地区，可能这些机构的名称会有所不同。市镇政府的区划和规划部门是房地产记者寻找新闻线索的好地方。具有收购意向的地产开发商经常会向这些部门提交新的办公楼或新的住宅区开发计划，从这种公开记录中记者可以挖掘到有趣的新闻。文件中会披露拟开发的住宅的面积以及工程动工的时间。

不同地区的住房区划和规划委员会的职能也有所不同。一般情况下，区划委员会负责土地建设用途的审批工作。例如，如果政府规定某主要街道的一处地的主要用途是住宅物业，那么业主若想将此处物业出售给有意购买这处物业并将其开发为加油站或便利店的一方，那么业主就需要向区划委员会提交申请，请求将这块地的用途变更为商业物业。

区划委员会的会议是对公众开放的，会上委员会一般会审议房地产公司递交的十几项审批申请。申请公司通常会向委员会成员进行汇报，接下来会进入讨论环节，届时居民和其他相关人士可以发表看法。有时候，物业周围的邻居也会出席变更土地用途的讨论会并发表反对意见。接下来，很多社区的住房区划委员会就申请进行投票表决，最后将由市政委员会或县委员会审核批准。

土地规划委员会的运作方式几乎和区划委员会一样。例如，某一业主决定在其拥有的土地上建造一座建筑物。在开工之前，业主需要向当地的土地规划委员会提交申请，说明拟建建筑的类型以及建筑方式。如果业主想在一处住宅楼附近修建一个汽车维修中心，其申请可能会遭遇不少阻力。土地规划委员会召开的会议也对公众公开，附近居民以及相关人士一般会出席听证会并发表反对意见。

很多媒体机构负责报道市政或政府事务的记者一般都会关注住房区划和规划部门。同样地，商业记者也应该关注这些部门，因为很多报道都涉及房地产开发和商业用途。

记者应该从头至尾地关注并追踪土地区划和规划申请流程，特别要盯住那些大型商业地产开发项目，因为项目的审批意味着当地将新增数百个工作机会，新建的住宅区意味着社区将增加数百套住宅。很多时候，居民们担心的是随之而来的交通拥堵严重、对当地小溪和河流的污染以及入学人数急剧增加等问题，这些担忧将成为阻碍新开发计划获得通过的主要因素。如果房地产商的开发计划没有得到批准，则意味着数百万美元可能付之东流。一般情况下，开发商在购买土地的时候就已经有了特定的开发意向。如果当地政府不批准开发商的计划，就会导致物业因无法按照既定计划开发而闲置。

下文是一则头版消息的开头部分，内容是关于肯塔基州路易斯维尔的一家大型开发商在向土地区划和规划部门提交申请前公开的重大事项。可能开发商在向地方管理部门提交审批申请之前就开始为它们的开发计划宣传造势了。

314

根据昨日公布的一份计划，路易斯维尔市最大的未开发私人地产——奥克斯摩尔农场（Oxmoor Farm）将在未来的25年里得到开发。

据该农场继承人的代理律师介绍，该项目覆盖面积为450英亩（约1.8平方千米），将开发住宅、高档公寓、商店、办公楼和酒店。

现任路易斯维尔市市长戴夫·阿姆斯特朗（Dave Armstrong）自1994年担任杰弗森县执行法官以来一直致力于修建一条贯穿奥克斯摩尔的道路。而上文提到的开发计划将与新建公路产生交集。

阿姆斯特朗认为这一开发计划是各方能够达成的最好方案，"将建成融绿化和商业开发为一体的绝佳地块"。

其中，大约有三分之一的土地将免于开发，包括老布利特地产以及Beargrass溪流两侧的岔路沿线地带和小型墓地四周的地块。

初步的开发方案包括：

● 建造约10座办公楼，多为四到六层建筑，以及开发64号州际公路沿线区域。

● 一个至少包括四个建筑物的零售区域，每个建筑内部要有几家店铺，位置在奥克斯摩尔中心后面，作为商场的外延发展。

● 在农场东侧开发一批高档住宅和一家养老院，作为附近Hurstbourne和Oxmoor Woods住宅区的缓冲地带。

● 项目中心是大面积的公共用地，包括上百个公寓、十几家小型零售店、若干条步行街、一个运动俱乐部，甚至可能开发一家酒店和会议中心。

这家农场由William Marshall Bullitt及Thomas Bullitt信托基金所有。该基金的管理层计划下周就农场的开发方案与路易斯维尔-杰弗逊县规划委员会进行商讨，并将在一个月后提交变更土地用途的审批申请。

农场继承人的代理律师瑞克（Rick Northern）表示，鉴于项目的规模较大，县规划委员会可能需要数月时间来理顺监管事宜。明年春季将就该项目申请举行审批听证会。

届时，市参议会将就 405 英亩（约 1.6 平方千米）农场土地的重新规划方案做出决定。而其余 45 英亩（约 0.2 平方千米）未注册县级土地的重新规划方案将由杰弗逊县财政法庭做出最终裁决。

瑞克表示，目前，整个开发计划仍处于概念阶段。规划委员会首先将审批一项大致的开发计划。具体的方案细节将视道路建设和市场需求情况而定。[①]

虽然项目的审批还需数月时间，但开发商已经得到了当地市长的支持。很多时候，区划和规划方案还具有政治上的意义。政客们有时候希望自己因为批准了一项重大的开发计划而被世人所知。不仅如此，他们也会利用区划和规划批准程序促使开发商为社区建设出点力，比如改善项目所在地区的道路状况或新建通往另一个地区的人行道。

有些社区甚至还会专门设有建筑项目审批委员会。其中可能会有建筑设计审批委员会，以确保新建建筑的外观与该地区其他建筑保持协调一致。

区划和规划审批程序有时候也会出现意想不到的问题。委员会会要求开发商提供更多信息，否则可能会将听证会时间延后，以便给开发商时间来修改开发方案，解决潜在的问题。房地产区划委员会或规划部门推迟了一个重大房地产项目投票表决的时间，一般都是有原因的。记者可以通过与委员会成员、开发商以及项目反对方交流来了解缘由。

据《克莱恩底特律商业报》（*Crain's Detroit Business*）报道，Ann Arbor 房产规划委员会因为担心经济适用房供应问题而推迟了两项住宅物业的开发项目。报道的信息来自城市规划委员会、规划部门主任以及独立房地产经纪人。

有些地方媒体不仅报道所有的房地产交易和建筑许可，也会对住宅规划和区划委员会的审批决策进行全面的报道。如果一个房产开发项目最终获得通过，这就意味着政府批准了这个项目，这个消息也就具有新闻价值。对读者而言，这个消息也很重要，因为它意味着当地就业机会增加的可能，也可能意味着一个大型建筑项目将在原先旅行路段上破土动工。

下文是关于一个住宅项目获得批准的报道，项目开发时会建成一条连

[①]　S. 谢弗、B. 派克：《奥克斯摩尔农场开发计划出炉》，《路易斯维尔邮报》2001 年 10 月 13 日，第 1A 版。版权归《路易斯维尔邮报》所有，经许可转载。

接两个小区的道路，而这条路会对当地居民的生活产生影响。

　　Smokey Row 小区的初步开发方案获得批准。与此同时，一条连接 Smokey Row 与 Water's Edge 小区的公路也将开始建设，是否该建这条路仍充满争议。

　　约翰逊县（Johnson County）规划与区划委员会批准了上述开发计划。项目开发商为亚利桑那州斯科茨代尔市 Nichols Group 公司。该小区距离 Morgantown 街有 2000 英尺（约 610 米），含 76 个地块，占地 38 英亩（约 0.15 平方千米），紧邻 Water's Edge 小区的南侧。接下来这一开发项目将由县委员会审批。

　　Water's Edge 小区的住户对修路一事表达了反对意见，原因是担心交通高峰期时机动车司机为了避开 Morgantown 街和 Smokey Row 街的四个方向停车指示牌而抄这条近路。

　　县规划与区划委员会的乔安娜·梅尔斯（Joanna Myers）表示，新建的这条路将命名为 Streamside Drive，委员会在批准这项计划的同时会要求在这条路距离 Water's Edge 小区往南 1 个地块的位置竖立一个停车指示牌。

　　Water's Edge 小区紧邻 Smokey Row 地块的北侧。要进入 Water's Edge 小区的主要入口必须经过 Morgantown 街。

　　6 月 3 日，县规划与区划委员会否决了 Nichols Group 公司提交的将占地 38 英亩（约 0.15 平方千米）的 Smokey Row 地块用途由 R1 变更为 R2 的申请。Water's Edge 小区居民的意见发挥了重要作用。如果这一申请获得通过，那么此处将建成 83 栋住房。每英亩（约 4046 平方米）将建两个单元楼，总计占 76 个地块。[①]

　　一般情况下，开发规划涉及的住宅区周边的住户都会参加区划或规划委员会举行的听证会，表达他们对建筑项目的反对意见。很多时候他们提出了很多正当的反对意见，如车辆增加、学校拥挤等问题，但有的时候他们只是不愿意周边地区建造更多房屋而已。此外，环境保护组织等其他组织也会参与听证会，并表达反对意见。

---

① J. 托马斯：《Smokey Row 小区开发计划获政府批准》，《印第安纳波利斯星报》2002 年 6 月 26 日，第 15 版。版权归《印第安纳波利斯星报》所有，经许可转载。

区划和规划部门也是关于建筑许可的信息来源。开发商新建、拆毁、翻新、扩建或维修建筑的活动都需要获得政府的许可。大多数城镇政府要求开发商在开工之前获得许可。如果没有获得政府许可，承包商或住宅所有者可能会面临罚款。

有了建筑许可才能确保建筑项目平稳推进，才能确保住房结构安全牢固。

通过关注某地的建筑许可证审批活动，记者可以了解到当地房地产行业活动的基本情况。如果某一地区颁发的建筑许可证数量增加，显示当地经济处于上升通道；反之，如果建筑许可证获批的数量呈下降趋势，那么当地经济可能面临增长放缓的问题。

通常情况下，地方区划或规划部门会保留当地建筑许可证的数据。记者应该定期查阅这些数字，寻找预示建筑行业趋势的蛛丝马迹，这应该是有新闻价值的信息。下文是一家报纸对建筑许可证价值波动的报道：

> 由于经济增长放缓，办公楼、仓库和公寓空置率高企，建筑承包商们去年停止了商业住宅开发项目。
>
> 维克县（Wake County）税收评估员表示，2002 年维克县商业建筑许可证价值降至 2.106 亿美元，较 2001 年下降了 61%。但三角洲地区的商业地产项目多数集中在该县。而罗利县（Raleigh）的情况更加糟糕，新建商业建筑许可证价值缩水了 74%，至 1.028 亿美元。
>
> 位于罗利县的三角洲地区最大的建筑公司——Clancy & Theys 建筑公司营销副总裁斯科特·卡特勒（Scott Cutler）表示，除了大学和机构的建筑项目之外，其他所有行业都出现了增速放缓的情况。
>
> 由于整体经济形势不景气以及互联网泡沫经济的破灭，办公楼市场大势已去，其他市场部门也遭受重创。旅游和酒店行业的情况也已今非昔比。
>
> 市镇层面的商业地产开发项目不会具体分类，但办公楼和零售建筑行业却受到了经济低迷以及复苏进程迟缓的重创，企业不愿增加工作岗位，商人不敢开设新店，因此仓库建筑业也遭遇了冷冬。
>
> 达勒姆县（Durham County）去年的商业地产开工量的降幅虽然没有那么严重，但建筑许可证价值较 2001 年缩水了 14%，至 1.411 亿美元。

317

过去几十年中，由于抵押贷款利率较低，这两个县的新建住房数量持续增长。但如今已经出现下降。

维克县2002年新屋建筑许可证总价值较2001年下降了1.3%，至12.9亿美元。2002年颁发的新屋开工许可证数量为9214个，上年同期为9467个。

达勒姆县2002年新屋建筑许可证总价值较2001年下降了8.5%，至3.17亿美元。2002年颁发的新屋开工许可证数量为2762个，上年同期为3643个。[①]

虽然大多数房地产记者关注的是地产交易，因为交易涉及的金额巨大，但地方社区的住宅建筑市场趋势同样也很重要。

房产契约

房产契约上能够显示房产的真正拥有人，因此对于记者而言这是非常有用的信息。

房契是约定房产所有权的一种法律文件，其中包括对所购房产的法律描述。如果法律描述上出现错误，买方可能会在以后出售物业时遇到麻烦。房契上应该正确写明买家和卖家的姓名。如果买家或买家的名称拼写错误，可能会导致将来房产出售时出现问题。

像大多数的房地产文件一样，房产契约一般也是要提交给县政府的公共文件。此外，关于房产抵押贷款和留置权问题的文件也会成为公共信息。当业主进行再融资抵押贷款时，就会生成一个新的公共文件。

记者通过获取房产契约和其他房地产文件，可以方便地查询一处房产的历史记录，包括以前的业主以及物业价值方面的信息。《新闻与观察者报》的坎农表示，记者还可以利用房产契约查询其他信息。

专家建议

加利福尼亚州《橘郡纪事报》（*Orange County Register*）的记者乔恩·兰斯纳（Jon Lansner）对房地产市场报道给出如下建议：

别忽略了租房者：美国一直推崇人们应该拥有自己的住房。即便如此，还是有近40%的人选择租房，实在不应该忽略这么大的群体。在报道房地产市场时，要尽量重视租房者这个群体，而不是仅仅定期盘点一下租房市场趋势。例如，针对土地所有者的法律不胜枚举，但新法规的推出也会影响到租房者的生活。公寓的可获得性对于一个地区的经济发展具有非常重要的意义。在思考住房市场未来走势的时候，不要忘了征询租房者的意见。

---

① D. 普赖斯：《建筑许可证价值下降显示住宅市场陷入疲软》，《新闻与观察者报》2003年2月5日，第D1版。版权归《新闻与观察者报》所有，经许可转载。

史蒂夫·坎农表示（2003年5月15日的私人对话）："在商业区的费 318
耶特维尔街购物中心就有一处物业，那栋楼里的人并不是物业所有人，他
们租了那栋大楼，但不愿和我透露相关情况。不过租赁合同在县政府那里
是有备案的，因此我可以了解到他们交纳的租金以及租约何时到期。"

不论房产面积是多少，也不论是大型办公楼还是单层公寓，房产契约
都是非常重要的文件，对于出借资金给房产购买方的债权人来说更是如
此。如果房产所有人无法按时还款或停止偿还贷款，那么债权人可能会取
消房产的抵押赎回权，即收回房产所有权，拿到房产契约并将房产出售，
以抵偿之前的贷款。

如果房产所有人无法及时偿还欠款或者停止支付贷款利息，就会出现
贷款违约记录。虽然很多出现违约的住房贷款最终并没有走到丧失赎回权
的地步，但贷款违约却通常是丧失抵押品赎回权程序开始的第一步。银行
和商业金融公司等债权方经常会披露贷款组合的违约率。如果违约率持续
上升，那么就意味着贷款方有很多不良贷款。

不过也有一种情况是，在出现违约的情况下，房产契约会由房地产
开发商直接转到债权方名下。房地产开发商如果深陷财务困境，为了履
行贷款偿还义务，其可能会直接把房产所有权转到债权方名下。很多债
权人并不直接经手管理房地产项目，如果房
产契约转到其名下，那么这通常被视为重大
事项。

《亚特兰大宪法报》前房地产记者萨利·
斯奥特（Sallye Salter）就通过查阅与 Peachtree
Center 相关的房产契约文件发现了这种情况。
Peachtree Center 是由房地产开发商 John
C. Portman Jr. 开发的一处位于商业中心的物
业。斯奥特发现这处物业所有权已经转至两家
保险公司名下。而这两家公司就是 Portman 的
债权方。物业所有权转让交易在房产契约中有
明确的记录。斯奥特的报道成为 Portman 在亚
特兰大的房地产帝国陷入资金困境的重磅
新闻。

此外，房产契约的重要价值还体现在其他

专家建议

加利福尼亚州《橘郡
纪事报》（*Orange County
Register*）的记者乔恩·兰
斯纳（Jon Lansner）对房地
产市场报道给出如下建议：

豪宅市场值得关注：
不管是什么报道题材，不
管是哪个城市，大笔金额
的交易总会引起关注。房
地产市场也不例外。不论
是靠海的宅邸、大块土地
还是摩天大楼，昂贵的住
宅并不单单因为金额巨大
而成为报道对象。财富的
轰动效应是不容忽视的，
昔日坐拥豪宅的巨富商贾
没落的故事同样也具有吸
引力。

方面。例如，《坦帕论坛报》的记者就从房契文件里发现了前任公司高管房产的真实持有人。

公司蓄意收购者① Singer 公司前董事长保罗·比尔泽恩（Paul Bilzerian）位于希尔斯伯勒县北部的超级豪宅挂牌出售，不过他本人恐怕无法从中获得任何收益。

美国联邦法院法官斯坦利·哈里斯（Stanley Harris）周二下发指令，要求冻结这处豪宅销售的所有收入，等待他将于三月份做出的庭审判决。

这位联邦法官认为比尔泽恩对这处豪宅的买卖情况"未如实申报"。记者在周四试图联系比尔泽恩，但没有成功。

位于坦帕的 Smith & Associates Investment Co. Realtors 公司的总裁鲍勃·格莱赛（Bob Glaser）表示，目前尚没有买家出价购买这栋占地3.6万平方英尺（约3345平方米）的豪宅。

格莱赛称，还在继续推销这栋豪宅。

豪宅内有11个卧室，是湾区最大的物业，物业评估公司 Hillsborough County Property Appraiser 对其的估价为340万美元。

因未恰当披露股票交易行为，比尔泽恩在1989年被判证券欺诈罪，并被美国证券交易委员会（SEC）处以罚款，其中罚金达3300万美元，外加2900万美元利息。比尔泽恩于1991年申请破产。

鉴于比尔泽恩未支付罚金，也没有向法庭申报这处位于坦帕的物业并通过出售物业支付罚金，因此 SEC 申请法院审查比尔泽恩是否存在蔑视判决的行为。

SEC 官员发现，专为富人阶层物色豪宅的高端住宅杂志 Unique Homes 1月版上刊登了一则关于比尔泽恩的 Avila 豪宅挂牌出售的广告，但广告中没有豪宅的售价信息。

SEC 驻华盛顿的助理首席诉讼顾问朱迪斯·斯达（Judith Starr）表示，希望对比尔泽恩的财产状况进行全面审计。庭审文件显示，比尔泽恩否认拥有此处物业。他已经在1997年3月将此处物业的所有权转给了一家有限合伙公司。但斯达表示，有证据显示比尔泽恩是这家

① 指通过大量购买股票以达到控制某一公司的个人或机构。——译者注

合伙公司的控股人。因为房产契约上显示，这家合伙公司的地址与比尔泽恩的住宅地址是一致的。[①]

再举一例进行说明。亚特兰大《富尔顿县日报》（*Fulton County Daily Report*）的记者通过查阅房地产契约文件发现，在当地丧失抵押赎回权的住房中，有8%的案件都与一家房地产开发商有关联。通过调查和深入挖掘信息，他们发现这家房地产开发商通过承担抵押贷款的还款责任或收购同一地块公寓的方式将这些住房购买下来。报纸通过对房产契约的调查显示，这家地产开发商首先将物业出售，然后获取资金用于支付交易费用。诉讼文件还显示，物业出售交易系虚假交易，房产契约上显示的抵押贷款利率要高于市场现行利率，而且这家开发商甚至在交易尚未完成之前就计划以更低的利率对抵押贷款进行再融资，并把交易所得收入囊中。

所有这些交易细节均可以从房产契约文件和其他公开的房地产交易文件中获得。记者要做的就是深入挖掘，不过这种付出还是有回报的，最终记者写出了一篇足以震惊当地房地产界的大新闻。（这篇报道还披露了这家开发商旗下价值510万美元的住房资产已经丧失抵押贷款赎回权。）

如果住房所有人没有支付房产税，那么政府有权取消这处物业的抵押贷款赎回权。如此一来，住房所有权将发生变更。像这样的公开取消抵押贷款赎回权的情况一般都会提前公示，以吸引对这处物业感兴趣的潜在买家。 320

查阅房产契约文件是所有房地产记者都应该做的主要工作。很多情况下，记者去当地法庭踩点未必能够找到报道的突破口。但如果记者经常查阅商业和住宅地产交易的文件，那么他就会对市场情况比较了解。通过追踪交易活动并研究趋势，记者能够给读者提供其他记者所忽略掉的深刻洞见。

通过查阅房产契约文件，记者在追踪住宅和商业房地产市场时就有很多趣闻可以写入报道。定期查阅房产文件能让记者透过房产交易研判市场大趋势。当然，研读这些文件肯定是一项枯燥的工作，但同时也是了解房地产交易的最好途径。记者在做足了功课之后再给经纪人或开发商打电话，提到他们最近提交的房产交易记录，那么这些消息源就会感受到记者

---

① J. 格鲁斯：《法庭冻结豪宅出售程序》，《坦帕论坛报》1999年2月18日，第1版。版权归《坦帕论坛报》所有，经许可转载。

对于这个行业的理解力和洞察力。

税收评估

地方税务评估师办公室是另一处可供记者查找房地产信息的地方。税务评估师任期内的工作职责是评估物业价值，确保纳税人履行纳税义务。纳税评估的对象为房地产所有人，纳税所得用于支持社区公共事务发展，如学校、法律执行部门、医院、道路建筑和维护以及公园等。房产评估价值属于公共记录，可以从税务评估师办公室处获取。记者可以通过查询数据库从网上获取房产价值信息，现在这种情况越来越多。

有的房产可以享受免税优惠政策，遇到这种情况，记者应该查一下原因，如果这处物业属于商业地产就更应该弄清楚了。

税务评估师办公室并不决定税率。税率一般由县委员会或市政当局设定。税务评估师的工作是实地考察物业，并对其出售价格进行评估。房产所有人如果觉得评估师给出的交易价格过高，可以提出异议。

一般情况下，商业和工业地产的评估价格要高于住宅地产，因为商业地产的物业一般要比住宅价格更高。举例来说，一处价值15万美元的住宅物业可能评估税率为8%，这意味着业主需要缴纳1.2万美元的税款。而同样价值的商业建筑的评估税率可能要高达15%，业主应缴税款2.25万美元。

在房地产报道中，物业评估价值可以是一个非常重要的事实。对于每一项重大房地产交易，记者都应该查找这方面的信息。如果收购方以200万美元的价格买入一处物业，而当地税收评估办公室的估值为150万美元，这时记者就要思考：为什么买方愿意支付33%的收购溢价？同样的问题也适用于卖方：卖方为何以低于评估价值的价格低价抛售某处物业？当然，并非所有的物业都以评估价值达成交易，如果售价与评估价的差别不大就不值得特别一提。但房产交易成交价是非常重要的信息，因为它代表着买方的购买热情。此外，缴税过程中出现的问题也是有趣的报道线索。例如下文节选的报道：

321　　　围绕匹兹堡国际机场地段的凯悦酒店拖欠的地产税征缴一事，西阿勒格尼校区和阿勒格尼县政府卷入了一场诉讼。

西阿勒格尼校区已经将县政府告到民事诉讼法院，要求后者向其支付凯悦酒店 2000 年至 2001 年间地产税共计 791777 美元。

但县政府表示并不存在拖欠该校区地产税的情况。凯悦酒店所处的地块所有权由县政府持有。

多芬县政府部门建造了凯悦酒店，并从阿勒格尼县政府那里租赁了土地。多芬县政府、阿勒格尼县政府、芬得利镇以及西阿勒格尼校区于 1998 年达成协议，酒店所处地块可免于征收房地产税。不仅如此，各方还一致同意由多芬县政府每年向阿勒格尼县政府、芬得利镇以及校区共计支付 46 万美元。

西阿勒格尼校区的事务律师伊拉·维斯（Ira Weiss）表示，要推进协议必须要申报这一地块的免税待遇。可惜协议并没有进行到下一步。而且多芬县政府也从未支付过约定的 46 万美元。

多芬县政府总事务处律师托马斯·斯密达（Thomas Smida）在去年春天写给县政府的信中表示，多芬县缺乏足够的资金支付这笔费用。他表示，多芬县政府去年在酒店运营中遭受了 140 万美元至 310 万美元的亏损。

但维斯并不认可这种说辞。他认为，各方就房产税问题达成的支付协议是建立在酒店所处地块享受免税待遇的前提下才成立的，如果免税待遇不成立，那么协议就是无效的。而县政府从来没有采取必要的措施确保这一地块享受免税待遇，因此校区方面认为县政府欠校区这笔钱。

从县政府的房地产网页上可以看到，凯悦酒店属于应纳税物业，评估价值为 2380 万美元。

维斯表示，根据法律规定，如果酒店属于应纳税物业，那么不管其有没有达成支付协议，校区方面都有责任向其征税。

阿勒格尼县政府助理律师科雷格斯·史蒂芬斯（Craig Stephens）322
表示，他不理解的是为何酒店方面从未向地产评估办公室提交过免税申请。维斯对校区应该找多芬县政府要钱的说法感到不解。他表示，县地产评估记录显示，阿勒格尼县政府是此处地产的合法拥有者。但史蒂芬斯表示，根据阿勒格尼县政府与多芬县政府达成的租赁协议，多芬县政府应该支付与此处地产相关的所有地产税。他表示，阿勒格尼县政府计划将多芬县政府列入被告行列。阿勒格尼县政府没有义务支付上述税款。各种诉讼要求将交由法官理顺。庭审定于12月11日举行。

维斯表示，如果该处地产的免税地位得以确认，那么校区方面将履行之前的支付协议。但这并不意味着阿勒格尼县和多芬县政府就可以不支付酒店所欠的地产税。维斯称，按照法律规定，任何税收减免都不具有追溯力。[1]

上述报道以及本章提到的其他案例都说明，房地产市场报道要求记者对政府文件和地方监管部门关于房地产开发和交易的监管体制比较熟悉。或许可以这么说，商业新闻报道中对记者掌握地方政府运作机制要求最高的当属房地产领域了。房地产记者对地方政府的了解程度可能要比跟踪报道市政厅或县属部门的记者更深入、更透彻。

关键术语

评估价值	丧失抵押贷款赎回权
经纪人	租约
建筑许可证	债权人
契约房产	经纪人
违约	区划

参考文献

Bachlet Snyder, N. (2002, December 12) . Thornton lands Perlmutter mall. *Northglenn-Thornton Sentinel*, p. 1.

Bailey, L. (2002, November 4) . Affordable-housing request delays 2 Ann Arbor projects. *Crain's Detroit Business*, p. 17.

Belko, M. (2002, October 18) . Dispute arises over taxes on airport hotel. *Pittsburgh Post Gazette*, p. C – 14.

Collison, K. (2003, June 21) . Tax break passed for HOK relocation; Architecture firm would move to site in River Market. *Kansas City Star*, p. C1.

Corfman, T. (2003, May 10) . Aon Center brings ＄465 million price; Atlanta firm

---

[1] M. 贝尔科：《围绕凯悦酒店地产税的诉讼争议》，《匹兹堡邮报》2002年10月18日，第 C – 14 版。版权归《匹兹堡邮报》所有，经许可转载。

pays less than expected. *Chicago Tribune*, p. C2.

Gruss, J. (1999, February 19). Court sews up mansion proceeds. *Tampa Tribune*, p. 1. Nilsen, K. (2003, June 30). Firm called Wood Pile owns 33 properties near museum. *Triangle Business Journal*, p. 1.

Perez, C. (2002, February 1). Crescent is "done selling," ready to spend. *Dallas Business Journal*, p. 10.

Price, D. (2003, February 5). Drop in building permits tells story of decline. *The News & Observer*, p. D1.

Ratcliffe, H. (2000, May 22). Madison County agrees to purchase Florists' Mutual insurance building; Site in downtown Edwardsville will serve as courthouse; price tag is $2.33 million. *St. Louis Post-Dispatch*, p. 1.

Renaud, T., McDonald, R. R., & Ramos, R. (2002, May 16). Deals send $75 million in properties to foreclosure. *Fulton County Daily Report*, pp. 1, 3, 4, 7.

Salter, S. (1995, April 14). Two lenders get more Portman holdings; Downtown complex: Much of Peachtree Center has been transferred to new owners to meet debt agreements. *Atlanta Journal-Constitution*, p. 1E.

Shafer, S. S., & Pike, B. (2001, October 13). Development of Oxmoor Farm proposed; plan calls for stores. *The Louisville Courier-Journal*, p. 1A.

Thomas, J. (2002, June 26). Planners give approval for Smokey Row Estates. *The Indianapolis Star*, p. 15.

323

房地产领域专著

Jarsulic, M. (2010). *Anatomy of a financial crisis: A real estate bubble, runaway credit markets, and regulatory failure*. New York: Palgrave Macmillan.

O'Donnell, J. R., Rutherford, J., & Towle, P. (1991). *Trumped!: The inside story of the real Donald Trump—his cunning rise and spectacular fall*. New York: Simon & Schuster.

Pacelle, M. (2002). *Empire: A tale of obsession, betrayal, and the battle for an American icon*. New York: Wiley.

Schachtman, T. (1991). *Skyscraper dreams: The great real estate dynasties of New York*. New York: Little Brown & Co.

Sobel, R. (1990). *Trammell Crow, master builder: The story of America's largest real estate empire*. New York: Wiley.

Tauranac, J. (1995). *The Empire State Building: The making of a landmark*. New York: Scribner.

参考练习

1. 查找你的指导教授或所在学院院长名下的房产记录。在有些县镇，这些记录可以从网上找到，所以先从互联网上找找看。请记录下房产购买价格以及购买年份。同时也查一下房屋的评估价值。房产评估价和购买价的差价是多少？

2. 查找当地房地产记录，看你所在的学校最近是否有过地产收购活动。如果你发现有这样的活动，那么校方是否披露过地产的计划用途？这处地产的出售方是谁？这个人之前与学校有什么关系？

3. 看一下地方政府或县政府将于何时举行因未缴纳房产税而丧失抵押贷款赎回权的房地产拍卖活动。参加拍卖会，看一下什么类型的房地产被拍卖，主要是商业地产还是住宅地产？尝试与部分买家交流，看看分别都是什么人、出于什么样的动机参与房产拍卖。

4. 参加当地区划委员会或规划委员会会议，写一篇500字的报告，说明上会讨论的房地产类型以及开发方案是否存在反对意见、最终是否获得通过；如果项目申请未获批准，是什么原因导致的。

324

第 15 章
政府监管报道

监管机构

在本书之前的章节里，我们已经对美国证券交易委员会（SEC）及其在企业和股市监管方面的作用进行了讨论，特别是商业记者如何利用政府监管体制确保公众知情权。

但其他许多联邦监管机构也在企业监管方面发挥作用。例如，州和地方政府机构同样也行使监管职能，以确保美国企业遵守相关规章制度。

商业监管是通过制定规则、程序和法律对企业和行业进行管理的。尽管许多企业高管可能会表示政府监管限制了其盈利能力，但法律和规则确实发挥了一定的作用。大多数商业法律、法规的制定是为了保护其他企业、消费者、员工以及竞争者的合法权益。

> **专家建议**
>
> 道琼斯通讯社华盛顿分社社长罗布·维尔斯（Rob Wells）对如何报道政府商业监管活动给出如下建议：
>
> **竞选献金：**要关注联邦竞选委员会每个季度、每个月的文件提交日期，查找企业为政治人物竞选提供的资金数额。此外，记者也可以查阅州竞选公开文件，当然这些文件中提供的信息的真实性和详细程度并不一样。

商业监管在美国并没有很长的历史。大多数商业法规直到 19 世纪才得以推行，而那时距离美国第一家商店开店营业已经过去了一百多年。事实上，最初正是一些大企业的不当行为导致立法者对公司制定了重要规则和限制条款。目前从全球范围内来看，政府部门也参与到监督企业运作中来了。

美国政府对企业的监管与 19 世纪晚期的工业革命有着密不可分的关

专家建议

《克莱恩纽约商业杂志》（Crain's New York Business）前主编格雷格·戴维（Greg David）对报道企业与政府之间的关系时给出如下建议：

不要以为政治人物能理解商业企业的运作模式，一般情况下他们都不懂，但是作为记者你要懂得企业是如何运作的。

系。随着一些企业规模的扩大，其他企业希望政府能够保障其权利免受侵害。此外，一些企业忽视了员工恶劣的工作条件，并试图破坏工会，一些企业对员工进行身体上的伤害甚至杀害员工。正是这些企业的违法行为推动政府开始履行监管职能。

州政府的官员们试图对企业进行监管，但他们的监管权限具有局限性。州政府只能通过法律条例监管在本州内运营的企业。

在19世纪80年代之前，联邦政府在美国商业监管中并未发挥重要作用。第一个重要的商业监管机构是创建于1877年的州际商务委员会（Interstate Commerce Commission）。该委员会最初监管铁路部门，其后逐渐涉及全国范围内主要的商品运输部门。伴随着1890年谢尔曼反托拉斯法（Sherman Antitrust Act）的通过，联邦政府在商业监管中迈出了至关重要的一步。该法规定，凡以托拉斯形式订立契约、实行合并或阴谋限制贸易的行为，均属违法。但是由于最高法院的阻止，该法颁布后执行不力，基本没有产生什么影响。但到了19世纪与20世纪之交，联邦政府终于开始发挥监管职能。1904年，联邦政府依据该法宣告解散北方证券公司（Northern Securities Company）。1911年，联邦政府得到最高法院的支持，宣布拆解标准石油公司（Standard Oil Company）和美国烟草公司（American Tobacco Company）。

小企业希望通过这项法案防止更大的竞争对手以低价抢占市场，消费者希望这项法案能够防止垄断企业提高价格。毫无疑问，大型企业对这项法案是持反对态度的。

从那以后，联邦政府通过了更多法案，给予政府更多的监管权限。1914年，美国国会通过了克莱顿反托拉斯法（Clayton Antitrust Act），同时还成立了联邦贸易委员会，从掠夺性定价和其他非法商业行为等方面对谢尔曼法进行了补充。

其他监管机构也如雨后春笋般涌现。虽然美国食品和药物管理局（Food and Drug Administration，FDA）原来不过是一个农业部化学家在1862年成立的组织，但1906年通过的《联邦食品和药品法》（Federal Foods and Drug Act）授予了FDA监管权限。此外，厄普顿·辛克莱在小说

《屠宰场》中描绘了一个卫生条件恶劣的肉类加工厂中工人的境遇，也在一定程度上促进了法案的通过。

之后，富兰克林·罗斯福总统任内出现了通过立法实行商业监管的另一波浪潮。经历了 1929 年 10 月的股市崩盘以及随之而来的经济大萧条，美国国会设立了美国证券交易委员会（SEC）来对股票市场和上市公司进行监管。1934 年《通讯法案》（Communications Act）的通过促成了联邦通讯委员会的建立，该委员会负责对广播和电视行业进行监管。与此同时，国会还成立了联邦存款保险公司（Federal Deposit Insurance Corporation），以求稳定美国的银行业。

1935 年通过的《瓦格纳法案》（Wagner Act）促成了国家劳资关系委员会的建立。根据规定，公司不得剥夺工人建立工会和对不平等待遇的投诉及进行调查的权利。法律同时还授予了该委员会颁发停止令的权利。

其他监管机构在之后的数十年间也陆续成立。美国交通部直到 20 世纪 60 年代才得以创建，但其中的一些部门之前早已成立。《职业安全与健康法案》（Occupational Safety and Health Act）于 1970 年通过，授予联邦政府制定工作场所安全与健康标准并督促企业实施的权利。

然而到了 20 世纪 70 年代，联邦政府对企业采取了放松管制的措施。1978 年，国会通过了《放松航空管制法案》（Airline Deregulation Act），这意味着机票价格不再由政府设定，而是由市场来调节。最终，这项引起业界反对的法案导致许多新航空公司的出现以及多家航空公司的失败命运。

然而，联邦监管体制仍然存在并迸发出了新的活力。1984 年，联邦政府利用反托拉斯法成功地强制拆分了美国电话电报公司（AT&T），正如其在 70 年前拆解标准石油公司和美国烟草公司一样。此外，美国联邦贸易委员会从 20 世纪 70 年代末开始对所有的企业并购行为进行审查。

在一个多世纪的时间里，州和地方政府机构也参与到商业监管中来。例如，州政府在 20 世纪初开始了对公用事业公司的监管。俄勒冈州公共事业委员会的前身——俄勒冈州铁路管理委员会成立于 1887 年，其后曾一度被取消，最终在 1907 年重建为俄勒冈州铁路委员会（Railroad Commission of Oregon）。四年后，其监管权限扩大至所有的公用事业部门。

公共服务委员会和全国公用事业委员会对全国范围内的电气公司、供水公司和其他公用事业公司的收费行为进行监管。它们也经常对这些公司

326

的利润空间加以限制。有时，这些公司会和监督它们的监管机构发生矛盾。几年前，联邦监管部门认为北卡罗来纳州的一家公用事业公司利润过高。《夏洛特观察者报》以一篇头条文章对此事件进行了报道：

327

> 据知情人士透露，今年联邦调查人员将对杜克电力（Duke Power）公司的会计行为展开更加深入的调查。比起去年卡罗来纳州监管机构的审查，联邦政府此次调查力度更大，涉及的文件要多出好几千份。
>
> 内部人士表示，本次联邦检察官和联邦调查局特工将对40000多份文件进行仔细核查，其中包括在评估的过程中出现的一个富有争议的电子表格，以判断杜克是否存在故意更改会计记录和其他不当行为。
>
> 独立审计公司——均富国际会计师事务所（Grant Thornton LLP）在经过了去年10个月的调查后表示，杜克在过去的三年中在报告中隐瞒了1.24亿美元的调整后利润。杜克通过变更会计方法使公司的利润率降至监管部门规定的水平以下。
>
> 一旦杜克公司的利润率达到政府规定的水平以下，那么该公司的210万客户将享受到公用事业委员会给予的电费减免优惠。
>
> 杜克公司声明这只是一次无心之失，并不构成犯罪。作为卡罗来纳州最大的基础设施公司，杜克公司是总部位于夏洛特市的杜克能源公司的旗下子公司。后者去年在财富500强排行榜上以152亿美元的年收入名列第118位。
>
> 《夏洛特观察者报》在去年10月报道了均富针对杜克不当行为的指控这一事件。报道刊登以后，联邦调查人员展开了相关调查。今年2月，杜克公司称已收到了大陪审团的传票，并被要求提供与均富审计相关的文件。
>
> 在收到传票前几天，杜克公司聘请了前美国律师马克·盖勒威（Mark Galloway）为公司的代理律师。公司还帮助十几名员工聘请了最好的刑事辩护律师。一般情况下，公司及其员工在得知自身要面临调查后会聘请代理律师。①

---

① S. 雀、G.L. 怀特：《美联储对杜克开展进一步调查》，《夏洛特观察者报》2003年5月11日，第1A版。版权归《夏洛特观察者报》所有，经许可转载。

报道后来引用了南卡罗来纳州公共服务委员会（South Carolina Public Service Commission）执行主任的评论称，在对相关文件审查后，他确信杜克明显存在故意低报利润的行为。

州政府在对银行业和保险业等行业的监管中也扮演了重要的角色。与其他大多数由联邦政府监管的行业不同，保险行业是由各州政府负责监督管理的。每个州都有一个负责监管本州保险公司业务的保险专员。像纽约州这样的州对保险公司的法律监管比其他州更为严格，这就导致一些保险公司只能以独立子公司的形式开展业务，或者选择避开这些监管规定严格的州。此外，州政府还要求每个在其境内开展业务的公司都要登记注册。这些信息对于新闻工作者来说可能很有价值，这一点将在本章后面进行详细讨论。

> **专家建议**
>
> 《克莱恩纽约商业杂志》（*Crain's New York Business*）前主编格雷格·戴维（Greg David）对报道企业与政府之间的关系时给出如下建议：
>
> **跟踪资金的去向**：受到政府监管的行业以及这些行业中的高层管理人士会为政治竞选人提供数百万美元的竞选资金，以确保他们对政府决策层的影响力。举例来说，纽约州参议院查理·舒默就曾经批评大银行和华尔街的金融企业帮助民主党赢得国会选举的事情。这些大公司及其管理层为什么要对民主党竞选倾囊相助呢？

此外，一些县、市、镇也相应出台了企业必须遵守的法律和规章。例如，房地产开发商在开发项目破土动工之前必须获得镇议会或城市委员会的批准。企业因业务发展需要而扩建办公楼也需要获得许可。

所有政府机构针对企业制定的法律法规和其他政策究其本质都是为了平衡企业发展壮大与公众利益的关系。有时，政府机构甚至会尝试通过立法来为这一地区引进新企业，或提高现有企业的经营收入。

以下摘录的报道开头部分可以作为例子，说明州立法机关是如何通过立法来改变企业行为的：

328

> 如果劳工标准执法处长切丽·贝瑞（Cherie Berry）的提案获得批准，北卡罗来纳州的企业可以通过提高工作场所安全水平获得减税的奖励。
>
> 贝瑞正在参众两院推行一项法案，主要内容是对自愿改善工厂、办公室、商店和建筑工地安全水平的企业提供税收减免的奖励。而这些企业为数以百万计的北加利福尼亚州人民提供就业机会。

贝瑞在周二表示，希望可以以此帮助那些没有聘请到安全主管或者害怕因为向劳工部寻求帮助而被迫以自身无法负担的成本来改善工作环境的小型企业。

"我们尝试在现有商业环境中尽我们所能确保安全健康的工作环境，并对采取改善措施的企业进行奖励。这表明我们在试着采取更为切实有效的方法，而不是像过去一样通过惩罚等强制措施来督促企业执行政策。"

推动企业自愿守法是贝瑞上台执政两年以来一贯推行的主要政策。她最初推行的举措之一是不再推行其前任哈里·佩恩（Harry Payne）的工效学规定，目的是让企业更多地关注重复性压力伤害（Repetitive Strain Injury）。贝瑞上任后加强了劳工部与企业之间的合作，以帮助后者减少此类伤害的发生，这一举措收效显著。

但是也有人对减税政策的公平性以及政府遭遇预算危机的情况下该法案提出的时机进行了质疑。

"我们不希望看到遵守这项规定的企业最终一无所获的情况出现，"位于罗利市的保守智库——约翰·洛克基金会（John Locke Foundation）总裁约翰·胡德（John Hood）这样说道，"现在，企业在法案通过以后采取行动并且获得资金支持。出台这项法令的初衷是值得称赞的，但是要明确一点：推行税法的目的应该是增加政府收入，而不是别的。"①

此外，最近许多州采取了更为激进的监管手段，对公司的不恰当行为提起诉讼。例如，前纽约州首席检察官艾略特·斯皮策（Eliot Spitzer）就是起诉涉嫌商业犯罪的企业的典型代表。跟踪政府对企业的监管可以写出非常精彩的商业报道。政府与企业之间经常会发生矛盾，而这些冲突和矛盾就是很好的报道素材。

在本章余下的篇幅中将详细阐释政府监管如何成为财经报道中重要的一环。

---

① K. 里夫斯：《劳工部出台奖励措施，对主动改善安全环境的企业给予税收减免奖励》，《新闻与观察者报》2003年5月7日，第D1版。版权归《新闻与观察者报》所有，经许可转载。

私营公司监管

了解政府监管的来龙去脉对负责财经版块的记者，尤其是那些主要报道私营企业的记者来说极为重要。

大多数民营企业不必像上市公司一样向 SEC 披露其财务表现和其他重大事项。但认识和了解私营企业如何向政府监管机构披露信息，这有助于新闻记者对私营企业进行更为透彻的报道。即使私营企业在信息披露方面有所保留，如果方法得当，财经记者仍然可以获得大量的有效信息。

不论是上市公司还是私人企业，都必须在州务卿办公室进行注册并提供相关信息。记者对任何一家公司进行报道时，都应该查找该公司在本州的注册记录，其中包括邮件地址、电话号码和部门负责人的信息。如果一家公司已经被起诉，但记者一直无法联系到任何内部人员对此置评，这些信息就可以起到至关重要的作用。注册记录也涵盖非营利组织和包括律师事务所在内的有限责任公司。

还有许多其他私企的信息可以在州一级政府部门获得。每一个州都设有职业资格许可委员会。根据要求，无论是理发店还是助听器提供商，各行各业的企业在开店营业之前都必须获得资格许可。从中记者可以查找到关于这些公司的更多记录和信息。

如果业务名称和企业的名称不一致，私营企业也必须履行登记手续。在许多地区，这项业务由注册办公室或类似的县一级法院办公室来负责。记者从中可以查明谁是公司的实际拥有人。

不动产记录是另一个挖掘私营企业信息的好地方。记者应该查找这些记录以确认公司实际拥有土地或建筑物的情况。查看公司总裁或首席执行官名下的资产也很有必要。记者可以在县法院或者交易所在地找到这些信息。

根据规定，私人公司还需要披露关于裁员和工作条件的信息。这些记录可以通过当地的劳工或职业安全与健康管理局（OSHA）办公室获得。比如，企业大规模裁员和解雇工人的情况通常需要向劳动监管机构披露；OSHA 负责对工厂进行检查，特别是在发生事故或出现人员死亡之后 OSHA 会介入调查。而这些记录记者通过电话查询就可轻松获得。

负责特定行业的州一级监管机构还要求许多公司提交财务报告。这些

329

330

专家建议

《克莱恩纽约商业杂志》（*Crain's New York Business*）前主编格雷格·戴维（Greg David）对报道企业与政府之间的关系时给出如下建议：

跟踪政治说客： 记者要找出一些重要行业和公司的代理人，这些人可以是公司或行业协会的员工，也可以是大型游说公司的雇员。查阅这些人的履历，看他们是否曾经当过议员、监管人士或立法机构的成员。为什么大型医药企业会花钱雇用一位前国会议员来为他们游说医保法案，为什么这位前议员要求立即与政府达成协议？这些问题都值得思考和挖掘。

机构中包括银行、保险以及水和电力公司的监管部门。私营企业将利润和收入等信息以文件形式提交给相关机构。记者如果知道从哪里能够获取这些文件，就可以掌握到企业不愿意透露的一些信息。

私营企业受到联邦监管机构的多重管辖。即便如非营利机构和信用合作社这样的小型企业，也需要提交文件说明其财务运作情况。关于非营利组织的更多信息，请参照本书第12章。

全美的信用合作社均由国家信用合作社管理局统筹管理。信用合作社每个季度需要向这一联邦机构提交财务文件，其中包括总资产、贷款总额、总权益和贷款收入明细等信息。

北卡罗来纳州东部的媒体 *Goldsboro News-Argus* 旗下的商业记者通过定期查阅所在城镇的信用合作社——北卡罗来纳州社区信用社（North Carolina Community）的财务信息，发现这家信用社第三季度实现净利润 124586 美元，但第四季度却曝出了 242469 万美元的巨额亏损。

民营银行和储蓄机构也需要向美国联邦存款保险公司（FDIC）、美国储蓄机构监理局、货币监理署办公室等监管部门提供财务信息。

还有一些其他的联邦政府机构负责企业的常规监管。例如，美国环境保护署掌握着处理环境敏感性化学品和产品的公司信息，美国食品和药物管理局负责监管成千上万家食品和药品销售公司，美国专利商标局掌握着企业生产产品所应用的专利和商标信息。记者应该定期检查这些文件，查看其所报道的企业是否拥有新的专利或商标，如果有的话可能会促进其业务的开展。

有些时候私营企业也会与政府监管部门产生冲突。除了简单地查阅关于私营企业的财务信息和背景信息之外，记者还应该寻找与企业相关的罚款和监管记录。与 SEC 监管下的公开上市公司不同，私营企业如果想开发新的业务领域，其并不需要向政府报告，除非新业务涉及药品等新产品的审批。但"私营"企业并不像它们看起来那样具有私密性。如果调查方法得当，记者可以通过电话咨询和查阅监管部门文件，使私人企业的业务状况和上市公司一样透明。（关于私人公司的更多信息，请参阅本书第11章。）

保险和银行业监管机构

跑口金融服务业的各个分类部门，这对所有记者而言都是巨大的挑战。银行和保险公司几乎和所有大众传播的受众的生活都息息相关。大多数人都在使用支票、储蓄账户和银行卡，差不多每个人都有汽车保险，许多人购买了人寿保险。然而，银行和保险公司却又是人们最难理解的行业。银行和保险公司是如何赚钱？资金是如何使用的，都流向了哪里？

> **专家建议**
>
> 《克莱恩纽约商业杂志》（*Crain's New York Business*）前主编格雷格·戴维（Greg David）对报道企业与政府之间的关系时给出如下建议：
>
> 别以为消费者权益代言人就一定是消费者权益的真正代言人：他们到底代表哪一类消费者的权益？这一类消费者是否与其他消费者存在利益上的冲突？为信用卡收费设限虽然有利于那些不能定期还款的消费者，却会损害每月按时还款的消费者的利益。

与大多数行业不同，保险行业通常是由州保险专员负责监管，但保险专员并不见得都赞成对保险公司进行监管。此外，每个州都通过立法来管理保险公司，而这些法律州与州又有所不同。因此一家全国性的保险公司在加州遵守的法律和在佛罗里达州可能并不相同。

保险监督专员属于政界人士。他们中的许多人是必须在本州赢得多数选票才可以保住职位的民选官员。而且，很多人可能并没有保险行业相关的背景。他们中的一些人只是把这个职位当成政治生涯中的跳板，为日后成为州长或参议员铺路。

在许多州里，保险专员负责监管数十亿美元的保险行业。保险公司的业务范围涉及生活的方方面面，从汽车保险、房屋保险，到用于投资股票市场的可变年金等不一而足。如果一家保险公司计划在全国范围提高保费，则需要向保险专员办公室提交申请文件。

这些提高保费申请属于公共记录，可以作为重大新闻加以报道，尤其是当该公司在州内拥有很大的市场份额的情况下就更具有报道价值了。如果 State Farm 或好事达（Allstate）这两家全美最大的汽车和住房保险公司想提高保费，这将会对数以万计的读者或观众产生影响。

331

在下文中，财经记者对美国最大的保险市场之一——佛罗里达州的保险公司申请调高保费一事进行了报道。

今年全美多个州的好事达保险客户将遇到保费飙升的情况。

佛罗里达州第二大保险公司有两个调高保险费率的申请正在等待保险监管办公室（Office of Insurance Regulation）审核。该公司申请将个人公寓保险费率平均上调44.2%，非标准汽车保险费率平均调高10.3%。

通常情况下，南佛罗里达州的保费要高于其他州，但好事达方面拒绝透露其在布劳瓦（Broward）、迈阿密－戴德（Miami-Dade）以及棕榈滩沿线（Palm Beach）各县的平均费率涨幅。

公司声称，索赔成本上升是公司要求调高保险费率的主要原因，并希望州保险监管办公室可以尽快做出批复。好事达发言人凯西·托马斯（Kathy Thomas）表示，去年公司每收取1美元保费，就要支付约1.10美元的索赔费用。

她表示："客户的索赔频率和严重程度超过了我们收取保费的频率和数额。"她还补充说，水灾索赔增多、医疗费用上升、维修费用提高和汽车保险欺诈索赔数量上升，这些都对公司产生了不利影响。

Allstate Floridian Insurance Co.[①] 去年曾将公寓保险费率提高了15.7%，并于本月早些时候再次提出调高保费的申请。这家保险公司在佛罗里达州有203866份个人公寓保单，其中60%分布在布劳瓦、迈阿密－戴德以及棕榈滩沿线各县。根据该公司向州监管部门提交的文件，如果保费上调的申请获批，新保费政策将在7月30日适用于新签保单，并在8月24日适用于续保保单。

Allstate Indemnity Co. 也在3月提出了调高汽车保险费率的申请，如果申请获批，新的费率有望在5月19日适用于新保单，在6月23日适用于续保车险。

这家保险公司在佛罗里达州有285523名投保人属于非标准体，其中36%分布在佛罗里达州南部。针对非标准体的保险费率更高，因为这些投保人往往有糟糕的驾驶记录、信用问题和估值过高的汽车以及

---

① 该公司系好事达保险公司在佛罗里达州的子公司，于2009年更名为Castle Key。——译者注

其他危险因素，因此达不到标准体的条件。该保险公司的非标准体车险投保人在去年 11 月续保的时候发现，他们的车险平均费率上涨了 16.5%。

消费者权益倡导者表示，此次调高保费可能是为了弥补投资造成的损失。他们表示，好事达投资的泰科股票会计账目管理不当的消息见报导致其股价暴跌，使好事达 2002 年上半年蒙受了大约 2300 万美元的亏损。

佛罗里达州消费者行动委员会执行主任比尔·牛顿（Bill Newton）称："保险公司企图将这些损失转嫁给消费者。"

和许多其他企业一样，好事达在低迷的市场环境中蒙受投资损失。该公司表示，其在佛罗里达的子公司正在努力应对州内不断上升的成本和保险欺诈行为。

为了弥补 2001 年保险行业的损失，多家保险公司纷纷采取了调高保险费率的措施。

好事达保险公司董事长兼首席执行官爱德华·李迪（Edward Liddy）上周向投资者表示，去年调高保费的措施帮助母公司今年扭亏为盈。他还表示，公司可能还会通过提高保费来提振利润水平。

该保险公司公布，截至 3 月 31 日的第二季度实现利润 6.65 亿美元，合每股稀释后盈利 94 美分，是上年同期盈利水平的七倍。

保险监管办公室发言人鲍勃·罗坦（Bob Lotane）表示，监管部门仍在审查该公司上调保费的申请，审批过程没有设置最后期限。监管部门可以全部批准、部分批准或否决这项申请。如果监管机构批准或部分批准提高保费的申请，那么好事达需要在大约 45 天时间内以书面形式通知投保人。①

这篇报道向《太阳前哨报》的读者解读了好事达调高保费的原因：公司每收取 1 美元保费就需为索赔支付 1.10 美元。这个报道也让读者了解到保费上调可能会对 20 多万名南佛罗里达居民产生影响。

记者可以通过定期查阅任何一个州的保险监管部门的文件来获取关于保费调整的申请记录。在美国的大多数州设有保险业务的公司达数百家，

① P. 帕特尔：《好事达申请上调保费，或涉及公寓保险、汽车保险》，《太阳前哨报》2003 年 4 月 24 日，第 1D 版。版权归《太阳前哨报》所有，经许可转载。

专家建议

《克莱恩纽约商业杂志》（*Crain's New York Business*）前主编格雷格·戴维（Greg David）对报道企业与政府之间的关系时给出如下建议：

时刻记得问一个问题：最终谁赢谁输？ 关于网络中立性原则的博弈已经成为各方争论的热点问题。这个问题表面上看是电信运营商是否应该对消费者使用互联网内容进行收费，实际上则是谷歌与运营商之间关于谁应该为互联网内容付费的斗争。

很可能会有一家公司几乎每周都向监管部门申请上调保费。有些时候还会出现整个行业集体要求提高保费费率的情况，比如对工伤保险或汽车保险提高保费的申请。保险行业中有专门的游说团体负责向委员会提出申请，然后申请会交由精算师和其他专家组织审核。有时候还会召开公开听证会，邀请公司高管和公众就保费调整方案进行讨论，人们可以发言支持或表示反对。听证会结束之后的几天或几周之内将举行庭审，通常由保险专员主持并裁决。

保险专员的职责之一是确保保险公司有足够的资金储备向索赔人支付赔偿金。这部分资金通常被称为溢额（surplus）。根据监管机构的规定，保险公司的银行账户中需要预留一定数量的溢额。如果一家保险公司的银行账户金额低于这一水平，那么保险专员可以去法院要求法官允许监管机构接管这家保险公司，以改善其财务状况。这可以被称为保险监管。

333   保险公司用客户（包括个人保险和企业保险）支付的保费进行投资。许多保险公司收取的保费金额并不足以支付索赔费用，所以希望通过投资获得收益。而当大风暴或自然灾害出现时，它们可能要承担超出预期的索赔金额。1994年加州地震①发生后，保险公司在汽车、住房和企业理赔方面支付了数十亿美元。而2001年9月11日发生在世贸中心和五角大楼的恐怖袭击不仅造成近3000人死亡，也使人寿保险公司面临巨额赔偿问题。

保险委员会专员也需要和企业达成一种合作关系。保险专员希望保险公司提供的服务尽可能覆盖更多的消费者和企业客户。若因保险专员不允许提高保费而导致保险公司撤回保单或决定退出本州市场，那么下次选举中保险专员可能不会获得连任。消费者和企业都需要一个可以提供多种选择的良性竞争的保险市场。

银行业的监管方式与保险行业类似。佛罗里达等一些州会启用同样的

---

① 1994年1月17日凌晨4时31分，洛杉矶地区发生里氏6.6级地震，震中位于市中心西北200多公里的圣费尔南多谷的北岭地区。——译者注

民选官员对银行和保险行业进行监管。虽然银行在提高或降低收费标准时无须向有关机构提出申请，但仍要向州和联邦监管机构提交文件以说明银行的运营情况。

其中，最有报道价值的信息莫过于银行的市场份额和分行的数据了。即使这些分行分布在上千个不同的地方，记者也能够从美国联邦存款保险公司（FDIC）记录里获取每个分行的信息，如美国银行。对于在中小城市工作的记者来说，掌握当地分行的数据可以揭示谁是社区银行竞争的最后赢家。如果一个分支银行获得了市场份额，而另一个银行的分行却失去了市场份额，那么这些数字背后的故事就值得好好挖掘。记者应该打电话给银行以了解市场份额扩大的银行依靠什么策略取胜，而市场份额被竞争对手蚕食的银行又将如何行动以重新赢得储户的青睐。

虽然这些信息有助于定位主要州际银行在全国数百个社区分行的情况，却极少有大众传播媒体对银行分行数据进行跟踪。以下节选的报道中展示了一个追踪银行业的在线网站是如何评估银行业最近的市场份额变化以及在加利福尼亚和纽约分行的数据的。

　　如果只分析纽约和加州，大多数生活在美国其他地区的人很快会反驳说，幅员辽阔的美国并不仅限于这两个地方。但是为了从最新的存款数据中观察银行存款市场份额的变化趋势，请原谅我们仅选取这两个市场对全国情况进行概括。

　　根据最新的 SNL 银行分支市场份额的数据，截至 2001 年 6 月 30 日的 12 个月中，按存款市场份额计算，加州排名前八位的银行和储蓄机构的存款规模均实现了增长。

　　这八家银行中存款增长幅度最大的是联信银行（Comerica Inc.）。截至 6 月 30 日，该行存款总额为 3245 亿美元，相当于加州全州储蓄存款总额的三分之二。这家总部位于底特律的银行在 2001 年 1 月 30 日成功地收购了位于洛杉矶的 Imperial Bancorp。现在联信银行在全州的存款规模排名第七。不过，收购 Imperial 并非是该行实现存款增长的唯一原因。该行公布，截至 2001 年 6 月 30 日的 12 个月里，联信银行吸收储蓄存款较上年同期增长了 20 亿美元，增幅为 19.6%。

　　根据该行在 7 月 17 日发布的第二季度业绩报告，联信的特许分支银行储蓄存款总额从 320 亿美元增至 370 亿美元，这主要得益于对 Im-

334

perial Bancorp 的收购交易。联信旗下的特许分支银行从洛杉矶一直延伸到美国中西部地区。

富国银行（Wells Fargo & Co.）储蓄存款增加了 106 亿美元，其在加州的市场份额也从上年同期的 12.8% 增加到 13.9%。此番增长使富国银行在全国排名跃居第二，超过名列第三的华盛顿互惠银行（Washington Mutual Inc.）。一年前，华盛顿互惠银行在加州的存款数额有所下降，但是今年存款增长 6.61%，市场份额占 12.2%。

可变利率抵押贷款提供商——唐尼金融公司（Downey Financial Corp.）在过去的两年里储蓄存款均保持增长势头。根据 FDIC 公布的数据，该公司截至 6 月 30 日的储蓄存款增长 23.0%，较上年同期增长 33.2%。该公司的储蓄存款规模从 1999 年中期的 55 亿美元增加至 2001 中期的 89 亿美元。

唐尼首席财务官汤姆·普林斯（Tom Prince）表示："这在很大程度上反映了一个事实：我们增开了许多新的分行。2001 年我们新增了 23 家分支机构，这使得我们分行的总数增加到 137 家。而 1996 年初我们只有 52 家分行。"

大部分新开的银行分支都位于商店内部。普林斯表示，唐尼服务客户的方式在吸收存款方面有很大的优势，同时他也指出公司不会在意从竞争对手那里争取到的是什么样的存款。银行存款分为活期存款和大额存单（Certificates of Deposit，CD）两种。该公司 80% 以上的储蓄存款属于后一种。

加州银行中名列第八的唐尼在该州储蓄存款市场中仅占 1.8% 的份额，所以还有很大的增长空间。

他表示："预计今年我们将新增 20 家分支机构。"大都市纽约是美国最大的银行市场，也是竞争最激烈的市场。对于在纽约大都市统计区开设业务的大型储蓄机构，特别是全美最大的几家储蓄机构来说，事实确实如此。

335　得益于 1 月 4 日完成的对 DimeBancorp Inc. 的收购交易，华盛顿互惠银行在纽约拥有最大的储蓄存款余额，并且一直有传言称该行将是纽约第二大储蓄存款机构——绿点金融公司（GreenPoint Financial Corp.）的最终收购者。

然而，这两家最大的储蓄机构近年来在纽约市场遭遇了储蓄存款流失的问题。从这些行业巨头手上抢夺储户存款的是像阿斯托里亚金融公司（Astoria Financial Corp.）、New York Community Bancorp 和 State Island Bancorp Inc . 这样的小型储蓄机构。在截至 6 月 30 日的财年中，State Island Bancorp 在存款市场的占有率同比增长 7.9%，阿斯托里亚金融公司和 New York Community 的市场占有率也分别增长了 4.9% 和 3.4%（后者的数据在收购后有所调整）。

美国储蓄银行 Dime Community Bancshares Inc. 在 6 月 30 日的财年中储蓄存款金额从 9.471 亿美元增长至 11 亿美元，增幅为 16%。该行首席财务官肯·马洪（Ken Mahon）将增长归因于 1999 年该行在经营战略上的根本性转变。

马洪表示："大约两年前，我们开始推行一项大力吸收存款的新策略。公司的主要业务是提供多户型贷款。在 1996 年上市之后，我们的业务重心就一直放在发放贷款上了。我们主要开展的是批发贷款业务①。"

然而，那个策略产生了问题：该行的资产负债表开始变得不平衡。所以这家银行决定还要大规模吸收储蓄存款。②

虽然这个故事报道的是加州和纽约的大型银行市场份额的变动情况，但是通过对同类数据的回顾，记者可以十分容易地对所在市镇存在竞争关系的银行进行类似报道。可能需要记者做一些加减运算，并且对数据进行一段时间的追踪，但这个故事向读者或观众揭示了涉及无数消费者切身利益的重要行业内正在发生的故事，因此会吸引不少读者。

和保险业监管部门一样，银行和储蓄机构监管机构也要确保银行有足够的资金用于偿还贷款并满足储户的需求。监管机构对银行的资本充足率是有特别规定的，如果银行的资金低

> **专家建议**
>
> 《克莱恩纽约商业杂志》（*Crain's New York Business*）前主编格雷格·戴维（Greg David）对报道企业与政府之间的关系时给出如下建议：
>
> 记者应该意识到很多政府监管行为会产生预想不到的结果。比如，监管部门对新药上市采取更为严格的审批流程，会使一些患者免受有害药物的影响，但同时也推迟了能够拯救病患生命的药品的上市时间。

---

① 批发贷款是指数额较大，对工商企业、金融机构等发放的贷款，借款者的借款目的是经营获利。——译者注
② M. 桑德斯：《研究与分析：透视银行分支的最新数据》，SNL Interactive 2002 年 1 月 28 日。版权归 SNL Financial 所有，经许可转载。

336

专家建议

道琼斯通讯社华盛顿分社社长罗布·维尔斯（Rob Wells）对如何报道政府商业监管活动给出如下建议：

读懂公司业绩报告：房利美（Federal National Mortgage Association, Fannie Mae）是由美国政府资助的大型住房抵押贷款提供商。该机构由美国政府成立，由股东持股，目的是为购房者提供住房抵押贷款。在2008年金融危机时，该机构被联邦政府接管。不过在此之前，房利美斥资聘请了一流的游说机构来影响国会决策。关于房利美的新闻报道中，有些是从其季度财报或管理层电话会议上获得的消息。从这些资料中深入挖掘，记者可能会发现关于一些政治上非常重要的州的监管问题或扩大贷款项目规模等重要信息。很多财经媒体都会由一位债券市场记者和一位政治报道记者同时阅读这些业绩报告和电话会议记录，以便交换看法。

于监管部门设定的水平，那么监管机构可以对其进行接管。

在银行提交给监管机构的文件中，记者应该留意的两个指标是银行的贷款损失（loan loss）和贷款损失准备金（loan loss reserves）。当某家银行开始预留大量的资金来支付逾期贷款时，就可能表明这家银行的不良贷款问题不容乐观。

和保险公司一样，银行也将消费者存入的存款和其他资金进行投资。银行投资组合的情况可能会显示该行在高风险业务中的头寸。如果银行把资金投到了摇摇欲坠的外国经济体或汇率波动下的房地产高风险领域，那么这可能是该行在竭力弥补其他方面投资损失的一个迹象。记者要始终关注银行或保险公司的投资组合状况，简单地说，就是要关注资金的流向。

美国各州的保险和银行业监管机构还负责审批企业之间的并购交易。如果企业公开宣布了一项并购交易，那么记者最好出席由州监管部门举行的听证会，会上监管机构可能会征求公众的意见。

通过小规模的信息挖掘以及对监管机构文件内容的理解和掌握，记者可以获取关于私人银行或保险公司的充足信息，否则这些信息可能会石沉大海。这些报道通常会更多地揭示当地经济走势。

医疗保险业监管

医疗保险行业也是一个主要由政府机构负责监管的行业。医院、医生和管理式医疗公司都是快速增长的医疗行业的一部分，而医疗行业对于许多经济体来说是一个重要组成部分。在许多城镇，当地医院是就业机会最多的地方。而这应该是其值得报道的原因。

医院、医生和管理式医疗公司存在一种共生关系。医生和医院依靠管理式医疗公司给他们带来大量的病人。相应地，管理式医疗公司靠医生和医院来尽可能经济又高效地治疗病患。有时这种关系也会变得紧张，因为如果其中一个环节无法维持一定的利润率，那么其他环节就会受到影响。

记者要查找关于医院，特别是私人或非营利性医院的故事，一种方式是查阅州监管部门的备案文件。按照州监管机构的要求，许多医院需要提交财务信息，此外，手术和其他医疗服务收费标准也必须经过监管部门批准。（马萨诸塞州的医疗行业在 20 世纪 80 年代解除了管制措施，结果造成多家医院关门。）

记者需要查看是什么机构负责对当地的医疗系统进行监管，然后通过电话询问或实地走访来获取关于当地医院的有效信息。记者可能会发现当地某家医院蒙受了亏损，需要提高收费以维持生存；或者发现所谓的非营利医院近年来实现了数百万美元的利润。

在许多州，医院如果想扩大业务规模或提供新的服务，也必须获得州监管机构的许可。例如，在密歇根州的一个名为医疗机构设置审核委员会（Certificate of Need Commission）的政府机构负责审批全州范围内医院的业务扩展申请，像添加床位或增设心脏病监护病房等服务的申请需由该机构审批。这样规定是为了防止出现社区医疗服务供过于求的情况。在佛罗里达州，审批权限涵盖新病床以及心脏开腔手术、器官移植、新生儿重症监护、丧葬服务、住院理疗或药物滥用治疗服务、住院综合医疗康复、临终关怀病床和专业护理服务等。

在这一过程中，很多州允许消费者、竞争对手和其他人就业务扩张计划提出反对意见。以下是摘自《克利夫兰实话报》（*Cleveland Plain Dealer*）的一篇报道：

> 昨晚，在没有投票的情况下，帕马规划委员会（Parma Planning Commission）直接将一项建造带有 260 个床位的老年人护理中心的项目规划交由市议会决定。
>
> 这项颇具争议的项目是由帕马社区综合医院以及由 Coury 家族成员创办的 Generations Health Care 医疗集团提出的。帕马规划委员会 3 月 9 日曾表示支持该项目的开展。在召开了历时近三个小时、有 70 人

参加的听证会后该委员会表示仍维持这一决定。

虽然项目规划已经进行了三次修改，但7月10日仍被市议会打回到帕马规划委员会再次讨论，这至少应该算作当地居民赢得的暂时性胜利。

当地居民聘请的代理律师罗杰·佩拉加利（Rodger Pelagalli）表示，根据该市法律规定，规划委员会通过的任何一个项目如果出现重大修改，应该交由委员会重申。因此他可能会要求法院颁布禁止令。市议会的决定就是在这种情况下做出的。

市议会议员约翰·斯托尔（John Sover）表示："当地居民的感觉是，帕马规划委员会只不过想和这个项目撇清关系。"他还表示，该委员会本应对3月份后经历了多次修改的项目规划重新进行投票。

曾经提出将原费伊初中夷为平地的各方将提供范围广泛的护理服务，包括阿尔茨海默氏症监护病房。

项目开发商表示，原先的建筑已变身为医疗教育中心，将为拟建的老年护理中心提供更加多元的服务。他们还表示，项目选址时也考察了其他地方，但由于成本原因而没有采纳。

住在5号病房的女议员米歇尔反驳道："我不关心他们的资金是否充足，我担心的是附近现有的居民。"

附近居民已经表示下个月会继续斗争，要求俄亥俄州卫生部对该项目不予批准。

其他表示反对的主要是附近的物业拥有者。他们认为，这份项目计划没有考虑到急救车辆通道、暴雨天气下水道排水不畅等隐患，并有可能影响当地物业的价值。

玛丽安·奈斯（Mary Ann Nice）博士表示，受帕马医院影响，费伊街区的房地产价值缩水。医院外围到处都是涂鸦和未经处理的污水散发出来的异味，还有碎玻璃和未经修剪的蒿草。

城市工程部也批评该计划不够完善，称该计划在停车场、绿化缓冲带、公用设

专家建议

道琼斯通讯社华盛顿分社社长罗布·维尔斯（Rob Wells）对如何报道政府商业监管活动给出如下建议：

学会如何使用 Excel： Excel 可以帮助记者很好地整理和分析数据。通过掌握简单的数据分类和百分比变化等基本的运算功能，记者可以分析出公司的哪项业务出现亏损，或政治献金在几年内的增长趋势。《调查记者与编辑杂志》网站上有很多关于 Excel 以及其他程序的培训教程和材料。加入这个组织吧，它将为记者提供一个非常好的社交平台和深入学习、促进职业持续发展的机会。

施等方面缺乏细节说明。

来自布鲁克公园（Brook Park）的莉斯·巴尔加（Liz Varga）在听证会上做证时表示，她所在城市的另一个由 Coury 家族经营的养老院 EastPark 保健中心也对周围居民带来了不利影响。

她表示："帕马的居民可以来拍摄一下一天之内有多少辆卡车进进出出。"

帕马医院的法律顾问保罗·卡西迪（Paul Cassidy）坚持声称，经过几个月的修改，项目开发方案已经反映了市议会和居民的担忧。他表示，现有建筑物是四个而不是五个，楼层设计改为两层而不是一层，而且老年人护理中心和周遭住宅区的隔离带也已经加宽。[①]

338

冲突在商业界中是十分常见的现象，而记者在查阅档案文件时可能发现，冲突不总是存在于企业和监管机构之间。就像前面的故事中展示的那样，通常情况下还会牵涉到另一家企业。

就拿保险公司提高保费的申请和银行分支机构数据来说，很少有媒体会去主动查看申请文件。但在许多情况下，这些文件可以成为重大新闻，因为它可能意味着一家医疗机构计划花费数百万美元，这些钱来自哪里，这些钱是否花在了实处？很多时候这些问题都没有找到答案。

州医学委员会也可以成为商业报道的信息来源。这些机构负责对当地的医生和外科医生进行监管。如果医生做了不必要的手术或为病人开具了错误的处方，那么医学委员会可以撤销或暂停医生的营业执照。这些都是公开记录，并且可以成为当地企业的重要信息。医学委员会也对其他医务工作者，如护士和养老院护理员进行监督。

医疗服务行业中最大的成员莫过于管理式医疗保健企业。在许多情况下，这些企业由保险公司运营，并且受到州保险监管部门的监管。

管理式医疗保健企业一般为消费者提供两种选择：一个是健康维护组织（HMO），另一个是优先医疗机构组织（PPO）。HMO 是一种在收取固定预付费用后，为参保人群提供全面医疗服务的体系。HMO 保险计划必须基于一系列由特定医疗机构提供的基本和补充健康维护和治疗服务。而 PPO 是一个由很多保险公司、医生和医院参与的庞大医疗系统，选择 PPO

---

① J. 瓦格纳：《老年人护理中心的提案由规划委员会转至市议会决策；帕马居民誓言继续战斗》，《克利夫兰实话报》2000 年 7 月 21 日。版权归《克利夫兰实话报》所有，经许可转载。

医疗系统内的医生或医院就医，医务人员可以快速识别参保人的信息，通常医生还会主动帮参保人将账单寄给保险公司，并且提供优惠的医疗服务。

和保险公司一样，管理式医疗公司收取保费，并且营利性管理式医疗公司希望在它们收取的保费基础上获取利润。非营利的管理式医疗公司也会从公司运营中获利。管理式医疗公司的财务状况通常可以通过州监管机构甚至保险部门了解到。

下文是关于堪萨斯城一家管理式医疗公司财务状况的报道：

得益于保费的不断上涨，堪萨斯城的几家主要管理式医疗公司去年整体上演了惊人的业绩大逆转。

堪萨斯城的八家管理式医疗公司去年总净利润为 7190 万美元，而 2001 年这些公司则蒙受了 1270 万美元的净亏损。

但好运气并没有眷顾所有的保险公司。这八大保险公司中有四家实现盈利，而另外四家在 2002 年仍处于亏损状态。

统计数据中包括在堪萨斯城外围地区运营的管理式医疗公司的相关数据。

密苏里保险部门发言人兰迪·麦康奈尔（Randy McConnell）表示："HMO 行业自 1998 年以来一直专注于提升盈利能力。2002 年对它们来说是一个突破年。"

麦康奈尔还表示："之所以能够实现财务能力逆转，主要得益于对参保人群的选择以及大幅调高保费的举措。"

其他业绩指标也显示类似的趋势。密苏里州保险部门的数据显示，密苏里州的 HMO 去年合并后净利润为 1.677 亿美元，而 2001 年则净亏损 59.8287 万美元，这些数字包括一些管理式医疗公司在全国范围内的经营利润。

根据来自堪萨斯保险部门的数据，堪萨斯城的 HMO 去年合并后净利润为 9380 万美元，2001 年净亏损 2590 万美元，这些数字还包括一些保险公司在全国范围内的业绩数据。

从上述医疗管理机构业绩改善中受益的是堪萨斯城的蓝十字（Blue Cross）和蓝盾组织（Blue Shield）。其中，蓝十字组织去年实现净利润 3110 万美元，2001 年则净亏损 630 万美元，其中就有蓝十字 HMO 和 PPO 的贡献。

蓝十字组织的执行副总裁约翰·肯尼迪（John W. Kennedy）表示，该机构已经从保费上调和整体经济增长中受益。他说："我们还出售了很多亏钱的业务。"

肯尼迪还表示，蓝十字将处于亏损的医疗 HMO 剥离出去，并且降低了管理成本。此外，2001 年蓝十字因为收购 Tri-Source 管理式医疗集团而蒙受了 1400 万美元的净利润亏损。

其他管理式医疗公司并没有这么出色的表现。以考文垂医疗保健公司（Coventry Health Care）为例，该公司去年净亏损 860 万美元，2001 年则亏损 300 万美元。

该公司 2002 年的业绩数据包括去年以 3800 万美元收购的 Mid America Health Partners Inc.。

考文垂堪萨斯的总裁兼首席执行官珍妮特·斯塔梅亚（Janet Stallmeyer）拒绝对该公司的最新业绩结果置评，但她承认这一数据代表考文垂和 Mid America Health 合并后的业绩结果。

斯塔梅亚表示："我无权对这些文件中的细节发表评论。"她补充道："我认为，我们已经为未来发展搭建了一个强大的平台。这一点从我们 2003 年的法定呈报文件中可以看出来。"

考文垂堪萨斯州医疗保健公司是位于马里兰州贝塞斯达市的考文垂医疗保健公司的子公司。

此外，安泰医疗保健公司（Aetna Health Inc.）、FirstGuard 医疗公司和 United Healthcare of the Midwest Inc. 等公司的财务报表均显示实现盈利。在堪萨斯州和

专家建议

道琼斯通讯社华盛顿分社社长罗布·维尔斯（Rob Wells）对如何报道政府商业监管活动给出如下建议：

听取专家的专业解读： 你需要找一位会讲英语的会计师来为你解读公司的业绩报告。你还需要一位华尔街投行的分析师来帮你分析财务数据，当然前提是你得了解这位分析师的立场倾向和利益冲突。举例来说，我就是在一位出色的会计师的点拨下发现了前众议院发言人纽特·金瑞奇（Newt Gingrich）的违规行为并进行了独家报道。金瑞奇计划将众议院道德委员会调查组的预算削减 30 万美元，事后他承认违反了众议院的规定，并在 1997 年因提供了关于其政治组织与免税活动关联性的误导性声明而受到训诫。投资分析师可以帮你解读、分析公司的资产负债表，并为你的报道给予方向上的指点。这些分析师一般会给客户写很多研究报告，并把你加入他们的邮箱名单。作为记者，你需要花费一些时间去了解这些大型券商的研究分析师的立场倾向以及潜在利益冲突。

密苏里州都有业务的俄亥俄州信诺医疗公司（Cigna Healthcare of Ohio Inc.）、家庭健康伙伴公司（Family Health Partners）和休玛纳健康计划公司（Humana Health Plan Inc.）的财务报表则显示亏损。[①]

340 　　这个故事中提到的许多公司是不用向美国证交会提交业绩数据的私营企业或上市公司的子公司。这也说明了为什么从州一级监管机构获得的这些记录可以更好地反映当地企业的经营情况。

　　和信诺及安泰这样的全国性保险公司一样，覆盖全美的蓝十字－蓝盾系统也是主要的管理式医疗服务提供方。加入蓝十字－蓝盾计划的每家公司是分开独立运营保险业务的，尽管也有合并的动作出现。如果出现保险公司的合并交易，监管部门一般会予以审批，特别是当一家营利性蓝盾组织成员公司有意收购一家非营利公司时，监管部门需要审核这样的交易。2003年，马里兰州的监管机构曾拒绝了WellPoint收购非营利性蓝盾组织成员公司的申请。WellPoint是一家营利性蓝盾组织成员公司，业务范围涉及加州、密苏里州和佐治亚州。

　　管理式医疗公司会对医疗成本保持密切关注。如果药品和医疗服务的成本上升过快，这些公司无法及时提高保险费用。因此，当医疗成本开始上升的时候，很多公司可能会向监管机构申请调高保费。

水力和电力公司监管

　　每家企业、每位住房所有人都需要支付电费、水费和电话账单。有些人还要支付燃气费用。但是，很少有人知道州公用事业委员会是相关的监管部门。这些监管机构的职责是确保这些公用事业公司的收费公平合理，以维护消费者的权益。此外，公用事业委员会还通过与公司的合作促进效率提升，从而降低这些公司未来提高收费的可能性。

　　还有一家联邦机构也负责公用事业公司的监管——联邦能源管理委员会（FERC）。该委员会负责监管公用事业公司的收费、跨州能源销售的条款和条件等，是联邦层面上行使类似州公用事业监管委员会职能的监管机构。

　　和其他保险监管机构一样，州公共服务委员会必须对任何提高收费的

---

① J. 卡拉什：《营业利润》，《堪萨斯城星报》2003年4月11日，第C1版。版权归《堪萨斯城星报》所有，经许可转载。

申请进行审批。这些申请有时附带一些文件，就拿一家电气公司来说，文件中会论证为何需要上调电费。公共服务委员会在做出决定之前，通常会举行听证会来听取来自公司和消费者的意见。

这样的申请文件以及监管部门的审批都可以成为新闻报道的内容，尤其是当提价会影响到多数消费者利益的时候这些内容更具有报道价值。《密尔沃基商业杂志》曾对电费上涨进行过简短的报道。根据报道，威斯康星州能源和照明公司（Wisconsin Power & Light）向该州公共服务委员会提出总计1.131亿美元的提价申请。如果申请获得批准，每位用户平均将承担7.58美元的电费提价和10.91美元的煤气费提价。值得注意的是，报道中要明确告诉读者，如果提价申请获得批准，读者每月平均将增加多少支出。这一信息对于报道对象而言十分重要，因为它表明提价措施将对消费者产生何种程度的影响。

在听证会上，消费者保护团体代表普通民众行使权利。通常情况下，消费者保护团体从属于政府体系，其唯一职能是保护公民的利益。这些团体通常会就公共事业公司提价的必要性进行调研。这些研究报告属于公开信息，其中经常会包括与公司申请文件里不一样的看法，因此记者需要认真阅读，从中找到新闻点。 341

公用事业委员会还对其他问题举行听证会。委员会或许觉得公共事业公司没有公正地对待客户或按照公众的最佳利益行事。例如，北卡罗来纳州曾经遭遇冰雹袭击，成千上万的居民经历了长达一个星期的电力中断事件。很多人抱怨该州的电力公司本应有应对灾难和电力修复的应急预案。鉴于这种情况，北卡罗来纳州公用事业委员会举行了一场听证会。

下文是一家报纸对这一听证会的报道：

> 杜克电力公司（Duke Power）的用户周四在北卡罗来纳州公用事业委员会的听证会上指责该公司在12月4日的冰雹中暴露出计划不周、材料短缺和沟通不利等诸多问题。

> 在33位代表当中，既有前教堂山市镇议会成员乔·卡普伍斯克（Joe Capowsk），也有一位电气工程师。后者曾在1996年9月飓风"弗兰"过后批评杜克能源在教堂山的配电系统重建工作中表现不力。北卡罗来纳州公用事业委员会由六位委员组成。

> 这名电气工程师在达勒姆市政厅向150多位出席听证会的民众发

言称："杜克能源不是在 2012 年 12 月 4 日才成立的新公司，这次冰雹中它们的表现虽然有闪光之处，但同时也暴露了管理层缺乏远见和学习能力差的问题。"

达勒姆市市长比尔·贝尔（Bill Bell）表示，这次冰雹导致达勒姆市遭遇出其不意的电力中断。他还表示，委员会分析了冰雹发生后杜克电力员工的工作报告，以分析他们是否及时采取了应急措施。贝尔指责杜克电力存在资源整合不利的问题，该公司的 10.7 万名客户均在高峰时段遭遇电力中断的困扰，占其总用户人数的 93%。

贝尔表示，冰雹过后杜克提供的信息"过于宽泛，无法为应急管理部门提供任何价值"。

342

杜克电力高级副总裁法瑞尔（E. O. Ferrell）表示，尽管该公司与"政府官员和应急中心的沟通与预想的仍有差距，但主要原因还是灾害程度过于严重"。

鉴于数百名用户投诉杜克电力在冰雹中应对不力，达勒姆市官员要求公共事业委员会开展系列听证会，对杜克电力和 Progress Energy 应急项目方案的完备性进行评估。本周早些时候，杜克能源和 CP&L 负责人一起参加了州监管机构在罗利市召开的听证会，两家公司都为自身的应急协议进行了辩护。

由于当地有 14.7 万名用户遭遇电力中断，而且电力恢复工作进展缓慢，用户对杜克的投诉已经铺天盖地。

冰雹过去一周后，达勒姆市仍有 2 万家用户没有恢复电力供应，教堂山则有 8100 家用户仍处于断电状态。[1]

没有公司愿意成为众矢之的。如果要在州监管机构面前回应消费者的投诉，它们也会害怕。记者应该跟踪报道事件的进展。

大多数关于公用事业委员会的报道一般关注于电力公司，但在全美的大多数州，公用事业委员会也负责对供水公司和通讯公司进行监管，对提价以及行业内的争端予以裁决。和其他州监管机构的文件一样，公用事业委员会那里的文件通常是新闻报道的"金矿"，但这些文件经常被媒体忽略，因为记者觉得这些文件过于枯燥而没有予以足够重视。

---

[1] M. 菲什曼：《杜克因冰雹应对不力而受到用户指责，监管部门召开听证会》，《新闻与观察者报》2002 年 12 月 20 日，第 B1 版。版权归《新闻与观察者报》所有，经许可转载。

但跟踪报道公用事业公司的交易是大众媒体能够为读者或观众提供的最好的服务之一，因为其中涉及人数众多的消费者。或许可以这样说，从对消费者的影响面来看，没有任何商业报道类别可以比得上公用事业公司报道。

记者不应该忘记，许多公用事业机构，比如能源和电气公司等，也是有股东持股的上市公司。它们提交给 SEC 的文件可以作为对州监管机构文件的补充参考。同时，记者还应该查阅联邦机构的文件，特别是能源公司的相关资料。以安然公司的倒闭为代表，近年来多家能源公司的兴衰起伏导致 FERC 介入对多家能源公司交易的监管中来。

许多这样的公司一般都与州政府和其他主要客户签订长期合同。如果电力成本出现上升或下降，那么这些公司要么获得一笔意外收益，要么面临财务困难。

> **专家建议**
>
> 道琼斯通讯社华盛顿分社社长罗布·维尔斯（Rob Wells）对如何报道政府商业监管活动给出如下建议：
>
> **报道尽量全面、深入：** 举例来说，要写一篇关于国会委员会考虑限制投资银行家薪酬的稿子，如果能够有一段文字是关于拿取高薪的银行家的身份大起底，就会起到锦上添花的效果。如果在关于一家公司 CEO 或高管的采访稿中加入一段，说明他们在竞选献金以及游说活动中的表现，稿子就更加引人入胜。尽量在你的稿子中加入一些外部信息，这可能让读者对报道中的事实进行核查。

消费产品安全监管

保障消费者权益是政府的职能之一。政府监管机构之所以存在就是为了确保企业在保障消费者安全的情况下提供产品和服务。如果发现一些产品可能对消费者造成伤害，监管部门可以要求企业改变产品的生产方式。如果产品可能致人死亡或者重伤，相关企业可能会被要求召回产品。

过去几十年中的一些重大的商业新闻报道就涉及消费品的安全问题。根据休斯敦 KHOU-TV 的报道，风驰通轮胎可能是导致福特探险者出现交通事故并致人死亡的罪魁祸首，随后多家媒体开始跟进报道，该事件举国关注。最终，数以百万计的轮胎被召回。福特出现了有史以来最大的亏损，并与费尔斯通这一长期合作的轮胎供应商终止了合作。这一事件也促使全国运动型多功能车（Sport Utility Vehicle）的驾驶者开始检查轮胎状况，并质疑车辆的驾驶安全。

20 世纪 80 年代最为著名的商业新闻报道当属泰诺胶囊召回事件。当时芝加哥地区有七人因服用泰诺止痛胶囊而死于氰中毒，强生公司被迫召回了数以百万计的泰诺胶囊。这一事件引起了人们的普遍恐慌，世界各地的制药公司纷纷对药品加装安全塑封。

在全世界范围内，产品安全问题总会引起人们的关注。在美国，许多监管机构的职责是确保消费品的安全。从快餐店的汉堡是否健康达标，到玩具的零件是否会导致孩子窒息，这都属于消费品安全问题。

美国消费者产品安全委员会（Consumer Product Safety Commission，CPSC）成立于 1972 年，是对大多数产品进行监管的政府机构。它涵盖的产品范围从黏合剂到烧木柴的火炉。但有些产品并不在其监管范围，如弹药、汽车、化妆品、药品、食品、轮胎和烟草，这些产品由专门的监管机构负责监管。

CPSC 与公司和行业展开合作，为公司如何生产安全的产品制定指导方针。如果公司达不到其设定的安全标准，那么该委员会有权要求公司停止生产。委员会还可以对潜在的产品危害进行研究，并针对有缺陷的产品发出召回令或要求生产商修复。CPSC 由三位委员组成，委员由总统任命，经参议院批准。其中一位委员担任委员会主席，委员会下设 420 名员工，负责对 15000 多种产品的安全问题进行监控。

有时候，一些公司生产的产品不符合 CPSC 的标准。当这种情况发生时，该委员会将行使权力来保护消费者。这是商业记者挖掘新闻素材的好时机，特别是当问题产品由当地的工厂生产，或公司总部坐落在记者所在的媒体报道覆盖的区域时更是如此。

CPSC 负责的监管事务繁多。例如，2009 年 8 月，该委员会与企业共同宣布将召回 41000 辆 Baby Jogger City 迷你婴儿车，约 20 万台电冰箱和 Kanmore Elite 电动剃须刀，15400 套水平百叶窗，16400 套垂直百叶窗，800 个蜂巢帘，85000 个罗马窗帘，46000 台由美泰格、Crosley 品牌生产的美泰格、魔法厨师和 Performa 系列冰箱，15000 本 eebee's "Have a Ball" Adventures 布书，150 万台 Durabrand DVD 播放器，3000 把 10 英寸（25.4 厘米）里奇锯，9800 台百得（Black & Decker）咖啡机和 160 万部小泰克（Little Tikes）品牌的仿真工作坊套装和卡车玩具。而这些仅仅是 CPSC 在一个月内召回的部分产品，并非全部。此外，CPSC 的总顾问办公室还为那些存在缺陷但可能不需要召回的产品提供改良建议。

产品召回事件几乎是任何报纸、网站、电视台或广播电台报道的内容，因为产品往往销往全国各地。这些媒体的读者或观众很可能就是那些被召回产品的消费者。

通过分析被召回的商品或产品的类型，记者可以观察到其中的趋势。 344 例如，《洛杉矶时报》的记者发现了这样一个趋势，快餐连锁餐厅赠送的儿童玩具因为安全问题被召回了数百万次，占所有被召回玩具的 77%。

CPSC 并非保护消费者权益的唯一政府机构。美国食品和药物管理局（FDA）负责监管化妆品、药品、食品和医疗器械的安全，而美国国家公路交通安全管理局（NHTSA）则负责监管汽车座椅、轮胎和车辆安全。

与 CPSC 一样，NHTSA 也忙于召回问题产品。2009 年 8 月，NHTSA 宣布召回多种汽车，涉及现代汽车（Hyundai）、校车以及捷豹（Jaguar）品牌的轿车。2010 年，丰田汽车公司（Toyota Motor）在确定其生产的部分汽车会在未经提示的情况下加速行驶之后，决定召回数百万辆汽车。由于召回事件涉及成千上万辆汽车或卡车，因此会影响到全美各州的消费者。虽然这些消息可能不需要在多家大众传播媒体长篇累牍地报道，但也有必要简单地向读者或观众提及。

州政府机构也行使着保护消费者权益的职能。例如，每个州都通过了所谓的"柠檬法"（Lemon Law）①，即消费者如果购买了反复出现故障的车辆或其他交通工具，其有权利要求厂商无条件退款或更换新品。大多数州都规定了一些限制，如车辆故障必须发生在购买后的 12 到 24 个月，或行驶英里数在 12000 ~ 24000 英里（19312 ~ 38624 千米）。如果车辆的瑕疵涉及刹车片或方向盘等重要部件，那么厂商有一次进行维修的机会。如果再次发生车辆安全故障，厂商则有两次维修机会。对其他车辆故障，厂商最多有四次维修机会。

许多其他联邦和州一级的监管机构也会采取措施保护消费者权益。例如，美国联邦贸易委员会（FTC）有权治理网络欺诈行为。州保险专员会对推销虚假保单的保险代理机构提起控诉。联邦通讯委员会（FCC）负责处理消费者关于通讯公司在没有理由的情况下削减服务项目和对电台广播中出现粗俗话语的投诉。甚至有私人组织也参与到消费者保护的事业中来。公平贸易局也处理对企业的投诉，并对投诉案件的数量进行追踪。

---

① "柠檬法"的名称起源于美国经济学家乔治·阿克罗夫（George A. Akerlof）发表的一篇经济学论文。因此，对于出厂后有问题的汽车，人们通常会称呼其为"柠檬车"（Lemon Car）或直接就称其为"柠檬"。——译者注

专家建议

道琼斯通讯社华盛顿分社社长罗布·维尔斯（Rob Wells）对如何报道政府商业监管活动给出如下建议：

扩大社交圈，关注监管部门的日程安排：记者的工作对社交能力的要求是较高的。记者不仅要参加关于通信公司监管的听证会，参加年度股东大会，还要见一见国会委员会的职员主任以及负责监管手机或信用卡公司的中层管理者。在报道监管委员会的听证会时，记者要眼观六路耳听八方。好的报道经常来自庭外的细节。而且，说到"实地报道"技巧，记者要善于利用日程安排。如果一家监管机构计划实行新的规定，要注意公众评论期的截止日期是哪天。来自大公司或贸易团体的精彩评论一般是在评论期截止前的一两天内发布。记者要提前一周打电话询问，尽量拿到独家消息。Outlook 和其他日程安排软件都有提前一周提醒的功能，要用好这些功能。

在对商业企业进行报道，尤其涉及向消费者销售商品的企业的时候，查看相关企业是否受到消费者投诉，这对记者而言是个明智的选择。

正所谓众口难调，不是每个消费者都会对购买的商品感到满意。如果像沃尔玛或微软这样的大公司受到一些消费者的投诉，这可能并不具备新闻报道价值。但是如果很多消费者投诉针对的都是同一种产品或同一个产品缺陷，那么不论公司大小，这一事件都可能会成为新闻故事。

美国环境保护署与美国食品和药物管理局

还有两家联邦机构也在商业监管中扮演着至关重要的角色，它们分别是美国环境保护署（Environmental Protection Agency，EPA）和美国食品和药物管理局（Food and Drug Administration，FDA）。人们一般认为，这两家机构的监管重心不在商业领域。但食品和药物销售是动辄涉及数十亿美元的大额业务。此外，越来越多对环境造成影响的企业也开始受到密切关注。

FDA 已经成立了一个多世纪，但 EPA 直到 1970 年 7 月才宣告成立。这两家机构都有数以千计的工作人员负责监管众多公司，很多公司同时也受到其他州和联邦机构的监督管理。

蕾切尔·卡逊 1962 年在《纽约客》上连载的《寂静的春天》一文（后来以图书的形式出版）详尽地研究披露了滥用化学杀虫剂一事及其对环境的影响，引起了社会上的强烈反响，推动了美国联邦政府着手创建环保机构。

EPA 的宗旨和目标是保护人类健康和保护环境。该机构通过执行现有的环保法律、法规，制定标准并制裁没有达标的企业和帮助对环境造成污染的企业达成上述目标。EPA 在全国分为 10 个地区分部，每个分部都负责环保法律和法规的贯彻落实情况。

EPA 采取了多项措施，禁止有关公司销售对环境有害的产品。1972年，该机构禁止使用杀虫剂 DDT，两年后开始实施《安全饮用水法案》。1975 年，该机构禁止在大多数家庭或是农业生产中使用强力杀虫剂七氯和氯丹，因为这些杀虫剂有致癌的威胁。三年后，EPA 禁止将破坏臭氧层的氟碳气体用于生产发胶和除臭剂等大多数气溶胶产品。而包括联合化工、杜邦、恺撒铝业、Pennwalt 化学公司以及 Racon 在内的大公司都是主要的生产商。

EPA 在超级基金项目（Superfund Program）[①] 和老旧建筑中石棉材料的清理行动中也发挥了重要作用。超级基金项目已经在全国范围内锁定那些因化学品和其他产品导致环境污染的区域，并下令进行清理，而清理过程可能会耗费数百万美元。超级基金项目清理过程中引发了不少争议：以保险行业为例，很多保险公司不得不为旧保单覆盖的公司支付清理费用。EPA 制定了一份全美超级基金项目涉及的区域名单，如果记者恰好身处其中一个区域，就可以以此为题材进行报道。

EPA 创建以来最大的环境问题发生在 2010 年夏天。当时英国石油公司（British Petroleum）在墨西哥湾的钻井平台发生爆炸，导致近 500 万桶石油泄漏。此后，英国石油公司同意支付 200 亿美元对受石油泄漏影响的公司和周围地区居民进行赔偿。

1996 年，EPA 开始逐步淘汰导致儿童患病的含铅汽油。2000 年，在该机构的努力下，陶氏化学公司（Dow Chemical）生产的 Dursban 杀虫剂退出市场，此前这种杀虫剂在美国家庭中被广泛使用。

这些事件大多数属于全国性的问题，除了影响波及全国的事件，EPA 还对每个城镇和城市的企业进行监管。该机构每年都会开展上万次空气、水和危险废弃物的合规检查。EPA 如果发现有企业存在违反法律的行为，可以对其进行罚款。不仅如此，EPA 还具有对企业节能减排设施的审

---

① 超级基金项目是联邦政府推出的一个项目，主要用于治理全国范围内的闲置不用或被抛弃的危险废物处理场。——译者注

批权。

346　　　如果在某个城镇或城市发生环境污染问题，跟踪报道这一事件的记者应该查看相关的历史记录，检查涉事企业是否获得政府批准，或者过去是否有违反环保法规的行为。有些时候，记者可以通过查阅过往资料发现一些重大新闻事件的报道线索。

　　　事实上，几乎每一家从事化工、液体或其他可能引起环境污染的业务的公司可能都要和 EPA 打交道。如果记者怀疑某家公司的活动有可能造成环境污染，那么记者应该首先咨询监管机构，看看这些监管机构是否已经掌握了相关信息。

　　　FDA 在化妆品、食品、药物和医疗设备生产制造公司的监管方面发挥着同样重要的作用。它的宗旨也是以各种方式保护消费者权益。在食品安全方面，FDA 确保人们每天在商店购买的肉类冷冻食品和包装食品有益健康并符合卫生标准，而且厂商使用了恰当的标签注明产品信息。在药品监管方面，FDA 负责审查针对药物有效性的医学研究，并拥有药品出售审批权。

　　　FDA 的监管范围还包括化妆品的安全性和标签规范性，医疗设备制造和性能，微波、x 光机和日光灯等含辐射产品的安全性，宠物食品、兽类药物和相关设备的安全性等。所有这些产品和商品的生产商都是营利性公司，这意味着它们必须获得 FDA 的批准之后才可以将产品销售给公众。产品标签上的信息必须真实有效，不得误导消费者。

　　　近年来，FDA 因其在制药公司的新药上市审批中扮演的监管角色而被媒体关注。尤其在艾滋病患者数量不断增加，急需药物帮助他们对抗疾病的情况下，监管部门的新药审批就更加引发关注。FDA 药物审批过程也因为其他原因而备受媒体关注。比如 2001 年艾克隆的抗癌药物艾比特思（Rrbitux）未能通过审查，公司首席执行官山姆·维克塞尔在信息未公开披露之前出售公司的股票，其因涉嫌内幕交易最终被捕并面临牢狱之灾。

　　　FDA 的审查过程既可以成就一种药物也可以毁掉一种药物。通常情况下，制药公司向药品监管机构提交申请，并提交论证药物有效性的研究和背景材料。FDA 可以对公司提交的申请材料进行审核，并要求制药公司提供更多的相关信息；也可以留下制药公司的申请材料，然后将这种药物列入审核名单。

制药公司研发的药物能否获得批准在市场上公开出售，这足以成就或者毁掉一家小型制药公司。许多创业型制药公司向投资者出售股票，并承诺在资金耗尽之前获得 FDA 的药品上市批准。因此，某家小型公司研发的药物能否获准上市，或者治疗某项重大疾病的关键药物能否通过 FDA 的审核，均可以作为重要的新闻报道内容。下文以《圣何塞信使报》的一篇报道为例：

> 吉列德科学公司（Gilead Sciences）研制的用于治疗慢性乙型肝炎的新药——贺维力（Hepsera）周五获得美国食品和药物管理局（FDA）的批准。慢性乙型肝炎是一种具有破坏性的疾病，会导致肝癌、肝衰竭甚至致人死亡。
>
> 吉列德科学公司是一家位于福斯特市的生物科技公司，这次是该公司在不到一年的时间里第二次获得 FDA 的批准，预计这将提振公司的盈利能力。第一批贺维力药物应该在周二送达大型批发商。以每日服用一片计，患者每年在该药上将花费 5353 美元。
>
> 在感染乙肝病毒的 125 万美国人中，目前只有 50 万人接受了治疗，所以该公司正在筹划大规模的宣传活动，使医生了解到该药的疗效。
>
> 公司首席财务官约翰·F. 米利根（John F. Milligan）表示：“华尔街预计，公司第一年的贺维力销售额将为 3000 万美元。我们必须通过和医生合作来扩大市场。”
>
> FDA 在简报中指出，贺维力通过干扰

专家建议

道琼斯通讯社华盛顿分社社长罗布·维尔斯（Rob Wells）对如何报道政府商业监管活动给出如下建议：

占领新媒体报道的阵地： 创建你的电子邮件群发名单或推特信息流，以便将你已经发表的稿子发给消息人士，增加曝光率。有些媒体公司不愿意记者把内容免费向外界发布。作为记者，你要向编辑解释这样做的目的是增加你在消息人士中的曝光率。群发的时候要注意设置“密送”，因为你的消息源可能不愿意看到自己的名字和邮箱在公共空间上广为发布。

专家建议

道琼斯通讯社华盛顿分社社长罗布·维尔斯（Rob Wells）对如何报道政府商业监管活动给出如下建议：

查阅游说活动公开报告： 记者要花一些时间阅读其所追踪的公司发布的游说活动公开报告（同时也别忘了这些公司给咨询公司提供的报告）。实际报告中经常含有关于游说人员的电话号码和邮箱地址等信息，还会提供一些关于游说活动范围以及一些其他不容易发现的资料。记者可以使用响应政治中心（Center for Responsive Politics）等有用的数据库来查找游说信息。

347

乙型肝炎病毒的复制，能够有效地对抗已经对另一种抗病毒药物——拉米夫定或Epivir产生抗药性的病毒。

迈阿密大学肝脏专家、参与临床测试的调查员尤金·希夫（Eugene Schiff）博士表示："FDA对该药的批准为医生与病人对抗慢性乙型肝炎提供了新的武器。"

乙型肝炎是病毒性肝炎的表现形式之一。和艾滋病一样，它通过身体体液传播，主要是无保护措施的性行为和不卫生的针头注射所致。

吉列德将在美国和欧洲市场销售该药物，欧洲乙型肝炎的发病率是美国的两倍以上。吉列德的合作伙伴——葛兰素史克公司将把这种药物投放到其他市场，包括有着超过3亿乙肝患者的亚洲市场。

贺维力是阿德福韦酯（adefovir dipivoxil）这一药物的品牌名称。该药原本是用于治疗艾滋病的，但所需剂量在杀死艾滋病病毒的同时，也会使机体中毒。研究人员表示，在使用低剂量的情况下，该药可以缓解慢性乙型肝炎患者的肝损伤。

去年，吉列德研制的药物Viread也获准上市。作为一种抗艾滋病毒的药物，该药迅速成为畅销的艾滋病治疗药，也成为该公司利润的主要来源。[①]

和任何一篇关于制药公司的报道一样，这篇报道分析了新药上市会对公司业绩产生怎样的影响，并评估了其对公司盈利状况的提振作用。

除了新药审批，FDA还可以对其监管的公司提起诉讼，要求它们停止生产或销售某种产品。FDA经常与FTC等其他监管机构联手叫停具有误导性的食品、药品或美容产品广告。

> **专家建议**
>
> 道琼斯通讯社华盛顿分社社长罗布·维尔斯（Rob Wells）对如何报道政府商业监管活动给出如下建议：
>
> **前任高管和咨询师是很好的信息来源**：记者可以找一找曾经在所报道的公司或行业里担任要职的高层管理人士，看他们是否能解释一些关键人物的性格和所在公司的历史。记者可以从行业贸易协会那里查找这些人的信息，如美国商会、银行控股公司协会等。记住一点：员工人数不多的小型贸易协会也可能会有含金量高的信息来源。建议记者仔细查阅提交给SEC等监管部门关于某一争议事件的评论信件，看是谁写的这些信件，谁进行的采访和谁收集的资料。与这些人建立联系肯定能够帮助你获取你所需要的信息。

---

① 雅各布斯：《吉列德的乙型肝炎治疗药物获准上市，FDA表示新药可以减缓疾病》，《圣何塞信使报》2002年9月21日，第P1版。版权归《圣何塞信使报》所有，经许可转载。

FDA 会以新闻稿的形式宣布其所采取的监管措施。下文展示的是 2009 年 7 月的一篇涉及 FDA 的新闻稿：

> 美国食品和药物管理局（FDA）今天宣布了一个含有永久性禁令的同意判决书，禁止 Teva Animal Health Inc. 的总裁和其母公司的两位主要成员对掺假的兽药进行生产和销售。此禁令一旦提交法庭，被告将不得从事兽类药物的生产和销售活动，除非其符合现行良好生产规范（cGMP）并获得 FDA 的批准。

> FDA 兽医中心主任伯纳黛特·邓纳姆（Bernadette Hunham）博士表示："cGMP 标准是确保产品质量的支柱，也是 FDA 在保证兽药产品安全性方面最值得信赖的准则。"

> 自 2007 年至 2009 年，FDA 发现位于密苏里州圣约瑟夫市的 Teva Animal Health Inc. 出现了严重违反 cGMP 的行为。

> 根据同意判决书的内容，该公司不得重新进行兽类药物的生产和销售活动，除非其采取足够的措施和使用先进的设备进行充分的监控，并由一位独立的专家检查设施和生产流程，以确保其符合 cGMP 标准。FDA 还将根据需要检查该公司的制药设施，然后才能授权该公司恢复运营。如果恢复运营之后，该公司未能遵守同意判决书中的条款、cGMP 标准或《联邦食品、药物和化妆品法案》的规定，FDA 可以责令该公司停止兽药的生产和销售，召回其产品或者采取其他纠正措施。

> FDA 负责监管事务的代理副专员迈克尔·查柏尔（Michael Chappell）表示："FDA 不会容忍掺假兽类药物的生产和销售行为。兽医和宠物主人可以确信的是，FDA 将对不能保证动物药品安全和质量的公司进行调查和监管。"

> 同意判决书中还规定，Teva Animal Health Inc. 将来每违反一条同意判决书中的规定，其都将面临每天 20000 美元的罚款；如果违反判决书规定，每出售一批兽类药品，其都将被罚款 25000 美元，总计每年 750 万美元。①

和 CPSC 和 NHTSA 等机构一样，FDA 也负责公布问题产品的召回并就

348

---

① 节选自联邦贸易委员会 2009 年 7 月 31 日发布的新闻稿。

其负责监管的产品发布安全警报。如食品受沙门氏菌等致病细菌的污染，或者是产品包装信息标注不当，其中含有的成分会导致过敏，进而导致重大疾病或致人死亡。

每当这种情况发生，记者就要去找一下是否有值得报道的素材。如果涉及在本地生产或销售的产品或服务，或生产公司位于本地，而当地人在使用了这些产品后患病或死亡，那么相关报道可能成为头条新闻。《底特律自由报》曾报道了 2001 年 Sara Lee 集团旗下的一家肉类加工厂出售腐烂肉，导致 15 人死亡、超过 100 人患病的事件。

349

食品或药品的召回或被禁止生产和销售，肯定会对生产商造成损失。一些公司没有对这些情况进行妥善处理并将问题归咎于他人。如果商业记者要对这样的案件进行报道，就应该采访业内专家和科学家，力求找出事件发生的原因。监管机构会就事件发表声明，涉事公司可能也会发表意见。一般情况下，各方都有各自的立场和说辞，为了让报道更加客观，记者应该尽量听取独立方的观点。

联邦通讯委员会和联邦贸易委员会

美国联邦通讯委员会（FCC）和联邦贸易委员会（FTC）也在企业监管方面发挥了重要的作用。近些年来这两个机构在监管法规的执行和解读方面曝光率也很高。

FCC 的职能是对州际通讯，如广播、有线通讯、卫星、电视和有线电视进行监管。换句话说，即便是在一个小镇，只要当地有电台、电视台或有线通讯公司，FCC 就要行使监管职能。委员会的五名委员由总统任命，并由参议院批准，任期五年。

在 FCC 监管范围内的每家企业必须有 FCC 的认证。此外，FCC 还负责处理消费者投诉并对企业涉及的不当操作进行调查。该机构以听证会的形式帮助企业了解新规定，并对其负责监督的企业违法行为进行罚款。FCC 还组织广播频谱拍卖，竞拍胜出的无线运营商可以获得频谱资源的使用权。竞拍成功可能是运营商开展业务的重要一步。在美国，广播电台不能擅自运行，除非已经获得 FCC 对特定频谱使用的批准。

2003 年中期，FCC 开始放宽对媒体机构所有权的限制。之前该机构对电视台、报纸和广播电台的所有权都做了一些限制。但新规定允许各类媒体之间交叉持股。可以肯定的是，FCC 希望看到它所监管的行业保持有序竞争。如果没有竞争，企业可能会提高收费。如果 FCC 对其监管的一个行业规定进行了调整，记者应该查看当地的企业是否受到了影响。如果监管新规导致当地公司不得不做出改变，那么它就可以成为一条新闻。

记者在向消费者报道固定电话或手机话费账单这一话题型新闻时，可以请 FCC 来对话费差别进行解读。

不仅如此，FCC 也负责推广农村的电信服务，并确保农村的卫生保健服务机构与城市收取相同的服务费用。从全国社区发展的角度来看，这些都是十分重要的趋势，所以可以作为当地社区的重大新闻来报道。

对那些试图让人们申请新信用卡或劝说人们为当地警察团体捐款的电话，FCC 也负有监管职责。根据 FCC 的规定，这些电话不能在早 8 点之前或晚 9 点之后拨打，并且拨打者必须说明自己的身份和所服务组织的名称。

在本书第 7 章中介绍了美国联邦贸易委员会（FTC）在审查公司并购交易中所扮演的监管角色。但 FTC 还会通过很多其他途径对企业进行监管。纺织服装产品背后的吊牌标签、家用电器上贴的能源效率标识，都是在 FTC 监管下才出现的事物。FTC 负责监督企业对各种规章制度的执行情况，宗旨是保护消费者免受不公正待遇和欺诈行为的侵害。FTC 的监管触角涉及多个领域，从减肥广告到保护儿童的上网安全，都在其监管的范围之内。如果一家在线零售商许诺在节日之前向消费者赠送一份礼物但没有送到，FTC 就会介入调查。如果一家小型企业没有购买碳粉或打印机墨盒却被要求为此付费，FTC 也会展开调查。

此外，FTC 还负责监管信贷法规的执行情况。以《联邦诚信贷款法案》（Truth in Lending Act）为例，该法案要求债权人在消费者签订信贷合同之前以书面形式披露贷款年度百分率（APR）等成本信息。再比如《消费者租赁法案》（Consumer Leasing Act）要求租赁公司向消费者提供租赁成本和相关条款的信息。FTC 执行的另一个信贷法规是《公平债务催收法案》（Fair Debt Collection Practices Act）。该法案禁止债务催收公司使用不公平、欺骗或违规操作手段（包括收费过高、骚扰、将消费者债务向第三方披露等）向债务人催债。

行业竞争和联合抵制也是 FTC 要处理的重要问题。曾经有一项由内科医生发起的抵制与其有竞争关系的医疗保健机构的行动，FTC 对此提出了异议。也曾有几家有线电视公司签订过互不进入竞争对手市场范围的排他

350

性协议，FTC 同样也表示反对。此外，FTC 还禁止行业内的价格垄断。它鼓励竞争者独立设定利率和条款。该机构有权以诉讼的形式阻止企业的不公平竞争或违法的商业行为；它也会尝试制定新的规则，对不利于良性竞争或损害消费者权益的商业竞争策略进行监管。

以下这篇报道的开头部分讲述的是 FTC 惩处非法集资者的故事，这里面非法集资企业向毫无戒心的消费者进行非法集资，并声称捐款将用于资助有需要的人。

> 联邦监管机构将向法院提起诉讼，并开展公共教育活动，以打击非法集资行为。这些非法集资企业向捐助者骗取了数百万美元的捐款，声称所捐款项用于帮助有需要的退伍军人、残疾儿童、警察和消防队员。
>
> 美国联邦贸易委员会（FTC）周二宣布对五家企业提出了欺诈指控。FTC 表示，佛罗里达州的一家电话募捐公司被控假借消防员或警察名义进行非法集资。圣地亚哥的一家非法集资企业向捐助者声称募集资金将用于资助退伍老兵。另一个在阿纳海姆的电话募捐公司被指控利用虚构非营利组织筹款。
>
> 除了 FTC 开展的上述行动以外，美国 16 个州的执法人员周二也宣布对以上虚假的慈善筹款行为提起控诉。
>
> FTC 消费者保护局主管霍华德·比尔斯（Howard Beales）表示："在慈善捐款上做文章，这些欺诈行为不仅破坏了公众对合法慈善筹款的信心，还损害了合法的非营利组织的声誉。"
>
> 本月早些时候，美国最高法院裁定可以以欺诈消费者的罪名起诉那些在捐款去向问题上误导消费者的电话筹款公司。[①]

从这篇报道可以看到，联邦贸易委员会和其他监管机构主要针对的是小型企业，所以在此类报道中，媒体的报道重点应该放在小企业而非大型企业身上。许多记者误以为大型联邦监管机构只重视对大企业的监管。实则不然，监管机构的大部分工作都是确保小型企业对监管条例的执行，而这些内容在过去的商业报道中可能没有涉及。

---

① J. 布德罗：《FTC 针对虚假集资活动提出欺诈指控》，《圣何塞信使报》2003 年 5 月 21 日，第 P1 版。版权归《圣何塞信使报》所有，经允许转载。

351

工作场所安全监管

除了规范公司的销售和生产方式，政府机构也要确保工人和工作场所的安全，并保证员工不会被雇主骚扰。

负责对工作场所进行监管的政府机构包括美国职业安全与健康管理局（OSHA）、平等就业机会委员会（EEOC）、国家劳资关系委员会（NLRB）。尽管属于联邦机构，它们的监管触角几乎涉及全国的每个城镇和城市。

OSHA 负责企业工伤或死亡事件的调查。企业如果违反 OSHA 的规定导致员工受伤或死亡，就可能被处以罚款。自 1971 年该机构成立以来，美国工伤事故死亡人数已经下降了 62%，工伤致病率下降了 42%。

数据显示，2005 年有 420 万美国员工遭受工伤和职业病。大约每 100 名员工中就有 4.6 人因工作遭受事故伤害或患职业病。2006 年，工伤事故死亡人数为 5703 人。

2006 年，OSHA 对超过 38500 个工作场所进行了调查，其中大多数涉及工地等高危工作场所。州工作场所安全和健康计划组织也组织了一个覆盖 58000 个工作场所的调查。这些调查以及相应的处罚措施均属于公共记录，记者可以向有关部门咨询获得。对于报道工伤事件的记者来说，这些资料尤为重要。

以下摘录的报道内容表明，查看 OSHA 的记录可以帮助新闻工作者更好地报道工伤事件。

在位于格兰德岛的农用机械厂 Case New Holland 工作的一位意大利工人杰勒德·帕萨（Gerardo Piazza）周二仍在林肯医院就诊。两天前他掉进了一个装有有毒氢氧化钾的水槽中，全身被严重烧伤。

联邦官员周日表示，本次事故是该厂发生的第三起事故，其中包括来自墨西哥的外包工人在 10 月 25 日因工伤致死。

现年 38 岁的杰勒德·帕萨目前在圣伊丽莎白地区医疗中心医治，仍未脱离危险。林肯医院发言人乔·米勒（Jo Miller）表示，他全身超过 80% 的部位受到了二级和三级烧伤。

上周日，帕萨搭乘医疗直升机从格兰德岛的圣弗朗西斯医疗中心被送往林肯医院接受治疗。他的家人居住在意大利米兰。

格兰德岛警察威廉·霍洛韦（William Holloway）周二表示："有迹象表明他是在事发当天下午2：30左右落入了装有氢氧化钾的水槽中，他奋力从水槽中爬出来并呼救。"

他还表示："其他工人赶到了现场，脱下他的衣服，用水为他冲洗掉腐蚀性液体，在格兰德岛医护人员到达之前对他进行了救治。他只有头部和臀部没有被烧伤。"

氢氧化钾是一种碱液，也被称为苛性钾，是一种用于清洗的腐蚀性溶液。如果吞下可以致人死亡，与活体组织接触可引起严重的烧伤。

Case New Holland 经理史蒂夫·李（Steve Lee）周二没有回复记者的电话留言。他在周一表示，帕萨的家人已经得到通知，并计划前往林肯。李说帕萨是在独自一人的情况下掉进了水槽，而水槽位于安全隔离带后面，需要获得授权才可越过。目前厂方不知道是什么原因促使帕萨靠近水槽。李证实帕萨是总部设在米兰的油漆供应商——Comau Geico 公司的项目工程师。该公司与 Case New Holland 在格兰德岛地区雇用了 700 名员工，两家公司均属于意大利菲亚特集团（Fiat Group）旗下的子公司。

菲亚特集团网站的资料显示，New Holland NV 在 1999 年与凯斯公司（Case Corp.）合并之前属于菲亚特集团。两家公司均在美国农业机械市场占有很大的市场份额。

2000 年 7 月，这两家公司宣布合并，合并后的公司名为 CNH 国际（CNH Global），该公司将巩固双方在格兰德岛地区的生产能力。

美国职业安全与健康管理局（OSHA）奥马哈地区主任助理伯尼塔·威海姆（Bonita Winingham）表示，菲亚特旗下的另一个子公司——Comau Pico 及其分包商已经因为 10 月 25 日的工伤致死事件而被处以巨额罚款。

警察霍洛韦表示："此前，36 岁的胡安·希门尼斯·莱姆斯（Juan Jimenez Lemus）从 12 英尺（约 3.66 米）高的脚手架上跌落至混凝土楼板，造成头部创伤最终导致死亡。"据警方透露，他在工作中一直使用绝缘护套并佩戴安全带，但问题出在安全带没有固定好。莱姆斯本人来自墨西哥瓜纳华托州的圣卡塔琳娜（Celaya），受雇于一家名为 One de Mexico 的公司。

　　威海姆表示，在莱姆斯死后进行的调查发现该公司违反了四项OSHA规定；此外，8月7日和9月11日的调查发现，该公司还违反了六项OSHA规定。对此该公司已经同意支付总计24479美元的罚款。

　　威海姆还表示，最早的调查是7月31日由一名工人在工厂搭建输送系统时受伤的事故引发的。

　　Comau Pico已同意为8月7日至9月17日期间检查发现的四项违规行为支付7425美元的罚金。

　　她还表示，如果加上OSHA在12月6日发现的该公司在10月23日至12月16日期间的八次违规操作行为，Comau Pico公司在1月13日之前需支付总计70000美元的罚款。

　　威海姆还透露，Case New Holland农用机械厂本身已经是OSHA认可的自愿工作场所安全保护计划（Voluntary Protection Program）成员。这个项目只限于具有良好卫生和安全纪录的企业，可以免于OS-HA的工作现场安全检查。[①]

　　记者如果不做背景信息调查，就不会发现该公司还有那么多违规和罚款记录，读者可能会认为最近的事故只是一个孤立的事件。但是上述报道通过OSHA提供的信息表明，事故涉及的工作场所对工人来说可能是不安全的，而且这家企业也没有在改善工作环境方面做出努力。

　　OSHA可以根据企业违规的严重程度和是否属于累犯来决定罚款的金额。如果雇主在知情的情况下违反规定，则罚款金额为5000~70000美元。如果雇主对于可能导致死亡或严重身体伤害的规定明知故犯，或者应该了解却没有避免事故的发生，则每违反一项规定，就可能面临高达7000美元的罚款。

　　如果在一次检查中发现企业违规操作，然后在复检中又发现类似违规行为，这种情况下企业可能被罚70000美元。如果企业未能及时改正违规行为，在其完成整改之前，每天要缴纳7000美元的罚款。对于可能对员工安全和健康产生影响，但不会导致死亡或严重伤害的违规行为，相应的罚金可以高达7000美元。

353

---

① T. 凡·坎彭：《Case New Holland农用机械厂的一位意大利工程师在事故中受到严重灼伤》，《奥马哈世界先驱报》2003年1月1日，第1B版。版权归《奥马哈世界先驱报》所有，经许可转载。

如果没有受伤工人或是工会对公司提起诉讼，记者很难得知当地公司的工作环境存在安全隐患。所以对于任何想要报道大型企业的记者来说，与企业员工搞好关系，及时了解他们向OSHA提起的投诉会非常有助于报道的展开。此外，也可以通过搜索公司名称在OSHA网站（http：//www.osha.gov）上获得相关公司的投诉信息。

平等就业机会委员会（EEOC）成立于1964年，旨在防止企业因种族、肤色、性别、年龄、宗教或出生国等因素而歧视员工行为的产生。1990年，《美国残疾人保护法》（the Americans with Disabilities Act）扩大了平等就业机会委员会的监管职权范围，将残疾工人包含在内。委员会的五名委员均由美国总统任命，任期五年；总法律顾问任期四年。

EEOC每年会收到大约80000份来自私营企业雇员的歧视指控。该机构在接到指控后将着手进行调查。如果发现有证据表明歧视行为确实存在，EEOC首先会试图与公司达成和解。如果无法达成和解，EEOC会向联邦法院起诉涉事企业。

2008年，EEOC向325家企业提起了诉讼，与366家企业达成和解，为工人争取到了超过1.022亿美元的赔偿。这些案件往往具有新闻价值，并应该被报道。以下关于南佛罗里达的报道就是一个例子：

354　　　　　一名商店女员工在向监管机构对前雇主提起诉讼后得到了25万美元的赔偿和经济补偿。这位女员工称，她在对男经理的性骚扰进行投诉后遭到公司解雇。

这是美国平等就业机会委员会（EEOC）迈阿密办公室针对佛罗里达州的三起报复性歧视起诉案件中的一例。

"针对员工投诉而进行的报复性行为是违反联邦法律的。"EEOC迈阿密地区律师达奈·富兰克林·托马斯（Delner Franklin-Thomas）表示。

在佛罗里达州，2002年共有1725起报复性诉讼案件，占该州歧视案件的29%。平等就业机会委员会接到的报复性诉讼案件数量从1995年的17070起增至2002年的22768起，增幅达33%。

周二宣布达成和解的案件还包括：

● 位于纽约的女装连锁店Fashion Cents所属的诺斯丹服装公司

（Norstan Apparel Shops Inc.）。原告获得 25 万美元的赔偿，包括工资和赔偿金。一位女雇员提起诉讼，称其向区域经理投诉了坦帕的一位门店经理对女性员工的骚扰行为之后被公司解雇。

记者未能联系到该公司的总裁对此案件置评。

● 佛罗里达的银行 Marine Bank of the Florida Keys。该行因涉嫌纵容一位副总裁对女雇员的性侵行为，并将一名投诉的女员工解雇而被 EEOC 起诉。诉讼案的最终解决方案是银行同意向两名女员工支付 22 万美元，同时对全体员工提供年度培训，并且表示服从并配合 EEOC 的监督。

这家银行的总裁亨特·帕吉特（Hunter Padgett）表示："我们非常重视这个案件。很高兴这个案子最终达成了和解。4 月 4 日我们会开始培训，会向所有员工表明公司不会容忍这类行为的立场。"

● 总部坐落在加州圣安娜的物流和货运代理公司 GeoLogistics Americas 在一位联邦法官的判决下向一名女员工支付了 10 万美元的赔偿金。该员工因投诉公司歧视而遭到杰克逊维尔分行经理解雇。她向法院投诉，公司向男员工提供叉车培训和证书，却以她是女性为由而一再拒绝她的培训要求。法院还要求这家公司为经理提供年度培训并向 EEOC 提供完整的报告。

记者试图联系该公司的人力资源总监置评，但未能得到回复。①

值得再次强调的是，这些案件涉及的都是小公司，而不是媒体大量报道的那些大企业。当然，平等就业机会委员会也会对大企业提出指控，比如家得宝（Home Depot）和胡特斯（Hooters）② 等。但是，监管机构的很大一部分精力放在了监管占全国经济总量绝大部分比例的小型企业上。

记者应该找出当地的平等就业机会委员会办公室的地点。这就是当地工人提交投诉和调查开始的地方。如果该委员会计划对企业采取调查行动，其首先会向联邦法院提起诉讼。如果一个记者预感有案件即将发生，

---

① J. 弗莱舍·坦门：《三家公司的诉讼案件达成和解，监管机构关注企业对员工投诉的报复行为》，《太阳前哨报》2003 年 5 月 19 日，第 3D 版。版权归《太阳前哨报》所有，经许可转载。

② 胡特斯是美国著名的快餐店，因其貌美可爱、服务热情的"胡特斯女郎"而闻名。——译者注

定期去委员会秘书办公室打听消息应该是一个不错的办法。

国家劳资关系委员会（NLRB）也履行着保护在职员工权益的职能。该委员会要确保协调代表工人的工会和企业之间关系的法律法规得到贯彻执行。该委员会有两个基本功能：一是进行无记名投票以确定某家企业雇用的工人是否愿意由工会代表，如果愿意，那么会选择哪一个工会；二是对雇主或工会的不公平劳动行为进行调查。

NLRB 官员监督工会成员的选举过程。实际上，有时候选举事件会促使工人们思考工会是否代表其切身利益的问题。此时如果能够对工人进行采访，将对报道很有帮助。记者可以采访一些工人，询问他们关于工作条件的看法以及他们加入工会后能够得到的利益保障有哪些。企业员工中，可能会有支持工会的员工，也有反对工会的员工。雇主可能会积极采取行动，反对成立工会，因为大多数企业并不希望工会成为员工的利益代表，它们相信这会带来额外的运营成本。

不公平的用工行为可以导致很多问题。可能是主管威胁工人如果加入工会他们会失去工作，也可能导致工厂或仓库关闭。雇主承诺工人若不加入工会可以得到额外的好处，这也属于一种违规行为。

另外，工会也可能存在不公平的劳动行为。这类行为会招致监管机构的调查。工会可能威胁工人如果不支持工会他们会失去工作，或者如果工人过去曾经批评过工会官员，工会可能会拒绝对其雇主提起申诉。

监管机构一般会在诉讼请求提出后展开调查。如果一个区域主任认为确实有违规行为发生，NLRB 会先试图通过调解让劳资双方达成和解。如果无法达成和解，那么案件将交由 NLRB 法官进行书面裁决。涉事方如果对裁决有异议，可以向 NLRB 监管委员会提出上诉。该委员会由五名成员组成，具有监督 NLRB 行为的职责。去年有大约 3 万起针对不平等劳动行为提起的诉讼案件。其中大约三分之一值得深入调查。超过 90% 的案件通过调解结案。

企业和监管机构之间的关系往往是对立的。对于知道如何捕捉冲突细节的记者来说，此类事件可以作为很好的新闻素材。尽管对于监管机构的报道似乎初看之下甚为无聊，但它们在商业世界里发挥着重要作用，也为美国企业应该如何运营设定了规章制度。监管机构的这种角色使其成为媒体至关重要的信息来源，新闻工作者应该经常予以关注。

关键术语

公司条例

消费者产品安全委员会

环境保护署

美国平等就业机会委员会

联邦通讯委员会

联邦贸易委员会

统一商业法典

国家劳资关系委员会

美国职业安全与健康管理局

美国公共事业委员会

州务卿办公室

美国证券交易委员会

超级基金

参考文献

Boudreau, J. (2003, May 21). Charity fraud alleged by FTC; Agency: firms scammed donors. *San Jose Mercury News*, p. 1.

Choe, S., & Wright, G. L. (2003, May 11). Feds deepen Duke probe. *Charlotte Observer*, p. 1A. Federal Trade Commission (2009, July 21). News release. Washington, DC: Author.

Fishman, M. (2002, December 20). Duke Power assailed at hearing: Customers complain about the utility's planning and actions after recent ice storm. *The News & Observer*, p. B1.

Fleischer Tamen, J. (2003, March 19). 3 employer lawsuits settled; regulators take aim at retaliation. *The Sun-Sentinel*, p. 3D.

Jacobs, P. (2002, September 21). Gilead pill wins approval to treat hepatitis B; FDA report says Hepsera slows disease's progress. *San Jose Mercury News*, p. 1.

Karash, J. A. (2003, April 11). Operating profits. *Kansas City Star*, p. C1.

Kennedy, S. (2001, August 11). Fast-food toys lead in recalls; Kiddie-meal freebies made up 77 percent of hazardous toys recalled last year. *Los Angeles Times*, p. 1.

Madison utility requests $113.1 million in rate hikes. (2001, August 1). *Milwaukee Business Journal*. Retrieved November 25, 2003 from http://www.bizjournals.com/milwaukee/stories.

Patel, P. (2003, April 24). Allstate seeks premium hikes; condo, auto rates targeted. *The Sun-Sentinel*, p. 1D.

Poling, T. E. (2003, June 4). Big media firms like new FCC rules; Looser regulations have companies discussing mergers, acquisitions, swaps. *San Antonio Express-News*, p. 1E.

Rives, K. (2003, May 7). Labor Department tries carrot: It recommends tax breaks for companies that willingly improve safety. *The News & Observer*, p. D1.

Saunders, M. (2002, January 28). Research & analysis: Late. t branch data revealed. SNL Interactive. Retrieved December 23, 2002 from http: //www. snl. com.

von Kampen, T. (2003, January 1). Worker falls into tank of poison: An Italian engineer sustained severe burns in an accident at Grand Island's Case New Holland plant. *Omaha World Herald*, p. 1B.

Wagner, J. (2000, July 21). Planners bounce nursing home plans to council; Parma residents vow to continue fighting proposal. *Cleveland Plain Dealer*, p. 3B.

商业监管专著

Bradsher, K. (2002). *High and mighty: SUVs—The world's most dangerous vehicles and how they got that way*. New York: Public Affairs.

Epstein, R. E. (2008). *Overdose: How Excessive Government Regulation Stifles Pharma ceutical Innovation*. New Haven, CT: Yale University Press.

Hilts, P J. (2003). *Protecting America's health: The FDA, business, and one hundred years of regulation*. New York: Knopf.

Shapiro, S. (1987). *Wayward capitalists: Targets of the Securities and Exchange Commission*. New Haven, CT: Yale University Press.

Yager, D. V. (1996). *NLRB: Agency in crisis*. Washington, DC: LPA.

参考练习

357　　1. 找你认识的五个人，问一下他们如果受到骚扰或歧视是否会向平等就业机会委员会投诉。在什么情况下他们会投诉？如果有人回答说不会投诉，问一下其不投诉的理由。

2. 如果你所选用的电话服务或有线电视服务有问题，具体是什么样的问题会促使你向主管的监管机构投诉？

3. 如何确定你选择的电力公司或自来水公司是否存在乱收费问题？从哪里可以核查你的水费和电费账单？

4. 如果你购买的商品不能正常使用，哪三个步骤能帮助你从零售商或制造商那里得到退款？

5. 为什么政府在企业监管中发挥如此重要的作用？如果政府不对公司产品出售或制造环节进行监管，会出现什么问题？

第 16 章

充分利用网络资源

网站资源的可靠性

如今，记者从互联网上获取的信息越来越多，他们的很多新闻素材都是在互联网上找到的。但网上的资源都是可信的吗？答案是否定的。这也是商业记者从网上查找信息时需要特别注意的一点。

互联网已经极大地改变了新闻各个领域里记者和编辑的工作方式。过去，记者或编辑不得不去法院查阅诉讼或犯罪记录，或者他们将不得不以书面形式联系一些镇外的联邦机构，然后要等上两个星期才能收到邮寄过来的文件。

而现在，互联网让一切成为可能。记者只需要点击电脑桌面上的几个收藏网址就可以查到他们需要的信息，甚至完全不需要离开自己的办公桌。但是，公共记录研究系统（Public Record Research System）显示，互联网上的公共记录只占大约20%。其他记录仍然以数以百万计的文件形式存储在柜子和抽屉中，记者难以在网络上找到并阅读这些文件。

有些公共记录即便公布在网上，记者也很难找得到。很多记者不知道从哪里下手。金格尔·利文斯顿是《格林维尔日报》（*Greenville Daily Reflector*）负责报道北卡罗来纳州东部地区的记者。她需要获取一些关于镇上一家大型企业荷兰母公司的信息。她不知道该从何处找这些信息，而公司公关部门的人也不愿意帮忙。最后，利文斯顿发现，她所需要的资料可以在几个网站上找到。

在网上搜索信息的另一个问题是，信息可能来自一个目前尚不清楚是谁在对统一资源定位符（URL）进行操作的网站。许多年轻的记者从互联

359

网上寻找信息，并相信它一定是真实可靠的信息。其实根本就不是这样的。网上的信息可以反映出网站经营者的意见或偏见，而且大量的网上信息已经多年没有更新过了。

可以这样认为，由联邦政府或州政府机构运营的网站以及由公共和私人公司运营的网站都有着促进信息传播的目的，是记者获取信息的可靠渠道。但另一方面，数以百万计的其他网站却不一定同样值得信赖。

其实有一些网站可以用来检查其他网站的所有者。这个方便的工具可以让人确定一个网站是否可靠。其中一个网站的地址是 www. whois. net，它可以帮助人们找到当前域名的所有者，以及现在已经失效的网址的所有者。其他类似的网站有 www. allwhois. com 和 www. networksolutions. com。可以试着将公司的网址输进去，看看你能找到什么信息。

大多数时候，公司提供的行政联络人就是这家公司的律师，不过公司也经常会提供一个技术联系人的信息。这个联系人可能就是实际运营公司网站并根据需要更新信息的人。而且从上一段中提到的搜索网站上也可以查到你所找的网站的最后更新时间。

最后，还要谨记一点：记者在使用谷歌或者 Lycos 等基本搜索引擎查找信息的时候要慎之又慎。尽管这些网站都能够提供很好的搜索服务，但是有时也会给出很多跟搜索主题不相关的信息。

360 　下面的列表中列出的网站并不全面，但为报道商业和经济议题的记者提供了很多常用的网站信息。所有这些网站本书作者都进行了核查，属于可靠的信息来源。如有疑问，请检查网站上面的资源之一。

常用的财经新闻网站

http：//www. ap. org：国际通讯社——美联社的主页。

http：//online. barrons. com：道琼斯公司旗下的商业周刊——《巴伦周刊》，聚焦股市和上市公司。

http：//www. bizjournals. com：《美国城市商业期刊》主页，是全国40个商业周报的出版商。在这个网站上你可以访问任何属于该集团的出版物。该集团的网址是 www. acbj. com。

http：//www. bloomberg. com：国际性商业新闻服务提供商——彭博新闻社的首页。在这个网站上可以查找以前的报道，也可以迅速查找上市公司当前的股票价格或整体市场状况。

http：//www. businessweek. com：彭博出版的杂志——《商业周刊》的主页。《商业周刊》网站上的很多报道是纸质杂志上所没有的内容。

http：//www. marketwatch. com：该网站成立于 1997 年，10 个下属部门每天发布 1400 多个新闻报道、简讯和标题新闻。总部在旧金山。

http：//www. economist. com/：属于从英国角度观察全球商业和时事的网络资源。网站有旧文章存档和一些当前时事的背景资料，可以帮助记者深入了解事件的背景。

http：//money. cnn. com/：由 *Money* 杂志和美国有线电视新闻网（CNN）的编辑一起做的网站，隶属于时代华纳公司。这个网站上有很好的图表可供记者快速参考，如年度 25 大交易的图表。

http：//news. ft. com/home/us：英国《金融时报》网站。该网站有上市公司的名单，在那里你可以阅读关于特定行业的最新报道。

http：//www. forbes. com/：总部位于纽约的杂志，网站提供福布斯年度富豪榜以及最大的上市公司和私营企业的榜单。用户还可以点击访问路透社网站。

http：//money. cnn. com/magazines/fortune：时代华纳公司旗下的商业杂志——《财富》杂志的主页。网站有链接可以直接进入查看全球最值得为之工作的企业和全球最受尊敬的企业名单。

http：//www. investors. com：《投资者商业日报》网站。网站主页上显示成交量异常的股票都有哪些，从中可以获悉投资者的资金流向。

http：//online. wsj. com/public/us：《华尔街日报》网站，可以让你看当天的新闻。在左侧的菜单中，用户可以按照地理位置选择想要浏览的商业新闻。

http：//www. cnbc. com：CNBC 电视台的互联网主页，为观众播放商业新闻。该网站可以告诉你哪家公司的高管和分析师将什么时候出现在 CNBC 电视台的节目中。

http：//www. reuters. com：国际通讯社——路透社的网页地址。

http：//www. thestreet. com：基于用户订阅服务的在线商业新闻服务的网址。网站上的最好的免费功能之一是华尔街分析师对个股的调高、降低评级或首次评级等信息。

http：//www. foxbusiness. com：2007 年由福克斯新闻集团成立的福

克斯商业新闻网的网址。

常用的新闻网站

http：//www. businesswire. com/portal/site/home：该网站提供了一些重要新闻话题的专家名单。如果记者准备报道一个话题并需要寻找专家采访，这个网站会是很有用的资源。

http：//www. brbpub. com/pubrecsites. asp：获取公共记录的最好网站之一。这个网站有近1700县、州和联邦法庭的网站链接，记者可以访问并查找公共记录，这些信息是完全免费的。

http：//www. virtualgumshoe. com：这个网站也是查找公共记录和在线资源的好去处，上面可以找到收养记录，也可以按照不同的州查找罪犯资料。

http：//www. powerreporting. com：由普利策奖获奖记者比尔·戴德曼（Bill Dedman）管理的网站。网站的链接可以帮助记者找人、联系政府内部的信源和不同报道内容的消息源。

http：//www. facsnet. org：该网站之前由美国传播基金会（Foundation for American Communications）维持运营，上面有很多商业报道的资源。在该网站上可以阅读财经报道，了解政府放松管制的措施。该基金会是一个独立的非营利性组织。虽然该基金会现已关闭，但网站仍保持运营，方便记者参考。

http：//www. nfoic. org：国家信息自由联盟（the National Freedom of Information Coalition）的网站。上面有全美各州的链接。这些链接提供包括公共记录、公开会议以及链接到政府机构在内的丰富资源。此外，网站上还包括如何写信要求政府信息公开的链接。

361 http：//sabew. org：美国商业编辑和记者协会（Society of American Business Editors and Writers）的主页。如果你是会员，请登录并在"只限会员"部分查看一些商业记者的联系方式和资源。你还可以在这里上传简历找工作。

http：//www. ire. org：《调查记者与编辑杂志》的网站。这个网站上有上千篇新闻报道以及可以如何进行新闻报道与写作的建议和提示。这些资源对会员免费提供。

http：//www. peoplesearchpro. com/journalism：由专职记者运行，这个网站有300个不同的网页和超过6000个链接，旨在帮助记者（和其他人）快速找到有用的信息。

http：//www. sigmaxi. org：可在这里找到免费的跟科技有关的新闻故事。由科学研究协会（SigmaXi）负责运营。

https：//profnet. prnewswire. com：这也是一个很好的网站，可以找到你想采访的专家。该网站由美通社（PRNewswire）负责运营，无须注册即可查询信息。

http：//www. score. org：该网站由退休高管和小企业主对其他企业高管进行培训的一个非营利性组织负责运营。记者可利用这个网站寻找商业领域的专家以及背景信息。

http：//www. washingtonpost. com/wpdyn/business/specials/glos-sary/index. html：这里面包含1250多条商业术语，网站对商业术语已经进行了整理并说明交叉引用，方便查找和使用。

http：//topics. nytimes. com/top/news/technology/cybertimesnavi-gator/index. html：该网站提供由《纽约时报》电子媒体公司主编里奇·迈斯林（Rich Meislin）编撰的互联网商业、财经和投资信息索引。

http：//www. investopedia. com：一个提供财经教程和解释商业术语的好网站。实际上，只要键入一个词，这个网站就会给出定义，并将其放入商业环境中进行解释。

http：//www. investorwords. com：查询投资术语的最大的也是最好的网站之一。可以查找任何你不明白的商业术语。

http：//www. economist. com/research/Economics：网站上提供按字母顺序排列的经济学术语的解释。

http：//www. militarysearch. org：从网站上可以查询某个人是否曾经在部队服过役，可以直接找到美国国防部的报告，但这属于付费信息。

经济数据和资源网站

http：//minneapolisfed. org/bb/：网站上提供由明尼阿波利斯联储存档的美联储黄皮书文件。黄皮书在联邦公开市场委员会召开的两周前发布。每年有8次。各联邦储备银行通过报道辖区的银行及其分行董事，采访重要的商人、经济学家、市场专家以及其他专家，对辖区经济状况进行信息收集。按不同地区和部门总结这些信息。但这并不是对美联储官员观点的评论。

http：//www. bls. gov：这是由美国商务部管理的劳工统计局的网站，上面可以查到大量的信息，从消费者价格指数、进出口数据到行业信息。这是最全面的政府信息网站之一。

http：//www. census. gov：美国商务部下属的人口普查局的网站地址。如果要查找 2002 年或 2007 年经济普查数据，可以从这里搜索，网站上提供按照不同行业、州、县和大都市统计区分类的经济数据。

http：//www. census. gov/cgi – bin/briefroom/BriefRm：人口普查局的经济简报室。这里可以获得人口普查局的最新报告，如建筑支出、新屋销售、新屋开工和库存数据。

http：//www. census. gov/econ/cbp/index. html：美国商业模式数据可以提供不同行业的县和州一级的经济数据。该系列的年度数据对研究小型地区的经济活动，分析一段时间内的经济变化非常有用；调查和数据库可以用来作为统计学指标。企业可以利用这些数据分析市场潜力、衡量销售和广告项目的效果并制定销售额度和业务发展预算。

http：//www. conference-board. org：世界大型企业联合会的主页，在这里可以找到最新的消费者信心指数的调查结果，该网站还会开展领先经济指标的调查。

362 http：//www. econdata. net：由经济发展协会（Economic Development Association）主办，该网站有 1000 多个关于社会经济数据资源的链接，按照主题和提供方进行分类，并提供查找地区经济数据的十个最佳网址列表。

http：//www. federalreserve. gov：美国联邦储备银行的主页。从菜单查阅"经济研究和数据"以及"新闻和事件"这一版块，可以查到美联储官员发表的言论和证词。

http：//federalreserve. gov/otherfrb. htm：该网站上有 12 个联邦储备区的链接，也有特定区域的经济研究和数据。从中可以找到不少工作论文，可以提供关于地区联邦储备银行监管思路的一些线索。

http：//www. philadelphiafed. org/index. cfm：费城联邦储备银行的主页。在这里特别提出来是因为这个网站上包括对宾夕法尼亚州、新泽西州和特拉华州经济活动指标和领先经济指标的调查，而这些指标可以作为全国其他地区经济情况的一个参照。

http：//www. ny. frb. org：纽约联邦储备银行的主页。上面关于银行业（包括发送给银行的备忘录）和消费行业的内容非常有用。主页上有外汇交易和定期存款利率的最新信息。

http：//www. economy. com/dismal：Dismal Scientist 是一个由总部位于宾夕法尼亚州的 Economy. com 运行的网站。它为专业投资者、政府机构等提供新闻和经济趋势方面的信息和研究。

http：//www. imf. org/external/index. htm：国际货币基金组织的主页。如果要报道在海外开展业务的企业，这个网站会是一个很好的资源平台，可以提供相关国家的经济形势指标。

http：//bea. gov：隶属于美国商务部经济分析局（the Bureau of Economic Analysis）的网站。在这里可以查到按行业和所在州分类的国内生产总值数据，也有按所在州分类的个人收入数据。

http：//research. stlouisfed. org/system_ change_ notice. html：去这里订阅电子邮件资料，可以获得圣路易斯联邦储备银行辖区的经济数据和研究出版物。（注：很多其他美联储分行网站也增加了电子邮件通知系统。）

http：//www. stat-usa. gov：美国商务部提供的关于商业、经济和贸易社区的网站，提供来自联邦政府的权威信息。在 The State of the Nation 部分几乎包括来自联邦政府的所有的重要经济报告。

http：//www. nber. org：国家经济研究局（National Bureau of Economic Research）的网站，这是一个私人的非营利性组织，致力于建立一个更好地了解经济运行情况的网站。网站包括两个最好的内容，即过去两个世纪的经济周期一览表和即将公开的经济数据。

http：//www. bls. gov/data/inflation_ calculator. htm：这个网站可以帮助你计算出扣除通货膨胀因素的美元现值。

http：//www. treasurydirect. gov/indiv/tools/tools _ savingsbond-calc. htm：该网站上有公共债务局（the Bureau of Public Debt）提供的储蓄债券计算器，可以计算出债券的现值。

http：//www. x-rates. com：可以查询美元与其他国家货币汇率的网站。这个网站也有汇率转换器和计算美元历史价值的工具。

http：//cgi. money. cnn. com/tools/costofliving/costofliving. html：从 CNNMoney. com 网站上可以找到一个生活成本计算器。利用消费者价格指数比较美元的实际购买力。

http：//www. ficalc. com：提供债券价值计算器，从美国国债到市政债券甚至一些欧洲债券的价值都可以计算。

http：//www. smartmoney. com/Investing/Bonds/Bond – Calculator – 7917：由 *Smart Money* 杂志提供的债券计算器。通过输入债券的票面利率和到期日就可以计算出债券价值。如果你输入债券价格，计算器将显示债券的到期收益率；如果你输入债券收益率，计算器会告诉相应的债券价格。

http：//www. gpoaccess. gov/indicators/browse. html：通过这个网站可以很方便地查到最新的联邦经济数据。网站上提供访问多个联邦机构的链接。所有在联邦统计简报室的信息都被机构下属的统计部门保存并更新。所有的预测指标都是最新的数据。这些指标包括就业、劳动生产率、运输、收入、国际贸易、货币、产出和价格。

商业相关网站

363

http：//www. seekingalpha. com：这个网站上有大部分上市公司的业绩电话会议纪录。如果记者一天要同时报道好几家公司的业绩，那么这个网站上的资料是非常有帮助的。

http：//www. annualreportservice. com：一个提供上市公司年度报告的免费网站，提供了成千上万份年度报告。用户需要注册才能访问网站。

http：//www. fis. dowjones. com/products/pe. html：该网站提供另类资产和私人股权投资的信息。如果记者要报道有风险投资进入的私人企业，可以从这个网站上找找资料。

http：//www. bigbook. com：在这个网站上可以查到任何企业的邮寄地址和电话号码，也可以搜索到某个地址附近的资源。

http：//www. bizweb. com：按照古董、互联网等行业区别给公司分类。这个网站上列出了 200 多个类别的 46000 多家公司。

http：//www. bbb. org：公平贸易局的网站地址。在这个网站里通过点击首页左上角的"查询企业或慈善机构信息"的图标，可以查到全美任何一家企业的信息。

http：//www. businesswire. com/portal/site/home/：该网站按照行业、区域和主题来提供公司的新闻稿。也可以在"事件"目录下找到主要的行业会议信息。

http：//www. ceres. org/page. aspx? pid = 705：环保责任联盟（CERES）的网站。该网站宗旨是鼓励企业在开展业务的同时遵守环保法规，还鼓励投资者和基金经理投资这样的公司。

http：//www. corptech. com：网站拥有超过9万家美国科技公司及其产品和管理层的信息。网站上有公开上市的和私营的制造公司及高科技产品开发公司，包括小型私人企业的信息。17个高新技术产业（从工厂自动化到生物技术、计算机、制药、国防、环境保护行业等）都有涉及。

http：//www. edgar-online. com：通过输入一个人的名字或者特定的公司名称就可以显示所有相关人员或公司提交给SEC的文件。但这个网站需要付费订阅。

http：//www. hoovers. com：该网站提供多家上市公司和私营企业的背景资料，包括竞争对手的信息。

http：//www. mergerstat. com：该网站跟踪全球范围内的并购活动。主页上可以查到当年与前一年相比成交量的变化。

http：//www. prnewswire. com：该网站提供公司新闻稿。作为记者，你可以注册后获得你想要的行业和公司的信息。

http：//www. researchmag. com/Pages/default. aspx：企业简介和基本信息以及分析师和行业的研究报告都可以在这个网站上找到。

http：//www. searchsystems. net：该网站提供超过1万个链接到世界各地的公共记录数据库，以帮助锁定相关企业、人员和信息。该网站属于免费网站，但访问某些公共记录数据库时也需要收费。

http：//www. switchboard. com：在该网站上可以查找公司高管和其他人的家庭住址和电话号码。尽管在网络上有类似的其他搜索引擎，但这个网站也许是最全面的搜索网站。

http：//www. thomasnet. com：可以查到成千上万家企业及其产品信息的数据库。如果你知道一个产品，但不知道制造商是哪家公司，就可以查询这个网站。

http：//publicrecords. netronline. com：这是住房信息最全的网站。

有些州甚至会查到房子的照片。

http：//biz. yahoo. com/i：这是一个可以帮你查到有关上市公司的信息的快捷工具。

http：//finance. yahoo. com：雅虎财经网站地址。它最好的一个功能是金融新闻主页是符号查找选项，这可以让你通过股票代码找到任何一家上市公司。

http：//dir. yahoo. com/Business_ and_ Economy：这也是一个很好的网站，通过不同类别（从商业道德、商业责任、交通运输到商学院）提供商业资讯。

http：//www. inta. org/index. php? option = com_ trademarkchecklist & func = display&catid = 123&get：国际商标协会（International Trademark Association）的网站清单。罗列的商品商标从 A1 牛排酱到 Zippo 打火机等，非常齐全。

行业和部门信息网站

http：//agriculture. einnews. com：该网站提供农业新闻和产业信息。可以链接到特定的农业新闻消息源。

364

http：//www. aha. org：美国医院协会（American Hospital Association）的主页。也提供直达特定州、地区和大城市医院机构的链接。该网站提供很多不错的背景资料和医疗行业信息，还具备医院定位功能。

http：//www. ama-assn. org：美国医学协会（American Medical Association）的网页。可以在主页上方点击"患者"选项，通过搜索引擎也可以按照姓名和治疗专长找到在全国各地的医生。

http：//www. asaecenter. org：美国行业协会管理层学会（American Society of Association Executives）的网址。在这里可以搜索到 6500 多个不同行业协会和组织。

http：//www. aba. com：美国银行家协会（American Bankers Association）的主页。主站点按照农村信贷、信托部门等不同的行业对内容进行了分类。

http：//www. opensecrets. org/lobbyists/index. asp：使用该搜索引擎可以查到公司在游说州和联邦立法机构上花费的款项。

http：//www. mbda. gov：少数族裔企业发展局（the Minority Busi-ness Development Agency）的网站，该机构旨在促进少数族裔企业所有者的业务发展。该机构在全美主要城市均设有地区事务主管，从他们那里可以找到报道的资料来源。

http：//www. nfib. com：国家独立企业联合会网站。该联合会为全国各地的小企业利益进行游说活动。网站上有一个链接，可以看到其在全美各州的活动。

http：//www. nrf. com：全国零售企业联合会（National Retail Federa-tion）网站。该联合会致力于保障零售商的权益。网站上也会登出针对父亲节等特别活动的消费者消费习惯的调查结果。

http：//www. bankrate. com：可以用这个网站查找你所在的州与全国其他地区利率水平的差别。网页上方可以先选择你所在的州，然后选择如汽车贷款或抵押贷款等产品。

http：//www. docboard. org/docfinder. html：网站上提供关于州医疗委员会成员的信息。许多州的医疗委员会会在网上列出一份目录，可以查看医生执照是最新的还是已过期。

http：//www. freep. com/index/autos. htm：网站由《底特律自由报》负责运营，主要介绍汽车业。如果你不在底特律，但你需要迅速了解汽车行业的最新情况，你可以参考这个网站。

http：//www. landings. com：该网站提供飞机所有权的数据库。在页面顶部点击"数据库"，然后找出你想要报道的公司，看其是否拥有在全国范围内运送高管的飞机队伍。

http：//api-ec. api. org：美国石油协会（American Petroleum Institute）的主页。在"证词/做证"部分可以查到国会证词。可以点击主页上的"新闻"按键进入这部分内容。

http：//www. nielsen. com：该网站提供消费产品和服务行业的市场调研信息以及专业分析和洞察。网站上的报告不是免费的，有时候定价比较高。有时候公司将在这个网站中提供其在行业中的市场份额数据。

http：//www. restaurant. org：全国餐馆协会的网站，点击主页左上角的"研究报告与观点"，可以看到一些不错的免费行业报告。也有关于餐馆位置、员工人数、销售量和销售额增长速度的统计数据。

http：//www. snl. com：这个网站追踪房地产投资信托业务、银行、金融服务、保险和能源行业。该网站的资源不是免费的，但你可以找到愿意提供观点的分析师。

http：//www. sba. gov/aboutsba/sbaprograms/onlinewbc/index. html：网站由女企业主小企业管理局负责运营。如果你正在写关于一个女企业主的故事，它可以提供很多不错的信息。

http：//dir. yahoo. com/business _ and _ Economy/Organizations/Professional：雅虎运营的网站，上面提供包括会计师、工会在内的全面行业指南。

金融资讯网站

http：//www. aimr. org：CFA 协会是一个由超过 5 万名投资人士和100 多个国家的教育工作者组成的非营利组织。在这个网站上可以查到投资专业人士的薪酬等信息。

http：//www. nyse. com：纽约证交所——泛欧交易所的主页。可以查询市场和历史数据、图表和工具。

http：//bigcharts. marketwatch. com：可以让观众迅速了解纳斯达克指数和道琼斯工业平均指数盘中交易实况的网站。

http：//www. bondsonline. com：可以查询债券价格和债券市场新闻的网站，也可以查找优先股和可转换优先股的信息。该网站提供超过15000 只债券发行价的实时查询。

http：//www. cboe. com：芝加哥期权交易所网址。这个网站上列出了1200 多种股票期权。除了股票期权，该交易所还提供股指期货交易信息（如标普 100 指数期权，简称 "OEX"）、利率期权、长期期权（LEAPS）和板块指数期权。

http：//www. cmegroup. com：芝加哥商品交易所网站，提供牛肉、奶制品、木材和猪等四种基本产品的期货和期权交易信息，包括利率、股票指数、外汇和大宗商品。

http：//www. dailystocks. com：该网站定位是做最大的股票研究网站。也提供一些关于上市公司的研究报告。

http：//www. earningsbase. com：这是一个提供华尔街交易和经济信息的很好的新闻网站。还提供分析师和经济学家对于公司盈利和经济指标的预测数据。

http：//www. quote. com/home. action：这个网站可以让你创建一个
由 10 只股票组成的投资组合，并免费跟踪股票的表现。你还可以查看股票
评级升降和盘中最活跃个股交易等信息。

http：//thomsonreuters. com/products_ services/financial/financial_
products/investment：该网站上可以查询分析师预期和评级信息。当你要
报道某公司业绩时，你可以在这个网站上查询分析师的盈利预期和评级变
动情况。但需付费查询。

http：//www. adviserinfo. sec. gov/IAPD/Content/IapdMain/iapd _
SiteMap. aspx：由美国证券交易委员会负责运营的投资顾问公开文件披
露网站。可以搜索该网站的投资顾问公司，并查看这些投资顾问公司提交
的 ADV 表格。投资顾问公司在向 SEC 和州一级监管部门注册时需要提交
ADV 表格。ADV 表格中包含投资顾问公司及其商业运营方面的信息，还披
露涉及投资顾问和关键人物的合规行为。

http：//www. djaverages. com：如果想要了解道琼斯指数成分股的
表现如何，你可以访问这个网站。你可以在这个网站上找到行业指数以及
大盘指数的实时信息。

http：//moneycentral. msn. com/investor/research/welcome. asp：
从该网站可以查询内部交易信息。这个网站列出了内部买入量和卖出量排
名前 10 位的公司。通过点击股票代码可以看到该公司股票实际交易的
情况。

http：//www. ipofinancial. com：该网站提供私营企业计划公开上市
的信息，包括上市日程安排。

http：//www. kcbt. com：堪萨斯城贸易委员会（KCBT）的网址。粮
仓运营商、出口商、面粉厂厂主以及生产商等为保护现金头寸而利用
KCBT 买入和卖出期货和期权合同。股票市场投资者也利用 KCBT 进行产
品交易。不过，现货谷物交易仍是很多 KCBT 成员的核心业务。

http：//www. moneypage. com：这是一个提供投资基本背景信息以
及其他主题的不错的网站，也为股票投资新手提供入门指南。

http：//www. moodys. com/cust/default. asp：债券评级和研究机
构——穆迪投资者服务公司的网站。该网站可以通过输入公司名称查询债
券信息。

http：//www. morningstar. com：可以查询共同基金及其持股信息的网站。可以从中找到你所报道的公司的投资者的信息。列出所有共同基金持仓量最大的几只股票，你可能会有所发现。

https：//commerce. us. reuters. com/purchase/default. do：通过该网站可以实时访问华尔街大公司卖方分析师的报告。登录时需要用户名和密码，而且访问分析师的报告需要付费，但是值得付费购买。

http：//www. nasdaq. com：这也是一个找到上市公司投资者信息的好地方，可以查到投资者买入和卖出股票的记录。

http：//www. finra. org：金融业监管局（Financial Industry Regulatory Authority）对违反 FINRA 纪律、联邦证券法、法律规章和市证券监管委员会规定的企业和个人给予处分。可以在本网站查到任何公司受到的纪律处分。

http：//www. cmegroup. com：芝加哥商品交易所（Chicago Mercan-tile Exchange）是一个期货和期权交易平台。它还拥有纽约商品交易所（New York Mercantile Exchange）。

http：//www. nyse. com：纽约证券交易所（New York Stock Exchange）。每天有超过 2800 家公司的股票在进行交易。

http：//www. standardandpoors. com：标准普尔公司（Standard & Poors）的网站。该公司提供债券研究和信用评级以及股票研究服务。标准普尔公司将自身定位为证券市场的独立分析公司，因为它并不从事投资银行业务。这个网站的搜索功能非常强大。在这个网站上还可以追踪标准普尔 500 股票指数的走势。

http：//www. stockpatrol. com：投资者和追踪股市的人对这个网站上的信息持怀疑态度。这个网站对证券市场上的一些有趣的、不同寻常甚至古怪的事件进行调查、研究和报道。你可以查一下自己正在报道的公司是否成为该网站的爆料对象。

http：//www. valueline. com：在投资界众所周知的一个网站，上面提供公开上市公司股票的研究报告。访问这些报告需要注册用户名和密码。

http：//finance. yahoo. com：雅虎财经网站。在这个网站上可以获得任何公司的历史股价信息，最早可以回溯至 1970 年。只需在网站中输入股票代码，点击"获取报价"，然后单击左侧的"历史价格"就可以了。或使用 http：//bigcharts. marketwatch. com/historical 也可以。

监管信息网站

http：//www. publicrecordsources. com：网站本身并不提供公开文件，但是它可以提供存有这些文件的机构（包含 650 多个州和县级政府机构）名单。该网站还可以查到如何走流程、有何种限制、是否收费等信息。但是，如果政府机构提供免费在线访问服务，就可以点击链接转到该网站。

http：//www. autoexchange. net/dmv/：链接到全美各州的机动车管理局（Department of Motor Vehicle）网站。有些部门会将机动车登记信息登在网上。

http：//www. bls. gov：劳工统计局（Bureau of Labor Statistics）的网站。在这里可以查到有关失业率、就业人数、平均时薪等信息。

http：//www. business. gov：由小企业管理局创建的网站，宗旨是帮助企业与联邦政府更好地互动交流。这也是记者寻找商业相关信息的有用网站。

http：//www. sec. gov：该网站不仅提供上市公司的相关资料，在"诉讼"和"监管行动"部分还可以查到大量有用的信息。该网站还包含 SEC 最近行动的新闻解读，包括执行程序、申请规则、政策声明以及即将举行的委员会会议等。

http：//documentresearch. morningstar. com（或 http：//www. 10kwizard. com）：基于订阅用户提供服务的网站。可以获取上市公司提交给 SEC 的文件。其中一个值得称道的功能是，通过键入某一个特定词语可以搜索所有的 SEC 文件。这是 SEC 网站上新加的一项功能，可以查到关于某个人或某个城镇的信息。

http：//www. statelocalgov. net/index. cfm：从该网站可以链接到 8000 多个州和地方政府的网站。可以点击上面的链接，访问多个州政府机构和国家机构，如全国州长协会（National Governors Association），所以是非常有用的网络资源。

http：//www. commerce. gov：美国商务部（Department of Com-merce）的网站。点击"你附近的商务部服务和办事处"可以链接到地方商务主管部门的办公室，这里有不少有用的信息。也可以查到一些经贸方面的信息。

http：//www.csbs.org：从这个网站可以查到州银行监管局（Conference of State Bank Supervisors，CSBS）提供的关于银行监管部门的信息。

http：//www.epa.gov：美国环境保护署（US Environmental Protection Agency，EPA）的网站。点击主页顶部的选项，可以看见联邦注册信息、支持文件以及公众对监管规定和各种非监管活动的评论。也可以通过邮政编码搜索受 EPA 监管的企业在环境保护方面的信息。

http：//www.epa.gov/epahome/regions.htm：该网站会链接到地区环保局办公室和州环保监管机构的网站。

http：//www.fedstats.gov：提供 100 多个美国政府机构的链接。可以按主题、区域或机构名称进行搜索。

http：//www.fdic.gov：美国联邦存款保险公司（FDIC）是一个负责监督银行存款业务的联邦机构。这个网站的好处之一是可以找到每个月要接受监管的银行名单。在这里可以找到一家你所在地区正在被监管部门检查是否遵守《社区再投资法》（Community Reinvestment Act）的银行，还可以查到各银行的市场份额数据。

http：//www3.fdic.gov/idasp：这个网站上列出了由美国联邦存款保险公司（FDIC）运营的金融机构名单。从中可以找到由 FDIC 承保的任何一家银行控股公司或其位置。搜索结果会显示银行的存款总额和总资产。

367
http：//www.fdic.gov/bank/analytical/stateprofile：这是美国联邦存款保险公司（FDIC）的另一个网站，上面有按季度更新的每个州的银行和经济数据。对负责银行和金融条线的记者来说，这些信息是非常有用的。

http：//www.ffiec.gov：美国联邦金融机构检查委员会有权为美国联邦储备银行、联邦存款保险公司（FDIC）、国家信用合作社管理局、货币监理办公室以及储蓄机构监管办公室制定统一的原则、标准和报告形式。点击"执法行动"可以查到这方面的信息。

http：//www.ftc.gov：美国联邦贸易委员会的网址，上面有链接可以查到该委员会采取的行动。也可以按照《信息自由法》在网上提交获取公开文件的要求。

http：//www.govexec.com/top200/2000top/index.htm：如果你想知道正在跟踪报道的公司是否与联邦政府有业务往来，那么可以上这个网站查询，因为其按照机构列出了所有的大型政府项目承包商的名单。

http：//www. statelocalgov. net/50states – secretary – state. cfm：该网站提供互联网地址的公司链接，可以获取公开记录以及关于公司、合伙人、企业和其他实体以及统一商法典（UCC）文件。该网站 http：//www. llrx. com/columns/roundup29. htm 还提供州一级 UCC 文件资料。

http：//www. nass. org/：这个网站也可以提供查询州务卿办公室的文件资料。该网站由全国州务卿协会运营。可在页面左侧申请查看 UCC 文件。必须先登录才能获取这些信息。在这个网站注册是免费的。

http：//www. ncua. gov：国家信用合作社管理局的网站。有三名由总统任命、参议院确认的委员组成的委员会是国家信用社管理局的主管部门。国家信用社管理局是一个独立的联邦机构，负责管理和监督联邦信用社。在页面顶端的"数据和服务"项目下点击"信用社数据"，可以找到任何一家信用社的具体信息。

http：//vocserve. berkeley. edu/CenterFocus/CF8guide. html：童工资源指南。本网站列出了你所在州劳工部可以提供童工保护法方面信息的联系人。

http：//www. bls. gov/iif/oshstate. htm：劳工统计局的网站，可以搜索职业病、工伤和死亡事故方面的信息。点击不同的州选择你需要的信息。

http：//www. dol. gov：美国劳工部的网页，上面有关于工资、健康计划和福利、失业方面的信息，也有劳工部在全国各地办事处的目录。主页上的统计数据概览可以提供很好的情况汇总。

http：//moneyline. cq. com/pml/home. do：该网站提供了关于政治游说活动以及个别竞选项目的费用数据。点击页面右下方的"快速参考"键，你会找到 CQ MoneyLineUser Guide。

http：//www. census. gov/econ/index. html：美国人口普查局的资料，提供包括少数族裔和妇女拥有的企业、建筑许可、制造商调查等各类经济数据。按照州、县将数据分类，对每一个记者来说这都是非常重要的资源。

http：//www. irs. gov/taxstats/index. html：浏览这里可查到国税局的税收统计数据。按照个人、企业和免税组织纳税申报的数量和金额进行分类。

http：//patft. uspto. gov：美国专利商标局的网址。可以搜索已授权专利和专利申请的信息。查一查你所在城镇或城市最近的专利和商标申请。

http：//www. naic. org/state_ web_ map. htm：该网站提供全国保险委员会所有州一级保险部门的链接。每个网站上的信息各有不同，有的网站上提供个别公司调高保费的信息，有的则没有，只提供一些关于行业的信息。

http：//www. treas. gov：美国财政部的网站。使用 http：//www. treas. gov/topics 也可以访问这个网站。在"部门"的类别下可以找到分别监管银行和储蓄机构的货币监理署和储蓄机构监管办公室的信息。

http：//www. fedworld. gov：由美国商务部维护的一个网站，提供上千个联邦政府部门网址链接。如果你不知道去哪里寻找关于政府和政府雇员的资料，这里是一个不错的选择。

http：//www. usda. gov：美国农业部的网址。如果你负责农业、食品或林业条线，这里有很多最新的信息。

http：//www. utilityconnection. com/page5. asp：这个网站上有全美各州公用事业监管机构的网址链接。其中有许多提供涉及其所监管的企业的公共服务资源。

http：//topics. law. cornell. edu/wex/white－collar_ crime：法律信息研究所负责运营的网站，有按照不同的州分类的白领犯罪执法机构的链接，包括州总检察长办公室、证券监管机构等。

消费者和劳工保护方面的网站

http：//activistcash. com：该网站按照团体、基金会、名人和主要成员分类，提供关于反消费活动群体及资金滥用等方面的信息。

http：//www. aflcio. org：全美最大的工会网站，上面提供关于劳工权益以及不同的州存在的贫困、医疗保险和预算问题等方面的资料。

http：//www. alpa. org：航空飞行员协会的网站，提供飞行员和航空公司就合约进行谈判的信息。从这个网站上可以找到发言和证词等资料。

http：//www. cch. com：Commerce Clearing House 的网站，上面可以找到税收规定一览表。

http：//www. consumerfed. org：美国消费者联盟（Consumer Federation of America）的网站。该联盟代表消费者游说国会和其他政府机构。主要聚焦食品、金融、医疗、隐私、安全、环境健康和公共事业，所以，如果你对这里面的话题感兴趣，可以访问这个网站。

http：//www. cpsc. gov：美国消费品安全委员会的网站，在这里你可以找到有关产品召回的信息。还可以从 http：//www. cpsc. gov/cpsclist. aspx 注册你的信息，这样每当美国消费品安全委员会宣布了重大的产品召回计划，你都会收到通知。

http：//www. cpsc. gov/cpscpub/pubs/amuse. pdf：该网站提供各州如何监管主题公园等方面的信息。

http：//www. clearhq. org：执照、执法与监管理事会（Licensure, Enforcement and Regulation）的网站，上面有关于全美各州的监管部门如何行使监管职能、更好地服务于消费者的信息。此外，点击"资源"可以找到监管委员会成员的信息。

http：//www. ebri. org：雇员福利研究所是唯一的非营利性、非党派组织，致力于推动数据发布、政策研究、经济安全和员工福利研究。从这个网站可以查到关于员工福利的研究。

http：//www. dot. gov：想要查找关于汽车召回的信息？可以浏览美国交通运输部和美国国家公路交通安全管理局的网站。如果你负责汽车条线，又或者货运行业是你所在地区经济的重要组成部分，你可以在这个网站上找到所要的信息。

http：//www. eeoc. gov：平等就业机会委员会的网站。该委员会负责调查企业不公平用工行为或歧视行为。页面左侧底部的"统计"部分提供一个链接，在这里可以找到该委员会监管行动的月度报告。还有一个包括种族、怀孕、年龄和宗教信仰在内的各种歧视行为的统计。

http：//www. fda. gov/ForConsumers/ProtectYourself/default. htm：美国食品和药物管理局的网站。上面有关于该局针对药品和医疗产品销售采取的监管措施。美国食品和药品监督管理局的主页 www. fda. gov 上还列出了药品召回的相关信息。

http：//www. fda. gov：FDA 网站，提供关于食品、药品、医疗器械、动物食品、化妆品和手机等辐射产品的监管信息。也可以从该网站订阅电子邮件通知服务。

http：//www. fraud. org：全国消费者联盟（National Consumers League）

成立的国家欺诈信息中心（National Fraud Information Center）的网站。该联盟致力于打击电话营销和网络欺诈。所有统计资料都可以在网站上找到。

http：//www. ftc. gov/bcp/consumer. shtm：美国联邦贸易委员会的消费者保护部门的链接。首页上提供链接，可以查找包括身份盗用、投资等多个报道话题。

http：//www. ic3. gov：互联网欺诈投诉中心（Internet Fraud Complaint Center）的网站。该中心是联邦调查局（Federal Bureau of Investigation）和国家白领犯罪中心（National White Collar Crime Center）合作成立的机构。从网站上可以查询犯罪统计数据和警告提示。

http：//www. ibew. org：国际电力工人兄弟会（International Brotherhood of Electrical Workers）的网站，上面有协会成员以及与一些大型雇主谈判的信息。

http：//www. jdpower. com：这个网站上提供消费者对各类产品的评价，如汽车、船舶、建筑商、金融服务商和旅游。跟踪报道特定市场的记者可以参考这些信息。

http：//www. lemonlawamerica. com/Lemon－Law－Statutes. htm：提供州柠檬法指数。如果消费者认为他们购买了有缺陷的汽车、卡车、越野车、船只、摩托车等消费产品，可以要求退货。http：//www. carlemon. com/lemonstat. html 也提供这方面的信息。

http：//www. nacaa. net：全国消费者机构管理协会（National Association of Consumer Agency Administration，NACAA）是一家位于华盛顿的非营利性政府管理协会。这个网站最好的部分是它的会员名单，可以链接到全国各地的联邦、州和地方的消费者保护机构。会员名单只对会员提供。注册免费，但会员申请必须由 NACAA 批准。

http：//www. nasuca. org：全国公共基础设施消费者倡导协会（National Association of State Utility Consumer Advocates），代表40 个州和哥伦比亚特区的消费者的利益。网站上提供的证词和文件比较有用。

http：//www. consumeraction. gov：在网页左侧有"在哪里提出申诉"的链接，提供消费者保护团体和机构的名单。

http：//www. cpsc. gov 和 http：//www. fda. gov/safety/recalls/default. htm：这是两个很好用的搜索引擎，消费产品安全委员会及美国食

品和药物管理局的产品召回行动都可通过产品或公司名称进行查询。

369

http：//www. osha. gov/oshstats：职业安全与健康管理局的统计数据页面，可以看到事故调查报告和检查报告。

http：//www. osha. gov/pls/imis/establishment. html：此页面允许用户通过名称搜索 OSHA 的执法检查活动。

http：//pueblo. gsa. gov：联邦公民信息中心（Federal Citizen Information Center）的网站，上面有很多可以网上订阅的刊物，涵盖汽车、小企业等多个话题。该网站由美国服务管理总局（General Services Administration）负责运营。

http：//www. epa. gov/TRI：有毒物质排放清单（Toxics Release Inventory）是关于从生产设施排放和转移有毒化学品的信息数据库。如果符合四个标准，设施运营商必须报告其释放出的有毒化学物质。可以通过地理区域、设施、母公司和所属行业进行搜索。

http：//www. nhtsa. dot. gov：美国国家公路交通安全管理局（National Highway Traffic Safety）的主站点。特定的车辆和设备的安全问题以及地区召回，可在 http：//www – odi. nhtsa. dot. gov/cars/problems/recalls 上进行查询。

http：//www. nlrb. gov：国家劳资关系委员会调查公司和工人之间的纠纷。网站上有一个关于它处理过的案件每周汇总，在页面的右下角有"信息自由法"链接，说明如何请求获得公开文件。

http：//www. planetfeedback. com：本网站可以搜索关于任何产品和任何公司的投诉或表扬的相关信息。如果你要报道一家消费产品公司，这个网站可能会为你提供一些想法。

http：//www. uaw. org/：全美汽车、航空航天和农业器械国际联盟（International Union，United Automobile，Aerospace and Agricultural Implement Workers of America）的主页，上面有最近的新闻及其对联盟成员的影响等方面的信息，以及与政府事务相关的链接。

法律信息网站

http：//www. abanet. org：美国律师协会（American Bar Association）的主页。这个网站有一个律师定位服务，以及前往一些专业机构的链接，如少数族裔律师和女律师群体。

http：//www. lawyersandsettlements. com：可以在这里找到与行业集体诉讼有关的信息。也有未决诉讼清单，可以为行业记者提供帮助。

http：//www. bmcgroup. com：该网站可以找到一些全国最大的破产案件文件，包括过去的案件，比如康塞科公司、环球航空公司和 W. R. 格雷斯公司案等。

http：//courtexpress. westlaw. com：注册该网站后可以查看全国各地法院审理的案件，看看有什么被提上了卷宗。网站还提供文档服务，但是要查看这些资料可能费用不低。

https：//litigator. lexisnexis. com/Courtlink：该网站由 LexisNexis 运营，提供联邦法庭和州法庭的记录。网站可以向你发 E-mail 告知你有关案件的最新进展，还可以自动跟踪案件情况。必须注册才能使用，仅提供收费服务。

http：//www. martindale. com：该网站可以帮你在全国任何地方找到一位律师，也可以通过公司或地区进行搜索。

http：//www. uscourts. gov/courtlinks：该网站可以链接到所有联邦法院，如破产法院、上诉法院和地方法院。还有其他有用的链接，可以链接到税务法院和联邦索赔法院等。

http：//pacer. psc. uscourts. gov：PACER 服务中心是联邦司法机构集中登记、结算和技术支持中心。网站上提供美国地区法院、破产法庭和上诉法庭的电子文件。该服务允许用户在全国范围内按照名字或社会安全号码进行搜索，也可以输入名称或诉讼性质或被告的名字，或上诉方的名字进行搜索。这项服务是收费服务，但如果你正需要查找法庭诉讼方面的信息，那么它是完全值得的。

http：//pacer. psc. uscourts. gov/lookup. html：从网站上可以搜索美国地区法院所有的县级案件，或者按照县来搜索地区法院的信息。

http：//www. law. villanova. edu/Library/Research% 20Guides/Federal%20Court%20Locator. aspx：由维拉诺瓦大学提供的法律信息网，可以链接到全国的联邦法院。

http：//www. isoc. org/internet/law：如果你想了解有关互联网法律的信息，可以访问这个网站。如果你是一个科技条线的记者，这里你可以发现关于行业法律方面的重要趋势和问题。

http：//securities. stanford. edu/index. html：证券集体诉讼清算中心　370
提供了有关联邦证券欺诈集体诉讼的起诉、双方辩护与和解的详细信息。
该中心保留了自 1995 年私人债券诉讼改革法案通过以来的联邦集体诉讼证
券欺诈案涉及的发行人名单，还保存了 3 万多份投诉、简报、文件和其他
诉讼相关材料的拷贝件。如果你正在写一家因为推高股价而被起诉的公
司，你可以利用这个网站上的信息。

http：//www. uscourts. gov/Press_ Releases：美国法院系统行政办
公室的新闻发布中心。虽然这是联邦法院系统，但是上面有大量的信息，
可以推及地区问题，如各地对法官的需求。

http：//www. westlaw. com：Westlaw 在线法律研究服务中心。通过
它可以快速、方便地访问大量法律资料，以及新闻、商业和公共记录信
息。然而，这项服务是收费的。

房地产信息网站

http：//indorgs. virginia. edu/portico/personalproperty. html：该网站
有每个州的房地产成交记录。点击所在州后会进入县一级的名单，然后是
当地房地产所有权数据库。该网站还可以查到某处房产的纳税评估值。

http：//publicrecords. netronline. com：这个网站免费提供全国各地
的房地产交易记录以及很多其他公共记录。

http：//www. realtor. com：全美地产经纪商协会的网站。可以按照
价格和其他关键词查找待售房屋的信息，并提供按揭贷款的比较工具。

http：//www. nahb. org：全美住房建筑商协会的网站。"房屋数据"
选项中有一些关于行业和住房数据的有趣统计。

http：//portal. hud. gov：住房和城市发展部的主页，有一些关于少数
族裔住房自有率等话题的报道。

http：//www. huduser. org/datasets/pdrdatas. html：网站提供很多
调查数据，包括美国住房调查、HUD 家庭收入中间值调查，还有一些住房
歧视、HUD 投保多户住房存量和公共住房人口数据和主题。网站有很多低
收入住房的有用信息。

http：//www. realestate. com：该网站提供搜索功能，比如查看一个
特定的街道或地址的房屋价格，某处住房此前的售价，还可以比较在一定

区域内、特定的价格范围内销售的所有房屋的信息。网站提供免费搜索服务，但并不包括美国所有的县。

http：//www.zillow.com：可以用来比较整个社区或街道的房屋价值的网站。

http：//policy.rutgers.edu/CUPR：这是城市住房政策研究中心的网站。该中心致力于研究保障性住房政策、土地使用政策、艺术和文化政策对发展的影响，运输信息系统环境影响和社区经济发展等相关内容。

个人理财网站

http：//www.nchc.org：国家医疗保健联盟的网站。网站上有关于医保费用上涨的信息。联盟属于无党派组织，代表了1.5亿美国人的健康保险利益。

http：//www.ebri.org：雇员福利研究机构的网站，上面有大量关于员工福利的话题，如401（k）计划。它不会提供任何建议或主张。

http：//www.401khelpcenter.com：该网站有着很多关于退休计划的信息，还有关于执法案件以及不同情况下的退休计划等大量信息。

http：//www.urban.org：城市研究所的网站，上面有关于伤残保险、社会保障等方面的信息。

http：//www.annualcreditreport.com：该网站允许消费者从三大全国性消费者信用报告公司中选择一家，并允许消费者每月索取一次免费的信用记录信息。

http：//www.bankrate.com/finance/credit – cards/understanding – credit – cards.aspx：消费者需要知道的关于建立信用的所有信息都在这里。事实上，这个网站上有很多有用信息，可以使访问者迅速了解个人理财信息。

371

http：//lectlaw.com/files/ban16.htm：有助于商业新闻记者了解信用卡、信用报告和欺诈行为。

http：//www.creditorweb.com/articles/understanding – credit – card – terms.html：这篇文章也可以帮助商业记者理解信用卡条款。

http：//www.rtohq.org：进步租赁机构协会（Association of Progressive Rental Organizations）的网站。该行业过去因为收取过高的利率饱受批评。

http：//www. uspirg. org/issues/consumer – protection/predatory – lending：这个网站上有公共利益研究组织（Public Interest Research Group）提供的关于掠夺贷款的媒体背景资料。

http：//www. fdic. gov/news/news/financial/2005/fil1405a. html：上面有联邦存款保险公司（FDIC）对发薪日贷款的规定。

http：//www. mortgage101. com：可以解答基本的抵押贷款问题，并提供支付能力计算器。它可以为个人理财记者撰写有关住房市场的报道提供便利资源。

http：//www. interest. com：搜索所在地区的抵押贷款利率，查找和比较利率和按揭住房贷款。

http：//www. aaii. com：美国个人投资者协会的网站。该协会是一个非营利性组织。网站上有关于股票投资、财务规划和退休金等方面的信息。

http：//www. aarp. org/money：美国退休人员委员会的网站。上面有关于个人理财方面的信息（包括退休计算器）和文章。

词汇表

增利型（accretive）：一种可增加收购方公司每股收益的收购行为。一般来说，当收购方公司的市盈率高于目标公司时，容易出现增利型兼并或收购。

收购（acquisition）：指一个公司购买另一公司多数股权的经济行为。

否定意见（adverse opinion）：由审计师出具的正式报告，其中申明企业的财务报表歪曲、不符合或不能反映企业的真实财务状况和经营成果。

美国证券交易所（American Stock Exchange）：美国第三大证券交易所，坐落于纽约，交易量约占全美交易总量的10％。主要为中小市值公司提供交易服务。

年会（annual meeting）：上市公司每年至少召开一次会议，邀请股东出席并就重要事项进行表决。一般来说，公司高管须汇报公司业绩并对观众席众股东的提问进行解答。

公司设立协议（articles of incorporation）：为记录公司设立过程向国家权力机关提交的一系列文件。

评估后价值（assessed value）：由县估税员确定的房地产在税务上的价值。

373　　**资产**（asset）：指任何公司或个人拥有的任何具有价值的东西。资产也是资产负债表中的一项，用来显示企业拥有的所有资源。资产的购买可增加企业的价值，或可促进公司的运营。

资产（assets）：通常是指任何有价值的东西。可用来清偿债务，如财产、房地产、现金、钞票、股票、债券、应收账款或有价证券等。

审计员（auditor）：对公司或其他组织的财务报表进行公正审核，并提供审计意见的外部公司。

审计报告（auditor's report）：用来检测企业财务报表是否符合一般公认会计原则（GAAP）的报告。该报告将收录于年度报告中，有时也叫作"查账报告"。

资产负债表(balance sheet)：公司的财务报表。其记录了公司在一定日期（通常为各季度末）的资产、负债和净值。

破产(bankruptcy)：公司或个人无法清偿到期债务，资不抵债的行为。大多数情况下，公司资产所有权将从股东转移至债券持有者手中。

董事会(board of directors)：选举产生的掌管公司事务的权威常委会或理事机构。董事会成员原则上由股东选举产生，但现实中常经现任董事会推荐产生。董事会一般包括大股东和公司高管。

债券(bond)：是一种债务投资——您按一定利率在确定时间内将钱借给需要资金的实体（公司或政府）。作为交换，该实体将向您发行一种凭证或债券，其中承诺将按规定利率支付利息，并说明偿还本金的时间（即"到期日"）。

津贴(bonus)：向员工一次性支付的基本工资以外的财务奖励。

单方中止协议费用(break-up fee)：在并购中，若目标公司单方终止未敲定的交易，其需向买家支付的费用。

经纪人(broker)：促成买卖双方房地产交易的房地产经纪人，专攻商业房地产交易。

建筑许可(building permit)：地方政府批准承包商建造、扩张或拆除现有建筑物。

买方分析师(buy-side analyst)：指试图购买大量证券的诸如共同基金、养老基金等投资机构及保险公司内部的分析师。这些分析师主要为公司投资经理提供调研。

374

现金流量(cash flow)：企业在一定会计期间产生和使用的现金总量，等于税后净利润加非现金支出（如贬值）。可用来衡量企业的财务实力。

董事长(chairman of the board)：组织内的最高领导者，须负责召开年度会议和董事会会议。可能只是名誉上的领导者，因其声誉或权力而被任命，因此可能不会介入组织的日常运行。董事长可兼任首席执行官，从而对组织日常运行有更多的控制权。有时董事长也可为已退休的首席执行官。

破产法第 7 章(Chapter 7)：企业或个人申请的破产保护，以进行清算。

破产法第 11 章(Chapter 11)：企业或个人可申请的破产保护，以进行债务重组，并作为恢复企业或个人计划的一部分而被免除部分债务。

破产法第 13 章(Chapter 13)：债务人提出的破产保护申请，其中同意清偿债务。

费用（charge）：减少公司收益的一次性支出。

首席执行官（chief executive officer）：对组织日常有效运行及战略规划的执行全权负责的人，通常也是董事会成员之一。

首席财务官（chief financial officer）：在组织内主要负责管理资金、签署支票、保存财务记录以及为公司进行财务规划的人。

民事诉讼（civil litigation）：不属于刑事诉讼的有关商业、合同、房地产、事故和过失的法律诉讼。在某些领域，也会产生刑民交错现象。

集体诉讼（class action）：指多数成员彼此间具有共同利益，却因人数过多无法全体进行诉讼，所以由其中一人或数人为全体利益起诉。虽然集体诉讼可能难度大且收费高，但其可将无法单独提起诉讼的人联合在一起。

担保债务凭证（collateralized debt obligation）：由债券、贷款等支撑的一种投资证券。

电话会议（conference call）：指投资者通过拨打特定号码，听取公司管理层对最近季度财务成果或公司其他重大事件的说明和叙述的活动。

分析师普遍预期（consensus analyst estimate）：根据所有对公司进行过研究的分析师的预测，得出的公司平均收益预期（一财季或一财年）。

消费者信心指数（consumer confidence index）：由世界大型企业联合会发布的反映消费者对经济发展形势信心强弱的指标。

375　　**消费者物价指数**（Consumer Price Index）：反映消费商品（如汽油、食物和汽车）价格水平变动情况的经济指标。

美国消费品安全委员会（Consumer Product Safety Commission）：保护消费者免遭问题产品风险的联邦机构。其管辖范围覆盖了15000多种产品的安全，并有权强制召回产品。

转型（conversion）：非营利性企业向有股东的营利性组织转变的过程。

转变（conversion）：企业调整所有权结构的过程，通常从为顾客所有转变成为股东所有。

股份有限公司（corporation）：商业组织最常见的形式。须持续运营，且股东对公司承担有限责任。

息票（coupon）：债券发行时附印于债券面上的利率。通常每半年须支付一次。

债权人（creditor）：将钱借给他人或公司的人，"债务人"的对称。

刑事诉讼（criminal litigation）：政府权力机关针对公众或任一公众提起的犯罪指控。

债务（debt）：一公司或个人欠其他公司或个人的一笔钱。

债务人（debtor）：向破产法庭寻求贷款和其他债务保护的个人或公司。

债务股本比（debt-to-equity ratio）：公司长期债务总额对股东权益的比率。

契据（deed）：依照法律订立的证明一项财产所有权的文书，从而实现所有权的过户。

违约（default）：财产所有人未按时偿还，或停止偿还用来获取财产的贷款。

被告（defendant）：在民事诉讼中被起诉或在刑事案件中被指控犯罪的个人或企业。

通货紧缩（deflation）：与"通货膨胀"对应，指产能过剩或需求不足导致商品和服务价格下跌的现象。

宣誓做证（deposition）：庭审前由证人在法庭外通过书面或记录的形式做出的证词。原告或被告在准备官司时可能会使用此类证词（可从公开的法庭文件中获取）。

萧条（depression）：长期严重的经济衰退。通常表现为生产力下降、失业率上升以及物价下跌。

衍生品（derivative）：价格由标的资产决定的一项投资。期货合约或掉期属于衍生品。

减损盈利收购（dilutive）：会减低公司每股盈利的收购。一般来说，当收购公司的市盈率低于目标公司时，会出现减损盈利兼并或收购。

股息（dividend）：指公司董事会从收益中派发给股东的那一部分。发放形式可为现金、股票或财产。

道琼斯工业指数（Dow Jones Industrial Average）：指在纽约证券交易所和纳斯达克上市的最重要的 30 只股票的价格加权平均指数。"道指"由查尔斯·道于 1896 年创造，是迄今全球历史最悠久、最受关注的指数。

耐用品订单（durable good orders）：消费者购买非必需产品的支出，如洗碟机、运动器械、珠宝、草坪和园艺设备等。

收益预期（earnings guidance）：一份由企业撰写的关于收益的报告，其收益可能与华尔街预期相差甚大（过高或过低），或仍然一致。

每股收益（earnings per share）：普通股股东每持有一股所能享有的企业净利润。

经济学（economics）：一门研究商品和服务的生产、分配及消费，并解决劳动力、财政和税收等问题的科学。

员工持股计划（employee stock ownership plan）：指通过允许员工购买本公司股票的计划。这种计划在小型私人企业中日益流行。

美国国家环境保护署（Environmental Protection Agency）：联邦政府的一个独立行政机构，主要职责是通过防止有害物质排放进而保护自然环境和人类健康。其有权禁止某些产品的使用，并对违反环境法的企业进行罚款。

美国平等就业机会委员会（Equal Employment Opportunity Commission）：联邦政府的一个独立执法机构，成立于1964年，调查基于种族、肤色、性别、族裔背景和宗教信仰的就业歧视行为。此后，该委员会实施的反歧视法律还囊括了基于年龄和残疾等的歧视。

交易所（exchange）：进行证券、大宗商品、期权和期货交易的市场。

换股比例（exchange ratio）：是指为换取一股目标公司的股份而需付出的并购方公司的股份数量。

证物（exhibit）：能够作为证据的文件或物品。在民事诉讼中，原告可能会连同指控文件一起递交对其有利的证物。

成屋销售（existing homes sales）：现房的当前主人将房子转卖给他人的过程。请勿与"新屋销售"混淆。

公平意见（fairness opinion）：是指由合格分析员或顾问出具，就一项合并或收购项目向决策人提供项目主要细节及实质证明的意见书。

美国联邦通讯委员会（Federal Communications Commission）：联邦政府的一个独立监管机构，负责常规的州际、国际通讯，如广播、电视、电线、卫星和电缆等方面的工作。

美国联邦储备委员会（Federal Reserve Board）：联邦储备系统中最重要的部门。委员会成员须由总统提名，经美国国会的参议院批准方可上任。

美国联邦贸易委员会（Federal Trade Commission）：旨在确保国家市场繁荣、高效发展，且消费者不受不合理约束的联邦机构。该委员会执行的消费者保护法旨在保证消费者免受诈骗、欺诈以及不公平商业惯例的危害。此外，委员会还执行一系列反托拉斯法，以禁止反竞争性兼并以及其他限制竞争且伤害消费者的商业惯例。

收益预测(forecast)：公司或分析师对公司未来收益的估算。

丧失抵押品赎回权(foreclosure)：指借款人将房产抵押品出售给借贷一方，导致其失去房产抵押品所有权的法律程序。

Form 10-K 报告(Form 10-K)：公司向美国证券交易委员会递交的年度报告。内容包括对公司业务运行状况的全面概述，且必须在各财年结束后的 90 天之内提交。

Form 10-Q 报告(Form 10-Q)：上市公司向美国证券交易委员会递交的季度报告。内容包括未经审核财务报表以及公司一年内的财务状况。每个财年的前三个财季都必须分别提交一份 10-Q 报告，且必须在各财季结束后的 45 天内提交。

Form 4 报告(Form 4)：公司应美国证券交易委员会以及相应的证券交易所要求提交的一份文件，用来说明持有公司已发行股票百分之十或以上的董事、高管和股东所持股份发生的变化。

Form 8-K 报告(Form 8-K)：关于计划外重大事件或对股东和美国证券交易委员会有重要影响的公司变动的报告，比如收购、破产或财年变动等。

Form 990 报告(Form 990)：所有非营利性组织或基金会均须向美国国内收入署递交的一份文件。文件须公开其收入、经费及管理层的薪酬等。

Form S-1 报告(Form S-1)：打算上市的公司向美国证券交易委员会递交的注册说明。私营外企上市时须递交 Form F-1 报告。

基金会(foundation)：主要从事捐款活动的非营利组织，每年至少需支出总资产的 5% 用于捐赠。

受许人(franchisee)：指通过向更大的公司(即特许人)支付规定的特许费而获得在一定地区内经营权的加盟商。

金色降落伞(golden parachute)：对因公司被收购而失去工作的公司高管所进行的补偿(通常数目可观)，包括股票期权、津贴和离职金等。

国内生产总值(Gross Domestic Product)：指在一定时期内，一个国家或地区的经济中所生产出的全部商品、服务和产品的货币价值。包括购买、投资和进出口(出口—进口)。

房屋开工率(housing starts)：指每个月新建房屋开工数量。

损益表(income statement)：反映一定会计期内销售、经费和净利润状况的会计报表。

通货膨胀（inflation）：商品和服务平均价格全面持续上涨，导致购买力下降的现象。

378 **首次公开募股（initial public offering）**：是指一家企业或公司第一次将它的股份向公众出售。通常规模更小、更年轻的公司会通过筹谋 IPO 获取资金，从而扩大业务。

内幕交易（insider trading）：由高管、董事、大股东等进行的证券交易。若内幕交易是基于秘密信息完成的，则该交易属于非法行为。

机构投资者（institutional investor）：来自非银行金融机构，用大量股票或现金进行证券交易以获得优惠待遇和更低佣金的个人或组织。由于常被认为拥有更多的知识和更强的自我保护能力，机构投资者享受的保护制度相对较少。

利率（interest rate）：向他人借钱需支付的或借他人钱可享有的利息量与本金的比率，通常用百分比表示。若 1000 美元以 6% 的利率借出，则需每年支付 60 美元的利息。

美国国家税务局（Internal Revenue Service）：负责向企业和个人征收税务的联邦监管机构，该机构决定企业的税收水平并根据相关文件判定企业的行为是否符合联邦法律规定。

投资银行家（investment banker）：为企业或政府执行融资计划的金融机构代表人，负责首次公开募股及债券发行的幕后筹备工作。

强制破产（involuntary bankruptcy）：由债权人向法院提出破产申请而启动的破产。债务人有权向法院申诉、辩护。

合资企业（joint venture）：由两家或以上公司共同投入资本，参与项目建设的企业经营方式。

滞后指标（lagging indicators）：在经济运行变动之后才表现出类似特征的经济指标。

主承销商（lead underwriter）：又称承销簿记人，是指在股票发行中主要承销的证券经营机构。

先行指标（leading indicators）：在经济运行变动之前就已表现出预兆性特征的经济指标。

租约（lease）：一种借贷实物的商务合同，出租人将私有物品交予承租人使用，承租人由此获得一段时期内该物品的使用权。

出借人（lender）：为借用人的资产购置提供贷款的金融机构。

杠杆收购（leveraged buyout）：通过发行债券或贷款等资金筹集方式收购另一家公司的策略。同时，收购方以目标公司的资产作为借贷抵押，借贷利息将通过被收购公司的未来现金流来支付。

负债（liability）：法律债务或责任，包括养老金等应计债务。资产负债表中负债一般按其偿还时间长短划分为流动负债（偿还时间少于一年）和长期负债（偿还时间多于一年）。

有限责任公司（limited liability corporation）：具有公司制及合伙企业特征的企业结构。通常，企业成为有限责任公司就可以享受合伙企业的税收优惠政策以及公司制的有限责任优势。

零售利润（margin）：商业术语，表示商品成本与售价的差额，也可表示投资活动中的借款。

379

市值（market capitalization）：指一个上市公司的总价值，由该公司发售的普通股的市场价格决定。计算方法为每股股票的市场价格乘以发行总数。

应付款日期（maturity date）：通过发行债券筹得资金的还款日期。

调解（mediation）：由中立方协助解决双方法律纠纷的一种程序，旨在寻求共同立场，达成对双方都公平的解决方案。

兼并（merger）：两家或以上企业合并组成一家企业，通常由实施兼并的企业以证券形式换取被兼并企业股东的股份。

共同基金（mutual fund）：是一种集合投资方式，即通过投资公司从股东那里吸收资金，再将之用于购买股票、债券、期权、商品和货币市场证券等。

共有所有权（mutual ownership）：一种所有权结构，通常存在于保险和储蓄行业，此类行业公司的所有权为投保人或储户共有。

纳斯达克（NASDAQ）：美国全国证券交易商协会自动报价系统名称的简称，成立于1971年，是世界上第一个采用电子交易的股市。纳斯达克是基于计算机系统运行的报价系统，为5000多家公司的股票提供场外交易平台，包括微软、戴尔以及思科等大型上市公司。

国家劳资关系委员会（National Labor Relations Board）：成立于1935年，负责实施《国家劳资关系法》的联邦机构。该机构通过无记名投票方式确立工会代表权，同时对雇主和工会的不当劳动行为进行调查。

净利润（net income）：公司总收益，表示扣除经营、折旧、利息、税款和其他费用之后的收益。注意，净利润不等于营业收入。

新车销售量（new car sales）：主要汽车经销商于月末结束后（通常第5天）上报的汽车销量。该数据显示消费者需求，进而反映经济运行状况。

新屋销售量（new home sales）：建筑商所售新建房屋的数量，是经济活动的先行指标。

纽约证券交易所（New York Stock Exchange）：营利性机构，由董事会监管运行，负责政策制定、监督证券交易和交易方行为，以及证券上市活动。纽约证交所同时监管会员交易席位的转让，并从申请人中挖掘潜在的专业经纪人。

非营利组织（non-profit organization）：指不以获取利润为目的，为社会提供物品或服务的组织。许多非营利组织收入大于支出。

美国职业安全与健康管理局（Occupational Safety and Health Administration）：联邦机构，负责实施法律，确保为员工提供安全、健康的工作环境。

380   **表外融资**（off-balance-sheet financing）：企业筹集资金的一种方式，不同于贷款，发行债务和出售股权。表外融资是一种不纳入资产负债表的融资行为，如联合经营、组建研发合伙项目和租赁活动（而不是购买资本设备）。

持续经营能力的担忧（ongoing concern）：独立审计师对公司未来营运能力提出质疑所做的声明。

营业收入（operating income）：扣除售货成本以及日常营业费用之后的收入。

营业利润率（operating margin）：指企业的营业利润与净销售额的比率。

庭外和解（out-of-court settlement）：原告和被告在法院系统之外达成协议的过程。庭外和解通常需要征求法官同意，其达成的协议条例同样可视为保密条款。

合伙企业（partnership）：指由两个或以上的合伙人为经营、管理共同企业，共担债务的企业组织。

原告（plaintiff）：向法院提起诉讼，要求另一方当事人赔偿损失或请求法院裁决的个人或企业。

毒丸策略（poison pill）：目标公司在面临恶意收购威胁时采取的一种策略，旨在降低收购方持股比例，减少公司对收购人的吸引力，从而达到反收购的效果。

溢价（premium）：指收购目标公司所支付的实际金额高出收购前预计金额的部分。

总裁或首席运营官（president or chief operating officer）：公司团体里负责日常管理的官员，通常向首席执行官汇报工作。

市净率（price-to-book ratio）：表示股票市价与净资产之间的关系，计算方法为每股市价除以每股净资产。

市盈率（price-to-earnings ratio）：股票分析数据，表示每股市价与每股收益的比率。

私人公司（private company）：所有权掌握在少数人手中，且不向社会公开发行股票的公司。

生产者物价指数（Producer Price Index）：衡量产品出厂价格变动的指数，是反映商品和服务价格变动情况的重要经济指标。

生产率（productivity）：表示产出与投入的比率，其中产出为商品与服务总和，投入为工作总时长。

利润率（profit margin）：税后利润与销售额的比率，通常用百分数表示。

利润分享计划（profit sharing plan）：将公司利润分配给雇员的计划，利润分成比重通常由公司决定。

委托声明书/表格 14A（proxy statement，or 14A）：公司向股东出具的代理声明，委以股东投票权，并提供相关信息，以便股东做出明智决策。

委托声明书（proxy statement）：上市公司向股东出具的声明书，在公司例行年会之前，以书面形式向股东提供各项提案的相关信息。

上市公司（public company）：公司所有权部分为股东（文中特指于华尔街买入股份的股东）所有的股份公司。

公共事业委员会（Public Utilities Commission）：管理水力、电力以及通信公司的国家机构。在部分州又称公共服务委员会。

保留意见（qualified opinion）：由专业审计师出具，出现在审计报告首页的报告意见。保留意见意味着被审计公司所提供的信息不完整，且该公司未能遵守公认会计准则。与其内涵相反，保留意见略带贬义。审计师若对被审计公司会计报表持保留意见，则表明该公司的会计报表信息不完整，或会计程序不符合公认会计准则。

房地产经纪人（real estate broker）：在房屋、土地的交易活动中接受委

381

托、收取佣金的代理机构。房地产经纪人仅代表业主或买方,而没有房地产所有权。

经济衰退（recession）:在一年中,一个国家的国内生产总值增长率连续两个或两个以上季度出现下跌的现象。

公平披露法案（Regulation Fair Disclosure, Regulation FD）:美国证券交易委员会通过的证券市场信息的公平披露法案,旨在禁止上市公司选择性地向市场专家和部分股东披露信息。

企业重组（reorganization）:针对陷入财政困难或面临破产的公司展开的企业改组过程。企业重组涉及资产重组、负债重组和产权重组以维持债务清偿。

储备金（reserve）:公司为了应对未决诉讼或其他突发事件等导致的开支而设立的储备资金。

限制性股票（restricted stock）:指上市公司按照约定的条件授予公司员工一定数量的股票。员工只有在股票授予完成并不再受到公司限制之后才可以享受股票的完全所有权。通常员工在股票授予前的时间段内不可以出售或转让股票。若员工在股票授予之前离职,公司则有权收回股票。

企业改组（restructuring）:指代重大企业变动的泛称。企业改组的目的是提高效率和顺应市场需求。企业改组又称企业精简、资本重组或业主调整。

资产回报率（return on assets）:用来衡量公司盈利能力大小的指标。计算方法为公司的净利润除以总资产值。资产回报率一般以百分比表示,比例越高,公司的盈利能力越强。

股本回报率（return on equity）:用以评估公司盈利能力的指标,计算方法为净收入除以股东资本。

投资利润率（return on investment）:反映投资项目的回报率,通常以年利润率表示。

营业额（revenue）:商业公司在一段时间内提供产品或服务而获得的收入。

382　　**小型企业**（S corporation）:满足《国内税收法规》中针对小型企业章程规定的企业团体。小型企业的纳税体制与合伙企业相同。小型企业股东必须为美国公民,且人数不能超过 100 人,只能发行一种股票。

表格 13D（Schedule 13D）：购买在美国证券交易委员会注册的公司百分之五及以上的实益拥有权所需提交的申请表称为表格 13D。该公司如果在某一证券交易所上市，还需将申请表提交给该证券交易所。

国务卿办公室（Secretary of State's office）：国家机关，负责注册各种商业组织，包括公司、银行、保险公司、有限责任公司、有限责任合伙企业和有限合伙企业；同时也负责注册业务相关证件，包括贸易及服务商标、拍卖师许可证、法律报刊登记等。

担保债权人（secured creditor）：个人或企业所拥有的债权（例如：汽车贷款、房屋抵押贷款）是债务人对其债务设有保障的普通债权的债权人。

美国证券交易委员会（Securities and Exchange Commission，SEC）：监督所有上市公司的联邦监管机构。其部分职能为保护投资者和整个投资界的正当权益。证券交易委员会要求上市公司提交相关文件、材料等，充分披露财务信息，确保所有人获得信息的渠道畅通。

美国证券交易委员会（Securities and Exchange Commission）：保护投资者权益和维护股票市场秩序的联邦机构。证券交易委员会的监管对象为进行股票交易的上市公司和投资者。

卖方分析师（sell-side analyst）：其职能是为经纪公司的客户提供证券零售商等证券部门的行情分析，并给出建议。

股票回购计划（share repurchase plan）：上市公司从股票市场上购回本公司发行在外的股票的计划。股票回购通常表明公司管理层认为该公司股票市值过低。

股东权益（shareholders' equity）：指公司总资产中扣除负债所余下的部分。股东权益通过持有公司普通股和优先股实现。股东权益也被称为资本。

卖空（short selling）：股票投资者本身不拥有股票，而是借入股票再卖出的经济行为。卖空是一种合法的交易策略。卖空者高价卖出股票，日后该股票价格下跌时，再以低价买进股票。

资金缺口（shortfall）：金融目标尚未实现的部分称为资金缺口。

股票（stock）：公司所有权的股份表现形式。股票持有人即股东拥有公司部分资产及收益。股票又称股份凭证。

股票期权（stock options）：指雇主给予员工在特定时间段内、以预定的价格购买一定数量的公司普通股的权利。其中预定价格称为许可价，特定时间段称为转归期。

股票分割(stock split)：增加公司发行在外的股票总数，其中股东权益和股票总市值都保持不变。股票分割之后每股股价下跌。

战略选择(strategic alternatives)：在公司出售方面做出的战略性决策。

次级抵押贷款(sub-prime mortgage)：提供给信用等级较低或因其他因素而无法达到普通信贷标准的客户的一种贷款。次级抵押贷款利息率通常高于普通信贷标准。

超级基金(Superfund)：美国联邦政府为治理危险物质泄漏而设立的基金项目。

383　**协同效应**(synergy)：主要表现在企业的兼并与收购活动中。协同效应主要指实现协同后的两家企业的整体价值和效益大于其机械相加之和。

收购(takeover)：取得一家公司控股权的过程，分为善意收购和恶意收购。收购目标可能会抵制恶意收购。

收购(takeover)：一家公司出价购买另一家公司所有权的行为。如果收购目标为上市公司，则收购方还将购买被收购方已发行的股票。

要约收购(tender offer)：收购方向被收购公司的股东发出购买其所持该公司部分或全部股份的书面意思表示。收购人提供的收购价格通常高于市场价格。要约收购可分为善意收购和恶意收购。

贸易逆差(trade deficit)：指一个国家的商品、服务出口总值小于进口总值。

理事(trustee)：由法院指定的代表，负责企业或资产管理。债权人或其他相关人员认为公司业务管理不善时可以要求任命理事。

失业率(unemployment rate)：指处于失业状态并寻求就业机会的人口占劳动人口的比率。

《统一商法典》(Uniform Commercial Code)：管理商业交易，特别是借贷交易的一套法律规范。

无担保债权人(unsecured creditor)：个人或企业所拥有的债权（如信用卡账单、医疗费用和水电费等）是债务人没有对其债务设定任何保障的普通债权的债权人。

风险投资(venture capital)：以投资换股权和经营权的方式为创业公司和小型企业提供运作资金的投资过程。风险投资公司为此类企业提供权益资本,以期取得高资本收益。

减记(write-down):当一项资产的估价高于其市价,应当将该资产的账
面价值减记。

收益(yield):通常表示投资者资本投资的回报。就债券而言,票面利率
除以购买价格的所得比率称为当前收益率。而债券收益率的大小会受到年
利率、总支付额、债券的购买价格、赎回价值以及债券期限等因素的影响。

分区制(zoning):由法律机制来管理土地使用的制度。一个辖区内所
有私人土地会被划分于指定区域内,由该指定区域内的法律机制来限制土
地开发类型和强度。

索 引 *

---

* 索引页码为原著页码, 即本书边码。

图书在版编目（CIP）数据

15 堂财经新闻写作课：顶尖记者教你报道与金钱有
关的故事：第二版／（美）克里斯·劳什著；张淑玲译
. -- 北京：社会科学文献出版社，2018.5
书名原文：Show Me the Money：Writing Business
and Economics Stories for Mass Communication
（Second Edition）

　　ISBN 978 - 7 - 5201 - 2297 - 9

　　Ⅰ.①1⋯　Ⅱ.①克⋯ ②张⋯　Ⅲ.①经济 - 新闻报道
 - 研究　Ⅳ.①G212

　　中国版本图书馆 CIP 数据核字（2018）第 033769 号

15 堂财经新闻写作课
—— 顶尖记者教你报道与金钱有关的故事（第二版）

著　　　者／〔美〕克里斯·劳什
译　　　者／张淑玲

出　版　人／谢寿光
项目统筹／高明秀　张金勇
责任编辑／张　萍

出　　　版／社会科学文献出版社·当代世界出版分社（010）59367004
　　　　　　地址：北京市北三环中路甲 29 号院华龙大厦　邮编：100029
　　　　　　网址：www. ssap. com. cn
发　　　行／市场营销中心（010）59367081　59367018
印　　　装／三河市尚艺印装有限公司

规　　　格／开　本：787mm × 1092mm　1/16
　　　　　　印　张：32.75　字　数：551 千字
版　　　次／2018 年 5 月第 1 版　2018 年 5 月第 1 次印刷
书　　　号／ISBN 978 - 7 - 5201 - 2297 - 9
著作权合同
登　记　号／图字 01 - 2013 - 8947 号
定　　　价／98.00 元

本书如有印装质量问题，请与读者服务中心（010 - 59367028）联系

版权所有 翻印必究